Arbeitnehmerüberlassung aus vertragsrechtlicher Perspektive

Schriften zum Arbeitsrecht und Wirtschaftsrecht

Herausgegeben von Abbo Junker

Band 103

PL ACADEMIC RESEARCH

Antje Hirsch-Hottes

Arbeitnehmerüberlassung aus vertragsrechtlicher Perspektive

PL ACADEMIC RESEARCH

Bibliografische Information der Deutschen Nationalbibliothek
Die Deutsche Nationalbibliothek verzeichnet diese Publikation in der DeutschenNationalbibliografie; detaillierte bibliografische Daten sind im Internet über http://dnb.d-nb.de abrufbar.

Zugl.: EBS Universität für Wirtschaft und Recht, Diss., 2016

D 1540
ISSN 1433-4666
ISBN 978-3-631-72252-7 (Print)
E-ISBN 978-3-631-72686-0 (E-Book)
E-ISBN 978-3-631-72687-7 (EPDF)
E-ISBN 978-3-631-72688-4 (MOBI)
DOI 10.3726/b11358

PL Academic Research ist ein Imprint der Peter Lang GmbH.

Peter Lang – Frankfurt am Main · Bern · Bruxelles · New York · Oxford · Warszawa · Wien

Diese Publikation wurde begutachtet.

www.peterlang.com

Danksagung

Die vorliegende Arbeit wurde als Dissertation im September 2016 durch die EBS Law School der EBS Universität für Wirtschaft und Recht, Wiesbaden, angenommen.

Mein erster Dank gilt meinem Doktorvater, Herrn Prof. Dr. Matthias Weller, Mag. rer. publ., für dieses interessante Thema, seine Unterstützung und die wertvollen Anregungen während der Anfertigung meiner Dissertation.

Weiterhin bedanken möchte ich mich bei meinem Zweitkorrektor, Prof. Dr. Felipe Temming, LL.M. (LSE), für die zügige Erstellung des Zweitgutachtens.

Herrn Prof. Dr. Abbo Junker danke ich für die freundliche Aufnahme in die Schriftenreihe „Schriften zum Arbeitsrecht und Wirtschaftsrecht“.

Ein großer Dank geht an die Mitarbeiter der Bibliothek der EBS Law School, insbesondere Frau Nicole Baier, Frau Dagmar Seuthe und Frau Peggy Hanisch, die mich bei meiner Literaturrecherche hervorragend unterstützt haben.

Herrn Reinhold Breidert und meinen Kollegen vom Lehrstuhl für Bürgerliches Recht, Zivilverfahrensrecht und Internationales Privatrecht der EBS Law School, Herrn Dr. Daniel Elias Serbu und Johanna Lange, gilt ein großer Dank für das besonders aufmerksame Korrekturlesen und die konstruktiven Diskussionen.

Tief verbunden bin ich meiner Familie, besonders meinem Mann Herrn Dr. Lutz Hirsch, meinen Eltern Sylke und Reinhard Hottes, meinem Bruder Nils Hottes und meinen Großeltern Gisela und Alfred Bartsch sowie Klara und Heinz Hottes, die mich während der Erstellung dieser Arbeit durch ermunternde Worte und Gesten sehr hilfreich unterstützten.

Antje Hirsch-Hottes
Januar 2017

Inhaltsverzeichnis

Einleitung

„Arbeitnehmerüberlassung liegt vor, wenn ein Arbeitgeber (Verleiher) geeignete Arbeitnehmer (Leiharbeitnehmer) einem Dritten (Entleiher) überlässt, der die Leiharbeitnehmer nach eigenen betrieblichen Erfordernissen in seinem Betrieb nach seinen Weisungen einsetzt."[1] Im Rahmen der Einführung der gesetzlichen Grundlage der Arbeitnehmerüberlassung, des Arbeitnehmerüberlassungsgesetzes (AÜG), im Jahr 1972 war es nicht Ziel, ein neues Vertragsmodell zu erfinden, das Leiharbeit ermöglicht, sondern die Konstruktion der Arbeitnehmerüberlassung sollte bestimmten Restriktionen in den bekannten zivilrechtlichen Mustern unterworfen werden.[2] Obwohl das AÜG seit 1972 besteht, sind die rechtliche Qualifikation und die Rechte und Pflichten der der Arbeitnehmerüberlassung zugrunde liegenden Vertragsverhältnisse auf Primär- und Sekundärebene nicht abschließend geklärt. Das liegt insbesondere daran, dass das AÜG eine „prinzipielle Konzeption des Leiharbeitsverhältnisses schuldig geblieben ist".[3] Die Frage nach der Konzeption der der legalen Arbeitnehmerüberlassung zugrunde liegenden rechtlichen Verbindungen („Schuldrechtliche Beziehungen"), die Konsequenzen für diese schuldrechtlichen Beziehungen im Fall einer illegalen Arbeitnehmerüberlassung („Rechtsfolgen") und die Haftung der beteiligten Parteien im Rahmen der Durchführung der legalen – und bei illegaler Arbeitnehmerüberlassung („Haftung") sind daher Gegenstand der vorliegenden Untersuchung.

§ 1 Überblick

A. Arbeitnehmerüberlassung in der Praxis

Das Arbeitsrecht ist aus vertragsrechtlicher Perspektive grundsätzlich durch ein Zwei-Personenverhältnis zwischen dem unselbstständigen Arbeitnehmer und dem Arbeitgeber geprägt, die in arbeitsvertraglicher Verbindung stehen.[4]

1 BAG Urteil v. 30.01.1991 -7 AZR 497/89, NZA 1992, 19.

2 *Brauneisen/Ibes*, RdA 2014, 213, 216.

3 *Mayer-Maly*, ZfA 1972, 1, 30.

4 Vgl. *Ebel/Thielmann*, Rechtsgeschichte, S. 364; *Junker*, Grundkurs Arbeitsrecht, Rn. 2 ff.

Insbesondere seit dem vergangenen Jahrzehnt decken Unternehmen ihren Personalbedarf vermehrt[5] im Wege der Arbeitnehmerüberlassung[6] und reduzieren dadurch das Bedürfnis nach angestellten Arbeitnehmern. Das Arbeitsrecht vertragsrechtlich charakterisierende Zwei-Personenverhältnis zwischen Arbeitgeber und Arbeitnehmer wird durch die Arbeitnehmerüberlassung ergänzt. Die Arbeitnehmerüberlassung stellt eine Sonderform im Rahmen des Arbeitsrechts dar, die durch ein Drei-Personen-Verhältnis gekennzeichnet ist, da der Arbeitnehmer nicht wie üblich im Betrieb seines Arbeitgebers, sondern im Betrieb eines Dritten tätig wird, zu dem der Arbeitnehmer aber keinen Arbeitsvertrag geschlossen hat.[7] Arbeitnehmerüberlassung ist das Grundmodell des Fremdpersonaleinsatzes.[8] Leiharbeitnehmer werden in allen Arbeitsbereichen, auch in hochspezialisierten Sparten eingesetzt, denn nicht jedes Unternehmen ist in der Lage, die für seinen Betrieb notwendigen Produkte selbst herzustellen und Arbeitsvorgänge sowie die benötigten Leistungen selbst zu erbringen.

Der Einsatz von Leiharbeitnehmern ermöglicht Unternehmen im Gegensatz zur Beschäftigung festangestellter Arbeitnehmer eine hohe Flexibilität.[9] So kann ein konjunkturbedingter Mehrbedarf oder hoher Krankheitsstand[10] beim Stammpersonal durch den Einsatz von Leiharbeitnehmern abgedeckt werden.[11] Vor allem aber ist die Arbeitnehmerüberlassung im Hinblick auf die Möglichkeit der schnellen

---

5 Seit 2003 bis 2013 verdreifachte sich die Zahl der Leiharbeitnehmer: *Schröpfer*, Die Intensität der Leiharbeitsnutzung in Deutschland, S. 13; Der Arbeitnehmerüberlassung kommt steigende praktische Relevanz zu: *Brötzmann/Musial*, NZA 1997, 17; *Elghahwagi*, Arbeitnehmerüberlassung, S. 40: Seit 1972 bis 2006 hat sich der Bestand an überlassenen Arbeitnehmern verzwölffacht; ErfK/*Wank*, AÜG Einl. Rn. 1; *Boemke/Föhr* Rn. 133; auch schon in den 70er Jahren: Becker, DB 1971, 1354, 1356.

6 Arbeitnehmerüberlassung, Zeitarbeit und Leiharbeit sind synonyme Begriffe: *Hamann*, Jura 2003, 361; Urban-Crell/Germakowski/*Hurst*, AÜG Einl. Rn. 3; *Dehmel*, Leistungsverweigerungsrecht, S. 256; „Arbeitnehmerüberlassung als funktionale Alternative zum befristeten Arbeitsvertrag": *Schüren*, FS Däubler, S. 90, 91; http://www.bmi.bund.de/RundschreibenDB/DE/RdSchr_20110921.pdf?__blob=publicationFile S. 4 (abgerufen am 06.10.2014).

7 Urban-Crell/Germakowski/*Hurst*, AÜG Einl. Rn. 1.

8 *Hamann*, Erkennungsmerkmale der illegalen Arbeitnehmerüberlassung, S. 48.

9 BT-Drucks. 14/4220, S. 14; BT-Drucks 17/4804 S.7; *Böhm*, RdA 2005, 360; Thüsing/*Thüsing*, AÜG Einf. Rn. 8; *Böhm*, NZA 2005, 554 f; *Hamann*, Fremdpersonal im Unternehmen, S. 25; Holst/Nachtwey/*Dörre*, Funktionswandel von Leiharbeit, S. 4; Kasseler Handb./*Düwell*, 4.5. Rn. 14; *Rieble/Klebeck*, NZA 2003, 23: „Leiharbeit als Flexibilitätsreserve"; *Ulber/Stang*, AuR 2015, 250; *Willemsen/Mehrens*, NZA 2015, 897.

10 Thüsing/*Thüsing*, AÜG Einf. Rn. 9.

11 *Gerlach*, Flexibilisierung des Arbeitsmarktes, S. 7; Holst/Nachtwey/*Dörre*, Funktionswandel von Leiharbeit, Neue Nutzungsstrategien und ihre arbeits- und mitbestimmungspolitischen Folgen, S. 4.

Beendigung des Fremdpersonaleinsatzes ohne Beachtung der arbeitsrechtlichen Arbeitnehmerschutzvorschriften und niedrige Kosten[12] für Unternehmen attraktiv.[13]

Da Leiharbeit insbesondere bis zur Regulierung des AÜG im Jahre 2011 durch die Umsetzung der Arbeitnehmerüberlassungsrichtlinie[14] auch als Instrument zur Lohnkostensenkung genutzt wurde,[15] waren Folgen des überwiegenden Personaleinsatzes durch Leiharbeit niedrige Löhne[16] und der Austausch der Stammbelegschaften.[17] Für den entleihenden Betriebsinhaber dient die Arbeitnehmerüberlassung nicht nur zur Deckung von Auftragsspitzen und zum Ausgleich eines temporär hohen Krankheitsstandes, sondern auch als „Brücke aus der Arbeitslosigkeit hinein in die abhängige Beschäftigung“.[18] Die Arbeitnehmerüberlassung gilt als ein wichtiges Instrument zur Schaffung von Arbeitsplätzen.[19] Die Arbeitnehmerüberlassung soll dabei einen „Klebeeffekt“ verursachen,[20] indem ein Arbeitnehmer zunächst „unverfänglich“, da beim Beschäftigungsgeber ohne vertragliche Verbindung beschäftigt, einen Eintritt in den Arbeitsmarkt erhält.[21] Die Übernahmequote von Leiharbeitnehmern in ein anschließendes festes Arbeitsverhältnis wird auf ca. 30 Prozent geschätzt.[22]

---

12 *Feuerborn/Hamann*, BB 1994, 1346; *Hamann*, Fremdpersonal im Unternehmen, S. 24.

13 Aktuelles Beispiel ist ein erhöhter Zugausfall bei der Regiotram in Nordhessen aufgrund eines hohen Krankenstandes der Lokführer. Der Betreiber der Regiotram beabsichtigt, zur Deckung des Personalbedarfs in Zukunft vermehrt auf Leiharbeit zurückzugreifen. http://www.faz.net/aktuell/rhein-main/personalengpass-viele-zug ausfaelle-das-ganze-wochenende-13352830.html (abgerufen am 20.01.2015).

14 Durch Gesetz v. 28.04.2011 BGBl. 642.

15 *Hamann*, NZA-Beilage 2014, 3.

16 Zu Recht weisen *Schüren/Fasholz*, NZA 2015, 1473 aber darauf hin, dass es auch sehr gut abgesicherte und bezahlte Leiharbeitnehmer gibt.

17 *Hamann*, NZA-Beilage 2014, 3; *Hamann*, NZA 2010, 1211; *Düwell*, DB 2011, 1520; *Thüsing*, NZA 2014, 10, 11; *Düwell/Dahl*, NZA-RR 2011, 1, 2.

18 BT-Drucks. 17/5238 S. 15; BVerfG Beschluss v. 29.12.2004 -1 BvR 2283/03, 1 BvR 2504/03 und 1 BvR 2582/03, BB 2005, 495, 497.

19 *Freckmann/Gallini*, BB 2013, 309, 311; *Fuchs*, NZA 2009, 57, 59; Moderne Dienstleistungen am Arbeitsmarkt, Bericht der Kommission, 2002, S. 148 ff.; „positive Beschäftigungseffekte“, *Baeck/Winzer*, NZG 2013, 251, 253.

20 BGH Urteil v. 07.12.2006 -III ZR 82/06, NJW 2007, 764, 765 Rn. 14; *Greiner*, NZA 2014, 284, 288; *Schüren*, RdA 2007, 231, 233; *Geis*, Die Auswirkungen der Reform des AÜG im Jahr 2011 auf die konzerninterne Arbeitnehmerüberlassung, S. 49; Moderne Dienstleistung am Arbeitsmarkt, Bericht der Kommission, 2002, S. 119; Bei der Leiharbeit ist der Klebeeffekt aber nur schwach, nur sieben bis 17 % der Leiharbeitnehmer wechselten in Deutschland nach der Verleihzeit in ein Normalarbeitsverhältnis beim Entleiher: *Gerlach*, Flexibilisierung des Arbeitsmarktes, S. 2, mit Verweis auf die Arbeitsmarkberichterstattung: Der Arbeitsmarkt Deutschland, Zeitarbeit in Deutschland – Aktuelle Entwicklungen, Stand: Juli 2012; Thüsing/*Mengel*, § 9 AÜG Rn. 55; *Neumann*, NZS 2003, 113, 114; *Kock*, BB 2012, 323; Urban-Crell/*Schulz*, Rn. 121.

21 Thüsing/*Thüsing*, AÜG Einf. Rn. 12; *Pollert/Spieler*, Arbeitnehmerüberlassung in der betrieblichen Praxis, S. 1.

22 BT-Drucks. 14/4220 S. 15.

Außerdem können Leiharbeitnehmer im Rahmen eines weiteren Bewerbungsverfahrens hohe Flexibilität und Erfahrungen auf diversen Arbeitsgebieten durch die Tätigkeit als Leiharbeitnehmer vorweisen.[23] Die Beschäftigung als Leiharbeitnehmer kann daher auch als Reintegration in den Arbeitsmarkt gesehen werden.[24]

Der Unternehmer ist beim Einsatz von Fremdpersonal im Wege der Arbeitnehmerüberlassung an die durch das AÜG dafür geschaffenen rechtlichen Voraussetzungen gebunden. Das AÜG bezweckt den Schutz des Arbeitnehmers[25] und ist daher in weiten Teilen auch als Schutzgesetz formuliert.[26] Das AÜG sieht dabei ein grundsätzliches Verbot der Arbeitnehmerüberlassung mit Erlaubnisvorbehalt vor.[27]

B. Fremdpersonaleinsatz über Werkverträge

Teils um die hohen Anforderungen des AÜG im Hinblick auf die Beschäftigungsmodalitäten des Leiharbeitnehmers zu umgehen, greifen Unternehmen auf andere Formen des Fremdpersonaleinsatzes zurück.[28] Insbesondere, jedoch nicht allein zur Umgehung der besonderen Voraussetzungen des AÜG, ist der Fremdpersonaleinsatz über Werkverträge im Unternehmensbereich unverzichtbar geworden. *„Diese arbeitsteilige und damit hoch effiziente Vorgehensweise trägt maßgeblich zur Wertschöpfung bei und ist als solche anerkennenswert.“*[29] Darüber hinaus ist der Personaleinsatz auf Werkvertragsbasis Teil der grundrechtlich geschützten unternehmerischen Kompetenz.[30]

Dieser Fremdpersonaleinsatz über Werkverträge hat auch zur Folge, dass Leistungen, die zuvor im Rahmen eines Arbeitsvertrages i. S. d. §§ 611 ff. BGB erbracht wurden, nun vermehrt auf Grundlage von Werkverträgen oder durch (vermeintlich) Selbstständige erbracht werden, beispielsweise Paketfahrer eines großen

23 *Fuchs*, NZA 2009, 57, 62; BT-Drucks. 14/4220 S. 15; Thüsing/*Thüsing*, AÜG Einf. Rn. 6; Leiharbeit als „beschäftigungspolitischer Hoffungsträger“: *Böhm*, NZA 2005, 554, 556.

24 BT-Drucks. 14/4220 S. 15; BeckOK-Arbeitsrecht/*Kock*, § 9 AÜG Rn. 9 ff.; Thüsing/*Thüsing*, AÜG Einf. Rn. 12.

25 *Weber*, Anm. z. BAG Urteil v. 08.11.1978 -5 AZR 261/77, AP Nr. 2 zu § 1 AÜG; *Urban*, Anm. zu BAG Urteil v. 15.04.1999 -7 AZR 437/97, AP Nr. 1 zu § 13 AÜG; *dieselb.* Anm. zu BAG Urteil v. 28.06.2000 -7 AZR 100/99, AP Nr. 3 zu § 13 AÜG; ArbG Köln Urteil v. 09.02.1996,-2 Ca 6262/95, BB 1996, 800 und 802 m. Anm. *Liebscher.*

26 BT-Drucks. 17/5238, S. 15; Thüsing/*Thüsing*, AÜG Einf. Rn. 12a.

27 HK-ArbR/*Lorenz*, § 1 AÜG Rn. 2; *Sandmann/Marschall/Schneider*, AÜG Art. 1 § 1 Anm. 49; *Becker/Wulfgramm*, Art. 1 § 1 AÜG Rn. 14; *Schubel/Engelbrecht*, Rn. 1 zu § 2 AÜG; *Küchenhoff*, SGB 1971, 453, 459, 460; Kasseler Handb./*Düwell*, 4.5 Rn. 172.

28 *Bauschke*, NZA 2000, 1201, 1203 f.

29 Gesetzesantrag der Länder Niedersachsen, Entwurf eines Gesetzes zur Bekämpfung des Missbrauchs von Werkverträgen und zur Verhinderung der Umgehung von arbeitsrechtlichen Verpflichtung, S. 5.

30 *Werths*, BB 2014, 697, 698; *Bauer/Heimann*, NJW 2013, 3287, 3288.

Paketkonzerns,[31] Regaleinräumer[32] oder auch Schlachter[33]. Der Einsatz von Werkverträgen in Unternehmen sieht sich daher auch immer häufiger dem Vorwurf der Unseriosität ausgesetzt.[34]

Nachdem zuletzt nicht nur durch die Gesetzgebung, sondern auch durch die Rechtsprechung[35] die tariflichen Arbeitsbedingungen bei der Arbeitnehmerüberlassung gestärkt wurden, reden Gewerkschaften und Politiker von einer feststellbaren „Flucht in den Werkvertrag".[36]

C. Ziel

Ziel dieser Arbeit ist es, die Rechtsqualität und die daraus resultierenden wesentlichen Rechte und Pflichten der Arbeitnehmerüberlassung *bestehenden* und im Fall einer illegalen Arbeitnehmerüberlassung *entstehenden* schuldrechtlichen Beziehungen zu identifizieren und zu bewerten. Darüber hinaus wird ein Blick auf die (vor-)vertragliche Haftung der beteiligten Parteien in den bestehenden und entstehenden schuldrechtlichen Beziehungen geworfen, um die eingenommene vertragsrechtliche Perspektive der Arbeitnehmerüberlassung abzuschließen.

D. Gang der Untersuchung

Die Arbeitnehmerüberlassung ist durch ein Drei-Personen-Verhältnis gekennzeichnet, zwischen denen im Einzelnen zu untersuchende Rechtsbeziehungen bestehen. Die vorliegende Arbeit untergliedert sich insgesamt in vier Teile. Im ersten Teil der

---

31 Frankfurter Allgemeine Sonntagszeitung vom 27.10.2013, S. 21.

32 DIE ZEIT Nr. 50/11.

33 *Tuengerthal/Rothenhöfer*, BB 2013, 53.

34 *Tuengerthal/Rothenhöfer*, BB 2013, 53; Zuletzt hat der Fall eines schwedischen Möbelhauses Aufmerksamkeit erregt. Dort wurden rumänische Staatsangehörige in den Nachtstunden mit der gleichen Arbeit beschäftigt, wie die angestellten Arbeitnehmer des Möbelhauses am Tage, um Nachtzulagen der angestellten Arbeitnehmer einzusparen. Die rumänischen Staatsangehörigen wurden auf Werkvertragsbasis in dem Lager des schwedischen Möbelhauses zu einem Stundenlohn von vier € eingesetzt. Für die im Fremdbetrieb über Werkverträge eingesetzten Arbeitnehmer hat dies häufig Löhne weit unterhalb des Mindestlohnes und unzumutbare Arbeitsbedingungen zur Folge. Wanderarbeiter aus Rumänien wurden in einer Unterkunft aus Ästen, Plastikfolien und Decken aufgefunden; Von der „Geschichte eines modernen Sklaventums" ist gar die Rede in der Frankfurter Allgemeine Sonntagszeitung vom 27.10.2013, S. 21; Als „modernes Sklaventum oder moderne Dienstleistung" bezeichnet die Leiharbeit auch: *Böhm*, RdA 2005, 360.

35 BAG Beschluss v. 22.05.2012, -1 ABN 27/12, BeckRS 2012, 70480 (Feststellung der Tarifunfähigkeit der CGZP mit der Folge der Geltendmachung von Equal Pay Ansprüchen in zahlreichen Verfahren); vgl. zu den Folgen des CGZP Beschluss auch: *Ferme*, NZA 2011, 619.

36 Schüren/*Hamann*, § 1 AÜG Rn. 113; *Maschmann*, NZA 2013, 1305.

Arbeit werden im Rahmen der Grundlagen die (spezial-)gesetzlich geschaffenen Voraussetzungen der Arbeitnehmerüberlassung aufgezeigt, die für die Betrachtung der schuldrechtlichen Beziehungen zwischen den an der Arbeitnehmerüberlassung beteiligten Parteien von Bedeutung sind. Sodann sind die Arten der Arbeitnehmerüberlassung in einem kurzen Überblick auch in Abgrenzung zur Arbeitsvermittlung näher zu betrachten, um den Fokus der vorliegenden Arbeit dann auf die „unechte“[37] Arbeitnehmerüberlassung zu lenken, die dem Geltungsbereich des AÜG[38] unterliegt und deren zugrunde liegenden schuldrechtlichen Beziehungen in dieser Arbeit untersucht werden sollen. Im Anschluss werden der territoriale und gegenständliche Geltungsbereich des AÜG und die durch das AÜG geregelten Voraussetzungen dieser zuvor fokussierten, in den Geltungsbereich des AÜG fallenden Arbeitnehmerüberlassung eruiert, um so die Grundlage einer Betrachtung der schuldrechtlichen Beziehungen im Rahmen der Arbeitnehmerüberlassung und der für die durch das AÜG vorgesehenen Rechtsfolgen einer nicht gesetzmäßigen Arbeitnehmerüberlassung aus schuldrechtlicher Perspektive am Ende dieser Arbeit schaffen zu können.

Aufbauend auf diesen herausgearbeiteten Grundlagen der Arbeitnehmerüberlassung werden die der Arbeitnehmerüberlassung zugrunde liegenden (Rechts-)Beziehungen auf Primärebene im 2. Teil der Arbeit („Schuldrechtliche Beziehungen“) untersucht. Im Fokus steht dabei zuvorderst der Leiharbeitsvertrag zwischen Leiharbeitnehmer und Verleiher. Der Leiharbeitsvertrag wird hinsichtlich seiner Rechtsnatur qualifiziert, um dann in einem nächsten Schritt die sich aus dem Vertrag ergebenden auch arbeitnehmerüberlassungsspezifischen wesentlichen Rechte und Pflichten des Leiharbeitnehmers und des Verleihers betrachten zu können und schließlich die Beendigungsmöglichkeiten des Leiharbeitsvertrags näher zu beleuchten.

Im Anschluss an die Betrachtung des Leiharbeitsvertrags wird der Arbeitnehmerüberlassungsvertrag zwischen Verleiher und Entleiher im Hinblick auf die wesentlichen Rechte und Pflichten und die Rechtsnatur des Arbeitnehmerüberlassungsvertrags eruiert, da dieser im Gesetz im Wesentlichen weder hinsichtlich seiner Rechtsnatur noch der sich ergebenden Rechte und Pflichten für die beteiligten Parteien Niederschlag gefunden hat. Im Rahmen der rechtlichen Qualifikation des Arbeitnehmerüberlassungsvertrags wird auf die Problematik um die Abgrenzung zwischen Fremdpersonaleinsatz durch Werkverträge einerseits und Arbeitnehmerüberlassung andererseits lediglich in kursorischem Umfang eingegangen, da der Fokus der Arbeit ein anderer sein soll. Hierbei wird ein Überblick über die von der Rechtsprechung und der Literatur geschaffenen Abgrenzungskriterien zwischen dem Fremdpersonaleinsatz über Arbeitnehmerüberlassung und Werkverträge gegeben.

---

37 Die Bezeichnung als unechte und echte Arbeitnehmerüberlassung besteht im aktuellen Diskurs nicht mehr, wird aber hier im Rahmen der Einführung zur Klarstellung verwendet.

38 Fassung vom 11.08.2014, BGBl. I S. 1348.

Außerdem ist zu klären, ob dem Entleiher ein eigenes Forderungsrecht auf die Arbeitsleistung des Leiharbeitnehmers zukommt. Daher ist es notwendig, die schuldrechtliche Verbindung zwischen Leiharbeitnehmer und Entleiher näher zu beleuchten.

Nachdem vorausgehend im zweiten Teil der Arbeit im Wesentlichen die schuldrechtlichen Beziehungen zur gesetzmäßigen Durchführung der Arbeitnehmerüberlassung Gegenstand der Untersuchung waren, wechselt die vertragsrechtliche Perspektive der Arbeit im dritten Teil auf die gesetzlich vorgesehenen Rechtsfolgen der nicht gesetzmäßigen Arbeitnehmerüberlassung, die ein gesetzliches Arbeitsverhältnis zwischen Leiharbeitnehmer und Entleiher entstehen lassen und die vertraglich begründeten Beziehungen zwischen den an der Arbeitnehmerüberlassung beteiligten Parteien durch Gesetz beenden. In den Fokus der Arbeit rückt damit nicht nur das Schicksal der im Rahmen der Arbeitnehmerüberlassung *bestehenden* Rechtsbeziehungen, sondern auch die durch die nicht gesetzmäßige Arbeitnehmerüberlassung *entstehenden* schuldrechtlichen Beziehungen. Neben den Rechtsfolgen für den Arbeitnehmerüberlassungsvertrag und den Leiharbeitsvertrag werden in einem ersten Schritt die Begründung, der Inhalt und die Beendigung des durch die illegale Arbeitnehmerüberlassung entstehenden gesetzlichen Arbeitsverhältnisses zwischen Leiharbeitnehmer und Entleiher betrachtet. In einem weiteren Schritt wird im Rahmen der vorliegenden Bearbeitung deutlich werden, dass das AÜG in seiner nach § 10 AÜG vorgesehenen Rechtsfolge seinem Ziel, dem Arbeitnehmerschutz, noch nicht nahe genug ist und sich bei strengem Wortlautverständnis der §§ 9 Nr. 1, 10 Abs. 1 AÜG eine verfassungswidrige Rechtslage ergeben kann. Denn im Ergebnis wird durch das Entstehen eines gesetzlichen Arbeitsverhältnisses nach § 10 Abs. 1 AÜG dem Arbeitnehmer ein Arbeitsverhältnis ohne Willen und sogar ohne Wissen mit dem Entleiher aufgezwungen, ohne dass der Arbeitnehmer, außer durch Kündigung, diese durch das AÜG vorgesehenen Rechtsfolgen verhindern kann. Hierzu werden eine Lösungsmöglichkeit *de lege lata* im Wege einer verfassungskonformen Auslegung und eine Lösung *de lege ferenda* vorgeschlagen.

Zuletzt widmet sich die Arbeit im vierten Teil der Sekundärebene der der Arbeitnehmerüberlassung zugrunde liegenden Rechtsbeziehungen, wobei neben der (vor-)vertraglichen Haftung auch die spezialgesetzliche Haftung auf Grundlage des AÜG betrachtet wird.

1. Teil: Grundlagen

Im Folgenden werden die Rechtsgrundlagen, die Typen der Arbeitnehmerüberlassung sowie die Voraussetzungen einer gesetzmäßigen Arbeitnehmerüberlassung näher beleuchtet, um so die Grundlage für die dann anschließende Betrachtung der der Arbeitnehmerüberlassung zugrunde liegenden schuldrechtlichen Beziehungen im zweiten Teil der Arbeit zu schaffen.

§ 2 Rechtsgrundlagen der Arbeitnehmerüberlassung – das Arbeitnehmerüberlassungsgesetz als Sonderprivatrecht

Der deutsche Gesetzgeber hat aufgrund des vermehrten Bedarfs der Unternehmen nach Fremdpersonaleinsatz auch im Wege der Arbeitnehmerüberlassung den notwendigen Schutz des Leiharbeitnehmers und die Voraussetzungen der Arbeitnehmerüberlassung im AÜG ausgestaltet und zuletzt geändert durch Art. 7 Tarifautonomiestärkungsgesetz vom 11.08.2014.[39]

Die Arbeitnehmerüberlassung ist im AÜG als präventives Verbot mit Erlaubnisvorbehalt ausgestaltet.[40] Eine Legaldefinition einer Arbeitnehmerüberlassung enthält das Gesetz nicht, sondern setzt vielmehr das Vorliegen einer Arbeitnehmerüberlassung voraus.[41]

Das AÜG teilt sich in einen öffentlich-rechtlichen und einen privatrechtlichen Teil. Der öffentlich-rechtliche Teil betrifft die Regelungen der §§ 1 – 8 AÜG und §§ 15 – 19 AÜG und der privatrechtliche Teil die Regelungen der §§ 9 – 14 AÜG.[42]

Im Fokus der Arbeit steht der privatrechtliche Teil der §§ 9 – 14 AÜG, der aber nicht vollständig isoliert von den öffentlich-rechtlichen Vorschriften der §§ 1 – 8 AÜG und §§ 15 – 19 AÜG betrachtet werden kann.[43]

Das AÜG fungiert hinsichtlich des öffentlich-rechtlichen Abschnitts als spezialgesetzliche Regelung der GewO, mithin als ein Nebengesetz der GewO.[44] Die beiden Erlaubniserfordernisse nach der GewO und nach dem AÜG stehen selbstständig

---

39 BGBl. I S. 1348.

40 HK-ArbR/*Lorenz*, § 1 AÜG Rn. 2; Schüren/*Hamann*, § 1 AÜG Rn. 4; FachA/*Beck*, § 1 AÜG Rn. 1; Thüsing/*Waas*, § 1 AÜG Rn. 2; Moll/*Christ*, § 66 Arbeitnehmerüberlassung, Rn. 18.

41 Urban-Crell/Germakowski/*Bissels*, § 1 AÜG Rn. 3.

42 *Becker/Wulfgramm*, Vor Art. 1 § 9 AÜG Rn. 1 ff.; BeckOK-Arbeitsrecht/Kock, § 9 AÜG Vorbem. Rn. 1.

43 *Becker/Wulfgramm*, Vor Art. 1 § 9 AÜG Rn. 1; Thüsing/*Mengel*, § 9 AÜG Rn. 1 „Wechselwirkung der öffentlich-rechtlichen und privatrechtlichen Vorschriften der Arbeitnehmerüberlassung".

44 Thüsing/*Thüsing*, AÜG Einf. Rn. 15.

nebeneinander.[45] Wurde also eine Erlaubnis nach der GewO zur Führung eines Gewerbebetriebs erteilt, ersetzt dies nicht die für die gesetzmäßige Arbeitnehmerüberlassung erforderliche Erlaubnis nach § 1 AÜG. Dies gilt auch für den umgekehrten Fall, dass eine Arbeitnehmerüberlassungserlaubnis vorliegt. Diese ersetzt nicht die nach der GewO erforderliche Erlaubnis zur ordnungsgemäßen Führung eines Gewerbebetriebs.

Nach der Konzeption des AÜG ist demnach die Arbeitnehmerüberlassung, also der „Verleih" von Arbeitskräften an Dritte, grundsätzlich nicht gesetzmäßig. Die Arbeitnehmerüberlassung ist nur ausnahmsweise gesetzmäßig, wenn für die betreffende Arbeitnehmerüberlassung eine Erlaubnis nach § 1 AÜG erteilt wurde.[46]

Für die jeweiligen vertraglichen Beziehungen zwischen den an der Arbeitnehmerüberlassung beteiligten Parteien – Verleiher, Leiharbeitnehmer und Entleiher – gelten darüber hinaus auch die Regelungen des Bürgerlichen Gesetzbuches, insofern nicht das AÜG speziellere Regelungen getroffen hat.[47]

Das AÜG enthält abweichende und ergänzende Vorschriften zu den Regelungen des Allgemeinen Privatrechts. Der Leiharbeitnehmer erbringt seine durch Arbeitsvertrag geschuldete Leistung abweichend von § 613 S. 2 BGB nicht bei seinem Vertragsarbeitgeber, sondern beim Entleiher. Weiterhin entsteht ein gesetzliches Arbeitsverhältnis entgegen der üblichen Regelungen des Bürgerlichen Gesetzbuches ohne Wissen und Willen der Vertragsparteien (§ 10 Abs. 1 AÜG), wenn eine nicht gesetzmäßige Arbeitnehmerüberlassung mangels erforderlicher Erlaubnis vorliegt. Das AÜG enthält demnach besondere, vom allgemeinen Privatrecht speziell für den Überlassenden, den Überlassenen und den Entleihenden abweichende Regelungen und ist daher als Sonderprivatrecht zu qualifizieren.

Daneben finden noch die Regelungen zum Arbeitnehmerschutz, wie das KSchG, ArbeitsZSChutzG, MuSchG, TzbfG[48] oder das BEEG, auch im Rahmen der Arbeitnehmerüberlassung grundsätzlich Anwendung.[49]

§ 3 Arten der Arbeitnehmerüberlassung

Untersuchungsgegenstand dieser Arbeit ist die Arbeitnehmerüberlassung im Rahmen der wirtschaftlichen Tätigkeit des Verleihers, die auch Regelungsgegenstand des AÜG[50] ist.

---

45 Thüsing/*Thüsing*, AÜG Einf. Rn. 15; *Becker/Wulfgramm*, AÜG Einl. Rn. 2a; Schüren/*Schüren*, AÜG Einl. Rn. 18.

46 „Verbot mit Erlaubnisvorbehalt": *Ulber/Ulber*, § 9 AÜG Rn. 17.

47 *Sandmann/Marschall/Schneider*, Art. 1 § 9 AÜG Vorbemerkung Anm. 2.

48 Vgl. aber die umstrittene „Della Rocca"-Entscheidung des EUGH, -Rs C-290/12, NZA 2013, 495, in der der EUGH die Auffassung vertritt, dass die europäische Rahmenvereinbarung zu befristeten Arbeitsverhältnissen keine Anwendung auf Leiharbeitnehmer findet; für die Anwendung auch des TzbfG auf Leiharbeitnehmer: Moll/*Christ*, § 66 Arbeitnehmerüberlassung, Rn. 60.

49 Moll/*Christ*, § 66 Arbeitnehmerüberlassung, Rn. 42 ff.

50 Fassung v. 11.08.2014, BGBl. I S. 1348.

A. Echte und unechte Leiharbeit

Nur die Arbeitnehmerüberlassung, die im Rahmen der wirtschaftlichen Tätigkeit des Verleihers erfolgt, fällt in den Regelungsbereich des AÜG[51].

Vor der Reform des AÜG im Jahr 2011 fiel nur die „unechte" bzw. die „gewerbsmäßige" Arbeitnehmerüberlassung in den Geltungsbereich des AÜG. [52] Es wurde zwischen der echten und unechten Leiharbeit[53] bzw. gewerbsmäßiger und nicht gewerbsmäßiger Leiharbeit differenziert.[54] Die echte bzw. nicht-gewerbsmäßige Leiharbeit betrifft den Fall, dass ein Arbeitnehmer zwar normalerweise in den Betrieb seines Arbeitgebers eingegliedert ist, aber wegen einer Sondersituation, die sich unter anderem durch Auftragsmangel beim Vertragsarbeitgeber oder einen erhöhten Auftragsbestand beim Entleiher ergeben kann, im Betrieb des Entleihers vorübergehend tätig wird.[55] Es fehlt in diesem Fall an der Gewerbsmäßigkeit der Arbeitnehmerüberlassung,[56] denn der Verleiher überlässt den Leiharbeitnehmer nicht im Rahmen seiner wirtschaftlichen Tätigkeit. Die echte Leiharbeit entspricht demnach weitgehend inhaltlich der nicht-gewerbsmäßigen Arbeitnehmerüberlassung, auf die das AÜG mit Ausnahme der § 1b S. 1, des § 16 Abs. 1 Nr. 1b und Abs. 2 bis 5 sowie der §§ 17 und 18 AÜG gem. § 1 Abs. 3 Nr. 2a AÜG nicht anwendbar war.

Unechte Leiharbeit liegt vor, wenn der Verleiher ein Arbeitsverhältnis mit dem Leiharbeitnehmer nur begründet, um diesen an einen dritten Betrieb zur Erbringung der Arbeitsleistung zu verleihen.[57] Im Rahmen der unechten bzw. gewerbsmäßigen Leiharbeit liegt die wirtschaftliche Betätigung des Arbeitgebers ausschließlich im Verleih seines Arbeitnehmers. Durch den Verleih erreicht der Arbeitgeber (Verleiher) seinen wirtschaftlichen Gewinn.[58] Diese Leiharbeitsverhältnisse unterliegen den Regelungen des AÜG.[59]

Diese Einschränkung des Anwendungsbereichs des AÜG hat der Gesetzgeber mit der Neufassung des § 1 AÜG aufgegeben. Nunmehr bedürfen Verleiher, die im Rahmen ihrer *wirtschaftlichen Tätigkeit* zur Arbeitsleistung überlassen wollen, der

---

51 In der Fassung v. 11.08.2014, BGBl. I S. 1348.

52 Diese Begrifflichkeiten sind zwar nach der Reform des AÜG aus 2011 überholt, denn der Gesetzgeber differenziert nun nicht mehr zwischen „unechter" bzw. „gewerbsmäßiger" und „unechter" bzw. „nicht-gewerbsmäßiger" Arbeitnehmerüberlassung. Gleichwohl ist die Darstellung auch zur Analyse der vor 2011 ergangenen Rechtsprechung und Literatur unerlässlich.

53 Schüren/*Schüren*, AÜG Einl. Rn. 98; *Boemke*, Schuldvertrag, S. 550.

54 *Dütz/Thüsing*, Arbeitsrecht, Rn. 337; die Begriffspaare sind aber deckungsgleich: Thüsing/*Thüsing*, AÜG Einf. Rn. 13; so auch *Boemke*, Schuldvertrag, S. 553.

55 *Boemke*, Schuldvertrag, S. 551; *Schnorr*, RdA 1972, 193, 195; *Scheriau*, Leiharbeit und Werkvertrag, S. 13; *Endemann*, BB 1954, 473, 474.

56 Schüren/*Schüren*, AÜG Einl. Rn. 98.

57 *Fitting*, BetrVG § 5 Rn. 241; *Scheriau*, Leiharbeit und Werkvertrag, S. 14.

58 Schüren/*Schüren*, AÜG Einl. Rn. 98.

59 *Scheriau*, Leiharbeit und Werkvertrag, S. 14; Schaub/*Koch*, Arbeitsrechtshandbuch § 120 Arbeitnehmerüberlassung, Rn. 2 ff.

Erlaubnis. Der Verleiher verfügt in der Regel bei der Arbeitnehmerüberlassung im Rahmen seiner wirtschaftlichen Tätigkeit über keinen eigenständigen Betrieb, in dem er den Leiharbeiter entsprechend seinen Fähigkeiten beschäftigen könnte. Der Arbeitgeber stellt den Leiharbeitnehmer schon zu Beginn des (Leih-)Arbeitsvertrages nur zum Zwecke der Überlassung an Dritte ein.[60]

B. Konzerninterne Arbeitnehmerüberlassung

Neben der Arbeitnehmerüberlassung, die der Verleiher nicht im Rahmen seiner wirtschaftlichen Tätigkeit durchführt, unterfällt die konzerninterne Arbeitnehmerüberlassung gem. § 1 Abs. 3 Nr. 2 AÜG nicht dem Regelungsbereich des AÜG mit Ausnahme des § 1b S. 1, des § 16 Abs. 1 Nr. 1b und Abs. 2 bis 5 sowie der §§ 17 und 18 AÜG.

Eine konzerninterne Arbeitnehmerüberlassung i. S. d. § 1 Abs. 3 Nr. 2 AÜG liegt dann vor, wenn Verleiher und Entleiher demselben Konzern i. S. v. § 18 AktG angehören und die Überlassung nur vorübergehend erfolgt.[61] Dabei ist der Arbeitnehmer, der an das Konzernunternehmen verliehen wird, bei dem anderen Konzernunternehmen nicht zum Zweck der Überlassung eingestellt und beschäftigt.[62] Der Leiharbeitnehmer wird im Rahmen des Konzernverleihs also nicht außerhalb des Konzerns verliehen, denn die Überlassung erfolgt innerhalb des Konzernverbunds.[63] Auch im Rahmen der konzerninternen Überlassung wird eine wirtschaftliche Tätigkeit ausgeübt.[64] Eine Erscheinungsform der konzerninternen Arbeitnehmerüberlassung ist die Gründung von konzerneigenen Verleihgesellschaften,[65] die Arbeitnehmer an ein konzernangehöriges Unternehmen verleiht. Dabei fungiert die konzerninterne Verleihgesellschaft als „konzerninternes Arbeitsamt"[66] oder als Beschäftigungs- und Qualifizierungsgesellschaft.[67]

---

60 *Boemke*, Schuldvertrag, S. 551.

61 ErfK/*Wank*, § 1 AÜG Rn. 57 ff.; Zur konzerninternen Arbeitnehmerüberlassung auch *Lembke*, BB 2012, 2497 ff.

62 *Boemke/Lembke*, § 1 AÜG Rn. 213.

63 HK-ArbR/*Lorenz*, § 1 AÜG Rn. 40; siehe dazu auch *Junker*, Internationales Arbeitsrecht im Konzern, S. 222 ff.

64 *Ulber/Ulber*, § 1 AÜG Rn. 119a; LAG Düsseldorf Urteil v. 26.07.2012, -15 Sa 336/12-, BeckRS 2012, 71606.

65 Zum Rechtsmissbrauch im Zusammenhang mit der konzerninternen Arbeitnehmerüberlassung: LAG Berlin-Brandenburg, Urteil v. 09.01.2012 -15 Sa 1635/12, BeckRS 2013, 65446; LAG Niedersachsen Urteil v. 19.09.2012 -17 TaBV 124/11, DB 2012, 2486; *Lembke*, BB 2010, 1533, 1537 ff.; *Boemke/Lembke*, § 1 AÜG Rn. 225.

66 *Lebmke*, BB 2012, 2497, 2498; *Boemke/Lembke*, § 1 AÜG Rn. 225.

67 *Hümmerich/Welsau*, NZA 2005, 610 f.; *Lebmke*, BB 2012, 2497, 2498; *Boemke/Lembke*, § 1 AÜG Rn. 225.

C. Arbeitsvermittlung

Die Arbeitnehmerüberlassung ist abzugrenzen von der Arbeitsvermittlung. Eine Definition der Arbeitsvermittlung enthält § 35 Abs. 1 S. 2 SGB III.[68] Danach umfasst die Vermittlung alle Tätigkeiten, die darauf gerichtet sind, Arbeitssuchende mit Arbeitgebern zur Begründung eines Beschäftigungsverhältnisses zusammenzuführen. Die Arbeitsvermittlung unterscheidet sich also dahingehend von der Arbeitnehmerüberlassung, dass bei der Arbeitsvermittlung der Dritte auch Vertragspartner des Arbeitnehmers wird.[69] Darüber hinaus wird bei der Arbeitnehmerüberlassung das Vertragsverhältnis ausschließlich zum Zwecke der Überlassung an einen Dritten begründet,[70] während bei der Arbeitsvermittlung hingegen das Arbeitsverhältnis mit dem Dritten begründet werden soll.[71]

Die Arbeitsvermittlung ist keine Arbeitnehmerüberlassung i. S. d. AÜG und bedarf daher auch nicht der Erlaubnis nach § 1 Abs. 1 S. 1 AÜG. Nach § 1 Abs. 2 AÜG wird vermutet, dass der Überlassende Arbeitsvermittlung betreibt, wenn Arbeitnehmer Dritten zur Arbeitsleistung überlassen werden und der Überlassende nicht die üblichen Arbeitgeberpflichten oder das Arbeitgeberrisiko übernimmt.

Ein gewichtiges Indiz für das Vorliegen von Arbeitsvermittlung ist die Dauer des zwischen dem vermeintlichen Leiharbeitnehmer und dem vermeintlichen Verleiher geschlossenen Vertrags. Die vertragliche Verbindung zwischen Leiharbeitnehmer und Leiharbeitgeber muss den Zeitraum der Überlassung im Rahmen einer Arbeitnehmerüberlassung überdauern. Ist dies nicht der Fall und trägt der Arbeitgeber daher nicht das typische Arbeitgeberrisiko fehlender Beschäftigungsmöglichkeit sowie die üblichen Arbeitgeberpflichten, liegt eine Arbeitnehmerüberlassung nicht vor.[72] Arbeitgeberpflichten meint dabei sowohl Hauptleistungspflichten, wie die Vergütungsleistung, als auch Nebenleistungspflichten, wie die Einhaltung der Arbeitsschutzbestimmungen.[73]

Vor allem zur Anwendbarkeit des für den Arbeitgeber meist günstigeren Tarifvertrags der Leiharbeitsbranche werden dem Konzern angehörige Personalführungsgesellschaften gegründet, die Arbeitnehmer dauerhaft an den Hauptkonzern überlassen. In einem solchen Fall handelt es sich um Arbeitsvermittlung i. S. d. § 1 Abs. 2 AÜG und ein Arbeitsverhältnis zwischen dem Entleiher und dem Arbeitnehmer kommt unmittelbar zustande.[74]

---

68 ErfK/*Wank*, § 1 AÜG Rn. 45; *Ulber/Ulber*, AÜG Einl. Rn. 34.

69 Siehe zum Rechtsverhältnis zwischen Leiharbeitnehmer und Entleiher unter 2. Teil § 8.

70 *Ulber/Ulber*, AÜG Einl. Rn. 34.

71 BVerfG Urteil v. 04.04.1967 -1 BvR 84/65, BVerfGE 21, 261, 268 Rn. 22 (zit. nach juris); Schüren/*Hamann*, § 1 AÜG Rn. 291.

72 *Ulber/Ulber*, AÜG Einl. Rn. 35.

73 HK-ArbR/*Lorenz*, § 1 AÜG Rn. 32.

74 *Ulber/Ulber*, AÜG Einl. Rn. 37; HK-ArbR/*Lorenz*, § 1 AÜG Rn. 31 f.; a. A. BAG Urteil v. 02.06.2010, -7 AZR 946/08, NZA 2011, 351, 353–354.

Die entsprechend zuständigen Behörden sind dahingehend beweisbelastet, dass die Vermutungsvoraussetzungen des § 1 Abs. 2 AÜG vorliegen. Der Überlassende trägt entsprechend die Beweislast dafür, dass trotzdem eine Arbeitsvermittlung des § 1 Abs. 2 AÜG nicht vorliegt.[75]

§ 4 Geltungsbereich und Voraussetzungen der gesetzmäßigen Arbeitnehmerüberlassung

Da die im zweiten Teil der Arbeit zu betrachtenden, der legalen Arbeitnehmerüberlassung nach dem AÜG zugrunde liegenden schuldrechtlichen Beziehungen voraussetzen, dass die Arbeitnehmerüberlassung auch in den territorialen und gegenständlichen Geltungsbereich des AÜG fällt, sind der Geltungsbereich und die Voraussetzungen der legalen Arbeitnehmerüberlassung nach AÜG nachfolgend zu betrachten.

A. Territorialer und gegenständlicher Geltungsbereich des AÜG

I. Territorialer Geltungsbereich

Der territoriale Geltungsbereich des AÜG beschränkt sich auf das Gebiet der Bundesrepublik Deutschland und gilt sowohl für in der Bundesrepublik ansässige Unternehmen als auch für Unternehmen mit Geschäftssitz im Ausland, die auf deutschem Gebiet Arbeitnehmerüberlassung betreiben wollen.[76] Die nach Art. 56 ff. AEUV gewährleistete Dienstleistungsfreiheit ermöglicht auch einen Verleih eines in Deutschland angestellten Arbeitnehmers in das Ausland.[77] Der Leiharbeitnehmer seinerseits ist durch das EU-Freizügigkeitsrecht nach Art. 45 AEUV grundsätzlich nicht beschränkt, einer Beschäftigung im Ausland nachzugehen.[78] Die Anwendbarkeit des AÜG richtet sich danach, ob der Arbeitnehmer auch vor der Überlassung dem deutschen Recht unterworfen war.[79] Demzufolge sieht sich der deutsche oder ausländische Verleiher, der innerhalb der Grenzen der Bundesrepublik Deutschland dem deutschen Recht unterworfene Arbeitnehmer überlässt, und auch der Verleiher mit Sitz in Deutschland, der eben solche Arbeitnehmer im Ausland überlässt, den Anforderungen des AÜG zur Durchführung einer gesetzmäßigen Arbeitnehmerüberlassung ausgesetzt.[80]

75 HK-ArbR/*Lorenz*, § 1 AÜG Rn. 31.
76 HWK/Kalb, § 1 AÜG Rn. 3; Thüsing/*Thüsing*, AÜG Einf. Rn. 24; HK-ArbR/*Lorenz*, § 1 AÜG Rn. 6; *Brors*, DB 2013, 2087.
77 *Ulber/Ulber*, AÜG Einl. 53.
78 *Ulber/Ulber*, AÜG Einl. 53.
79 LAG Frankfurt Urteil v. 28.03.1994 – 10 Sa 595/93, AR-Blattei, ES 920 Nr. 4.
80 HK-ArbR/*Lorenz*, § 1 AÜG Rn. 6.

Verleiher mit Sitz innerhalb Deutschlands bedürfen zur gesetzmäßigen Arbeitnehmerüberlassung bei der Entsendung eines Leiharbeitnehmers in das Ausland einer räumlich unbeschränkten Erlaubnis zur Arbeitnehmerüberlassung i. S. d. § 1 Abs. 1 S. 1 AÜG.[81] Hingegen ist das AÜG nicht anwendbar, wenn ein Verleiher mit Sitz im Ausland einen ausländischen Arbeitnehmer, der schon vor der Überlassung nicht dem deutschen Arbeitsrecht unterworfen war, an einen Entleiher mit Sitz außerhalb Deutschlands zur Beschäftigung in Deutschland verleiht.[82] Aus den Regelungen der ausländischen Länder, in die der Leiharbeitnehmer verliehen wird, können sich Beschränkungen aufgrund gesetzlicher Mindestlöhne oder Beschränkungen der Leiharbeit ergeben.[83]

II. Gegenständlicher Geltungsbereich

1. Grundsätzlich

Der gegenständliche Geltungsbereich des AÜG betrifft die an der Arbeitnehmerüberlassung beteiligten drei Parteien, den Verleiher, den Entleiher und den Leiharbeitnehmer, im Rahmen der wirtschaftlichen Tätigkeit des Verleihers.

Dazu regelt § 1 Abs. 1 S. 1 und 2 AÜG:

> *„Arbeitgeber, die als Verleiher Dritten (Entleihern) Arbeitnehmer (Leiharbeitnehmer) im Rahmen ihrer wirtschaftlichen Tätigkeit zur Arbeitsleistung überlassen wollen, bedürfen der Erlaubnis. Die Überlassung von Arbeitnehmern an Entleiher erfolgt vorübergehend.“*

Eine den Anforderungen des AÜG unterliegenden Arbeitnehmerüberlassung liegt demnach dann vor, wenn ein Unternehmer (Verleiher) an einen dritten Unternehmer (Entleiher) den bei ihm beschäftigten Arbeitnehmer (Leiharbeitnehmer) verleiht, der dann im Unternehmen des Entleihers zur Erfüllung seiner Verpflichtung aus dem Arbeitsvertrag gegenüber dem Verleiher abweichend von § 613 S. 2 BGB tätig wird.[84]

2. Zulässigkeit des Kettenverleihs

Denkbar wäre auch, dass der Entleiher den ihm überlassenen Leiharbeitnehmer an einen Dritten weiterverleiht. In der Praxis kann dies insbesondere bei mehrstufigen

---

81 *Ulber/Ulber*, AÜG Einl. Rn. 54.

82 So wohl h.M. Thüsing/*Thüsing*, AÜG Einf. Rn. 25; LAG Frankfurt Urteil v. 28.03.1994 -10 Sa 595/93, AR-Blattei, ES 920 Nr. 4.

83 *Ulber/Ulber*, AÜG Einl. Rn. 55.

84 *Sandmann/Marschall/Schneider*, Art. 1 § 1 AÜG Anm. 5; nach allgemeiner Auffassung liegt demnach ein Leiharbeitsverhältnis vor, wenn ein Arbeitgeber einen Arbeitnehmer einem Dritten zur Arbeitsleistung überlässt, *Boemke*, Schuldvertrag, S. 549; *Marschner*, NZA 1995, 668, 669; Palandt/*Weidenkaff*, Einf. v. § 611 BGB Rn. 38; BAG Urteil v. 22.06.1994 -7 AZR 286/93, NZA 1995, 462, 464 f.; *Mittmann*, Rechtliche Probleme der Leiharbeit, S. 15.

Lieferantenbeziehungen durch die Nutzung von Subunternehmern relevant sein.[85] Es ist fraglich, ob auch diese Abweichung von der üblichen Dreieckskonstellation der Arbeitnehmerüberlassung auf einer vierten Partei, einem weiteren Entleiher, zulässig ist und daher auch in den gegenständlichen Bereich des AÜG fällt. Dann müsste auch diese schuldrechtliche Beziehung zwischen dem Weiterverleiher (Entleiher) und zweitem Entleiher Gegenstand der hier vorliegenden Untersuchung sein.

In der Literatur wird teilweise vertreten, dass der Leiharbeitnehmer auch im Rahmen einer gesetzmäßigen Arbeitnehmerüberlassung nach §§ 1 ff. AÜG vom eigentlichen Entleiher an einen dritten Unternehmer weiter verliehen werden kann, sodass der Leiharbeitnehmer nicht ausschließlich im Betrieb des Entleihers tätig wird.[86] Möglich sei nach dem Gesetzeswortlaut des § 1 Abs. 1 S. 1 AÜG, dass der Entleiher den Leiharbeitnehmer, der immer noch Arbeitnehmer des Verleihers bleibe, an einen dritten Unternehmer jedenfalls zeitweise, aber nicht ausschließlich weiter verleiht. Dabei handele es sich um einen Fall des [zulässigen] Ketten- oder Zwischenverleihs.[87]

Dies wirft die Frage auf, ob in den gegenständlichen Bereich des AÜG auch die Arbeitnehmerüberlassung im Rahmen eines Kettenverleihs fällt und ob daraus ein Arbeitsverhältnis zwischen dem Entleiher und dem Leiharbeitnehmer, im Beispiel zwischen MB und C, resultiert. Dafür ist jedoch zunächst Voraussetzung, dass der Kettenverleih überhaupt nach dem AÜG zulässig ist. Im Grunde geht es dabei um die Frage, ob der Verleih eines Arbeitnehmers nach dem AÜG zwingend voraussetzt, dass der Verleih durch den Vertragsarbeitgeber des Arbeitnehmers erfolgt. Hierzu gibt es zwei Strömungen, die den Kettenverleih für zulässig erachten. Diese unterscheiden sich in der Konstruktion des Kettenverleihs. Eine Strömung erachtet einen Kettenverleih, bei dem es sich um einen einzigen Verleih handelt (Kettenverleih im engeren Sinne[88]) für zulässig, während andere den Kettenverleih als zwei aufeinanderfolgende selbstständige Verleihungen sehen und diesen dann für zulässig erachten (Kettenverleih im weiteren Sinne[89]).

a. Zulässigkeit des Kettenverleihs im engeren Sinne (nur ein Verleih)

In der Literatur wird vertreten, dass der Leiharbeitnehmer auch vom Entleiher an einen Dritten weiterverliehen werden kann (sog. Kettenverleih[90]),[91] jedenfalls die gesetzliche Regelung des § 1 Abs. 1 S. 1 AÜG dem nicht entgegenstehe, da der Wortlaut nicht verlange, dass der Leiharbeitnehmer von seinem vertraglichen Arbeitgeber

---

85 *Baeck/Winzer*, NZA 2015, 269, 273.
86 Schüren/*Hamann*, § 1 AÜG Rn. 57.
87 Schüren/*Hamann*, § 1 AÜG Rn. 57.
88 Eigene Bezeichnung der Verfasserin.
89 Eigene Bezeichnung der Verfasserin.
90 Thüsing/*Waas*, § 1 AÜG Rn. 28.
91 *Sandmann/Marschall/Schneider*, AÜG Einl. Anm. 3, aber mit Verweis darauf, dass dieser Weiterverleih nach dem AÜG nicht gestattet ist.

an einen Dritten zur Arbeitsleistung überlassen werde.[92] Danach handelt es sich bei dem Kettenverleih um *einen* Verleih.

Dieser Ansicht folgend, würde der räumliche Geltungsbereich des AÜG auch den Weiterverleih durch den Entleiher erfassen, ohne dass dieser über eine zusätzliche Erlaubnis verfügen muss.[93] Danach müsste nur der Vertragsarbeitgeber (Verleiher) über eine Verleiherlaubnis i. S. d. § 1 Abs. 1 S. 1 AÜG für die Gesetzmäßigkeit der Arbeitnehmerüberlassung verfügen.

Beispiel: Leiharbeitnehmer C könnte dieser Ansicht folgend von Entleiher MB an den Dritten D weiterverliehen werden, ohne dass MB im Widerspruch zur gesetzlichen Regelung nach § 1 Abs. 1 S. 1 AÜG handelt. Verleiher A wäre weiterhin vertragliche Arbeitgeber des Leiharbeitnehmers C. MB würde in seiner Position des Entleihers verbleiben und bräuchte zur gesetzmäßigen Überlassung des C keine zusätzliche Erlaubnis.

Eine Schwachstelle dieser Auffassung ist, dass es an Ausführungen zur Rechtsfolge bei nicht gesetzmäßiger Überlassung fehlt.

Ist der erste Verleiher nicht im Besitz einer Arbeitnehmerüberlassungserlaubnis, müsste das Leiharbeitsverhältnis des Leiharbeitnehmers zum Verleiher nach § 9 Nr. 1 AÜG unwirksam werden und ein gesetzliches Arbeitsverhältnis zum Entleiher nach § 10 Abs. 1 AÜG entstehen. Die Ansicht äußert sich jedoch nicht, zu welchem Entleiher das Arbeitsverhältnis entstehen soll. Es gibt bei einem solchen Kettenverleiher zwei Entleiher, zu denen potentiell ein Arbeitsverhältnis entstehen kann. Das Gesetz geht seinem Wortlaut nach hingegen nur von einem Entleiher aus, sodass fraglich ist, zu welchem Entleiher das Arbeitsverhältnis mit dem Leiharbeitnehmer letztlich entstehen soll. Arbeitsverhältnisse zu beiden Entleihern gleichzeitig zu begründen ist nicht möglich, da so dem Leiharbeitnehmer in jedenfalls einem Arbeitsverhältnis die Erbringung seiner geschuldeten Arbeitsleistung nicht möglich ist, also zum Vertragsbruch gegenüber einem Arbeitgeber gezwungen wird. § 326 Abs. 2 BGB ist nicht anwendbar, da der Entleiher für den Umstand der fehlenden Verleiherlaubnis grundsätzlich nicht verantwortlich sein wird. Eine Antwort auf dieses offensichtliche und maßgebliche Problem lässt die Ansicht in der Literatur offen. Rechtsprechung hierzu besteht derzeit nicht.[94] Arbeitnehmerschutz ist so nicht gewährleistet.

b. Zulässigkeit des Kettenverleihs im weiteren Sinne (zwei Verleihungen)

Andere Teile der Literatur halten einen Kettenverleih im weiteren Sinne für gesetzmäßig i. S. d. § 1 AÜG und damit zulässig, sodass dieser in den gegenständlichen

92 Schüren/*Hamann*, § 1 AÜG Rn. 57.
93 *Sandmann/Marschall/Schneider*, AÜG Einl. Anm. 3.
94 Stand Dezember 2016; so auch *Baeck/Winzer*, NZA 2015, 269, 273.

Bereich des AÜG fällt.[95] Ein Kettenverleih im weiteren Sinne liegt vor, wenn zwei isoliert zu betrachtende Arbeitnehmerüberlassungen nebeneinander oder parallel verlaufen, aber der verliehene Arbeitnehmer identisch bleibt. Demnach stehen zwei getrennt voneinander zu betrachtende Arbeitnehmerüberlassungen nebeneinander.[96] Der Entleiher bedarf aber einer zusätzlichen Überlassungserlaubnis zum Verleih des Leiharbeitnehmers beim Dritten.[97] Auch der Gesetzeswortlaut stehe dem nicht entgegen, da § 1 Abs. 1 AÜG nicht voraussetze, dass der Leiharbeitnehmer ausschließlich von seinem vertraglichen Arbeitgeber an Dritte überlassen werden könne.[98]

Beispiel: Demnach würde A als Verleiher zur Gesetzmäßigkeit einer Arbeitnehmerüberlassung i. S. d. AÜG einer Verleiherlaubnis bedürfen und auch MB würde einer Verleihererlaubnis zum Weiterverleih des Leiharbeitnehmers C an D benötigen.

Problematisch ist auch an dieser Ansicht, dass eine Regelung zur Rechtsfolge einer illegalen Arbeitnehmerüberlassung fehlt.

Rechtsfolge muss, wie auch bei der Arbeitnehmerüberlassung im Dreiecksverhältnis ohne anschließenden Weiterverleih durch den Entleiher, ein gesetzliches Arbeitsverhältnis nach § 10 Abs. 1 AÜG zwischen Leiharbeitnehmer und Entleiher sein.

Unproblematisch, da der gesetzlichen Regelung entsprechend, bleibt ein solcher nicht gesetzmäßiger Verleih, wenn nur der Verleiher über keine Erlaubnis i. S. d. § 1 AÜG verfügt und in der Folge daher das Leiharbeitsverhältnis nach § 9 Nr. 1 AÜG unwirksam ist und ein gesetzliches Arbeitsverhältnis zum (Erst-)Entleiher, der durch Arbeitnehmerüberlassungsvertrag mit dem Verleiher vertraglich verbunden ist, entsteht.

Verfügt hingegen der Entleiher beim Weiterverleih über keine Arbeitnehmerüberlassungserlaubnis, sind die bestehenden gesetzlichen Regelungen hinsichtlich der daraus resultierenden Rechtsfolge unergiebig. Denn § 9 Nr. 1 AÜG wäre nicht einschlägig, da ein Vertragsverhältnis zwischen Leiharbeitnehmer und Entleiher – in dieser Konstellation als Verleiher – nicht besteht und daher auch nicht unwirksam werden kann. Dies hätte unweigerlich zur Folge, dass der Leiharbeitnehmer sich zwei Arbeitsverhältnissen verbunden sieht und in jeden Fall bei einem die daraus resultierende Leistungspflicht nicht erfüllen kann, was letztlich zu einer Kündigung des Leiharbeitnehmers führen würde. Diese durch den Kettenverleih herbeigeführte Situation widerspricht damit dem Sinn und Zweck des Arbeitnehmerschutzgesetzes, den Arbeitnehmer bestmöglich zu schützen.

---

95 *Boemke/Lembke*, § 1 AÜG Rn. 14.

96 *Boemke/Lembke*, § 1 AÜG Rn. 14; Schüren/*Hamann*, § 1 AÜG Rn. 57; *Böhm/Hennig/Popp*, Zeitarbeit, Rn. 39; offen: Thüsing/*Waas*, § 1 AÜG Rn. 28.

97 *Boemke/Lembke*, § 1 AÜG Rn. 14.

98 Schüren/*Hamann*, § 1 AÜG Rn. 57.

Streng genommen müsste in diesem Fall nach § 9 Nr. 1 AÜG das Leiharbeitsverhältnis zwischen Leiharbeitnehmer und (erstem) Verleiher unwirksam sein. Dies würde aber bedeuten, dass der Verleiher für eine Handlung, nämlich Verleihen ohne Erlaubnis, sanktioniert würde, die er selbst nicht begangen hat. Die Sanktionswirkungen des AÜG sollen denjenigen treffen, der auch gegen die Regelungen des AÜG verstoßen hat.

Schließlich wäre eine Lösung im Rahmen der Regelungen des AÜG für den Fall, dass weder der Verleiher noch der Weiterverleiher über eine Überlassungserlaubnis verfügen, nicht möglich. Streng an die Regelungen des AÜG gehalten, würde die fehlende Überlassungserlaubnis bei Verleiher und Weiterverleiher dazu führen, dass der Leiharbeitnehmer sowohl ein Arbeitsverhältnis zum Weiterverleiher als auch zum Entleiher durch gesetzliche Fiktion nach § 10 Abs. 1 AÜG erhält, die er jedoch beide gleichzeitig nicht erfüllen kann. Dies führt wiederum zur Kündigung des Leiharbeitnehmers in dem Arbeitsverhältnis, dessen Leistungspflichten er nicht erfüllen kann. Ein Arbeitnehmerschutz wird so nicht geschaffen.

c. Stellungnahme zur Zulässigkeit eines Kettenverleihs nach dem AÜG

Ein Kettenverleih im engeren und weiteren Sinne erscheint mit der gesetzlichen Regelung des § 1 AÜG nach der vorausgegangenen Darstellung nicht vereinbar.

Schon der Wortlaut des § 1 Abs. 1 S. 1 AÜG spricht überhaupt gegen die Vereinbarkeit eines Kettenverleihs mit den Regelungen des AÜG. Nach § 1 Abs. 1 S. 1 AÜG wird der Arbeitnehmer zur Arbeitsleistung überlassen. Daraus folgt, dass der Entleiher nach dem AÜG ausschließlich zur Annahme der Arbeitsleistung des überlassenen Arbeitnehmers berechtigt ist. Die Annahme der Arbeitsleistung des Arbeitnehmers umfasst jedoch nicht den Weiterverleih des Arbeitnehmers, sodass eine zusätzliche vierte Partei an der Arbeitnehmerüberlassung beteiligt wäre. Nach dem AÜG ist nur der Entleiher im Rahmen der Überlassung zur Entgegennahme der Arbeitsleistung des Arbeitnehmers berechtigt und verpflichtet.[99]

aa. Hinsichtlich Zulässigkeit des Kettenverleihs im engeren Sinne

(1.) Weiterverleih vom Direktionsrecht umfasst

Zwar spricht für die Zulässigkeit des Kettenverleihs im engeren Sinne, bei der der zweite Verleiher über keine Überlassungserlaubnis verfügen muss, dass dem Entleiher gegenüber dem Leiharbeitnehmer ein Arbeitgeberweisungsrecht[100] zukommt, von dem jedenfalls auch die Zuweisung eines anderen Arbeitsplatzes, gegebenenfalls bei einem weiteren Entleiher, umfasst ist. Der Entleiher kann also nach billigem Ermessen i. S. d. § 315 BGB auch den Arbeitsort des Leiharbeitnehmers bestimmen. Dementsprechend kann der Entleiher auch im Wege der Ausübung

---

99 BeckOK-Arbeitsrecht/*Kock*, § 1 AÜG Rn. 30.

100 Zur Übertragung des Arbeitgeberdirektionsrechts im Rahmen der Arbeitnehmerüberlassung, siehe unter 2. Teil § 6 B. III.

seines durch Arbeitnehmerüberlassungsvertrag erhaltenen Direktionsrechts i. S. d. § 106 GewO den Leiharbeitnehmer im Betrieb eines Dritten einsetzen. Dies darf er aber im Rahmen einer gesetzmäßigen Arbeitnehmerüberlassung nach § 1 AÜG nach der in der Literatur vertretenen Ansicht nicht dauerhaft tun, sondern der Leiharbeitnehmer muss auch im Betrieb des Entleihers tätig sein. Bei einem Kettenverleih im engeren Sinne wird der Leiharbeitnehmer aber überwiegend bzw. ausschließlich im Betrieb des Dritten eingesetzt. Dies ist mit § 1 AÜG auch deswegen nicht vereinbar, da der Entleiher keine Arbeitgeberpflichten oder Arbeitgeberrisiko übernimmt, vgl. § 1 Abs. 2 AÜG.[101]

(2.) Fehlende, aber notwendige Arbeitgeberbefugnisse beim ersten Entleiher

Zusätzlich ergibt sich beim Kettenverleih im engeren Sinne die nachfolgende Problematik. Schließen Entleiher und Dritter einen Arbeitnehmerüberlassungsvertrag, wäre der Entleiher zur Überlassung des Leiharbeitnehmers an den Dritten verpflichtet. Es liegt also in der Regel eine der Stückschuld entsprechende Konstellation vor, denn der Entleiher vereinbart die Überlassung einer konkreten, namentlich benannten Person. Der Dritte als weiterer Entleiher schuldet dem ersten Entleiher die Vergütung. Dabei vergütet er auch das Risiko des Ausfalls des Leiharbeitnehmers, das der zweite Entleiher im Rahmen der Überlassung gerade nicht tragen will. Dabei fragt sich, was passiert, wenn nun der Leiharbeitnehmer seine Leistung im Betrieb des Dritten nur mangelhaft erbringt oder beispielsweise durch abmahnfähige Fehlzeiten auffällig wird. Beim Kettenverleih im engeren Sinne behält der Entleiher seinen Status bei und wird nicht Arbeitgeber des Leiharbeitnehmers. Abmahnen kann für mangelhafte Leistungen des Leiharbeitnehmers im Betrieb des Dritten nur der Verleiher, nicht der Weiterverleiher. Der Weiterverleiher nimmt also keine Arbeitgeberpflichten wahr und trägt auch kein Risiko bei Ausfall des Leiharbeitnehmers, denn dieses trägt weiterhin auch beim Kettenverleih im engeren Sinne der Verleiher. Diese fehlende Übernahme der Arbeitspflichten und des Arbeitgeberrisikos lassen die Vermutung einer Arbeitsvermittlung nach § 1 Abs. 2 AÜG vorliegen, die schon tatbestandlich eine Arbeitnehmerüberlassung ausschließt.

Beispiel: Verleiht Entleiher MB den Leiharbeitnehmer C weiter an den Dritten D und erscheint C nicht im Betrieb des D oder kündigt C, kann nicht MB die Arbeitgeberpflichten wahrnehmen, indem MB den C abmahnt, denn nur Verleiher A kann C abmahnen. Fällt C bei D aus, kann D seine geschuldete Vergütung aus dem Überlassungsvertrag mit MB zwar zurückbehalten nach § 320 Abs. 1 BGB. MB trägt aber kein wirtschaftliches oder finanzielles Risiko, denn MB kann seinerseits ebenfalls die geschuldete Vergütung aus dem Arbeitnehmerüberlassungsvertrag mit A nach § 320 Abs. 1 BGB zurückbehalten, wenn C mangelhafte oder gar keine Leistung erbringt. MB ist auch rechtlich

101 Im Ergebnis auch BeckOK-Arbeitsrecht/*Kock*, § 1 AÜG Rn. 30.

nicht dazu im Stande, C (rechtlich) wirksam abzumahnen, da keinerlei Vertragsverhältnis zwischen dem eingesetzten Leiharbeitnehmer C und MB besteht.[102] MB trägt also weder ein Arbeitgeberrisiko noch kann er Arbeitgeberpflichten wahrnehmen. Die Wahrnehmung der Arbeitgeberpflichten des MB scheitert einzig daran, dass der Entleiher schlicht kein (vertraglicher) Arbeitgeber des Leiharbeitnehmers ist. MB vergütet den Leiharbeitnehmer C auch nicht – weil es kein Vertragsverhältnis zwischen MB und C gibt, auf dessen Grundlage der Entleiher zur Vergütung des Leiharbeitnehmers C verpflichtet wäre. Dieses schuldet vielmehr der tatsächliche Arbeitgeber des Leiharbeitnehmers, der Verleiher A. Damit wird die Arbeitsvermittlung des MB nach § 1 Abs. 2 AÜG vermutet und eine Arbeitnehmerüberlassung ist schon tatbestandlich ausgeschlossen.

Ein Kettenverleih im engeren Sinne ist somit nach hier vertretener Ansicht nicht mit den Regelungen des AÜG vereinbar.

bb. Hinsichtlich Zulässigkeit des Kettenverleihs im weiteren Sinne

Auch ein Kettenverleih im weiteren Sinne ist nach hier vertretener Ansicht nicht mit der gesetzlichen Regelung des AÜG vereinbar.

Beispiel: Ein Kettenverleih im weiteren Sinne setzt in der dargestellten Situation voraus, dass Entleiher MB im Besitz einer zusätzlichen Arbeitnehmerüberlassungserlaubnis ist. Es liegt dann eine Arbeitnehmerüberlassung zwischen Verleiher A und MB vor. Eine weitere Überlassung liegt zwischen MB und dem Dritten D vor.

Auch der Kettenverleih im weiteren Sinne scheitert daran, dass der Entleiher keinerlei Arbeitgeberrisiko trägt oder Arbeitgeberpflichten wahrnimmt, sodass auch in diesem Fall die Arbeitsvermittlung nach § 1 Abs. 2 AÜG vermutet würde. Die Problematik um die Vermutung der Arbeitsvermittlung nach § 1 Abs. 2 AÜG kann umgangen werden, indem das Arbeitsverhältnis zum Verleiher ruht und der Leiharbeitnehmer aufgrund eines zusätzlichen befristeten Arbeitsvertrages mit dem Entleiher für diesen tätig wird. Der Leiharbeitnehmer hat dann folglich zwei Arbeitsverhältnisse – ein ruhendes zum Verleiher und ein „aktives" während der Dauer der Zweitüberlassung zum ersten Entleiher. Erst dann kann auch der erste Entleiher aufgrund der arbeitsvertraglichen Beziehung zum Leiharbeitnehmer Arbeitgeberpflichten, wie die oben gezeigten gegebenenfalls erforderlichen Abmahnungen und Arbeitgeberrisiken, beim Ausfall des Leiharbeitnehmers im Betrieb des Dritten tragen, die dieser sich durch den Dritten vergüten lässt. Ein solcher Kettenverleih im weitesten Sinne würde die Problematik um die Vermutung der Arbeitsvermittlung nach § 1 Abs. 2 AÜG beseitigen, jedoch das oben aufgezeigte Rechtsfolgenproblem,

---

102 Dazu nachfolgend unter 2. Teil § 8.

das mit den Regelungen des AÜG nicht zu lösen ist, weiter bestehen lassen. Dies ist aber nicht mit dem Ziel des AÜG des Arbeitnehmerschutzes vereinbar.

Der Kettenverleih ist daher nicht zulässig.[103]

3. *Zwischenergebnis*

Ein Kettenverleih, ob im engeren oder weiteren Sinne fällt nicht in den gegenständlichen Geltungsbereich des AÜG. Das AÜG umfasst nur den Verleih eines vertraglich verbundenen Leiharbeitnehmers an den mit dem Verleiher durch den Arbeitnehmerüberlassungsvertrag verbundenen Entleiher. Der Entleiher wäre aber bei einem solchen Kettenverleih mangels vertraglicher Verbindung zum Leiharbeitnehmer nicht den typischen Arbeitgeberrisiken und -pflichten ausgesetzt. Dies ist aber gerade für die Position des Verleihers in Abgrenzung zur Arbeitsvermittlung zwingend. Nur der vertragliche Arbeitgeber ist nach der Konzeption des AÜG zum Verleih des Arbeitnehmers an einen Dritten berechtigt. Unklar blieben darüber hinaus auch die Rechtsfolgen bei illegaler Überlassung, würde man den Kettenverleih zulassen. Denn fraglich wäre, zu welchem der beiden infrage kommenden Entleiher ein gesetzliches Arbeitsverhältnis nach § 10 Abs. 1 AÜG entstehen soll. Sollte ein gesetzliches Arbeitsverhältnis zu beiden Entleihern entstehen, zwingt dies den betroffenen Arbeitnehmer zum Vertragsbruch jedenfalls in einem Arbeitsverhältnis. Der durch das AÜG bezweckte Arbeitnehmerschutz kann so nicht verfolgt werden. Ein Kettenverleih, ob im engeren oder weiteren Sinne ist nicht mit der gesetzlichen Regelung des § 1 Abs. 1 AÜG vereinbar.[104]

---

103 Im Ergebnis so auch BeckOK-Arbeitsrecht/*Kock*, § 1 AÜG Rn. 30 ff.; BT-Drucks. 11/4952 S. 12; BA GA Ziff. 1.1.2 Abs. 11; *Böhm/Hennig/Popp*, Zeitarbeit, Rn. 38; *Sandmann/Marschall/Schneider*, AÜG Einl. Anm. 3; Urban-Crell/*Schulz*, Rn. 5; LAG Berlin-Brandenburg Beschluss v. 21.03.2013, -18 TaBV 2150/12 und 18 TaBV 2192/12-, BeckRS 2013, 70286.

104 So auch BeckOK-Arbeitsrecht/*Kock*, § 1 AÜG Rn. 30 ff.; so sieht auch der Referentenentwurf des Bundesministeriums für Arbeit und Soziales „Entwurf eines Gesetzes zur Änderung des Arbeitnehmerüberlassungsgesetzes und anderer Gesetze“ v. 16.11.2015, S. 18, ein Verbot des Kettenverleihs vor; BT-Drucks. 18/9232 AÜG-E i.d.F. v. 21.10.2016 verankert ein Verbot des Kettenverleihs in § 1 Abs. 1 S. 3 AÜG nF und Rechtsfolgen bei einem Kettenverleih in einem neu eingefügten § 10a AÜG. Wird ein Kettenverleih nach § 10a AÜG nF unter Verstoß gegen § 1 Abs. 1 S. 1 (Erlaubnispflicht) oder § 1 Abs. 1 S. 5, 6 (Zitiergebot) oder § 1 Abs. 1b AÜG nF (Höchstüberlassungsdauer) praktiziert, sind nach § 10a AÜG nF i. V. m. § 9 Abs. 1 Nr. 1 – 1b AÜG nF i. V. m. § 10 AÜG nF der Leiharbeitsvertrag und der Arbeitnehmerüberlassungsvertrag unwirksam. Dabei kann der betroffene Leiharbeitnehmer aber gem. § 9 Abs. 1 Nr. 1 – 1b AÜG nF innerhalb einer Monatsfrist unter den formellen Voraussetzungen des § 9 Abs. 2 AÜG nF erklären, dass er an seinem Arbeitsverhältnis mit dem Verleiher festhalten will.

III. *Andere Formen des Fremdpersonaleinsatzes im gegenständlichen Geltungsbereich des AÜG*

Abzugrenzen ist die Arbeitnehmerüberlassung von den anderweitigen Möglichkeiten des Fremdpersonaleinsatzes über Werkverträge oder Dienstverträge.[105] Im Gegensatz zur Arbeitnehmerüberlassung schuldet dabei der Werkunternehmer den Erfolg in persona, kann sich dazu aber Erfüllungsgehilfen zum Einsatz im Bestellerbetrieb bedienen. Diese Formen des Fremdpersonaleinsatzes unterliegen nicht den Anforderungen des AÜG, insofern es sich tatsächlich um Werk- oder Dienstverträge in ihrer rechtlichen Qualifikation handelt. Wird die vertragliche Verbindung hingegen nur zum „Schein" als Werk- oder Dienstvertrag bezeichnet, aber tatsächlich eine Arbeitnehmerüberlassung praktiziert, würde auch diese Form des Fremdpersonaleinsatzes den Anforderungen des AÜG unterliegen. Das AÜG sanktioniert in solchen Fällen den Umgehungsversuch des AÜG durch die Fiktion eines Arbeitsverhältnisses zum Entleiher (§ 10 Abs. 1 AÜG).[106]

B. Voraussetzungen gesetzmäßiger Arbeitnehmerüberlassung nach § 1 AÜG

Im Anschluss an die zuvor erfolgte Darstellung des Geltungsbereichs des AÜG sind nunmehr nachfolgend die Voraussetzungen einer gesetzmäßigen Arbeitnehmerüberlassung näher zu betrachten, um im sich anschließenden zweiten Teil der Arbeit die schuldrechtlichen Beziehungen der Vertragsparteien bei legaler Arbeitnehmerüberlassung zu beleuchten.

I. *Beispiel für eine den gegenständlichen Bereich des AÜG betreffende Arbeitnehmerüberlassung*

Das nunmehr folgende Beispiel veranschaulicht die vertraglichen Verbindungen der jeweiligen Parteien bei der Durchführung einer in den gegenständlichen Bereich des AÜG fallenden Arbeitnehmerüberlassung.

Beispiel: Leiharbeitnehmer C ist Experte auf dem Gebiet der Steuerungstechnik für Automobile und als Arbeitnehmer bei Verleiher A in Stuttgart beschäftigt. A vereinbart mit Entleiher MB, einem großen Automobilhersteller mit Sitz in Italien, im Rahmen eines Arbeitnehmerüberlassungsvertrages die Überlassung von C an MB in Italien zwecks Betreuung und Wartung der Steuerungstechnik der Automobile, um saisonal bedingte Auftragsspitzen durch C abzudecken. C wird im Rahmen seiner Tätigkeit bei MB direkt von den Beschäftigten über sog. „Tickets" zwecks Problemanalyse kontaktiert.

---

105 Siehe dazu auch unter 2. Teil § 7 B. I.

106 *Weber*, Anm. zu BAG Urteil v. 08.11.1978, -5 AZR 261/77-, AP Nr. 2 zu § 1 AÜG.

Diesem Dreiecksverhältnis zwischen C, A und MB liegen mindestens zwei Verträge zugrunde. C und A schließen einen Leiharbeitnehmervertrag entweder zusätzlich zum bereits bestehenden Arbeitsvertrag zwischen C und A oder als erste vertragliche Verbindung zwischen C und A, in dem sie vereinbaren, dass C seine durch Arbeitsvertrag eigentlich im Betrieb des A geschuldete Arbeitsleistung für die Dauer der Überlassung an MB bei eben diesem zu erbringen hat. C ist demnach bei A zum Zweck der Überlassung beschäftigt. Auf diese Arbeitnehmerüberlassung ist das AÜG anwendbar, da C schon vor der Überlassung an MB dem deutschen Arbeitsstatut unterworfen war.

II. Abschluss eines Leiharbeitsvertrages und eines Arbeitnehmerüberlassungsvertrages

Voraussetzung der gesetzmäßigen Arbeitnehmerüberlassung gem. § 1 AÜG ist zuvorderst das Vorliegen zweier Vertragsverhältnisse, dem Arbeitnehmerüberlassungsvertrag zwischen Verleiher und Entleiher sowie dem Leiharbeitsvertrag zwischen Verleiher und Leiharbeitnehmer.

Der Verleiher schließt entweder ausschließlich einen Leiharbeitsvertrag mit dem Leiharbeitnehmer oder gegebenenfalls ergänzt der Verleiher einen mit dem Leiharbeitnehmer bereits bestehenden Arbeitsvertrag durch die für die Leiharbeit erforderlichen vertraglichen Regelungen.[107]

Für die gesetzmäßige Arbeitnehmerüberlassung schließt der Verleiher mit dem Entleiher einen Arbeitnehmerüberlassungsvertrag mit dem Inhalt der Verpflichtung des Verleihers zur Überlassung seines der vom Entleiher geforderten Tätigkeit entsprechend qualifizierten Arbeitnehmers sowie die Leistung einer Vergütung durch den Entleiher an den Verleiher.[108]

Nach der gesetzlichen Konzeption der Arbeitnehmerüberlassung schließen Entleiher und Leiharbeitnehmer keinen Vertrag.[109]

Diese „Dreieckskonstellation" zwischen Verleiher, Entleiher und Leiharbeitnehmer ist zwingend. Ein Selbstverleih eines Selbstständigen oder Arbeitnehmers an einen Dritten (Entleiher) ist keine Arbeitnehmerüberlassung i. S. d. § 1 AÜG.[110] Der Verleiher kann also nicht gleichzeitig auch Leiharbeitnehmer sein. Ein Zwei-Personenverhältnis ist im Rahmen der Arbeitnehmerüberlassung unzulässig. Auch unzulässig ist es, wenn bei einer Ein-Personen-GmbH der geschäftsführende Gesellschafter, der gleichzeitig auch Arbeitnehmer der Ein-Personen-GmbH ist, durch die GmbH einem dritten Unternehmen überlassen wird. So auch, wenn der Gesellschafter, der nicht Geschäftsführer der GmbH ist, mehr als 50 % der Anteile

---

107 Siehe dazu 2. Teil § 6 .
108 Siehe dazu 2. Teil § 7.
109 Siehe dazu 2. Teil § 8.
110 *Böhm/Hennig/Popp*, Zeitarbeit, Rn. 37; *Boemke/Lembke*, § 1 AÜG Rn. 13; Schüren/*Hamann*, § 1 AÜG Rn. 36.

der GmbH erhält. Zwar handelt es sich nicht um einen unzulässigen Selbstverleih, jedoch ist in beiden Fällen der Gesellschafter bzw. der geschäftsführende Gesellschafter kein Arbeitnehmer i. S. d. Gesetzes und kann daher auch nicht zur Arbeitsleistung überlassen werden.[111]

III. Überlassungserlaubnis § 1 Abs. 1 S. 1 AÜG

Neben dem Leiharbeitsvertrag und dem Arbeitnehmerüberlassungsvertrag bedarf der Verleiher gem. § 1 Abs. 1 S. 1 AÜG zur gesetzmäßigen Arbeitnehmerüberlassung der Erlaubnis durch die zuständige Behörde. Gem. § 17 AÜG ist die Bundesagentur für Arbeit für die Erteilung der Erlaubnis zuständig. Diese Erlaubnis kann gem. § 3 AÜG versagt oder nach §§ 4, 5 AÜG zurückgenommen oder widerrufen werden.

IV. Im Rahmen der wirtschaftlichen Tätigkeit des Verleihers

Weitere Voraussetzungen der gesetzmäßigen Arbeitnehmerüberlassung nach § 1 Abs. 1 S. 1 AÜG ist die Überlassung des Leiharbeitnehmers im Rahmen der *wirtschaftlichen Tätigkeit* des Verleihers, die keine Arbeitsvermittlung darstellen darf. Vor der Reform des AÜG im Jahre 2011 setzte § 1 Abs. 1 S. 1 AÜG zur Gesetzmäßigkeit der Arbeitnehmerüberlassung anstelle der Arbeitnehmerüberlassung im Rahmen der wirtschaftlichen Tätigkeit die Gewerbsmäßigkeit der Arbeitnehmerüberlassung voraus.

1. Ursprünglich: Gewerbsmäßigkeit der Arbeitnehmerüberlassung

Bei der Arbeitnehmerüberlassung im Rahmen ihrer wirtschaftlichen Tätigkeit sind Unternehmen an die Vorgaben des AÜG bei der Vereinbarung und Durchführung der Arbeitnehmerüberlassung gebunden, da nur die gewerbsmäßige Arbeitnehmerüberlassung von Unternehmen vom Regelungsbereich des AÜG umfasst war.[112] Eine gewerbsmäßige Arbeitnehmerüberlassung liegt vor, wenn die Arbeitnehmerüberlassung auf gewisse Dauer angelegt oder mit ihr unmittelbare oder mittelbare wirtschaftliche Vorteile erzielt werden sollen.[113] Dabei ist es für die Gewerbsmäßigkeit nicht erforderlich, dass der verleihende Unternehmer die Arbeitnehmerüberlassung überwiegend, im Vergleich zu den insgesamt in seinem Unternehmen beschäftigten Arbeitnehmern, betreibt.[114]

---

111 Schüren/*Hamann*, § 1 AÜG Rn. 36.

112 *Boemke*, Schuldvertrag, S. 552.

113 BAG Urteil v. 08.11.1978 -5 AZR 261/77, BAGE 31, 135, 143; Staudinger/*Richardi/Fischinger*, Vorbem. zu § 611 BGB Rn. 456; *Boemke*, Schuldvertrag, S. 552; *Becker/Wulfgramm*, Art. 1 § 1 AÜG Rn. 27.

114 BAG Urteil v. 08.11.1978 -5 AZR 261/77, BAGE 31, 135.

2. *Nunmehr im Rahmen der wirtschaftlichen Tätigkeit*

Nach der Neuregelung 2011[115] bedarf es zur Anwendbarkeit des AÜG nicht mehr schon der Gewerbsmäßigkeit der Arbeitnehmerüberlassung, sondern die Arbeitnehmerüberlassung muss im Rahmen der wirtschaftlichen Tätigkeit des Verleihers erfolgen, § 1 Abs. 1 S. 1 AÜG. Der Begriff der wirtschaftlichen Tätigkeit geht dabei über das zuvor bestehende Erfordernis der Gewerbsmäßigkeit der Arbeitnehmerüberlassung hinaus.[116] Wirtschaftliche Tätigkeit meint jede Tätigkeit, die das Angebot von Gütern oder Dienstleistungen auf einem bestimmten Markt erfasst.[117] Darunter fallen dann auch gemeinnützige Einrichtungen oder Institutionen, die sonstigen karitativen oder ideellen Zwecken dienen.[118] Voraussetzung der wirtschaftlichen Tätigkeit ist also nicht, dass der Verleiher mit der Arbeitnehmerüberlassung seinen wirtschaftlichen Gewinn erzielt.[119] Die Neuregelung erfasst folglich einen deutlich größeren Kreis von Verleihern, die zur Durchführung einer gesetzmäßigen Arbeitnehmerüberlassung der Erlaubnis nach § 1 Abs. 1 S. 1 AÜG bedürfen, als der Kreis, der bei der Gewerbsmäßigkeit der Arbeitnehmerüberlassung die Vorgaben des AÜG zur Durchführung einer gesetzmäßigen Arbeitnehmerüberlassung beachten müsste.

V. Nur vorübergehende *Arbeitnehmerüberlassung, § 1 Abs. 1 S. 2 AÜG*

Schließlich ist Voraussetzung der gesetzmäßigen Arbeitnehmerüberlassung nach § 1 Abs. 1 S. 2 AÜG die nur *vorübergehende* Überlassung des Leiharbeitnehmers im Rahmen ihrer wirtschaftlichen Tätigkeit, die keine Arbeitsvermittlung darstellen darf.

Wann eine Arbeitnehmerüberlassung vorübergehend ist, wird in Rechtsprechung und Literatur divergierend beurteilt. Ob es sich im Hinblick auf diese zeitliche Beschränkung um eine Voraussetzung der gesetzmäßigen Arbeitnehmerüberlassung handelt oder lediglich eine phänomenologische Beschreibung der Arbeitnehmerüberlassung ist, ist in Literatur und Rechtsprechung umstritten.[120]

---

115 Fassung v. 20.12.2011, BGBl. I S. 2854.

116 BT-Drucks. 17/4804, S. 8; *Hamann*, RdA 2011, 321, 323; *Thüsing/Thieken*, DB 2012, 347.

117 *Ulber/Ulber*, § 1 AÜG Rn. 119a; EuGH Urteil v. 10.01.2006 -Rs. C-222/04, EuZW 2006, 306, 310; Urteil v. 01.07.2008 -C-49/07, EuZW 2008, 605, 607; LAG Düsseldorf Urteil v. 26.07.2012 -15 Sa 336/12, BeckRS 2012, 71606; *Leuchten*, NZA 2011, 608; *Hamann*, RdA 2011, 321; Wedde/*Mittag*, Arbeitsrecht, § 1 AÜG Rn. 23.

118 Wedde/*Mittag*, Arbeitsrecht, § 1 AÜG Rn. 23.

119 BAG Urteil v. 23.07.2014 -7 AZR 853/12, NJW 2014, 3806; Zum Begriff der wirtschaftlichen Tätigkeit auch *Thüsing/Thieken*, DB 2012, 347 – 350.

120 Statt vieler: *Bauer/Heimann*, NJW 2013, 3287.

Der Gesetzgeber hat, wohl bewusst, bislang keine Höchstdauer festgelegt. Ansätze gibt es derzeit unter anderem von den politischen Fraktionen, die eine Höchstüberlassungsdauer von 18 Monaten beabsichtigen.[121]

Selbst wenn die Arbeitnehmerüberlassung jedoch nicht nur vorübergehend ist, der Verleiher aber über eine Erlaubnis i. S. d. § 1 Abs. 1 S. 1 AÜG verfügt, entsteht kein gesetzliches Arbeitsverhältnis zum Entleiher nach § 10 Abs. 1 AÜG, da sich § 10 Abs. 1 und § 9 Nr. 1 AÜG ausdrücklich auf die Unwirksamkeit wegen fehlender Überlassungserlaubnis beziehen.[122]

Zur Bestimmung der höchstmöglichen Dauer einer nach § 1 Abs. 1 AÜG zulässigen, vorübergehenden Arbeitnehmerüberlassung ist in einem ersten Schritt zu klären, ob hinsichtlich der Dauer der Überlassung auf die Person des Leiharbeitnehmers und den mit einem Leiharbeitnehmer zu besetzenden Arbeitsplatz abzustellen ist, um dann in einem weiteren Schritt die Grenzen einer (noch) vorübergehenden Arbeitnehmerüberlassung zu beleuchten.

1. Anknüpfung zur Bestimmung der Dauer der Überlassung

Der Anknüpfungspunkt für die Bestimmung der Dauer einer Überlassung kann arbeitsplatzbezogen, aber auch personenbezogen verstanden werden.[123] Beim arbeitsplatzbezogenen Verständnis wäre darauf abzustellen, für welchen Zeitraum der konkrete Arbeitsplatz durch Leiharbeitnehmer bedient wurde. Die personenbezogene Beurteilung hätte zur Folge, dass hinsichtlich der Dauer der Überlassung auf den konkreten Leiharbeitnehmer abgestellt werden müsste. Die Rechtsprechung[124] und auch die Literatur[125] sehen überwiegend einen arbeitsplatzbezogenen Anknüpfungspunkt

121 Koalitionsvertrag zwischen CDU, CSU, SPD – 18. Legislaturperiode v. 27.11.2013 S. 69; Änderung der Rechtslage ab 01.04.2017 durch BT-Drucks. 18/9232, der eine Höchstüberlassungsdauer in § 1 Abs. 1b AÜG nF von 18 Monaten vorsieht und bei Überschreitung dieser Höchstüberlassungsdauer gem. § 9 Abs. 1 Nr. 1b AÜG nF den Leiharbeitsvertrag und den Arbeitnehmerüberlassungsvertrag unwirksam werden – und ein gesetzliches Arbeitsverhältnis zwischen Leiharbeitnehmer und Entleiher entstehen lässt.

122 BAG Urteil v. 10.12.2013 -9 AZR 51/13, BB 2014, 700; Urteil v. 03.06.2014 -9 AZR 111/13, BB 2014, 3007; LAG Berlin-Brandenburg Urteil v. 16.10.2012 -7 Sa 1182/12, BB 2013, 251; dazu auch *Nießen/Fabritius*, NJW 2014, 263, 266; *Krannich/Simon*, BB 2012, 1414, 1418.

123 *Thüsing*, NZA 2013, 1248.

124 LAG Berlin-Brandenburg Beschluss v. 19.12.2012 -4 TaBV 1163/12, BeckRS 2012, 76380; Teilurteil v. 09.01.2013 -15 Sa 1635/12, NZA-RR 2013, 234.

125 ErfK/*Wank*, § 1 AÜG, Rn. 37d; *Deinert*, RdA 2014, 65, 71; *Bartl/Romanowski*, NZA Online Aufsatz 2012, 1; dazu auch *Nießen/Fabritius*, NJW 2014, 263; *Stang/Ulber*, NZA 2015, 910, 911; a. A. *Steinmeyer*, BB 2013, 2740, nach dem der Wortlaut des § 1 Abs. 1 S. 2 AÜG eindeutig arbeitnehmerbezogen und nicht arbeitsplatzbezogen sei; für Arbeitnehmerbezogenheit plädiert im Ergebnis auch Ludwig, BB 2013, 1276; vermittelnd: *Ulber/Ulber*, § 1 AÜG Rn. 130 ff.

zur Bestimmung der höchstzulässigen Dauer der Arbeitnehmerüberlassung. Demzufolge liegt eine nur „vorübergehende" Überlassung nicht vor, wenn der Einsatz der Leiharbeitnehmer auf einem Dauerarbeitsplatz erfolgt, da die Überlassung dann nicht mehr vorübergehend wäre.[126] Die Beschäftigung der Leiharbeitnehmer auf Dauerarbeitsplätzen kann ausnahmsweise zulässig sein, wenn dies aufgrund eines konkreten Vertretungsbedarfs für den auf dem Dauerarbeitsplatz beschäftigten Arbeitnehmer erforderlich ist.[127] Klar ist seit dem Urteil des BAG v. 10.12.2013, dass die Beurteilung, ob eine Arbeitnehmerüberlassung auf einem bestimmten Arbeitsplatz noch vorübergehend i. S. d. § 1 Abs. 1 S. 2 AÜG ist, nicht auf den konkreten Arbeitsplatz bezogen, sondern auf den jeweiligen Arbeitnehmer bezogen zu beurteilen ist.[128] Nach dem BAG sei jedenfalls der zeitlich nicht begrenzte Einsatz eines Leiharbeitnehmers anstelle eines Stammarbeitnehmers nicht mehr „vorübergehend".[129] Diese Rechtsprechung wird durch die Änderung des AÜG mit Wirkung zum 01.04.2017 übernommen. Gem. § 1 Abs. 1b S. 1 AÜG nF ist auf den jeweiligen Leiharbeitnehmer zur Bestimmung der „vorübergehenden" Arbeitnehmerüberlassung abzustellen.

2. Dauer einer vorübergehenden Arbeitnehmerüberlassung

Eine Höchstdauer einer noch zulässigen, vorübergehenden Arbeitnehmerüberlassung sieht das AÜG nicht vor. Als Folge der fehlenden Höchstdauer wird unterschiedlich beurteilt, wie lange eine Arbeitnehmerüberlassung praktiziert werden darf, damit diese noch eine „vorübergehende" Arbeitnehmerüberlassung i. S. d. § 1

---

126 LAG Berlin-Brandenburg Beschluss v. 19.12.2012 -4 TaBV 1163/12, BeckRS 2012, 76380; Beschluss v. 10.4.2013 -4 TaBV 2094/12, NZA-RR 2013, 527, 530; Beschluss v. 21.03.2013 -18 TaBV 2150/12, BeckRS 2013, 70286: Das Verbot der Beschäftigung von Leiharbeitnehmern auf Dauerarbeitsplätzen sei der europäischen Leiharbeitsrichtlinie 2008/104/EG zu entnehmen. Zunächst sei Art. 5 V 1 der Richtlinie heranzuziehen, der eine Umgehung des Artikels durch Kettenverleih, also aufeinanderfolgende Überlassungen zu verhindern bezweckt. Selbiges müsse auch für die Besetzung eines Dauerarbeitsplatzes mit Leiharbeitnehmern gelten, denn dadurch würden den entsprechenden Leiharbeitnehmern die bei dem Entleiher geltenden Arbeitsbedingungen vorenthalten, obwohl der Leiharbeitnehmer auf Grund des dauernden Beschäftigungsbedarfs bei dem Entleiher als Stammarbeitnehmer eingestellte werden könne; im Ergebnis so auch *Temming*, Der vertragsbeherrschende Dritte, S. 1130 in Fn. 112.

127 LAG Berlin-Brandenburg Beschluss v. 19.12.2012 -4 TaBV 1163/12, BeckRS 2012, 76380.

128 BAG Urteil v. 10.12.2013 -9 AZR 51/13, NJW 2014, 956 m. Anm. *Hoffmann-Remy*; so auch der am 16.11.2015 veröffentlichte Referentenentwurf des Bundesministeriums für Arbeit und Soziales „Entwurf eines Gesetzes zur Änderung des Arbeitnehmerüberlassungsgesetzes und anderer Gesetze" S. 5 ff.

129 BAG Beschluss v. 10.07.2013 -7 ABR 91/11, NJW 2014, 331.

Abs. 2 AÜG ist.[130] Vertreten wird in Anlehnung an das Befristungsrecht, dass eine vorübergehende Arbeitnehmerüberlassung dann vorliegt, wenn der Arbeitgeber den zu besetzenden Arbeitsplatz auch zulässig mit einem befristeten Arbeitnehmer nach § 14 Abs. 1 TzBfG belegen könnte,[131] wobei der Einsatz des Leiharbeitnehmers nicht zwingend befristet sein muss.[132] In Anlehnung an die Befristungsreglung des § 14 TzBfG sei eine Höchstverleihdauer von zwei Jahren angemessen und erforderlich.[133] Auch wird in Anlehnung an die Rechtsprechung des BAG zur Überprüfung der betrieblichen Erfordernisse[134] i. S. v. § 1 KSchG vertreten, es sei auf den konkreten Einzelfall abzustellen und zu prüfen, ob die Entscheidung für den Einsatz als Leiharbeitnehmer statt einer Anstellung im Entleiherbetrieb offensichtlich unsachlich, unvernünftig oder willkürlich erfolge.[135] Der Einsatz von Leiharbeitnehmern auf Dauerarbeitsplätzen sei grundsätzlich zulässig, jedoch im Rahmen der benannten Missbrauchskontrolle sei zu prüfen, ob mittel- oder langfristig Stammarbeitnehmer von ihren Arbeitsplätzen durch den Einsatz von Leiharbeitnehmer verdrängt werden.[136] Dabei komme es nicht darauf an, ob der betreffende Arbeitsplatz vorher durch einen Stammarbeitnehmer besetzt war. Eine Überlassung sei dann nicht dauerhaft, wenn die jederzeitige Rückkehrmöglichkeit zum Verleiher bestehe.[137] Eine nicht mehr vorübergehende Überlassung liegt danach jedenfalls vor, wenn dem Leiharbeitnehmer durch die besondere Vertragsgestaltung oder die Dauer des Einsatzes die Möglichkeit versperrt wird, im Betrieb des Entleihers auf einen

---

130 Vgl. dazu auch *Böhm*, NZA 2016, 528, der in der Übernahme des unbestimmten Rechtsbegriffs „vorübergehend“ in das AÜG keine Umsetzung von Gemeinschaftsrecht sieht, sondern „ein Armutszeugnis für die Gesetzgebung.“

131 Dann sei in jedem Fall der Einsatz des Leiharbeitnehmers zulässig: *Fitting*, BetrVG § 99 Rn. 192g; LAG Berlin-Brandenburg Beschluss v. 19.12.2012 -4 TaBV 1163/12, BeckRS 2012, 76380; auf die Befristungsgründe des § 14 Abs. 1 S. 2 Nr. 1 – 3 TzBfG abstellend: *Bartl/Romanowski*, NZA Online Aufsatz 3/2012, 1, 7; weitere Ansichten, die auf andere Befristungsgründe abstellen: *Ulber/Ulber*, § 1 AÜG Rn. 130n ff.; *Hamann*, NZA 2011, 70, 73; *Zimmermann*, ArbR Aktuell 2011, 62; ArbG Cottbus Urteil v. 26.09.2012 – 2 BV 85/12; als zu weitgehend ablehnend: *Düwell*, ZESAR, 2011, 449, 454, 455.

132 LAG Düsseldorf Beschluss v. 02.10.2012 -17 TaBV 38/12, BeckRS 2012, 75357; Beschluss v. 02.10.2012 -17 TaBV 48/12, NZA 2012, 1378.

133 ErfK/*Wank*, § 1 AÜG Rn. 37c; Brors, AuR 2013, 108, 112.

134 St. Rspr. des BAG: Urteil v. 07.12.1978 -2 AZR 155/77, BAGE 31, 157, 162 = AP Nr. 6 zu § 1 KSchG 1969 Betriebsbedingte Kündigung; Urteil v. 24.10.1979 -2 AZR 940/77, BAGE 32, 150, 155 = AP Nr. 8 zu § 1 KSchG 1969 Betriebsbedingte Kündigung; Urteil v. 30.04.1987 -2 AZR 184/86, BAGE 55, 262, 270 ff. = NZA 1987, 776 = AP Nr. 42 zu § 1 KSchG 1969 Betriebsbedingte Kündigung; Urteil v. 12.08.2010 -2 AZR 558/09, NJW 2011, 251, 252 Rn. 17.

135 *Hamann*, RdA 2011, 321, 326.

136 Moll/*Christ*, § 66 Arbeitnehmerüberlassung Rn.13; *Hamann*, NZA 2011, 70, 74; LAG Niedersachsen Beschluss v. 14.11.2012 -12 TaBV 62/12, BeckRS 2013, 66478.

137 LAG Niedersachsen Beschluss v. 14.11.2012 -12 TaBV 62/12, ArbR 2013, 137.

unbefristeten Arbeitsplatz beschäftigt zu werden.[138] Zudem sei auch auf die Dauer des Einsatzes des Leiharbeitnehmers abzustellen, wobei der ununterbrochene Einsatz von einem Jahr als unbedenklich gesehen wurde.[139]

Auch die Rechtsprechung definiert den Begriff der vorübergehenden Arbeitnehmerüberlassung nicht einheitlich.[140] Das BAG hat bislang eine konkrete Definition der vorübergehenden Arbeitnehmerüberlassung vermieden und sich nur im Rahmen der Konzernleihe nach § 1 Abs. 3 Nr. 2 AÜG geäußert. Im Rahmen der Konzerngesellschaft definiert das Bundesarbeitsgericht die vorübergehende Überlassung dahingehend, dass „der Arbeitnehmer seine Arbeitsleistung normalerweise gegenüber seinem Vertragsarbeitgeber erbringt und dass er lediglich anlassbezogen einer anderen Konzerngesellschaft zur Arbeitsleistung überlassen wird".[141] Diese Grundsätze sind auf den Begriff nach § 1 Abs. 1 S. 2 AÜG zu übertragen,[142] eine Rückkehr des Leiharbeitnehmers zum Verleiher muss also möglich und nicht ausgeschlossen sein. Die in der Literatur vertretene Ansicht, es handele sich bei § 1 Abs. 1 S. 2 AÜG lediglich um einen Programmsatz mit klarstellender Funktion[143], ist jedenfalls seit der Entscheidung des Bundesarbeitsgerichts, in der es ausdrücklich klarstellte, dass es sich um eine verbindliche Rechtsnorm handele, die von den Rechtsunterworfenen und den Gerichten zu beachten sei,[144] nicht mehr vertretbar.[145]

---

138 ArbG Offenbach Urteil v. 01.08.2012 -10 BV 1/12, AiB 2012, 685 Ls.

139 ArbG Offenbach Urteil v. 01.08.2012 -10 BV 1/12, AiB 2012, 685 Ls.

140 Zuletzt hatte der EuGH Gelegenheit im Rahmen eines finnischen Vorlageverfahrens zur Auslegung der Arbeitsrechtsrichtlinie 2008/104/EG (Urteil v. 17.März 2015, Rs.C-533/13) und insbesondere zur grundlegenden Frage der Vereinbarkeit eines dauerhaften Leiharbeitnehmereinsatzes mit der Richtlinie. Dies ließ der EuGH in seinem Urteil jedoch offen. Der Antrag des Generalanwalts (v. 20.11.2014, BeckRS 2014, 82404 Rn. 106 f.) wies zwar darauf hin, dass Leiharbeitsverhältnisse vorübergehender Art seien und sich nicht zum Nachteil eines Stammarbeitnehmers auswirken dürfen und dass ein Missbrauch der Leiharbeit dann vorliege, wenn Leiharbeitnehmer neben Stammarbeitnehmern für einen längeren Zeitraum bei dauerhaftem Bedarf beim Entleiher eingesetzt würden. Jedoch wurde die zeitliche Komponente in den Schlussanträgen nicht näher konkretisiert.

141 BAG Urteil v. 08.07.2012 -7 AZR 451/11, NZA 2012, 1369.

142 LAG Baden-Württemberg Urteil v. 22.11.2012 -11 Sa 84/12, AE 2013, 102.

143 *Rieble/Vielmeier*, EuZA 2011, 474, 489; *Lembke*, DB 2011, 414, 415; Formularbuch des Fachanwalts für Arbeitsrecht/*Lembke/Rothmann*, S. 387 Rn. 4.

144 BAG Beschluss v. 10.07.2013 -7 ABR 91/11, NJW 2014, 331, 333, 334 Rn. 28, 32.

145 Nach dem Beschluss des BAG lasse der Wortlaut des § 1 Abs. 1 S. 2 AÜG zu, dass Arbeitnehmerüberlassung nur vorübergehend zu erfolgen habe, denn der Gesetzgeber habe zum Beispiel in Art. 3 Abs. 1 GG, §§ 26 Abs. 1, 27 Abs. 1 BetrVG Formulierungen im Indikativ des Öfteren als bindendes Gebot gebraucht. Des Weiteren spreche auch die Gesetzessystematik für die Einordnung des § 1 Abs. 1 S. 2 AÜG als verbindliche Rechtsnorm. Der dem § 1 Abs. 1 S. 1 AÜG nachfolgende Satz 2 schränkt den vorausgehenden Satz nicht ein, sondern bestimmt, dass die eine erlaubte Arbeitnehmerüberlassung nur in einer vorübergehenden Überlassung

Zuletzt mit dem Urteil vom 10.12.2013[146] äußerte sich das Bundesarbeitsgericht, dass eine Arbeitnehmerüberlassung jedenfalls nicht vorübergehend sei, wenn diese dauerhaft sei. Eine Begrenzung der noch zulässigen Dauer der Arbeitnehmerüberlassung gibt es nicht und ist im Einzelfall zu beurteilen. Die Europäische Kommission dementierte im Rahmen eines Vertragsverletzungsverfahrens, dass eine zulässige Arbeitnehmerüberlassung nur eine vorübergehende sei.[147]

Mit Wirkung zum 01.04.2017 wird durch die Änderung des Arbeitnehmerüberlassungsgesetzes[148] in § 1 Abs. 1b S. 1 AÜG nF eine Höchstüberlassungsdauer von 18 Monaten, bezogen auf den jeweiligen Leiharbeitnehmer, eingeführt. Gem. § 1 Abs. 1b S. 2 AÜG nF sind Überlassungen desselben Leiharbeitnehmers an den Entleiher nicht zusammenzurechnen, wenn zwischen den Einsätzen mehr als drei Monate liegen. Nach der Neuregelung des Arbeitnehmerüberlassungsgesetzes wird ein dauerhafter Leiharbeitnehmereinsatz auf demselben Arbeitsplatz bei demselben Entleiher möglich sein. Der Verleiher, der zwei Leiharbeitnehmer abwechselnd für je 18 Monate an zwei Entleiher überlässt, überschreitet die Frist des § 1 Abs. 1b S. 1 AÜG nF nicht.[149]

3. Zwischenergebnis

Eine der Zahl nach begrenzte Höchstfrist für die Bestimmung der noch „vorübergehenden“ Arbeitnehmerüberlassung gibt es derzeit[150] nicht. *Der Begriff „vorübergehend“* wird im Sinne der Leiharbeitsrichtlinie[151] als flexible Zeitkomponente verstanden und insbesondere auf genau bestimmte Höchstüberlassungsfristen verzichtet.[152] Die Europäische Kommission hat sich nunmehr dahingehend geäußert, dass die langfristige Arbeitnehmerüberlassung keinen Verstoß gegen die Leiharbeitsrichtlinie darstellt.[153] Die derzeitige Fassung des AÜG ist demnach richtlinienkonform. Gleichwohl sieht der Koalitionsvertrag „Deutschlands Zukunft gestalten“ eine zeitliche Begrenzung der „vorübergehenden“ Arbeitnehmerüberlassung auf

vorliegt. Darüber hinaus sei auch Sinn und Zweck des § 1 Abs. 1 S. 2 AÜG dahingehend zu verstehen, dass die Regelung ihren Sinn als gesetzliche Normierung verlöre, wenn sie eine lediglich folgenlose Beschreibung darstelle.

146 BAG Urteil v. 10.12.2013 -9 AZR 51/13, NJW 2014, 956 m. Anm. *Hoffmann-Remy.*

147 Stellungnahme der Europäischen Kommission zum Vertragsverletzungsverfahren gegen die Bundesrepublik Deutschland, März 2015, -CHAP(2015)00716-.

148 BT-Drucks. 18/9232.

149 Kritisch vgl. *Giesen*, ZRP 5/2016, 130, 131 sieht hierin ein „unkompliziertes Modell der Gesetzesvermeidung“.

150 Stand 01.01.2017.

151 RL 2008/104/EG.

152 BT-Drucks. 17/4804 S. 8.

153 Stellungnahme der Europäischen Kommission im Vertragsverletzungsverfahren gegen die Bundesrepublik Deutschland, März 2015, -CHAP(2015)00716-.

eine tarifdispositive Höchstüberlassungsdauer[154] von 18 Monaten vor.[155] Eine tarifdispositive Höchstüberlassungsdauer von 18 Monaten wird mit Wirkung zum 01.04.2017 durch Gesetz zur Änderung des Arbeitnehmerüberlassungsgesetzes und anderer Gesetze[156] in das AÜG bezogen auf den jeweiligen Leiharbeitnehmer eingeführt.

§ 5 Ergebnis

Arbeitnehmerüberlassung, Leiharbeit oder Zeitarbeit sind synonyme Begriffe, die den Fremdpersonaleinsatz im Betrieb eines Dritten beschreiben. Überlässt ein Verleiher geeignete Leiharbeitnehmer einem Dritten, der die Leiharbeitnehmer nach eigenen betrieblichen Erfordernissen in seinem Betrieb nach seinen Weisungen einsetzt, liegt Arbeitnehmerüberlassung vor.[157]

Die Arbeitnehmerüberlassung ist durch ein Drei-Personen-Verhältnis gekennzeichnet, zwischen denen im Einzelnen im nachfolgenden zweiten Teil zu untersuchende Rechtsbeziehungen bestehen. Spezialgesetzliche Grundlage zur Durchführung der Arbeitnehmerüberlassung ist das AÜG. Das AÜG ist als Arbeitnehmerschutzgesetz konzipiert. Es enthält besondere, vom allgemeinen Privatrecht speziell für den Überlassenden, Überlassenen und Entleihenden abweichende Regelungen und ist daher Sonderprivatrecht, das vorrangig gegenüber den Regelungen des BGB anzuwenden ist. Lange Zeit bestand in Rechtsprechung und Literatur die begriffliche Differenzierung zwischen echter und unechter Leiharbeit bzw. gewerbsmäßiger und nicht gewerbsmäßiger Leiharbeit. Diese Benennung der Formen der Leiharbeit erfolgt nach der Reform des AÜG in 2011 nicht mehr. Gegenstand der hier vorliegenden Untersuchung ist die Arbeitnehmerüberlassung im Rahmen der wirtschaftlichen Tätigkeit des Verleihers. Nur diese Form der Arbeitnehmerüberlassung muss sich den durch das AÜG geschaffenen Grundlagen der Arbeitnehmerüberlassung unterwerfen. Auch die konzerninterne Arbeitnehmerüberlassung unterfällt, mit einigen Ausnahmen, nicht dem Regelungsbereich des AÜG. Die Arbeitsvermittlung ist ebenso keine Arbeitnehmerüberlassung i. S. d. AÜG, da bei der Arbeitsvermittlung auch der Dritte Vertragspartner des Arbeitnehmers wird. Andere Formen des Fremdpersonaleinsatzes, wie solche über Werk- oder Dienstverträge, unterfallen nicht den durch das AÜG geschaffenen Voraussetzungen des

---

154 Zur Höchstüberlassungsdauer kritisch: *Happ/van der Most*, BB 2015, 565, 566.

155 Koalitionsvertrag der 18. Legislaturperiode zwischen CDU, CSU und SPD „Deutschland Zukunft gestalten" S. 49–50; auch der am 16.11.2015 veröffentlichte Referentenentwurf des Bundesministeriums für Arbeit und Soziales „Entwurf eines Gesetzes zur Änderung des Arbeitnehmerüberlassungsgesetzes und anderer Gesetze" S. 5, 13 ff. sieht eine Höchstüberlassungsdauer von 18 Monaten vor.

156 BT-Drucks. 18/9232, eingefügt in § 1 Abs. 1b AÜG nF; *Henssler*, RdA 2016,18, 23 bezeichnet die Einführung einer starren Höchstüberlassungsdauer von 18 Monaten als „einmaligen rechtspolitischen Fehlgriff".

157 Vgl. BAG Urteil v. 30.01.1991 -7 AZR 497/89, NZA 1992, 19.

Fremdpersonaleinsatzes. Wird hingegen der Fremdpersonaleinsatz nur über Werk- oder Dienstverträge „getarnt“, um die strengeren Voraussetzungen der Arbeitnehmerüberlassung durch das AÜG zu umgehen, unterliegen auch diese Formen des Fremdpersonaleinsatzes den Anforderungen des AÜG mit allen Konsequenzen.

Da nach hier vertretener Auffassung Verleiher nur sein kann, wer in arbeitsvertraglicher Bindung zum Leiharbeitnehmer steht, ist ein Kettenverleih, also der Weiterverleih des Leiharbeitnehmers durch den Entleiher an einen Dritten, unzulässig und mit einer gesetzmäßigen Arbeitnehmerüberlassung i. S. d. AÜG nicht vereinbar. Dies liegt im Wesentlichen daran, dass § 10 Abs. 1 AÜG für den Fall einer nicht gesetzmäßigen Arbeitnehmerüberlassung bei einem Kettenverleih keine Regelung enthält. Dies ist zum einen problematisch, da bei einem Kettenverleih mindestens zwei Entleiher bestehen, zu denen nach § 10 Abs. 1 AÜG ein gesetzliches Arbeitsverhältnis des Leiharbeitnehmers entstehen könnte. Befindet sich der Leiharbeitnehmer dann in zwei Arbeitsverhältnissen gleichzeitig ohne oder sogar gegen seinen Willen, wird er jedenfalls in einem Arbeitsverhältnis keine Leistung erbringen können, was unweigerlich zur Kündigung des Leiharbeitnehmers führen wird. Das Ziel des Arbeitnehmerschutzes kann so nicht erreicht werden. Zum anderen würde die Rechtsfolge des § 9 Nr. 1 AÜG nicht beim Weiterverleiher (erster Entleiher) eintreten, da dieser mit dem Leiharbeitnehmer keine leiharbeitsvertragliche Verbindung unterhält. Die eigentliche dem § 9 Nr. 1 AÜG immanente Sanktionswirkung gegenüber dem Verleiher würde daher nicht eintreten können. Auch die Änderung des Arbeitnehmerüberlassungsgesetzes sieht in § 10a AÜG nF ein Verbot des Kettenverleihs vor.

Der territoriale Geltungsbereich des AÜG ist auf das Gebiet der Bundesrepublik Deutschland beschränkt. Ob das AÜG auf die konkrete Arbeitnehmerüberlassung anwendbar ist, richtet sich nach dem Arbeitsstatut, dem der Arbeitnehmer schon vor der Überlassung unterworfen war. Der deutsche oder ausländische Verleiher, der innerhalb der Grenzen der Bundesrepublik Deutschland Arbeitnehmer an Entleiher verleiht, ist zur Gesetzmäßigkeit der Arbeitnehmerüberlassung an die Regelungen des AÜG gebunden. Dies gilt auch für in Deutschland ansässige Verleiher, die dem deutschen Arbeitsstatut unterworfene Arbeitnehmer außerhalb des Gebiets der Bundesrepublik Deutschland verleihen. Nicht anwendbar ist das AÜG, wenn sowohl der Verleiher als auch der Entleiher außerhalb der Bundesrepublik Deutschland ansässig sind und die Arbeitnehmerüberlassung eines Arbeitnehmers innerhalb Deutschlands erfolgt, der schon vor der Überlassung nicht dem deutschen Arbeitsstatut unterworfen war.

Eine gesetzmäßige Arbeitnehmerüberlassung setzt voraus, dass Verleiher und Leiharbeitnehmer arbeitsvertraglich verbunden sind. Der Verleiher muss über eine Arbeitnehmerüberlassungserlaubnis nach § 1 Abs. 1 S. 1 AÜG verfügen und die vorübergehende Überlassung muss im Rahmen der wirtschaftlichen Tätigkeit des Verleihers erfolgen. An einer Definition der „vorübergehenden“ Arbeitnehmerüberlassung, die eine Höchstüberlassungsdauer festlegt, fehlt es bislang.[158] Einigkeit besteht dahingehend, dass eine Arbeitnehmerüberlassung nicht mehr vorübergehend ist, wenn diese dauerhaft ist. Der Rechtssicherheit ist diese Erkenntnis nicht zuträglich. Insofern ist es begrüßenswert, dass mit der Änderung des Arbeitnehmerüberlassungsgesetzes zum 01.04.2017 eine tarifdispositive Höchstüberlassungsdauer von 18 Monaten, bezogen auf den jeweiligen Leiharbeitnehmer, in das AÜG eingefügt wird. Entgegen der bisherigen Auffassung der Rechtsprechung des EUGH und des BAG, die eine dauerhafte Arbeitnehmerüberlassung für unzulässig erachtet, führt die diesbezügliche Änderung des AÜG in § 1 Abs. 1b S. 1 u. 2 AÜG nF dazu, dass eine dauerhafte Arbeitnehmerüberlassung desselben Leiharbeitnehmers, die eine Überlassung von jeweils 18 Monaten mit drei Monaten Pausen zwischen den jeweiligen Einsätzen vorsieht, zulässig wird. Ein Stammarbeitsplatz kann daher durch wechselnde Leiharbeitnehmer dauerhaft besetzt sein.[159]

---

158 Stand 01.01.2017.

159 Vgl. auch *Neighbour/Schröder*, BB 2016, 2869.

2. Teil: Schuldrechtliche Beziehungen

Der erste Teil der Arbeit hat gezeigt, dass die dem AÜG unterliegende gesetzmäßige Arbeitnehmerüberlassung schuldrechtliche Beziehungen sowohl zwischen Verleiher und Leiharbeitnehmer als auch zwischen Verleiher und Entleiher voraussetzt. Neben der Rechtsqualität dieser der Arbeitnehmerüberlassung zugrunde liegenden schuldrechtlichen Beziehungen und der daraus resultierenden Rechte und Pflichten der jeweiligen Vertragsparteien wird im zweiten Teil der Arbeit auch zu untersuchen sein, ob eine schuldrechtliche Beziehung zwischen Leiharbeitnehmer und Entleiher mit entsprechenden gegenseitigen Rechten und Pflichten besteht.

Ersichtlich wird in der nachfolgenden Erarbeitung werden, dass die bisherige gesetzliche Regelung der der Arbeitnehmerüberlassung zugrunde liegenden Vertragsverhältnisse wenig spezifiziert ist. Entgegen der gewohnten Handhabe der Regelung von Vertragswerken im Bürgerlichen Gesetzbuch, wo jedenfalls die Hauptleistungspflichten und der Umfang derer gesetzlich festgelegt sind, fehlt es daran bei der im AÜG geregelten Arbeitnehmerüberlassung. So sieht das AÜG hinsichtlich des Leiharbeitsvertrags keine Pflicht des Verleihers zur Überlassung eines Leiharbeitnehmers vor, sondern statuiert in § 1 Abs. 1 S. 1 AÜG lediglich, dass Arbeitgeber, die als Verleiher Dritten Arbeitnehmer im Rahmen ihrer wirtschaftlichen Tätigkeit zur Arbeitsleistung überlassen wollen, der Erlaubnis bedürfen. Den personellen sowie sachlichen Umfang der Verleiherpflicht enthält die gesetzliche Regelung nicht.

Hinsichtlich des Arbeitnehmerüberlassungsvertrags besteht ausschließlich die Regelung des § 12 AÜG. Diese Regelung sieht keine nähere inhaltliche Spezifizierung des Arbeitnehmerüberlassungsvertrags vor. Eine Pflicht des Entleihers ist in der gesetzlichen Regelung ebenso nicht enthalten.

Das Verhältnis zwischen Entleiher und Leiharbeitnehmer ist hingegen überhaupt nicht erwähnt. Ob eine schuldrechtliche Beziehung auch zwischen Leiharbeitnehmer und Entleiher besteht, ist zu klären.

§ 6 Leiharbeitsvertrag

Die schuldrechtliche Beziehung zwischen Verleiher und Leiharbeitnehmer ist der Leiharbeitsvertrag. Das AÜG enthält weder eine rechtliche Qualifikation des Leiharbeitsvertrags noch Rechte und Pflichten der Vertragsparteien. In einem ersten Schritt ist daher die Rechtsnatur des Leiharbeitsvertrags zu bestimmten, um dann in einem nächsten Schritt aufbauend auf den gewonnenen Erkenntnissen die wesentlichen, sich aus dem Leiharbeitsvertrag für den Verleiher und den Leiharbeitnehmer ergebenden Rechte und Pflichten zu analysieren.

A. Rechtsnatur

Die rechtliche Qualifikation des Leiharbeitsvertrags kann nicht isoliert, sondern nur unter Beachtung der Besonderheiten der Dreieckskonstellation der Arbeitnehmerüberlassung erfolgen.

So wäre es unpräzise, den Leiharbeitsvertrag schlicht als Arbeitsvertrag i. S. d. §§ 611 ff. BGB[160] zu qualifizieren,[161] ist doch eine Besonderheit des Leiharbeitsvertrags, dass der Leiharbeitnehmer, nicht wie beim Arbeitsvertrag nach §§ 611 ff. BGB üblich, im Betrieb des Verleihers tätig werden kann, da der Verleiher in der Regel über einen solchen Betrieb nicht verfügt. Zu weit gehend ist hingegen die Ansicht, die rechtliche Qualifikation des Verhältnisses zwischen Leiharbeitnehmer und Verleiher als Leihe, Miete oder Geschäftsbesorgung zu bezeichnen und in jedem Fall einen Arbeitsvertrag zwischen Leiharbeitnehmer und Verleiher abzulehnen.[162] Um der besonderen Dreieckskonstellationen der Arbeitnehmerüberlassung gerecht zu werden, bestehen weitere Ansätze der rechtlichen Qualifikation des Leiharbeitsvertrages von der Qualifikation als Arbeitsplatzverschaffungsvertrag[163] über die rechtliche Einordnung als Vertrag *sui generis*[164] bis hin zur Annahme eines Arbeitsvertrag i. S. d. § 611 ff. BGB mit arbeitnehmerüberlassungsspezifischen Besonderheiten[165].

---

160 Mit Wirkung zum 01.04.2017 wird der Arbeitsvertrag als Unterfall des Dienstvertrags in einen § 611a BGB eingeführt durch BT-Drucks. 18/9232 „Entwurf eines Gesetzes zur Änderung des Arbeitnehmerüberlassungsgesetzes und anderer Gesetze" und die Änderungsempfehlung BT-Drucks. 18/10064. Dieser lautet: § 611a Abs. 1 BGB: Durch den Arbeitsvertrag wird der Arbeitnehmer im Dienste eines anderen zur Leistung weisungsgebundener, fremdbestimmter Arbeit in persönlicher Abhängigkeit verpflichtet. Das Weisungsrecht kann Inhalt, Durchführung, Zeit und Ort der Tätigkeit betreffen. Weisungsgebunden ist, wer nicht im Wesentlichen frei seine Tätigkeit gestalten und seine Arbeitszeit bestimmen kann. Der Grad der persönlichen Abhängigkeit hängt dabei auch von der Eigenart der jeweiligen Tätigkeit ab. Für die Feststellung der Arbeitnehmereigenschaft ist eine Gesamtbetrachtung aller Umstände vorzunehmen. Zeigt die tatsächliche Durchführung des Vertragsverhältnisses, dass es sich um ein Arbeitsverhältnis handelt, kommt es auf die Bezeichnung im Vertrag nicht an. Abs. 2: Der Arbeitgeber ist zur Zahlung der vereinbarten Vergütung verpflichtet.

161 So aber zum Beispiel Schüren/*Schüren*, AÜG Einl. Rn. 175; *Kurr*, JA 1996, 717,719; MüKo/*Müller-Glöge*, § 611 BGB Rn. 1277; Thüsing/*Thüsing*, AÜG Einf. Rn. 32; Erbs/Kohlhaas/*Ambs*, § 1 AÜG Rn. 4; Urban-Crell/Germakowski/*Bissels*, § 1 AÜG Rn. 25, 26; „Arbeitnehmerüberlassung zählt zu den atypischen Arbeitsverhältnissen", *Preis*, Der Arbeitsvertrag, II A 55 Rn. 32; *Seiter*, Jura 1971, 204, 219; *Junker*, Internationales Arbeitsrecht im Konzern, S. 225.

162 So aber *Hessel*, BB 1970, 307, 309.

163 *Hessel*, BB 1970, 307, 308 – 309; *Trieschmann*, DB 1956, Beilage Nr. 16 unter III. 2. a) und b).

164 *Bogs*, BB 1971, 277, 282.

165 *Pollert/Spieler*, Arbeitnehmerüberlassung in der betrieblichen Praxis, S. 149 f; *Vogt*, Arbeitsrecht im Konzern, S. 101: *Fitting*, BetrVG § 5 Rn. 250; *Schaub*, Arbeitnehmerüberlassung, S. 275.

I. Rechtliche Qualifikation als Leihvertrag gem. § 598 BGB

Die im Sprachgebrauch der Praxis übliche Bezeichnung der Arbeitnehmerüberlassung als *Leih*arbeit und auch die Bezeichnung der Vertragsparteien der Arbeitnehmerüberlassung[166] in §§ 1 ff. AÜG als *Verleiher* und *Entleiher* lässt zur rechtlichen Qualifikation des Leiharbeitsvertrags im ersten Moment auf einen Leihvertrag i. S. d. §§ 598 ff. BGB schließen.

Da die Leihe nach §§ 598 ff. BGB aber durch Unentgeltlichkeit geprägt ist,[167] so ausdrücklich nach § 598 BGB, zudem dem Leiharbeitsvertrag im Rahmen der Arbeitnehmerüberlassung ein Beschäftigungsverhältnis zwischen Leiharbeiter und Verleiher zugrunde liegt, dies dem Leihverhältnis i. S. d. § 598 BGB absolut fremd ist und schließlich Inhalt des Leihvertrags der anderen Partei der Gebrauch einer Sache gestattet wird, kann der Leiharbeitsvertrag nicht als Leihvertrag i. S. d. § 598 BGB qualifiziert werden. Denn der Leiharbeitsvertrag zeichnet sich im Gegensatz zum Leihvertrag i. S. d. § 598 BGB durch synallagmatische Pflichten der Vertragsparteien aus.[168]

Zudem verleiht der Verleiher an den Leiharbeitnehmer nichts, sondern die aus dem Vertrag geschuldete Leistung des Verleihers besteht in der Zuweisung von Beschäftigung und der Vergütung der im Fremdbetrieb erbrachten Leistung des Leiharbeitnehmers. Letztlich schließt der Verleiher den Leiharbeitsvertrag mit dem Leiharbeitnehmer, um Entleihunternehmen nach Bedarf mit Arbeitskräften zu versorgen zu können. Ein etwaiger Verleih von Arbeitskraft ist nicht Gegenstand der schuldrechtlichen Beziehung zwischen Verleiher und Leiharbeitnehmer.

Der Leiharbeitsvertrag ist daher nicht als Leihvertrag i. S. d. §§ 598 ff. BGB einzuordnen.

II. Leiharbeitsvertrag als Arbeitsplatzverschaffungsvertrag

Mit dem Fokus und dem isolierten Blick auf die Tätigkeit des Verleihers, unter fehlender Berücksichtigung des Verhältnisses der Vertragsparteien, wird der Leiharbeitsvertrag als Arbeitsplatzverschaffungsvertrag qualifiziert.[169]

Diese Theorie setzt im Rahmen der Arbeitnehmerüberlassung zwei Vertragsverhältnisse, nämlich das zwischen Verleiher und Leiharbeitnehmer und das zwischen Leiharbeitnehmer und Entleiher, voraus. Doppelt vertraglich gebunden ist nach dieser Theorie der Leiharbeitnehmer, nämlich zum Verleiher durch einen Arbeitsplatzverschaffungsvertrag und zum Entleiher durch einen Arbeitsvertrag.

---

166 Kritisch zu dieser Bezeichnung der Vertragsparteien als Leiharbeitnehmer und Verleiher schon *Ramm*, DB 1973, 1170; *Beine*, ArbBlbrz 1947, 410.

167 So auch *Ramm*, DB 1973, 1170.

168 Siehe zu den Rechten und Pflichten der Vertragsparteien im Folgenden unter 2. Teil § 6 B.

169 *Hessel*, BB 1970, 307, 308 – 309; *Trieschmann*, DB 1956 Beilage Nr. 16 unter III. 2. a) und b).

Die Frage nach dem Vertragsschluss zwischen Entleiher und Leiharbeitnehmer beantwortet diese Theorie wenig überzeugend mit einem stillschweigenden Vertragsschluss des Arbeitnehmers mit dem Entleiher. Auch ein entgegenstehender Wille des Leiharbeitnehmers sei unbeachtlich, da eine Tätigkeit in einem fremden Betrieb nur auf Grundlage eines Arbeitsvertrages möglich sei. Der Wille des Arbeitnehmers im Betrieb des Entleihers zu arbeiten ohne dessen Arbeitnehmer zu werden, sei ein rechtlich irrelevanter innerer Willensvorbehalt.[170]

Diese rechtliche Qualifikation des Leiharbeitsvertrags als Arbeitsplatzverschaffungsvertrag ist abzulehnen. Ein konkludentes, auf den Abschluss eines Arbeitsvertrags gerichtetes Verhalten des Leiharbeitnehmers durch die bloße Tätigkeit im Betrieb des Entleihers ist schon schwerlich anzunehmen. Weiterhin müsste der Arbeitnehmer bei Beendigung des Einsatzes im Drittbetrieb aber das Arbeitsverhältnis mit dem Entleiher wieder kündigen, ohne ein Sonderkündigungsrecht zu haben. Der Leiharbeitnehmer wäre also an eine Kündigungsfrist von mindestens vier Wochen gebunden und die Kündigung müsste schriftlich gem. § 623 BGB erfolgen. Eine konkludente Kündigung ist ausgeschlossen.

Dies widerspricht darüber hinaus der tatsächlichen Durchführung der rechtlichen Verbindung zwischen Leiharbeitnehmer und Verleiher. Ein Arbeitsplatzverschaffungsvertrag ähnelt in seiner Konstruktion eher einem Maklervertrag nach §§ 652 ff. BGB.[171] Diese Konstruktion sieht unweigerlich die Pflicht des Verleihers zur Vermittlung von Arbeitsplätzen vor. Dies steht zudem im Widerspruch zu der gesetzlichen Wertung des § 1 Abs. 2 AÜG, die vorsieht, dass der Verleiher zur gesetzmäßigen Arbeitnehmerüberlassung übliche Arbeitgeberpflichten und auch das Arbeitgeberrisiko übernehmen muss. Übernimmt der Verleiher diese nicht, wird vermutet, dass der Verleiher Arbeitsvermittlung betreibt. Das AÜG unterscheidet also schon begrifflich und auch tatsächlich zwischen Arbeitnehmerüberlassung einerseits und Arbeitsvermittlung andererseits. Den Inhalt der rechtlichen Verbindung zwischen Leiharbeitnehmer und Verleiher auf die bloße Verschaffung oder Vermittlung von Arbeitsplätzen zu reduzieren, widerspricht daher schon der Konzeption der Arbeitnehmerüberlassung durch das AÜG.

Außerdem lässt dieser Ansatz völlig das Verhältnis der Vertragsparteien zueinander außer Betracht. Natürlich ist es Pflicht des Verleihers – als Arbeitgeber – den Leiharbeitnehmer zu beschäftigen. Diesem Beschäftigungserfordernis ist es immanent, dass der Verleiher, weil er selbst nicht über einen solchen Betrieb verfügt, dem Leiharbeitnehmer einen Arbeitsplatz „verschafft", der sich im Betrieb eines Entleihers befindet. Dann würde aber auch jeder Arbeitsvertrag nach §§ 611 ff. BGB ein solcher Arbeitsplatzverschaffungsvertrag sein, da auch beim normalen Arbeitsvertrag der Arbeitgeber eine Beschäftigungspflicht trifft, die dieser durch

---

170 *Hessel*, BB 1970, 307, 308.

171 Für die mit dem Arbeitsplatzverschaffungsvertrag vergleichbare Arbeitsvermittlung: BVerfG Urteil v. 04.04.1967, -1 BvR 84/65, BVerfGE 21, 261, 268 Rn. 22 (zit. nach juris).

Zuweisung eines Arbeitsplatzes, im Unterschied zur Arbeitnehmerüberlassung, im eigenen Betrieb erfüllt. Nach § 1 Abs. 2 AÜG muss der Überlassende die üblichen Arbeitgeberpflichten und das Arbeitgeberrisiko übernehmen, sodass Vertragsinhalt nicht nur die Vermittlung von Beschäftigungsstellen ist.[172]

Schließlich ist die Tätigkeit im fremden Betrieb nicht nur aufgrund eines Arbeitsvertrags möglich, sondern auch über Werk- oder Dienstverträge. Maßgebliches Argument der Einordnung des Leiharbeitsvertrags als Arbeitsplatzverschaffungsvertrag kann demnach nicht sein, dass die Tätigkeit im Betrieb eines Dritten nur im Rahmen eines Arbeitsvertrags möglich ist.

Die Qualifikation als Arbeitsplatzverschaffungsvertrag konstruiert künstlich und nicht notwendigerweise einen nicht im BGB geregelten Vertragstypus und ist daher abzulehnen.[173]

III. Leiharbeitsvertrag als schuldrechtlicher Vertrag sui generis

Gestützt auf eine vergleichbare Argumentation wie zur Einordnung des Leiharbeitsvertrags als Arbeitsplatzverschaffungsvertrag wurde auch vertreten, dass der Leiharbeitsvertrag als schuldrechtlicher Vertrag *sui generis* mit mehr oder weniger eingewobenen arbeitsvertragsrechtlichen Rechtselementen zu qualifizieren sei.[174] Im Kern enthalte der Vertrag zwischen Verleiher und Leiharbeitnehmer die Zusage fortgesetzter Vermittlung in Beschäftigungsstellen.[175]

Eine solche rechtliche Einordnung ist mit den Regelungen des AÜG nicht vereinbar. Hinsichtlich dieser rechtlichen Qualifikation des Leiharbeitsvertrags ist auf die vorausgegangene Ausführung zur Ablehnung des Leiharbeitsvertrags als Arbeitsplatzverschaffungsvertrag zu verweisen.[176] Aus eben diesen Gründen kann der Leiharbeitsvertrag nicht als schuldrechtlicher Vertrag *sui generis* rechtlich qualifiziert werden.

IV. Leiharbeitsvertrag als normaler Arbeitsvertrag i. S. d. §§ 611 ff. BGB

In der Literatur wird vertreten, der Leiharbeitsvertrag sei ein normaler Arbeitsvertrag i. S. d. §§ 611 ff. BGB,[177] dessen einzige Besonderheit darin liege, dass der

---

172 *Schaub*, Arbeitnehmerüberlassung, S. 275; *Schaub/Vogelsang*, Arbeitsrechtshandbuch § 9 Abgrenzung des Arbeitsvertrags von verwandten Verträgen, Rn. 30.

173 Im Ergebnis so auch *Becker*, NJW 1971, 691, 692.

174 *Bogs*, BB 1971, 277, 282.

175 *Bogs*, BB 1971, 277, 282.

176 Siehe unter 2. Teil § 6 A. I. 2.

177 *Kurr*, JA 1996, 717,719; MüKo/*Müller-Glöge*, § 611 BGB Rn. 1277; Thüsing/*Thüsing*, AÜG Einf. Rn. 32; Erbs/Kohlhaas/*Ambs*, § 1 AÜG Rn. 4; Urban-Crell/Germakowski/*Bissels*, § 1 AÜG Rn. 25, 26; „Arbeitnehmerüberlassung zählt zu den atypischen Arbeitsverhältnissen“, *Preis*, Der Arbeitsvertrag, II A 55 Rn. 32; *Seiter*, Jura 1971, 204, 219; *Junker*, Internationales Arbeitsrecht im Konzern, S. 225.

Leiharbeitnehmer grundsätzlich nicht im Betrieb seines Vertragsarbeitgebers tätig werde, sondern dass er im Betrieb des Entleihers nach dessen Weisungen arbeite.[178]

Im Folgenden ist daher zunächst das Zustandekommen, der Inhalt und die Vertragsparteien eines Arbeitsverhältnisses i. S. d. §§ 611 ff. BGB zu betrachten, um auf dieser Grundlage prüfen zu können, ob der Leiharbeitsvertrag als Arbeitsvertrag i. S. d. §§ 611 ff. BGB rechtlich qualifiziert werden kann.

1. Entstehung eines Arbeitsverhältnisses

Ein Arbeitsverhältnis kommt grundsätzlich durch Vertragsschluss zustande, kann aber auch Gesetz nach § 10 Abs. 1 AÜG oder teilweise vertreten auch durch Eingliederung in den Betrieb des Arbeitgebers entstehen.

Grundsätzlich setzt die Entstehung eines Arbeitsverhältnisses die übereinstimmende Willenseinigung der beteiligten Parteien voraus. Auch der Leiharbeitsvertrag kommt durch eine Willenseinigung zwischen Verleiher und Leiharbeitnehmer zustande.

Jeder Arbeitsvertrag ist ein Dienstvertrag i. S. d. § 611 BGB.[179] Das Vertragsverhältnis besteht zwischen den Vertragsparteien Arbeitgeber und Arbeitnehmer. Nach der ganz überwiegend vertretenen Auffassung kommt das Arbeitsverhältnis grundsätzlich durch Abschluss des Arbeitsvertrages zwischen Arbeitgeber und Arbeitnehmer zustande.[180] Die früher vertretene Eingliederungstheorie, die das Entstehen des Arbeitsverhältnisses durch die Eingliederung in den Betrieb des Arbeitgebers sah,[181] wird nunmehr im Schrifttum und der Rechtsprechung nicht mehr vertreten.[182]

Es bestehen daneben auch neue Ansätze, anlehnend an die Eingliederungstheorie, die neben der Begründung des Arbeitsverhältnisses durch Vertragsschluss zwischen den Parteien ein Arbeitsverhältnis auch durch tatsächliche Leistung weisungsabhängiger Dienste entstehen sehen.[183] Diese Ansicht stößt auch auf Kritik. Insbesondere können weisungsabhängige Dienste auf ganz unterschiedlicher Grundlage gewährleistet werden. Außerdem sei Stand der Rechtsprechung, dass nur vertraglich oder gesetzlich begründete Rechtsverhältnisse als Arbeitsverhältnisse i. S. d. deutschen Arbeitsrechts anerkannt werden.[184]

---

178 Formularbuch des Fachanwalts für Arbeitsrechts/*Lembke/Rothmann*, S. 420 Rn. 95.

179 *Schüren*, in: FS Däubler S. 90, 96; Küttner/*Röller*, Arbeitsvertrag I Rn. 1; *Elghahwagi*, Arbeitnehmerüberlassung, S. 26; *Larenz*, Lehrbuch des Schuldrechts II. Band: Besonderer Teil 1. Halbband, S. 308.

180 ErfK/*Preis*, § 611 BGB Rn. 311 ff.

181 *Nikisch*, Arbeitsrecht und Arbeitsverhältnis, S. 168.

182 *Boemke*, Schuldvertrag, S. 227 vertritt nunmehr, dass arbeitsrechtliche Beziehungen auch durch die bloße weisungsabhängige Tätigkeit im Betrieb entstehen können. Dies zutreffend ablehnend: MüKo-BGB/*Müller-Glöge*, § 611 BGB Rn. 164.

183 *Boemke*, Schuldvertrag, S. 226 ff.

184 MüKo/*Müller-Glöge*, § 611 BGB Rn. 164.

Darüber hinaus kann das Arbeitsverhältnis durch Gesetz entstehen, so im Rahmen des § 10 Abs. 1 AÜG. Nach § 10 Abs. 1 AÜG entsteht im Fall der nicht gesetzmäßigen Arbeitnehmerüberlassung nach derzeitiger Rechtslage wegen fehlender, aber nach § 1 AÜG erforderlicher Arbeitnehmerüberlassungserlaubnis, ein gesetzliches Arbeitsverhältnis zwischen Leiharbeitnehmer und Entleiher.

2. Arbeitnehmer

Vertragspartner des Arbeitsvertrags kann nur ein Arbeitnehmer sein. Der weisungsgebundene Arbeitnehmer ist vom selbstständig Tätigen abzugrenzen. Grundsätzlich erfolgt diese Abgrenzung anhand des Arbeitnehmerbegriffs und der Würdigung aller Umstände des Einzelfalles.

Arbeitnehmer ist, wer aufgrund eines privatrechtlichen Vertrags im Dienste eines anderen zur Leistung weisungsgebundener, fremdbestimmter Arbeit in persönlicher Abhängigkeit verpflichtet ist. Unerheblich ist, wie der Vertrag durch die Parteien bezeichnet wurde.[185]

Insbesondere unter Gewichtung der Bindung des Dienstverpflichteten wird auf den Grad der persönlichen Abhängigkeit des Einzelnen zwecks Annahme eines Arbeitsvertrages zwischen den Parteien geschlossen. Auch im Rahmen dieser Abgrenzung kommt es auf eine Gesamtwürdigung aller Umstände und nicht auf einzelne Indizien an.[186] Der EuGH stellt ebenso zur Definition des Arbeitnehmerbegriffs auf eine Weisungsabhängigkeit des Dienstverpflichteten ab, die dieser während einer bestimmten Zeit als Gegenleistung zu einer Vergütung erbringt.[187] Das Schrifttum verweist auf typische Merkmale des Arbeitnehmers, wie die auf Dauer angelegte Tätigkeit in eigener Person für nur einen Auftraggeber mit fehlender Organisation und ohne eigenes Kapital. Zusätzlich wird die persönliche Abhängigkeit als wesentliches Kriterium des Arbeitsnehmers qualifiziert.[188] Ob der Beschäftigte als Arbeitnehmer zu qualifizieren ist, richtet sich im Ergebnis jedoch nach dem tatsächlich Praktizierten, nicht nach dem vertraglich Vereinbarten, denn maßgeblich ist der wirklich gewollte Geschäftsinhalt.[189] Dies gilt insbesondere dann, wenn abweichend von den vertraglichen Vereinbarungen das Rechtsverhältnis gelebt wird.[190] Das praktizierte Rechtsverhältnis spiegelt den tatsächlich gewollten Inhalt des Rechtsverhältnisses

---

185 BAG Urteil v. 10.04.1991 -4 AZR 467/90, NZA 1991, 856; Beschluss v. 16.02.2000 -5 AZB 71/99, NZA 2000, 385; Beschluss v. 26.09.2002 -5 AZB 19/01, NZA 2002, 1412.

186 BAG Urteil v. 14.03.2007 -5 AZR 499/06, NZA-RR 2007, 424; Urteil v. 09.06.2010 -5 AZR 332/09, NZA 2010, 877.

187 EuGH Urteil v. 17.07.2008 -C-94/07, NZA 2008, 995.

188 Münchener Handbuch ArbR/*Richardi*, § 16 Rn. 17 ff.

189 BAG Urteil v. 19.03.2003 -7 AZR 267/02, AP Nr. 4 zu § 13 AÜG; BGH Urteil v. 25.06.2002 -X ZR 83/00, NZA 2002, 1086, 1087 f.; so auch § 12 Abs. 1 S. 2 AÜG nF (Entwurf eines Gesetzes zur Änderung des Arbeitnehmerüberlassungsgesetzes und anderer Gesetze, BT-Drucks. 18/9232).

190 BAG Beschluss v. 30.10.1991 -7 ABR 19/91, NZA 1992, 407; Urteil v. 20.07.1994 -5 AZR 627/93, NZA 1995, 161.

zwischen den Parteien wider, sodass zur Ermittlung des tatsächlich gewollten Geschäftsinhalts auf das tatsächlich Praktizierte abzustellen ist, denn dieses lässt den Rückschluss auf die wirklichen Vorstellungen der Vertragsparteien zu.[191]

Der Leiharbeitnehmer erbringt gegenüber dem Verleiher unselbstständige, weisungsgebundene, fremdbestimmte Arbeit, indem der Leiharbeitnehmer auf Weisung des Verleihers hin im Betrieb des Entleihers tätig wird. Der Leiharbeitnehmer ist auch wirtschaftlich vom Verleiher abhängig, denn der Leiharbeitnehmer verfügt über keine eigene Organisation oder eigenen Betrieb und ist auf die Vergütung des Verleihers wirtschaftlich angewiesen. Der Leiharbeitnehmer ist Arbeitnehmer im zuvor genannten Sinne.

3. Inhalt des Arbeitsvertrages

Der Arbeitsvertragsschluss richtet sich nach dem Grundsatz der Vertragsfreiheit, § 105 GewO.[192]

Im zwischen den Parteien geschlossenen Arbeitsvertrag müssen in jedem Fall Art und Beginn der geschuldeten Tätigkeit vereinbart sein. Eine weitergehende Einigung über den Inhalt der Tätigkeit ist hingegen nicht erforderlich.[193] Darüber hinaus kann sich die Arbeitszeit auch aus der betrieblichen Üblichkeit ergeben.[194]

Der Arbeitnehmer verpflichtet sich aufgrund des Arbeitsvertrages zur Arbeit *unter* Leitung und nach Weisung des Arbeitgebers. Der Arbeitnehmer ist dabei in die Organisation des Arbeitgebers eingegliedert.[195]

4. Leiharbeitsvertrag als Arbeitsvertrag

Es kommt zur Wirksamkeit des Leiharbeitsvertrages nicht darauf an, ob der Leiharbeitnehmer bereits als solcher beim Verleiher beschäftigt ist oder ob sein schon bestehender Arbeitsvertrag erst nachträglich entsprechend den Anforderungen der Leiharbeit abgeändert wird.[196] Der Leiharbeitsvertrag ist vom Arbeitnehmerüberlassungsvertrag zwischen Verleiher und Entleiher rechtlich unabhängig.[197]

Neben dem Wortlaut des § 1 AÜG, der die Vertragsparteien, wie im Arbeitsverhältnis üblich, als Arbeitgeber und Arbeitnehmer bezeichnet, lässt auch der Wortlaut der vertraglichen Verbindung, des Leih*arbeitsvertrags,* zwischen Leiharbeitnehmer und Verleiher darauf schließen, dass es sich bei der vertraglichen Verbindung um einen Arbeitsvertrag i. S. d. §§ 611 ff. BGB[198] handelt.

---

191 MüKo/*Müller-Glöge*, § 611 BGB Rn. 172.
192 Küttner/*Röller*, Arbeitsvertrag II Rn. 7.
193 Küttner/*Röller*, Arbeitsvertrag II Rn. 7.
194 Küttner/*Röller*, Arbeitsvertrag II Rn. 7.
195 MüKo/*Müller-Glöge*, § 611 BGB Rn. 155.
196 Schüren/*Hamann*, § 1 AÜG Rn. 74.
197 *Fitting*, BetrVG § 5 Rn. 250.
198 Ab 01.04.2017 ist der Arbeitsvertrag in § 611a BGB nF erfasst.

Der Leiharbeitsvertrag geht hinsichtlich seines Inhalts über den normalen Arbeitsvertrag nach §§ 611 ff. BGB hinaus. Der Leiharbeitnehmer hat wie im normalen Arbeitsvertrag gegenüber dem Verleiher unselbstständige Dienste zu erbringen. Diese unselbstständigen Dienste erbringt er aber im Rahmen der Überlassung nicht wie im normalen Arbeitsvertrag im Betrieb seines Arbeitgebers, sondern abweichend von § 613 S. 2 BGB im Betrieb des Entleihers.[199]

Der Verleiher ist hingegen zur Beschäftigung des Leiharbeitnehmers und der Vergütung wie auch beim normalen Arbeitsvertrag verpflichtet. Die Höhe der Vergütung kann der Verleiher während der Dauer der Überlassung jedoch nicht wie bei einem normalen Arbeitsvertrag nach eigenem Ermessen oder nach Verhandlung mit dem Arbeitnehmer bestimmen, sondern die Höhe der Vergütung richtet sich nach der eines vergleichbaren Stammarbeitnehmers im Entleiherbetrieb, § 10 Abs. 4 S. 1 AÜG. Der Verleiher hat den Leiharbeitnehmer zwar wie im Rahmen einer normalen arbeitsvertraglichen Tätigkeit zu beschäftigen, diese Beschäftigungspflicht besteht aber nicht wie beim normalen Arbeitsvertrag dauerhaft, sondern kann auch von beschäftigungsfreien Zeiten geprägt sein. Beschäftigungsfreie Zeiten birgt die Arbeitnehmerüberlassung kraft Natur der Sache, gleichwohl der Verleiher schon aus eigenem wirtschaftlichem Interesse eine durchgehende Beschäftigung zu gewährleisten versuchen wird. Der Leiharbeitsvertrag ist also dem Grund nach ein Arbeitsvertrag i. S. d. §§ 611 ff. BGB, der aber durch Besonderheiten der Arbeitnehmerüberlassung geprägt ist.

Das Arbeitsverhältnis zwischen Leiharbeitnehmer und Verleiher besteht auch während der Dauer der gesetzmäßigen Überlassung an den Entleiher weiterhin[200] und ruht nicht.

V. Zwischenergebnis

Der Leiharbeitsvertrag ist weder Leihvertrag nach § 598 BGB noch bloßer Arbeitsplatzverschaffungsvertrag. Diese Ansichten werden der rechtlichen Verbindung zwischen Leiharbeitnehmer und Verleiher ebenso wenig gerecht wie auch die rechtliche Einordnung des Leiharbeitsvertrags als Vertrag *sui generis.*[201]

Der Leiharbeitsvertrag ist ein Arbeitsvertrag i. S. d. §§ 611 ff. BGB[202] mit arbeitnehmerüberlassungsspezifischen Modifikationen, die im AÜG geregelt sind. Der Inhalt des zwischen Leiharbeitnehmer und Verleiher bestehenden Leiharbeitsvertrags richtet sich daher grundsätzlich nach den §§ 611 ff. BGB und wird durch die Regelungen des AÜG dahingehend ergänzt.

---

199 Siehe dazu auch nachfolgend unter 2. Teil § 6 B. I.

200 Wedde/*Mittag*, Arbeitsrecht § 1 AÜG Rn. 10.

201 *Schaub*, Arbeitnehmerüberlassung, S. 275.

202 *Pollert/Spieler*, Arbeitnehmerüberlassung in der betrieblichen Praxis, S. 149 f; *Vogt*, Arbeitsrecht im Konzern, S. 101: *Fitting*, BetrVG § 5 Rn. 250; *Schaub*, Arbeitnehmerüberlassung, S. 275.

Aufgrund der rechtlichen Qualifikation des Leiharbeitsvertrags als Arbeitsvertrag i. S. d. §§ 611 ff. BGB finden auch Vorschriften, wie zum Beispiel solche des KSchG, des MuSchG und des TzBfG, Anwendung.[203]

B. Inhalt des Leiharbeitsvertrags

Die Analyse des Leiharbeitsvertrags hat ergeben, dass die schuldrechtliche Beziehung zwischen Leiharbeitnehmer und Verleiher ein Arbeitsvertrag i. S. d. §§ 611 ff. BGB mit arbeitnehmerüberlassungsspezifischen Besonderheiten ist. Der Inhalt der Leiharbeitsvertrages mit diesbezüglichen Rechten und Pflichten des Leiharbeitnehmers und des Verleihers richtet sich daher grundsätzlich nach den §§ 611 ff. BGB, wird jedoch, sofern vorhanden, durch die speziellen Regelungen des AÜG ergänzt.

Da der Leiharbeitsvertrag auch während der Dauer der Überlassung des Leiharbeitnehmers beim Entleiher nicht ruht,[204] bestehen die sich aus dem Leiharbeitsvertrag ergebenden Rechte und Pflichten für den Leiharbeitnehmer und den Verleiher auch während des Einsatzes beim Entleiher und sind für diesen Zeitraum nicht suspendiert. Diese sollen nun aufbauend auf den gewonnenen Erkenntnissen beleuchtet werden.

I. Rechte und Pflichten des Leiharbeitnehmers

Der Leiharbeitnehmer ist aus dem Leiharbeitsvertrag gem. § 611 Abs. 1 BGB zur Leistung unselbstständiger Dienste gegenüber dem Verleiher verpflichtet. Wie auch im Arbeitsvertrag verpflichtet sich der Leiharbeitnehmer zu Leistung fremdbestimmter, abhängiger und unselbstständiger Arbeit.[205] Diese Pflicht ist ebenso wie bei „normalen" Arbeitsverträgen i. S. d. §§ 611 ff. BGB Hauptpflicht des (Leih-) Arbeitnehmers.

Der Leiharbeitsvertrag weicht aber insofern von den üblichen Regelungen der Arbeitsverträge der §§ 611 ff. BGB ab, als dass der Leiharbeitnehmer die aufgrund des Leiharbeitsvertrags geschuldete Leistung nicht beim Verleiher zu erbringen hat, sondern abweichend von § 613 S. 2 BGB durch Tätigkeit im Betrieb des Entleihers seine Pflichten aus dem Leiharbeitsvertrag gegenüber dem Verleiher erfüllt.[206]

Im Leiharbeitsvertrag zwischen Leiharbeitnehmer und Verleiher kann vereinbart werden, dass ein Dritter, nämlich der Entleiher, anstelle des Verleihers in die sich aus dem Vertrag ergebenden Rechte und Pflichten eintritt oder eintreten kann. § 309 Nr. 10 BGB findet insofern bei der gewerblichen Arbeitnehmerüberlassung keine

---

203 Formularbuch des Fachanwalts für Arbeitsrecht/*Lembke/Rothmann*, S. 420, Rn. 95.

204 Siehe 2. Teil § 6 A. IV. 4.

205 Für den Arbeitsvertrag: BAG Urteil v. 10.11.1956 -2 AZR 591/54, NJW 1956, 359; MüKo/*Müller-Glöge*, § 611 BGB Rn. 154.

206 Schüren/*Hamann*, § 1 AÜG Rn. 71.

Anwendung.[207] Denn es handelt sich nicht um einen Wechsel des Vertragspartners des Leiharbeitnehmers, sondern es weicht im Vergleich zu einem „normalen" Arbeitsvertrag i. S. d. §§ 611 ff. BGB lediglich der für den Leiharbeitnehmer übliche Erfüllungsort ab.

Beispiel: In dem zuvor[208] genannten Beispiel erbringt Leiharbeitnehmer C also seine aus dem Leiharbeitsvertrag gegenüber Verleiher A geschuldete (Arbeits-)Leistung zur Vertragserfüllung bei Entleiher MB und erfüllt damit seine Hauptleistungspflicht aus dem Leiharbeitsvertrag mit A. Ohne gegen § 309 Nr. 10 BGB zu verstoßen, können A und C im Leiharbeitsvertrag die Verpflichtung zur Tätigkeit im Betrieb eines namentlich nicht benannten Dritten aufnehmen.

Neben der Hauptleistungspflicht des Leiharbeitnehmers nach § 611 Abs. 1 BGB treffen den Leiharbeitnehmer die üblichen, wesentlichen Nebenpflichten des Arbeitnehmers. Der Leiharbeitnehmer hat auf die Belange des Verleihers Rücksicht zu nehmen, § 241 Abs. 2 BGB.[209] Diese arbeitsvertraglichen Nebenpflichten treffen den Leiharbeitnehmer auch gegenüber dem Entleiher.[210]

Der Leiharbeitnehmer hat zudem unmittelbar gegen den Verleiher einen Urlaubsanspruch gem. §§ 1, 3 BUrlG.[211]

Nach Beendigung des Leiharbeitsverhältnisses zum Verleiher hat der Leiharbeitnehmer einen Anspruch auf Zeugniserteilung gegen den Verleiher gem. § 109 GewO.[212]

II. Rechte und Pflichten des Verleihers

Der Verleiher trägt als Arbeitgeber die aus dem Arbeitsverhältnis resultierenden Arbeitgeberpflichten und auch das Arbeitgeberrisiko, zum Beispiel bei fehlender Beschäftigungsmöglichkeit des Arbeitnehmers.[213] Neben den üblichen Arbeitgeberpflichten und den Rechten, zum Beispiel zur Abmahnung, Kündigung, Weisung und Versetzung, treffen den Verleiher auch Verpflichtungen aufgrund der besonderen Dreieckskonstellation im Rahmen der Arbeitnehmerüberlassung.

---

207 HK-ArbR/*Lorenz*, § 1 AÜG Rn. 11; *Däubler/Dorndorf*, AGB Kontrolle im Arbeitsrecht, § 309 Nr. 10 BGB Rn. 1.

208 Siehe 1. Teil § 4 B. I.

209 Vgl. Rücksichtnahmepflicht für den Arbeitnehmer: MüKo/*Müller-Glöge*, § 611 BGB Rn. 11.

210 So für das Verhältnis Entleiher-Leiharbeitnehmer: *Jerczynski/Zimmermann*, NZS 2007, 243, 244.

211 *Ulber/Ulber*, § 1 AÜG Rn. 113.

212 *Ulber/Ulber*, § 1 AÜG Rn. 117.

213 Wedde/*Mittag*, Arbeitsrecht § 1 AÜG Rn. 10.

1. *Vergütungspflicht*

Wie bei einem normalen Arbeitsvertrag i. S. d. §§ 611 ff. BGB trifft den Verleiher als Arbeitgeber des Leiharbeitnehmers diesem gegenüber eine Lohnzahlungspflicht. Diese richtet sich nach § 611 Abs. 1 BGB.

Der Verleiher ist während der gesamten Vertragsdauer zur Lohnzahlung gegenüber dem Leiharbeitnehmer verpflichtet, da der Leiharbeitnehmer auch bei fehlender Verleihmöglichkeit das Lohnausfallrisiko nicht tragen müssen soll.[214] § 615 S. 1 BGB ist nach § 11 Abs. 4 S. 2 AÜG zwingend und nicht zwischen Leiharbeitnehmer und Verleiher abdingbar. Verleiher und Leiharbeitnehmer können damit nicht (vertraglich) vereinbaren, dass der Vergütungsanspruch nur bei bestehender Tätigkeit des Leiharbeitnehmers bei einem Verleiher besteht.[215] Die Höhe der Vergütung richtet sich nach dem Leiharbeitsvertrag.[216] Im Krankheitsfall ist der Verleiher zur Entgeltfortzahlung gem. § 3 EfzG verpflichtet.[217]

2. *Equal-Treatment und Equal-Pay*

Die Vertragsparteien des Leiharbeitsvertrags können nicht ausschließlich privatautonom die Vergütung des Leiharbeitsnehmers im Vertrag aufnehmen, sondern sind durch die arbeitnehmerüberlassungsspezifische Sonderregelung des § 10 Abs. 4 S. 1 AÜG hinsichtlich der sonstigen Arbeitsbedingungen einschließlich des Arbeitsentgelts gebunden, sog. „*Equal-Pay/Treatment-Grundsatz*."[218,219]

Danach hat der Verleiher dem Leiharbeitnehmer für die Zeit der Überlassung an den Entleiher die im Betrieb des Entleihers für einen vergleichbaren Arbeitnehmer des Entleihers geltenden wesentlichen Arbeitsbedingungen einschließlich des Arbeitsentgelts zu gewähren, soweit ein anwendbarer Tarifvertrag keine Abweichungen hiervon zulässt, § 10 Abs. 4 S. 2 AÜG. § 10 Abs. 4 AÜG beruht auf dem Grundsatz „gleicher Lohn für gleiche Arbeit"[220] und ist weder im Leiharbeitsvertrag noch im Rahmen einer Betriebsvereinbarung abdingbar.[221]

---

214 *Kurr*, JA 1996, 717, 719, Schüren/*Schüren*, AÜG Einl. 2. Aufl. Rn. 165, im Ergebnis auch Urban-Crell/Germakowski/*Bissels*, § 1 AÜG Rn. 28.

215 *Löwisch/Caspers/Klumpp*, § 21 Rn. 908.

216 Schüren/*Schüren*, AÜG Einl. 2. Aufl. Rn. 165.

217 Schüren/*Schüren*, AÜG Einl. 2. Aufl. Rn. 173.

218 BeckOK-Arbeitsrecht/*Motz*, § 10 AÜG Rn. 32

219 Der Anspruch ist Gegenstand zahlreicher aktueller Rechtsprechung, so zum Beispiel BAG Urteil v. 13.03.2013 -5 AZR 954/11, NZA 2013, 680; Urteil v. 13.03.2013 -5 AZR 146/12, NZA 2013, 782; Urteil v. 28.05.2014 -5 AZR 422/12, BeckRS 2014, 70408; LAG Schleswig-Holstein Urteil v. 21.05.2013 -2 Sa 398/12, BeckRS 2013, 69607.

220 BT-Drucks. 15/25, S. 38; *Lembke*, BB 2003, 98, 100.

221 *Ulber/Ulber*, § 9 AÜG Rn. 51.

Ein vergleichbarer Arbeitnehmer ist ein solcher mit gleicher oder ähnlicher Tätigkeit wie ein beschäftigter Stamm-Arbeitnehmer des Entleihers.[222] Vergleichbar sind hingegen nicht sonstige aufgrund eines Werkvertrags beschäftigte Arbeitnehmer anderer Drittfirmen oder andere Leiharbeitnehmer.[223]

Die hinsichtlich der Vergleichbarkeit ergebenden Umstände ergeben sich aus der Leiharbeitsrichtlinie.[224,225] Arbeitsbedingungen sind nach Art. 3 der Leiharbeitsrichtlinie grundsätzlich alle solche Vereinbarungen, die der Arbeitnehmer und der Arbeitgeber getroffen haben, also insbesondere die Dauer der Arbeitszeit, Überstunden, Pausen, Nachtarbeit, arbeitsfreie Tage (Feiertage) die Anzahl der Urlaubstage und die Nutzungen sozialer Einrichtungen,[226] wie zum Beispiel eine Kinderbetreuungseinrichtung, Gemeinschaftsverpflegung und Beförderungsmittel.[227] Vom Arbeitsentgelt sind auch Sonderzuwendungen, Mietzuschüsse, Jahressonderzahlungen sowie andere Sach- und Sozialleistungen umfasst.[228] Dazu gehört auch die Nutzung eines Dienstwagens, wenn dieser, wie üblich, Teil des Entgelts ist.[229] Bei dem Vergleich der Arbeitsbedingungen sind auch die Qualifikation, die Berufserfahrung und die Kompetenz des betreffenden Leiharbeitnehmers und des Arbeitnehmers des Entleihers zu berücksichtigen.[230]

Sachleistungen des Entleihers kann der Verleiher dem Leiharbeitnehmer entweder in dem entsprechenden Geldwert auszahlen oder mit dem Entleiher im Arbeitnehmerüberlassungsvertrag eine Vereinbarung hinsichtlich der Gewährung der Leistungen treffen.[231]

Beispiel: Entleiher MB betreibt eine Kantine, die zur Benutzung den Arbeitnehmern bei MB zur Verfügung steht und Teil der Vergütung der Arbeitnehmer ist. Leiharbeitnehmer C ist zwar nicht Arbeitnehmer des MB, hat aber wegen § 10 Abs. 4 S. 1 AÜG in Verbindung mit dem Leiharbeitsvertrag gegen Verleiher A einen Anspruch auf Ausgleich für die Nutzung der Kantine. A hat die Möglichkeit, entweder die Kantinennutzung in Geld an C auszuzahlen oder mit MB eine Vereinbarung im

222 Kittner/Zwanziger/*Bachner*, § 112 Arbeitnehmerüberlassung, Rn. 46.

223 Ulber/Ulber, § 9 AÜG Rn. 36.

224 Art. 5 Abs. 1 RL 2008/104/EG.

225 BeckOK-Arbeitsrecht/*Kock*, § 9 AÜG Rn. 20; *Ulber/Ulber*, § 9 AÜG Rn. 38.

226 Art. 6 Abs. 4 RL 2008/104/EG; *Nebeling/Gründel*, BB 2009, 2366; BeckOK-Arbeitsrecht/Kock, § 9 AÜG Rn. 21.2; *Ulber/Ulber* § 9 AÜG Rn. 41; *Freckmann/Gallini*, BB 2013, 309, 310; Kittner/Zwanziger/*Bachner*, § 112 Arbeitnehmerüberlassung, Rn. 45.

227 *Krannich/Grieser*, AuA 2012, 81.

228 *Ulber/Ulber*, § 9 AÜG Rn. 49; *Freckmann/Gallini*, BB 2013, 309, 310; BT-Drucks. 15/25, S. 38.

229 *Vielmeier*, NZA 2012, 535, 537; *Ulber/Ulber*, § 9 AÜG Rn. 49.

230 *Lembke*, BB 2003, 98, 100; BeckOK-Arbeitsrecht/*Kock*, § 9 AÜG Rn. 25.

231 BeckOK-Arbeitsrecht/*Kock*, § 9 AÜG Rn. 21.2; Urban-Crell/Germakowski/*Hurst*, § 3 AÜG Rn. 102.

Arbeitnehmerüberlassungsvertrag über die Nutzungsmöglichkeit des C der Kantine und dessen Kosten zu treffen.

Eine abweichende Behandlung des Leiharbeitnehmers gegenüber vergleichbaren Arbeitnehmern des Entleihers ist nur dann gerechtfertigt, wenn im Wege einer tariflichen Norm eine Abweichung zulässig ist.[232] Durch anwendbaren Tarifvertrag können diese Mindestbedingungen der Arbeitnehmerüberlassung unterschritten werden, § 9 Nr. 2 AÜG. Dies gilt auch für nicht tarifgebundene Arbeitgeber.[233]

Der Leiharbeitnehmer kann daher gem. § 10 Abs. 4 S. 1 AÜG in Verbindung mit dem Leiharbeitsvertrag gegen den Verleiher einen Anspruch auf Gleichbehandlung hinsichtlich wesentlicher Arbeitsbedingungen mit einem vergleichbaren Arbeitnehmer des Entleihers geltend machen. Treffen der Leiharbeitnehmer und der Verleiher diesbezügliche Vereinbarungen, die der Gleichstellungspflicht widersprechen, sind diese nach § 9 Nr. 2 AÜG unwirksam.

Beispiel: Leiharbeitnehmer C ist für die Dauer von einem Jahr bei Entleiher MB als Elektrotechniker überlassen. MB gewährt seinen Stammarbeitnehmern als Elektrotechniker in vergleichbarer Position bei einer Wochenarbeitszeit von 35 Stunden ein Bruttomonatsentgelt in Höhe von 3500 €. Ein Tarifvertrag ist nicht anwendbar. C und Verleiher A haben im Leiharbeitsvertrag bei einer Wochenarbeitszeit von 35 Stunden ein Bruttomonatsentgelt in Höhe von 3200 € vereinbart. C hat demnach gem. § 10 Abs. 4 S. 1 AÜG in Verbindung mit dem Leiharbeitsvertrag einen Anspruch gegen A auf Zahlung der Differenzvergütung in Höhe von 300 € brutto monatlich für die Dauer von einem Jahr (Dauer der Überlassung bei MB).

Hinsichtlich der nach § 10 Abs. 4 S. 1 AÜG zu gewährenden gleichen Arbeitsbedingungen gilt ein Günstigkeitsvergleich, wenn keine tarifvertragliche Abweichung Anwendung findet.[234] Im Rahmen dieses Günstigkeitsvergleichs hat ein Sachgruppenvergleich stattzufinden. Der Günstigkeitsvergleich hat also nicht zur Folge, dass der Leiharbeitnehmer zwischen den einzelnen Arbeitsbedingungen die für sich günstigsten beanspruchen kann. Ein „Rosinenpicken“ des Arbeitnehmers[235] ist ausgeschlossen. Es gilt kein Meistbegünstigungsprinzip.[236] Das jeweilige Vertragssystem von Verleiher oder Entleiher kann für den Leiharbeitnehmer nur einheitlich

232 BeckOK-Arbeitsrecht/*Motz*, § 10 AÜG Rn. 30.
233 Moll/*Christ*, § 66 Arbeitnehmerüberlassung, Rn. 50.
234 BeckOK-Arbeitsrecht/*Motz*, § 9 AÜG Rn. 19.
235 Thüsing/*Mengel*, § 9 AÜG Rn. 26.
236 Thüsing/*Mengel*, § 9 AÜG Rn. 27; BeckOK-Arbeitsrecht/*Motz*, § 9 AÜG Rn. 19.

gelten.[237] Der Leiharbeitnehmer kann also zwischen jeweils einem Gesamtsystem wählen.[238]

Beispiel: Entleiher MB sieht für einen Elektrotechniker eine Wochenarbeitszeit von 35 Stunden bei einem Bruttoentgelt von 3500 € vor. Verleiher A hingegen gewährt bei einer Wochenarbeitszeit von 40 Stunden ein Bruttoentgelt in Höhe von 4000 €. Würde nun ein Meistbegünstigungsprinzip gelten, hätte dies zur Folge, dass Leiharbeitnehmer C nach § 10 Abs. 4 S. 1 AÜG in Verbindung mit dem Leiharbeitsvertrag einen Anspruch gegen seinen Arbeitgeber A geltend machen könnte auf 35 Wochenstunden (statt 40 Wochenstunden) unter Beibehaltung seines vom Verleiher geleisteten Bruttoarbeitsentgelts in Höhe von 4000 €.

Gibt es im Entleiherbetrieb keinen vergleichbaren Arbeitnehmer, soll der Leiharbeitnehmer fiktiv in die Vergütungsstruktur des Entleihers eingeordnet werden.[239] Der Equal-Treatment Anspruch ist auf die Dauer des Verleihs zeitlich begrenzt[240] und gilt auch bei Überlassung eines Leiharbeitnehmers ins Ausland.[241]

Die Nichtbeachtung der Gleichbehandlungspflicht nach § 10 Abs. 4 S. 1 AÜG hat auch Auswirkungen auf die dem Verleiher für die Arbeitnehmerüberlassung erteilte Überlassungserlaubnis. Kommt der Verleiher dieser Pflicht nicht nach, wird ihm gem. § 3 Abs. 1 Nr. 3 AÜG die Arbeitnehmerüberlassungserlaubnis oder ihre Verlängerung versagt, nach §§ 3, 4 AÜG für die Zukunft zurückgenommen oder gem. § 5 Abs. 1 Nr. 3 AÜG widerrufen.

Beispiel: Verleiher A muss Leiharbeitnehmer C also zu solchen Arbeitsbedingungen wie die eines (horizontal) vergleichbaren Arbeitnehmers bei Entleiher MB hinsichtlich Vergütung, Arbeitszeit, Urlaub etc. beschäftigen. Verletzt er diese Gleichbehandlungspflicht, wird ihm die

---

237 *Boemke/Lembke*, § 9 AÜG Rn. 148; HWK/Kalb, § 3 AÜG Rn. 35; *Thüsing*, DB 2003, 446, 447; *Hamann*, EuZA 2009, 287, 307; Thüsing/*Mengel*, § 9 AÜG Rn. 26, 27; BeckOK-Arbeitsrecht/*Motz*, § 9 AÜG Rn. 19; *Bertram*, FA 2003, 200, 202; *Sansone*, S. 285 ff. vertritt einen Sachgruppenvergleich, bei dem die für den vergleichbaren Arbeitnehmer im Entleiherbetrieb wesentlichen Arbeitsbedingungen mit den Bedingungen zwischen Verleiher und Leiharbeitnehmer, die in einem sachlichen oder offensichtlich inneren Zusammenhang stehen, verglichen werden.

238 *Thüsing*, DB 2003, 446, 447; Thüsing/*Mengel*, § 9 AÜG Rn. 26 ff.; *Bertram*, FA 2003, 200, 203; *Boemke/Lembke*, § 9 AÜG Rn. 148.

239 Thüsing/*Mengel*, § 9 AÜG Rn. 24; *Hamann*, EuZA 2009, 287, 306 f.; unter Berufung auf den Rechtsgedanken des § 612 Abs. 2 BGB: *Lembke*, BB 2003, 98, 100; Schüren/*Schüren*, § 9 AÜG Rn. 124; *Thüsing*, RdA 2009, 118; *Boemke*, RIW 2009, 177, 182; ablehnend: *Rieble/Klebeck*, NZA 2003, 23, 24.

240 BAG Urteil v. 23.10.2013 -5 AZR 556/12, NZA 2014, 313, 315 Rn. 33; BeckOK-Arbeitsrecht/*Motz*, § 10 AÜG Rn. 32.

241 BAG Urteil v. 28.05.2014 -5 AZR 422/12, BeckRS 2014, 70408.

Überlassungserlaubnis entzogen und A muss sich eines Gleichbehandlungsanspruchs des C nach § 10 Abs. 4 S. 1 AÜG in Verbindung mit dem Leiharbeitsvertrag ausgesetzt sehen.

Die noch bis zum 30.04.2011 bestehende Ausnahme vom Gleichbehandlungsgrundsatz bei der Vermittlung eines Arbeitslosen, für die Dauer von sechs Wochen das von diesem zuletzt bezogene Arbeitsentgelt zu zahlen, besteht für aktuelle Fälle der Arbeitnehmerüberlassung nicht mehr.[242]

Der Leiharbeitsvertrag ist dann nach § 9 Nr. 2 AÜG unwirksam und es wird jedenfalls nach derzeitiger Rechtslage ein Arbeitsverhältnis zwischen Entleiher und Leiharbeitnehmer nach § 10 Abs. 1 AÜG fingiert.[243]

3. *Beschäftigungspflicht*

Unabhängig davon, ob die Beschäftigungspflicht als *Haupt*leistungspflicht des Arbeitgebers betrachtet wird,[244] trifft den Verleiher als Arbeitgeber in jedem Fall eine Beschäftigungspflicht des Leiharbeitnehmers.[245] Der daraus resultierende Beschäftigungsanspruch des Leiharbeitnehmers wurzelt im Allgemeinen Persönlichkeitsrecht, Art. 2 Abs. 1 i. V. m. Art. 1 Abs. 1 GG in Verbindung mit §§ 611, 613, 242 BGB.[246]

Die tatsächliche Erfüllung dieser Pflicht weicht von der im üblichen Arbeitsverhältnis aufgrund der der Arbeitnehmerüberlassung zugrunde liegenden Dreieckskonstellation ab. Der Verleiher hat selbst üblicherweise keinen Beschäftigungsbetrieb, sodass er nahezu über keine Möglichkeit verfügt, den Leiharbeitnehmer im eigenen Betrieb zu beschäftigen. Vielmehr ist es daher Pflicht des Verleihers, ausreichende Beschäftigungsmöglichkeiten des Leiharbeitnehmers beim Entleiher zu schaffen.[247]

In den Zeiträumen, in denen der Verleiher keine Beschäftigung für den Leiharbeitnehmer bei einem Entleiher hat, ist die Beschäftigungspflicht suspendiert oder jedenfalls auf Fortbildungen des Leiharbeitnehmers reduziert.[248] Zudem muss sich der Verleiher um die Akquisition von Arbeitnehmerüberlassungsverträgen bemühen, um den Leiharbeitnehmer weiter beschäftigen zu können.[249]

---

242 Moll/*Christ*, § 66 Arbeitnehmerüberlassung, Rn. 50.
243 Zur Entstehung eines gesetzlichen Arbeitsverhältnisses siehe 3. Teil § 10 C.
244 So ErfK/*Preis*, § 611 BGB Rn. 563 ff.
245 *Ulber/Ulber*, § 1 AÜG Rn. 108; *Ulber*, AiB 2009, 139, 142; für den normalen Arbeitsvertrag i. S. d. § 611 BGB: *Weber*, Anm. zu BAG Urteil v. 28.09.1983 -5 AZR 255/81, AP Nr. 9 zu § 611 BGB Beschäftigungspflicht (unter I 3.).
246 *Lieb/Jacobs*, § 1 II 1 Rn. 34; Palandt/*Weidenkaff*, § 611 BGB Rn. 118 f.
247 Urban-Crell/Germakowski/*Bissels*, § 1 AÜG Rn. 30.
248 Begrenzte Beschäftigungspflicht: Urban-Crell/Germakowski/*Bissels*, § 1 AÜG Rn. 30.
249 *Ulber/Ulber*, § 1 AÜG Rn. 109.

4. *Unterrichtungspflicht hinsichtlich der Überlassungserlaubnis*

Den Verleiher trifft gegenüber dem Leiharbeitnehmer aus dem Leiharbeitsvertrag i. V. m. § 11 Abs. 3 S. 1 AÜG die Pflicht, den Leiharbeitnehmer unverzüglich über den Zeitpunkt des Wegfalls der Arbeitnehmerüberlassungserlaubnis zu unterrichten.

Dies gilt nach § 11 Abs. 3 S. 2 AÜG auch für die Fälle der Nichtverlängerung der Erlaubnis nach § 2 Abs. 4 S. 3 AÜG, der Rücknahme nach § 4 AÜG oder des Widerrufs der Erlaubnis nach § 5 AÜG, wobei der Verleiher in den Fällen der Nichtverlängerung, der Rücknahme oder des Widerrufs der Erlaubnis nach § 11 Abs. 3 S. 2 AÜG zusätzlich auf die gesetzliche Abwicklungsfrist des § 2 Abs. 4 S. 4 AÜG letzter Hs. hinzuweisen hat.

Da durch die Vorschrift des § 11 AÜG dem Leiharbeitnehmer vorbeugender Schutz vor den Folgen einer illegalen Arbeitnehmerüberlassung gewährt werden soll,[250] muss die Pflicht des Verleihers hinsichtlich der Mitteilung über den Status der Arbeitnehmerüberlassungserlaubnis gegenüber dem Leiharbeitnehmer nicht nur die unverzügliche Mitteilung über die Nichtverlängerung, den Widerruf, die Rücknahme der Erlaubnis umfassen, sondern auch die Pflicht zur Mitteilung an den Leiharbeitnehmer, dass eine Arbeitnehmerüberlassungserlaubnis zu Beginn der Überlassung vorliegt. Nur so kann ausreichend vorbeugender Schutz des Leiharbeitnehmers vor einer illegalen Arbeitnehmerüberlassung gewährt werden. Denn weiß der Leiharbeitnehmer schon zu Beginn seiner Überlassung, dass der Verleiher über die nach § 1 AÜG erforderliche Überlassungserlaubnis nicht verfügt, kann sich der Leiharbeitnehmer noch entscheiden, ob er das Risiko einer illegalen Arbeitnehmerüberlassung und damit in der Folge der Unwirksamkeit seines Leiharbeitsvertrags zum Verleiher nach § 9 Nr. 1 AÜG und der Entstehung eines gesetzlichen Arbeitsverhältnisses zum Entleiher nach § 10 Abs. 1 AÜG vorbeugt, er das Leiharbeitsverhältnis beendet oder die Überlassung verweigert und somit der Entstehung eines gesetzlichen Arbeitsverhältnisses zum Entleiher nach § 10 Abs. 1 AÜG zuvorkommt.

Nach § 11 Abs. 2 S. 4 AÜG nF trifft den Verleiher zudem die Pflicht, den Leiharbeitnehmer vor jeder Überlassung darüber zu informieren, dass er als Leiharbeitnehmer tätig wird.

5. *Sonstige Pflichten des Verleihers*

Wie einen üblichen Arbeitgeber trifft auch den Verleiher gegenüber dem Leiharbeitnehmer eine Fürsorgepflicht und die Pflicht zur Rücksichtnahme aus § 241 Abs. 2 BGB.[251] Aus § 241 Abs. 2 BGB ergibt sich für den Verleiher eine Hinweispflicht zur drohenden Kündigung aufgrund fehlender Qualifikation des Leiharbeitnehmers und daraus resultierender fehlender künftiger Einsatzmöglichkeit des

250 *Boemke/Lembke*, § 11 AÜG Rn. 107.

251 Urban-Crell/Germakowski/*Bissels*, § 1 AÜG Rn. 32.

Leiharbeitnehmers.[252] Auch während der Überlassung beim Entleiher bleiben diese Arbeitgeberpflichten des Verleihers weiter bestehen.[253]

III. Weisungsrecht des Verleihers

Der Verleiher hat als Arbeitgeber des Leiharbeitnehmers gegenüber diesem ein Arbeitgeberweisungsrecht i. S. d. § 106 GewO, das er im Rahmen der Arbeitnehmerüberlassung jedenfalls überwiegend auf den Entleiher überträgt.[254]

1. Rechtsgrundlage des Weisungsrechts

Wurde das Weisungsrecht des Arbeitgebers bis zum 01.01.2003 aus dem Arbeitsvertrag hergeleitet, ist es nunmehr seit diesem Zeitpunkt gesetzlich in § 106 GewO kodifiziert. Der Inhalt des Weisungsrechts des Arbeitgebers und damit auch des Verleihers ergibt sich aus § 106 GewO. Das Weisungsrecht des Arbeitgebers gem. § 106 GewO betrifft Inhalt, Ort und Zeit der Arbeitsleistung. Der Arbeitsvertrag ist die Grundlage für die Art und Weise sowie den Umfang des Weisungsrechts.[255]

Insoweit erfolgt die Anlehnung an § 84 Abs. 1 S. 2 HGB, nach dem es für die selbstständige Tätigkeit des Handelsvertreters darauf ankommt, ob dieser im Wesentlichen seine Tätigkeit frei gestalten und seine Arbeitszeit frei bestimmen kann.[256]

2. Inhalt des Weisungsrechts

Die Weisungsgebundenheit des (Leih-)Arbeitnehmers bedeutet nicht, dass dem (Leih-)Arbeitnehmer im Rahmen seiner Tätigkeit keinerlei Entscheidungsspielraum zukommt. Denn auch dem (Leih-)Arbeitnehmer können ausnahmsweise bestimmte Leistungsbestimmungsrechte zustehen, die meist auch vertraglich vereinbart werden.[257] Neben der vertraglichen Vereinbarung der Leistungsbestimmungsrechte des (Leih-)Arbeitnehmers verbleibt dem (Leih-)Arbeitnehmer häufig noch ein gewisser Entscheidungsspielraum bei seiner Tätigkeit. Dies trifft nicht nur auf Arbeitnehmer in höheren Positionen, wie Laborleiter, Wissenschaftler, Ärzten, zu, sondern gilt für alle Arbeitnehmer.[258]

Bezüglich der Tätigkeit des (Leih-)Arbeitnehmers ist der Arbeitgeber und Verleiher daher gem. § 106 GewO befugt, die Art und Weise der geschuldeten Tätigkeit

---

252 BAG Urteil v. 18.05.2006 -2 AZR 412/05, AP Nr. 7 zu § 9 AÜG.

253 *Ulber/Ulber*, § 1 AÜG Rn. 109.

254 Moll/*Christ*, § 66 Arbeitnehmerüberlassung, Rn. 43.

255 Landmann/Rohmer/*Neumann*, GewO § 106 Rn. 8.

256 MüKo/*Müller-Glöge*, § 611 BGB Rn. 174.

257 *Reineke*, Leistungsbestimmung des Arbeitnehmers 2006, 55 ff., 91 ff.; BeckOK-Arbeitsrecht/ *Tillmanns*, § 106 GewO Rn. 12.

258 BeckOK-Arbeitsrecht/*Tillmanns*, § 106 GewO, Rn. 12; Erman/*Edenfeld*, § 611 BGB Rn. 292; *Tillmanns*, Strukturfragen des Dienstvertrages 2007, S. 127 ff. spricht von einem „weisungsfreien Eigenbereich des Arbeitnehmers“.

im Rahmen des Weisungsrechts näher zu definieren. Ebenso wenig wie der Arbeitgeber und Verleiher durch das Weisungsrecht § 106 GewO vom (Leih-)Arbeitnehmer eine Tätigkeit verlangen kann, die gegenüber der eigentlich vertraglich geschuldeten Leistung ein „Mehr" darstellt, kann der Arbeitgeber und Verleiher vom (Leih-)Arbeitnehmer keine geringwertigere Tätigkeit verlangen, selbst wenn er die vertraglich geschuldete Vergütung fortzahlt.[259] Dies gilt hingegen nicht, wenn die Vertragsparteien ein dementsprechendes Direktionsrecht im Arbeitsvertrag vereinbart haben[260] oder bei Notarbeiten, wie im Falle von Naturkatastrophen.[261]

Da der Arbeitgeber und Verleiher im Rahmen des Weisungsrechts nicht befugt ist, den Umfang der Arbeitszeit zu intensivieren, meint die Weisungsbefugnis und das Direktionsrecht des Arbeitgebers und Verleihers hinsichtlich der Arbeitszeit nicht die Dauer, sondern die Lage der Arbeitszeit.[262]

Im Rahmen seines Direktionsrechts ist der Arbeitgeber und Verleiher dazu ermächtigt, unter anderem den Tätigkeitsbereich oder den Arbeitsort des (Leih-)Arbeitsnehmers zu ändern. Der Arbeitgeber und Verleiher kann dem (Leih-)Arbeitnehmer auch einen neuen Aufgaben- und Tätigkeitsbereich zuweisen.[263]

Teil des Weisungsrechts des Arbeitgebers und Verleihers ist es auch, Ordnung und Verhalten des (Leih-)Arbeitnehmers im Betrieb zu bestimmen, § 106 S. 2 GewO. Darunter fallen die Anordnung eines Rauch[264]-, Drogen- und Alkoholverbots[265], die Nutzung der Arbeitsmittel.[266] Auch die Anordnung hinsichtlich des Tragens von Dienstkleidung oder im Grunde des äußeren Erscheinungsbildes kann der (Leih-)Arbeitnehmer im Rahmen seines Weisungsrechts durchführen, sofern ein bestimmtes betriebliches Bedürfnis besteht.[267]

---

259 BAG, Urteil v. 30.08.1995 -1 AZR 47/95, AP Nr. 44 zu § 611 BGB Direktionsrecht; Urteil v. 24.04.1996 -4 AZR 976/94, AP Nr. 49 zu § 611 BGB Direktionsrecht; APS/*Künzl*, § 2 KSchG Rn. 53 f.; LAG Baden Württemberg Urteil v. 20.4.2009 -4 Sa 4/09, BeckRS 2009, 61246, Rn. 37; LAG Hamburg Urteil v. 23.10.2013 -6 Sa 29/13, BeckRS 2014, 65060; BeckOK-Arbeitsrecht/*Tillmanns*, § 106 GewO, Rn. 13, 16.

260 *Preis*, Der Arbeitsvertrag, II D 30 Rn. 147 ff.; BeckOK-Arbeitsrecht/*Tillmanns*, § 106 GewO, Rn. 16.

261 Münchener Handbuch ArbR/*Reichold*, § 36 Rn. 23; LAG Baden-Württemberg Urteil v. 31.03.2006 -2 Sa 117/05, BeckRS 2006, 31053138; ArbG Leipzig Urteil v. 4.2.2003 -7 Ca 6866/02, NZA-RR 2003, 365; BeckOK-Arbeitsrecht/*Tillmanns*, § 106 GewO, Rn. 20.

262 BeckOK-Arbeitsrecht/*Tillmanns*, § 106 GewO, Rn. 27.

263 BeckOK-Arbeitsrecht/*Tillmanns*, § 106 GewO, Rn. 17.

264 LAG Hessen Urteil v. 11.08.2000 -2 Sa 1000/99, NZA-RR 2001, 77.

265 BAG Urteil v. 23.09.1986 -1 AZR 83/85, DB 1987, 337.

266 LAG Köln Beschluss v. 03.11.1983 -10 TaBV 19/83.

267 BAG Urteil vom 10.10.2002 -2 AZR 472/01, AP Nr. 44 zu § 1 KSchG 1969 Verhaltensbedingte Kündigung.

3. *Grenzen des Weisungsrechts*

Die Grenzen des Weisungsrechts ergeben sich zum einen aus § 106 GewO, denn der Arbeitgeber und Verleiher hat das Weisungsrecht nach billigem Ermessen auszuüben. Zum anderen ergeben sich die Grenzen hinsichtlich der Vereinbarung des Weisungsrecht aus den §§ 307 ff. BGB und §§ 134, 138 BGB und aus zwingendem Arbeitnehmerschutzrecht.[268]

Die Ausübung des Weisungsrechts entspricht billigem Ermessen, wenn der Arbeitgeber und Verleiher die wesentlichen Umstände des Falles abgewogen und die beiderseitigen Interessen angemessen berücksichtigt hat.[269] Dabei ist zu beachten, dass der Arbeitgeber und Verleiher nicht durch ständige Ausübung seines Weisungsrechts in verschiedenen Teilbereichen den dem Arbeitgeber und Verleiher zugestandenen Entscheidungsspielraum völlig unterläuft. Das Weisungsrecht wird daher durch den dem Arbeitgeber und Verleiher eröffneten Entscheidungsspielraum begrenzt.[270]

Überschreitet der Arbeitgeber und Verleiher die zuvor aufgezeigten Grenzen des Weisungsrechts, sind die Weisungen des Arbeitgebers und Verleiher für den (Leih-) Arbeitnehmer trotzdem bis zur rechtskräftigen Entscheidung bindend.[271]

IV. *Form des Leiharbeitsvertrags*

Ein schriftlicher Leiharbeitsvertrag muss zwischen Leiharbeitnehmer und Verleiher nicht geschlossen werden. Der Leiharbeitsvertrag kann vielmehr formlos vereinbart werden, die mündliche Vereinbarung ist mithin nicht ausgeschlossen.[272] Jedoch wird aus Gründen der Rechtssicherheit ein mündlich vereinbarter Leiharbeitsvertrag in der Praxis weniger die Regel sein.

V. *Vom normalen Arbeitsvertrag abweichender Vertragsinhalt*

Im Übrigen ergänzt das AÜG als Sonderprivatrecht die Regelungen der §§ 611 ff. BGB auch hinsichtlich des übrigen zu vereinbarenden Inhalts des Leiharbeitsvertrags.

1. *Nachweis der wesentlichen Vertragsbedingungen des Leiharbeitsverhältnisses*

Der Verleiher muss gem. § 11 Abs. 1 S. 1 AÜG die wesentlichen Vertragsbedingungen des Leiharbeitsverhältnisses nachweisen. Die Anforderungen an den Nachweis richten sich gem. § 11 Abs. 1 S. 2 AÜG nach dem Nachweisgesetz. Neben den im Nachweisgesetz genannten Angaben sind nach § 11 Abs. 1 S. 2 Nr. 1, 2 AÜG

268 BeckOK-Arbeitsrecht/*Tillmanns*, § 106 GewO Rn. 48.

269 BAG Urteil v. 23.09.2004 -6 AZR 567/03, AP Nr. 64 zu § 611 BGB Direktionsrecht; Tettinger/*Wank*, GewO § 106 Rn. 19 f.

270 BeckOK-Arbeitsrecht/*Tillmanns*, § 106 GewO, Rn. 51.

271 BAG Urteil v. 22.02.2012 -5 AZR 249/11, NJW 2012, 2605; a. A. ErfK/*Preis*, § 106 GewO Rn. 7a; BeckOK-Arbeitsrecht/*Tillmanns*, § 106 GewO Rn. 56; *Boemke*, NZA 2013, 6.

272 Schüren/*Hamann*, § 1 AÜG Rn. 71.

Firma und Anschrift des Verleihers, die Erlaubnisbehörde, Ort und Datum der Erteilung der Erlaubnis, Art und Höhe der Leistungen für Zeiten, in denen der Leiharbeitnehmer nicht verliehen ist, anzugeben. Diese Angaben kann der Verleiher entweder im Leiharbeitsvertrag aufnehmen oder nach § 11 Abs. 2 S. 1 AÜG dem Leiharbeitnehmer bei Vertragsschluss ein Merkblatt der Erlaubnisbehörde über den wesentlichen Inhalt des AÜG aushändigen.[273]

Kommt der Verleiher den in § 11 AÜG genannten Pflichten nicht nach, kann er sich Schadensersatzansprüchen des Leiharbeitnehmers[274] ausgesetzt sehen. Der Leiharbeitsvertrag bleibt aber trotz einer solchen Pflichtverletzung wirksam.[275]

2. *Qualifikation des Leiharbeitnehmers*

Abweichend vom üblichen Inhalt eines Arbeitsvertrages ist im Leiharbeitsvertrag zudem vertraglich festzuhalten, welche Qualifikationen der Leiharbeitnehmer besitzt, um so im Hinblick auf etwaige Schadensersatzansprüche des Entleihers gegenüber dem Verleiher einen Qualifikationsnachweis gegenüber dem Entleiher letztlich führen zu können.

3. *Recht zur Überlassung an Dritte*

Ebenso muss im Leiharbeitsvertrag vereinbart werden, dass der Leiharbeitnehmer seine geschuldete Arbeitsleistung im Betrieb eines Dritten zu erbringen hat. Der Verleiher muss daher die Überlassung des Leiharbeitnehmers an verschiedene Entleiher vertraglich vereinbaren und zudem das räumliche Einsatzgebiet des Leiharbeitnehmers festlegen.[276]

Eine im Leiharbeitsvertrag zu vereinbarende Klausel[277] könnte dabei wie folgt gestaltet sein:

Beispiel[278]: *(1) Der Mitarbeiter wird als [Qualifikation]eingestellt.*

(2) Die Gesellschaft hat das Recht, den Mitarbeiter an Dritte (Entleiher) zur Arbeitsleistung nach deren Weisungen zu überlassen oder ihn bei Bedarf auch im eigenen Betrieb einzusetzen.

4. *Auskunftspflicht des Leiharbeitnehmers*

Zusätzlich muss der Leiharbeitsvertrag hinsichtlich der Anforderungen aus § 9 Nr. 2 AÜG eine Auskunftspflicht des Leiharbeitnehmers über die Arbeitgeber, mit denen er in den letzten sechs Monaten in einem Arbeitsverhältnis stand, enthalten.

---

273 ErfK/*Wank*, § 11 AÜG Rn. 1 ff.
274 Siehe 4. Teil § 14.
275 Moll/*Christ*, § 66 Arbeitnehmerüberlassung, Rn. 44.
276 *Preis*, Der Arbeitsvertrag, II A 55 Rn. 15.
277 Formularbuch des Fachanwalts für Arbeitsrecht/*Lembke/Rothmann*, S. 421, Rn. 99.
278 Auszugsweise nach *Preis*, Der Arbeitsvertrag, II A 55 Rn. 14.

Eine Klausel im Leiharbeitsvertrag könnte dabei lauten:

Beispiel: *Der Mitarbeiter hat dem Arbeitgeber Auskunft darüber zu erteilen, mit welcher Gesellschaft/Person er in den letzten sechs Monaten vor Begründung des vorliegenden Arbeitsverhältnisses arbeitsvertraglich verbunden war.*

VI. Vertragsparteien

Neben den zuvor erörterten vertraglichen Verpflichtungen der Vertragsparteien eines Leiharbeitsvertrags muss betrachtet werden, wen diese Rechte und Pflichten treffen, mithin, wer Leiharbeitnehmer und wer Verleiher sein kann.

1. Leiharbeitnehmer

Aufgrund des Leiharbeitsvertrages zwischen Verleiher und Leiharbeitnehmer ist der Leiharbeitnehmer dazu verpflichtet, seine gegenüber seinem Arbeitgeber (Verleiher) vertraglich geschuldete Arbeitsleistung abweichend von § 613 S. 2 BGB beim Entleiher zu erbringen. Schon der Wortlaut der Vertragspartei Leih*arbeitnehmer* enthält die Beschreibung der Vertragspartei als *Arbeitnehmer.*

Der Kreis der potentiellen vom Verleiher einsetzbaren Leiharbeitnehmer ist in zweifacher Hinsicht beschränkt. Zum einen kann nur derjenige Leiharbeitnehmer sein, der Arbeitnehmer ist. Zum anderen kommt nur der Leiharbeitnehmer beim Entleiher zum Einsatz, der auch persönlich und fachlich zu Erbringung der Arbeitsleistung beim Entleiher geeignet ist.[279]

Vertragspartei des Leiharbeitsvertrages, wie auch beim Arbeitsvertrag i. S. d. §§ 611 ff. BGB kann also auf der einen Seite nur ein Arbeitnehmer sein.

Entsprechend dem vorherrschenden Arbeitnehmerbegriff[280] ist jeder Arbeitnehmer, wer aufgrund eines privatrechtlichen Vertrags im Dienste eines anderen zur Leistung weisungsgebundener, fremdbestimmter Arbeit in persönlicher Abhängigkeit verpflichtet ist.[281] Es kommt dabei jedoch nicht darauf an, ob der Arbeitnehmer in Teilzeit oder nur geringfügig beschäftigt ist.[282] Dies gilt auch für den Leiharbeitnehmer.

Beispiel: Leiharbeitnehmer C kann also bei Verleiher A sowohl in Voll- als auch in Teilzeit beschäftigt sein, ohne in irgendeiner Weise seine Leiharbeitnehmereigenschaft zu gefährden oder gar auszuschließen.

---

279 Vgl. Formularbuch des Fachanwalts für Arbeitsrecht/*Lembke/Rothmann*, S. 405 Rn. 41.

280 Siehe 2. Teil § 6 IV. 2.

281 BAG Urteil v. 20.08.2003 -5 AZR 610/02, NZA 2004, 39; Beschluss v. 26.09.2002 -5 AZB 19/01, NZA 2002, 1412; Beschluss v. 16.02.2000 -5 AZB 71/99, BAGE 93, 310 = NZA 2000, 385.

282 Schüren/*Hamann*, § 1 AÜG Rn. 38.

„Ein-Euro-Jobber"[283] oder eine Beschäftigung nach Wiedereingliederung nach § 74 SGB V[284] scheiden hingegen als Leiharbeitnehmer aus.[285] Dies gilt auch für Beamte, Richter, Soldaten, Strafgefangene und Organe juristischer Personen. Diese sind keine Arbeitnehmer, da sie nicht aufgrund eines privatrechtlichen Vertrages zur Leistung unselbstständiger Dienste verpflichtet sind.[286]

Auch Auszubildende und arbeitnehmerähnliche Personen sind keine Arbeitnehmer und können damit auch nicht Leiharbeitnehmer sein. Freien Mitarbeitern als arbeitnehmerähnlichen Personen fehlt es an der persönlichen Abhängigkeit, sodass sie nicht als Arbeitnehmer dem Entleiher überlassen werden können. Auch Heimarbeiter sind keine Arbeitnehmer, da sie hinsichtlich ihrer Arbeitszeit und ihres Arbeitsortes keinem Direktionsrecht eines Arbeitgebers unterliegen.[287]

Leiharbeitnehmer kann folglich nur eine natürliche, hingegen keine juristische Person sein.

2. Verleiher

Weiterhin ist der Verleiher als Vertragspartei des Leiharbeitsvertrags näher zu betrachten.

a. Vertragspartei

Der Verleiher ist im Rahmen des Leiharbeitsvertrages Vertragspartner des Leiharbeitnehmers. Verleiher kann jede natürliche oder juristische Person des privaten oder öffentlichen Rechts sein.[288]

b. Ist nur ein (Vertrags-)Arbeitgeber Verleiher?

Nicht abschließend geklärt ist die Frage, ob zwingende Voraussetzung der Vertragspartei als Verleiher ist, dass diese auch (vertraglicher) Arbeitgeber des Leiharbeitnehmer ist.

---

283 BAG Urteil v. 20.02.2008 -5 AZR 290/07, NZA-RR 2008, 401; Urteil v. 26.09.2007 -5 AZR 857/06, NZA 2007, 1422.

284 BAG Urteil v. 29.01.1992 -5 AZR 37/91, AP Nr. 1 zu § 74 SGB V.

285 Schüren/*Hamann*, § 1 AÜG Rn. 38.

286 Vgl. Schüren/*Hamann*, § 1 AÜG Rn. 38; ähnlich auch Geschäftsanweisung zum Arbeitnehmerüberlassungsgesetz der Bundesagentur für Arbeit Stand April 2013, S. 8; *Sandmann/Marschall/Schneider*, AÜG Art. 1 § 1, Anm. 8 f.

287 Schüren/*Hamann*, § 1 AÜG Rn. 40 – 48; ähnlich auch Geschäftsanweisung zum Arbeitnehmerüberlassungsgesetz der Bundesagentur für Arbeit Stand: April 2013, S. 8.

288 Schüren/*Hamann*, § 1 AÜG Rn. 51.

aa. Wortlaut des AÜG

Schon der Wortlaut des § 1 Abs. 1 S. 1 AÜG geht davon aus, dass Verleiher nur der sein kann, der auch Arbeitgeber ist, heißt es doch in § 1 Abs. 1 S. 1 AÜG,

> *„Arbeitgeber, die als Verleiher Dritten (Entleihern) Arbeitnehmer (Leiharbeitnehmer) im Rahmen ihrer wirtschaftlichen Tätigkeit zur Arbeitsleistung überlassen wollen, bedürfen der Erlaubnis."*

Im Grunde ist Arbeitgeber, wer mindestens einen Arbeitnehmer beschäftigt[289] und diesem als Vertragspartei gegenüber steht.[290]

Ein Arbeitgeber kann einen Arbeitnehmer nur dann überlassen, wenn der Arbeitnehmer aufgrund eines privatrechtlichen Vertrags ihm zur Leistung weisungsgebundener, fremdbestimmter Arbeit verpflichtet ist. Nur ein Arbeitsvertrag i. S. d. §§ 611 ff. BGB verpflichtet die eine Vertragspartei (Arbeitnehmer) zu eben einer solchen weisungsgebundenen, fremdbestimmten Arbeit im Betrieb des Arbeitgebers oder auch im Fremdbetrieb. Dieser Arbeitsvertrag ist im Rahmen der Arbeitnehmerüberlassung ausgestaltet als Leiharbeitsvertrag mit entsprechend erforderlichen Regelungen.

Sicher ist, dass nach dem Wortlaut des § 1 Abs. 1 S. 1 AÜG nur der Vertrags-Arbeitgeber des Leiharbeitnehmers Verleiher ist. Denn dieser trägt das Arbeitgeberrisiko.[291]

bb. Inhaber des Arbeitgeberdirektionsrechts

Nach nicht überzeugender Ansicht wird auch lediglich die Inhaberschaft des Arbeitgeberdirektionsrechts für die Rechtsstellung als Verleiher ausreichend gesehen und nicht noch die arbeitsvertragliche Verbindung zum Leiharbeitnehmer als Voraussetzung erachtet.[292] Demnach könnte auch ein Entleiher, der in keiner leiharbeitsvertraglichen Verbindung zum Leiharbeitnehmer steht,[293] Verleiher sein. Denn im Rahmen der Arbeitnehmerüberlassung überträgt der Verleiher jedenfalls einen Teil seines Arbeitgeberdirektionsrechts auf den Entleiher.

cc. Stellungnahme

Die Annahme, dass die Inhaberschaft des Arbeitgeberdirektionsrechts für die Einordnung als Verleiher ausreicht, würde dazu führen, dass eine rechtliche

---

289 BAG Urteil v. 02.12.1992 -4 AZR 277/92, AP Nr. 14 zu § 3 TVG = NZA 1993, 655; vgl. auch *Rolfs*, Studienkommentar, § 611 BGB Rn. 28; APS/*Koch*, § 102 BetrVG Rn. 66; Schaub/*Linck*, Arbeitsrechtshandbuch, § 16 Arbeitgeber Rn. 1.

290 Löwisch/*Rieble*, § 2 TVG, Rn. 349; Schaub/*Linck*, Arbeitsrechtshandbuch, § 16 Arbeitgeber Rn. 1 ff.

291 Urban-Crell/Germakowski/*Bissels*, § 1 AÜG Rn. 13; Verleiher ist Arbeitgeber: *Fitting*, BetrVG § 5 Rn. 250.

292 *Boemke/Lembke*, § 1 AÜG Rn. 14.

293 Zum Verhältnis zwischen Entleiher und Leiharbeitnehmer siehe 2. Teil § 8.

Differenzierung zwischen dem Verleiher und Entleiher nicht mehr möglich ist. Denn dem Entleiher wird durch den Arbeitnehmerüberlassungsvertrag vom Verleiher das Arbeitgeberweisungsrecht übertragen, sodass im Moment des Abschlusses des Arbeitnehmerüberlassungsvertrages der Entleiher auch gleichzeitig Verleiher des Leiharbeitnehmers werden würde oder jedenfalls werden könnte.

Offen lässt die Ansicht, die die Inhaberschaft des Direktionsrechts für die Einordnung als Verleiher ausreichen lässt, zudem, ob der Status als Verleiher zusammenhängend ist mit dem Status als vertraglicher Arbeitgeber des Leiharbeitnehmers. Würde der ursprüngliche Verleiher, der auch Arbeitgeber des Leiharbeitnehmers ist, Arbeitgeber des Leiharbeitnehmers bleiben, währenddessen er den Status als Verleiher an den Entleiher durch Übertragung des Arbeitgeberdirektionsrechts verliert oder jedenfalls zeitweise weitergibt, müsste dies auch zur Folge haben, dass der zwischen dem ursprünglichen Verleiher und Leiharbeitnehmer geschlossene Leiharbeitsvertrag zwar weiter besteht, der dann gewordene Verleiher (Entleiher) aber seinerseits den Leiharbeitnehmer an Dritte weiterverleihen kann, obwohl er selbst keinen Leiharbeitsvertrag mit dem Leiharbeitnehmer geschlossen hat. Der zweite Verleiher würde also das ihm durch den Arbeitnehmerüberlassungsvertrag übertragene Arbeitgeberweisungsrecht weiter an einen zweiten Entleiher übertragen und damit sein Weisungsrecht jedenfalls zeitweise verlieren bzw. beschränken. Im Hinblick auf eine etwaige Kollision müsste geregelt werden, welches Weisungsrecht vorgeht. Problematisch ist dabei, dass der zweite Verleiher nicht das typische Risiko eines Verleihers trägt. Denn fällt der Leiharbeitnehmer aus, erbringt der nunmehr gewordene Verleiher also seine Pflicht aus dem Arbeitnehmerüberlassungsvertrag gegenüber dem Dritten (dann Entleiher) nicht, wird der Dritte (Entleiher) dem zweiten Verleiher keine Vergütung leisten. Gleichzeitig kann der zweite Verleiher, der seine Position auch als Entleiher gegenüber dem ersten Verleiher behält, beim ersten Verleiher die seinerseits geschuldete Vergütung einbehalten, denn der überlassene Arbeitnehmer hat eine Leistung nicht erbracht. Der zweite Verleiher trägt demnach nicht das für einen Verleiher typische Ausfallrisiko, das mit der Provision aus dem Arbeitnehmerüberlassungsvertrag durch den Entleiher vergütet wird.[294]

Der Leiharbeitnehmer kann nicht parallel zu seinem Leiharbeitsverhältnis zum Verleiher auch Arbeitnehmer des Entleihers sein.[295]

Die Auffassung, die den Entleiher durch Übertragung des Arbeitgeberweisungsrechts die Rechtsposition eines Verleihers verschafft, führt zwangsläufig auch zu einem unzulässigen Kettenverleih. Der Entleiher kann, wenn ihm die rechtliche Position als Verleiher zugesprochen wird, den Leiharbeitnehmer an einen Dritten weiterverleihen. Unweigerlich liegt in diesen Fällen hingegen ein Kettenverleih vor, der unzulässig ist. Auch dies spricht gegen die Annahme, dass die Inhaberschaft des Arbeitgeberdirektionsrechts allein ausreicht, um Verleiher sein zu können.

---

294 Siehe zur Vergütung 2. Teil § 7 II. 2.

295 Schüren/*Hamann*, § 1 AÜG Rn. 53.

Zudem ist es dem Zweitverleiher mangels vertraglicher Verbindung zum Leiharbeitnehmer überhaupt nicht möglich, arbeitgebertypische Rechte und Pflichten, wie zum Beispiel Mahnungen gegenüber dem Leiharbeitnehmer auszusprechen, wahrzunehmen. Ebenso wenig ist es dem Zweitverleiher möglich, den Leiharbeitnehmer zu kündigen, Urlaub zu genehmigen oder zu verweigern.

Die praktische Schwierigkeit zeigt sich auch an dem nachfolgenden Beispiel.

Beispiel: Verleiher A verleiht Leiharbeitnehmer C im Rahmen der Arbeitnehmerüberlassung an Entleiher MB. Durch den Arbeitnehmerüberlassungsvertrag überträgt A, so üblich, sein Arbeitgeberdirektionsrecht i. S. d. § 106 GewO auf MB. Verleiht MB den C weiter an D, erhält er hierfür von D eine Vergütung, deren Höhe das Risiko des Ausfalls des C beinhaltet. Nach der zuvor dargestellten Ansicht wird in diesem Moment MB gleichzeitig Entleiher und Verleiher. Fällt der Leiharbeitnehmer C aus und erfüllt seine Pflichten aus dem Leiharbeitsvertrag nicht, trägt MB jedoch nicht das für einen Verleiher typische wirtschaftliche Risiko, denn MB kann wiederum seine an den Erstverleiher A geleistete Vergütung für die Überlassung des C herausverlangen bzw. gem. § 273 BGB zurückverlangen. MB kann C im Falle der Schlechtleistung weder abmahnen noch kündigen. Weiterhin kann MB auch nicht den Urlaub des C genehmigen oder verweigern.

Daher und auch zur Verhinderung eines unzulässigen Kettenverleihs zum Schutz des Leiharbeitnehmers ist zwingende Voraussetzung der rechtlichen Zuweisung als Verleiher, dass eine (leih-)arbeitsvertragliche Beziehung zwischen dem Verleiher und dem Leiharbeitnehmer besteht. Lediglich die Inhaberschaft des Arbeitgeberdirektionsrecht i. S. d. § 106 GewO reicht nicht für die Zuweisung der Rechtsposition als Verleiher aus. Verleiher kann demnach nur sein, wer vertraglicher Arbeitgeber des Leiharbeitnehmers ist.[296]

VII. Erfüllungsort

Da der Leiharbeitnehmer unter Umständen im Laufe des Leiharbeitsvertrags bei verschiedenen Entleihern eingesetzt wird, kann der Erfüllungsort des Leiharbeitnehmers variieren. Der Schuldner soll am Leistungsort seine Leistungshandlung vornehmen.[297] Der schuldgerechte Erfolg tritt am Erfolgsort ein.[298] Der Leistungsort ist nicht der Arbeitsort des Leiharbeitnehmers i. S. d. § 11 Abs. 1 S. 1 AÜG i. V. m. § 2 Abs. 2 S. 2 Nr. 4 NachwG, da es sich beim Arbeitsort immer um den Sitz des

296 Im Ergebnis auch schon Bayerisches Oberstes Landesgericht Beschluss v. 14.05.1985 -3 Ob OWi 73/81, AP Nr. 4 zu § 1 AÜG; siehe dazu auch zur Unzulässigkeit des Kettenverleihs 1. Teil, § 4 II. 2.

297 *Brox/Walker*, § 3 Rn. 21.

298 *Medicus/Petersen*, BGB § 13, Rn. 258.

Verleihers handelt.[299] Bei Arbeitsverträgen ist hinsichtlich des Erfüllungsorts nicht auf den Sitz des Arbeitgebers abzustellen, sondern auf den Beschäftigungsort, an dem der Arbeitnehmer die Arbeitsleistung zu erbringen hat.[300] Bei der Arbeitnehmerüberlassung kann demnach der Erfüllungsort – nach dem Beschäftigungsort des Entleihers – variieren.

VIII. Zwischenergebnis

Der Leiharbeitsvertrag ist ein Arbeitsvertrag i. S. d. §§ 611 ff. BGB mit arbeitnehmerüberlassungsspezifischen Modifikationen. Im Grunde besteht daher zwischen Leiharbeitnehmer und Verleiher ein Arbeitsverhältnis i. S. d. § 611 ff. BGB. Dies hat zur Folge, dass Leiharbeitnehmer und Verleiher auch die aus einem normalen Arbeitsvertrag üblichen Rechte und Pflichten nach §§ 611 ff. BGB haben. Diese Rechte und Pflichten werden aber um die arbeitnehmerüberlassungsspezifischen Rechte und Pflichten ergänzt, die sich grundlegend aus dem AÜG ergeben. Dazu zählt insbesondere der in § 10 Abs. 4 S. 1 AÜG[301] zu beachtende „*Equal Pay/Equal Treatment*"-Grundsatz bei den zu gewährenden Arbeitsbedingungen einschließlich des Arbeitsentgelts. Danach sind dem Leiharbeitnehmer nach einem Günstigkeitsvergleich zwischen den gesamten wesentlichen Arbeitsbedingungen vom Verleiher und den Arbeitsbedingungen vergleichbarer Stammarbeitnehmer des Entleihers die günstigeren Arbeitsbedingungen zu gewähren. Darüber hinaus vereinbaren Verleiher und Leiharbeitnehmer den Einsatz in einem Betrieb eines gegebenenfalls noch zu bestimmenden Dritten. Der Leiharbeitnehmer wird also abweichend von § 613 S. 2 BGB nicht im Betrieb seines Arbeitgebers, sondern im Betrieb eines Dritten tätig. Abweichend vom normalen Arbeitsvertrag besteht für den Verleiher keine durchgängige Beschäftigungspflicht des Leiharbeitnehmers, da die Leiharbeit auch durch einsatzfreie Zeiten geprägt ist. In den einsatzfreien Zeiten ist die Beschäftigungspflicht des Verleihers suspendiert oder jedenfalls auf Fortbildungen des Leiharbeitnehmers beschränkt, gleichwohl der Verleiher verpflichtet ist, weiterhin Beschäftigungsmöglichkeiten bei Entleihern für den Leiharbeitnehmer zu schaffen. Den Verleiher trifft aus dem Leiharbeitsvertrag i. V. m. § 11 Abs. 3 S. 1 AÜG gegenüber dem Leiharbeitnehmer hinsichtlich des Bestehens oder Wegfalls der Arbeitnehmerüberlassungserlaubnis eine Informationspflicht. Im Übrigen treffen den Verleiher wie auch den Leiharbeitnehmer Pflichten aus § 241 Abs. 2 BGB. Der Verleiher hat als Arbeitgeber ein Weisungsrecht nach § 106 GewO gegenüber dem Leiharbeitnehmer, das er im Rahmen der Arbeitnehmerüberlassung jedenfalls teilweise auf den Entleiher überträgt. Die Grenzen des Weisungsrechts ergeben sich

---

299 Urban-Crell/Germakowski/*Bissels*, § 1 AÜG Rn. 38.

300 Musielak ZPO/*Heinrich*, § 29 ZPO Rn. 20; *Reinhard/Böggermann*, NJW 2008, 1263, 1264.

301 Mit Wirkung zum 01.04.2017 durch BT-Drucks. 18/9232 wird der *Equal Pay/Equal Treatment* Grundsatz in § 8 AÜG nF verankert sein und § 10 Abs. 4 und 5 AÜG entsprechend gestrichen.

aus § 106 GewO, §§ 307 – 310 BGB, §§ 134, 138 BGB sowie sonstigem zwingendem Arbeitnehmerschutzrecht.

Leiharbeitnehmer kann grundsätzlich jede natürliche Person sein, die unter den Arbeitnehmerbegriff zu subsumieren ist, wobei gewisse Gruppen, wie zum Beispiel Beamte und Heimarbeiter, davon ausgenommen sind. Verleiher hingegen kann jede natürliche oder juristische Person sein, die in einer arbeitsvertraglichen Verbindung zum Leiharbeitnehmer steht. Die bloße Inhaberschaft des Arbeitgeberdirektionsrechts reicht für die Zuweisung der Rechtsposition als Verleiher nicht aus, sondern nur der vertragliche Arbeitgeber kann Verleiher i. S. d. AÜG sein. Der Erfüllungsort kann je nach Beschäftigungsort beim Entleiher variieren.

C. Befristung des Leiharbeitsvertrags

Der Leiharbeitsvertrag kann, wie auch der normale Arbeitsvertrag i. S. d. §§ 611 ff. BGB sowohl befristet als auch unbefristet geschlossen werden. Die Befristung des Leiharbeitsvertrags richtet sich nach dem Teilzeitbefristungsgesetz (TzBfG).[302] Eine Befristung des Leiharbeitsvertrages ist ebenso wie beim Arbeitsvertrag nur unter den Voraussetzungen des § 14 TzBfG zulässig.[303]

Zulässig ist es demnach, insofern kein Rechtsmissbrauch vorliegt, dass der Leiharbeitnehmer zunächst für die Dauer von zwei Jahren sachgrundlos befristet für den Verleiher tätig ist und im Anschluss daran für einen anderen Arbeitgeber tätig wird, der den Leiharbeitnehmer dann an seinen ursprünglichen Arbeitgeber wieder verleiht.[304] Dabei handelt es sich nicht um rechtsmissbräuchliche Vertragsgestaltung. Rechtsmissbrauch ist nur dann zu erkennen, wenn der neu geschlossene Arbeitsvertrag wiederum auch befristet ist und damit eine Umgehung des § 14 Abs. 2 S. 2 TzBfG vorliegt.[305]

Handelt es sich nicht um eine sachgrundlose Befristung, sondern um eine solche des § 14 Abs. 1 TzBfG, wird wohl im Rahmen der Leiharbeit Nr. 1, die befristete Beschäftigung aufgrund nur vorübergehenden Bedarfs, einschlägig sein. Hinsichtlich der Beurteilung des vorübergehenden Bedarfs, ist auf den Betrieb des Verleihers, nicht auf den des Entleihers abzustellen.[306]

---

302 *Wank*, NZA 2003, 14, 20; *Schüren/Behrend*, NZA 2003, 521, 522; *Kokemoor*, NZA 2003, 238, 241; *Reipen*, BB 2003, 787, 789; TzBfG/*Meinel*, § 14 Rn. 101; *Boemke/Lembke*, § 9 AÜG Rn. 533; BT-Drucks. 15/25 S. 39; *Lembke*, BB 2003, 98, 104; *Ulber*, AuR 2003, 7, 9; *Wank*, NZA 2003, 14, 20.

303 TzBfG/*Meinel*, § 14 Rn. 101 ff.; Formularbuch des Fachanwalts für Arbeitsrecht/*Lembke/Rothmann*, S. 431 Rn. 125.

304 Formularbuch des Fachanwalts Arbeitsrecht/*Lembke/Rothmann*, S. 431 Rn. 125 mit Verweis auf BAG Urteil v. 18.10.2006 -7 AZR 145/06, NZA 2007, 443.

305 BAG Urteil v. 18.10.2006 -7 AZR 145/06, NZA 2007, 443; dazu auch *Greiner*, NZA 2014, 284.

306 BAG Urteil v. 18.05.2006 -2 AZR 412/05, NJOZ 2006, 3089.

Beispiel: Eine sachgrundlose Befristung des Leiharbeitsvertrags des Arbeitnehmers C ist demnach entsprechend § 14 TzBfG nur für die Dauer von zwei Jahren (durch höchstens dreimalige Verlängerung der Befristung) zulässig. Im Übrigen muss für die Befristung ein Sachgrund i. S. d. § 14 TzBfG vorliegen, wobei zur Beurteilung des Sachgrundes auf den Betrieb des Verleihers A abzustellen ist.

Möglich und zulässig wäre es, dass C sachgrundlos befristet für zwei Jahre für Verleiher A tätig wird. Im Weiteren wäre eine Beschäftigung für die Dauer von zwei Jahren bei einem neuen Arbeitgeber D, der C an A wiederum verleiht, zulässig.

D. Beendigung des Leiharbeitsvertrages

Da der Leiharbeitsvertrag rechtlich unabhängig vom Arbeitnehmerüberlassungsvertrag ist, endet der Leiharbeitsvertrag nicht automatisch mit Beendigung der Überlassung an den Entleiher.[307] Vielmehr muss der Leiharbeitsvertrag von der jeweiligen Vertragspartei beendet werden.

I. Grundsätzlich wie bei normalem Arbeitsvertrag i. S. d. § 611 BGB

Der Leiharbeitsvertrag kann, wie auch der übliche Arbeitsvertrag, von jeder Partei des Leiharbeitsvertrages, also Verleiher und Leiharbeitnehmer, durch ordentliche oder außerordentliche Kündigung beendet werden.[308]

Die Wirksamkeit der Kündigung richtet sich zunächst nach den Vorschriften über die Wirksamkeit einer Willenserklärung, da die Kündigung eine empfangsbedürftige Willenserklärung ist.[309]

Die ordentliche Kündigung des Leiharbeitsverhältnisses richtet sich nach § 620 BGB i. V. m. § 621 bis § 623 BGB, die außerordentliche Kündigung nach § 626 BGB. Zudem sind bei der Kündigung des Leiharbeitsverhältnisses die Vorschriften des Kündigungsschutzgesetzes[310] sowie die einschlägigen Kündigungsfristen zu beachten. Außerdem gelten für den Leiharbeitnehmer die übrigen Arbeitnehmerschutzvorschriften,[311] wie zum Beispiel § 85 SGB IX bei der Kündigung Schwerbehinderter, MuSchG bei der Kündigung einer Schwangeren oder das BEEG bei einem in Elternzeit befindlichen Arbeitnehmer.

Den Verleiher trifft als Arbeitgeber die Darlegungs- und Beweislast gem. § 1 Abs. 2 S. 4 KSchG hinsichtlich der Tatsachen, die die Kündigung begründen.

---

307 Fitting, BetrVG § 5 Rn. 250.

308 *Kittner/Zwanziger*, Arbeitsrecht, § 112 Rn. 68 ff.

309 *Brox/Rüthers/Henssler*, Arbeitsrecht, Rn. 423.

310 ErfK/*Oetker*, § 1 KSchG, Rn. 211; *Dahl*, DB 2003,1626; *Fitting*, BetrVG § 5 Rn. 250.

311 Schüren/*Schüren*, AÜG Einl. 2. Aufl. Rn. 189 ff.; Moll/*Christ*, § 66 Arbeitnehmerüberlassung, Rn. 68 ff.

II. Aus der Arbeitnehmerüberlassung resultierende Besonderheiten

Es ergeben sich bei den Kündigungsgründen im Rahmen einer Arbeitnehmerüberlassung im Vergleich zum üblichen Arbeitsvertrag die nachstehenden Besonderheiten, die daraus resultieren, dass der Verleiher auch während der Dauer der Arbeitnehmerüberlassung Arbeitgeber des Leiharbeitnehmers bleibt und entsprechend arbeitgebertypische Maßnahmen im Rahmen einer Kündigung, wie zum Beispiel eine vorhergehende Abmahnung oder auch die Kündigung selbst, vorzunehmen berechtigt ist, der Arbeitnehmer aber im Betrieb eines Dritten, des Entleihers, tätig ist und daher Kündigungsgründe durch pflichtwidriges Verhalten beim Entleiher und nicht beim Arbeitgeber begründet werden.

1. Abmahnung

Die für eine verhaltensbedingte Kündigung grundsätzlich zur Wahrung der Verhältnismäßigkeit erforderliche Abmahnung[312] kann nur durch den Verleiher, nicht durch den Entleiher erfolgen, denn nur der Verleiher ist Arbeitgeber des Leiharbeitnehmers.[313]

2. Personen- und verhaltensbedingte Kündigung

Bei der personen- und verhaltensbedingten Kündigung ergeben sich Besonderheiten aufgrund der Rechtsnatur der Arbeitnehmerüberlassung.[314]

Pflichtverletzungen, die eine verhaltensbedingte Kündigung rechtfertigen, können sich sowohl auf den Betrieb des Entleihers als auch des Verleihers beziehen.[315] In Betracht kommen Verstöße gegen die betriebliche Ordnung sowohl im Entleiher- als auch im Verleiherbetrieb.[316] Dabei trägt der Verleiher als Arbeitgeber für Pflichtverstöße im Verleiher- als auch im Entleiherbetrieb die Darlegungs- und Beweislast.[317] Hinsichtlich der Kündigungsfrist des § 626 Abs. 2 BGB für eine außerordentliche Kündigung kommt es auf die Kenntnis des Verleihers von den kündigungsbegründenden Tatsachen an, da nur dieser Arbeitgeber des Leiharbeitnehmers ist.

Hinsichtlich der krankheits- (personen-)bedingten Kündigung ist bei der Prüfung der Beeinträchtigung des Betriebes durch Fehlzeiten des Leiharbeitnehmers – der

---

312 APS/ *Vossen*, § 1 KSchG, Rn. 127.

313 *Becker/Wulfgramm*, Art. 1 § 11 AÜG Rn. 63a, 65c; vgl. Moll/*Christ*, § 66 Arbeitnehmerüberlassung, Rn. 70; aA *Schaub*, Arbeitnehmerüberlassung, S. 336; BAG Urteil v. 18.01.1980 -7 AZR 75/78, AP Nr. 3 zu § 1 KSchG 1969 Verhaltensbedingte Kündigung: „nicht nur der Kündigungsberechtigte ist abmahnungsberechtigt"; *Freckmann*, Arbeitnehmerüberlassung, S. 5; Siehe auch 2. Teil § 6 VI. 2.

314 Moll/*Christ*, § 66 Arbeitnehmerüberlassung, Rn. 70.

315 Moll/*Christ*, § 66 Arbeitnehmerüberlassung, Rn. 70; aA *Schaub*, Arbeitnehmerüberlassung, S. 336.

316 *Schaub*, Arbeitnehmerüberlassung, S. 336; *Becker/Wulfgramm*, Art. 1 § 11 AÜG Rn. 65c.

317 *Becker/Wulfgramm*, Art. 1 § 11 AÜG Rn. 65c.

Arbeitnehmerüberlassung geschuldet – sowohl auf Beeinträchtigungen des Betriebs des Verleihers als auch auf Beeinträchtigungen des Betriebs des Entleihers abzustellen. Dazu muss der Verleiher sich über die tatsächlichen Umstände im jeweiligen Entleiherbetrieb informieren.[318] Die Kenntnis des Entleihers von den kündigungsbegründenden Umständen wird dem Verleiher nicht zugerechnet.[319]

Hier wird der Umstand, dass der Leiharbeitnehmer sich wechselnden Arbeitsorten und Tätigkeiten ausgesetzt sieht und dies unter Umständen auch zu erhöhten Fehlzeiten aufgrund erhöhter Belastung führen kann,[320] nicht berücksichtigt.[321] Es lässt sich nicht erkennen, warum bei einem „normalen" Arbeitnehmer, der sich unter Umständen auch wechselnden Arbeitsorten oder Tätigkeiten ausgesetzt sieht, dieser Umstand unberücksichtigt bleiben soll und dieser im Rahmen der Arbeitnehmerüberlassung doch Berücksichtigung findet. Der Umstand, ob nun die vertraglich geschuldete Leistung in wechselnder Tätigkeit an wechselnden Orten stattfindet, kann sicherlich nicht dazu führen, dass Fehlzeiten, die bei einem üblichen Arbeitsvertrag zur Kündigung führen würden, im Rahmen der Arbeitnehmerüberlassung aber noch keine Kündigung rechtfertigen können. Denn eine dahingehende Differenzierung rechtfertigt allein der Umstand der Beschäftigung im Wege der Arbeitnehmerüberlassung nicht. Der Leiharbeitnehmer weiß schon aufgrund der leiharbeitsvertraglichen Regelung, dass er eine Tätigkeit ausüben wird, die üblicherweise wechselnde Arbeitsorte beinhaltet.

3. Betriebsbedingte Kündigung

Auch der Leiharbeitnehmer kann bei Vorliegen der Voraussetzungen des persönlichen und sachlichen Anwendungsbereichs nach §§ 1, 23 KSchG dem Schutzbereich des KSchG unterfallen, sodass sich auch die betriebsbedingte Kündigung des Leiharbeitnehmers hinsichtlich ihrer Wirksamkeit an den Anforderungen des § 1 KSchG messen lassen muss, mithin die betriebsbedingte Kündigung des Leiharbeitnehmers gem. § 1 KSchG sozial gerechtfertigt sein muss.

Nach § 1 Abs. 2 S. 1 KSchG ist eine betriebsbedingte Kündigung sozial gerechtfertigt, wenn dringende betriebliche Erfordernisse vorliegen, die der Weiterbeschäftigung des Arbeitnehmers im Betrieb entgegenstehen.

Die Rechtsprechung prüft eine betriebsbedingte Kündigung unter vier Aspekten.[322] Zunächst müssen dringende betriebliche Gründe vorliegen, die sodann eine unternehmerische Entscheidung fordern (1),[323] aufgrund derer folgend kausal ein Arbeitsplatz bzw. eine Beschäftigungsmöglichkeit des Leiharbeitnehmers

---

318 *Becker/Wulfgramm*, Art. 1 § 11 AÜG Rn. 65b.
319 Tschöpe/*Bissels*, Teil 6 D Rn. 144; Moll/*Christ*, § 66 Arbeitnehmerüberlassung, Rn. 71.
320 Moll/*Christ*, § 66 Arbeitnehmerüberlassung, Rn. 70.
321 So aber Moll/*Christ*, § 66 Arbeitnehmerüberlassung, Rn. 70.
322 *Junker*, Grundkurs Arbeitsrecht, Rn. 371 f.
323 BAG Urteil v. 12.04.2002 -2 AZR 256/01, NZA 2002, 1205.

entfällt (2)[324]. Der Arbeitgeber muss dann eine zulässige Sozialauswahl treffen (3)[325] und es darf zudem keine Weiterbeschäftigungsmöglichkeiten auf einem anderen Arbeitsplatz für den betreffenden Arbeitnehmer geben (4).[326]

Diese Grundsätze gelten auch im Bereich der Arbeitnehmerüberlassung.[327] Sind diese Erfordernisse nicht erfüllt, ist die Kündigung des Leiharbeitnehmers rechtsunwirksam.[328]

Betriebsbedingte Kündigungen betreffen Leiharbeitnehmer sowohl im Entleiherbetrieb als auch und insbesondere im Verleiherbetrieb.

a. Betriebsbedingte Kündigungen im Verleiherbetrieb

Bei einer betriebsbedingten Kündigung ist hinsichtlich der ersten Kündigungsvoraussetzung, der dringenden betrieblichen Erfordernisse, die der Weiterbeschäftigung des Arbeitnehmers im Betrieb entgegenstehen nach § 1 Abs. 2 KSchG, entgegen der Prüfung bei personen- und verhaltensbedingten Kündigungen nur auf den Betrieb des Verleihers abzustellen.[329]

aa. Dringende betriebliche Erfordernisse

Dringende betriebliche Erfordernisse liegen grundsätzlich dann vor, wenn die Kündigung wegen der betrieblichen Lage unvermeidbar ist.[330] Hierfür kommen außerbetriebliche Gründe, wie typischerweise der Auftragsrückgang[331], als auch innerbetriebliche Gründe, wie Personalrationalisierung[332] im Verleiherbetrieb, in Betracht. Gleiches muss auch für die betriebsbedingte Kündigung eines Leiharbeitnehmers durch den Verleiher gelten.

Grundsätzlich und auch im Rahmen der Arbeitnehmerüberlassung stellt sich für den Arbeitgeber die betriebsbedingte Kündigung aus innerbetrieblichen Gründen als weniger begründungsintensiv dar, wie die Kündigung aus außerbetrieblichen Gründen. Dies liegt insbesondere an der den Arbeitgeber treffenden Darlegungs- und Beweislast. Bringt der Arbeitgeber für die betriebsbedingte Kündigung außerbetriebliche Gründe, typischerweise einen Umsatzrückgang, vor, hat dieser

---

324 BAG Urteil v. 30.05.1985 -2 AZR 321/84, AP Nr. 24 zu § 1 KSchG 1969 Betriebsbedingte Kündigung; Urteil v. 23.02.2012 -2 AZR 548/10, AP Nr. 189 zu § 1 KSchG 1969 Betriebsbedingte Kündigung.

325 BAG Urteil v. 17.03.2005 -2 AZR 4/04, BeckRS 2005, 41558.

326 BAG Urteil v. 20.05.1988 -2 AZR 682/87, AP Nr. 9 zu § 1 KSchG 1969 Personenbedingte Kündigung.

327 *Becker/Wulfgramm*, Art. 1 § 11 AÜG Rn. 65a; *Steuer*, S. 72 ff.

328 *Schaub*, Arbeitnehmerüberlassung, S. 333.

329 Moll/*Christ*, § 66 Arbeitnehmerüberlassung Rn. 69.

330 ErfK/*Oetker*, § 1 KSchG, Rn. 234 ff.

331 BAG Urteil v. 18.10.2006 -2 AZR 676/05, NZA 2007, 798, 799; Urteil v. 18.05.2006 -2 AZR 412/05, NJOZ 2006, 3089, 3090.

332 BAG Urteil v. 20.02.1986 -2 AZR 212/85, NZA 1986, 823 Rn. 23 (zit. nach juris).

nicht nur den Umsatzrückgang darzulegen und zu beweisen, sondern auch dessen Auswirkungen auf das Beschäftigungsbedürfnis. Bei innerbetrieblichen Gründen hat der Arbeitgeber hingegen substanziiert die innerbetrieblichen Umstände, die zur Kündigung führen, darzulegen, dass der Arbeitnehmer diese bestreiten kann.[333]

Die Darlegung und der Beweis der Kündigungsgründe haben in einer Weise zu erfolgen, die das Gericht in die Lage versetzt, in vollem Umfang nachprüfen zu können, ob die vom Arbeitgeber behaupteten außerbetrieblichen Umstände für die Kündigung zum Zeitpunkt der Kündigung tatsächlich vorlagen und zukünftig zu einem dauerhaften Rückgang des Beschäftigungsvolumens führen. Dazu muss der Arbeitgeber auch einen Vergleich des Auftrags- und Beschäftigungsvolumens in Referenzperioden darlegen.[334]

(1.) Innerbetriebliche Kündigungsgründe

Dahingegen muss der Arbeitgeber bei innerbetrieblichen Kündigungsgründen lediglich darlegen, dass er zukünftig beabsichtigt, Personal zu rationalisieren oder seinen Betrieb umzustrukturieren.[335] Eine betriebsbedingte Kündigung aus innerbetrieblichen Gründen ist daher gerechtfertigt, wenn sich der Arbeitgeber zu einer organisatorischen Maßnahme entschließt, bei deren innerbetrieblicher Umsetzung das Bedürfnis für eine Weiterbeschäftigung eines oder mehrerer Arbeitnehmer entfällt.[336] Diese unternehmerische Entscheidung ist vom Gericht nur auf Willkür und Unvernunft zu überprüfen. Eine Überprüfung der Zweckmäßigkeit der Arbeitgeberentscheidung kann durch die Gerichte nicht erfolgen.[337]

Beispiel: Verleiher A könnte demnach beschließen, dass er zukünftig das bei ihm anfallende Auftragsvolumen mit einem Leiharbeitnehmer weniger bewältigen wird, um seinen Gewinn zu steigern, ohne dass ihn eine Darlegungs- und Beweislast von einigem Gewicht trifft. Diese unternehmerische Entscheidung ist gerichtlich nur dahingehend überprüfbar, ob diese willkürlich oder unvernünftig ist. Eine solche betriebliche Umorganisation darf durch das Gericht hingegen nicht auf seine Zweckmäßigkeit hin überprüft werden, denn die Beurteilung der Zweckmäßigkeit einer solchen unternehmerischen Entscheidung ist allein Sache des Arbeitgebers, vorliegend also die Angelegenheit des A.

Die oben dargestellten[338] Darlegungs- und Beweisgrundsätze im Rahmen der betriebsbedingten Kündigung treffen gleichermaßen den Entleiher.

---

333 BAG Urteil v. 22.09.2005 -2 AZR 208/05, BB 2006, 1572; LAG Rheinland-Pfalz Urteil v. 22.07.2014 -7 Sa 151/14, Rn. 35 ff.

334 Vgl. BAG Urteil v. 18.05.2006 -2 AZR 412/05, NJOZ 2006, 3089, 3091 Rn. 17.

335 Vgl. dazu *Becker-Schaffner*, BB 1992, 557, 560.

336 BAG Urteil v. 18.05.2006 -2 ARZ 412/05, NJOZ 2006, 3089, 3090 Rn. 50.

337 BAG Urteil v. 22.04.2004 -2 AZR 385/03, BAGE 110,118 = NZA 2004,1158.

338 Siehe 2. Teil § 6 D. II.

Beispiel: Entleiher MB kann nach den oben dargestellten Grundsätzen beschließen, zukünftig einen Stammarbeitsplatz nicht mehr zu besetzen und stattdessen die anfallende Arbeit von freien Mitarbeitern erledigen zu lassen. Ein innerbetrieblicher Kündigungsgrund hinsichtlich des betroffenen Stammarbeitsplatzes liegt vor. Eine gerichtliche Überprüfung der unternehmerischen Entscheidung von MB erfolgt nur im Hinblick auf etwaige Willkür oder Unvernunft. Die Zweckmäßigkeit der Entscheidung von MB hingegen unterliegt keiner gerichtlichen Kontrolle. MB trifft aber eine durchaus gewichtige Darlegungs- und Beweislast, wenn der Stammarbeitsplatz aufgrund (von MB behaupteten) Auftragsrückgangs zukünftig nicht mehr besetzt sein soll. Im Rahmen der gerichtlichen Überprüfung des betriebsbedingten Kündigungsgrundes müsste MB einen Auftragsrückgang darlegen und beweisen, der auch zukünftig zur Verringerung des Auftragsvolumens von MB führen müsste. Zusätzlich müsste MB einen Vergleich der Zahlen aus Referenzperioden darlegen und beweisen.

Ersichtlich wird am dargestellten Beispiel, dass es für den jeweiligen Arbeitgeber, ob Verleiher oder Entleiher, mit weniger Hürden verbunden ist, eine Kündigung aus innerbetrieblichen Gründen auszusprechen. Gleichwohl ist eine Kündigung, die dazu führt, dass Stammarbeitsplätze von Leiharbeitnehmer besetzt werden, nicht zulässig.[339]

(2.) Außerbetriebliche Kündigungsgründe

Weiterhin ist eine betriebsbedingte Kündigung aufgrund außerbetrieblicher Gründe auch bei Leiharbeitsverhältnissen möglich. Im Rahmen eines Leiharbeitsverhältnisses liegt ein betriebsbedingter außerbetrieblicher Kündigungsgrund häufig vor, wenn auf dem einschlägigen Arbeitsmarkt der Verleih des Leiharbeitnehmers deswegen nicht mehr gelingen kann, weil keine Nachfrage nach der angeforderten Tätigkeit besteht.[340] Ein betriebsbedingter (außerbetrieblicher) Kündigungsgrund zur Kündigung eines Leiharbeiters kann erst dann angenommen werden, wenn der Verleiher einen dauerhaften Auftragsrückgang dargelegt und bewiesen hat und zudem nachweist, dass der betreffende Leiharbeitnehmer auch nicht im Rahmen anderer Tätigkeiten, die er durch eine gegebenenfalls erforderliche Anpassungsfortbildungen dann auch erledigen könnte, bei seinen Kunden eingesetzt werden kann.[341] Ein betriebsbedingter Kündigungsgrund liegt vor, wenn der Verleiher über keine Arbeitnehmerüberlassungserlaubnis mehr verfügt, weil diese zum Beispiel widerrufen wurde und daher die Beschäftigungsmöglichkeit entfällt.[342]

---

339 LAG Hamm Urteil v. 05.03.2007 – 11 Sa 1338/06; Moll/Christ, § 66 Arbeitnehmerüberlassung, Rn. 90.

340 Moll/*Christ*, § 66 Arbeitnehmerüberlassung, Rn. 69.

341 BAG Urteil v. 18.05.2006 -2 AZR 412/05, NJOZ 2006, 3089, 3091 Rn. 18.

342 BAG Urteil v. 25.08.1999 -7 AZR 75/98, NZA 2000, 656, 657.

Ein außerbetrieblicher „gerichtsfester“ Kündigungsgrund des Verleihers liegt nicht vor, wenn der Verleiher vorbringt, dass der Einsatz des Leiharbeitnehmers beim Entleiher beendet sei und Anschlussaufträge nicht vorliegen.[343] Der bloße Hinweis auf einen auslaufenden Vertrag oder einen fehlenden Anschlussauftrag des Leiharbeitnehmers reicht jedoch grundsätzlich für die Annahme betriebsbedingter Kündigungsgründe nicht aus.[344] Denn es gehört zum typischen vom Verleiher zu tragenden Unternehmerrisiko, dass der Leiharbeitnehmer nicht dauerhaft in Beschäftigung ist.[345] Eine betriebliche Kündigung rechtfertigt dieser Umstand nicht.[346] Es kommt zur Beurteilung auf den Zeitpunkt der Kündigung an. Kann der Verleiher nachweisen, dass Anschlussaufträge zu diesem Zeitpunkt nicht vorliegen, liegt ein betriebsbedingter Kündigungsgrund vor.[347]

Hinsichtlich der Kündigung hat der Verleiher anhand der Auftrags- und Personalplanung darzulegen, dass ein dauerhafter Auftragsrückgang vorliegt, es sich nicht nur um vorübergehende Auftragseinbußen handelt und der Leiharbeitnehmer zudem nicht anderweitig einsetzbar ist.[348] Der Verleiher muss jegliche Möglichkeiten versucht haben, den Leiharbeitnehmer anderweitig zu vermitteln, also Aufträge von neuen Entleihern oder in einer neuen Branche zu erhalten.[349]

Beispiel: Wollte Verleiher A den Leiharbeitnehmer C betriebsbedingt kündigen, muss A, insofern ein dauerhafter Auftragsrückgang nachweislich vorliegt, zunächst versuchen, zum Beispiel im Wege der Fortbildung, den C so auch für anderweitige Tätigkeitsbereiche zu qualifizieren und dann einzusetzen. Erst wenn A nachweisen kann, dass er den C zukünftig in keinem Bereich mehr beschäftigen kann, liegt ein betriebsbedingter außerbetrieblicher Kündigungsgrund vor.

Die nur vorübergehende fehlende Einsatzmöglichkeit des Leiharbeitnehmers C reicht demnach nicht für die Annahme dringender betrieblicher Erfordernisse aus.

Die nur vorübergehende fehlende Einsatzmöglichkeit des Leiharbeitnehmers begründet auch deswegen keinen betriebsbedingten Kündigungsgrund, weil der Verleiher, wie zuvor gezeigt, das unternehmerische Risiko trägt, seinen Leiharbeitnehmer nicht durchweg beschäftigen zu können. Dieses Risiko ist ein typisches für die Arbeitnehmerüberlassung. Der Verleiher hat über einen angemessenen Zeitraum der

---

343 KSchG/*Krause*, § 1 KSchG Rn. 869.

344 BAG Urteil v. 18.05.2006 -2 AZR 412/05, NJOZ 2006, 3089, 3091 Rn. 18; *Preis*, Der Arbeitsvertrag, II A 55 Rn. 14; *Schüren/Behrend*, NZA 2003, 521, 524.

345 ErfK/*Wank*, § 11 AÜG Rn. 16; *Bayreuther*, NZA 2016, 1304.

346 *Dahl*, DB 2003, 1626, 1628; *Hiekel*, in: FS 25 Jahre Arbeitsgemeinschaft Arbeitsrecht im DAV 2006, S. 340; APS/*Kiel*, § 1 KSchG Rn. 476 ff.; KSchG/*Krause*, § 1 KSchG Rn. 869; BAG Urteil v. 18.05.2006 -2 AZR 412/05, AP Nr. 7 zu § 9 AÜG.

347 *Dahl*, DB 2003, 1626, 1628.

348 Moll/*Christ*, § 66 Arbeitnehmerüberlassung, Rn. 69.

349 *Ulber*, AiB 2009, 139, 140.

fehlenden Beschäftigung für den Leiharbeitnehmer zu überbrücken.[350] Hierzu wird teilweise vertreten, dass es sich um einen Mindestzeitraum von drei Monaten handeln müsse.[351] Diese zeitliche Mindestangabe wird vom Bundesarbeitsgericht hingegen abgelehnt mit der Begründung, dass die für den Arbeitgeber bzw. Verleiher vorgesehene Wartefrist von drei Monaten beschäftigungsloser Zeit des Leiharbeitnehmers jedenfalls seit der Aufhebung des § 9 Nr. 3 AÜG aF keine gesetzliche Grundlage mehr finde.[352]

Dem ist zuzustimmen. Es sind die typischen Risiken eines Verleihers, seinen Leiharbeitnehmer nicht durchgehend, ohne Unterbrechung, bei Entleihern beschäftigen zu können.[353] Zudem muss das Risiko einer nicht durchgängigen Beschäftigung auch der Arbeitgeber eines „normalen" Arbeitnehmers tragen. Denn auch im Rahmen einer betriebsbedingten Kündigung eines Arbeitnehmers gibt es eine entsprechende Drei-Monats-Frist für den Zeitraum fehlender Beschäftigung nicht. Es gibt keinen Grund, einem Verleiher in seiner Position als Arbeitgeber die Erfordernisse einer Kündigung eines Leiharbeitnehmers gegenüber diesen eines „normalen" Arbeitnehmers zu verringern. Dem Verleiher ist daher durchaus vor Ausspruch einer Kündigung das Zuwarten eines längeren Zeitraums als drei Monate zumutbar.[354]

bb. Soziale Rechtfertigung

Auch bei der betriebsbedingten Kündigung eines Leiharbeitnehmers gilt, dass nach § 1 Abs. 3 S. 1 KSchG eine Kündigung trotz Vorliegens dringender betrieblicher Erfordernisse i. S. d. § 1 Abs. 2 KSchG sozial ungerechtfertigt ist, wenn der Arbeitgeber bei der Auswahl des Arbeitnehmers die Dauer von der Betriebszugehörigkeit des Leiharbeitnehmers, dessen Lebensalter, mögliche Unterhaltspflichten und gegebenenfalls eine Schwerbehinderung nicht oder nicht ausreichend berücksichtigt hat.[355] Der Verleiher hat folglich bei der betriebsbedingten Kündigung eines Leiharbeitnehmers auch eine Sozialauswahl entsprechend § 1 Abs. 3 S. 1 KSchG vor Ausspruch der Kündigung durchzuführen.[356]

(1.) Grundsätzlich Berücksichtigung horizontal vergleichbarer Arbeitnehmer

Bei der Sozialauswahl hat der kündigende Arbeitgeber grundsätzlich die horizontal vergleichbaren Arbeitnehmer einzubeziehen, also solche, die aufgrund ihrer Fähigkeiten und Kenntnisse, und ihrer arbeitsvertraglich geschuldeten Tätigkeit

---

350 Moll/*Christ*, § 66 Arbeitnehmerüberlassung, Rn. 69; LAG Köln Urteil v. 10.12.1998 -6 Sa 493/98, NZA 1999, 991.

351 LAG Hessen Urteil v. 17.11.1983 -9 Sa 599/83, BeckRS 2013, 74881; LAG Köln v. 03.06.2005 -11 Sa 1014/04, BeckRS 2005, 43161; Schüren/*Schüren*, AÜG Einl. Rn. 279; *Boemke/Lembke*, § 11 AÜG Rn. 126.

352 BAG Urteil v. 18.05.2006 -2 AZR 412/05, NJOZ 2006, 3089 Rn. 20.

353 So auch *Ulber*, AiB 2009, 139, 140.

354 So auch *Ulber*, AiB 2009, 139, 140.

355 BAG Urteil v. 20.06.2013 -2 AZR 271/12, NZA 2013, 837 Rn. 11.

356 *Steuer*, S. 75.

austauschbar sind.[357] Dies gilt auch, wenn der betreffende Arbeitnehmer zwar nicht dieselbe, aber eine vergleichbare Tätigkeit[358] auf einem anderen Arbeitsplatz auch zum Beispiel durch die Teilnahme an Weiterbildungen, wahrnehmen kann. Die Sozialauswahl ist auf die Arbeitnehmer desselben Betriebs beschränkt.[359]

Dem Arbeitgeber kommt im Rahmen der Sozialauswahl ein Wertungsspielraum zu. Seine Pflicht ist es, eine objektiv vertretbare Auswahl zu treffen, nicht eine „bestmögliche" Auswahl. Es kann sich folglich nur der insofern darlegungs- und beweisbelastete Arbeitnehmer auf einen Fehler im Rahmen der Sozialauswahl berufen, der deutlich schutzwürdiger ist als ein anderer vergleichbarer Arbeitnehmer.[360]

In die Sozialauswahl sind sowohl die einsatzfreien als auch die überlassenen Arbeitnehmer einzubeziehen.[361] Der Verleiher ist im Rahmen einer ordnungsgemäßen Sozialauswahl verpflichtet, die betriebsbedingte Kündigung gegenüber einem weniger schutzbedürftigen Leiharbeitnehmer auszusprechen, auch wenn dieser zu diesem Zeitpunkt in der Überlassung ist.[362] Dies hat zur Folge, dass der Verleiher gegebenenfalls zum Austausch des im Einsatz befindlichen Leiharbeitnehmers zur Kündigung berechtigt und verpflichtet ist.[363] Gründe, die dem Austausch der im Einsatz befindlichen Leiharbeitnehmer entgegenstehen, bestehen ausschließlich nur dann, wenn im Arbeitnehmerüberlassungsvertrag die Überlassung eines konkretisierten, also namentlich benannten Arbeitnehmers mit dem Entleiher vereinbart wurde.[364]

Beispiel: Existieren neben Leiharbeitnehmer C auch noch die Leiharbeitnehmer E, F, und G, sind diese, wenn sie mit C horizontal, also hinsichtlich Tätigkeit und Qualifikation, vergleichbar sind, in die Sozialauswahl miteinzubeziehen, auch wenn E, F und G im Gegensatz zu C zum Zeitpunkt der Sozialauswahl im Einsatz befindliche Arbeitnehmer sind.

(2.) Nicht bei Sozialauswahl zu berücksichtigende Leiharbeitnehmer

Nach in der Literatur vertretener Ansicht ist die Sozialauswahl ausgeschlossen, wenn vertraglich ein spezieller, namentlich benannter Leiharbeitnehmer dem

357 BAG Urteil v. 22.03.2012 -2 AZR 167/11, NZA 2012, 1040, 1042 Rn. 19; Urteil v. 15.12.2011 -2 AZR 42/10, NZA 2012, 1044, 1048 Rn. 41.

358 BAG Urteil v. 10.06.2010 -2 AZR 420/09, NZA 2010, 1352, 1355 Rn. 31.

359 BAG Urteil v. 02.06.2005 – 2 AZR 158/04, BAGE 115, 82, 85 = NZA 2005, 1175; Urteil v. 15.12.2005 -6 AZR 199/05, NZA 2006, 590 (Ls.).

360 BAG Urteil v. 07.07.2011 – 2 AZR 476/10, AP Nr. 26 zu § 1 KSchG 1969 Wartezeit; Urteil v. 02.06.2005 -2 AZR 480/04, BAGE 115, 92 = NZA 2006, 207 = NJW 2006, 315, 318.

361 BAG Urteil v. 20.06.2013 – 2 AZR 271/12, NZA 2013, 837 Rn. 19; Kittner/Däubler/Zwanziger/*Deinert*, § 1 KSchG Rn. 588; *Ulber*, AiB 2009, 139, 141.

362 *Schüren/Behrend*, NZA 2003, 521, 524.

363 *Ulber*, AiB 2009, 139, 141.

364 *Ulber*, AiB 2009, 139, 141; *Steuer*, S. 75.

Entleiher überlassen wird.[365] Im Entleih befindliche Leiharbeitnehmer können daher nur dann in die Sozialauswahl einbezogen werden, wenn es sich bei der Vereinbarung zwischen Verleiher und Entleiher um eine Gattungsschuld handelt.[366] Jedenfalls bei Vorliegen einer im Arbeitnehmerüberlassungsvertrag vereinbarten Gattungsschuld hat die Rechtsprechung den Einbezug des im Entleih befindlichen Arbeitnehmers in die Sozialauswahl bestätigt.[367] Liegt der Vereinbarung zwischen Verleiher und Entleiher eine Stückschuld zugrunde, ist also der Verleih auf einen spezifischen Leiharbeitnehmer begrenzt, dürfte eben dieser Leiharbeitnehmer nicht in die Sozialauswahl miteinbezogen werden.[368] Nachvollziehbar begründet wird dieser Ausschluss aus der Sozialauswahl mit dem sonst daraus resultierenden Vertragsbruch des Verleihers, der einen gegebenenfalls „höchstpersönlich" verliehenen Leiharbeitnehmer vom Entleiher wieder entziehen und gegen einen anderen Leiharbeitnehmer ersetzen müsste, damit er den entzogenen Leiharbeitnehmer in die Sozialauswahl miteinbeziehen kann. So würde vom Verleiher der Vertragsbruch gefordert.[369]

Nach der Rechtsprechung sind hingegen vertragliche Abreden, die eine Sozialauswahl einschränken, dann rechtsmissbräuchlich und daher unwirksam, wenn sie den alleinigen Zweck haben, einem anderen Arbeitnehmer Vorteile bei der Sozialauswahl zu verschaffen.[370] Dies ist zum Beispiel der Fall bei Vereinbarungen eines Ausschluss der ordentlichen Kündbarkeit des Arbeitnehmers, um diesen vor einer späteren etwaigen Sozialauswahl zu schützen.[371]

Die vertragliche Vereinbarung der Überlassung eines speziellen, namentlich benannten Arbeitnehmers dürfte jedoch nicht als rechtsmissbräuchlich im Sinne der oben genannten Rechtsprechung auszulegen sein. Dann nämlich wäre die Überlassung eines vom Entleiher ausgesuchten Leiharbeitnehmers nicht mehr möglich, ohne dass der Verleiher im Falle einer betriebsbedingten Kündigung und daher bedingten Sozialauswahl sich gegenüber dem Entleiher vertragsbrüchig verhält und auch schadensersatzpflichtig macht. Zudem ist Sinn und Zweck einer solchen vertraglichen Abrede zwischen Entleiher und Verleiher nicht den betreffenden Arbeitnehmer vor einer Sozialauswahl zu schützen, sondern vielmehr das Begehren des Entleihers, einen bewährten oder besonders qualifizierten Leiharbeitnehmer zum Einsatz in seinem Betrieb zu erlangen. Schließlich wird der Entleiher in solchen Fällen, in denen er einen hochspezialisierten, namentlich benannten Leiharbeitnehmer begehrt, den Abschluss des Arbeitnehmerüberlassungsvertrags mit

---

365 *Boemke/Lembke*, § 9 AÜG Rn. 584; *Dahl*, DB 2003, 1626, 1629; *Schiefer*, NZA-RR 2005, 1, 9; APS/*Kiel*, § 1 KSchG Rn. 476 ff.; *Schüren/Behrend*, NZA 2003, 521, 524.

366 So auch *Fuhlrott/Fabritius*, NZA 2014, 122, 124.

367 BAG Urteil v. 20.06.2013 -2 AZR 271/12, NZA 2013, 837, 839 Rn. 21.

368 *Ulber*, AiB 2009, 139, 141; *Fuhlrott/Farbitius*, NZA 2014, 122, 124; *Steuer*, S. 75.

369 *Fuhlrott/Fabritius*, NZA 2014, 122, 125.

370 BAG Urteil v. 02.06.2005 -2 AZR 480/04, BAGE 115, 92 = NZA 2006, 207, 210.

371 BAG Urteil v. 20.06.2013 -2 AZR 271/12, NZA 2013, 837, 838 Rn. 15.

dem Verleiher davon abhängig machen, dass ihm auch der von ihm begehrte Leiharbeitnehmer überlassen wird.[372]

Aus diesen Gründen wird ein rechtsmissbräuchliches Verhalten in der Vereinbarung der Überlassung eines speziell ausgesuchten Leiharbeitnehmers nicht anzunehmen sein.

Beispiel: Ist Leiharbeitnehmer E demnach im Wege einer „personalisierten" Überlassung an den Entleiher MB überlassen worden, kann er nicht in die Sozialauswahl miteinbezogen werden, denn der Verleiher A würde sonst zu vertragsbrüchigem Verhalten gegenüber dem Entleiher gezwungen werden.

cc. Weiterbeschäftigungsmöglichkeiten

Schließlich ist im Rahmen der betriebsbedingten Kündigung als Ausfluss des *Ultima-ratio-Prinzips*[373] auch bei der Beschäftigung von Leiharbeitnehmern fraglich, ob für den betreffenden Leiharbeitnehmer Weiterbeschäftigungsmöglichkeiten bestehen.

Grundsätzlich ist auf die Weiterbeschäftigungsmöglichkeiten im Betrieb und Unternehmen des Arbeitgebers abzustellen.[374] Auf die Weiterbeschäftigungsmöglichkeit in Drittunternehmen ist nur dann im Rahmen der Prüfung der Sozialwidrigkeit der Kündigung abzustellen, wenn der Arbeitgeber die rechtlichen und tatsächlichen Möglichkeiten hat, die Weiterbeschäftigung des Arbeitnehmers auch gegenüber dem Drittunternehmer durchzusetzen.[375] Für die Arbeitnehmerüberlassung muss daher für die Beurteilung, ob Weiterbeschäftigungsmöglichkeiten vorliegen, grundsätzlich auf das Unternehmen des Verleihers abgestellt werden. Nur in Ausnahmefällen kommt eine konzernweite Weiterbeschäftigungspflicht in Betracht. Dies ist dann der Fall, wenn ein Konzernunternehmen zur Übernahme des Arbeitnehmers ausdrücklich bereit ist oder das Konzernunternehmen vertraglich zur Übernahme des Arbeitnehmers verpflichtet ist oder aus vertraglichen Abreden eine solche Verpflichtung des Konzernunternehmens ergibt. Eine solche vertragliche Abrede liegt zum Beispiel in der vertraglichen Bereitschaft des Arbeitnehmers, sich im Konzernunternehmen versetzen zu lassen, auch wenn er nur für einen Betrieb eingestellt wurde, oder auch in der Zusage des Arbeitgebers an den Arbeitnehmer, dass er in einem anderen Unternehmen oder im Konzernbetrieb beschäftigt werden kann.[376]

Der Verleiher muss daher zunächst versuchen, den Leiharbeitnehmer bei einem anderen Entleiher gegebenenfalls mit anderer Tätigkeit des Leiharbeitnehmers zu beschäftigen.[377]

---

372 Vgl. so auch *Fuhlrott/Fabritius*, NZA 2014, 122.

373 *Bader*, NZA-Beilage 2010, 85, 87.

374 BAG Urteil v. 21.02.2002 -2 AZR 749/00, NJOZ 2003, 1650, 1653.

375 BAG Urteil v. 21.02.2002 -2 AZR 749/00, NJOZ, 2003, 1650, 1653; *Fuhlrott/Fabritius*, NZA 2014, 122, 125.

376 BAG Urteil v. 23.11.2004 -2 AZR 24/04, NZA 2005, 929.

377 So auch *Fuhlrott/Fabritius*, NZA 2014, 122.

b. Betriebsbedingte Kündigungen wegen fehlender Beschäftigungsmöglichkeit im Entleiherbetrieb

Der Leiharbeitnehmer ist von betriebsbedingten Kündigungen im Entleiherbetrieb nur indirekt betroffen. Mangels Arbeitgeberstellung des Entleihers und Arbeitsvertragsverhältnisses zum Leiharbeitnehmer besteht für den Entleiher gegenüber dem Leiharbeitnehmer keine Möglichkeit zu Beendigung des Leiharbeitsverhältnisses. Der Leiharbeitsvertrag kann nur durch den Verleiher als Vertragspartner des Leiharbeitnehmers beendet werden.

Der Leiharbeitnehmer kann aber durch betriebsbedingte Kündigungen im Entleiherbetrieb jedenfalls mittelbar betroffen sein. Denn für den Entleiher besteht nach mittlerweile gefestigter Rechtsprechung die Pflicht, vor dem Ausspruch betriebsbedingter Kündigungen seines Stammpersonals Leiharbeit abzubauen.[378] Der Entleiher muss sich als Arbeitgeber die Arbeitsplätze, die mit Leiharbeitnehmer besetzt sind, im Rahmen einer betriebsbedingten Kündigung als betriebliche Arbeitsplätze zurechnen lassen, da es sich bei den mit Leiharbeitnehmern besetzten Arbeitsplätzen um betriebliche Arbeitsplätze handele, die die Leiharbeitnehmer in ihrer Eigenschaft als Arbeitnehmer besetzen.[379]

Will der Entleiher also betriebsbedingte Kündigungen in seinem Betrieb aussprechen, muss er zunächst Leiharbeit abbauen, was unweigerlich zum Beschäftigungsverlust des Leiharbeitnehmers führt. Dies wiederum kann bei fehlender anderweitiger Einsatzmöglichkeit des Leiharbeitnehmers zu dessen betriebsbedingter Kündigung durch den Verleiher führen.

Im Rahmen der betriebsbedingten Kündigung auch im Entleiherbetrieb sind zwei Situationen zu unterscheiden, die jeweils die Kündigungsbedingungen unterschiedlich werden lassen.

Zum einen kann der Arbeitgeber ohne Weiteres die Entscheidung treffen, die anfallenden Arbeiten zukünftig nicht mehr von Angestellten, sondern von freien Mitarbeitern erledigen zu lassen. Aufgrund dieser unternehmerischen Entscheidung liegt ein (inner-)betriebsbedingter Kündigungsgrund vor, der gerichtlich nur auf Missbrauch oder Willkür zu überprüfen ist.[380] Kein innerbetrieblicher Kündigungsgrund liegt vor, wenn der Entleiher nur formal seine Arbeitgeberstellung aufgibt und nur in wenigen Teilbereichen auf seine Arbeitgeberstellung verzichtet, indem er eigentliche Stammarbeitsplätze mit Leiharbeitnehmern besetzt.[381]

Beispiel: Entleiher MB will seinen Stammarbeitnehmer Z betriebsbedingt kündigen, um dessen Arbeitsplatz zukünftig mit Leiharbeitnehmer C zu besetzen und argumentiert, dass es sich um einen innerbetriebsbedingten

---

378 LAG Berlin-Brandenburg Urteil v. 03.03.2009 -12 Sa 2468/08, BeckRS 2009, 67921; LAG Hamm Urteil v. 21.12.2007 -4 Sa 1892/06, BeckRS 2008, 53299.

379 LAG Berlin-Brandenburg Urteil v. 03.03.2009 -12 Sa 2468/08, BeckRS 2009, 67921.

380 BAG Urteil v. 22.04.2004 -2 AZR 385/03, BAGE 110, 118 = NZA 2004, 1158.

381 LAG Berlin-Brandenburg Urteil v. 03.03.2009 -12 Sa 2468/08, BeckRS 2009, 67921.

Kündigungsgrund handele und dieser gerichtlich nur auf Missbrauch oder Willkür zu überprüfen sei.

Ein betriebsbedingter Kündigungsgrund liegt in einem Sachverhalt wie dem geschilderten nicht vor, denn der bloße Entschluss des Arbeitgebers, Stammarbeitsplätze mit Leiharbeitnehmern zu besetzen, ist unzulässig, da sich der Arbeitgeber auf diesem Wege leicht seinen Arbeitgeberpflichten entziehen könnte, ohne gleichsam auf seine Arbeitgeberrechte verzichten zu müssen. Durch die Arbeitnehmerüberlassung verbleibt ihm hinsichtlich der auf den Stammarbeitsplätzen eingesetzten Arbeitnehmer durch den Arbeitnehmerüberlassungsvertrag das Arbeitgeberweisungsrecht nach § 106 GewO. Der Entleiher kann also im Wesentlichen seine Arbeitgeberrechte weiter ausüben. Gleichzeitig treffen ihn mangels Arbeitgeberstellung keine arbeitgebertypischen Risiken und Pflichten, wie zum Beispiel das wirtschaftliche Risiko beim Arbeitsausfall des Arbeitnehmers wegen Krankheit.

Beispiel: Es liegt demnach ein betriebsbedingter Kündigungsgrund vor, wenn Entleiher MB beschließt, statt seines Stammarbeitnehmers den Bereich Steuerungstechnik-Problemanalyse von freien Mitarbeitern erledigen zu lassen. Das Gericht prüft in diesem Fall die der Kündigung zugrunde liegende unternehmerische Entscheidung nur auf Willkür und Missbrauch.

Kein betriebsbedingter Kündigungsgrund liegt vor, wenn MB seinen Stammarbeitsplatz im Bereich Steuerungstechnik-Problemanalyse mit dem Leiharbeitnehmer C besetzt, der sich nur geringfügig dadurch von einem Stammarbeitnehmer des MB unterscheidet, dass er ein arbeitsvertragliches Verhältnis zu Verleiher A und nicht zu MB hat. MB behält durch den Arbeitnehmerüberlassungsvertrag weiterhin das Arbeitgeberdirektionsrecht i. S. d. § 106 GewO, trägt aber nicht mehr das arbeitgebertypische Arbeitsausfallrisiko, denn das trägt der A.

III. Beendigung des Leiharbeitsverhältnisses durch Gesetz und durch einseitige Erklärung des Verleihers/Leiharbeitnehmers

Neben den Beendigungsmöglichkeiten, die durch die Parteien beeinflusst und gestaltet werden können, wie die Beendigung durch Kündigung des Leiharbeitsverhältnisses, kann das Leiharbeitsverhältnis auch gem. § 9 Nr. 1 AÜG durch Gesetz enden. Nach § 9 Nr. 1 AÜG ist das Leiharbeitsverhältnis zwischen Verleiher und Leiharbeitnehmer unwirksam, wenn der Verleiher nicht über die nach § 1 AÜG erforderliche Erlaubnis verfügt.[382] Diese Unwirksamkeit tritt nach derzeitiger Rechtslage ohne Wissen und Willen der Parteien ein.[383]

---

382 Vgl. zur Beendigung des Leiharbeitsverhältnis nach § 9 Nr. 1 AÜG unter E. IV. 1.

383 HK-ArbR/*Lorenz*, § 10 AÜG Rn. 4; vgl. zum Erfordernis der Statuierung eines Widerspruchsrechts des Leiharbeitnehmers, unter 3. Teil § 11 C.

Aus Arbeitnehmerschutzgesichtspunkten erfolgt nach einer Auffassung bei Abschluss eines Leiharbeitsvertrages ohne erforderliche Überlassungserlaubnis die Anwendung der Lehre vom faktischen (Leih-)Arbeitsvertrag bzw. fehlerhaften Arbeitsverhältnis.[384] Dies hat zur Folge, dass der unwirksam geschlossene Leiharbeitsvertrag für die Vergangenheit als wirksam behandelt wird,[385] jedoch für die Zukunft von jeder Partei durch einfache Erklärung gegenüber der anderen Partei wirksam beendet werden kann. Der Leiharbeitsvertrag ist bei fehlender Erlaubnis gem. § 9 Nr. 1 AÜG unwirksam ab dem Zeitpunkt, in dem eine Erlaubnis nicht (mehr) vorliegt.[386] Es bedarf dieser Auffassung nach keiner Kündigung zur Beendigung des Leiharbeitsvertrages, denn der Leiharbeitsvertrag ist fehlerhaft. Es reicht zur wirksamen Beendigung der vertraglichen Verbindung zwischen Leiharbeitnehmer und dem Verleiher, dass eine Partei die Beendigung des Leiharbeitsvertrages form- und fristfrei erklärt.

Nach hier vertretener Ansicht ist die Annahme eines faktischen Arbeitsverhältnisses zum Schutz des Arbeitnehmers nicht notwendig, zumal schon § 9 Nr. 1 AÜG bestimmt, dass der Leiharbeitsvertrag bei fehlender Überlassungserlaubnis unwirksam ist und es daher einer einseitigen Beendigungserklärung nicht mehr bedarf.[387]

IV. Kündigung durch den Leiharbeitnehmer

Besteht ein wirksames Leiharbeitsverhältnis, kann der Leiharbeitnehmer dies durch Kündigung beenden. Die Rechtswirksamkeit der Kündigung des Leiharbeitnehmers unterliegt den üblichen Anforderungen der §§ 620 ff. BGB. Da die Kündigung eine einseitige empfangsbedürftige Willenserklärung ist,[388] bedarf es zu ihrer Wirksamkeit des Zugangs beim Empfänger, § 130 BGB.[389] Einziger Empfänger ist im Rahmen der Kündigung eines Leiharbeitnehmers der Verleiher als Arbeitgeber und Vertragspartei des zu kündigenden Leiharbeitsvertrags.

Der Zugang der Kündigung des Leiharbeitsvertrags beim Entleiher führt nicht zur Wirksamkeit der Kündigung, da der Entleiher zum einen nicht Vertragspartei des Leiharbeitsvertrags, und zudem nicht Stellvertreter oder Erfüllungsgehilfe i. S. d. § 278 BGB des Verleihers[390] ist und daher schon nicht empfangsberechtigt oder empfangszuständig sein dürfte.

Eine arbeitnehmerüberlassungsspezifische Besonderheit ergibt sich dahingehend, dass der Leiharbeitnehmer nicht nur bei Pflichtverletzungen des Verleihers, sondern auch bei Pflichtverletzungen des Entleihers das Arbeitsverhältnis zum Verleiher zu kündigen berechtigt ist. Dies gilt zum Beispiel bei der Verletzung der

---

384 So *Ulber/Ulber*, § 9 AÜG Rn. 25 ff.
385 Schüren/*Hamann*, § 1 AÜG Rn. 52.
386 Schüren/*Schüren*, § 10 AÜG Rn. 144 ff.
387 Siehe dazu 3. Teil.
388 KSchG/*Krause*, § 1 Rn. 145.
389 *Brox/Rüthers/Henssler*, Arbeitsrecht Rn. 431; *Becker-Schaffner*, BB 1998, 422.
390 Siehe dazu 2. Teil § 8.

auch den Entleiher treffenden Fürsorgepflicht gegenüber dem Leiharbeitnehmer. Verletzt der Entleiher diese ihn gegenüber dem Leiharbeitnehmer treffende Fürsorgepflicht, berechtigt dies den Leiharbeitnehmer zur außerordentlichen Kündigung seines Leiharbeitsverhältnisses zum Verleiher.[391]

E. Zwischenergebnis

Der Leiharbeitsvertrag ist ein Arbeitsvertrag i. S. d. §§ 611 ff. BGB mit arbeitnehmerüberlassungsspezifischen Besonderheiten. Der Leiharbeitnehmer ist ausschließlich Arbeitnehmer des Verleihers. Leiharbeitnehmer und Verleiher sind durch den Leiharbeitsvertrag rechtlich einander verpflichtet und berechtigt.

Nur der vertragliche Arbeitgeber des Leiharbeitnehmers kann Verleiher sein. Dies schließt aus, dass auch der Entleiher gleichzeitig Arbeitgeber oder auch Verleiher i. S. d. AÜG ist. Dies ist insbesondere ausgeschlossen, weil der Entleiher, könnte er auch gleichzeitig Verleiher sein, die dem Verleiher zugewiesenen typischen Arbeitgeberpflichten und -rechte nicht wahrnehmen könnte. Darüber hinaus wäre der Entleiher risikofrei, denn er würde das finanzielle Risiko eines Ausfalls des Leiharbeitnehmers nicht tragen müssen.

Aus dem Leiharbeitsvertrag trifft den Leiharbeitnehmer die Pflicht zur Erbringung der geschuldeten Arbeitsleistung im Betrieb des Entleihers. Der Verleiher hat den Leiharbeitnehmer zu vergüten. Die Höhe der Vergütung und die übrigen dem Leiharbeitnehmer zu gewährenden wesentlichen Arbeitsbedingungen richten sich in der Zeit der Überlassung gem. § 10 Abs. 4 AÜG nach der eines vergleichbaren Arbeitnehmers des Entleihers (*Equal-Pay und Equal-Treatment*). Grundsätzlich trifft den Verleiher auch eine Beschäftigungspflicht des Leiharbeitnehmers, die aber nicht äquivalent zu der im normalen Arbeitsverhältnis bestehenden Beschäftigungspflicht ist. Da die Arbeitnehmerüberlassung auch geprägt ist durch einsatzfreie Zeiten des Leiharbeitnehmers, besteht keine durchgehende Beschäftigungspflicht. Trotzdem ist der Verleiher dazu gehalten, den Leiharbeitnehmer während der einsatzfreien Zeit durch Fortbildungen zu beschäftigen. Als besondere Nebenpflicht aus dem Leiharbeitsverhältnis trifft den Verleiher gegenüber dem Leiharbeitnehmer gem. §§ 11 Abs. 3 S. 1 AÜG i. V. m. dem Leiharbeitsvertrag eine Unterrichtungspflicht hinsichtlich des Bestehens bzw. des Wegfalls der Überlassungserlaubnis. Leiharbeitnehmer und Verleiher treffen gegenseitige Fürsorge- und Rücksichtnahmepflichten aus § 241 Abs. 2 BGB. Nach § 11 AÜG sind die wesentlichen Bedingungen des Leiharbeitsverhältnisses im Arbeitsvertrag schriftlich oder in gesonderter Niederschrift nachzuweisen. Der Leiharbeitnehmer muss Auskunft darüber geben, mit welchen Arbeitgebern er in den letzten sechs Monaten vor Abschluss des Leiharbeitsverhältnisses ein Arbeitsverhältnis unterhalten hat. Im Leiharbeitsvertrag sind zudem die beruflichen Qualifikationen des Leiharbeitnehmers festzuhalten und das Recht zur Überlassung des Leiharbeitnehmers an einen gegebenenfalls noch zu bestimmenden Dritten zu vereinbaren.

---

391 *Hueck/Nipperdey*, Arbeitsrecht, S. 526.

Der Erfüllungsort kann je nach Beschäftigungsort beim Entleiher variieren. Der Leiharbeitnehmer genießt ebenso wie der „normale" Arbeitnehmer den durch die arbeitsrechtlichen Schutzgesetze wie das KSchG, MuSchG oder das SGB IX gewährten Schutz. Der Leiharbeitsvertrag kann nach den Voraussetzungen der §§ 14 ff. TzBfG auch befristet geschlossen werden.

Hinsichtlich der Kündigung des Leiharbeitnehmers treffen den Verleiher als Arbeitgeber dieselben Erfordernisse hinsichtlich Kündigungsgrund, sozialer Rechtfertigung und Weiterbeschäftigungsmöglichkeit wie bei normalen Arbeitsverhältnissen i. S. d. §§ 611 ff. BGB, wobei hinsichtlich der Weiterbeschäftigungsmöglichkeit nur auf das Unternehmen des Verleihers, nicht auf den des Entleihers, abzustellen ist. Da nur der Verleiher Arbeitgeber und Vertragspartner des Leiharbeitsverhältnisses ist, ist nur dieser zur Abmahnung oder Ausspruch einer Kündigung berechtigt und entsprechend hinsichtlich der kündigungsrelevanten Tatsachen darlegungs- und beweisbelastet.

Die aus der Arbeitnehmerüberlassung resultierenden Besonderheiten ergeben sich bei der Beendigung des Leiharbeitsverhältnisses dahingehend, dass die zu einer Kündigung des Leiharbeitnehmers führenden Pflichtverletzungen auch im Betrieb des Entleihers stattfinden können. Der Verleiher hat diesbezüglich gegenüber dem Entleiher einen Anspruch auf Auskunft über das Verhalten des Leiharbeitnehmers während der Dauer der Überlassung. Hinsichtlich der personenbedingten Kündigung aufgrund (krankheitsbedingter) Fehlzeiten ist sowohl die Beeinträchtigung des Verleihers als auch des Entleiherbetriebs einzubeziehen. Da nur der Verleiher Arbeitgeber des Leiharbeitnehmers ist, ist die Kündigung des Leiharbeitnehmers auch nur dann wirksam, wenn sie beim Verleiher zugegangen ist. Ein Zugang der Kündigung beim Entleiher führt daher nicht bei Vorliegen der übrigen Voraussetzungen zu einer rechtswirksamen Kündigung.

Neben der Beendigung durch Kündigung kann das Leiharbeitsverhältnis auch durch Gesetz ohne Wissen und Willen der betroffenen Parteien nach § 9 Nr. 1 AÜG im Fall der Durchführung einer Arbeitnehmerüberlassung ohne die nach erforderliche § 1 AÜG Überlassungserlaubnis beendet werden.

§ 7 Arbeitnehmerüberlassungsvertrag

Neben dem Vertragsverhältnis zwischen Leiharbeitnehmer und Verleiher sind im Rahmen der Arbeitnehmerüberlassung auch Verleiher und Entleiher durch den Arbeitnehmerüberlassungsvertrag vertraglich gebunden. Der Arbeitnehmerüberlassungsvertrag berechtigt und verpflichtet Verleiher und Entleiher. In weiten Teilen fehlt es im AÜG an Regelungen zum Arbeitnehmerüberlassungsvertrag. Eine den Vertragstypenregelungen im BGB entsprechende Regelung besteht im AÜG nicht. Lediglich aus den Regelungen der § 1 und § 12 AÜG lässt sich partiell der Inhalt des Arbeitnehmerüberlassungsvertrags erschließen. § 12 AÜG enthält ein Schriftformerfordernis und Hinweispflichten des Verleihers und des Entleihers zur Erlaubnis, den besonderen Merkmalen der Tätigkeit des Leiharbeitnehmers und entsprechend erforderliche berufliche Qualifikationen sowie hinsichtlich der wesentlichen

Arbeitsbedingungen einschließlich des Arbeitsentgelts für einen vergleichbaren Arbeitnehmer des Entleihers. Das in § 12 AÜG normierte Schriftformerfordernis umfasst alle Haupt- und Nebenabreden, Rahmen- und Vorverträge, Änderungs- und Verlängerungsverträge bzgl. des Arbeitnehmerüberlassungsvertrags.[392]

Darüber hinausgehende wesentliche Rechte und Pflichten der Vertragsparteien enthält das Gesetz nicht. Diese für den Verleiher und den Entleiher aus dem Arbeitnehmerüberlassungsvertrag resultierenden wesentlichen Rechte und Pflichten wurden durch Rechtsprechung und Schrifttum konkretisiert, ohne aber die Rechtsnatur des Arbeitnehmerüberlassungsvertrags zu bestimmen. Daher ist es beim Arbeitnehmerüberlassungsvertrag erforderlich, in einem ersten Schritt die von Rechtsprechung und Schrifttum konkretisierten wesentlichen Rechte und Pflichten aus dem Arbeitnehmerüberlassungsvertrag zu analysieren, um die daraus gewonnen Erkenntnisse zur vertragstypologischen Einordnung des Arbeitnehmerüberlassungsvertrags zu nutzen.

A. Inhalt des Arbeitnehmerüberlassungsvertrags

Inhalt des Arbeitnehmerüberlassungsvertrages ist gem. § 1 Abs. 1 AÜG die Verpflichtung des Verleihers, während der gesamten Dauer des Vertrages dem Entleiher vorübergehend die Arbeitsleistung eines geeigneten Arbeitnehmers oder konkreten Arbeitnehmers zu überlassen.[393] Der Entleiher soll also durch den Arbeitnehmerüberlassungsvertrag die Befugnis des Verleihers erhalten, über einen Leiharbeitnehmer wie ein Arbeitgeber verfügen zu können, ohne in die Rechtsposition eines vertraglichen Arbeitgebers des Leiharbeitnehmers zu rücken.

I. Wesentliche Pflichten des Verleihers

Hauptpflicht des Verleihers aus dem Arbeitnehmerüberlassungsvertrag mit dem Entleiher ist die Überlassung eines Leiharbeitnehmers, damit dieser im Betrieb des Entleihers wie ein Arbeitnehmer des Entleihers beschäftigt werden kann. Dies ergibt sich aus § 1 Abs. 1 AÜG.

Sicher ist, dass der Verleiher grundsätzlich nur die Zurverfügungstellung eines seiner Arbeitnehmer schuldet, nicht hingegen die Tätigkeit des Leiharbeitnehmers als solche. Denn der Verleiher schuldet nicht die Arbeitsleistung, sondern lediglich die Überlassung des Leiharbeitnehmers zur Arbeitsleistung.[394] Der Verleiher wird demnach grundsätzlich seine vertraglich geschuldete Hauptpflicht erfüllt haben,

392 Urban-Crell/Germakowski/*Germakowski*, § 12 AÜG Rn. 3.

393 BAG Urteil v. 20.06.2013 -2 AZR 271/12, NZA 2013, 837; Münchener Handbuch ArbR/*Schüren*, § 318 Rn. 26.

394 *Walker*, AcP 194 (1994), 297, 298; *Reiserer*, DB 2013, 2026, 2027; *Boemke/Lembke*, § 12 AÜG Rn. 39; BAG Urteil v. 20.06.2013 -2 AZR 271/12, NZA 2013, 837 Rn. 21; Urteil v. 03.12.1997 -7 AZR 764/96, BAGE 87, 186 = DB 1998, 1520; Urteil v. 31.03.1993 -7 AZR 338/92, AP Nr. 2 zu § 9 AÜG; *Becker*, NJW 1976, 1827.

wenn er entsprechend der Vereinbarung im Arbeitnehmerüberlassungsvertrag einen Arbeitnehmer dem Entleiher zur Beschäftigung während der gesamten Dauer des Vertrags überlässt. Dabei stellt sich die Frage, welchen Umfang diese geschuldete Überlassung des Verleihers hat.

1. Umfang der Hauptpflicht des Verleihers

Die Hauptpflicht des Verleihers aus dem Arbeitnehmerüberlassungsvertrag ergibt sich grundsätzlich aus § 1 Abs. 1 AÜG und dem Inhalt und Wortlaut des Arbeitnehmerüberlassungsvertrags. Der Verleiher hat dem Entleiher einen Arbeitnehmer zu *überlassen.* Diese Überlassung kann nur durch den Arbeitgeber des zu überlassenden Arbeitnehmers, also nur durch den Verleiher erfolgen. Der Verleiher selbst ist nicht verpflichtet eine eigene Arbeitsleistung zu erbringen.[395] Die Pflicht zur Überlassung besteht während der gesamten Dauer des Arbeitnehmerüberlassungsvertrags.[396]

Es fehlt jedoch an einer inhaltlichen Präzisierung dieser Pflicht dahingehend, wen der Verleiher überlassen muss und was die Überlassung beinhaltet. Der Umfang der Pflicht des Verleihers zur Überlassung eines Arbeitnehmers ist daher in personeller und in sachlicher Hinsicht[397] zu klären.

2. Überlassung eines qualifizierten Leiharbeitnehmers – personeller Umfang

Hinsichtlich des personellen Umfangs der Überlassungspflicht stellt sich die Frage, ob der Verleiher einen beliebigen, in seinem Ermessen stehenden, Leiharbeitnehmer dem Entleiher überlassen kann oder ob dem Entleiher gar ein Wahlrecht hinsichtlich (der Person) des zu überlassenden Leiharbeitnehmers zukommt.

Auf der Hand liegt, dass der Verleiher dafür Sorge tragen muss, dass der von ihm überlassene Arbeitnehmer auch die für dessen Einsatz geforderte Tätigkeit beim Entleiher ausüben kann. Der Verleiher muss dem Entleiher also in jedem Fall einen für den vom Entleiher geplanten Arbeitseinsatz ausreichend qualifizierten Leiharbeitnehmer überlassen.[398] Dies verlangt auch der Sinn und Zweck der Vereinbarung eines Arbeitnehmerüberlassungsvertrags, der aus Entleihersicht nur erfüllt werden kann, wenn der Entleiher den Leiharbeitnehmer auch so einsetzen kann, dass dieser die vorgesehene Tätigkeit zu erledigen im Stande ist. In Literatur und Rechtsprechung herrscht daher Einigkeit, dass der Verleiher die Überlassung eines für die Tätigkeit beim Entleiher geeigneten Leiharbeitnehmers schuldet.[399] Verleiher und Entleiher halten daher im Arbeitnehmerüberlassungsvertrag die für

395 ErfK/*Wank,* AÜG Einl. Rn. 15.
396 *Ulber/Ulber,* § 12 AÜG Rn. 28.
397 Differenzierung zwischen persönlicher und sachlicher Leistungspflicht, *Boemke,* BB 2006, 997.
398 Thüsing/*Thüsing,* § 12 AÜG Rn. 23, 24.
399 Schüren/*Hamann,* § 1 AÜG, Rn. 77; OLG Köln Urteil v. 09.07.2002 -22 U 258/01, BeckRS 2009, 29252; BGH Urteil v. 09.03.1971 -VI ZR 138/69, AP Nr. 1 zu § 611 BGB Leiharbeitsverhältnis.

den Leiharbeitnehmer notwendigen und erforderlichen Qualifikationen und Voraussetzungen fest.[400]

Nach ganz überwiegend vertretener, überzeugender Ansicht in der Literatur handelt es sich bei der Verpflichtung zur Arbeitnehmerüberlassung um eine Gattungsschuld, die während der gesamten vereinbarten Überlassungszeit andauert.[401] § 243 BGB ist auch auf die Arbeitnehmerüberlassung anwendbar.[402] Die Auswahl des einzusetzenden Leiharbeitnehmers verbleibt üblicherweise beim Verleiher. Möglich ist aber auch, die Überlassung eines bestimmten Leiharbeitnehmers im Arbeitnehmerüberlassungsvertrag zu vereinbaren, infolgedessen eine Stückschuld vorliegt.[403] Der Verleiher schuldet daher die Überlassung eines Arbeitnehmers mittlerer Art und Güte, also die Überlassung eines Arbeitnehmers, der die im Arbeitnehmerüberlassungsvertrag erforderlichen Fähigkeiten und Qualifikationen besitzt. Der Leiharbeitnehmer muss hinsichtlich seiner beruflichen und fachlichen Qualifikation dem Durchschnitt entsprechen, den ein Arbeitnehmer dieser Berufsgruppe normalerweise aufzuweisen hat. Der Verleiher hat also einen Leiharbeitnehmer, dessen Qualifikationen mittlerer Art und Güte i. S. d. § 243 Abs. 1 BGB entsprechen, zu überlassen.[404]

Verfügt der Verleiher zum Zeitpunkt des Vertragsschlusses mit dem Entleiher nicht über einen entsprechend qualifizierten Arbeitnehmer, muss er bis zum Einsatzbeginn dafür Sorge tragen, dass er einen für die Tätigkeit beim Entleiher geeigneten Arbeitnehmer einstellen kann. Den Verleiher trifft insoweit und während der gesamten Dauer des Arbeitnehmerüberlassungsvertrags ein Beschaffungsrisiko, insofern nicht ein bestimmter Arbeitnehmer überlassen werden soll.[405]

Die vom Verleiher geschuldete Leistung aus dem Arbeitnehmerüberlassungsvertrag kann sich auch durch vertragliche Abrede zu einer Stückschuld i. S. d. § 243 Abs. 2 BGB konkretisieren, wenn Verleiher und Entleiher die Überlassung eines konkreten, namentlich benannten Leiharbeitnehmers vereinbart haben. Den

---

400 Moll/*Christ*, § 66 Arbeitnehmerüberlassung Rn. 98.

401 Schüren/*Schüren*, AÜG Einl. Rn. 314; BeckOK-Arbeitsrecht/*Motz*, § 12 AÜG Rn. 15; ErfK/*Wank*, § 12 AÜG Rn. 6; Thüsing/*Thüsing*, § 12 AÜG Rn. 23; *Ulber/Ulber*, § 12 AÜG Rn. 26; *Hamann*, Jura 2003, 361, 362; Kasseler Handb./*Düwell*, 4.5 Rn. 424.

402 BAG Urteil v. 20.06.2013 -2 AZR 271/12, NZA 2013, 837 Rn. 21; Schüren/*Schüren*, AÜG Einl. Rn. 320; Thüsing/*Thüsing*, § 12 AÜG Rn. 23; *Ulber/Ulber*, § 12 AÜG Rn. 26.

403 BeckOK-Arbeitsrecht/*Motz*, § 12 AÜG Rn. 15; ErfK/*Wank*, § 12 AÜG Rn. 6; Thüsing/*Thüsing*, § 12 AÜG Rn. 23; AG Solingen Urteil v. 08.08.2000 -13 C 236/00, NZA-RR 2000, 579.

404 BAG Urteil v. 20.06.2013 -2 AZR 271/12, GWR 2013, 387; BeckOK-Arbeitsrecht/*Motz*, § 12 AÜG Rn. 15; Schüren/*Schüren*, AÜG Einl. Rn. 320; Thüsing/*Thüsing*, § 12 AÜG Rn. 23; *Boemke*, BB 2006, 997, 998; *Boemke/Lembke*, § 12 AÜG Rn. 36; *Fuhlrott/Fabritius*, NZA 2014, 122, 124; *Becker/Wulfgramm*, Art. 1 § 12 AÜG Rn. 21.

405 *Boemke/Lembke*, § 12 AÜG Rn. 36; Schüren/*Schüren*, AÜG Einl. Rn. 323; Thüsing/*Thüsing*, § 12 AÜG Rn. 26; *Ulber/Ulber*, § 12 AÜG Rn. 28.

Vertragsparteien steht es aber auch frei, die Überlassung eines bestimmten, namentlich bezeichneten Leiharbeitnehmers zu vereinbaren.[406]

3. Sachlicher Umfang der Überlassungspflicht

Während also Einigkeit hinsichtlich des personellen Umfangs der Leistungspflicht des Verleihers in Literatur und Rechtsprechung dahingehend herrscht, dass der Verleiher jedenfalls einen zur Arbeitsleistung qualifizierten Arbeitnehmer „mittlerer Art und Güte" überlassen muss, wird der sachliche Leistungsumfang, also welche Handlungen des Verleihers ein Überlassen umfassen, nicht einheitlich beurteilt. Diesbezüglich werden im Wesentlichen drei divergierende Ansichten zum Umfang der Pflicht des Verleihers zur Überlassung vertreten.

a. Lediglich Auswahl und zur Verfügung Stellung des Leiharbeitnehmers

Die vom Verleiher geschuldete Überlassung könnte zunächst lediglich beinhalten, dass der Verleiher einen zur Arbeitsleistung qualifizierten Leiharbeitnehmer auswählt und dem Entleiher zur Verfügung stellt.

aa. Inhalt

Der Verleiher hätte demnach seine Pflicht aus dem Arbeitnehmerüberlassungsvertrag dann erfüllt, wenn er einen entsprechend qualifizierten Leiharbeitnehmer auswählt und dem Entleiher zur Arbeitsleistung „bereitstellt" und er dem Entleiher jedenfalls Teile des Arbeitgeberweisungsrechts nach § 106 GewO überträgt.[407] Der Verleiher haftet nach herrschender Meinung dann nur für Verschulden bei der Auswahl der verliehenen Arbeitnehmer.[408] Den Arbeitsantritt und die tatsächliche Arbeitsleistung des Leiharbeitnehmers würde der Verleiher folglich nicht schulden.

Diese Auffassung lehnt sich an die aus § 831 BGB bekannten Grundsätze an. Auch im Rahmen des § 831 BGB trifft den Geschäftsherrn hinsichtlich des zur Verfügung

---

406 *Ulber/Ulber*, § 12 AÜG Rn. 26.

407 BAG Urteil v. 06.08.2003 -7 AZR 180/03, NJOZ 2004, 3635; Beschluss v. 5.5.1992 -1 ABR 78/91, AP Nr. 97 zu § 99 BetrVG 1972; LAG Hamm Urteil v. 25.07.2013 -3 Sa 1749/12, BeckRS 2013, 72125; BeckOK-Arbeitsrecht/*Kock*, § 1 AÜG Rn. 6- ohne Übertragung des Arbeitgeberweisungsrechts; *Reiserer*, DB 2013, 2026, 2027; *Boemke/Lembke*, § 12 AÜG Rn. 36 hält noch für erforderlich, dass es sich um einen arbeitsbereiten Arbeitnehme, der die vorgesehene Tätigkeit auch ausüben will handeln muss. Dies geht jedoch nach hiesiger Ansicht über die Anforderungen der Rechtsprechung und Teilen der Literatur hinaus, die die Auswahl und Zurverfügungstellung als Pflicht des Verleihers ansehen.

408 BAG Urteil v. 05.05.1992 -1 ABR 78/91, NZA 1992, 1044, 1045; Moll/*Christ*, § 66 Arbeitnehmerüberlassung, Rn. 99; *Reiserer*, DB 2013, 2026, 2027; *Engbers*, NZBau 2011, 199, 200; *Lorenz*, JuS 2007, 983; BeckOK-Arbeitsrecht/*Kock*, § 1 AÜG Rn. 6.

gestellten Verrichtungsgehilfen ein Auswahlverschulden.[409] Der Geschäftsherr muss im Rahmen des § 831 BGB dafür Sorge tragen, dass der Gehilfe die Fähigkeit, Eignung und Zuverlässigkeit für die geschuldete Tätigkeit besitzt.[410]

Bei entsprechender Anwendung dieser Grundsätze umfasst die Pflicht des Verleihers aus dem Arbeitnehmerüberlassungsvertrag die Auswahl und Zurverfügungstellung eines für die beim Entleiher geschuldete Tätigkeit geeigneten Leiharbeitnehmers.[411] Nicht umfasst von der Pflicht des Verleihers ist aber, und da unterscheidet sich die Pflicht des Verleihers von den Grundsätzen des § 831 BGB, die Überwachung des Leiharbeitnehmers während der Dauer der Überlassung. Die Überwachung des Leiharbeitnehmers übernimmt während der Dauer der Überlassung der Entleiher, da dieser vom Verleiher im Rahmen des Arbeitnehmerüberlassungsvertrags das Arbeitgeberweisungsrecht nach § 106 GewO übertragen muss. Bei § 831 BGB würde den Geschäftsherrn hingegen die Überwachungspflicht hinsichtlich des Verrichtungsgehilfen treffen.

bb. Stellungnahme

Die herrschende Meinung verlagert das Risiko einer fehlenden Arbeitsaufnahme des Leiharbeitnehmers und dessen gegebenenfalls vorliegende Nichtleistung vom eigentlichen Arbeitgeber, dem Verleiher, auf den Entleiher. Würde die Pflicht des Verleiher so weit reduziert werden, dass der Verleiher bereits dann seine Pflicht aus dem Arbeitnehmerüberlassungsvertrag streng genommen erfüllt, wenn er einen Arbeitnehmer aussucht und bereitstellt und daher die tatsächliche Arbeitsaufnahme des Arbeitnehmers beim Entleiher nicht mehr geschuldet ist, würde dies dem Entleiher das Risiko, das er eigentlich dem Verleiher vergütet, nämlich der Ausfall des Leiharbeitnehmers, anlasten.

Beispiel: Die Ansicht der herrschenden Meinung hat zur Folge, dass der Verleiher A seine Pflicht aus dem Arbeitnehmerüberlassungsvertrag bereits dann erfüllt[412] hat, wenn er den Leiharbeitnehmer C als geeignet qualifizierten Leiharbeitnehmer für die Tätigkeit bei Entleiher MB ausgewählt, dem MB zur Verfügung gestellt und jedenfalls einen Teil seines Arbeitgeberweisungsrechts nach § 106 GewO übertragen hat. Auf die tatsächliche Tätigkeitsaufnahme, eine erbrachte Arbeitsleistung und die Mangelfreiheit der erbrachten Leistung des C kommt es danach für die Erfüllung der Pflicht des A aus dem

409 Staudinger/*Belling*, § 831 BGB Rn. 167; Palandt/*Sprau*, § 831 BGB Rn. 12.

410 BGH Urteil v. 08.10.2002 -VI ZR 182/01, NZV 2003, 27, 28; Palandt/*Sprau*, § 831 BGB Rn. 12.

411 Kreikebohm/*Berchthold*, § 7 SGB IV, Rn. 49; BAG Urteil v. 06.08.2003 -7 AZR 180/03, BB 2004, 669.

412 Nicht jedoch i. S. d. § 362 BGB, da der Arbeitnehmerüberlassungsvertrag ein Dauerschuldverhältnis ist und daher die Pflicht des Verleihers während des gesamten Dauer des Vertrags besteht.

Arbeitnehmerüberlassungsvertrag nicht an, denn den A trifft zwar ein Auswahlverschulden, jedoch keine Überwachungspflicht. MB trägt das wirtschaftliche Risiko, dass A in seinem Betrieb keine Arbeitsleistung erbringt.

Außerdem würde die Reduzierung der Pflicht des Verleihers auf die Auswahl und Bereitstellung eines qualifizierten Leiharbeitnehmers dem Sinn und Zweck der Vereinbarung der Arbeitnehmerüberlassung insbesondere aus Sicht des Entleihers nicht gerecht, denn der Entleiher beabsichtigt, mit der Vereinbarung der Arbeitnehmerüberlassung zum Beispiel Auftragsspitzen in seinem Unternehmen abzudecken. Schuldet der Verleiher aber nicht die tatsächliche Tätigkeitsaufnahme des Leiharbeitnehmers, kann der Entleiher nicht mit dem sicheren Einsatz einer fremden Arbeitskraft rechnen und planen. Sicherlich mag der vollständige Ausfall inklusive eines fehlenden Arbeitsantritts des Leiharbeitnehmers ein Ausnahmefall sein. Gleichwohl fruchtet die Kritik an der Auffassung der Rechtsprechung und Literatur hinsichtlich des sachlichen Umfangs der Überlassungspflicht. Der Entleiher bezweckt im Rahmen der Arbeitnehmerüberlassung gerade nicht das Risiko des Arbeitsausfalls des Arbeitnehmers, also das Betriebsrisiko[413] zu tragen.

Beispiel: Vereinbaren Entleiher MB und Verleiher A als Dauer der Arbeitnehmerüberlassung einen Zeitraum von sechs Monaten damit MB in dieser Zeit saisonale Auftragsspitzen durch den Einsatz des Leiharbeitnehmers C abdecken kann und tritt C die Tätigkeit nicht an, zum Beispiel wegen Eigenkündigung oder erkrankt vor Arbeitsantritt, hätte dies zur Folge, dass der A den C als geeigneten Arbeitnehmer ausgewählt und bereitgestellt hat, der A demnach seine Pflicht aus dem Arbeitnehmerüberlassungsvertrag erbracht hat und von MB entsprechend Überlassungsvergütung fordern kann, obwohl C seine Tätigkeit bei MB nicht antritt.

Nach dem von der Rechtsprechung und Teilen der Literatur angenommenen Umfang der Überlassungspflicht, die streng genommen eine „Nachbesetzung“ des Platzes des C nicht umfasst, würde dies dazu führen, dass MB die Überlassungsvergütung in voller Höhe an A leisten müsste und gleichzeitig den Beschäftigungsplatz des C durch einen anderen (Leih-)Arbeitnehmer besetzen müsste. Wäre dieser weitere Leiharbeitnehmer auch noch Arbeitnehmer des A, würde A bei dann folgender Überlassung des weiteren Leiharbeitnehmers eine doppelte Überlassungsvergütung des B beanspruchen können. Eine solche Annahme ist schon aus Billigkeitsgesichtspunkten nicht vertretbar.

---

413 Zum Betriebsrisiko vgl. *Bletz*, JR 1985, 228 ff.

b. Auch Antritt zur Erbringung der Arbeitsleistung (Angebot i. S. d. § 293 BGB)

Um das aufgezeigte Risiko für eine fehlende Arbeitsaufnahme bzw. einen Tätigkeitsausfall des Leiharbeitnehmers dort zu verorten, wo es auch beeinflusst und gegebenenfalls sanktioniert werden kann, nämlich durch den Verleiher, muss die Pflicht des Verleihers neben der Auswahl und Zurverfügungstellung eines qualifizierten Leiharbeitnehmers auf die tatsächliche Arbeitserbringung i. S. e. Angebots nach §§ 293 ff. BGB beim Entleiher erweitert werden.[414]

Ob die Pflicht des Verleihers dahingehend erweitert werden kann, dass der Verleiher nicht nur die Personalbeschaffung und -bereitstellung, sondern oder auch die tatsächliche Arbeitsaufnahme des geliehenen Arbeitnehmers schuldet, ist durch Auslegung der Regelungen des AÜG zu bestimmen.

aa. Auslegung nach Wortlaut des § 1 Abs. 1 S. 1 AÜG

Der Wortlaut des § 1 Abs. 1 S. 1 AÜG, der die Pflicht des Verleihers zur Überlassung enthält, gibt mittelbar Anlass dazu, die von der Rechtsprechung und Teilen der Literatur gesetzten Anforderungen für den Umfang der Leistungspflicht des Verleihers über die ordnungsgemäße Auswahl und Zurverfügungstellung eines qualifizierten Leiharbeitnehmers auf die tatsächliche Arbeitsaufnahme des Leiharbeitnehmers zu erweitern.

Überlassen bedeutet „etwas zur Verfügung stellen, jemanden etwas nach dessen eigenem Urteil tun, entscheiden lassen, sich selbst dabei nicht einmischen".[415] Übertragen auf die Arbeitnehmerüberlassung könnte unter Berücksichtigung der beiden letztgenannten Synonyme bedeuten, dass der Verleiher den Leiharbeitnehmer dem Entleiher bereitstellt und dann der Entleiher darüber entscheiden kann, wie die Beschäftigung des Leiharbeitnehmers gestaltet wird. Demnach wäre der Rechtsprechung und Teilen der Literatur beizupflichten, die den jeweiligen Arbeitsantritt des Leiharbeitnehmers nicht von der Pflicht des Verleihers umfasst sehen.

Für eine Ausweitung der Pflicht des Verleihers auf den jeweiligen Arbeitsantritt des Leiharbeitnehmers spricht jedoch der nachfolgende Gedanke. Etwas „zur Verfügung" ist nur dann gestellt, wenn der andere Teil auch tatsächlich über die Sache verfügen kann. Über etwas verfügen kann aber jemand nur, wenn er auch tatsächlich „Zugriff" auf die Sache hat. Einen Zugriff auf den Leiharbeitnehmer hat der Entleiher aber nur dann, wenn der Leiharbeitnehmer wenigstens zur Erbringung der geschuldeten Arbeitsleistung antritt und seine Arbeitsleistung anbietet. Diese

---

414 *Becker/Wulfgramm*, Art. 1 § 12 AÜG Rn. 22; *Trieschmann*, DB 1956, Beilage Nr. 16 unter III. 1. c); *Konzen*, ZfA 1982, 259, 280; vgl. auch *Boemke/Lembke*, § 12 AÜG Rn. 36, der die Zurverfügungstellung eines arbeitsbereiten und geeigneten Arbeitnehmers, der die vorgesehene Tätigkeit auch ausüben kann und will, als Pflicht des Verleihers aus dem Arbeitnehmerüberlassungsvertrag sieht.

415 http://www.duden.de/rechtschreibung/ueberlassen_verzichten_geben_freistellen (zuletzt abgerufen am 21.11.2015).

erforderliche Zugriffsmöglichkeit auf den Arbeitnehmer ist auch nicht schon mit der Übertragung des Arbeitgeberweisungsrechts nach § 106 GewO abgeschlossen, sodass es Sache des Entleihers ist, ob der Leiharbeitnehmer auch tatsächlich zur Arbeit antritt. Denn der Entleiher bekommt vom Verleiher nur Teile des Arbeitgeberweisungsrechts nach § 106 GewO übertragen; andere Arbeitgeberrechte, wie das Recht zu Abmahnung und Kündigung oder das Recht zum Austausch des Arbeitnehmers im Falle der Vereinbarung einer nicht individualisierten Überlassung, bleiben dem Verleiher als Vertragsarbeitgeber erhalten. Daher führt das dem Entleiher übertragene Arbeitgeberweisungsrecht lediglich dazu, dass der Entleiher Arbeitsort und Arbeitszeit und Tätigkeit des Leiharbeitnehmers bestimmen kann,[416] nicht hingegen, dass dem Entleiher alle vertragsarbeitgeberliche Befugnisse zukommen.

Der Entleiher hat auch keine rechtliche Handhabe, den Leiharbeitnehmer zur Arbeitsaufnahme zu bewegen. So kann der Entleiher selbst, wie dargestellt, keine Abmahnung gegenüber dem Leiharbeitnehmer aussprechen noch sonst sanktionierende Maßnahmen gegenüber dem nicht angetretenen Leiharbeitnehmer ergreifen. Übrig bliebe für den Entleiher nur der Verweis auf den Zurückbehalt der geschuldeten Vergütung und gegebenenfalls die Geltendmachung von Schadensersatzforderungen gegen den Verleiher wegen des Nichtantritts des Leiharbeitnehmers.

Ein Synonym für „überlassen“ bestätigt die dargestellte Analyse des Wortlauts. Für „überlassen“ wird „abgeben, übergeben“ als Synonym für die Überlassung geführt.[417] Eine „Abgabe“ oder „Übergabe“ beinhaltet auch den tatsächlichen Erhalt oder jedenfalls im Hinblick auf einen Annahmeverzug nach §§ 293 ff. BGB die Möglichkeit des Erhalts der Sache. Der Entleiher muss also die Möglichkeit bekommen, die Sache, die geschuldete Arbeitskraft des Leiharbeitnehmers, tatsächlich zu erhalten. Diese Möglichkeit erhält der Entleiher aber erst, wenn der Leiharbeitnehmer auch tatsächlich zur Arbeit antritt und nicht schon, wenn der Verleiher den Leiharbeitnehmer bloß „bereitstellt“.

Der Wortlaut des § 1 Abs. 1 S. 1. AÜG spricht eher dafür, dass der Verleiher im Rahmen des Arbeitnehmerüberlassungsvertrags neben der Auswahl und Bereitstellung eines qualifizierten Leiharbeitnehmers auch den Arbeitsantritt des Leiharbeitnehmers schuldet.

bb. Historische Auslegung

Die Betrachtung der Historie[418] trägt nicht zur Klärung des Umfangs der Überlassungspflicht des Verleihers bei.

---

416 Siehe zum Arbeitgeberweisungsrecht 1. Teil § 4 II. 2. c. aa. (1.).

417 http://www.duden.de/rechtschreibung/ueberlassen_verzichten_geben_freistellen (zuletzt abgerufen am 21.11.2015).

418 Siehe zur Historie des Arbeitnehmerüberlassungsgesetzes auch Thüsing/*Thüsing*, AÜG Einf. Rn. 26 ff.

Die heutige Form der Arbeitnehmerüberlassung entwickelte sich aufgrund der Entscheidung des Bundesverfassungsgerichts vom April 1967,[419] in der das Bundesverfassungsgericht die Unvereinbarkeit des Verbots der gewerbsmäßigen Arbeitnehmerüberlassung mit dem Grundrecht auf freie Berufswahl feststellte. Der Gesetzgeber erhielt den Auftrag, die Arbeitnehmerüberlassung sozialverträglich zu regeln. Am 12.10.1972 trat das AÜG in Kraft.[420]

Auch § 1 Abs. 1 AÜG in der bis zum 01.12.2011,[421] also vor dessen Reformierung, geltenden Fassung, sah ein Überlassen des Verleihers als Pflicht im Rahmen der Arbeitnehmerüberlassung vor, ohne diese Pflicht des Verleihers weiter zu konkretisieren.

cc. Sinn und Zweck – Folgenbetrachtung und Risikoverteilung

Es bedarf daher der weiteren Auslegung nach Sinn und Zweck der Arbeitnehmerüberlassung, mithin insbesondere einer Folgenbetrachtung unter besonderer Berücksichtigung der der Arbeitnehmerüberlassung zugrunde liegenden Risikoverteilung.

(1.) Motive des Entleihers

Zur Analyse des Sinns und Zwecks der Arbeitnehmerüberlassung sind in einem ersten Schritt die Motive des Entleihers zur Durchführung des Fremdpersonaleinsatzes durch Arbeitnehmerüberlassung zu betrachten. Der Entleiher schließt einen Arbeitnehmerüberlassungsvertrag, damit ein Arbeitnehmer, der nicht seinem Betrieb angehört, dazu beiträgt, zum Beispiel vorübergehende Auftragsspitzen oder einen hohen Krankheitsstand im Betrieb des Entleihers abzudecken. Dem Entleiher

---

419 BVerfG Urteil v. 04.04.1967 -1 BvR 84/65, BVerfGE 21, 261.

420 In der Folge sollte die Arbeitnehmerüberlassung weiter flexibilisiert werden, was zur Folge hatte, dass schrittweise die Überlassungsdauer erhöht wurde, von zunächst drei Monaten auf letztlich keine feste Begrenzung mehr.

421 § 1 Abs. 1 AÜG in der bis zum 01.12.2011 geltenden Fassung lautete: „(1) Arbeitgeber, die als Verleiher Dritten (Entleihern) Arbeitnehmer (Leiharbeitnehmer) gewerbsmäßig zur Arbeitsleistung überlassen wollen, bedürfen der Erlaubnis. Die Abordnung von Arbeitnehmern zu einer zur Herstellung eines Werkes gebildeten Arbeitsgemeinschaft ist keine Arbeitnehmerüberlassung, wenn der Arbeitgeber Mitglied der Arbeitsgemeinschaft ist, für alle Mitglieder der Arbeitsgemeinschaft Tarifverträge desselben Wirtschaftszweiges gelten und alle Mitglieder auf Grund des Arbeitsgemeinschaftsvertrages zur selbständigen Erbringung von Vertragsleistungen verpflichtet sind. Für einen Arbeitgeber mit Geschäftssitz in einem anderen Mitgliedstaat des Europäischen Wirtschaftsraumes ist die Abordnung von Arbeitnehmern zu einer zur Herstellung eines Werkes gebildeten Arbeitsgemeinschaft auch dann keine Arbeitnehmerüberlassung, wenn für ihn deutsche Tarifverträge des selben Wirtschaftszweiges wie für die anderen Mitglieder der Arbeitsgemeinschaft nicht gelten, er aber die übrigen Voraussetzungen des Satzes 2 erfüllt."

geht es bei Abschluss des Arbeitnehmerüberlassungsvertrages also allein um die Nutzungsmöglichkeit der Arbeitskraft des Leiharbeitnehmers zu einem bestimmten Zeitpunkt. Diese Motivation des Entleihers zur Durchführung einer Arbeitnehmerüberlassung gilt freilich auch bei anderen Beweggründen des Entleihers zur Beschäftigung eines solchen Leiharbeitnehmers. Nicht selten werden finanzielle Spargründe und der dem Leiharbeitnehmer im Vergleich zu einem normalen Arbeitnehmer weniger zugesprochenen Schutz aus arbeitsrechtlicher Perspektive, mithin die unmittelbare Beendigungsmöglichkeit des Fremdpersonaleinsatzes ohne Schutzrechte des Betroffenen zu missachten, den Entleiher zur Durchführung einer Arbeitnehmerüberlassung zu bewegen. Der Entleiher muss also unter Berücksichtigung seiner Motivation zur Durchführung von Arbeitnehmerüberlassung einen Arbeitnehmer überlassen bekommen, der auch tatsächlich die Arbeit in seinem Betrieb antritt. Außerdem schließt der Entleiher einen Arbeitnehmerüberlassungsvertrag, damit ein nicht aus seinem Betrieb stammender Leiharbeitnehmer in seinem Betrieb tätig wird und dort Arbeitsleistung erbringt. Der Entleiher möchte durch die Praktizierung von Arbeitnehmerüberlassung die Festanstellung eines Arbeitnehmers gerade vermeiden, sei es um Personalkosten zu senken oder weil nur ein zeitlich begrenzter Beschäftigungsbedarf besteht.

Schuldet der Verleiher aber nicht die tatsächliche Tätigkeitsaufnahme, wird der Sinn und Zweck, den der Entleiher mit Abschluss eines Arbeitnehmerüberlassungsvertrags verfolgt, nicht erfüllt werden können. Denn nach Auswahl und Zurverfügungstellung des Leiharbeitnehmers würde der Verleiher als Arbeitgeber des Leiharbeitnehmers, der auch die Pflicht zur Entgeltfortzahlung nach dem EFZG trägt, im Hinblick auf die Erfüllung seiner Pflichten aus dem Arbeitnehmerüberlassungsvertrag keinerlei Risiko mehr tragen, da er seine vertraglichen Pflichten gegenüber dem Entleiher bereits erbracht hätte und mit der Leistung der vollen Überlassungsvergütung rechnen kann.

(2.) Ausfallrisiko

Würde der Verleiher lediglich die Auswahl und die Zurverfügungstellung des Leiharbeitnehmers und nicht den Arbeitsantritt des Leiharbeitnehmers schulden, hätte dies zur Folge, dass wenn der Leiharbeitnehmer beim Entleiher seinen Dienst nicht antritt, dies in den Risikobereich des Entleihers fallen würde. Der Entleiher wäre also trotz fehlender Erbringung der Arbeitsleistung durch den Leiharbeitnehmer zur vollen Vergütung aus dem Arbeitnehmerüberlassungsvertrag gegenüber dem Verleiher verpflichtet. Dieses Ausfallrisiko will der Entleiher im Rahmen der Arbeitnehmerüberlassung aber nicht tragen und leistet eine entsprechende Vergütung an den Verleiher.

Der Verleiher trägt bei Reduzierung seiner Pflicht auf die Auswahl und Bereitstellung eines geeigneten Arbeitnehmers ein geringeres Risiko, wie im Rahmen eines normalen Arbeitsverhältnisses i. S. d. §§ 611 ff. BGB. Im normalen Arbeitsverhältnis trägt der Arbeitgeber das Ausfallrisiko des Arbeitnehmers und ist zudem zur Entgeltfortzahlung nach dem Entgeltfortzahlungsgesetz verpflichtet. Würde der

Verleiher eine Arbeitsaufnahme des Leiharbeitnehmers nicht schulden, ist das Risiko des Verleihers als Arbeitgeber geringer, denn er würde auch bei Nichtantritt des Leiharbeitnehmers zur Erbringung der Arbeitsleistung beim Entleiher weiterhin die vom Entleiher geschuldete Vergütung erhalten, da er seine Leistungspflicht bereits mit der Auswahl und Zurverfügungstellung des Leiharbeitnehmers erfüllt hat. Eine solche Risikobelastung des Entleihers kann diesem im Rahmen der Arbeitnehmerüberlassung nicht zugemutet werden. Eine solche Risikobelastung macht zudem die Arbeitnehmerüberlassung insbesondere für den Entleiher wenig attraktiv. Das mag rechtspolitisch beabsichtigt sein, kann aber rechtlich nicht belegt werden. Der Entleiher vergütet vielmehr dem Verleiher das Personalbeschaffungsrisiko, das er selbst im Rahmen der Arbeitnehmerüberlassung gerade nicht tragen will.[422] Die Vergütungspflicht des Entleihers hat jedoch den Sinn und Zweck, diesen von dem Risiko des Arbeitsausfalls während des gesamten Einsatzes des Leiharbeitnehmers zu entlasten.[423] Dann müsste der Verleiher auch während der ganzen Dauer des Einsatzes des Leiharbeitnehmers beim Entleiher dafür Sorge tragen, dass dieser seine geschuldete Arbeitsleistung erbringt. Dieses Risiko vergütet der Entleiher dem Verleiher mit der Vergütungspflicht aus dem Arbeitnehmerüberlassungsvertrag. Dies unterscheidet die Überlassung von der Vermittlung.[424]

Diese Ausführungen führen demnach zu dem Ergebnis, die Pflicht des Verleihers aus dem Arbeitnehmerüberlassungsvertrag gegenüber dem Entleiher neben der Auswahl und Zurverfügungstellung eines ausreichend qualifizierten Arbeitnehmers auf den Arbeitsantritt des Leiharbeitnehmers auszudehnen.

(3.) Zurückbehaltungsrecht

Der Verleiher kann darüber hinaus nur schwerlich gegenüber dem Entleiher ein Zurückbehaltungsrecht nach § 320 BGB geltend machen, wenn seine Pflicht aus dem Arbeitnehmerüberlassungsvertrag ausschließlich darin besteht, den Leiharbeitnehmer auszuwählen und bereitzustellen. § 320 BGB statuiert ausdrücklich, dass der Schuldner die *geschuldete* Leistung verweigern kann, bis die ihm gebührende Leistung bewirkt ist. Hat der Verleiher einen Leiharbeitnehmer ausgewählt und bereitgestellt, hätte er bereits seine Pflicht aus dem Arbeitnehmerüberlassungsvertrag gegenüber dem Entleiher erfüllt. Zahlt nun der Entleiher im ersten und auch im zweiten Monat der Überlassung vertragsgemäß die Vergütung, jedoch im dritten Monat nicht, verbleiben dem Verleiher nur Sekundäransprüche. Er könnte zwar auch im Wege des ihm verbleibenden Arbeitgeberweisungsrechts den Leiharbeitnehmer anweisen, seine Arbeitsleistung nicht mehr beim Entleiher zu erbringen, gleichwohl kann er dies gegenüber dem Entleiher nicht im Wege des Zurückbehaltungsrechts nach § 320 BGB geltend machen, da der Verleiher nach der

422 Schüren/*Schüren*, AÜG Einl. Rn. 312 ff.
423 AG Solingen Urteil v. 08.08.2000 -13 C 236/00, NZA-RR 2000, 579.
424 Schüren/*Schüren*, AÜG Einl. Rn. 314.

Auffassung der Rechtsprechung und eines Teils der Literatur[425] keinen Arbeitsantritt des Leiharbeitnehmers schuldet. Gleichzeitig wäre auch das Zurückbehaltungsrecht des Entleihers beschnitten, wenn die Pflicht des Verleihers sich nicht auf den Arbeitsantritt des Leiharbeitnehmers erstreckt, denn die geschuldete Gegenleistung des Verleihers wäre schon durch die Auswahl und Bereitstellung eines ausreichend qualifizierten Leiharbeitnehmers erfolgt, sodass die Voraussetzungen eines Zurückbehaltungsrechts bei fehlendem Arbeitsantritt wegen der bereits bewirkten Gegenleistung des Verleihers nicht vorliegen.

Der Sinn und Zweck der Arbeitnehmerüberlassung bestätigt daher das Ergebnis der Wortlautanalyse des § 1 Abs. 1 S. 1 AÜG. Diese Annahme beruht insbesondere auf der Folgenbetrachtung bei Ausweitung des Umfangs der Verleiherpflicht auch auf einen geschuldeten Arbeitsantritt des Leiharbeitnehmers und die der Arbeitnehmerüberlassung zugrunde liegende Risikoverteilung. Damit ist festzuhalten, dass die Pflicht des Verleihers aus dem Arbeitnehmerüberlassungsvertrag sich neben der Auswahl und Bereitstellung eines ausreichend qualifizierten Leiharbeitnehmers auch auf den Arbeitsantritt des Leiharbeitnehmers im Betrieb des Entleihers erstreckt.

c. Mangelfreiheit der Arbeitsleistung des Leiharbeitnehmers

Darüber hinaus stellt sich die Frage, ob die Leistungspflicht des Verleihers auch die Pflicht zur Mangelfreiheit der vom Leiharbeitnehmer zu erbringenden Arbeitsleistung enthält. Im Rahmen von Werkverträgen trägt der Werkunternehmer gem. § 633 Abs. 1 BGB die Pflicht zu Erbringung einer mangelfreien Leistung. Dabei kann auch auf die Leistung seiner beschäftigten Arbeitnehmer abgestellt werden, denn diese sind im Rahmen von Werkverträgen zwischen Werkunternehmer und Werkbesteller grundsätzlich als Erfüllungsgehilfen i. S. d. § 278 BGB des Werkunternehmers tätig.[426]

Der Leiharbeitnehmer ist im Rahmen der Arbeitnehmerüberlassung aber kein Erfüllungsgehilfe des Verleihers i. S. d. § 278 BGB,[427] denn der Verleiher schuldet

---

425 BAG Urteil v. 06.08.2003 -7 AZR 180/03, NJOZ 2004, 3635; Beschluss v. 5.5.1992 -1 ABR 78/91, AP Nr. 97 zu § 99 BetrVG 1972; LAG Hamm Urteil v. 25.07.2013 -3 Sa 1749/12, BeckRS 2013, 72125; ErfK/*Wank*, AÜG Einl. Rn. 20; BeckOK-Arbeitsrecht/*Kock*, § 1 AÜG, Rn. 6; *Reiserer*, DB 2013, 2026, 2027; *Boemke/Lembke*, § 12 AÜG Rn. 36.

426 ErfK/*Preis*, § 611 BGB Rn. 16.

427 Schüren/*Hamann*, § 1 AÜG Rn. 313; Urban-Crell/Germakowski/*Bissels*, § 1 AÜG Rn. 24; *Boemke/Lembke*, § 12 AÜG Rn. 39; BAG Urteil v. 27.05.1983 -7 AZR 1210/79, EzAÜG § 611 BGB Haftung Nr. 7 unter III 2; ArbG Frankfurt aM Urteil v. 10.09.1993 -32 C 1825/93 – 48, NJW-RR 1994, 1014; BGH Urteil v. 09.03.1971 -VI ZR 138/69, NJW 1971, 1129; Urteil v. 13.06.1975 -VI ZR 247/73, NJW 1975, 1695, 1696; *Boemke*, Schuldvertrag S. 561, 562; Thüsing/*Thüsing*, § 12 AÜG Rn. 32; *Walker*, AcP 194 (1994), 295, 298; Erbs/Kohlhaas/*Ambs*, § 1 AÜG Rn. 4; *Becker*, NJW 1976, 1827; ErfK/*Wank*, § 1 AÜG Rn. 12 ff.

dem Entleiher nur das Überlassen eines Arbeitnehmers zur Beschäftigung, nicht hingegen die Tätigkeit als solche.[428] Ob der Leiharbeitnehmer die Leistung mangelfrei erbringt, fällt daher nicht in den Risikobereich des Verleihers. Weiterhin ist Teil der Arbeitnehmerüberlassung auch, dass der überlassene Arbeitnehmer in den Betrieb des Entleihers eingegliedert wird, er also mit diesem seinen Urlaub vereinbart, gleichwohl der Entleiher nicht Arbeitgeber des Leiharbeitnehmers in der Zeit der ordnungsgemäßen Überlassung i. S. v. § 1 AÜG wird. Da folglich der Leiharbeitnehmer aber im Betrieb wie ein eigener Arbeitnehmer des Entleihers eingesetzt wird, muss der Entleiher die Mangelhaftigkeit der Leistung wie auch bei seinen eigenen Arbeitnehmern selbst tragen. Die Mangelfreiheit der Arbeitsleistung des Leiharbeitnehmers schuldet der Verleiher gegenüber dem Entleiher folglich (grundsätzlich) nicht.[429]

Der Verleiher schuldet hingegen eine Mangelfreiheit dahingehend, dass der Leiharbeitnehmer für die Tätigkeit im Betrieb des Entleihers ausreichend qualifiziert ist. Hat der im Betrieb des Entleihers eingesetzte Arbeitnehmer nicht für die vorgesehene Tätigkeit im Betrieb des Entleihers erforderliche Qualifikation, liegt eine mangelhafte Leistung des Verleihers vor.

4. *Dauer der Überlassungspflicht*

Der Arbeitnehmerüberlassungsvertrag ist ein Dauerschuldverhältnis i. S. d. § 314 BGB.[430] Die aus dem Arbeitnehmerüberlassungsvertrag resultierende Pflicht des Verleihers, Auswahl und Zurverfügungstellung sowie Arbeitsantritt des Leiharbeitnehmers im Betrieb des Entleihers, besteht folglich während der gesamten Dauer des Arbeitnehmerüberlassungsvertrags. Daher tritt auch nach dem erstmaligen Arbeitsantritt der (zunächst) ausgewählten und zur Verfügung gestellten Leiharbeitnehmers keine Erfüllung i. S. d. § 362 BGB ein. Da die Überlassung des Leiharbeitnehmers grundsätzlich eine Gattungsschuld ist,[431] muss der Verleiher bei Ausfall eines Leiharbeitnehmers dem Entleiher eine entsprechend ausreichend qualifizierte Ersatzkraft stellen.

---

428 *Walker*, AcP 194 (1994), 295, 298 und 316; *Reiserer*, DB 2013, 2026, 2027; *Boemke/Lembke*, § 12 AÜG Rn. 39; BAG Urteil v. 20.06.2013 -2 AZR 271/12, NZA 2013, 837 Rn. 21; Urteil v. 03.12.1997 -7 AZR 764/96, BAGE 87, 186 = DB 1998, 1520; Urteil v. 31.03.1993 -7 AZR 338/92, AP Nr. 2 zu § 9 AÜG; *Becker*, NJW 1976, 1827.

429 So im Ergebnis auch Thüsing/*Thüsing*, AÜG Einf. Rn. 39.

430 Schüren/*Schüren*, AÜG Einl. Rn. 318.

431 Siehe 2. Teil § 7 A. I. 1. f.; *Ulber/Ulber*, § 12 AÜG Rn. 26; Schüren/*Schüren*, AÜG Einl. Rn. 312 ff; *Brauneisen/Ibes*, RdA 2014, 213, 222; BAG Urteil v. 20.6.2013 -2 AZR 271/12, NZA 2013, 837, 839 Rn. 21; *Boemke*, BB 2006, 997, 998; Thüsing/*Thüsing*, § 12 AÜG Rn. 23; *Hamann*, Anm. zu BAG Urteil v. 23.01.2008 -1 ABR 51/04, AP Nr. 14 zu § 14 AÜG, unter III. 1. a) aa); BeckOK-Arbeitsrecht/*Kock*, § 1 AÜG Rn. 6.

5. *Zwischenergebnis*

Der Verleiher schuldet dem Entleiher aus dem Arbeitnehmerüberlassungsvertrag die Überlassung des Leiharbeitnehmers zur Beschäftigung im Betrieb des Entleihers während der gesamten Dauer des Arbeitnehmerüberlassungsvertrags.

Von diesem vom Verleiher geschuldeten *Überlassen* des Leiharbeitnehmers ist die Auswahl und Bereitstellung sowie der Arbeitsantritt des ausreichend qualifizierten Leiharbeitnehmers im Betrieb des Entleihers umfasst. Dies hat die Auslegung des Wortlauts des § 1 Abs. 1 AÜG ergeben, denn ein *Überlassen*, also die Zurverfügungstellung des Leiharbeitnehmers, ist nur dann gegeben, wenn der andere, hier der Entleiher, auch auf den Überlassenen zugreifen kann. Da der Entleiher keine arbeitsrechtlichen Sanktionsinstrumente bei fehlendem Arbeitsantritt gegenüber dem Leiharbeitnehmer, wie eine Abmahnung oder Kündigung, zur Verfügung hat, kann der Entleiher unter Ausübung seines ihm übertragenen Arbeitgeberdirektionsrechts nur dann auf den Leiharbeitnehmer „zugreifen", wenn dieser auch tatsächlich die Arbeit beim Entleiher antritt. Die Betrachtung der Entwicklungsgeschichte des AÜG trägt nicht dazu bei, die Pflicht des Verleihers auch neben der Auswahl und Bereitstellung eines für die Tätigkeit beim Entleiher geeigneten Arbeitnehmers auf die tatsächliche Arbeitsaufnahme des Leiharbeitnehmers im Betrieb des Entleihers zu erstrecken.

Sinn und Zweck der Arbeitnehmerüberlassung bestätigen das schon nach dem Wortlaut gefundene Ergebnis, dass die Pflicht des Verleihers auch die tatsächliche Arbeitsaufnahme des Leiharbeitnehmers im Betrieb des Entleihers umfassen muss. Denn der Entleiher entscheidet sich für Arbeitnehmerüberlassung, um zum Beispiel Auftragsspitzen oder einen besonders hohen Krankenstand abzufangen, mithin um anfallenden Personalbedarf bewältigen zu können. Wenn aber den Verleiher nicht auch die Pflicht träfe, für den Arbeitsantritt des Leiharbeitnehmers im Betrieb des Entleihers zu sorgen, hätte der Entleiher mangels einschlägiger Arbeitgeberrechte keinerlei Handhabe, um den Leiharbeitnehmer zum Arbeitsantritt zu bewegen und wäre darüber hinaus trotz fehlender erbrachter Arbeitsleistung durch den Leiharbeitnehmer grundsätzlich zur Vergütung gegenüber dem Verleiher verpflichtet. Denn der Verleiher hätte durch die Auswahl und Bereitstellung eines ausreichend qualifizierten Leiharbeitnehmers das seinerseits Erforderliche bereits erbracht. Der Entleiher hätte bei nicht geschuldetem Arbeitsantritt und fehlender Tätigkeitsaufnahme durch den Leiharbeitnehmer in seinem Betrieb kein Zurückbehaltungsrecht, da die geschuldete Gegenleistung durch den Verleiher bereits bewirkt wäre. Daneben würde auch das Zurückbehaltungsrecht des Verleihers beschnitten, wenn die seinerseits geschuldete Leistung nicht auch den Arbeitsantritt des Leiharbeitnehmers umfasst. Denn wenn der Verleiher bereits einen qualifizierten Leiharbeitnehmer ausgesucht und zur Verfügung gestellt hat, dieser Leiharbeitnehmer aber nicht zur Arbeitsleistung antritt, kann der Verleiher schwerlich ein Zurückbehaltungsrecht geltend machen, wenn der Entleiher die geschuldete Vergütung nicht erbringt, da er bereits die geschuldete Leistung aus dem Arbeitnehmerüberlassungsvertrag erbracht hat. In diesen Fällen drängt sich die Frage des Rechtsmissbrauchs durch den

Verleiher auf, der aber nicht vorläge, würde die Pflicht des Verleihers nicht den Arbeitsantritt des Leiharbeitnehmers während der Dauer der Überlassung umfassen.

Beispiel: Verleiher A wählt Leiharbeitnehmer C als für die Tätigkeit bei Entleiher MB qualifizierten Elektrotechniker aus und vereinbart mit C die Tätigkeit für den Zeitraum eines halben Jahres bei MB. C nimmt die Tätigkeit bei MB zum vereinbarten Zeitpunkt auf und MB zahlt für die ersten zwei Monate entsprechend der Vereinbarung aus dem Arbeitnehmerüberlassungsvertrag mit A die Überlassungsvergütung. Danach stellt MB die Zahlung der Überlassungsvergütung für die restliche Überlassungsdauer von vier Monaten ein. Würde A im Rahmen des Arbeitnehmerüberlassungsvertrags lediglich die Auswahl und Bereitstellung eines qualifizierten Leiharbeitnehmers schulden, könnte A nun ein Zurückbehaltungsrecht nicht mehr geltend machen, da er die seinerseits geschuldete Leistung durch Auswahl und Bereitstellung eines qualifizierten Leiharbeitnehmers bereits erfüllt hat.

Die vom Verleiher geschuldete Leistung aus dem Arbeitnehmerüberlassungsvertrag gegenüber dem Entleiher umfasst neben der Auswahl und Bereitstellung eines qualifizierten Leiharbeitnehmers auch den Arbeitsantritt des Leiharbeitnehmers während der gesamten Dauer der Überlassung. Dieser Arbeitsantritt des Leiharbeitnehmers liegt vor, wenn der Leiharbeitnehmer seine Tätigkeit in annahmeverzugsbegründender Art und Weise dem Entleiher angeboten hat.

Wählt der Verleiher einen qualifizierten Leiharbeitnehmer aus und stellt diesen bereit, hat der Verleiher seine Pflicht aus dem Arbeitnehmerüberlassungsvertrag bereits erbracht. Zahlt nun der Entleiher zunächst die geschuldete Vergütung, stellt die Vergütungszahlung jedoch im Laufe der praktizierten Überlassung wieder ein, hat der Verleiher keine Leistung mehr, die er gegenüber dem Entleiher nach § 320 BGB zurückbehalten kann, da die Auswahl und Bereitstellung des qualifizierten Leiharbeitnehmers schon erfolgt ist.

Nach der dargestellten Gesamtbetrachtung und Auslegung ist daher die Pflicht des Verleihers neben der Auswahl und Bereitstellung eines für die im Betrieb des Entleihers qualifizierten Leiharbeitnehmers auf die tatsächliche Arbeitsaufnahme des Leiharbeitnehmers im Betrieb des Entleihers zu erweitern.

Dies hat zur Folge, dass der Verleiher bei Erkrankung des zunächst ausgewählten, qualifizierten Leiharbeitnehmers vor Arbeitsantritt beim Entleiher dazu verpflichtet ist, einen geeigneten Ersatz bereitzustellen und den Arbeitsantritt des Ersatzleiharbeitnehmers zu veranlassen.

Demnach gebietet es schon der Sinn und Zweck der Arbeitnehmerüberlassung, dass auch die tatsächliche Arbeitsaufnahme des Leiharbeitnehmers von der vom Verleiher aus dem Arbeitnehmerüberlassungsvertrag geschuldeten Pflicht umfasst ist.

Die Mangelfreiheit der Arbeitsleistung des Leiharbeitnehmers schuldet der Verleiher hingegen gegenüber dem Entleiher grundsätzlich nicht, da der Verleiher die

Tätigkeit des Leiharbeitnehmers an sich nicht schuldet. Der Leiharbeitnehmer ist daher auch kein Erfüllungsgehilfe des Verleihers gem. § 278 BGB. Gleichwohl schuldet der Verleiher die Mangelfreiheit der Arbeitsleistung des Leiharbeitnehmers, wenn dieser aufgrund nicht ausreichender Qualifikation eine mangelhafte Arbeitsleistung erbringt. Der Mangel der Leistung des Verleihers liegt dann in der nicht ausreichenden Qualifikation des Leiharbeitnehmers.

6. Fixschuldcharakter der dem Verleiher obliegenden Leistung

Für die spätere Untersuchung der Haftung des Verleihers[432] muss nunmehr näher betrachtet werden, ob der dem Verleiher obliegenden Leistung ein Fixschuldcharakter zukommt. Dies ist insbesondere für etwaige Schadensersatzforderungen des Entleihers wegen fehlendem Arbeitsantritt des Leiharbeitnehmers zu klären. In Betracht kommt dabei eine Haftung aus Verzug oder Unmöglichkeit.[433]

a. Grundsätzlich im Arbeitsverhältnis

Eine Fixschuld liegt grundsätzlich vor, wenn der Vertrag mit der Einhaltung der Leistungszeit stehen und fallen soll.[434] Das Arbeitsverhältnis wird gekennzeichnet durch die zeitliche Fixierung der Arbeitspflicht.[435] Dem Arbeitnehmer ist es grundsätzlich nicht möglich, die Arbeit zu einem späteren als dem geschuldeten Zeitpunkt nachzuholen, da er zu dem späteren Zeitpunkt häufig schon eine weitere (Teil-)Leistung schuldet.[436] Jede Versäumung der Arbeitspflicht führt aufgrund des Fixschuldcharakters der geschuldeten Arbeitsleistung zur Unmöglichkeit.[437]

b. Spezifisch im Rahmen der Arbeitnehmerüberlassung

Ob sich der Verleiher, der zum vereinbarten Zeitpunkt die aus dem Arbeitnehmerüberlassungsvertrag gegenüber dem Entleiher geschuldete Leistung, die Zurverfügungstellung eines Leiharbeitnehmers, im Verzug befindet oder die Leistung des Verleihers unmöglich geworden ist, hängt folglich davon ab, ob der Leistung des Verleihers Fixschuldcharakter zukommt.

---

432 Im 4. Teil der Arbeit unter § 14.

433 Da sich Verzug und Unmöglichkeit gegenseitig ausschließen, ist der Fixschuldcharakter der Pflicht des Verleihers im Hinblick auf eine etwaige Haftung zwingend zu klären. Verzug liegt nur dann vor, wenn die Leistung noch nachholbar ist: BAG Urteil v. 18.08.1961 -4 AZR 132/60, AP Nr. 20 zu § 615 BGB; *Preis/Hamacher*, JURA 1998, 11, 13.

434 *Kropholler*, Studienkommentar BGB, § 271 BGB Rn. 3.

435 *Preis/Hamacher*, JURA 1998, 11, 12; BAG Urteil v. 17.03.1988 -2 AZR 576/87, AP Nr. 99 zu § 626 BGB.

436 *Preis/Hamacher*, JURA 1998, 11, 13; unter Hinweis auf ein gesteigertes Freizeitbedürfnis vgl.: *Beuthien*, RdA 1972, 20, 21.

437 *Nierwetberg*, BB 1982, 995, 999.

Da der Verleiher selbst keine Arbeitsleistung im Rahmen des Arbeitnehmerüberlassungsvertrags gegenüber dem Entleiher schuldet,[438] kann der Grundsatz, dass es sich bei der von einem Arbeitnehmer geschuldeten Arbeitsleistung um eine absolute Fixschuld handelt, nicht ohne Weiteres auf die Pflicht des Verleihers aus dem Arbeitnehmerüberlassungsvertrag gegenüber dem Entleiher übertragen werden.

Für die Qualifizierung als Fixschuldcharakter gibt es im Rahmen der Arbeitnehmerüberlassung zwei möglich Anhaltspunkte. Zum einen könnte isoliert auf die geschuldete Leistung des Verleihers abzustellen sein, zum anderen auch zusätzlich auf die Beschäftigung des Leiharbeitnehmers.

Es ist folglich zu klären, ob der geschuldeten Leistung überhaupt Fixschuldcharakter zukommt. Im Rahmen der Fixschuld ist dann zu differenzieren zwischen absoluter und relativer Fixschuld. Die Qualifizierung der vom Verleiher aus dem Arbeitnehmerüberlassungsvertrag gegenüber dem Entleiher geschuldeten Leistung als absolutes Fixgeschäft hätte zur Folge, dass die Erreichung des Leistungszwecks nach Ablauf des festgelegten Zeitpunkts unmöglich gem. § 275 Abs. 1 BGB wird. Beim relativen Fixgeschäft hingegen berechtigt dies zum Rücktritt vom Vertrag gem. § 323 Abs. 2 Nr. 2 BGB.

Ein absolutes Fixgeschäft liegt vor, wenn die Einhaltung der Leistungszeit nach dem Zweck des Vertrags und der gegebenen Interessenlage für den Gläubiger derart wesentlich sind, dass eine verspätete Leistung keine Erfüllung mehr darstellt.[439] Auch beim relativen Fixgeschäft muss die Einhaltung der Leistungszeit so wesentlich sein, dass mit der zeitgerechten Leistung das Rechtsgeschäft „stehen und fallen" soll.[440] Gegenüber der absoluten Fixschuld liegt bei der relativen aber „nur" ein gesteigertes Interesse an der zeitgerechten Leistung.[441] Ob ein absolutes oder relatives Fixgeschäft vorliegt, ist durch Auslegung nach §§ 133, 157 BGB zu ermitteln.[442]

Für den Entleiher muss für die Annahme eines absoluten Fixgeschäfts demnach die Einhaltung der Leistungszeit durch den Verleiher so wesentlich sein, dass mit der zeitgerechten Leistung der Arbeitnehmerüberlassungsvertrag stehen und fallen soll. Dem Entleiher kommt es darauf an, dass der Leiharbeitnehmer in seinem Betrieb auch tatsächlich tätig ist.

Entscheidend zur Qualifizierung der geschuldeten Leistung als absolutes Fixgeschäft ist, dass der Verleiher die Überlassung eines Leiharbeitnehmers, der auch zur Arbeit beim Entleiher antritt, schuldet.[443] Der Entleiher begehrt arbeitsbereite Leiharbeitnehmer zu beschäftigen, um insbesondere Auftragsspitzen in der Produktion seines Unternehmens abfangen zu können. Dazu werden die Leiharbeitnehmer in den Betrieb des Entleihers eingegliedert und entsprechend

438 Siehe 2. Teil § 7 I. 3.
439 Palandt/*Grüneberg*, § 271 BGB Rn. 17.
440 MüKo-Inso/*Jahn/Fried*, § 104 Rn. 37; Palandt/*Grüneberg*, § 271 BGB Rn. 18; a. A. Staudinger/*Otto/Schwarze*, § 281 BGB Rn. B113.
441 Staudinger/*Otto/Schwarze*, § 281 BGB Rn. B113.
442 Palandt/*Grüneberg*, § 271 BGB Rn. 18.
443 Siehe 2. Teil, § 7 A. I. 3. b.

den Stammarbeitnehmern im Betrieb des Entleihers behandelt. Daher ist auch anzunehmen, dass die Überlassung und der Arbeitsantritt des Leiharbeitnehmers, wie auch die geschuldete Leistung durch die Stammarbeitnehmer des Entleihers derart von der Leistungszeit abhängig sind, dass eine verspätete Leistung keine Erfüllung mehr für den Entleiher darstellt.[444] Die vom Verleiher aus dem Arbeitnehmerüberlassungsvertrag gegenüber dem Entleiher geschuldete Leistung hat demnach absoluten Fixschuldcharakter.

7. *Unterrichtungspflicht des Verleihers hinsichtlich des Besitzes einer nach § 1 AÜG erforderlichen Arbeitnehmerüberlassungserlaubnis*

Den Verleiher trifft neben der Hauptpflicht zur Überlassung eines qualifizierten Arbeitnehmers nach § 12 Abs. 2 S. 1 AÜG die Nebenpflicht gegenüber dem Entleiher, diesen unverzüglich über den Zeitpunkt des Wegfalls der Erlaubnis zu unterrichten.[445] Außerdem hat der Verleiher den Entleiher gem. § 12 Abs. 2 S. 2 AÜG in den Fällen der Nichtverlängerung, der Rücknahme oder des Widerrufs der Arbeitnehmerüberlassungserlaubnis auf das voraussichtliche Ende der Abwicklung und die gesetzliche Abwicklungsfrist nach § 2 Abs. 4 AÜG hinzuweisen. Verleiher und Entleiher sollten demnach im Arbeitnehmerüberlassungsvertrag schriftlich fixieren, dass eine Arbeitnehmerüberlassungserlaubnis nach § 1 AÜG vorliegt.[446]

Von § 12 Abs. 2 S. 1 AÜG ist außerdem nicht nur die Pflicht zur Anzeige des Wegfalls der Arbeitnehmerüberlassungserlaubnis, sondern auch schon zum Abschluss des Arbeitnehmerüberlassungsvertrags gegebene Pflicht des Verleihers zur Angabe über das Bestehen einer wirksamen nach § 1 AÜG erforderlichen Arbeitnehmerüberlassungserlaubnis umfasst. Der Entleiher kann diesbezüglich einen Anspruch auf Abgabe der Erklärung über den Besitz einer nach § 1 AÜG erforderlichen Arbeitnehmerüberlassungserlaubnis gegen den Verleiher geltend machen. Solange der Verleiher dieser Erklärungspflicht nicht nachkommt, hat der Entleiher hinsichtlich der ihn treffenden Vergütungspflicht des Verleihers ein Zurückbehaltungsrecht nach § 273 Abs. 1 BGB.[447]

8. *Zwischenergebnis*

Der Verleiher schuldet dem Entleiher aus dem Arbeitnehmerüberlassungsvertrag als Hauptpflicht die Überlassung eines qualifizierten Leiharbeitnehmers. Dies beinhaltet neben der Auswahl und Bereitstellung eines ausreichend qualifizierten Leiharbeitnehmers auch den Arbeitsantritt des Leiharbeitnehmers. Wurde, wie üblich, die Überlassung keines bestimmten, namentlich benannten Leiharbeitnehmers

444 Zum Fixschuldcharakter der Leistungspflicht des Verleihers vgl auch LG Köln Urteil v. 01.03.2013 -17 O 72/12, BeckRS 2013, 05014.
445 BeckOK-Arbeitsrecht/*Motz*, § 12 AÜG Rn. 11, 18.
446 Zu den Folgen vgl. unter 4. Teil § 14 und § 15.
447 *Boemke/Lembke*, § 12 AÜG Rn. 17.

vereinbart, handelt es sich bei dieser Überlassungspflicht um eine Gattungsschuld nach § 243 BGB, sodass der Verleiher einen qualifizierten Leiharbeitnehmer *mittlerer Art und Güte* i. S. d. § 243 Abs. 1 BGB auszuwählen, bereitzustellen und den Arbeitsantritt zu veranlassen hat. Dieser Arbeitsantritt liegt vor, wenn der Leiharbeitnehmer seine Tätigkeit in annahmeverzugsbegründender Art und Weise i. S. d. §§ 293 ff. BGB dem Entleiher angeboten hat. Die Mangelfreiheit der Arbeitsleistung schuldet der Verleiher grundsätzlich nicht, da er die Tätigkeit des Leiharbeitnehmers als solche nicht schuldet. Der Verleiher muss aber insofern für die Mangelhaftigkeit der Arbeitsleistung des Leiharbeitnehmers einstehen, wenn dieser aufgrund nicht ausreichender Qualifikation mangelhaft tätig ist. Dann muss der Verleiher einen anderen, ausreichend qualifizierten Leiharbeitnehmer zur Verfügung stellen. Diese Leistungspflicht des Verleihers hat absoluten Fixschuldcharakter, da es dem Entleiher insbesondere darauf ankommt, Arbeitskräfte für einen bestimmten Zeitraum zur Verfügung zu haben. Ein verspäteter oder fehlender Arbeitsantritt des Leiharbeitnehmers stellt keine Erfüllung mehr für den Entleiher dar, da dieser die fehlende Arbeitskraft auf andere Arbeitnehmer verteilen muss. Den Verleiher trifft als Nebenpflicht aus dem Arbeitnehmerüberlassungsvertrag eine Unterrichtungspflicht gegenüber dem Entleiher hinsichtlich des Besitzes der nach § 1 AÜG erforderlichen Arbeitnehmerüberlassungserlaubnis nach § 12 Abs. 1 S. 2 AÜG. Weitere Nebenpflichten des Verleihers ergeben sich aus § 241 Abs. 2 BGB.

Die Haupt- und Nebenpflichten des Verleihers dauern während des gesamten vereinbarten Überlassungszeitraums an, da es sich bei dem Arbeitnehmerüberlassungsvertrag um ein Dauerschuldverhältnis i. S. d. § 314 BGB handelt.[448]

II. Wesentliche Pflichten des Entleihers

Im Folgenden sind die aus dem Arbeitnehmerüberlassungsvertrag resultierenden wesentlichen Pflichten des Entleihers näher zu beleuchten, um dann im Ergebnis den Arbeitnehmerüberlassungsvertrag vertragstypologisch einordnen zu können.

1. Wer ist Entleiher?

Bevor näher beleuchtet werden kann, welche wesentlichen Pflichten den Entleiher aus dem Arbeitnehmerüberlassungsvertrag treffen, ist zunächst zu klären, wer Entleiher sein kann.

Entleiher kann jeder sein, der auch Arbeitgeber sein könnte. In Betracht kommen daher natürliche und juristische Personen des Privatrechts, aber auch Träger von Einrichtungen der evangelischen oder katholischen Kirche.[449] Zwingende Voraussetzung ist, dass der Entleiher die ihm vom Leiharbeitnehmer geschuldete Arbeitsleistung auch annehmen kann. Dies setzt grundsätzlich voraus, dass der Entleiher

448 Siehe 2. Teil § 7 A. I. 4.

449 Schüren/*Hamann*, § 1 AÜG Rn. 56, wobei dann Besonderheiten wegen des kirchlichen Arbeitsrechts bestehen.

einen eigenen Betrieb hat, in dem er die geschuldete Arbeitsleistung des Leiharbeitnehmers entgegen nehmen kann.[450]

2. *Vergütungspflicht*

a. Inhalt

Hauptleistungspflicht des Entleihers aus dem Arbeitnehmerüberlassungsvertrag ist die Vergütung des Verleihers für die Überlassung eines qualifizierten Leiharbeitnehmers zur Tätigkeit in seinem Betrieb.[451] Diese Vergütungspflicht besteht unabhängig davon, ob der Entleiher den Leiharbeitnehmer gewinnbringend einsetzen kann.[452]

Die Fälligkeit der Vergütung richtet sich grundsätzlich nach der Vereinbarung zwischen Verleiher und Entleiher im Arbeitnehmerüberlassungsvertrag. Die Vergütung kann daher nach einzelnen Zeitabschnitten oder auch am Ende der Überlassung fällig sein.[453]

b. Fixschuldcharakter

Für eine Haftung des Entleihers gegenüber dem Verleiher[454] ist zu klären, ob die Vergütungsleistung absoluten Fixschuldcharakter hat, diese also mit der Einhaltung der Leistungszeit durch den Entleiher stehen und fallen soll.[455] Dies ist durch Auslegung gem. §§ 133, 157 BGB zu bestimmen.[456] Der Verleiher wird durchaus ein Interesse daran haben, dass der Entleiher entsprechend den vereinbarten Fälligkeitszeitpunkten die geschuldete Vergütung entrichtet. Gleichwohl wird aus Sicht des Verleihers mit der Einhaltung der Leistungszeit hinsichtlich der Vergütung durch den Entleiher der Arbeitnehmerüberlassungsvertrag nicht stehen und fallen. Die Leistung des Entleihers ist ohne Weiteres nachholbar. Die Vergütungspflicht des Entleihers gegenüber dem Verleiher hat daher keinen Fixschuldcharakter.

3. *Abnahmepflicht und Beschäftigungspflicht*

Den Entleiher trifft neben der Pflicht zur Leistung von Vergütungszahlungen für die Überlassung des Leiharbeitnehmers auch eine Abnahmeverpflichtung hinsichtlich der Arbeitskraft des Leiharbeitnehmers und nicht eine bloße Obliegenheit des Entleihers.

---

450 Schüren/*Hamann*, § 1 AÜG Rn. 57.

451 ErfK/*Wank*, AÜG Einl. Rn. 16; Schüren/*Schüren*, AÜG Einl. Rn. 353; Münchener Handbuch ArbR/*Schüren*, § 318 Rn. 48; BeckOK-Arbeitsrecht/*Kock*, § 1 AÜG Rn. 6; Schaub/*Koch*, Arbeitsrechtshandbuch, § 120 Arbeitnehmerüberlassung, Rn. 81 f., 84.

452 Schüren/*Brors*, AÜG Einl., Rn. 426.

453 Schüren/*Brors*, AÜG Einl., Rn. 428.

454 Siehe 4. Teil § 15 A.

455 *Kropholler*, Studienkommentar BGB, § 271 BGB Rn. 3.

456 Palandt/*Grüneberg*, § 271 BGB Rn. 18; *Kropholler*, Studienkommentar BGB, § 271 BGB Rn. 3.

a. Inhalt

Die Einordnung der Abnahme der Arbeitsleistung als Pflicht des Entleihers aus dem Arbeitnehmerüberlassungsvertrag ergibt sich aus der Nichtabdingbarkeit des § 615 S. 1 BGB i. V. m. § 11 Abs. 4 AÜG. Der Verleiher hätte unmittelbar einen Schaden, wenn der Entleiher den Leiharbeitnehmer nicht einsetzt, da der Leiharbeitnehmer seinen Lohnanspruch gegen den Verleiher wegen § 615 S. 1 AÜG behalte[457], gleichzeitig würde der Verleiher aber keine Überlassungsvergütung vom Entleiher erhalten. Daher stehen die Vergütungspflicht des Entleihers und die tatsächliche Beschäftigung bzw. den tatsächlichen Einsatz des Leiharbeitnehmers im Rahmen der Abnahmepflicht des Entleihers in einem sich bedingenden Gegenseitigkeitsverhältnis.[458]

Fraglich ist, ob den Entleiher auch eine Beschäftigungspflicht trifft. Grundsätzlich hat der Arbeitgeber gegenüber dem Arbeitnehmer eine Beschäftigungspflicht. Ausnahmen von der Beschäftigungspflicht bestehen nur, wenn ein besonders schützenswertes Interesse des Arbeitgebers vorliegt.[459]

Für eine Beschäftigungspflicht auch des Entleihers spricht, dass die Arbeitgeberposition jedenfalls teilweise während der Dauer der Überlassung aufgespalten ist, da der Entleiher überwiegend das Arbeitgeberdirektionsrecht vom Verleiher übertragen bekommt und so direkt auf die Tätigkeit des Leiharbeitnehmers einwirken kann.[460] Den Verleiher trifft als Vertragsarbeitgeber des Leiharbeitnehmers eine Beschäftigungspflicht. Der Verleiher ist aber während der Dauer der Überlassung davon abhängig, dass der Entleiher den Leiharbeitnehmer beschäftigt und kann daher nur mit Hilfe des Entleihers seiner aus dem Leiharbeitsvertrag resultierende Beschäftigungspflicht gegenüber dem Leiharbeitnehmer nachkommen.[461] Dem Entleiher wird ein Teil des Arbeitgeberdirektionsrechts übertragen. Zudem treffen den Entleiher Fürsorgepflichten hinsichtlich des Leiharbeitnehmers.[462] Auch der Entleiher hat das aus Art. 2 Abs. 1 i. V. m. Art. 1. Abs. 1 GG resultierende allgemeine Persönlichkeitsrecht des Leiharbeitnehmers zu wahren und zu respektieren und

---

457 *Becker/Wulfgramm*, Art. 1 § 12 AÜG Rn. 27; *Becker*, NJW 1976, 1827, 1828.

458 Eine synallagmatische Verknüpfung sieht eine andere Auffassung (Schüren/*Schüren*, AÜG Einl. Rn. 359 f.) nicht, weshalb diese den Einsatz des Leiharbeitnehmers als Obliegenheit des Entleihers rechtlich qualifiziert. Die Nicht-Beschäftigung des Leiharbeitnehmers durch den Entleiher bringe den Entleiher in Annahmeverzug gem. §§ 293 ff. BGB und falle ausschließlich in die Risikosphäre des Entleihers. Die Zahlungspflicht des Entleihers entstehe unabhängig von der Beschäftigung des Leiharbeitnehmers. Die fehlende Beschäftigung des Leiharbeitnehmers habe aber Unmöglichkeit gem. § 275 Abs. 1 BGB der geschuldeten Überlassung zur Folge, der Verleiher behalte nach § 326 Abs. 2 BGB die Überlassungsvergütung.

459 Palandt/*Weidenkaff*, § 611 BGB Rn. 120; *Ruhl/Kassebohm*, NJW 1995, 497 f.

460 Siehe 1. Teil § 4 II. 2. c. aa. (1.).

461 *Boemke/Lembke*, § 12 AÜG Rn. 46; *Becker*, NJW 1971, 691, 692 sieht den Entleiher sogar als Erfüllungsgehilfe des Verleihers nach § 278 BGB.

462 Siehe nachfolgend unter 2. Teil § 8.

muss diesem auch aufgrund der Beschäftigung in seinem Betrieb im Rahmen des Arbeitnehmerüberlassungsvertrags durch die Beschäftigung und damit durch Erfüllung der Beschäftigungspflicht des Verleihers nachkommen.[463] Denn der Leiharbeitnehmer ist wie ein Arbeitnehmer des Entleihers in dessen Betrieb eingegliedert.[464] Die Beschäftigung des Leiharbeitnehmers ist nicht nur als eine bloße Obliegenheit des Entleihers zu sehen.[465]

b. Fixschuldcharakter

Zu klären ist zudem der Fixschuldcharakter der den Entleiher aus dem Arbeitnehmerüberlassungsvertrag treffenden Pflicht. Es ist daher zu fragen, ob der Arbeitnehmerüberlassungsvertrag mit der Einhaltung der Leistungszeit durch den Entleiher stehen und fallen soll.[466] Dies ist durch Auslegung gem. §§ 133, 157 BGB zu bestimmen.[467] Für den Verleiher kommt es insbesondere darauf an, dass der Entleiher zum vereinbarten Zeitpunkt die Arbeitsleistung des Leiharbeitnehmers auch annimmt und diesen beschäftigt. Denn beschäftigt der Entleiher den Leiharbeitnehmer nicht und nimmt er die Arbeitsleistung des Leiharbeitnehmers nicht an, wird dies zu einem Schaden des Verleihers führen. Der Leiharbeitnehmer behält nämlich wegen § 615 S. 1 BGB den Anspruch auf Vergütung gegen den Verleiher, ohne Arbeitsleistung beim Entleiher erbringen zu müssen. Gleichzeitig würde, insofern ein Fixgeschäft abgelehnt würde, der Entleiher die im Arbeitnehmerüberlassungsvertrag vereinbarte Vergütung für den Einsatz des Leiharbeitnehmers in seinem Betrieb einbehalten können. Zudem könnte der Verleiher den nicht beschäftigten Leiharbeitnehmer nicht anderweitig einsetzen, wenn er über keinen weiteren gleich qualifizierten Leiharbeitnehmer verfügt, da er sich im Arbeitnehmerüberlassungsvertrag verpflichtet hat, einen qualifizierten Leiharbeitnehmer zur Verfügung zu stellen. Daher wird deutlich, dass mit der Einhaltung der Leistungszeit auch durch den Entleiher der Arbeitnehmerüberlassungsvertrag stehen und fallen soll.

Die den Entleiher aus dem Arbeitnehmerüberlassungsvertrag treffende Pflicht zur Annahme und Beschäftigung des Leiharbeitnehmers hat daher absoluten Fixschuldcharakter.

---

463 Schüren/*Hamann*, AÜG Einl. Rn. 443, der aber der Auffassung ist, dass aufgrund der nicht durchgängig bestehenden Beschäftigungspflicht des Leiharbeitnehmers auch keine Persönlichkeitsrechtsverletzung des Leiharbeitnehmers vorliegend sei.

464 Siehe 1. Teil § 4 B.

465 *Boemke/Lembke*, § 12 AÜG Rn. 46; Thüsing/*Thüsing*, § 12 AÜG Rn. 36; a. A. ErfK/*Wank*, § 12 AÜG Rn. 9; Schüren/*Schüren*, AÜG Einl. Rn. 359.

466 *Kropholler*, Studienkommentar BGB, § 271 BGB Rn. 3.

467 Palandt/*Grüneberg*, § 271 BGB Rn. 18; *Kropholler*, Studienkommentar BGB, § 271 BGB Rn. 3.

4. Angabepflicht des Entleihers nach § 12 Abs. 1 S. 3 AÜG

Eine Angabepflicht des Entleihers gegenüber dem Verleiher besteht in zweierlei Hinsicht. Der Entleiher muss nach § 12 Abs. 1 S. 3 AÜG zum einen die vom Leiharbeitnehmer auszuführende Tätigkeit ausreichend und zum anderen die erforderliche berufliche Qualifikation des Leiharbeitnehmers schriftlich im Arbeitnehmerüberlassungsvertrag fixieren. Der Entleiher ist gegenüber dem Verleiher nach § 12 Abs. 1 S. 3 AÜG zur Erklärung über die vom Leiharbeitnehmer geforderten Qualifikationen und die besonderen Merkmale der für den Leiharbeitnehmer vorgesehenen Tätigkeit verpflichtet. Hinsichtlich der besonderen Merkmale der Tätigkeit des Leiharbeitnehmers ist nach § 11 Abs. 1 S. 1 AÜG i. V. m. § 2 Abs. 1 Nr. 5 NachwG im Arbeitsvertrag eine kurze Charakterisierung oder Beschreibung der Tätigkeit des Leiharbeitnehmers festzuhalten. Für den Arbeitnehmerüberlassungsvertrag gilt, dass jedenfalls die wesentlichen Tätigkeitsmerkmale und Aufgabengebiete wenigstens stichwortartig enthalten sein müssen.[468]

Zu den näheren Angaben der erforderlichen beruflichen Qualifikation gehört zum Beispiel die Berechtigung zur Ausübung eines bestimmten Berufs, ein berufsspezifischer Abschluss, eine bestimmte Fahrerlaubnis oder auch spezifische Fremdsprachenkenntnisse.[469]

Beispiel: Will Entleiher MB den Leiharbeitnehmer C als Bahnfahrer einsetzen, muss MB dies im Arbeitnehmerüberlassungsvertrag mit Verleiher A neben Erfordernis der betreffenden Fahrerlaubnis des betreffenden Leiharbeitnehmers schriftlich fixieren.

5. Auskunftspflicht des Entleihers nach § 12 Abs. 1 S. 3 AÜG

Den Entleiher trifft nach § 12 Abs. 1 S. 3 AÜG weiterhin die Pflicht, schriftlich im Arbeitnehmerüberlassungsvertrag zu fixieren, welche wesentlichen Arbeitsbedingungen einschließlich des Arbeitsentgelts im Entleiherbetrieb für einen vergleichbaren Arbeitnehmer gelten, in dem der Leiharbeitnehmer eingesetzt werden soll.[470]

Der daraus resultierende Auskunftsanspruch des Verleihers gegen den Entleiher ist durch die Kriterien der Zumutbarkeit und der Erforderlichkeit, wie jeder Auskunftsanspruch,[471] begrenzt.[472]

6. Zwischenergebnis

Die vorausgehende Analyse der Rechte und Pflichten des Verleihers und des Entleihers aus dem Arbeitnehmerüberlassungsvertrag erfolgte mit dem Ziel, den Arbeitnehmerüberlassungsvertrag in einem nächsten Schritt vertragstypologisch

---

468 *Boemke/Lembke*, § 12 AÜG Rn. 19.
469 *Boemke/Lembke*, § 12 AÜG Rn. 20.
470 *Boemke/Lembke*, § 12 AÜG Rn. 21.
471 Palandt/*Grüneberg*, § 259 BGB Rn. 9; MüKo/*Krüger*, § 260 BGB Rn. 20, 40.
472 *Boemke/Lembke*, § 12 AÜG Rn. 25.

einordnen zu können und beschränkt sich darauf. Den Entleiher trifft im Wesentlichen aus dem Arbeitnehmerüberlassungsvertrag gegenüber dem Verleiher die Vergütung für die Überlassung eines ausreichend qualifizierten Arbeitnehmers. Daneben muss der Entleiher die Leistung des Leiharbeitnehmers auch abnehmen und diesen tatsächlich beschäftigen. Denn der Entleiher ist gleichsam zur Wahrung des Allgemeinen Persönlichkeitsrechts des Leiharbeitnehmers, wie auch der Verleiher als Vertragsarbeitgeber, verpflichtet. Weiterhin trifft den Entleiher eine Auskunftspflicht hinsichtlich der in seinem Betrieb geltenden wesentlichen Arbeitsbedingungen und des Arbeitsentgelts für einen mit der Position des Leiharbeitnehmers vergleichbaren Stammarbeitnehmer nach § 12 AÜG. Die den Entleiher aus dem Arbeitnehmerüberlassungsvertrag treffenden Pflichten haben absoluten Fixschuldcharakter.

B. Rechtsnatur des Arbeitnehmerüberlassungsvertrages

Ist die Rechtsnatur des Leiharbeitsvertrages als modifizierter Arbeitsvertrag i. S. d. § 611 ff. BGB zuvor einem durch das BGB geregeltem Vertragstypus zuordenbar gewesen, stellt sich ebenso die Frage, ob auch der Arbeitnehmerüberlassungsvertrag einem im BGB geregelten Vertragstypus qualifiziert werden kann.

Die Rechtsnatur des Arbeitnehmerüberlassungsvertrags ist umstritten und nicht abschließend geklärt. Die rechtliche Qualifikation des Arbeitnehmerüberlassungsvertrags reicht von der Einordnung als Dauerschuldverhältnis[473] in Form eines gegenseitigen Vertrags eigener Art[474] mit dienstvertraglichen Elementen[475] oder der Einordnung als Dienstverschaffungsvertrag[476] bis hin zur Qualifizierung als Vertrag *sui generis*.[477]

Ein Vertrag *sui generis* kann immer nur dann angenommen werden, wenn das zu qualifizierende Vertragsverhältnis nicht den gesetzlich geregelten Vertragstypen entspricht.[478] Der rechtlichen Qualifikation des Arbeitnehmerüberlassungsvertrags kann folglich nur dann als Vertrag *sui generis* gefolgt werden, wenn der Arbeitnehmerüberlassungsvertrag nicht einem gesetzlich geregelten Vertragstyp entspricht. Daher ist zunächst im Folgenden zu klären, ob der Arbeitnehmerüberlassungsvertrag einem im BGB geregelten Vertragstypus zuordenbar ist.

---

473 BAG Urteil v. 20.06.2013 -2 AZR 271/12, NZA 2013, 837 Rn. 21.

474 *Boemke*, BB 2006, 997; so auch schon *Becker*, NJW 1971, 691, 692; Schüren/*Schüren*, AÜG Einl. Rn. 308.

475 LG Köln Urteil v. 01.03.2013 – 17 O 72/12, BeckRS 2013, 05014.

476 *Engbers*, NZBau 2011, 199, 200 ff.; BeckOK-BGB/*Fuchs*, § 611 BGB Rn. 12; *Walker*, AcP 194 (1994) 295; *Niklas/Schauß*, BB 2014, 2085, 2087; *Ramm*, DB 1973, 1170, 1172 f.

477 *Becker/Wulfgramm*, Art. 1 § 12 AÜG, Rn. 19; *Rüthers/Bakker*, ZfA 1990, 245, 274; *Boemke/Lembke*, § 12 AÜG Rn. 35; *Boemke*, Schuldvertrag, S. 562 f.; *Walker*, AcP 194 (1994), 295, 297.

478 *Martinek*, Moderne Vertragstypen, S. 20 f.; Gagel/*Fuchs*, SGB II/SGB III, § 296, Rn. 6.

Nachfolgend werden die zuvor[479] analysierten wesentlichen Rechte und Pflichten des Verleihers und des Entleihers mit den im BGB geregelten Vertragstypen auf ihre jeweilige Vereinbarkeit geprüft, um daraus erforderliche Schlüsse für die rechtliche Qualifikation des Arbeitnehmerüberlassungsvertrags zu ziehen.

Bei dieser Prüfung der rechtlichen Qualifikation des Arbeitnehmerüberlassungsvertrags wird ausschließlich auf die üblichen vertraglichen Vereinbarungen der Parteien abgestellt. Die zu prüfenden Verträge sind im Wesentlichen in zwei Kategorien geteilt. In Betracht kommt zum einen die Qualifikation des Arbeitnehmerüberlassungsvertrags als Vertrag i. S. d. 8. Titel des BGB, mithin als Dienstvertrag oder ähnlicher Vertrag, oder als Gebrauchsüberlassungsvertrag und damit als Vertrag i. S. d. 5. und 6. Titel des BGB.

I. Qualifikation als Vertrag nach dem 8. Titel des BGB

1. Arbeitnehmerüberlassungsvertrag als Werkvertrag

In Betracht kommt, den Arbeitnehmerüberlassungsvertrag als Werkvertrag i. S. d. §§ 631 ff. BGB rechtlich zu qualifizieren. Auch im Rahmen von Werkverträgen i. S. d. §§ 631 ff. BGB ist ein Fremdpersonaleinsatz im Drittbetrieb möglich. Zu klären ist, ob der Arbeitnehmerüberlassungsvertrag als eine besondere Form eines Werkvertrags i. S. d. §§ 631 ff. BGB eingeordnet werden kann. Dazu sind die sich aus dem Werkvertrag ergebenden Rechte und Pflichten sowie Charakteristika des Werkvertrags näher zu betrachten, um dann in einem nächsten Schritt zu prüfen, ob diese mit den sich aus dem Arbeitnehmerüberlassungsvertrag ergebenden Rechte und Pflichten sowie Charakteristika vereinbaren lassen oder übereinstimmen.

a. Vertragsgegenstand

Zur Qualifizierung der Rechtsnatur des Arbeitnehmerüberlassungsvertrags ist zunächst der Vertragsgegenstand des Werkvertrags näher zu betrachten.

Das Werk kann die Herstellung oder Veränderung einer Sache oder auch ein unkörperliches Arbeitsergebnis, zum Beispiel die Erstellung eines Berichts, sein.[480] Auch die Bewahrung vor einer Veränderung[481] kann geschuldetes Werk i. S. v. § 631 Abs. 1 BGB sein.[482] Dies gilt ebenso für die Verpflichtung zur Herbeiführung eines Erfolgs, zum Beispiel losgelöst von der Beziehung zur Sache im Rahmen einer Theateraufführung oder eines Konzerts oder auf die Sache bezogen bei einem Krankentransport.[483] Insoweit ist ersichtlich, dass *„der Werkvertrag als Vertragstyp*

479 Siehe 2. Teil § 7 A. I.

480 BGH Urteil v. 16.07.2002 -X ZR 27/01, NJW 2002, 3323; Palandt/*Sprau*, Einf. v. § 631 BGB Rn. 1.

481 So zum Beispiel bei Wartungsverträgen.

482 BeckOK-BGB/*Voit*, § 631 BGB Rn. 8.

483 BeckOK-BGB/*Voit*, § 631 BGB Rn. 9.

eine größere Vielfalt von Lebenssachverhalten zu regeln [hat] als sonst ein Vertrag im BGB".[484]

Die Vertragsparteien legen vertraglich den Leistungsgegenstand fest. Dabei sind die Parteien nicht dazu angehalten, den Leistungsgegenstand so konkret wie möglich zu beschreiben.[485] Durch diese große Vielfalt der in Werkverträgen regelbaren Lebenssachverhalte dürfen an die Bestimmtheit des Leistungsgegenstandes keine allzu hohen Anforderungen gestellt werden.[486] Vielmehr kann der Vertragsgegenstand auch zu einem späteren Zeitpunkt während des laufenden Vertrages durch Leistungsverzeichnisse oder Ähnliches konkretisiert werden, da im jeweiligen Einzelfall die Bestimmtheit des Vertragsgegenstands unterschiedlich stark ausgeprägt sein kann.[487] Fehlt es an einer konkreten Planung oder an einem Ziel, hat das somit nicht zwingend zur Folge, dass die Leistung nicht im Rahmen eines Werkvertrages vereinbart werden kann.[488] Es reicht insofern die Bestimmbarkeit des Vertragsgegenstands aus.[489]

Beispiel: Werkunternehmer A und Werkbesteller MB schließen einen Werkvertrag, in dem diese als Leistungsgegenstand die Wartung der technischen Anlagen vereinbaren. Zur Erbringung seiner aus dem Werkvertrag geschuldeten Leistung setzt A seinen bei ihm angestellten Arbeitnehmer C als Erfüllungsgehilfen ein. Durch Leistungsverzeichnisse kann MB später die Wartungstätigkeit des C näher konkretisieren, ohne dass dies die Vereinbarung eines Werkvertrags mangels ausreichender Bestimmtheit des Leistungsgegenstandes hindern würde.

Hinsichtlich der weiteren Konkretisierung der geschuldeten Leistung des Werkunternehmers verbleibt dem Werkbesteller noch die Möglichkeit, nach Vertragsschluss die geschuldete Leistung im Rahmen seines Weisungsrechts nach § 645 Abs. 1 BGB zum Beispiel bezüglich Art und Dauer näher zu bestimmen.[490]

Beim Arbeitnehmerüberlassungsvertrag ist der Leistungsgegenstand kein geschuldeter Erfolg, sondern die Überlassung eines ausreichend qualifizierten

---

484 *Weyers*, AcP 182 (1982), S. 60 ff.; MüKo/*Busche*, § 631 BGB Rn. 2.

485 Vgl. dazu BAG Urteil v. 13.05.1992 -7 AZR 284/91, NZA 1993, 357.

486 Betrachtet man diesbezüglich einen Künstlervertrag, wäre es fatal und dem eigentlichen künstlerischen Schaffen zuwider, wenn die Gestaltungsfreiheit des Künstlers durch konkrete Leistungsbeschreibung stark behindert oder gar abgeschafft würde. Gleichzeitig muss die Gestaltungsfreiheit des Künstlers aber mit den Vorstellungen des Werkbestellers in Einklang zu bringen sein, sodass im Rahmen der Vertragsgestaltung gewissen Grenzen zu setzen sind, vgl. dazu auch MüKo/*Busche*, § 631 BGB Rn. 66.

487 MüKo/*Busche*, § 631 BGB Rn. 64.

488 Staudinger/*Peters/Jacoby*, § 631 BGB Rn. 7.

489 BGH Urteil v. 23.04.2015 -VII ZR 131/13, BeckRS 2015, 09176 Rn. 24 ff.

490 Dazu weiter unten 2. Teil § 7 B. I. 1. e. aa.

Leiharbeitnehmers für die im Betrieb des Entleihers vorgesehene Tätigkeit. Die Tätigkeit des Leiharbeitnehmers gestaltet der Entleiher konkret durch das ihm übertragene Arbeitgeberweisungsrecht aus.[491]

Beispiel: Im Rahmen eines Werkvertrages vereinbaren Werkunternehmer A und Werkbesteller MB die Reparatur einer technischen Anlage im Betrieb des MB. Diese Wartung einer technischen Anlage im Betrieb des MB kann auch im Rahmen der Arbeitnehmerüberlassung erfolgen. Vertragsgegenstand ist dann die vorübergehende Zurverfügungstellung eines für die Wartung der technischen Anlage im Betrieb des MB ausreichend qualifizierten Leiharbeitnehmers. In beiden Fällen ist es Ziel des MB, seine technische Anlage warten zu lassen. Im Falle der Vereinbarung eines Werkvertrages schuldet A dann die erfolgreiche Wartung der Anlage, während beim Arbeitnehmerüberlassungsvertrag A ausschließlich die Zurverfügungstellung der Arbeitskraft eines ausreichend qualifizierten Arbeitnehmers schuldet und nicht die Tätigkeit des Arbeitnehmers an sich.

Der Vertragsgegenstand beim Arbeitnehmerüberlassungsvertrag und beim Werkvertrag unterscheidet sich folglich, gleichwohl das Ergebnis oder das Ziel, das mit dem Vertrag verfolgt wird, dasselbe ist, denn im Rahmen beider Verträge ist es Ziel des MB, seine Anlage warten zu lassen.

b. Hauptpflichten des Werkunternehmers

Nach der Betrachtung des Vertragsgegenstands des Werk- und Arbeitnehmerüberlassungsvertrags mit dem Ergebnis, dass diese differieren, ist zu prüfen, ob die jeweiligen wesentlichen Hauptpflichten des Werk- und Arbeitnehmerüberlassungsvertrages übereinstimmen oder die durch das Gesetz geschaffene Wertung jedenfalls vom Werkvertrag auf den Arbeitnehmerüberlassungsvertrag übertragbar sind.

aa. Herstellung des vertraglich geschuldeten Werkes

Im Rahmen des Werkvertrages ist die Hauptpflicht des Werkunternehmers gem. §§ 631 Abs. 1, 633 Abs. 1 BGB die rechtzeitige, mangelfreie Herstellung des vertraglich geschuldeten Werkes. Der Werkunternehmer schuldet also nicht nur ein tätiges Bemühen.[492] Der Unternehmer schuldet die Verschaffung der Rechtsinhaberschaft des Werkes, also die Verschaffung von Eigentum und die Einräumung des Besitzes.[493] Da sich der Werkunternehmer zur Herstellung des versprochenen

---

491 Siehe dazu etwa BAG Urteil v. 22.06.1994 -7 AZR 286/93, NZA 1995, 462.

492 *Maschmann*, NZA 2013, 1305, 1307; st. Rspr. seit RG Urteil v. 16.11.1909 -VII 577/08, RGZ 72, 179; BGH Urteil v. 16.07.2002 -X ZR 27/01, NJW 2002, 3323; *Weber*, Die Unterscheidung von Dienstvertrag und Werkvertrag S. 11 ff.; zur Typendifferenzierung im Werkvertragsrecht vgl. *Weyers*, AcP 182 (1982) S. 60 ff.

493 MüKo/*Busche*, § 631 BGB Rn. 59.

Werkes verpflichtet, ist der Werkvertrag erfolgsbestimmt.[494] Demzufolge kann der Besteller auch nur auf Herstellung des versprochenen Werkes klagen, nicht jedoch auf Erfüllung einzelner Tätigkeiten.[495]

Der Verleiher schuldet im Rahmen des Arbeitnehmerüberlassungsvertrags nicht die Herstellung eines Werkes, sondern lediglich die Auswahl, Bereitstellung und den Arbeitsantritt eines für die Tätigkeit beim Entleiher qualifizierten Arbeitnehmers. Die Tätigkeit als solche schuldet der Verleiher nicht.[496] Die Hauptleistungspflicht des Werkunternehmers unterscheidet sich daher von der des Verleihers.

Beispiel: Im Rahmen des Werkvertrages ist die Hauptpflicht des Werkunternehmers A, die technische Anlage des Werkbestellers MB erfolgreich und ordnungsgemäß zu warten. Bei einem Arbeitnehmerüberlassungsvertrag ist es die Hauptpflicht des Verleihers A, einen ausreichend qualifizierten Leiharbeitnehmer zur Verfügung des Entleihers MB zu stellen, der im Rahmen seiner Qualifikation dazu geeignet ist, die technische Anlage des MB zu warten. Dabei kommt es nicht darauf an, ob diese Wartung erfolgreich durch den Leiharbeitnehmer erfolgte.

bb. Vorleistungspflicht des Werkunternehmers

Da die Vergütung nach § 641 Abs. 1 BGB erst mit der Erbringung der werkvertraglichen Verpflichtung fällig ist, muss der Werkunternehmer hinsichtlich der Werkleistung in Vorleistung treten. In dieser Vorleistungspflicht zeigt sich die oben genannte Erfolgsbezogenheit des Handelns.[497] Der Werkunternehmer erbringt demnach üblicherweise das geschuldete Werk und erhält dann die vertraglich vereinbarte Vergütung. Trotzdem bleibt es den Vertragsparteien überlassen auch eine Vorauszahlung zu vereinbaren. Dem steht die dispositive Vorleistungspflicht des Werkunternehmers nicht entgegen.[498]

Eine Vorleistungspflicht des Verleihers ist im AÜG nicht geregelt. Üblicherweise wird in Arbeitnehmerüberlassungsverträgen eine Vergütung in Zeitabschnitten vereinbart, sodass von einer teilweisen Vorleistungspflicht des Verleihers auszugehen ist.[499] Im Arbeitnehmerüberlassungsvertrag kann hingegen auch eine andere Regelung der Leistungspflicht des Verleihers erfolgen.[500] Diese Wertung des Werkvertragsrechts kann also jedenfalls teilweise auf den Arbeitnehmerüberlassungsvertrag übertragen werden.

---

494 *Kropholler*, Studienkommentar BGB, § 631 BGB Rn. 1.

495 Staudinger/*Peters/Jacoby*, § 631 BGB Rn. 15, § 633 BGB Rn. 3; BeckOK-BGB/*Voit*, § 631 BGB Rn. 10; MüKo/*Busche*, § 631 BGB Rn. 60.

496 Siehe 2. Teil § 7 A. I.

497 MüKo/*Busche*, § 631 BGB Rn. 60.

498 MüKo/*Busche*, § 631 BGB Rn. 60.

499 So im Ergebnis auch Schüren/*Schüren*, AÜG Einl. Rn. 354.

500 Schüren/*Schüren*, AÜG Einl. Rn. 354.

cc. Werkvertragsfähigkeit

Der Werkunternehmer muss schließlich überhaupt „werkvertragsfähig" sein.[501] Er muss durch die Struktur seines Unternehmens auch in der Lage sein, die an den Dritten vergebene Beschäftigung auf Grundlage eines Werkvertrages durchzuführen. Dazu müssen die betrieblichen und organisatorischen Voraussetzungen gegeben sein. Der Werkunternehmer muss überdies in der Lage sein, den jeweiligen eingesetzten Arbeitnehmer als Erfüllungsgehilfen im Unternehmen des Bestellers Weisungen zu erteilen. Die Struktur des Betriebs des Werkunternehmers muss diesem also ermöglichen, mehr als nur die bloße Zurverfügungstellung von Arbeitnehmern gegenüber dem Werkbesteller zu erbringen. *„Der Werkunternehmer muss die für ein Arbeitsverhältnis typischen Entscheidungen treffen können"*.[502]

Hier unterscheidet sich die Arbeitnehmerüberlassung vom Werkvertrag deutlich, denn im Rahmen der Arbeitnehmerüberlassung kann der Verleiher nur einen Arbeitnehmer zur Verfügung stellen. Da der Verleiher nicht über einen eigenen Betrieb verfügt, kann er den Leiharbeitnehmer nicht im eigenen, sondern nur in Betrieben von Dritten beschäftigen.[503] Weisungen kann der Verleiher in dem Maße wie im Rahmen eines Werkvertrags nicht mehr erteilen, da dem Entleiher das Arbeitgeberweisungsrecht jedenfalls überwiegend während der Dauer der Überlassung übertragen wird. Daher kann der Verleiher während der Überlassung nur noch in wenigen Teilbereichen von seinem Weisungsrecht gegenüber dem Leiharbeitnehmer Gebrauch machen, da während der Überlassung der Entleiher überwiegend die für ein Arbeitsverhältnis typischen Entscheidungen, wie die Konkretisierung der Tätigkeit, der Arbeitszeit und des Arbeitsortes, treffen kann.[504]

c. Hauptpflichten des Werkbestellers

Im Anschluss an die wesentlichen Pflichten des Werkunternehmers sind die wesentlichen Pflichten des Werkbestellers zu betrachten, um in einem nächsten Schritt zu prüfen, ob diese auf die Arbeitnehmerüberlassung übertragbar sind.

aa. Vergütung

Der Werkbesteller wird gem. § 631 Abs. 1 BGB zur Entrichtung der vereinbarten Vergütung verpflichtet. Dabei ist es unerheblich, ob die Vergütung in Form eines Stundenlohnes oder eines Einheitspreises erfolgt.[505] Möglich ist auch die Vereinbarung eines Pauschalpreises.[506]

---

501 Kasseler Handb./*Düwell*, 4.5. Rn. 118.

502 BAG Urteil v. 09.11.1994 -7 AZR 217/94, NZA 1995, 572, 575; *Dauner-Lieb*, NZA 1992, 817, 819 f.

503 Siehe dazu 2. Teil § 6 B. I.

504 Siehe dazu 1. Teil § 4 A. II. 2. c. aa. (1.).

505 Palandt/*Sprau*, § 632 BGB Rn. 13.

506 MüKo/*Busche*, § 631 BGB Rn. 90.

Auch der Entleiher ist zur Leistung einer Vergütungszahlung gegenüber dem Verleiher aus dem Arbeitnehmerüberlassungsvertrag verpflichtet.[507]

bb. Abnahme des Werkes

Darüber hinaus muss der Werkbesteller das vom Werkunternehmer (und dessen Erfüllungsgehilfen) erbrachte Werk nach § 640 Abs. 1 S. 1 BGB abnehmen, wenn nicht nach der Beschaffenheit des Werkes die Abnahme ausgeschlossen ist. Eine Abnahme schuldete der Entleiher nicht, sondern er muss vielmehr die angebotene Arbeitsleistung des Leiharbeitnehmers annehmen und diesen beschäftigen.[508]

d. Nebenpflichten des Werkbestellers

Den Werkbesteller treffen neben seiner Verpflichtung zur Vergütung nach § 631 Abs. 1 BGB und zur Abnahme des Werkes nach § 640 BGB auch Mitwirkungs-, Aufklärungs-, Beratungs-, Obhuts- und Schutzpflichten. Diese Pflichten bestehen sowohl gegenüber dem Werkunternehmer als auch gegenüber den eingesetzten Hilfspersonen des Werkunternehmers.[509]

Beispiel: Werkunternehmer A und Werkbesteller MB vereinbaren werkvertraglich die Wartung einer technischen Anlage im Reinraumbereich. In diesen Bereich müssen die dort tätigen Arbeitnehmer Schutzkleidung tragen und an entsprechenden Schulungen teilnehmen. Der Werkunternehmer MB muss entsprechend der ihn treffenden Schutzpflicht dafür Sorge tragen, dass die Hilfsperson des A, Arbeitnehmer C, entweder die entsprechend notwendige Schutzkleidung zur Verfügung gestellt bekommt oder entsprechend Kleidung trägt und zudem entsprechend den Erfordernissen der Tätigkeiten im Reinraum geschult wird.

Der Unternehmer muss zudem durch die Mitwirkung des Bestellers in die Lage versetzt werden, das Werk erbringen zu können.[510] Die Mitwirkungsverpflichtung gem. §§ 631, 642 BGB des Werkbestellers umfasst beispielsweise die Bereitstellung des für die Herstellung des Werkes erforderlichen Materials, Pläne oder Unterlagen.[511] Auch der Entleiher muss dem Leiharbeitnehmer etwaig erforderliches Material dem Leiharbeitnehmer zur Verfügung stellen.

Beispiel: Im Rahmen der werkvertraglich vereinbarten Wartung der technischen Anlage im Reinraum des Werkbestellers MB benötigt Werkunternehmer A die Pläne und Unterlagen, die Hinweise zum Aufbau

---

507 Siehe 3. Teil § 7 II. 2.

508 Siehe zur Beschäftigungspflicht des Entleihers 3. Teil § 7 A. II. 3.

509 BeckOK-BGB/*Voit*, § 631 BGB Rn. 89 ff.; MüKo/*Busche*, § 631 BGB Rn. 105.

510 Palandt/*Sprau*, § 631 BGB Rn. 25.

511 Messerschmidt/Voit/*von Rintelen*, Privates Baurecht, § 631 BGB Rn. 92 f.; MüKo/*Busche*, § 631 BGB Rn. 106.

der Anlage enthalten. MB muss im Rahmen seiner ihn nach §§ 631, 642 BGB treffenden Mitwirkungspflicht dem A die notwendigen Pläne und Unterlagen über den Aufbau der Anlage zur Verfügung stellen.

Der Werkbesteller muss den Werkunternehmer darüber hinaus hinsichtlich etwaiger Gefahren oder Umstände, die die mangelfreie Erbringung des Werkes verhindern könnten, aufklären.[512] Zudem hat der Werkbesteller alles ihm Zumutbare zu tun, um den Werkunternehmer bei der Ausführung seiner vertraglichen Pflichten aus dem Werkvertrag vor Schäden zu bewahren.[513] Auch trifft den Werkbesteller eine Sicherungs- und Fürsorgepflicht, die beinhaltet, dass der Werkbesteller Räume, Vorrichtungen und Gerätschaften so einzurichten und zu unterhalten hat, dass die Hilfspersonen des Unternehmers bestmöglich vor Gefahren geschützt sind.[514] Eben solche Pflichten können den Entleiher auch im Rahmen eines Arbeitnehmerüberlassungsvertrags treffen.[515]

e. Weitere Charakteristika eines Werkvertrages

Das bisher gefundene Ergebnis, dass sich überwiegend die Wertungen des Werkvertragsrechts nicht auf die Arbeitnehmerüberlassung übertragen lassen, bestätigt sich im Folgenden auch bei der Betrachtung weiterer Charakteristika des Werkvertrags.

aa. Das Anweisungsrecht des Bestellers gem. § 645 BGB

Der Werkbesteller kann im Rahmen seines ihm nach § 645 BGB gewährten Weisungsrechts die vom Werkunternehmen geschuldete Leistung näher konkretisieren. Im Gegensatz zum arbeitsvertraglichen Weisungsrecht muss sich das werkvertragliche Weisungsrecht nach § 645 Abs. 1 BGB auf die Ausführungen des Werkes beziehen,[516] also Zeit,[517] Ort,[518] Mittel oder Ablauf der Werkleistung beinhalten.[519] Eine Weisung i. S. d. § 645 BGB liegt vor, wenn der Besteller für eine von ihm gewünschte Modalität der Ausführung des geschuldeten Werkes das Risiko übernimmt.[520]

---

512 Messerschmidt/Voit/*von Rintelen*, Privates Baurecht, § 631 BGB Rn. 93; MüKo/*Busche*, § 631 BGB Rn. 108; BeckOK-BGB/*Voit*, § 631 BGB Rn. 49 ff.

513 BeckOK-BGB/*Voit*, § 631 BGB Rn. 65; MüKo/*Busche*, § 631 BGB Rn. 109; BGH Urteil v. 02.07.1996 -X ZR 64/94, BGHZ 133, 155, 163 ff.

514 MüKo/*Busche*, § 631 BGB Rn. 110; Messerschmidt/Voit/*von Rintelen*, § 631 BGB Rn. 140; BGH Beschluss v. 05.02.1952 -GSZ 4/51, BGHZ 5, 62, 66 ff.

515 Siehe dazu 2. Teil § 8.

516 Erman/*Schwenker*, § 645 BGB Rn. 3.

517 Die zeitliche Einteilung kann aber durch vertragliche Vereinbarung bestimmter zeitlicher Vorgaben der Parteien eingeschränkt werden: Staudinger/*Peters/Jacoby*, § 631 BGB Rn. 15; MüKo/*Busche*, § 631 BGB, Rn. 60.

518 Schüren/*Hamann*, § 1 AÜG Rn. 126 ordnet die Weisung hinsichtlich Zeit und Ort der arbeitsrechtlichen Weisung zu.

519 Staudinger/*Peters/Jacoby*, § 645 BGB Rn. 16.

520 Palandt/*Sprau*, § 645 BGB Rn. 7.

Beispiel: Werkunternehmer A und Werkbesteller MB schließen einen Werkvertrag über die Wartung technischer Anlagen im Produktionsbereich des MB. Im Wege seines Direktionsrechts nach § 645 BGB kann MB bestimmen, dass die Hilfsperson des A, der Arbeitnehmer C, zunächst die Anlage 1 bis 4 und in der Folge dann die Anlagen 10 bis 12 und schließlich die Anlagen 5 bis 9 wartet. MB übernimmt dann das Risiko für die von der üblichen Reihenfolge abweichende Wartungsreihenfolge der technischen Anlagen.

Das werkvertragliche Weisungsrecht ist grundsätzlich nicht Teil des Werkvertrages.[521] Ob und inwiefern der Unternehmer die Anweisungen des Bestellers zu befolgen hat, ist gesetzlich nicht näher geregelt, jedoch wird billiges Ermessen nach § 315 BGB als Anhaltspunkt und auch das Kriterium der Zumutbarkeit verwendet.[522] Dem Werkunternehmer muss es zugestanden werden, die Anweisungen zu verweigern, wenn er sie für unzweckmäßig hält oder Mehrkosten entstünden, die der Besteller sich weigert zu übernehmen.[523]

Werkvertragliche Anweisungen i. S. v. § 645 BGB sind von arbeitsrechtlichen Weisungen abzugrenzen.[524] Werkvertragsrechtliche Weisungen sind objektbezogen; arbeitsrechtliche Weisungen sind hingegen personenbezogen.[525] Die Ausübung des arbeitsrechtlichen Weisungsrechts ist ein entscheidendes Abgrenzungsmerkmal zwischen Werkverträgen und Arbeitnehmerüberlassung und ein gewichtiges Indiz für das Vorliegen von Arbeitnehmerüberlassung.[526] Danach liegt eine arbeitsrechtliche Weisung und keine werkbezogene Weisung mehr vor, wenn der Dritte erst durch seine Anweisungen den Gegenstand der von den Erfüllungsgehilfen des Werkherstellers zu erbringenden Leistung bestimmt.[527]

---

521 Erman/*Schwenker*, § 645 BGB Rn. 3; Staudinger/*Peters/Jacoby*, § 645 BGB Rn. 17.

522 Staudinger/*Peters/Jacoby*, § 645 BGB Rn. 18.

523 Staudinger/*Peters/Jacoby*, § 645 BGB Rn. 18.

524 BAG Urteil v. 30.01.1991 -7 AZR 497/89, NZA 1992, 19.

525 Dazu Schüren/*Hamann*, § 1 AÜG Rn.126.

526 BAG Urteil v. 07.12.2000 -6 AZR 444/99, NZA 2001, 780; Urteil v. 20.08.2003 -5 AZR 610/02, NJW 2004, 461, 462; Urteil v. 25.05.2005 -5 AZR 347/04, AP Nr. 117 zu § 611 BGB Abhängigkeit; Urteil vom 17.01.1979 -5 AZR 248/78, AP Nr. 2 zu § 613 BGB unter II 1; Beschluss v. 05.05.1992 -1 ABR 78/91, BB 1992, 1999 = NZA 1992, 1044, 1045; Urteil vom 06.08.1997 -7 AZR 663/96, EzAÜG § 631 BGB Werkvertrag Nr. 39; Urteil v. 18.2.2003 – 3 AZR 160/02, AP Nr. 5 zu § 13 AÜG unter B I 1a; BSG Urteil v. 11.02.1988 -7 Rar 5/86, BB 1988, 1184, 1185; Zustimmung auch von der Literatur: Schüren/*Hamann*, § 1 AÜG Rn. 148 f.; Kasseler Handb./*Düwell*, 4.5 Rn. 110 ff., 152 ff.; *Waas*, Anm. zu BAG Beschluss v. 18. 10. 1994, -1 ABR 9/94-, SAE 1996, 160, 164; HWK/*Kalb*, § 1 AÜG Rn. 17 ff.; ebenso *Hamann*, Anm. 2 zu LAG Hamm Urteil v. 04. 12. 2003 -8 (17) Sa 1006/03, jurisPR-ArbR 38/2004; *Gick*, S. 166 ff.; *Eckardt*, JA 1989, 393, 396.

527 Ein Teil der Rechtsprechung lässt einen Anteil des vom vermeintlichen Werkbesteller ausgeübten Weisungsrechts von 3,66 % der insgesamt an den Eingesetzten

„Weisungen des Dritten, die Art und Weise der Arbeitsleistung (Inhalt, Zeit, Ort, Tempo, Ausführung) betreffen, indizieren eine Arbeitnehmerüberlassung, werkbezogene Anweisungen (z.B. hinsichtlich bestimmter Fertigungsmethoden, Qualitätsanforderungen, Reihenfolge, Stückzahl) [hingegen] nicht.“ [528]

Eine solche arbeitsrechtliche Weisung erteilt der Arbeitgeber oder der Entleiher, dem das Weisungsrecht vom Verleiher (teilweise) übertragen wurde. Der Werkbesteller kann solche Weisungen nicht erteilen.

Beispiel: Die zu wartenden Anlagen befinden sich in einem Reinraum, in dem sterile Medikamente hergestellt werden. Weist Werkbesteller MB den Werkunternehmer A (oder den Erfüllungsgehilfen des A, den C) an, der Stand der Anlagen müsse nach der Wartung einer behördlichen Überprüfung standhalten, ist dies eine Weisung i. S. d. § 645 BGB, die die Qualität der geschuldeten Ausführung betrifft.

Weist MB den C an, die Wartung mindestens einer Anlage pro Arbeitstag abgeschlossen zu haben, deutet dies mehr auf eine arbeitsrechtliche denn auf eine werkvertragsrechtliche Weisung hin.

Im Rahmen der Arbeitnehmerüberlassung überträgt der Verleiher sein Weisungsrecht gegenüber dem Leiharbeitnehmer auf den Entleiher. Der Verleiher hat durch die Übertragung seines Weisungsrechts auf den Entleiher seine Weisungsmöglichkeiten auf die Tätigkeit des Leiharbeitnehmers für den Zeitraum der Überlassung weit überwiegend aufgegeben. Der Leiharbeitnehmer ist wie ein Arbeitnehmer des Entleihers in dessen Betrieb eingegliedert und unterliegt im Wesentlichen dem Weisungsrecht des Entleihers.[529] Voraussetzung dieser Übertragung des Weisungsrechts ist, dass der Verleiher den Leiharbeitnehmer auf die Tätigkeit im Rahmen wirtschaftlicher Überlassung im Leiharbeitsverhältnis hinweist.[530]

Beispiel: Leiharbeitnehmer C muss also von Verleiher A darüber informiert sein, dass C im Rahmen wirtschaftlicher Überlassung tätig wird und die Überlassung an Entleiher MB nicht zum Beispiel der Vermeidung von Kurzarbeit oder Anderem dient. Mit der Übertragung

---

gegebenen Weisungen ausreichen, um das dem Fremdpersonal zugrunde liegende Rechtsverhältnis als Arbeitnehmerüberlassung zu qualifizieren; LArbG Berlin-Brandenburg Urteil v. 12.12.2012 -15 Sa 1217/12, BB 2013, 1020; Der wesentliche Teil der Rechtsprechung verlangt hingegen eine vollständige Verlagerung des Weisungsrechts während der gesamten Einsatzzeit des Arbeitnehmers: BAG Urteil v. 06.08.2003 -7 AZR 180/03, AP Nr. 6 zu § 9 AÜG; LAG Düsseldorf Urteil v. 10.03.2008 -17 Sa 856/07, EzAÜG § 10 AÜG Fiktion Nr. 120; LAG Frankfurt Urteil v. 19.11.2007 -16 Sa 569/07, EzAÜG § 10 AÜG Inhalt Nr. 3.

528 LAG Baden-Württemberg Urteil v. 01.08.2013 -2 Sa 6/13, BB 2013, 2809.

529 ErfK/*Wank*, § 1 AÜG Rn. 12 ff.; ähnlich: BeckOK-Arbeitsrecht/*Kock*, § 1 AÜG Rn. 28.

530 Moll/*Christ*, § 66 Arbeitnehmerüberlassung, Rn. 43.

des Weisungsrechts auf den Entleiher MB kann MB nun grundsätzlich unter anderem Arbeitszeit und Arbeitsort sowie den Tätigkeitsinhalt des Leiharbeitnehmers C näher konkretisieren.

Die Regelungen des Leiharbeitsvertrages setzen die Grenzen des Weisungsrechts des Entleihers. Widerspricht die Weisung des Entleihers einer vertraglichen Regelung im Leiharbeitsvertrag, hat die Weisung des Verleihers als Arbeitgeber Vorrang.[531] Der Entleiher kann daher nur in den Grenzen des Leiharbeitsvertrags Weisungen an den Leiharbeitnehmer erteilen.

Beispiel: Regelt der Leiharbeitsvertrag zwischen Verleiher A und Leiharbeitnehmer C, dass eine tägliche Arbeitszeit von acht Stunden von C geschuldet ist, kann Entleiher MB den C durch Ausübung seines ihm übertragenen Arbeitgeberweisungsrechts i. S. d. § 106 GewO nicht im Wege der Weisung zu einer Arbeitszeit von zehn Stunden täglich in seinem Betrieb verpflichten. Die diesbezügliche Regelung des Leiharbeitsvertrages zwischen A und C zur täglichen Arbeitszeit von acht Stunden ist vorrangig und verdrängt das Weisungsrecht des MB.

Der Leiharbeitnehmer kann entsprechend § 404 BGB die ihm gegenüber seinem Arbeitgeber (Verleiher) zustehenden Einwendungen auch gegenüber dem Entleiher geltend machen.[532]

Hinsichtlich des Weisungsrechts unterscheidet sich folglich die Arbeitnehmerüberlassung maßgeblich von einem Werkvertrag.

bb. Keine Eingliederung der Hilfspersonen in den Betrieb des Werkbestellers

Der Werkunternehmer kann sich zur Erfüllung seiner vertraglichen Verpflichtung auch Hilfspersonen bedienen, da die Leistungsverpflichtung des Werkunternehmers grundsätzlich nicht höchstpersönlicher Natur ist.[533] Beim Werkvertrag sind die vom Werkunternehmer eingesetzten Hilfspersonen nicht in den Betrieb des Werkbestellers eingegliedert, sondern der Werkunternehmer organisiert die für den wirtschaftlichen Erfolg erforderlichen Handlungen selbst und ist für die Herstellung des geschuldeten Werkes verantwortlich.[534]

Die im Rahmen eines Werkvertrags im Betrieb des Werkbestellers eingesetzte Hilfsperson des Werkunternehmers unterliegt auch während der Dauer des Werkvertrags den Weisungen seines Arbeitgebers,[535] des Werkunternehmers, und ist nicht in den Betrieb des Werkbestellers eingegliedert. Im Rahmen der

531 Moll/*Christ*, § 66 Arbeitnehmerüberlassung, Rn. 76.
532 So auch Kittner/Zwanziger/*Bachner*, Arbeitsrecht Handbuch für die Praxis, § 112 Arbeitnehmerüberlassung, Rn. 56.
533 *Wertenbruch*, ZGS 2003, 53; MüKo/*Busche*, § 631 BGB Rn. 71.
534 OLG Frankfurt aM Urteil v. 14.03.2013 -26 U 43/12, BeckRS 2013, 09719.
535 Siehe zum Weisungsrecht des Arbeitgebers auch unter 1. Teil § 4 A. II. 2. c. aa. (1.)

Arbeitnehmerüberlassung ist der Leiharbeitnehmer hingegen nicht Erfüllungsgehilfe des Verleihers,[536] da der Verleiher nicht die Tätigkeit beim Entleiher als solche schuldet, sondern lediglich die Überlassung eines qualifizierten Leiharbeitnehmers. Für die Arbeitnehmerüberlassung charakteristisch ist insbesondere die Eingliederung in den Betrieb des Entleihers,[537] sodass sich Arbeitnehmerüberlassungsvertrag und Werkvertrag auch diesbezüglich unterscheiden.

cc. Personalauswahl

Bei Werkverträgen wählt der Werkbesteller seinen Vertragspartner, aber nicht die vom Vertragspartner einzusetzenden Hilfspersonen aus. Die Entscheidung über die einzusetzenden Hilfspersonen trifft beim Werkvertrag ausschließlich der Werkunternehmer, da dieser die Verantwortung für den geschuldeten Leistungserfolg trägt.[538]

dd. Gewährleistung, §§ 633 ff. BGB

Der Werkvertrag ist darüber hinaus durch die den Werkunternehmer treffende Gewährleistungspflicht nach §§ 633 ff. BGB gekennzeichnet. Nach § 633 Abs. 1 BGB hat der Unternehmer dem Besteller das Werk frei von Sach- und Rechtsmängeln zu verschaffen. Dies unterscheidet den Werkvertrag klar von der Arbeitnehmerüberlassung.[539]

Im Rahmen der Arbeitnehmerüberlassung haftet der Verleiher grundsätzlich nicht für die Mangelfreiheit der vom Leiharbeitnehmer erbrachten Arbeitsleistung, da Gegenstand des Arbeitnehmerüberlassungsvertrags nur die Zurverfügungstellung von Dienstleistungen und die Arbeitsleistung als solche nicht durch den Verleiher geschuldet ist.[540] Vereinbaren die Vertragsparteien eine Gewährleistung, muss dies als sicheres Indiz für das Vorliegen eines Werkvertrags zwischen Parteien gewertet werden, da durch die Vereinbarung der Gewährleistung die Arbeitnehmerstellung des eingesetzten Dritten zwingend ausgeschlossen ist.[541]

---

536 Siehe dazu unter 2. Teil § 7.

537 BAG Urteil v. 06.08.2003 -7 AZR 180/03, AP Nr. 6 zu § 9 AÜG; Urteil v. 13.08.2008 -7 AZR 269/07, EzAÜG § 10 AÜG Fiktion Nr. 121; LAG Berlin-Brandenburg Urteil v. 12.12.2012 -15 Sa 1217/12, BB 2013, 1020.

538 ArbG Bielefeld Urteil v. 05.12.2012 -6 Ca 1016/12, Rn. 94 (zit. nach juris); dazu auch *Hamann*, in JurisPR-ArbR 22/2013, Anm. 1 zu ArbG Bielefeld Urteil v. 05.12.2012, -6 Ca 1016/12.

539 *Reiserer*, DB 2013, 2026, 2028; *Schüren*, in: FS W. Däubler 1999, S. 90, 98.

540 So auch *Schüren*, der in der Geltendmachung von Gewährleistungsrechten das eindeutigste Merkmal für das Vorliegen eines Werkvertrags sieht: *Schüren*, WiVerw 2001, 173, 183 ff.

541 *Reiserer*, DB 2013, 2026, 2028.

Beispiel: Vereinbaren Werkunternehmer A und Werkbesteller MB die Reparatur der technischen Anlage im Betrieb des MB im Rahmen eines Werkvertrages, stehen MB Gewährleistungsansprüche im Falle unsachgemäßer Reparatur durch die eingesetzte Hilfsperson Arbeitnehmer C gegenüber A nach §§ 633 ff. BGB zu. Vereinbaren A und MB die Überlassung eines qualifizierten Leiharbeitnehmers zur Reparatur der technischen Anlage im Betrieb des MB, kann MB im Fall der unsachgemäßen Reparatur der technischen Anlage durch C keine Gewährleistungsansprüche geltend machen, da der Verleiher die Tätigkeit des Leiharbeitnehmers als solche nicht aus dem Arbeitnehmerüberlassungsvertrag schuldet.

f. Zwischenergebnis

Die Analyse hat ergeben, dass die im werkvertraglichen Bereich vorhandenen Regelungen der §§ 631 ff. BGB im Wesentlichen nicht auf den Arbeitnehmerüberlassungsvertrag übertragbar sind.[542] Die wesentlichen Haupt- und Nebenpflichten eines Werkvertrags können zwar zum Teil auch den Entleiher entsprechend im Rahmen einer Arbeitnehmerüberlassung treffen. So ist auch der Verleiher in der Regel zur Vorleistung verpflichtet, wenn die Vergütung durch den Entleiher nach Zeitabschnitten vereinbart ist. Sowohl der Werkbesteller als auch der Entleiher schulden eine Vergütung. Sowohl beim Werkvertrag als auch beim Arbeitnehmerüberlassungsvertrag treffen die Parteien Mitwirkungs-, Obhuts- und Rücksichtnahmepflichten.

Werkvertrag und Arbeitnehmerüberlassungsvertrag unterscheiden sich aber maßgeblich in jeweils sie charakterisierenden, wesentlichen Merkmalen. Schon der Vertragsgegenstand von Werkvertrag und Arbeitnehmerüberlassungsvertrag unterscheiden sich wesentlich, denn der Werkunternehmer schuldet die Herstellung eines abnahmefähigen Werkes. Der Verleiher schuldet hingegen nicht die Herstellung

---

542 Siehe zur Problematik der „Scheinwerkverträge" als Vorschlag ein Abgrenzungsmodell nach *Greiner*, NZA 2013, 697, *Marschner*, NZA 1995, 668 und ErfK/*Wank*[14], § 1 AÜG Rn. 20 f. Die Rechtsprechung und auch Teile des Schrifttums grenzen zwischen Arbeitnehmerüberlassung und Werkverträgen in drei wesentlichen Stufen ab. Zunächst ist die vertragliche Vereinbarung zu betrachten, in einem nächsten Schritt die tatsächliche Durchführung der Vereinbarung, wobei auch geprüft wird, ob die praktische Durchführung mit der vertraglichen Vereinbarung der Parteien übereinstimmt. Stehen diese im Widerspruch zueinander, entscheidet die praktische Durchführung über die rechtliche Qualifikation des Vertrags, da durch sie am ehesten Rückschlüsse auf den wirklichen Willen der Vertragsparteien gezogen werden können: BAG Urteil v. 18.01.2012 -7 AZR 723/10, AP Nr. 10 zu § 9 AÜG; Urteil v. 27.1.1993 -7 AZR 476/92, EzAÜG § 10 AÜG Fiktion Nr. 75; *Schüren*, in: FS Däubler 1999, S. 90, 92; *ders.*, JbArbR Band 41 2004, 49, 65; *Däubler*, Das Arbeitsrecht 2, Rn. 2032; *Buchner*, NZA 1998, 1144, 1145; BT-Drucks. 17/7482, S. 2; zur Abgrenzung auch schon *Leitner*, NZA 1991, 293.

eines abnahmefähigen Werkes wie der Werkunternehmer, sondern die Auswahl, Bereitstellung und den Arbeitsantritt eines qualifizierten Leiharbeitnehmers. Die Tätigkeit als solche schuldet der Verleiher nicht. Daher hat der Verleiher, im Gegensatz zum Werkunternehmer, auch grundsätzlich nicht für die Mangelfreiheit der Arbeitsleistung des Leiharbeitnehmers einzustehen. Weiterhin ist die im Rahmen des Werkvertragsrechts erforderliche Werkvertragsfähigkeit des Werkunternehmers nicht entsprechend auf den Verleiher übertragbar, da die Betriebsstruktur des Verleihers nur darauf ausgerichtet ist, Arbeitnehmer Dritten zur Verfügung zu stellen. Im Rahmen der Arbeitnehmerüberlassung wird der Leiharbeitnehmer, im Unterscheid zum Werkvertrag, wie ein eigener Arbeitnehmer des Entleihers in dessen Betrieb eingegliedert, sodass dieser auch nicht wie beim Werkvertrag eine unabhängige Hilfsperson des Verleihers ist. Der Entleiher verfügt über den Leiharbeitnehmer durch das ihm vom Verleiher übertragene Weisungsrecht wie über einen eigenen Arbeitnehmer, wohingegen im Rahmen eines Werkvertrags das Weisungsrecht beim Werkunternehmer verbleibt und nur in den Grenzen des § 645 BGB der Werkbesteller Weisungen zur Konkretisierung der geschuldeten Leistung ausüben kann. Darüber hinaus trifft den Verleiher im Gegensatz zum Werkunternehmer keine Gewährleistungspflicht, denn der Verleiher schuldet nicht die Tätigkeit des Leiharbeitnehmers als solche, sodass er auch nicht für eine Schlechtleistung einzustehen hat, die nicht auf der mangelnden Qualifikation des Leiharbeitnehmers beruht.

Auch wenn sich Arbeitnehmerüberlassungsvertrag und Werkvertrag dem äußeren Anschein nach ähneln, da jeweils ein Arbeitnehmer im Drittbetrieb zur Verrichtung einer Tätigkeit eingesetzt wird, kann der Arbeitnehmerüberlassungsvertrag mangels Vereinbarkeit der dem jeweiligen Vertragsverhältnis immanenten Wertungen und Charakteristika nicht als Werkvertrag gem. §§ 631 ff. BGB rechtlich qualifiziert werden.

2. *Arbeitnehmerüberlassungsvertrag als Dienstvertrag gem. §§ 611 ff. BGB*

In Betracht käme auch, den Arbeitnehmerüberlassungsvertrag als Dienstvertrag gem. § 611 BGB einzuordnen. Der Dienstvertrag nach § 611 BGB beinhaltet synallagmatische Leistungspflichten der Vertragsparteien, nämlich zum einen die Erbringung der geschuldeten Dienstleistung durch den Dienstverpflichteten und zum anderen die Vergütungspflicht des Dienstberechtigten.

Der Dienstberechtigte schuldet nach § 611 Abs. 1 BGB die Gewährung der vereinbarten Vergütung an den Dienstleistenden.

Der Dienstverpflichtete schuldet im Rahmen des Dienstvertrages nach § 611 BGB die Tätigkeit als solche, wobei es nicht darauf ankommt, ob es sich um eine einmalige oder eine auf Dauer angelegte Tätigkeit handelt.[543] Auch der Entleiher schuldet die Leistung einer Vergütung an den Verleiher für die Überlassung eines ausreichend qualifizierten Leiharbeitnehmers. Der Dienstverpflichtete organisiert wie auch beim

543 *Kropholler*, Studienkommentar BGB, Vor § 611 BGB Rn. 1.

Werkvertrag die für die geschuldete Tätigkeit notwendigen Handlungen selbst und kann sich dabei Erfüllungsgehilfen bedienen.[544] Zwar ist der Dienstvertrag ein Dauerschuldverhältnis und wird im Wesentlichen durch die zeitliche Komponente bestimmt. Der Dienstvertrag erlischt daher nur durch Kündigung, nicht durch Erfüllung.[545] Dies gilt auch für den Arbeitnehmerüberlassungsvertrag, der auch ein Dauerschuldverhältnis ist.[546]

Die Einordnung des Arbeitnehmerüberlassungsvertrags als Dienstvertrag i. S. d. §§ 611 ff. BGB verlangt aber die Erbringung der geschuldeten Dienste durch den Dienstverpflichteten. Der Verleiher schuldet neben der Überlassung des Leiharbeitnehmers zur Tätigkeit im Betrieb des Entleihers auch die Tätigkeitsaufnahme des für die Tätigkeit beim Entleiher hinreichend qualifizierten Leiharbeitnehmers. Die aus dem Arbeitnehmerüberlassungsvertrag geschuldete Tätigkeit des Verleihers führt folglich bei vertragsgemäßer Erfüllung dazu, dass der Entleiher die Arbeitskraft des Leiharbeitnehmers nutzen kann. Gemein haben Arbeitnehmerüberlassungsvertrag und Dienstvertrag daher, dass der Verleiher, wie auch der Dienstverpflichtete keine Gewähr für den „Erfolg“ der vom Dienstverpflichteten zu erbringenden Dienste schuldet.[547] Die dann vom Leiharbeitnehmer zu erbringende Tätigkeit schuldet der Verleiher aus dem Arbeitnehmerüberlassungsvertrag im Gegensatz zu der den Dienstverpflichteten treffenden Pflicht aus einem Dienstvertrag nicht.[548] Bei dieser Tätigkeit im Betrieb des Entleihers wird der Leiharbeitnehmer daher und mangels vorliegender Voraussetzungen des § 278 BGB auch nicht als Erfüllungsgehilfe des Verleihers tätig. Die Erfüllungsgehilfeneigenschaft des Leiharbeitnehmers setzt voraus, dass der Leiharbeitnehmer mit dem Willen des Schuldners in dessen Pflichtenkreis tätig wird.[549] Die Erfüllungsgehilfen müssen im Wesentlichen frei von Weisungen seitens des Arbeitgeberrepräsentanten des Drittbetriebs sein und ihre Arbeitszeit selbst bestimmen können.[550] Die Tätigkeitsaufnahme des Leiharbeitnehmers erfolgt aber nicht frei von Weisungen des Dritten (Entleihers), sondern der Entleiher kann vielmehr durch das ihm übertragene Arbeitsgeberweisungsrecht die Arbeitszeit und den Arbeitsort auch zwecks Tätigkeitsaufnahme des Leiharbeitnehmers bestimmen. Dies unterscheidet Dienstvertrag und Arbeitnehmerüberlassungsvertrag maßgeblich.[551]

Der Arbeitnehmerüberlassungsvertrag kann daher nicht als Dienstvertrag nach § 611 BGB qualifiziert werden.

---

544 BeckOK-Arbeitsrecht/*Kock*, § 1 AÜG Rn. 38.
545 MüKo/*Müller-Glöge*, § 611 BGB Rn. 16.
546 Siehe dazu 2. Teil § 7 A. I. 4.
547 BeckOK-Arbeitsrecht/*Kock*, § 1 AÜG Rn. 38.
548 *Boemke/Lembke*, § 1 AÜG Rn. 76; vgl. dazu Schüren/*Hamann*, § 1 AÜG Rn. 198.
549 *Kropholler*, Studienkommentar BGB, § 278 BGB Rn. 6.
550 BSG Urteil v. 23.06.1982 -7 Rar 98/80, SozRecht 4100 § 13 Nr. 6.
551 *Boemke/Lembke*, § 1 AÜG Rn. 76; *Greiner*, NZA 2013, 997, 998; BeckOK-Arbeitsrecht/*Kock*, § 1 AÜG Rn. 38; LAG Baden-Württemberg Urteil v. 01.08.2013 -2 Sa 6/13, NZA 2013, 1017, 1020.

3. *Arbeitnehmerüberlassungsvertrag als Geschäftsbesorgungsvertrag gem. § 675 BGB*

Weiterhin ist in Betracht zu ziehen, den Arbeitnehmerüberlassungsvertrag als Geschäftsbesorgungsvertrag nach § 675 BGB rechtlich zu qualifizieren.[552] Der Geschäftsbesorgungsvertrag ist ein auf Geschäftsbesorgung gerichteter Dienst- oder Werkvertrag.[553] Eine Geschäftsbesorgung ist eine selbstständige Tätigkeit wirtschaftlicher Art, für die ursprünglich der Geschäftsherr selbst zu sorgen hatte, die ihm aber durch einen anderen (den Geschäftsführer) abgenommen wird.[554] Im Rahmen der Arbeitnehmerüberlassung könnte angenommen werden, dass der Verleiher dahingehend eine Tätigkeit für den Entleiher übernimmt, indem er Leiharbeitnehmer vertraglich verpflichtet und der Entleiher somit keine Arbeitsverträge schließen muss, um Arbeitnehmer in seinem Betrieb einsetzen zu können. Bei konkreter Betrachtung des Arbeitnehmerüberlassungsvertrags kann jedoch diese Annahme, dass der Verleiher eine Tätigkeit des Entleihers übernimmt, nicht bestehen, denn der Verleiher schuldet im Rahmen des Arbeitnehmerüberlassungsvertrags lediglich die Auswahl, Überlassung und die Tätigkeitsaufnahme seines ausreichend qualifizierten Leiharbeitnehmers. Die Überlassung zur Tätigkeit obliegt dem Entleiher im Rahmen der Beschäftigung von Stammarbeitnehmern in seinem Betrieb nicht.

Auch mit der Vergütung des Leiharbeitnehmers übernimmt der Verleiher keine dem Entleiher obliegende eigentliche Pflicht. Denn die Vergütung des Leiharbeitnehmers (und dementsprechend auch Pflicht zur Tragung der Sozialversicherungsbeiträge) darf im Rahmen des Arbeitnehmerüberlassungsvertrages keine Berücksichtigung finden, da sich die Vergütungspflicht des Leiharbeitnehmers aus dem Leiharbeitsvertrag und nicht aus dem Arbeitnehmerüberlassungsvertrag ergibt. Schließlich ist im Rahmen eines Geschäftsbesorgungsvertrags der Verpflichtete oder dessen Hilfsperson nicht in den Betriebsablauf eingegliedert und unterliegt nicht dem Weisungsrecht des Berechtigten.[555]

Der Arbeitnehmerüberlassungsvertrag kann daher nicht als Geschäftsbesorgungsvertrag gem. § 675 BGB rechtlich qualifiziert werden.

4. *Arbeitnehmerüberlassung als Dienstverschaffungsvertrag*

Überwiegend wird vertreten, dass der Arbeitnehmerüberlassungsvertrag als Unterfall des Dienstverschaffungsvertrags zu qualifizieren ist.[556] Um dieser Auffassung

---

552 So *Höcker*, RdA 1954, 127.

553 Jauernig/*Mansel*, § 675 BGB Rn. 3.

554 BGH Urteil v. 25.04.1966 -VII ZR 120/65, BGHZ 45, 223, 229; Palandt/*Sprau*, § 675 BGB Rn. 2; *Kropholler*, Studienkommentar BGB, § 675 BGB Rn. 2.

555 *Boemke/Lembke*, § 1 AÜG Rn. 81; BeckOK-Arbeitsrecht/*Kock*, § 1 AÜG Rn. 41.

556 So *Boemke*, Schuldvertrag, S. 562; *ders.*, BB 2006, 997, 998; BGH Urteil v. 22.10.1963 -VI ZR 213/62, VI ZR 267/62, DB 1963, 1646; *Gick*, S. 168; *Hofrichter*, Das mittelbare Arbeitsverhältnis, S. 198; Palandt/*Weidenkaff*, Einf. v. § 611 BGB Rn. 25, 38; *Ramm*, ZfA 1973, 263, 267; *Vor*, Zeitarbeit S. 27 f.; *Ulber*, AuR 1982, 54, 58; MüKo/

folgen zu können, sind die wesentlichen Merkmale des Dienstverschaffungsvertrags zu betrachten, um diese hinsichtlich ihrer Übertragbarkeit auf den Arbeitnehmerüberlassungsvertrag zu prüfen.

a. Verschaffung der Dienste eines Dritten

Inhalt des Dienstverschaffungsvertrags ist es, sich zu verpflichten, einem anderen die Dienste eines Dritten zu verschaffen. Dabei ist der Dritte nicht Erfüllungsgehilfe des Dienstverpflichteten.[557] Dies gilt auch für die Arbeitnehmerüberlassung, bei der der Leiharbeitnehmer nicht Erfüllungsgehilfe des Verleihers ist.[558] Der Unternehmer, der seine Arbeitskräfte im Rahmen einer Arbeitnehmerüberlassung zur Verfügung stellt, haftet nur für die ordnungsgemäße Auswahl der Arbeitskräfte, hingegen nicht für deren ordnungsgemäße Leistungserbringung.[559]

Der Dienstverschaffungsvertrag hat mit der Arbeitnehmerüberlassung folglich gemein, dass der Verleiher bzw. Dienstverschaffende im Grunde die Dienst- oder Arbeitsleistung eines seiner Angestellten dem Entleiher bzw. Dienstberechtigten zur Verfügung stellt.

Dienstverschaffungsvertrag und Arbeitnehmerüberlassung unterscheiden sich jedoch, wie nachfolgend aufgezeigt, in zweierlei Hinsicht maßgeblich.

b. Eigener Betrieb des Dienstverschaffenden

Der Verleiher einer erlaubnispflichtigen Überlassung i. S. d. §§ 1 ff. AÜG verfügt im Gegensatz zum Dienstverschaffenden nicht über einen eigenen Betrieb, in dem er den Leiharbeitnehmer bei fehlender Einsatzmöglichkeit in Fremdbetrieben beschäftigen könnte. Sondern vielmehr ist der Verleiher in der Zeit des nicht möglichen Einsatzes des Leiharbeitnehmers in Drittbetrieben daran gehalten, den Leiharbeitnehmer auf Fortbildungen und Weiterbildungen zu entsenden, um die Qualifikationen und damit auch die Einsatzmöglichkeiten des Leiharbeitnehmers zu erweitern.

Müller-Glöge, § 611 BGB Rn. 38, 39; Thüsing/*Thüsing*, § 12 AÜG Rn. 23; AG Moers Urteil v. 07.05.2013 -563 C 297/12, ZinsO 2013, 1696, 1698; BeckOK-BGB/*Fuchs*, § 611 BGB Rn. 12; *Greiner*, NZA 2013, 697, 700; ErfK/*Preis*, § 611 BGB Rn. 25; van Venrooy, NZA 2011, 670, 671; *Preis*, Der Arbeitsvertrag II A 55 Rn. 5; *Hamann*, NZA-Beilage 2014, 3, 4; ErfK/*Wank*, AÜG Einl. Rn. 14; *Mittmann*, Probleme der Leiharbeit, S. 70; *Ehrlich*, Dienstgemeinschaft und Arbeitnehmerüberlassung, S. 14; *Niklas/Schauß*, BB 2014, 2805, 2807; Schüren/*Hamann*, § 1 AÜG Rn. 75; *Ramm*, DB 1973, 1170, 1172; als Arbeitsverschaffungsvertrag qualifiziert den Arbeitnehmerüberlassungsvertrag Münchener Anwaltshandbuch/*Vornfell*, § 3 Rn. 80; als „Arbeiterbeschaffungsvertrag" bezeichnet den Arbeitnehmerüberlassungsvertrag *Beine*, ArbBlbrZ 1947, 410, 413; ablehnend *Becker*, ZfA 1978, 131, 145; *Trieschmann*, DB 1956, Beilage Nr. 16 unter III. 1. c).

557 Staudinger/*Richardi/Fischinger*, Vorbem. §§ 611 BGB ff., Rn.69 f.

558 Siehe 2. Teil § 7 I und II.

559 Für die echte Leiharbeit: BGH Urteil v. 09.03.1971 -VI ZR 138/69, AP Nr. 1 zu § 611 BGB Leiharbeitsverhältnis.

c. Eingliederung in den Betrieb des Entleihers, Selbstständigkeit des Dienstleistenden

Wesentlich unterscheidet sich die Arbeitnehmerüberlassung vom Dienstverschaffungsvertrag dahingehend, dass der Leiharbeitnehmer in den Betrieb des Entleihers eingegliedert wird und der Leiharbeitnehmer den Weisungen des Entleihers unterliegt. Der im Rahmen einer Dienstverschaffung Dienstleistende wird hingegen nicht in den Betrieb des Dienstberechtigten eingegliedert und unterliegt zudem keinen Weisungen des Dienstberechtigten. Die Dienstverschaffung ist geprägt durch die kontinuierliche Selbstständigkeit des Dienstleistenden. Der dann Dienstleistende erbringt keine abhängige Leistung.[560]

Der Leiharbeitnehmer hingegen erbringt auch während der Dauer seiner Überlassung abhängige Dienstleistungen, mithin eine Arbeitsleistung i. S. d. §§ 611 ff. BGB, die durch ein Abhängigkeitsverhältnis zum Verleiher als sein Arbeitgeber als auch zum Entleiher, von dessen Weisungen er während der Dauer der Überlassung abhängig ist, geprägt ist.

5. Zwischenergebnis

Die vorausgegangene Prüfung hat gezeigt, dass der Arbeitnehmerüberlassungsvertrag weder einen Erfolg noch eine Dienstleistung noch eine Dienstverschaffung zum Gegenstand hat und daher nicht entsprechend in die zivilrechtlichen Muster des 8. Titels des BGB als Werk-, Dienst- und Dienstverschaffungsvertrag eingeordnet werden kann. Dies liegt zum einen im Wesentlichen daran, dass Werk- und Dienstvertrag die Eingliederung der einzusetzenden Hilfsperson in den Drittbetrieb nicht vorsehen, dies aber der Arbeitnehmerüberlassung immanent ist. Die im Rahmen dieser Verträge des 8. Titels des BGB eingesetzten Hilfspersonen im Drittbetrieb unterliegen zudem nicht den Weisungen des Empfängers der vertraglich geschuldeten Leistung. Dies ist aber wesentliches Merkmal der Arbeitnehmerüberlassung.

II. Qualifikation als Gebrauchsüberlassungsvertrag

Der Arbeitnehmerüberlassungsvertrag könnte als Gebrauchsüberlassungsvertrag qualifiziert werden. In Betracht kommt die Qualifikation als Leihvertrag nach § 598 BGB oder Mietvertrag nach § 535 BGB.

1. Arbeitnehmerüberlassungsvertrag als Leihvertrag i. S. d. § 598 BGB

Die Gebrauchsüberlassungsverträge, also insbesondere Leihverträge gem. § 598 BGB und Mietverträge nach § 535 BGB, zeichnen sich dadurch aus, dass sie nicht die endgültige Überlassung des Vertragsgegenstandes haben, sondern auf die lediglich zeitlich begrenzte, vorübergehende Überlassung des Vertragsgegenstandes

560 BeckOK-Arbeitsrecht/*Kock*, § 1 AÜG Rn. 39.

gerichtet sind.[561] Da auch die Arbeitnehmerüberlassung nach § 1 Abs. 1 S. 2 AÜG nur dann gesetzmäßig ist, wenn sie vorübergehend ist, kommt eine Einordnung des der Arbeitnehmerüberlassung zugrunde liegenden Arbeitnehmerüberlassungsvertrags als eben solcher Gebrauchsüberlassungsvertrag, also Leihvertrag gem. § 598 BGB oder Mietvertrag gem. § 535 BGB, in Betracht.

Die nähere Betrachtung des Inhalts eines Arbeitnehmerüberlassungsvertrags, nämlich die Überlassung eines Arbeitnehmers zur Erbringung von Arbeitsleistung und den damit einhergehenden *Verleih* eines Arbeitnehmers an einen dritten Unternehmer, lässt zunächst einen Leihvertrag gem. §§ 598 ff. BGB (analog) als rechtliche Qualifikation des Arbeitnehmerüberlassungsvertrags in Betracht kommen.

a. Vertragsgegenstand

Vertragsinhalt der Leihe ist im Gegensatz zur Arbeitnehmerüberlassung, bei der der Entleiher dem Verleiher eine Vergütung der Überlassung schuldet,[562] die unentgeltliche Gestattung des Gebrauchs einer Sache.[563] Der Leihvertrag ist ein unvollkommen zweiseitig verpflichtender Vertrag, sodass die Pflichten von Verleiher[564] und Entleiher[565] nicht im Gegenseitigkeitsverhältnis stehen.[566] Dem Entleiher kommt aber unter Umständen ein Zurückbehaltungsrecht nach § 273 BGB zu.[567] Gemein haben der Leihvertrag nach § 598 BGB und der Arbeitnehmerüberlassungsvertrag die zeitliche Begrenzung. Die §§ 598 ff. BGB gehen davon aus, dass der Entleiher das Entliehene nach Ablauf der Zeit wieder zurückgeben muss.[568] Dies gilt ebenso für die Arbeitnehmerüberlassung, bei der der Arbeitnehmer für einen bestimmten Zeitraum im Betrieb des Entleihers tätig wird und nach Ablauf dieses Zeitraums nicht mehr in eben diesem Betrieb beschäftigt wird, da die Arbeitnehmerüberlassung nach § 1 Abs. 1 S. 2 AÜG vorübergehend und nicht dauerhaft ist.

Der Einordnung des Arbeitnehmerüberlassungsvertrags als Leihvertrag i. S. v. § 598 BGB steht auch nicht entgegen, dass § 598 BGB als Vertragsgegenstand den Verleiher einer Sache festlegt. Der Sachbegriff ist nicht i. S. d. § 90 BGB, sondern weiter zu verstehen,[569] sodass auch der Leiharbeitnehmer Gegenstand eines Leihvertrags sein könnte.

---

561 *Staudinger*, Eckpfeiler des Zivilrechts, S. 1008 Rn. 1.
562 Siehe 2. Teil § 7 A. II. 2.
563 MüKo/*Häublein*, § 598 BGB Rn. 21 ff.
564 Als Vertragspartei des Leihvertrags.
565 Als Vertragspartie des Leihvertrags.
566 Jauernig/*Mansel*, § 598 BGB Rn. 1 f.; MüKo/*Häublein*, § 598 BGB Rn. 2.
567 MüKo/*Häublein*, § 598 BGB Rn. 2.
568 MüKo/*Häublein*, § 598 BGB Rn. 13.
569 Siehe dazu ausführlich nachfolgend, 2. Teil § 7 B. 2. b.

b. Bezeichnung der Vertragsparteien

Für die Einordnung als Leihvertrag i. S. d. §§ 598 ff. BGB spricht weiterhin die Bezeichnung der Vertragsparteien beim Arbeitnehmerüberlassungsvertrag als Entleiher und Verleiher ebenso wie beim Leihvertrag.[570]

c. Unentgeltlichkeit

Wesentliches Element des Leihvertrages nach § 598 BGB ist die Unentgeltlichkeit der Gebrauchsüberlassung.[571] Der Arbeitnehmerüberlassungsvertrag sieht hingegen eine Vergütungspflicht des Entleihers vor und ist daher von Entgeltlichkeit geprägt.

Ein wesentliches Element der Leihe ist folglich nicht mit dem Inhalt des Arbeitnehmerüberlassungsvertrags vereinbar, der eine Vergütungspflicht des Entleihers vorsieht.[572]

d. Keine Verfügungsmacht

Darüber hinaus verschafft der Leihvertrag dem Entleiher gem. § 603 BGB nur das Recht auf den vertragsgemäßen Gebrauch. Den Verleiher trifft demnach die Pflicht, dem Entleiher die Gebrauchsmöglichkeit zu verschaffen. Dieser vertragsgemäße Gebrauch umfasst nicht die Verfügungsmacht über die Sache.[573]

Im Rahmen der Arbeitnehmerüberlassung erhält der Entleiher jedoch die Verfügungsmacht über den Leiharbeitnehmer, denn ihm wird im Rahmen des Vertrages durch den Verleiher für die Dauer der Arbeitnehmerüberlassung das Arbeitgeberdirektionsrecht nach § 106 GewO[574] im Wesentlichen übertragen, sodass der Entleiher in der Zeit der Arbeitnehmerüberlassung wie ein Arbeitgeber über den Leiharbeitnehmer verfügen kann. Diese dem Leihvertragsrecht immanente Wertung widerspricht der Einordnung des Arbeitnehmerüberlassungsvertrags als Leihvertrag i. S. d. § 598 BGB.

e. Rückgabepflicht § 604 BGB

Weder für noch gegen die Einordnung des Arbeitnehmerüberlassungsvertrags als Leihvertrag nach § 598 BGB spricht die im Leihvertragsrecht in § 604 BGB normierte Rückgabepflicht des Entleihers. Nach § 604 Abs. 2 S. 2 BGB kann der Verleiher die Sache auch schon vorher, also vor Vertragsende, zurückfordern, wenn so viel Zeit verstrichen ist, dass der Entleiher den Gebrauch hätte machen können.

---

570 Zur Kritik dieser misslungenen und „irreführenden Bezeichnung" vgl. schon *Ramm*, DB 1973, 1170.

571 Staudinger/*Reuter*, § 598 BGB Rn. 2; Jauernig/*Mansel*, § 598 BGB Rn. 7; *Ramm*, DB 1973, 1170.

572 Im Ergebnis auch *Beine*, ArbBlbrZ 1947, 410.

573 MüKo/*Häublein*, § 598 BGB Rn. 16.

574 Siehe dazu 1. Teil § 4 A. II. 2. c. aa. (1.).

Nach Beendigung des Arbeitnehmerüberlassungsvertrages wird der Arbeitnehmer nicht mehr im Betrieb des Entleihers tätig. Eine Rückgabe erfordert stets ein aktives Handeln des Entleihers. Dies ist hingegen bei der Arbeitnehmerüberlassung nicht erforderlich, da nach Ablauf des Arbeitnehmerüberlassungsvertrages der Arbeitnehmer nicht mehr zur Erbringung der Arbeitsleistung in den Betrieb des Entleihers seine Beschäftigung antritt. Der Entleiher hat die für eine Rückgabe erforderliche Entscheidungsbefugnis in diesem Fall nicht.

Bei vorzeitiger Beendigung des Einsatzes durch den Entleiher wäre der Verleiher möglichen Ansprüchen des Leiharbeitnehmers ausgesetzt, wenn der Entleiher den Leiharbeitnehmer vorzeitig „zurückgibt" und der Verleiher in der Kürze der Zeit keine Beschäftigung für den Leiharbeitnehmer erlangen kann. Der Verleiher könnte dann seiner aus dem Leiharbeitsvertrag resultierenden Beschäftigungspflicht nicht nachkommen und müsste sich etwaigen Schadensersatzansprüchen des Leiharbeitnehmers ausgesetzt sehen.

Diese Wertung steht der Einordnung als Leihvertrag nicht entgegen, spricht sich gleichwohl aber auch nicht für eine Einordnung des Arbeitnehmerüberlassungsvertrags als Leihvertrag aus.

f. Erhaltungskosten

Schließlich führt eine Wertung des Leihvertragsrechts hinsichtlich der Erhaltungskosten im Rahmen der Leihe nach §§ 598 ff. BGB zu dem Ergebnis, dass der Arbeitnehmerüberlassungsvertrag nicht als Leihvertrag nach §§ 598 ff. BGB eingeordnet werden kann.

Gem. § 601 BGB hat der Entleiher die Kosten der Erhaltung der geliehenen Sache zu tragen. Im Rahmen der Arbeitnehmerüberlassung sind das im Wesentlichen die Unterhaltungskosten, mithin die Vergütung des Leiharbeitnehmers. Diese schuldet hingegen der Verleiher dem Leiharbeitnehmer aus dem Leiharbeitsvertrag gem. § 611 Abs. 1 BGB und nicht der Entleiher.

g. Zwischenergebnis

Die Gegenüberstellung der Charakteristika von Leihvertrag nach § 598 BGB und Arbeitnehmerüberlassungsvertrag hat ergeben, dass der Arbeitnehmerüberlassungsvertrag nicht als Leihvertrag i. S. d. § 598 BGB qualifiziert werden kann. Zwar haben Leihvertrag und Arbeitnehmerüberlassungsvertrag gemein, dass die Überlassung des Gegenstands bzw. des Arbeitnehmers nur *vorübergehend* und nicht dauerhaft ist und auch die Vertragsparteien identisch als *Verleiher* und *Entleiher* bezeichnet sind. Gleichwohl hindert die übrige der Leihe zugrunde liegende Wertung die Einordnung des Arbeitnehmerüberlassungsvertrags als Leihvertrag i. S. d. § 598 BGB. Die Leihe zeichnet sich wesentlich durch ihre Unentgeltlichkeit aus. Dominierender Vertragszweck des Arbeitnehmerüberlassungsvertrags ist hingegen die entgeltliche Gebrauchsüberlassung. Die Rechte und Pflichten der Vertragsparteien sind beim Arbeitnehmerüberlassungsvertrag, anders als beim Leihvertrag, synallagmatisch verknüpft. Weiterhin erhält der Entleiher eines Leihvertrags i. S. d. § 598 BGB nur das Recht des vertragsgemäßen Gebrauchs der Sache, während der Entleiher eines Arbeitnehmerüberlassungsvertrags durch das ihm übertragene Weisungsrecht auch „Verfügungsmacht" über den Leiharbeitnehmer hat. Auch die Erhaltungskosten, die sich beim Arbeitnehmerüberlassungsvertrag in der Vergütung des Leiharbeitnehmers ausdrücken, hat der Entleiher beim Arbeitnehmerüberlassungsvertrag nicht zu tragen, da nur der Verleiher den Leiharbeitnehmer vergütet.

2. *Arbeitnehmerüberlassungsvertrag als Mietvertrag i. S. d. § 535 BGB*

Der Mietvertrag ist ein gegenseitiger schuldrechtlicher Vertrag, durch den ein Dauerschuldverhältnis begründet wird.[575] Der Arbeitnehmerüberlassungsvertrag könnte aufgrund des dominierenden Vertragszwecks als entgeltliche „Gebrauchsüberlassung" auch als Mietvertrag i. S. d. § 535 BGB einzuordnen sein.[576] Im Folgenden werden charakteristische Merkmale des Mietvertrags herangezogen, um dann zu prüfen, ob diese durch das Gesetz vorgegebene Wertung des Mietvertrags auch für den Arbeitnehmerüberlassungsvertrag gelten kann, sodass dieser als Mietvertrag i. S. d. § 535 BGB rechtlich zu qualifizieren wäre.

a. Synallagmatische Hauptpflichten

Die Überlassung und Erhaltung der Mietsache gem. § 535 Abs. 1 BGB sind Hauptleistungspflichten aus dem Mietvertrag, die mit der Zahlungspflicht des Mieters im Gegenseitigkeitsverhältnis nach § 320 BGB stehen.[577] Diese Wertung des Mietvertragsrechts kann auf die Arbeitnehmerüberlassung übertragen werden. Die Hauptleistungspflicht des Entleihers aus dem Arbeitnehmerüberlassungsvertrag, die Vergütung des Verleihers, steht mit der Hauptpflicht des Verleihers, der Auswahl und Überlassung eines qualifizierten Leiharbeitnehmers, im Gegenseitigkeitsverhältnis i. S. d. § 320 BGB.

Demnach haben Mietvertrag und Arbeitnehmerüberlassungsvertrag die Überlassung und die Erhaltung der Mietsache als aus dem Vertrag resultierende synallagmatische Hauptpflichten gemein.

---

575 *Staudinger*, Eckpfeiler des Zivilrechts, S. 1010; *M.-P. Weller*, JZ 2012, 881; *Oetker*, Das Dauerschuldverhältnis und seine Beendigung 1994, S. 146 f.; für den Wohnraummietvertrag: *Paschke*, Das Dauerschuldverhältnis der Wohnraummiete, 1991, S. 65 ff., 134 ff.

576 Auch *Ramm*, DB 1973, 1170 ist der Auffassung, dass die „richtige" Bezeichnung des Rechtsverhältnisses von „Mietarbeitsverhältnis" sei; ähnlich auch *Däubler*, Das Arbeitsrecht 2, Rn. 1995b, der aber vertritt, dass es schlicht nicht gut klinge, wenn man den Leiharbeitnehmer als „Mietling" bezeichnen müsse; andeutungsweise Schüren/*Hamann*, § 1 AÜG Rn. 155.

577 Staudinger/*Emmerich*, § 535 BGB Rn. 16.

b. Entgeltliche Gebrauchsüberlassung; Mietsache

In Abgrenzung zur Leihe ist Inhalt des Mietvertrages nach § 535 BGB die entgeltliche Gebrauchsüberlassung einer Sache.[578] Auch die Arbeitnehmerüberlassung zeichnet sich durch Entgeltlichkeit aus, denn der Entleiher leistet an den Verleiher eine vereinbarte Vergütung für die Überlassung eines ausreichend qualifizierten Leiharbeitnehmers zum Einsatz nach seinen Weisungen in seinem Betrieb. Zahlt der Entleiher keine Vergütung an den Verleiher, kommt dem Verleiher ein Zurückbehaltungsrecht an dem Leiharbeitnehmer zu. Die entgeltliche Überlassung des Leiharbeitnehmers an den Entleiher ist daher dominierender Vertragszweck des Arbeitnehmerüberlassungsvertrags.

Der Einordnung des Leiharbeitnehmers als „Mietgegenstand" hindert dabei mehr eine moralische denn eine rechtliche Hürde.[579] Nur aber eine rechtliche Hürde kann der Qualifizierung des Arbeitnehmerüberlassungsvertrags als Mietvertrag i. S. d. §§ 535 ff. BGB entgegenstehen. „Mietgegenstand" des Arbeitnehmerüberlassungsvertrags ist der Leiharbeitnehmer, den der Entleiher nach seinen Vorstellungen unter seinen Weisungen wie einen eigenen Arbeitnehmer im eigenen Betrieb einsetzt. Eine Einordnung als atypischen Mietvertrag mangels Einordenbarkeit eines Menschen als „Sache" abzulehnen, knüpft an einen zu eng an § 90 BGB orientierten, tradierten Sachbegriff an. Vielmehr ist der Begriff der „Sache" weiter zu fassen. Dies zeigt schon die Vorschrift des § 243 Abs. 1 BGB. Nach § 243 Abs. 1 BGB hat bei Gattungsschulden der Schuldner eine Sache von mittlerer Art und Güte zu leisten. Wenn dann auch reine Handlungsschulden unter § 243 Abs. 1 BGB zu subsumieren sind,[580] also im Rahmen des Allgemeinen Teils des BGB in § 243 Abs. 1 BGB ein über den Begriff der Sache i. S. d. § 90 BGB hinausgehendes Verständnis herrscht, muss ein eben solches Verständnis auch für den besonderen Teil des BGB im Rahmen der Mietverhältnisse gelten.

Dies bedeutet, dass wenn schon im Rahmen des § 243 BGB unter den Begriff der Sache auch die vom Arbeitnehmer aus dem Arbeitsverhältnis geschuldete Leistung als Gattungshandlungsschuld zu fassen ist,[581] muss erst recht gelten, dass auch der „gemietete" Arbeitnehmer, der eine Arbeitsleistung im Betrieb des Entleihers zu erbringen hat, Gegenstand eines Mietvertrags sein kann. Dieses Ergebnis der Anwendbarkeit des § 243 BGB bestätigt auch die wohl herrschende Auffassung mit der Annahme, bei der Pflicht des Verleihers aus dem Arbeitnehmerüberlassungsvertrag handele es sich um eine Gattungsschuld, sodass der Verleiher einen

---

578 MüKo/*Häublein*, § 535 BGB Rn. 153 f.

579 Siehe dazu kritisch schon *Ramm*, ZfA 1973, 263, 266.

580 *Hammen*, Die Gattungshandlungsschulden, S. 74 ff.; dazu auch *M. Weller*, Persönliche Leistungen, S. 468 f.

581 *Hammen*, Die Gattungshandlungsschulden, S. 178 ff., 183 ff.; BeckOK-BGB/*Sutchet*, § 243 BGB Rn 3.

Leiharbeitnehmer „mittlerer Art und Güte" zu überlassen habe.[582] Daher ist auch der Leiharbeitnehmer unter den weiten Begriff der Sache i. S. d. § 243 Abs. 1 BGB zu subsumieren.

c. Gewährung des Gebrauchs

Der Gebrauch der Sache wird im Rahmen eines Mietvertrages nicht nur gestattet, sondern ist auch zu gewähren. Die Pflicht des Vermieters umfasst folglich ein positives Tun und nicht nur eine bloße Duldung.[583] Im Hinblick auf die Arbeitnehmerüberlassung ist auch mehr als ein bloßes Dulden, mithin ein positives Tun des Verleihers erforderlich, wenn er seinen Arbeitnehmer auswählt, zur Erbringung von Arbeitsleistung dem Entleiher überlässt und darüber hinaus sein Arbeitgeberweisungsrecht gem. § 106 GewO auf den Entleiher überträgt.

d. Mangelfreiheit der Mietsache

Der vom Vermieter zu gewährende Gebrauch der Mietsache hat dieser mangelfrei zu gewähren, § 535 Abs. 1 S. 2 BGB. Dem Mietvertragsrecht ist die Verpflichtung des Vermieters immanent, den Mieter vor Störungen des vertragsgemäßen Gebrauchs zu bewahren.[584] Der vertragsgemäße Gebrauch beinhaltet im Rahmen der Miete auch die Mangelfreiheit der Sache während der gesamten Dauer des Mietvertrages.[585]

Im Rahmen der Arbeitnehmerüberlassung hat der Verleiher auch für die Mangelfreiheit des „Mietgegenstands", nämlich für die ausreichende Qualifizierung des Leiharbeitnehmers während der gesamten Dauer des Vertrags einzustehen.[586] Der Entleiher selbst trägt nicht das Risiko, dass er den Leiharbeitnehmer mangels ausreichender Qualifikation nicht einsetzen kann.

e. Abnahmepflicht, Benutzungspflicht

Zwar besteht für den Mieter nach § 535 Abs. 1 BGB grundsätzlich keine Abnahmepflicht wie für den Entleiher im Rahmen des Arbeitnehmerüberlassungsvertrags.[587] Der Mieter ist zum Gebrauch berechtigt, hingegen nicht verpflichtet. Bei Mietverträgen kann sich jedoch aus den Umständen des Vertrags ergeben, dass den Mieter eine Benutzungspflicht trifft; so zum Beispiel darf ein Garten nicht verkommen und

---

582 Schüren/*Schüren*, Einl. AÜG Rn. 328; *Becker/Wulfgramm*, Art. 1 § 12 AÜG Rn. 21; *Boemke*, BB 2006, 997, 998; AG Solingen, Urteil v. 08.08.2000 -13 C 236/00, NZA-RR 2000, 579; für eine analoge Anwendung: BeckOK-BGB/*Sutchet*, § 243 BGB Rn. 3; zum Gestellungsvertrag: LG Köln Urteil v. 01.03.2013 -17 O 72/12, BeckRS 2013, 05014; siehe auch 2. Teil § 7 A. I.

583 Staudinger/*Emmerich*, § 535 BGB Rn. 14.

584 Staudinger/*Emmerich*, § 535 BGB Rn. 23.

585 Palandt/*Weidenkaff*, § 535 BGB Rn. 36 ff.

586 Siehe 2. Teil § 7 A. I. 4.

587 Staudinger/*Emmerich*, § 535 BGB Rn. 91; So aber für die Arbeitnehmerüberlassung siehe unter 2. Teil § 7 A. II. 3.

Tiere müssen bewegt werden.[588] Diese grundsätzlich fehlende Abnahmepflicht beim Mietvertrag zeigt die Atypik des Arbeitnehmerüberlassungsvertrags als Mietvertrag. In der Abnahme- und Beschäftigungspflicht des Entleihers zeigt sich ein dienstvertragliches Element des Arbeitnehmerüberlassungsvertrags. Der Verleiher kann seiner aus dem Leiharbeitsvertag resultierenden Beschäftigungspflicht nur nachkommen, wenn der Entleiher vertraglich (durch den Arbeitnehmerüberlassungsvertrag) dazu verpflichtet ist, den Leiharbeitnehmer auch tatsächlich zu beschäftigen. Dafür muss der Entleiher den Leiharbeitnehmer auch „abnehmen" und beschäftigen.[589] Arbeitsvertragliche Elemente des Arbeitnehmerüberlassungsvertrags zeigen sich auch im Rahmen der Beschäftigungspflicht des Entleihers, bei der er gegenüber dem Leiharbeitnehmer auch die einschlägigen Arbeitnehmerschutzvorschriften, wie zum Beispiel das ArbZG (Arbeitszeitgesetz) oder auch das ArbSchG (Arbeitsschutzgesetz), beachten muss, durch die Ausübung des Arbeitgeberweisungsrechts durch den Entleiher gegenüber dem Leiharbeitnehmer und die Eingliederung des Leiharbeitnehmers in den Betrieb des Entleihers.

f. Dauerschuldverhältnis

Diese Hauptpflichten und auch die aus dem Arbeitnehmerüberlassungsvertrag resultierenden Nebenpflichten bestehen während der gesamten Dauer des Arbeitnehmerüberlassungsvertrags. Sowohl der Mietvertrag[590] als auch der Arbeitnehmerüberlassungsvertrag[591] sind Dauerschuldverhältnisse.

g. Weitervermietung, § 540 BGB

Weiterhin entspricht auch die Regelung des § 540 BGB einer in der Arbeitnehmerüberlassung nach dem AÜG vorhandenen Wertung. § 540 BGB sieht vor, dass der Mieter ohne die Erlaubnis des Vermieters nicht dazu berechtigt ist, den Gebrauch der Mietsache einem Dritten zu überlassen. Entsprechend darf auch der Entleiher ohne Erlaubnis des Verleihers nicht berechtigt sein, den Leiharbeitnehmer jedenfalls zeitweise an einen Dritten zu überlassen. Denn bei der Arbeitnehmerüberlassung ist nach hier vertretener Auffassung nur der vertragliche Arbeitgeber zur Überlassung i. S. d. § 1 AÜG berechtigt.[592] Davon betroffen ist nicht das Recht des Entleihers, den Leiharbeitnehmer auch kurzzeitig in einem dritten Betrieb einzusetzen.[593]

---

588 Soergel/*Heintzmann*, § 535 BGB Rn. 35.
589 Siehe oben 2. Teil § 7 A. II. 3.
590 Palandt/*Weidenkaff*, Einf. v. § 535 BGB Rn. 81; *Staudinger*, Eckpfeiler des Zivilrechts, S. 1010; *M.-P. Weller*, JZ 2012, 881.
591 Siehe oben 2. Teil § 7 A. I. 4.
592 Siehe dazu oben 1. Teil § 4 A. II. 2.
593 Siehe dazu 1. Teil § 4 A. II. 2.

h. Dauer

Die Miete richtet sich grundsätzlich auf die nur zeitweilige, nicht auf die endgültige Überlassung eines Gegenstandes.[594] Dabei ist der Mietvertrag ein auf Dauer angelegtes Schuldverhältnis, nicht aber ein immerwährendes.[595] Möglich ist aber auch die Vereinbarung eines Mietverhältnisses auf Zeit nach den Voraussetzungen des § 575 BGB, der zeigt, dass auch die Befristung eines Mietverhältnisses den im Mietrecht getroffenen Wertungen jedenfalls nicht fremd ist.

Beim Arbeitnehmerüberlassungsvertrag ist die zeitliche Begrenzung der Überlassung die Regel, denn für eine gesetzmäßige Arbeitnehmerüberlassung nach § 1 Abs. 1 AÜG darf die Überlassungsdauer nur vorübergehend sein. Der Arbeitnehmerüberlassungsvertrag ist daher nie ein auf Dauer angelegtes Schuldverhältnis. Der Arbeitnehmerüberlassungsvertrag kann daher jedenfalls mit einem Mietvertrag auf Zeit verglichen werden.

i. Rückgabepflicht, § 546 BGB

Die Norm des § 546 BGB steht der rechtlichen Einordnung des Arbeitnehmerüberlassungsvertrags als (atypischer) Mietvertrag i. S. d. § 535 BGB (analog) nicht entgegen. Nach § 546 Abs. 1 BGB hat der Mieter nach Beendigung des Mietverhältnisses die Mietsache zurückzugeben. Freilich kann auch der Entleiher die Arbeitskraft des Leiharbeitnehmers nur für die im Arbeitnehmerüberlassungsvertrag vereinbarte Dauer nutzen. Nach Ablauf des vereinbarten Zeitraums hat der Entleiher den Leiharbeitnehmer grundsätzlich „zurückzugeben", wenn noch ein Leiharbeitsvertrag mit dem Verleiher besteht. Ist der Leiharbeitsvertrag gekündigt, ist der Entleiher hingegen nicht gehindert, den Leiharbeitnehmer als Stammarbeitnehmer einzusetzen. Den Entleiher trifft eine Rückgabepflicht dann nicht, denn nach § 9 Nr. 3, 4 AÜG gilt, dass der Entleiher den Leiharbeitnehmer nach Ende des Leiharbeitsvertrags beschäftigen darf und dahingehend verhindernde Vereinbarungen mit dem Verleiher unwirksam sind. Kündigt der Leiharbeitnehmer also für den Zeitraum nach Ablauf der Überlassung beim Entleiher den Leiharbeitsvertrag mit dem Verleiher, kann der Entleiher den Leiharbeitnehmer als Stammarbeitnehmer beschäftigen. Diese Wertung des Mietvertragsrechts des § 546 BGB ist demnach auf die Arbeitnehmerüberlassung übertragbar.

j. Fixschuldcharakter

Schließlich kann die Leistungspflicht des Vermieters, die Zurverfügungstellung von Wohnraum, wie auch die Arbeitnehmerüberlassung einen absoluten Fixschuldcharakter haben.[596] Dies kann zum Beispiel der Fall sein, wenn ein Mieter für ein bestimmtes, zeitlich festgelegtes Ereignis („Festspiele") Wohnraum zu mieten begehrt.

---

594 *M.-P. Weller*, JZ 2012, 881.

595 *Gierke*, Deutsches Privatrecht, Bd. III, 1917, S. 509; *M.-P. Weller*, JZ 2012, 881.

596 Siehe dazu 2. Teil § 7 A. II. 2. und 3.

Ist das zeitliche Ereignis vergangen, kann der Zweck der Miete der Wohnung nicht mehr erfüllt werden. In solchen Fällen ist von einer absoluten Fixschuld im Hinblick auf die Vermietung auszugehen. Auch der Leistungspflicht des Verleihers[597] und des Entleihers[598] aus dem Arbeitnehmerüberlassungsvertrag kommt Fixschuldcharakter zu.

3. Zwischenergebnis

Die Analyse hat gezeigt, dass die durch den Gesetzgeber vorgegebenen Wertungen im Bereich des Mietvertragsrechts nach den §§ 535 ff. BGB weit überwiegend auch für den Arbeitnehmerüberlassungsvertrag gelten. Sowohl der Mietvertrag als auch der Arbeitnehmerüberlassungsvertrag zeichnen sich wesentlich durch die entgeltliche, zeitweise Gebrauchsüberlassung aus. Den Verleiher und den Vermieter trifft als Hauptleistungspflicht die mangelfreie Überlassung der „Mietsache". Dabei steht es der Einordnung des Arbeitnehmerüberlassungsvertrags als Mietvertrag nicht entgegen, dass der Leiharbeitnehmer nicht als Sache i. S. d. § 90 BGB zu sehen ist, da, jedenfalls seitdem unter den Sachbegriff des § 243 Abs. 1 BGB auch Gattungshandlungsschulden zu fassen sind, deutlich ist, dass der Sachbegriff des BGB zu eng gefasst ist und weiter verstanden werden muss. Bei der Arbeitnehmerüberlassung zeigt sich die Mangelfreiheit der „Mietsache" in der ausreichenden Qualifikation des Leiharbeitnehmers. Der Gebrauch der „Mietsache" (des Leiharbeitnehmers) ist in beiden Vertragsverhältnissen zu gewähren und nicht nur zu gestatten. Ebenso wie der Mieter nach § 540 BGB ist der Entleiher nicht berechtigt, den Leiharbeitnehmer an einen Dritten im Wege einer Arbeitnehmerüberlassung weiter zu verleihen.[599] Eine Rückgabepflicht entsprechend § 546 BGB besteht auch beim Arbeitnehmerüberlassungsvertrag, solange Leiharbeitnehmer und Verleiher arbeitsvertraglich verbunden sind. Ist der Leiharbeitsvertrag hingegen beendet, besteht wegen § 9 Nr. 3, 4 AÜG keine Rückgabepflicht des Entleihers mehr. Die Atypik erhält der Arbeitnehmerüberlassungsvertrag durch arbeits- bzw. dienstvertragliche Elemente. Mietgegenstand ist der Leiharbeitnehmer. Weiterhin trifft den Entleiher eine Beschäftigungspflicht des Leiharbeitnehmers, bei der der Entleiher die Arbeitnehmerschutzvorschriften, wie zum Beispiel das ArbZG und das ArbSchG, zu beachten hat. Darüber hinaus ist der Leiharbeitnehmer während der Dauer der Überlassung wie ein Arbeitnehmer des Entleihers in dessen Betrieb eingegliedert und hat nach den Weisungen des Entleihers tätig zu werden. Das Weisungsrecht überträgt der Verleiher auf den Entleiher während der Dauer der Überlassung jedenfalls überwiegend. Auch wenn mit der Einordnung des Arbeitnehmers als „Mietgegenstand" eine moralische Hürde überwunden werden muss, kann dies die Einordnung des Arbeitnehmerüberlassungsvertrags als atypischen Mietvertrag nicht hindern. Diese eine Qualifizierung als Mietvertrag ablehnende Haltung orientiert sich an einem

597 Siehe dazu oben unter 2. Teil § 7 A. I.
598 Siehe dazu oben unter 2. Teil § 7 A. II.
599 Siehe oben 1. Teil § 4 A. II. 2.

zu eng an § 90 BGB orientierten Sachbegriff. Da selbst die vom Arbeitnehmer zu erbringende Leistung unter den Sachbegriff des § 243 Abs. 1 BGB zu subsumieren ist, muss aus diesem weiten Verständnis einer Sache, dies auch für den Mietgegenstand des § 535 BGB gelten. Daher ist der Arbeitnehmer tauglicher Mietgegenstand. Der Arbeitnehmerüberlassungsvertrag ist ein atypischer Mietvertrag, mithin ein Arbeitnehmermietvertrag.[600] Neben den im AÜG spezialgesetzlichen Regelungen kann daher auf die Regelungen der §§ 535 ff. BGB (analog) zurückgegriffen werden. Für eine rechtliche Qualifizierung als Vertrag *sui generis*[601] ist daher kein Raum und dies ist der Rechtssicherheit zudem nicht zuträglich.

C. Beendigung

Der Arbeitnehmerüberlassungsvertrag kann grundsätzlich durch ordentliche bzw. außerordentliche Kündigung[602] nach §§ 542 ff. BGB analog beendet werden. Dies gilt jedoch nur für Arbeitnehmerüberlassungsverträge, die nicht schon durch eine vertraglich vereinbarte Befristung zeitlich begrenzt sind. Handelt es sich um einen befristeten Arbeitnehmerüberlassungsvertrag, endet dieser mit dem Ablauf des vereinbarten Zeitraums, insofern dieser nicht verlängert wird, vgl. § 542 Abs. 2 BGB analog.

D. Zwischenergebnis

Die Analyse hat ergeben, dass der Arbeitnehmerüberlassungsvertrag ein atypischer Mietvertrag, mithin ein Arbeitnehmermietvertrag ist. Daher kann neben den im AÜG spezialgesetzlichen Regelungen auf die Normen der §§ 535 ff. BGB entsprechend zurückgegriffen werden. Die Atypik erhält der Arbeitnehmerüberlassungsvertrag durch arbeits- bzw. dienstvertragliche Elemente, die sich dadurch äußern, dass den Entleiher eine Beschäftigungspflicht trifft, bei der er Arbeitnehmerschutzvorschriften, wie zum Beispiel das ArbZG und das ArbSchG, zu beachten hat.

Zwischen Verleiher und Entleiher bestehen gegenseitige Rechte und Pflichten aus dem Arbeitnehmerüberlassungsvertrag. Der Verleiher schuldet dem Entleiher die Überlassung des Leiharbeitnehmers zur Beschäftigung im Betrieb des Entleihers.

Das vom Verleiher geschuldete *Überlassen* des Leiharbeitnehmers umfasst neben der Auswahl und Bereitstellung auch die Arbeitsaufnahme des ausreichend qualifizierten Leiharbeitnehmers im Betrieb des Entleihers. Eine Arbeitsaufnahme liegt

---

600 Im Ansatz auch schon *Ramm*, ZfA 1973, 263, 266, der aber nachfolgend S. 267 den Arbeitnehmerüberlassungsvertrag wegen der „historischen und ideologischen Vorbelastung des Begriffs der Dienstmiete und damit gleichlaufender Behandlung von Ware und Mensch“ als Dienstverschaffungsvertrag qualifiziert.

601 Einordnung als Vertrag *sui generis* aber: *Becker/Wulfgramm*, Art. 1 § 12 AÜG, Rn. 19; *Rüthers/Bakker*, ZfA 1990, 245, 274; *Boemke/Lembke*, § 12 AÜG Rn. 35; *Boemke*, Schuldvertrag, S. 562 f.; *Walker*, AcP 194 (1994), 295, 297.

602 Schüren/*Schüren*, AÜG Einl. Rn. 337 ff.

vor, wenn der Leiharbeitnehmer seine Tätigkeit in annahmeverzugsbegründender Art und Weise i. S. d. §§ 293 ff. BGB dem Entleiher angeboten hat.

Da der Verleiher die Tätigkeit des Leiharbeitnehmers als solche nicht schuldet, umfasst die Pflicht des Verleihers auch grundsätzlich nicht die Mangelfreiheit der Arbeitsleistung des Leiharbeitnehmers. Der Leiharbeitnehmer ist im Rahmen seiner Tätigkeit im Betrieb des Entleihers auch kein Erfüllungsgehilfe des Verleihers gem. § 278 BGB. Der Verleiher muss aber insofern für die Mangelhaftigkeit der Arbeitsleistung des Leiharbeitnehmers einstehen, wenn dieser aufgrund nicht ausreichender Qualifikation eine mangelhafte Arbeitsleistung erbringt. Der Mangel der Leistung des Verleihers liegt dann in der nicht ausreichenden Qualifikation des Leiharbeitnehmers. Wurde die Überlassung keines bestimmten Leiharbeitnehmers vereinbart, wie üblich, handelt es sich bei der Überlassungspflicht des Verleihers um eine Gattungsschuld nach § 243 BGB. Daher schuldet der Verleiher grundsätzlich die Überlassung eines Leiharbeitnehmers mittlerer Art und Güte i. S. d. § 243 Abs. 1 BGB. Diese Leistungspflicht des Verleihers hat absoluten Fixschuldcharakter, da es dem Entleiher insbesondere darauf ankommt, Arbeitskräfte für einen bestimmten Zeitraum zur Verfügung zu haben. Ein verspäteter oder fehlender Arbeitsantritt des Leiharbeitnehmers stellt keine Erfüllung mehr für den Entleiher dar, da dieser die fehlende Arbeitskraft auf andere Arbeitnehmer verteilen muss. Den Verleiher trifft zudem eine Unterrichtungspflicht gegenüber dem Entleiher hinsichtlich des Besitzes der nach § 1 AÜG erforderlichen Arbeitnehmerüberlassungserlaubnis.

Den Entleiher trifft im Wesentlichen aus dem Arbeitnehmerüberlassungsvertrag gegenüber dem Verleiher die Pflicht zur Vergütung für die Überlassung eines ausreichend qualifizierten Arbeitnehmers. Daneben muss der Entleiher die Leistung des Leiharbeitnehmers auch abnehmen und diesen tatsächlich beschäftigen. Denn der Entleiher ist gleichsam zur Wahrung des Allgemeinen Persönlichkeitsrechts des Leiharbeitnehmers, wie auch der Verleiher als Vertragsarbeitgeber, verpflichtet. Diese den Entleiher aus dem Arbeitnehmerüberlassungsvertrag treffende Pflicht hat absoluten Fixschuldcharakter.

Weiterhin trifft den Entleiher eine Auskunftspflicht hinsichtlich der in seinem Betrieb geltenden wesentlichen Arbeitsbedingungen und des Arbeitsentgelts für einen mit dem Leiharbeitnehmer vergleichbaren Arbeitnehmer nach § 12 Abs. 1 S. 3 AÜG. Da es sich bei dem Arbeitnehmerüberlassungsvertrag um ein Dauerschuldverhältnis i. S. d. § 314 BGB handelt, treffen den Verleiher und den Entleiher die Pflicht während der gesamten Dauer der Arbeitnehmerüberlassung. Bei Erkrankung des zunächst ausgewählten, qualifizierten Leiharbeitnehmers ist der Verleiher demnach dazu verpflichtet, einen geeigneten Ersatz bereitzustellen und den Arbeitsantritt des Ersatz-Leiharbeitnehmers zu veranlassen.

§ 8 Die rechtliche Verbindung zwischen Entleiher und Leiharbeitnehmer

Vorausgehend wurden die jeweiligen Rechte und Pflichten der Vertragsparteien im Rahmen einer Arbeitnehmerüberlassung sowie die rechtliche Qualifikation der der Arbeitnehmerüberlassung zugrunde liegenden Rechtsverhältnisse, dem Leiharbeitsvertrag und dem Arbeitnehmerüberlassungsvertrag, analysiert. Da sich das Gesetz nicht zu der Verbindung zwischen Leiharbeitnehmer und Entleiher äußert, könnte daraus geschlossen werden, dass keine (vertragliche) Verbindung zwischen Entleiher und Leiharbeitnehmer durch die spezialgesetzlichen Regelungen des ÄUG vorgesehen sind. Sowohl aus der Perspektive des Entleihers als auch des Leiharbeitnehmers muss aber geklärt sein, ob der Entleiher ein eigenes Forderungsrecht auf die vom Leiharbeitnehmer zu erbringende Leistung im Betrieb des Entleihers hat. Dazu ist zu klären, ob und welche rechtliche Verbindung zwischen Entleiher und Leiharbeitnehmer während der Überlassung besteht. Es herrscht in Rechtsprechung und Schrifttum keine Einigkeit über die rechtliche Verbindung zwischen Entleiher und Leiharbeitnehmer. Der Entleiher und der Leiharbeitnehmer kommen auf tatsächlicher Ebene miteinander in Kontakt, wenn der Leiharbeitnehmer seine gegenüber dem Verleiher aus dem Leiharbeitsvertrag geschuldete Tätigkeit im Betrieb des Entleihers erbringt. In jedem Fall besteht daher ein tatsächliches Verhältnis, nämlich das der Beschäftigung des Leiharbeitnehmers im Betrieb des Entleihers, mithin ein Beschäftigungsverhältnis. Aus diesem können Schutzpflichten des Entleihers gegenüber dem Leiharbeitnehmer resultieren. Es wird daher auch vertreten, dass zwischen Entleiher und Leiharbeitnehmer ein gesetzliches Schutzpflichtenverhältnis besteht, der Entleiher aber kein Arbeitgeber des Leiharbeitnehmers sei.[603] Aus dem gesetzlichen Schutzpflichtenverhältnis sei der Entleiher im Rahmen seiner Fürsorgepflicht dazu verpflichtet, ausreichende Schutzmaßnahmen für den Leiharbeitnehmer zu treffen. Er habe insbesondere die öffentlich-rechtlichen Vorschriften des Arbeitsschutzes, ArbZG, MuSchG, AEVU, u.a. einzuhalten.[604] Dies klärt jedoch nicht die Frage, ob zwischen Leiharbeitnehmer und Entleiher ein solches rechtliches Verhältnis besteht, aus dem Primärpflichten für den Leiharbeitnehmer und den Entleiher entstehen und der Entleiher ein eigenes Recht auf die Arbeitsleistung des Leiharbeitnehmers geltend machen kann.

Grundsätzlich kommt in Betracht, ein Forderungsrecht des Entleihers auf die Arbeitsleistung des Leiharbeitnehmers aus einem Vertragsverhältnis zwischen Entleiher und Leiharbeitnehmer anzunehmen. Lehnt man dies mangels ausdrücklichen oder konkludenten Vertragsschlusses ab, könnte als rechtliche Verbindung

603 *Geis*, Die Auswirkungen der Reform im Jahr 2011 auf die konzerninterne Arbeitnehmerüberlassung, S. 64; *Zöllner/Loritz/Hergenröder*, Arbeitsrecht, S. 310; Tschöpe/*Bissels*, Teil 6 D Rn. 145; Moll/*Christ*, § Arbeitnehmerüberlassung, Rn. 75; *Gick*, S. 105 ff.

604 Moll/*Christ*, § 66 Arbeitnehmerüberlassung, Rn. 75.

ein vorvertragliches Schuldverhältnis i. S. d. § 311 Abs. 2 BGB in Betracht kommen, aus dem aber dem Entleiher kein Anspruch auf die Arbeitsleistung des Leiharbeitnehmers zukommt. Daher verbleibt die Möglichkeit, den zwischen Verleiher und Leiharbeitnehmer geschlossenen Leiharbeitsvertrag als echten Vertrag zugunsten Dritter zu qualifizieren, sodass der Entleiher auf diesem Wege ein eigenes Forderungsrecht gegen den Leiharbeitnehmer hat. Liegen weder ein Vertragsverhältnis noch ein echter Vertrag zugunsten Dritter vor, bleibt nur die Möglichkeit, dass der Entleiher im Wege einer Abtretung des Forderungsrechts vom Verleiher an den Entleiher einen Anspruch auf die Arbeitsleistung des Leiharbeitnehmers geltend machen kann.

Es ist daher fraglich, ob ein vertragliches oder vertragsähnliches Verhältnis zwischen Entleiher und Leiharbeitnehmer besteht, aus dem Primärpflichten des Leiharbeitnehmers und des Entleihers jeweils gegenüber dem anderen entstehen. Als Vertragsverhältnis zwischen Entleiher und Leiharbeitnehmer kommt ein Arbeitsverhältnis in Betracht, aus dem der Entleiher einen Anspruch auf die Arbeitsleistung des Leiharbeitnehmers geltend machen kann. Dies könnte neben dem Arbeitsverhältnis zwischen Verleiher und Leiharbeitnehmer bestehen.

A. Vorvertragliches Schuldverhältnis gem. § 311 Abs. 2 BGB

In Betracht kommt, das Beschäftigungsverhältnis zwischen Entleiher und Leiharbeitnehmer als Schuldverhältnis gem. § 311 Abs. 2 Nr. 2 oder Nr. 3 BGB zu qualifizieren, aus dem der Entleiher aber gegen den Leiharbeitnehmer keinen Anspruch auf die Arbeitsleistung geltend machen kann.

Schon zwischen Bewerber und potentiellem Arbeitgeber liegt ein Schuldverhältnis gem. § 311 Abs. 2 Nr. 2 BGB vor.[605]

In dem Fall, der dieser Feststellung zugrunde liegt, ging es um einen Anspruch eines Bewerbers aus dem AGG. Zur Argumentation eines vorvertraglichen Schuldverhältnisses zieht die Rechtsprechung heran, dass das AGG zwar nicht das Bestehen eines Arbeitsverhältnisses fingiere und auch § 6 Abs. 1 S. 2 AGG nur regele, dass Bewerber für ein Beschäftigungsverhältnis als Beschäftigte i. S. d. AGG gelten. Aber jedenfalls sei von einem Zustandekommen eines Schuldverhältnisses nach § 311 Abs. 2 Nr. 2 BGB (Anbahnung eines Vertrages) zwischen dem Bewerber und dem potentiellen Arbeitgeber auszugehen.[606]

Zieht man die vom Bundesarbeitsgericht genannten Kriterien heran und projiziert diese auf das Verhältnis zwischen Leiharbeitnehmer und Entleiher, ist der Schluss auf eine Vertragsanbahnung und damit auf ein Schuldverhältnis i. S. d. § 311 Abs. 2 Nr. 2 BGB wie auch bei dem Urteil des BAG zugrunde liegenden Verhältnis zwischen Bewerber und potentiellem Arbeitgeber nicht von der Hand zu weisen. Die Situation des Leiharbeitnehmers ist mit der eines Bewerbers vergleichbar. Denn

605 BAG Beschluss v. 20.05.2010 -8 AZR 287/08 (A), AP Nr. 1 zu § 22 AGG Rn. 26.
606 BAG Beschluss v. 20.05.2010 -8 AZR 287/08 (A), AP Nr. 1 zu § 22 AGG Rn. 26.

das AÜG lässt im Falle der Arbeitnehmerüberlassung ohne erforderliche Erlaubnis gem. §§ 9 Nr. 1, 10 Abs. 1 AÜG ein gesetzliches Arbeitsverhältnis zum Entleiher entstehen und geht damit in der Rechtsfolge über eine bloße Beschäftigung hinaus. Während der Dauer der gesetzmäßigen Arbeitnehmerüberlassung kann zwischen Leiharbeitnehmer und Entleiher auch von einem Beschäftigungsverhältnis ausgegangen werden. Außerdem soll die Arbeitnehmerüberlassung dazu dienen, den Arbeitnehmer in den Arbeitsmarkt zu integrieren. So verhindert § 9 Nr. 3 und Nr. 4 AÜG, dass durch Vereinbarung die Beschäftigung des Leiharbeitnehmers als Stammarbeitnehmer im Betrieb des Entleihers nach Beendigung des Leiharbeitsvertrages ausgeschlossen wird. Beide, sowohl Bewerber als auch Leiharbeitnehmer, möchten im Betrieb des Entleihers tätig werden. Nach Vertragsschluss wird der Bewerber dann Arbeitnehmer des Entleihers. Für den Leiharbeitnehmer besteht gegebenenfalls die Option, dass er nach Beendigung der Überlassung als Arbeitnehmer des Entleihers beschäftigt werden kann, er also mit dem Entleiher einen Arbeitsvertrag schließen wird. Gleichwohl kann jedoch ein solches vorvertragliches Schuldverhältnis nur im Falle einer illegalen Arbeitnehmerüberlassung angenommen werden, denn nur in diesem Fall bahnt sich ein gesetzliches Arbeitsverhältnis an. Vielmehr bietet sich für die legale Arbeitnehmerüberlassung die Annahme eines ähnlich geschäftlichen Kontakts nach § 311 Abs. 2 Nr. 3 BGB an. Von diesem werden Sonderverbindungen erfasst, die zwar keine Leistungspflichten, aber Treue- und Schutzpflichten begründen.[607] Ein Anspruch auf die Arbeitsleistung des Leiharbeitnehmers kann der Entleiher daher folglich aus § 311 Abs. 2 BGB nicht geltend machen. Den Entleiher treffen daraus Schutz- und Fürsorgepflichten für Leben und Gesundheit oder auch Eigentum des Leiharbeitnehmers in seinem Verantwortungsbereich.[608] Aus diesem ergeben sich gleichsam Schutz- und Fürsorgepflichten für den Leiharbeitnehmer, so zum Beispiel der Schutz von Betriebsgeheimnissen.[609]

B. Arbeitnehmerüberlassung-Doppelarbeitsverhältnis

Einen Anspruch auf die Arbeitsleistung kann der Entleiher gegen den Leiharbeitnehmer geltend machen, wenn er selbst mit dem Leiharbeitnehmer ein Arbeitsverhältnis unterhält. Es könnte daher anzunehmen sein, dass der Leiharbeitnehmer neben dem Arbeitsverhältnis zum Verleiher auch ein Arbeitsverhältnis zum Entleiher unterhält, denn die vom Leiharbeitnehmer erbrachte Arbeitsleistung dient zum einen zur Erfüllung der geschuldeten Leistung gegenüber dem Verleiher, zum anderen aber auch dem Entleiher, der den Leiharbeitnehmer in seinem Betrieb wie einen eigenen Arbeitnehmer zur Arbeitsleistung einzusetzen begehrt.[610]

---

607 Palandt/*Grüneberg*, § 311 BGB Rn. 24.

608 Schüren/*Brors*, AÜG Einl. Rn. 503.

609 Schüren/*Brors*, AÜG Einl. Rn. 501.

610 *Mayer-Maly*, ZfA 1972, 1, 23, 24; ders. AP Nr. 10 zu § 611 BGB Rotes Kreuz, Bl. 5; *Boemke/Lembke*, AÜG Einl. Rn. 25, § 11 AÜG Rn. 141; *Boemke*, Schuldvertrag, S. 569 der zwischen Entleiher und Leiharbeitnehmer ein arbeitsrechtliches

I. Stellungnahme

Die Auffassung, die ein Doppelarbeitsverhältnis des Leiharbeitnehmers sowohl zum Verleiher als auch zum Entleiher sieht, muss die Frage nach dem Vertragsschluss zwischen Entleiher und Leiharbeitnehmer beantworten können und darüber hinaus mit der bisherigen gesetzlichen Regelung der Arbeitnehmerüberlassung im AÜG vereinbar sein. Dies ist, wie sie zeigen wird, nicht der Fall.

1. Dogmatik

Ein vertragliches Arbeitsverhältnis des Leiharbeitnehmers zum Entleiher setzt einen Vertragsschluss zwischen diesen beiden Parteien voraus. Ein Arbeitsvertrag kommt durch übereinstimmende Willenserklärung der Parteien nach §§ 145 ff. BGB zustande. Diese liegen aber schon nicht vor. Eine Willenserklärung des Entleihers, die auf den Abschluss eines Arbeitsvertrags mit dem Leiharbeitnehmer gerichtet ist, kann nicht angenommen werden, da der Entleiher sich der Arbeitnehmerüberlassung bedient, um ein Arbeitsverhältnis nicht abschließen zu müssen, um anfallende Aufgaben erledigen lassen zu können. Vielmehr begehrt der Entleiher, seinen nur vorübergehenden Arbeitskräftebedarf mit Fremdpersonal zu decken, zu denen er aber kein Vertragsverhältnis begründet. Eine Willenserklärung des Entleihers, die auf Abschluss eines Arbeitsvertrags gerichtet ist, liegt daher nicht vor.

Auch auf Seiten des Leiharbeitnehmers liegt eine Willenserklärung, die auf den Abschluss eines Arbeitsvertrags mit dem Entleiher gerichtet ist, nicht vor. Der Leiharbeitnehmer erbringt die Arbeitsleistung im Betrieb des Entleihers, da er diese Leistung gegenüber dem Verleiher aus dem Leiharbeitsvertrag schuldet. In der Erbringung dieser Arbeitsleistung des Leiharbeitnehmers im Betrieb des Entleihers kann daher auch keine konkludente Willenserklärung, gerichtet auf den Arbeitsvertragsschluss mit dem Entleiher, zu sehen sein. Aufgrund der nicht vorliegenden, aber für den Vertragsschluss zwingend erforderlichen Willenserklärungen der Parteien fehlt es schon an der dogmatischen Grundlage zur Herleitung eines vertraglichen Arbeitsverhältnisses zwischen dem Entleiher und dem Leiharbeitnehmer. Eine zwischen den Parteien vorliegende vertragliche Rechtsbeziehung kann nicht ohne Willenserklärungen des Leiharbeitnehmers und des Entleihers entstehen. Da der Inhalt des Arbeitsvertrags zwischen Entleiher und Leiharbeitnehmer in einem anderen Vertrag zwischen Verleiher und Leiharbeitnehmer näher ausgestaltet ist, wäre der „Arbeitsvertrag" zwischen Entleiher und Leiharbeitnehmer inhaltslos.[611] Vielmehr schließen Verleiher und Leiharbeitnehmer einen Vertrag, der die Bedingungen der Tätigkeit des Leiharbeitnehmers festlegt, sodass für einen Arbeitsvertrag zwischen

Erfüllungsverhältnis sieht; Monjau, AuR 1968, 257, 262 sieht es gar als „lebensfremd" an, nur ein Arbeitsverhältnis zwischen Leiharbeitnehmer und Verleiher zu sehen und bezeichnet ein fehlendes Arbeitsverhältnis zwischen Entleiher und Leiharbeitnehmer als „seltene Ausnahme".

611 *Becker*, NJW 1971, 691,692.

Leiharbeitnehmer und Entleiher überhaupt kein (wirtschaftliches) Bedürfnis besteht.[612]

Selbst wenn entgegen der hier vertretenen Auffassung ein Doppelarbeitsverhältnis angenommen würde, wäre der Inhalt des Arbeitsverhältnisses zwischen Entleiher und Leiharbeitnehmer fraglich. Ein Arbeitsverhältnis enthält zwingend gegenseitige Rechte und Pflichten der Vertragsparteien.[613] Ein Arbeitsverhältnis i. S. d. §§ 611 ff. BGB setzt zwingend eine Vergütungspflicht des Dienstherrn/Arbeitgebers voraus. Im Rahmen der Arbeitnehmerüberlassung schuldet der Entleiher eine solche Vergütung dem Leiharbeitnehmer nicht, der Leiharbeitnehmer erhält vielmehr seine Vergütung auch von seinem tatsächlichen Arbeitgeber, dem Verleiher. Der Entleiher hätte also aus dem Arbeitsverhältnis zum Leiharbeitnehmer Primärrechte, aber keine Primärpflichten, denn eine Vergütung erhält der Leiharbeitnehmer vom Verleiher. Lediglich übliche Fürsorgepflichten i. S. d. § 241 Abs. 2 BGB würden den Entleiher treffen. Ein vertragliches Arbeitsverhältnis ohne gegenseitige Primärpflichten ist dogmatisch nicht mit § 611 Abs. 1 BGB vereinbar.

2. Interessenskonflikt des Leiharbeitnehmers

Neben der fehlenden dogmatischen Begründungsfähigkeit eines vertraglichen Doppelarbeitsverhältnisses würden sich bei der praktischen Durchführung der beiden parallel laufenden Arbeitsverhältnisse des Leiharbeitnehmers Schwierigkeiten dahingehend ergeben, dass sich der Leiharbeitnehmer häufig im Interessenskonflikt seiner beiden Arbeitgeber befände. Dem Verleiher steht es aufgrund des Arbeitnehmerüberlassungsvertrags zum Entleiher, außer in den Fällen der Stückschuld ähnlichen personenbezogenen Arbeitnehmerüberlassung, frei, den Leiharbeitnehmer auf Grundlage des ihm verbleibenden Arbeitgeberweisungsrechts aus dem Betrieb des Entleihers abzuziehen und einen anderen, gleich qualifizierten und geeigneten Leiharbeitnehmer im Betrieb des Entleihers einzusetzen.[614] Kommt der Leiharbeitnehmer der Weisung des Verleihers nicht nach, würde er sich gegenüber dem Verleiher vertragsbrüchig verhalten, wenn dieser aus dem Arbeitsverhältnis die Leistung des betreffenden Leiharbeitnehmers verlangt. Wird der Leiharbeitnehmer entsprechend der Weisung des Verleihers wieder im Betrieb des Verleihers oder in einem anderen Betrieb tätig, würde er sich hingegen gleichzeitig gegenüber

---

612 Im Ergebnis so auch Jauernig/*Mansel*, § 611 BGB Rn. 3; ein Arbeitsverhältnis zwischen Entleiher und Leiharbeitnehmer lehnen auch ab: *Leve*, Soziale Arbeit 1972, 383, 388; *Walker*, AcP 194 (1994), 295, 300; so im Ergebnis auch *Däubler*, in FS Buchner, S. 170, der aber zwischen Entleiher und Leiharbeitnehmer ein partielles Arbeitsverhältnis annimmt, das auf Seiten des Leiharbeitnehmers eine Leistungskomponente hat, die auch normativer Gestaltung zugänglich ist; *derselbe*, Das Arbeitsrecht 2, Rn. 2014 lehnt ein Arbeitsverhältnis zwischen Leiharbeitnehmer und Entleiher hingegen ab.

613 Schaub/*Linck*, Arbeitsrechtshandbuch, § 29 Arbeitsvertrag Rn. 1 ff.

614 Siehe oben 2. Teil § 7 A. I.

dem Entleiher vertragsbrüchig verhalten. Dem Leiharbeitnehmer bliebe also nichts anderes übrig, als sich vertragsbrüchig zu verhalten. Dies liegt an der fehlenden Regelung zur Hierarchie der Weisungen von Entleiher und Verleiher. Unklar ist darüber hinaus die Folge einer Kündigung des Leiharbeitsvertrags durch den Leiharbeitnehmer. Danach müsste der Arbeitsvertrag zum Entleiher bestehen bleiben, wenn der Leiharbeitnehmer nicht auch das Arbeitsverhältnis zum Entleiher durch Kündigung beendet.[615]

3. Widerspruch zu Sinn und Zweck der Nutzung der Arbeitnehmerüberlassung

Die Annahme eines Doppelarbeitsverhältnisses würde zudem dem Sinn und Zweck der Arbeitnehmerüberlassung, zum Beispiel der Deckung von kurzzeitigen Auftragsspitzen und saisonal bedingtem hohen Krankheitsstand, widersprechen. Der Entleiher, der sich eben einer solchen Arbeitnehmerüberlassung bedient, um bei vorübergehendem Bedarf keine ständige Besetzung einer Stelle tragen zu müssen, würde sich bei jeder Arbeitnehmerüberlassung dem Risiko ausgesetzt sehen, dass der eigentlich nur vorübergehend im Betrieb beschäftigte Leiharbeitnehmer durch Eigenkündigung des Arbeitsverhältnisses zum Verleiher sich zum Stammarbeitnehmer des Entleihers „aufwerten" kann – dies auch ohne (gesetzwidriges i. S. d. § 10 AÜG) Zutun des Entleihers. Denn es bestünde in jedem Fall der Kündigung des Arbeitsverhältnisses zum Verleiher weiterhin ein Arbeitsverhältnis zum Entleiher. Diese Rechtslage widerspricht dem Interesse und dem Bestreben des Entleihers, der im Rahmen der Arbeitnehmerüberlassung gerade kein dauerhaftes Arbeitsverhältnis mit dem Arbeitnehmer begründen will.[616]

4. Beeinträchtigung der Rechte des Leiharbeitnehmers

Würde dieser Gedanke weiter geführt, ist bei der Annahme eines Doppelarbeitsverhältnisses auch eine unzulässige Beeinträchtigung der Rechte des Leiharbeitnehmers zu sehen. Dem Leiharbeitnehmer wird es erschwert, gegenüber dem Verleiher ein Zurückbehaltungsrecht i. S. d. §§ 273, 320 BGB an seiner Arbeitsleistung geltend zu machen. Wenn der Leiharbeitnehmer gegenüber dem Verleiher ein Zurückbehaltungsrecht geltend macht und seine Arbeitsleistung im Betrieb des Entleihers zurückhält, würde sich der Leiharbeitnehmer gleichzeitig in die Gefahr begeben, sich bei Zurückbehaltung seiner Arbeitskraft gegenüber dem Verleiher vertragsbrüchig gegenüber seinem anderen Arbeitgeber, dem Entleiher, zu verhalten. Dies wird faktisch dazu führen müssen, dass die Geltendmachung des Zurückbehaltungsrechts für den Leiharbeitnehmer nur unter einem enormen Risiko möglich ist. Die Annahme eines Doppelarbeitsverhältnis würde demnach zu einer erheblichen Einschränkung der Rechte des Leiharbeitnehmers führen, die in diesem Ausmaß auch

615 Siehe zum Widerspruch zu § 10 Abs. 1 AÜG auch unter 3. Teil § 11 C.
616 *Becker*, NJW 1971, 691, 692; *Sandmann/Marschall/Schneider*, AÜG Art. 1 § 1 Anm. 42 f.

im Hinblick auf die hohe Schutzwürdigkeit eines Leiharbeitnehmers gegenüber einem normalen Arbeitnehmer so nicht hinnehmbar ist.

5. *Prüfungsmaßstab der Erlaubnisbehörde*

Zudem spricht auch der durch das AÜG vorgegebene Prüfungsmaßstab der Erlaubnisbehörde[617] gegen die Annahme, der Entleiher sei auch Arbeitgeber des Leiharbeitnehmers. Im Rahmen der Erlaubniserteilung zur Arbeitnehmerüberlassung nach § 2 AÜG prüft die Erlaubnisbehörde die Zuverlässigkeit des Antragstellers, seine Betriebsorganisation und seine wirtschaftlichen Verhältnisse und entscheidet anhand der daraus erhaltenen Ergebnisse, ob der Verleiher voraussichtlich in der Lage sein wird, gegenüber seinen Leiharbeitnehmer obliegende Arbeitgeberpflichten zu erfüllen.[618] Würde tatsächlich ein Arbeitsverhältnis zwischen Entleiher und Leiharbeitnehmer bestehen, müsste die Erlaubnisbehörde im Rahmen des § 2 AÜG entsprechend auch prüfen, ob der Entleiher seine Arbeitgeberpflichten erfüllen kann. Dies sieht das AÜG jedoch nicht vor.

6. *Gesetzliche Regelung*

Weiterhin differenziert auch der Gesetzgeber ausdrücklich zwischen dem Arbeitgeber einerseits und dem Entleiher andererseits.

a. Sozialgesetzbuch IV (SGB IV)

Dies wird besonders deutlich in der Regelung über die Haftung für die Entrichtung des Gesamtsozialversicherungsbeitrags in § 28e Abs. 2 S. 1 SGB IV, in der es heißt, dass für die Erfüllung der Zahlungspflicht des Arbeitgebers bei einem wirksamen Vertrag der Entleiher wie ein selbstschuldnerischer Bürge für die Entrichtung des Gesamtsozialversicherungsbeitrags haftet und der Entleiher die Zahlung nach S. 2 solange verweigern kann, wie die Einzugsstelle den Arbeitgeber nicht gemahnt hat und die Mahnfrist nicht abgelaufen ist.

b. Einkommenssteuergesetz (EStG)

Weiterhin differenziert der Gesetzgeber zwischen Entleiher und Arbeitgeber in § 42d Abs. 6 EStG. Danach haftet der Entleiher mit Ausnahme der Fälle des § 1 Abs. 3 AÜG für den Einbehalt und die Abfuhr der Lohnsteuer des Leiharbeitnehmers *neben* dem Arbeitgeber. Der Entleiher, der Arbeitgeber und der Arbeitnehmer haften, soweit die Haftung des Entleihers reicht, gem. § 42d Abs. 6 S. 5 EStG als Gesamtschuldner. Hierin wird die ausdrückliche Unterscheidung zwischen Arbeitgeber und Entleiher durch den Gesetzgeber deutlich.

---

617 Nach § 17 Abs. 1 AÜG ist die Bundesagentur für Arbeit zur Durchführung des AÜG nach fachlichen Weisungen des Bundesministerium für Arbeit und Soziales zuständig.

618 BeckOK-Arbeitsrecht/*Kock*, § 2 AÜG Rn. 8.

c. AÜG

Im Übrigen wird dem Entleiher durch Gesetz in § 10 Abs. 3 S. 2 AÜG ausnahmsweise eine ausdrückliche Arbeitgeberstellung gegenüber dem Leiharbeitnehmer neben dem Verleiher eingeräumt. Danach gilt im Fall der Entstehung eines gesetzlichen Arbeitsverhältnisses gem. § 10 Abs. 1 AÜG zwischen Entleiher und Leiharbeitnehmer, der Verleiher hinsichtlich dieser Zahlungspflicht neben dem Entleiher als Arbeitgeber, wenn der Verleiher das vereinbarte Arbeitsentgelt oder Teile des Arbeitsentgelts zahlt, obwohl der Leiharbeitsvertrag nach § 9 Nr. 1 AÜG unwirksam ist. In diesem Fall hebt das AÜG ausdrücklich hervor, dass sowohl Verleiher als auch Entleiher als Arbeitgeber des Leiharbeitnehmers gelten. Dies führt jedoch nicht dazu, dass eine Doppelarbeitgeberstellung grundsätzlich im Rahmen der Arbeitnehmerüberlassung anzunehmen wäre, denn § 10 Abs. 3 S. 2 AÜG bezieht sich ausschließlich auf die illegale Arbeitnehmerüberlassung, in der ein gesetzliches Arbeitsverhältnis zum Entleiher nach § 10 Abs. 1 AÜG entsteht. Diese Fälle der nicht gesetzmäßigen Arbeitnehmerüberlassung sind nach dem Gesetzeswortlaut zu unterscheiden von der gesetzmäßigen.

Weiterhin gilt nach § 11 Abs. 7 AÜG der Entleiher als Arbeitgeber i. S. d. Gesetzes über Arbeitnehmererfindungen, wenn der Leiharbeitnehmer während der Dauer der Tätigkeit bei dem Entleiher eine Erfindung oder einen technischen Verbesserungsvorschlag gemacht hat. Das AÜG normiert also in spezifischen Einzelfällen die Arbeitgeberstellung des Entleihers, sodass dies auch darauf schließen lässt, dass im Übrigen der Entleiher nicht Arbeitgeber des Leiharbeitnehmers ist und mithin ein Arbeitsverhältnis zwischen Leiharbeitnehmer und Entleiher nicht besteht.

Daraus ist zu schließen, dass das AÜG im Rahmen einer legalen Arbeitnehmerüberlassung nicht davon ausgeht, dass sowohl Verleiher als auch Entleiher Arbeitgeber des Leiharbeitnehmers sind, denn es fehlt an einer § 10 Abs. 3 oder § 11 Abs. 7 AÜG entsprechenden Regelung, die ausdrücklich darauf hinweist, dass Verleiher und Entleiher im Rahmen der legalen Arbeitnehmerüberlassung Arbeitgeber des Leiharbeitnehmers sind. Deutlich wird mit der näheren Betrachtung der Regelungen des AÜG, dass die Arbeitgeberstellung nur ausnahmsweise in spezifischen Situationen, die das AÜG geregelt hat, angenommen wird. Würde die gesetzliche Konzeption des AÜG davon ausgehen, dass der Entleiher während der Dauer der gesetzmäßigen Arbeitnehmerüberlassung auch Arbeitgeber des Leiharbeitnehmers ist, bedürfte es der besonderen Hervorhebung oder auch Zuweisung der Arbeitgeberstellung in § 10 Abs. 3 und § 11 Abs. 7 AÜG nicht.

d. Allgemeines Gleichbehandlungsgesetz (AGG)

Diese Analyse bestätigt auch ein Blick in die Regelungen des AGG. Nach § 6 Abs. 2 S. 2 AGG ist auch der Entleiher unmittelbar zur Einhaltung der Vorschriften zur Antidiskriminierung zugunsten des in seinem Betrieb eingesetzten Leiharbeitnehmers verpflichtet und daher Arbeitgeber i. S. d. Abschnitts 2 des AGG. Nach dem AGG hat der Entleiher also eine Arbeitgeberstellung gegenüber dem Leiharbeitnehmer.[619] Dieser Klarstellung auch im AGG hätte es nicht bedurft, wenn die gesetzliche Konzeption schon davon ausgehen würde, dass der Entleiher Arbeitgeber ist. Dann nämlich wäre der Entleiher schon von § 6 Abs. 2 S. 1 AGG erfasst.

7. Widerspruch zu § 10 Abs. 1 AÜG

Schließlich müsste, wenn der Gesetzgeber ebenso von einem solchen Doppelarbeitsverhältnis ausgegangen wäre, die gesetzlich normierte Rechtsfolge bei einer illegalen Arbeitnehmerüberlassung nicht die Entstehung eines gesetzlichen Arbeitsverhältnisses nach §§ 9, 10 AÜG sein, denn ein solches bestünde schon zwischen Entleiher und Leiharbeitnehmer. Ein bereits vorhandenes Rechtsverhältnis braucht aber nicht mehr durch Gesetz zu entstehen.[620] Die Regelung der Unwirksamkeit des Leiharbeitsvertrags nach § 9 Nr. 1 AÜG hätte ausgereicht. Daher steht die Annahme eines Doppelarbeitsverhältnisses mit der Regelung des § 10 Abs. 1 AÜG im Widerspruch.[621]

II. Zwischenergebnis

Die vorangegangene Analyse hat ergeben, dass kein Doppelarbeitsverhältnis des Leiharbeitnehmers zum Verleiher und zum Entleiher besteht.[622] Zwischen Entleiher und Leiharbeitnehmer besteht daher kein Arbeitsverhältnis.[623] Die Annahme eines

---

619 Moll/*Christ*, § 66 Arbeitnehmerüberlassung, Rn. 75.

620 BVerwG Beschluss v. 20.05.1992 -6 P 4/90, BVerwGE 90, 194–202 Rn. 26 (zit. nach juris).

621 So auch *Walker*, AcP 194 (1994), 295, 307.

622 Kittner/Zwanziger/*Bachner*, Arbeitsrecht Handbuch für die Praxis, § 112 Arbeitnehmerüberlassung, Rn. 58; Schüren/*Schüren*, AÜG Einl. Rn. 110 weist darauf hin, dass sich die Natur des rechtlichen Bandes zwischen Leiharbeitnehmer und Entleiher aus dem Leiharbeitsvertrag herleiten muss; ablehnend: *Mayer-Maly*, ZfA 1972, 1, 23; ders. AP Nr. 10 zu § 611 BGB Rotes Kreuz, Bl. 5; *Boemke*, Schuldvertrag, S. 569 der zwischen Entleiher und Leiharbeitnehmer ein arbeitsrechtliches Erfüllungsverhältnis sieht; BSG Urteil v. 29.7.1970 -7 RAr 44/68, BSGE 31, 235, 244; ArbG Lörrach Beschluss v. 07.04.1972 -1 BV 2/72, BB 1972, 657; *Birk*, Die arbeitsrechtliche Leitungsmacht, S. 185; *Heußner*, DB 1973, 1800, 1801 f.; *Monjau*, AuR 1968, 257, 260 f.; *Nikisch*, Arbeitsrecht, S. 244; *Ramm*, DB 1973, 1170; 1175 f.; *Ramm*, ZfA 1973, 263, 286; Spaltung der Arbeitgeberstellung: *Seiter*, Jura 1971, 204, 213 ff; unklar: *Fabricius*, Rechtsprobleme, S. 44, der von einer „Aufspaltung der Arbeitgeberbefugnisse" spricht; *Hofrichter*, Das mittelbare Arbeitsverhältnis, S. 199 ff., 201 nimmt ein personenrechtliches Rechtsverhältnis eigener Art an; ablehnend auch Thüsing/*Thüsing*, AÜG Einf. Rn. 2; *Becker*, DB 1971, 1354, 1359; *Fitting*, BetrVG § 5 Rn. 251; *Geis*, Die Auswirkungen der Reform im Jahr 2011 auf die konzerninterne Arbeitnehmerüberlassung S. 64; *Löwisch/Caspers/Klumpp*, § 21 Rn. 912; ErfK/*Wank*, AÜG Einl. Rn. 35 b; BAG Urteil v. 15.03.2011 -10 AZB 49/10, NZA 2011, 653, 654, Rn. 9.

623 So auch *Becker*, NJW 1971, 691, 692; *Becker*, NJW 1976, 1827, 1828; *Becker/Kreikebaum*, Zeitarbeit, S. 114; *Becker/Wulfgramm*, Art. 1 § 11 AÜG Rn. 58; *Boemke*,

Arbeitsverhältnisses zwischen Entleiher und Leiharbeitnehmer scheitert schon an übereinstimmenden Willenserklärungen von Leiharbeitnehmer und Entleiher. Ein Arbeitsverhältnis zum Entleiher würde dazu führen, dass der Entleiher zwar Primärrechte, nämlich das Recht auf die Arbeitsleistung des Leiharbeitnehmers, aber keine Primärpflichten hat, da er eine Vergütung gegenüber dem Leiharbeitnehmer nicht schuldet. Ein vertragliches Schuldverhältnis setzt aber zwingend gegenseitige Primärrechte und Primärpflichten voraus. Praktische Schwierigkeiten ergäben sich bei der Durchführung des Arbeitsverhältnisses auch, weil der Leiharbeitnehmer im ständigen Interessenkonflikt stünde, wenn nicht die Hierarchie der Weisungen des Verleihers und des Entleihers geregelt ist. Gleichzeitig würde das Zurückbehaltungsrecht des Leiharbeitnehmer gegenüber dem Verleiher beschränkt, denn bei Zurückbehaltung seiner Arbeitskraft gegenüber dem Verleiher erbringt er gleichzeitig seine Arbeitsleistung auch gegenüber dem Entleiher nicht und verhält sich vertragsbrüchig gegenüber dem Entleiher. Neben der dogmatischen Problematik und dem Interessenkonflikt des Leiharbeitnehmers nebst Einschränkung seiner Rechte widerspricht die Annahme eines Arbeitsverhältnisses zum Entleiher auch dem Sinn und Zweck der Arbeitnehmerüberlassung, denn der Entleiher bedient sich des Fremdpersonaleinsatzes im Wege der Arbeitnehmerüberlassung, um die anfallende Arbeit nicht durch einen vertraglich verbundenen Stammarbeitnehmer ausführen zu lassen und so nach Erledigung der Arbeiten den Fremdpersonaleinsatz ohne Einhaltung von etwaigen Arbeitnehmerschutzvorschriften wieder beenden zu können. Außerdem normiert das Gesetz ausdrücklich, in welchen Fällen es den Entleiher ausnahmsweise auch als Arbeitgeber sieht, so in § 28e Abs. 2 S. 1 SGB IV, § 42d Abs. 6 EStG, § 10 Abs. 3 S. 2 AÜG, § 11 Abs. 7 AÜG und § 6 Abs. 2 S. 2 AGG. Es stünde weiterhin ein Widerspruch zu den bestehenden gesetzlichen Regelungen der Arbeitnehmerüberlassung, so zu § 10 Abs. 1 AÜG, der ein gesetzliches Arbeitsverhältnis zwischen Entleiher und Leiharbeitnehmer im Falle der illegalen Arbeitnehmerüberlassung erst entstehen lässt. Würde schon ein vertragliches Arbeitsverhältnis während der gesetzmäßigen Arbeitnehmerüberlassung zwischen Entleiher und Leiharbeitnehmer bestehen, bräuchte im Fall der illegalen Arbeitnehmerüberlassung kein gesetzliches Arbeitsverhältnis nach § 10 Abs. 1 AÜG zwischen Entleiher und Leiharbeitnehmer entstehen. Daher ist die Auffassung, ein Doppelarbeitsverhältnis des Leiharbeitnehmers zum Verleiher und zum Entleiher annimmt, abzulehnen.

Schuldvertrag, S. 568; *Erdlenbruch*, Die betriebsverfassungsrechtliche Stellung gewerbsmäßig überlassener Arbeitnehmer, S. 57; *Gick*, S. 106; Palandt/*Weidenkaff*, Einf. v. § 611 BGB Rn. 38, 40; Schaub/*Koch*, Arbeitsrechtshandbuch, § 120 Arbeitnehmerüberlassung, Rn. 65; Schüren/*Schüren*, AÜG Einl. Rn. 110; *Weber*, Das aufgespaltene Arbeitsverhältnis, S. 41; *Däubler*, Das Arbeitsrecht 2, Rn. 2014; *Löwisch/Caspers/Klumpp*, § 21, Rn. 912; ErfK/*Wank*, Einl. AÜG Rn. 35b; Thüsing/*Thüsing*, AÜG Einf. Rn. 2; *Becker*, DB 1971, 1354, 1359; *Fitting* BetrVG § 5 Rn. 251; *Geis*, Die Auswirkungen der Reform im Jahr 2011 auf die konzerninterne Arbeitnehmerüberlassung, S. 64; *Boemke/Lembke*, § 11 AÜG Rn. 141.

C. Theorie vom Einzelarbeitsvertrag

Im Rahmen der Arbeitnehmerüberlassung liegt demnach nur ein Arbeitsverhältnis des Leiharbeitnehmers vor.[624] Neben der Möglichkeit, die arbeitsvertragliche Verbindung zum Verleiher zu sehen, wird auch vertreten, dass der Leiharbeitnehmer ausschließlich eine arbeitsvertragliche Bindung zum Entleiher unterhält.

I. Nur ein Arbeitsverhältnis

Eine Auffassung verortet ein Arbeitsverhältnis zwischen Leiharbeitnehmer und Entleiher und einen Arbeitsplatzverschaffungsvertrag zwischen Leiharbeitnehmer und Verleiher.[625] Der Leiharbeitnehmer möchte im Betrieb des Entleihers seine Arbeitsleistung erbringen, während der Entleiher für seinen Betrieb einen Arbeitnehmer benötigt, der anfallende Aufgaben gleich welcher Art erledigt. Daraus könne entnommen werden, dass Entleiher und Leiharbeitnehmer einen Arbeitsvertrag schließen wollen. Da aber der Entleiher und der Leiharbeitnehmer erst in Kontakt kommen, wenn der Leiharbeitnehmer seine Tätigkeit beim Entleiher aufnimmt, müsse der Vertragsschluss entweder vorher durch den Verleiher als Vertreter des Leiharbeitnehmers oder konkludent bei Tätigkeitsaufnahme des Leiharbeitnehmers erfolgen. Da der Verleiher selbst keinen eigenen Betrieb habe, um den Leiharbeitnehmer beschäftigen zu können, schließe dieser einen Vertrag mit dem Leiharbeitnehmer ausschließlich, um ihm einen Arbeitsplatz bei einem gegebenenfalls noch zu bestimmenden Entleiher zu verschaffen.[626] In diesem Arbeitsplatzverschaffungsvertrag würde dann das Arbeitsverhältnis zwischen Leiharbeitnehmer und Entleiher näher ausgestaltet werden können.[627] Ein Arbeitsverhältnis zwischen Entleiher und Leiharbeitnehmer sei aus zuvor benannten Erwägungen[628] abzulehnen.[629]

---

624 *Becker*, Arbeitsrechtliche Probleme der Teilzeitbeschäftigung, Frankfurter Dissertation, 1970, S 52; *Becker*, NJW 1971, 691; *Trieschmann*, DB 1956, Beilage Nr. 16 unter III.

625 Siehe dazu 2. Teil § 6 A. II.

626 *Trieschmann*, DB 1956, Beilage Nr. 16 unter III. 2. a) und b); *Endemann*, BB 1951, 786, 787; *Beine*, ArbBlbrZ 1947, 410, 412; a. A. *Höcker* RdA 1954, 127.

627 *Trieschmann*, DB 1956, Beilage Nr. 16 unter III. 2. a).

628 Siehe 2. Teil § 8 B. I.

629 So auch *Becker*, NJW 1971, 691, 692; *Becker*, NJW 1976, 1827, 1828; *Becker/Kreikebaum*, Zeitarbeit, S. 114; *Becker/Wulfgramm*, Art. § 11 AÜG Rn. 58; *Boemke*, Schuldvertrag, S. 568; *Erdlenbruch*, Die betriebsverfassungsrechtliche Stellung gewerbsmäßig überlassener Arbeitnehmer, S. 57; *Gick*, S. 106; Palandt/*Weidenkaff*, Einf. v. § 611 BGB Rn. 38, 40; Schaub/*Koch*, Arbeitsrechts-Handbuch, § 120 Arbeitnehmerüberlassung Rn. 65; Schüren/*Schüren*, AÜG Einl. Rn. 110; *Weber*, Die aufgespaltene Arbeitgeberstellung, S. 41; *Däubler*, Das Arbeitsrecht 2, Rn. 2014; *Löwisch/Caspers/Klumpp*, § 21, Rn. 912; ErfK/*Wank*, AÜG Einl. Rn. 35b; Thüsing/*Thüsing*, AÜG Einf. Rn. 2; *Becker*, DB 1971, 1354, 1359; *Fitting*, BetrVG § 5 Rn. 251;

Nach anderer, zuzustimmender Auffassung schließen Verleiher und Leiharbeitnehmer einen Vertrag, der die Bedingungen der Tätigkeit des Leiharbeitnehmers festlegt, sodass für einen Arbeitsvertrag zwischen Leiharbeitnehmer und Entleiher überhaupt kein (wirtschaftliches) Bedürfnis besteht.[630]

Der Entleiher kann danach kein Forderungsrecht gegen den Leiharbeitnehmer auf die Arbeitsleistung aus einem zwischen ihm und dem Leiharbeitnehmer geschlossenen Arbeitsvertrag geltend machen.[631]

II. Dreiseitiges Arbeitsverhältnis

Geklärt ist nunmehr, dass zwischen Entleiher und Leiharbeitnehmer kein Arbeitsverhältnis besteht, aus dem der Entleiher gegen den Leiharbeitnehmer ein eigenes Forderungsrecht auf die Arbeitsleistung des Leiharbeitnehmers geltend machen könnte. Dem Entleiher könnte aber ein Forderungsrecht gegen den Leiharbeitnehmer zukommen, wenn er in die arbeitsvertragliche Verbindung zwischen Verleiher und Leiharbeitnehmer einbezogen würde. Dies wäre der Fall bei der Annahme eines dreiseitigen Arbeitsverhältnisses.[632] Dieses kommt dadurch zustande, dass der Leiharbeitnehmer im Einverständnis mit dem Entleiher in dessen Betrieb tätig wird. Danach gelten die gegenseitigen Beziehungen im Leiharbeitsvertrag i. S. v. *do ut des*, aber auch i. S. v. *do ut des ut det.*[633] Der Entleiher partizipiert danach an dem zwischen Verleiher und Leiharbeitnehmer geschlossenen Arbeitsvertrag.[634] Demnach hätte der Entleiher gegen den Leiharbeitnehmer einen Anspruch auf die Arbeitsleistung des Leiharbeitnehmers.[635]

III. Stellungnahme

Zwischen Entleiher und Leiharbeitnehmer besteht kein Arbeitsvertrag, aus dem der Entleiher ein eigenes Forderungsrecht auf die Arbeitsleistung des Leiharbeitnehmers hat. Lehnt man folglich ein Vertragsverhältnis zwischen Entleiher und Leiharbeitnehmer ab, verbleibt nur die Möglichkeit, den Entleiher in das Vertragsverhältnis zwischen Leiharbeitnehmer und Verleiher einzubeziehen, um diesem ein Forderungsrecht auf die

Geis, Die Auswirkungen der Reform im Jahr 2011 auf die konzerninterne Arbeitnehmerüberlassung S. 64; *Boemke/Lembke*, § 11 AÜG Rn. 141.

630 Im Ergebnis so auch Jauernig/*Mansel*, § 611 BGB Rn. 3.

631 Im Ergebnis so auch Moll/*Christ*, § 66 Arbeitnehmerüberlassung Rn. 74; *Däubler*, Das Arbeitsrecht 2, Rn. 2014.

632 *Weber*, Anm. zu BAG Urteil v. 08.11.1978 -5 AZR 261/77, AP Nr. 2 zu § 1 AÜG; eine Aufspaltung der Arbeitgeberstellung siehe auch *Nikisch*, Arbeitsrecht, S. 241 ff. aber nur für das echte Leiharbeitsverhältnis, nicht hingegen für das hier betrachtete unechte Leiharbeitsverhältnis.

633 *Weber*, Anm. zu BAG Urteil v. 08.11.1978 -5 AZR 261/77, AP Nr. 2 zu § 1 AÜG.

634 *Gick*, S. 91.

635 So auch *Reinsch*, Das Rechtsverhältnis zwischen Entleiher und Leiharbeitnehmer, S. 99.

Arbeitsleistung des Leiharbeitnehmers zu geben. In Betracht kommt, den Leiharbeitsvertrag als dreiseitiges Arbeitsverhältnis einzuordnen, um so ein Gegenseitigkeitsverhältnis zwischen Entleiher und Leiharbeitnehmer zu statuieren und dem Entleiher ein Forderungsrecht auf die Arbeitsleistung des Leiharbeitnehmers zukommen zu lassen. Im Arbeitsrecht sind dreiseitige Verträge insbesondere bei Betriebsübergängen nicht unbekannt. Dort finden sich teilweise dreiseitige Vereinbarungen zwischen Veräußerer, Erwerber und Arbeitnehmer.[636] Darüber hinaus trifft es zu, dass der Leiharbeitnehmer willentlich im Betrieb des Entleihers tätig wird, denn die Tätigkeit des Leiharbeitnehmers im Drittbetrieb ist Vertragsgrundlage des Leiharbeitsvertrags.

Für die Annahme eines dreiseitigen Arbeitsverhältnisses spricht, dass der Leiharbeitnehmer seine nur einmal geschuldete Leistung im Einverständnis des Entleihers in dessen Betrieb erbringt und dass dazu kein zusätzlicher (Arbeits-)Vertrag vorliegen muss, also nur eine arbeitsvertragliche Verbindung zwischen Leiharbeitnehmer und Verleiher besteht.[637] Gleichwohl erscheint, wie auch schon bei dem Versuch, ein Arbeitsverhältnis zwischen Entleiher und Leiharbeitnehmer zu konstruieren, die Entstehung der Rechtsbeziehung problematisch. Die bloße Tätigkeit des Leiharbeitnehmers im Betrieb des Entleihers kann noch kein Vertragsverhältnis, auch kein Arbeitsverhältnis zum Entleiher begründen. Denn der Leiharbeitnehmer wird aufgrund seiner leiharbeitsvertraglichen Verpflichtung zum Verleiher im Betrieb des Entleihers tätig, sodass keine Willenserklärung des Leiharbeitnehmers vorliegt, die auf einen Vertragsschluss mit dem Entleiher gerichtet ist. Es wird offen gelassen, welche Rechtsqualität die (vermeintliche) Rechtsbeziehung zwischen Leiharbeitnehmer und Entleiher hat, jedenfalls soll aber eine gegenseitige Rechtsbeziehung zwischen diesen bestehen. Begründet wird dies damit, dass der Leiharbeitnehmer dem Entleiher die Arbeitsleistung schuldet und gleichzeitig die Erfüllung der arbeitsrechtlichen Verpflichtungen verlangen kann, insbesondere die Erfüllung der tatsächlichen Beschäftigung. Die Annahme eines dreiseitigen Arbeitsverhältnisses widerspricht zudem der durch das AÜG gegebenen Konzeption der Arbeitnehmerüberlassung. Denn die Regelung des § 10 Abs. 1 AÜG, die ein Arbeitsverhältnis zwischen Leiharbeitnehmer und Entleiher erst im Falle der illegalen Arbeitnehmerüberlassung entstehen lässt, wäre überflüssig, wenn schon zu Beginn der Arbeitnehmerüberlassung ein Arbeitsverhältnis bzw. eine „Rechtsbeziehung im Sinne der Gegenseitigkeit“[638] zwischen Leiharbeitnehmer und Entleiher bestehen würde.[639]

---

636 Münchener Handbuch ArbR/*Wank*, § 103 Rn. 9; vgl. zum dreiseitigen Vertrag: Sachverhalt aus BAG Urteil v. 10. 12. 1998 -8 AZR 324/97, AP Nr. 185 zu § 613a BGB; Aufhebungsvertrag bei geplantem Betriebsübergang, BAG Urteil v. 18.08.2005 -8 AZR 523/04, NZA 2006, 145.

637 So auch *Hollinger*, Leistungsstörungen bei der Arbeitnehmerüberlassung nach AÜG, S. 23.

638 *Weber*, Anm. zu BAG Urteil v. 08.11.1978, 5 AZR 261/77-, AP Nr. 2 zu § 1 AÜG.

639 So im Ergebnis auch *Hollinger*, Leistungsstörungen bei der Arbeitnehmerüberlassung nach AÜG, S. 24; *Reinsch*, Das Rechtsverhältnis zwischen Entleiher und Leiharbeitnehmer, S. 104 f.; ablehnend auch *Gick*, S. 90 f.

IV. Vertragsbeitritt und partielle Vertragsübernahme

Möglich wäre auch, dem Entleiher ein Forderungsrecht auf die Arbeitsleistung gegen den Leiharbeitnehmer durch einen Beitritt zum Leiharbeitsvertrag zwischen Verleiher und Leiharbeitnehmer zu geben.

1. Vertragsbeitritt

Der Vertragsbeitritt ist sowohl für Arbeitsverträge[640] als auch im Übrigen für Vertragsverhältnisse in Rechtsprechung und Literatur anerkannt.[641] Ein solcher setzt bei zweiseitigen Abreden voraus, dass der dritte Beteiligte im Voraus oder nachträglich zustimmt.[642]

Heinze und *Henssler* vertreten, dass Entleiher und Leiharbeitnehmer durch einen Vertragsbeitritt des Entleihers zum (echten) Leiharbeitsvertrag miteinander verbunden seien.[643] Zu prüfen ist, ob diese Auffassungen, die zum echten Leiharbeitsverhältnis ergingen, auf das dem AÜG zugrunde liegende unechte Leiharbeitsverhältnis übertragen werden können.

Nach *Heinze* kommt der Vertragsbeitritt durch konkludentes Wirken der an der Arbeitnehmerüberlassung beteiligten Parteien zustande. Diese konkludenten Erklärungen finden sich danach in der Abgabeerklärung des Verleihers, in der Annahme der Arbeitskraft des Leiharbeitnehmers durch den Entleiher und der konkludenten Zustimmung des Leiharbeitnehmers durch dessen Tätigkeit im Betrieb des Entleihers.[644] Dies entspreche dem Willen der an der Arbeitnehmerüberlassung beteiligten Parteien.[645] Auch *Henssler* sieht einen Vertragsbeitritt des Entleihers zum echten Leiharbeitsvertrag zwischen Leiharbeitnehmer und Verleiher durch konkludentes Verhalten der beteiligten Parteien, jedoch nur im Rahmen der Konzernleihe gem. § 1 Abs. 3 Nr. 2 AÜG.[646] Dieser Beitritt erfolge durch die längerfristige Eingliederung des Leiharbeitnehmers in den Betrieb des Entleihers. Der konkludente Vertragsbeitritt komme durch das Angebot der Arbeitsleistung durch den Leiharbeitnehmer und der widerspruchslosen Akzeptanz dessen durch den Entleiher zustande.[647] Dadurch entstehe ein Arbeitsverhältnis mit zwei Arbeitgebern, die sich untereinander die

640 *Windbichler*, Arbeitsrecht im Konzern, S. 71.

641 MüKo/*Roth/Kieninger*, § 398 BGB Rn. 190; Palandt/*Grüneberg*, § 398 BGB Rn. 45.

642 BGH Urteil v. 05.03.1975 -VIII ZR 97/73, NJW 1975, 969, 970.

643 *Heinze*, ZfA 1976, 183, 201; *Henssler*, Der Arbeitsvertrag im Konzern, S. 56 ff.; LAG Köln Urteil v. 14.02.1989 -4 Sa 1279/88, LAGE § 611 BGB Leiharbeitsverhältnis Nr. 1; LAG Berlin Urteil v. 09.02.1981 -9 Sa 83/80, EzAÜG Nr. 93 = DB 1981, 1095.

644 *Heinze*, ZfA 1976, 183, 204, wonach selbst bei bloßer Zustimmung des Leiharbeitnehmers zur Tätigkeit beim Entleiher zumindest die Erteilung einer Vollmacht liege, den Entleiher als weiteren Vertragspartner in das Arbeitsverhältnis aufzunehmen.

645 *Heinze*, ZfA 1976, 183, 204, 205.

646 *Henssler*, Der Arbeitsvertrag im Konzern, S. 56.

647 *Henssler*, Der Arbeitsvertrag im Konzern, S. 56.

jeweiligen Arbeitgeberbefugnisse aufteilen. Entleiher und Verleiher wären dann Gesamtgläubiger und Gesamtschuldner.[648]

2. *Stellungnahme*

Auch beim Vertragsbeitritt nach § 311 BGB ergeben sich dieselben Probleme wie bei den vorausgegangenen Versuchen, dem Entleiher ein Forderungsrecht über einen eigenen Arbeitsvertrag mit dem Leiharbeitnehmer oder durch ein dreiseitiges Arbeitsverhältnis zuzubilligen.[649] Dem Leiharbeitnehmer kann bei Vertragsbeitritt des Entleihers zum Leiharbeitsvertrag schon nicht der Wille zur Unterbreitung eines Vertragsangebots gegenüber dem Entleiher durch Angebot seiner Arbeitskraft unterstellt werden, denn der Leiharbeitnehmer bietet seine Arbeitskraft beim Entleiher nur zur Erfüllung seiner aus dem Leiharbeitsvertrag mit dem Verleiher geschuldeten Arbeitsleistung gem. § 611 BGB an. Der Leiharbeitnehmer wird nur auf Weisung des Verleihers hin bei einem Entleiher tätig, sodass aus objektiver Sicht nur ein Vertragsangebot des Verleihers, aber in keinem Fall eines des Leiharbeitnehmers vorliegen kann.[650] Es liegen demnach schon die dogmatischen Voraussetzungen eines Vertragsbeitritts nicht vor.

Auch die Rechtsfolge eines Vertragsbeitritts spricht gegen die Übertragbarkeit auf das unechte Leiharbeitsverhältnis. Folge des Vertragsbeitritts im Rahmen der unechten Arbeitnehmerüberlassung wäre ein Gesamtschuldverhältnis und Gesamtgläubigerverhältnis von Entleiher und Verleiher. Der dem Leiharbeitsvertrag beitretende Entleiher würde also zusätzlicher Arbeitgeber des Leiharbeitnehmers,[651] sodass sich der Leiharbeitnehmer zwei Arbeitgebern ausgesetzt sieht. Dies widerspricht aber der klaren Konzeption des AÜG, die nur von einem Arbeitgeber, nämlich dem Verleiher, ausgeht.[652] Es widerspricht offensichtlich den Interessen der beteiligten Parteien, wenn der Entleiher durch den Vertragsbeitritt auch Schuldner der durch den Verleiher mit dem Leiharbeitnehmer vertraglich festgelegten Vergütung wird und der Leiharbeitnehmer aber zur Erfüllung seiner geschuldeten Leistung diese auch beim Verleiher erbringen könnte. Dies wird darüber hinaus in den deutlich überwiegenden Fällen der unechten Leiharbeit auch gar nicht möglich sein, da der Verleiher über keinen Betrieb zur Beschäftigung des Leiharbeitnehmers verfügt.[653] Außerdem will der Entleiher bei der Arbeitnehmerüberlassung nicht das Ausfallrisiko des Arbeitnehmers tragen

---

648 *Henssler*, Der Arbeitsvertrag im Konzern, S. 60 ff.

649 Siehe 2. Teil § 8 C. I.-III.

650 So im Ergebnis auch *Hollinger*, Leistungsstörungen bei der Arbeitnehmerüberlassung nach AÜG, S. 27.

651 So auch *Hollinger*, Leistungsstörungen bei der Arbeitnehmerüberlassung nach AÜG, S. 28.

652 Siehe dazu auch schon oben unter 1. Teil § 4 und 2. Teil § 6; so auch *Reinsch*, Das Rechtsverhältnis zwischen Entleiher und Leiharbeitnehmer, S. 103; 2. Teil § 8 B.; *Hollinger*, Leistungsstörungen bei der Arbeitnehmerüberlassung nach AÜG, S. 28; *Gick*, S. 91.

653 Siehe dazu auch schon 1. Teil § 4 B. und 2. Teil § 6.

müssen, was dieser aber bei Annahme eines Vertragsbeitritts müsste.[654] Schließlich wäre die Beendigung der Überlassung nur beim Entleiher schwerlich möglich. Denn kündigt der Leiharbeitnehmer den Leiharbeitsvertrag, endet auch das Arbeitsverhältnis zum Verleiher.[655] Ein Beitritt des Entleihers zum Leiharbeitsvertrag kann daher im Rahmen der unechten Arbeitnehmerüberlassung nicht angenommen werden.[656]

3. *Partielle Vertragsübernahme*

Schließlich wird durch *Müllner* vertreten, dass der Entleiher ein eigenes Forderungsrecht auf die Leistung des Leiharbeitnehmers habe, da eine partielle Vertragsübernahme durch den Entleiher vorliege.[657] Es falle leichter, das Entstehen von Nebenpflichten des Entleihers gegenüber dem Leiharbeitnehmer und auch den Übergang des Direktionsrechts auf den Entleiher zu erklären.[658] Wie auch bei der Gesamtvertragsübernahme finde bei der partiellen Vertragsübernahme ein Wechsel auf der personellen Seite[659] statt.[660]

4. *Stellungnahme zu c.*

Schon in der Rechtsfolge kann die Vertragsübernahme nicht im Rahmen der unechten Arbeitnehmerüberlassung gesehen werden. Denn im Rahmen der Vertragsübernahme und auch der partiellen Übernahme müsste der Verleiher als Vertragspartner partiell aus dem Leiharbeitsverhältnis ausscheiden und der Entleiher dafür eintreten. Der Entleiher wird aber, wie zuvor gezeigt, zu keinem Zeitpunkt Arbeitgeber des Leiharbeitnehmers.[661] Durch Vertragsübernahme können dem Entleiher nicht Teilrechte, wie bei der Abtretung nach § 398 BGB oder Schuldübernahme übertragen werden.[662] Für die beteiligten Parteien wäre zudem bei fehlender vertraglicher Festlegung völlig unklar, welche Rechte und Pflichten den Verleiher und welche den Entleiher bei einer partiellen Vertragsübernahme treffen würden. Auch der Entleiher weiß mangels Gesamtgläubigerschaft und -schuldnerschaft nicht, wem gegenüber

---

654 *Konzen*, ZfA 1982, 259, 280; *Hollinger*, Leistungsstörungen bei der Arbeitnehmerüberlassung nach AÜG S. 28.

655 So auch *Hollinger*, Leistungsstörungen bei der Arbeitnehmerüberlassung nach AÜG, S. 28; grundsätzlich für den Fall beim einheitlichen Arbeitsverhältnis: *Windbichler*, Arbeitsrecht im Konzern, S. 72 sieht als Lösung eine Teilkündigung oder die Vereinbarung einer auflösenden Bedingung vor.

656 Ablehnend auch *Hollinger*, Leistungsstörungen bei der Arbeitnehmerüberlassung nach AÜG, S. 28–29.

657 *Müllner*, Aufgespaltene Arbeitgeberstellung und Betriebsverfassungsrecht, S. 62 ff.

658 *Müllner*, Aufgespaltene Arbeitgeberstellung und Betriebsverfassungsrecht, S. 63.

659 Also des Vertragspartners.

660 *Müllner*, Aufgespaltene Arbeitgeberstellung und Betriebsverfassungsrecht, S. 63.

661 Siehe unter 2. Teil § 8 B. und C.

662 MüKo/*Bydlinski*, Vor § 414 BGB Rn. 7; *Hollinger*, Leistungsstörungen bei der Arbeitnehmerüberlassung nach AÜG S. 30.

ihn Rechte und Pflichten treffen würden. Dies führt zu Rechtsunsicherheit der beteiligten Parteien und ist daher abzulehnen.[663]

V. Zwischenergebnis

Insgesamt zeigt schon die gesetzliche Konzeption, die in § 10 Abs. 1 und Abs. 3 S. 2 AÜG die Arbeitgeberstellung des Entleihers im Fall der illegalen Arbeitnehmerüberlassung ausdrücklich normiert, dass der Entleiher während der legalen Arbeitnehmerüberlassung, außer im Rahmen des § 11 Abs. 7 AÜG, nicht Arbeitgeber des Arbeitnehmers ist. Arbeitgeber ist während der Dauer der legalen Arbeitnehmerüberlassung nur der Verleiher. Daraus folgt auch, dass zwischen Entleiher und Leiharbeitnehmer keine (arbeits-)vertragliche Verbindung besteht,[664] die Verbindung zwischen Entleiher und Leiharbeitnehmer aber weitgehend arbeitsrechtlich geprägt ist.[665] Alle weiteren Modelle, die durch einen Vertragsbeitritt oder eine partielle Vertragsübernahme dem Entleiher ein eigenes Forderungsrecht auf die Leistung des Leiharbeitnehmers zukommen lassen wollen, scheitern daran, dass sie durch die bloße Erbringung der Arbeitsleistung des Leiharbeitnehmers im Betrieb des Entleihers schon eine konkludente Willenserklärung annehmen wollen, die mit der konkludenten Willenserklärung des Entleihers korrespondiert, die die Vertreter dieser Auffassung in der widerstandslosen Entgegennahme der Arbeitsleistung sehen. Freilich ist grundsätzlich ein Vertragsschluss auch durch konkludente Willenserklärungen möglich. Gleichwohl sind die in diesem Fall angenommenen, vermeintlich konkludenten Willenserklärungen des Entleihers und des Leiharbeitnehmers konstruiert und entsprechen nicht dem Willen und den Interessen dieser an der Arbeitnehmerüberlassung beteiligten Parteien. Der Entleiher bedient sich der Arbeitnehmerüberlassung um keine Stammarbeitnehmer mit der zu erledigenden Aufgabe zu betrauen und um sich dann nach Erledigung der Aufgabe ohne Beachtung etwaiger Arbeitnehmerschutzvorschriften wie das KSchG von der Arbeitskraft lösen können. Der Leiharbeitnehmer erbringt die Arbeitsleistung im Betrieb des Entleihers nur um der leiharbeitsvertraglich geschuldeten Leistung willen. Rechtsverbindliche Willenserklärungen können darin nicht gesehen werden.

D. Vertrag zugunsten Dritter

Da der Entleiher kein Forderungsrecht auf die Arbeitsleistung des Leiharbeitnehmers aufgrund eines zwischen diesen geschlossenen Vertrags hat, kann ein Forderungsrecht dem Entleiher durch Einbeziehung in den Leiharbeitsvertrag

---

663 So im Ergebnis auch *Reinsch*, Das Rechtsverhältnis zwischen Entleiher und Leiharbeitnehmer S. 106; *Gick*, S. 92; *Worpenberg*, S. 165 f.

664 So auch *Dehmel*, S. 263; *Walker*, AcP 194 (1994), 295, 300; *Becker/Kreikebaum*, S. 114, die aber von „arbeitsverhältnisähnlicher Sonderbeziehung“ sprechen; Schaub/*Koch*, Arbeitsrechtshandbuch, § 120 Arbeitnehmerüberlassung, Rn. 65.

665 So im Ergebnis auch Schüren/*Riederer von Paar*, AÜG Einl. Rn. 669; *Däubler*, Das Arbeitsrecht 2, Rn. 2014.

zwischen Verleiher und Leiharbeitnehmer zukommen. Der Entleiher könnte in den Leiharbeitsvertrag einbezogen worden sein, wenn der Leiharbeitsvertrag zwischen Leiharbeitnehmer und Verleiher als echter Vertrag zugunsten Dritter gem. § 328 BGB qualifiziert wird.[666]

I. Leiharbeitsvertrag als echter Vertrag zugunsten Dritter, § 328 BGB

Gem. § 328 Abs. 1 BGB kann durch Vertrag eine Leistung an einen Dritten mit der Wirkung bedungen werden, dass der Dritte unmittelbar das Recht erwirbt, die Leistung zu fordern.

Der Vertrag zugunsten Dritter ist geprägt durch das Vorliegen eines Rechtsverhältnisses zwischen dem Versprechenden und dem Versprechensempfänger (Deckungsverhältnis) und eines Rechtsverhältnisses zwischen Versprechensempfänger und dem Dritten (Valutaverhältnis). Zwischen dem Versprechenden und dem Dritten fehlt es an einer vertraglichen Verbindung.[667] Der echte Vertrag zugunsten Dritter i. S. d. § 328 BGB ist ebenso wie die Arbeitnehmerüberlassung durch ein Drei-Personenverhältnis gekennzeichnet, wobei es wie auch bei der Arbeitnehmerüberlassung an einer vertraglichen Verbindung zwischen Versprechendem (Leiharbeitnehmer) und Drittem (Entleiher) fehlt.

Beim echten Vertrag zugunsten Dritter kann der Dritte die Leistung des Versprechenden an sich selbst verlangen und hat daher auch Ansprüche bei Leistungsstörungen wegen Schlechtleistung oder Begleitschäden bei Schlechtleistung.[668] Der Dritte hat demnach ein eigenes Forderungsrecht gegen den Versprechenden auf eine Leistung, die der Versprechende aufgrund vertraglicher Verbindung gegenüber dem Versprechensempfänger schuldet, ohne dass es seiner Mitwirkung oder Annahme bedarf.[669] Hingegen hat der Dritte bei Leistungsstörungen nicht solche Rechte, die die Abwicklung des synallagmatischen Vertragsverhältnisses als Ganzes betreffen.[670]

---

666 ErfK/*Wank*, AÜG Einl. Rn. 33; MüKo/*Gottwald*, § 328 BGB Rn. 43; *Hamann*, WiVerw 1996, 212, 214; *Reinsch*, Das Rechtsverhältnis zwischen Entleiher und Leiharbeitnehmer, S. 199 ff., 244; Schüren/*Schüren*, AÜG Einl. Rn. 168 f., 312; *Walker*, AcP 194 (1994) 295, 309 ff.; *Ehrlich*, Dienstgemeinschaft und Arbeitnehmerüberlassung, S. 15; *Bollinger*, S. 113 f.; Palandt/*Grüneberg*, § 328 BGB Rn. 21; *Erdlenbruch*, Die betriebsverfassungsrechtliche Stellung gewerbsmäßig überlassener Arbeitnehmer, S. 58; *Hamann*, NZA-Beilage 2014, 3, 5.

667 *Medicus*, Schuldrecht I, § 66 Der Vertrag zugunsten Dritter Rn. 761 ff.

668 *Medicus*, Schuldrecht I, § 67 Der Vertrag mit Schutzwirkung für Dritte, Rn. 772.

669 Staudinger/*Jagmann*, § 328 BGB Rn. 36; MüKo/*Gottwald*, § 328 BGB Rn. 1, 3; *Medicus*, Schuldrecht I Rn. 765 f.; Erman/*Westermann*, § 328 BGB Rn. 7; a. A. Soergel/*Hadding*, Vor § 328 BGB Rn. 10.

670 NK-BGB/*Preuß*, § 328 BGB Rn. 19; Palandt/*Grünberg*, § 328 BGB Rn. 5; BeckOK-BGB/*Janoschek*, § 328 BGB Rn. 20; Staudinger/*Jagmann*, § 328 BGB Rn. 30.

Das Deckungsverhältnis im Rahmen der Arbeitnehmerüberlassung ist der Leihvertrag zwischen Leiharbeitnehmer und Verleiher. Das Valutaverhältnis besteht in Form des Arbeitnehmerüberlassungsvertrags zwischen Verleiher und Entleiher. Darüber hinaus bedarf es noch einer Drittbegünstigungsabrede im Deckungsverhältnis.[671] Eine solche kann grundsätzlich im Leiharbeitsvertrag zwischen Leiharbeitnehmer und Verleiher getroffen werden, jedoch ist im Folgenden zu prüfen, mit welchem Inhalt die Drittbegünstigungsabrede in der Regel im Leiharbeitsvertrag nach dem Willen der beteiligten Parteien vereinbart wird, um abgrenzen zu können, ob es sich um einen echten oder unechten Vertrag zugunsten Dritter handelt.

1. *Auslegung nach dem Willen der Vertragsparteien des Deckungsverhältnisses*

Der echte Vertrag zugunsten Dritter gem. § 328 BGB ist vom unechten Vertrag zugunsten Dritter im Wege der Auslegung gem. §§ 133, 157 BGB unter Berücksichtigung des Vertragszwecks abzugrenzen.[672] Dabei ist insbesondere auch der Wille der Vertragsparteien,[673] also der Wille des Leiharbeitnehmers und des Verleihers als dessen Arbeitgeber, zu berücksichtigen. Ob dem Dritten ein Forderungsrecht zukommt, entscheidet der erkennbare Wille der Vertragsschließenden.[674] Ist aus dem Vertrag eine ausdrückliche Erklärung hinsichtlich des Forderungsrechts des Dritten aus dem Vertrag nicht zu entnehmen, ist nach § 328 Abs. 2 BGB der Zweck des Vertrages als Auslegungshilfe heranzuziehen. Dabei liegt es nahe, ein Forderungsrecht des Dritten anzunehmen, wenn der Versprechensempfänger die Leistung lediglich im Interesse des Dritten verabredet hat.[675] Auf den Willen des Entleihers, der zu dem Ergebnis führen würde, dass ihm selbst ein eigenes Forderungsrecht zukommen würde, kommt es demnach nicht an, da dieser nicht Vertragspartei des dem Deckungsverhältnis zugrunde liegenden Vertrages ist.[676] Näher zu betrachten sind zunächst der Wille des Leiharbeitnehmers und sodann der Wille des Verleihers.

a. Wille des Leiharbeitnehmers

Der Leiharbeitnehmer schließt einen Leiharbeitsvertrag mit der Maßgabe, dass er seinem Arbeitgeber, dem Verleiher, eine Arbeitsleistung schuldet, die er bei einem möglicherweise noch unbekannten Dritten erbringt, der Verleiher aber sein Arbeitgeber bleibt.[677]

---

671 Jauernig/*Stadler*, § 328 BGB Rn. 12.

672 MüKo/*Gottwald*, § 328 BGB Rn. 33; *Kropholler*, Studienkommentar BGB, Vor § 328 BGB Rn. 8.

673 Soergel/*Hadding*, § 328 BGB Rn. 70.

674 *Walker*, AcP (194) 1994, 295, 311 ff.

675 BGH Urteil v. 16.10.1990 -XI ZR 330/89, NJW 1991, 2209.

676 Siehe aber *Walker*, AcP (194) 1994, 295, 313, der der Auffassung ist, dass auch die Interessen des Entleihers zu berücksichtigen seien, da diese den Vertragsparteien (Leiharbeitnehmer und Verleiher) bekannt sind und ihren Willen beeinflussen.

677 So auch *Walker*, AcP (194) 1994, 295, 313.

Es dürfte daher wohl kaum dem Willen des Leiharbeitnehmers bei Vertragsschluss des Leiharbeitsvertrages mit seinem Arbeitgeber, dem Verleiher, entsprechen, einem ihm bis dahin meist unbekannten Dritten, der sich auch im Laufe der Dauer des Leiharbeitsvertrages noch ändern kann, ein Forderungsrecht auf seine Arbeitsleistung zukommen zu lassen. Der Leiharbeitnehmer fühlt sich an seinen Arbeitgeber, den Verleiher, vertraglich gebunden und nicht an einen Dritten. Aus der Sicht des Leiharbeitnehmers wird dieser nur zur Erbringung seiner geschuldeten Leistung in einem dritten, gegebenenfalls variierenden Betrieb eingesetzt. Die synallagmatischen Pflichten aus dem Leiharbeitsverhältnis erfüllt aber der Verleiher als sein Arbeitgeber auch während der Dauer der Überlassung und nicht ein Dritter. Dementsprechend soll ein Dritter aus Sicht des Leiharbeitnehmers auch kein Forderungsrecht gegen ihn geltend machen können, was im äußersten Falle sogar dazu führen könnte, dass sich der Leiharbeitnehmer einem Rechtsstreit mit dem Dritten (Entleiher) zum Beispiel wegen Nichtleistung ausgesetzt sehen müsste.

b. Wille des Verleihers

Ein Forderungsrecht des Entleihers gegen den Leiharbeitnehmer steht zudem im Widerspruch zum Willen des Verleihers, denn ein eigenes Forderungsrecht des Dritten (Entleihers) würde dem Verleiher nicht nur das Recht auf Forderung der Arbeitsleistung des Leiharbeitnehmers nehmen, sondern auch das gewichtige Zurückbehaltungsrecht des Verleihers, die Einrede des nicht erfüllten Vertrages gem. § 320 BGB, entkräften. Denn hätte der Entleiher ein eigenes Forderungsrecht gegen den Leiharbeitnehmer auf die vom Leiharbeitnehmer aus dem Leiharbeitsvertrag geschuldete Arbeitsleistung, könnte der Verleiher nur schwerlich den aus dem Arbeitnehmerüberlassungsvertrag geschuldeten Arbeitsantritt des Leiharbeitnehmers[678] gem. § 320 BGB zurückbehalten, denn im Fall der Zurückbehaltung durch den Verleiher würde der Entleiher sein eigenes Forderungsrecht nach § 328 BGB i. V. m. § 611 Abs. 1 BGB und dem Leiharbeitsvertrag auf die Arbeitsleistung gegen den Leiharbeitnehmer geltend machen und so die Arbeitsleistung des Leiharbeitnehmers fordern.

Auch der Wille des Verleihers spricht demnach gegen die Einordnung des Leiharbeitsvertrags als echter Vertrag zugunsten Dritter gem. § 328 BGB.

2. Weitere Argumente

Die Einstufung des Leiharbeitsvertrages als echter Vertrag zugunsten Dritter gem. § 328 BGB erscheint auch dahingehend problematisch, dass es insbesondere Inhalt der Arbeitnehmerüberlassung ist, dass der Verleiher als Arbeitgeber des Leiharbeitnehmers seine gegenüber dem Leiharbeitnehmer durch das Arbeitgeberweisungsrecht vorhandene „Verfügungsbefugnis" nicht vollständig und jedenfalls nur für

678 Siehe dazu unter 2. Teil § 7 A. I.

die Dauer der Arbeitnehmerüberlassung auf den Entleiher überträgt.[679] Im Falle einer nicht individualisierten Überlassung kann der Verleiher also jederzeit den eingesetzten Leiharbeitnehmer abziehen und beim Entleiher einen anderen Leiharbeitnehmer einsetzen. Dieses Recht verbleibt während der Dauer der Überlassung beim Verleiher. Ein eigenes Forderungsrecht des Entleihers würde diesem Recht des Verleihers entgegenstehen.[680] Ein eigenes Forderungsrecht gegen den Leiharbeitnehmer auf die Arbeitsleistung soll dem Entleiher also nicht zukommen.[681]

Schließlich kann der Wille der Vertragsparteien des Deckungsverhältnisses aus einem weiteren gewichtigen Punkt nicht darauf gerichtet sein, dem Dritten ein Forderungsrecht auf die aus dem Deckungsverhältnis geschuldete Leistung zukommen zu lassen. Ist nämlich das Forderungsrecht des Dritten einmal wirksam entstanden, können die Vertragsparteien des Deckungsverhältnisses grundsätzlich nicht einseitig das Deckungsverhältnis beenden oder aufheben und damit das Forderungsrecht des Dritten wieder beseitigen.[682] Ein einmal entstandenes, wirksames und nicht nach § 333 BGB zurückgewiesenes Forderungsrecht des Dritten kann nur dann aufgehoben werden, wenn im Deckungsverhältnis ein Vorbehalt zur Abänderung vereinbart wurde.[683] Solche Vereinbarungen enthalten Leiharbeitsverträge jedenfalls grundsätzlich nicht. Selbst bei Vereinbarung eines Änderungsvorbehalts umfasst dieser nicht automatisch die Befugnis zur ersatzlosen Aufhebung des Rechts des Dritten.[684] Auch gilt, dass das Recht dem Dritten im Zweifel sofort[685] und endgültig[686] zugewandt ist.[687] Verleiher und Leiharbeitnehmer wollen zudem nicht, dass sie einen Vertrag abschließen, der zur Folge hat, dass dem Entleiher ein Forderungsrecht zukommt, dass sie ihm ohne Weiteres nicht mehr entziehen können, sondern vielmehr nur dann entziehen können, wenn ein solcher Vorbehalt

---

679 Siehe dazu schon unter 1. Teil § 4 A. II. c. aa. (1.).

680 *Konzen*, ZfA 1982, 259, 280.

681 Für die Rechtslage beim mittelbaren Arbeitsverhältnis: BAG Urteil v. 08.08.1958 -4 AZR 173/55, AP Nr. zu § 611 BGB Mittelbares Arbeitsverhältnis; zur Abgrenzung zwischen mittelbarem Arbeitsverhältnis und Arbeitnehmerüberlassung: Schüren/*Hamann*, § 1 AÜG Rn. 230; *Temming*, Der vertragsbeherrschende Dritte, S. 1149 Fn. 17; zum Forderungsrecht des Entleihers aufgrund der Qualifizierung des Leiharbeitsvertrags als echter Vertrag zugunsten Dritter: *Gick*, S. 96 f.; *Becker*, NJW 1971, 691, 692; *Konzen*, ZfA 1982, 259, 282; *Windbichler*, S. 84 f.

682 BeckOK-BGB/*Janoschek*, § 328 BGB Rn. 19; MüKo/*Gottwald*, § 328 BGB Rn. 35; *Solomon*, in: FS H.P. Westermann, 2008, S. 655, 661 f.; HKK/*Vogenauer*, §§ 328–335 BGB, Rn. 103.

683 BeckOK-BGB/*Janoschek*, § 328 BGB Rn. 19.

684 MüKo/*Gottwald*, § 328 BGB Rn. 35; BayObLG Beschluss v. 29.09.1988 -2 Z 77/88, DNotZ 1989, 777 Rn. 20 ff. (zit. nach juris).

685 *Looschelders*, SchR AT Rn. 1143; Soergel/*Hadding*, § 328 BGB Rn. 71; differenzierend: HKK/*Vogenauer*, §§ 328–335 BGB Rn. 94.

686 *Looschelders*, SchR AT Rn. 1143; kritisch: *Bayer*, Der Vertrag zugunsten Dritter, S. 243 ff.

687 MüKo/*Gottwald*, § 328 BGB Rn. 34.

im Leiharbeitsvertrag vereinbart wurde.[688] Diese Vorbehalte können sich zwar im Zweifel auch aus dem Zweck des Vertrages ergeben,[689] aber schon die Gewährung eines eigenen Forderungsrechts an den Entleiher entspricht nicht dem Willen der Vertragsparteien des Leiharbeitsvertrages. Ein Forderungsrecht kann auch im Hinblick auf das Zurückbehaltungsrecht des Verleihers, wie zuvor gezeigt, nur dieser selbst als Vertragspartner des Leiharbeitsvertrags haben.[690]

3. *Zwischenergebnis*

Dem Entleiher kommt kein eigenes Forderungsrecht auf die Arbeitsleistung des Leiharbeitnehmers zu, denn der Leiharbeitsvertrag ist kein echter Vertrag zugunsten Dritter. Zwar sind die Voraussetzungen des § 328 BGB insoweit gegeben, als dass auch bei der Arbeitnehmerüberlassung der Leiharbeitsvertrag als Deckungsverhältnis und der Arbeitnehmerüberlassungsvertrag als Valutaverhältnis vorliegen. Die erforderliche Auslegung unter Berücksichtigung der Willen des Leiharbeitnehmers und des Verleihers hat aber ergeben, dass der Leiharbeitsvertrag kein echter Vertrag zugunsten Dritter i. S. d. § 328 BGB ist. Ein Forderungsrecht des Entleihers widerspricht dem Willen des Leiharbeitnehmers, der seine Leistung gegenüber dem Verleiher als seinem Vertragspartner erbringt um die entsprechend geschuldete Gegenleistung zu erhalten. Auch der Verleiher will dem Entleiher kein eigenes Forderungsrecht auf die Arbeitsleistung des Leiharbeitnehmers zukommen lassen, da er sonst effektiv kein Zurückbehaltungsrecht mehr gegenüber dem Entleiher geltend machen könnte, denn ihm würde es an dem zurückzubehaltenden Recht fehlen, wenn der Entleiher selbst die Leistung des Leiharbeitnehmers fordern kann. Darüber hinaus könnte der Verleiher bei einem eigenen Forderungsrecht des Entleihers den Leiharbeitnehmer bei nicht individualisierter Überlassung nicht austauschen. Schließlich kann das einmal entstandene Forderungsrecht des Entleihers nicht mehr ohne Weiteres aufgehoben werden. Dies widerspricht dem Willen des Leiharbeitnehmers und des Verleihers.

II. Leiharbeitsvertrag als unechter Vertrag zugunsten Dritter

Der Leiharbeitsvertrag könnte jedoch als unechter Vertrag zugunsten Dritter zu qualifizieren sein.

Der unechte Vertrag zugunsten Dritter unterscheidet sich vom echten Vertrag zugunsten Dritter dadurch, dass der Versprechende nicht aufgrund eines eigenen Forderungsrechts des Dritten verpflichtet ist, an den Dritten zu leisten.[691] Eine Auslegungsregel dazu enthält § 328 Abs. 2 BGB. Nach § 328 Abs. 2 BGB ist in

688 Staudinger/*Jagmann*, § 328 BGB Rn. 38.
689 Staudinger/*Jagmann*, § 328 BGB Rn. 38
690 Im Ergebnis auch ablehnend: *Gick*, S. 94; *Birk*, Die arbeitsrechtliche Leitungsmacht, S. 185.
691 *Kropholler*, Studienkommentar BGB, Vor § 328 BGB Rn. 8.

Ermangelung einer besonderen Bestimmung aus den Umständen, insbesondere aus dem Zweck des Vertrags, zu entnehmen, ob der Dritte das Recht erwerben, ob das Recht des Dritten sofort oder nur unter gewissen Voraussetzungen entstehen und ob den Vertragsschließenden die Befugnis vorbehalten sein soll, das Recht des Dritten ohne dessen Zustimmung aufzuheben oder zu ändern. Der Dritte hat bei einem unechten Vertrag zugunsten Dritter folglich kein eigenes Forderungsrecht gegen den Versprechenden. Ein unechter Vertrag zugunsten Dritter liegt daher vor, wenn Inhalt des Grundvertrages ist, dass der Versprechende sich dem Versprechensempfänger gegenüber verpflichtet, die aus dem Grundvertrag geschuldete Leistung an den Dritten zu erbringen.[692]

Mit dem Abschluss des Leiharbeitsvertrags bezweckt der Verleiher, dass er seine Verpflichtung aus dem Arbeitnehmerüberlassungsvertrag, nämlich die Überlassung des Leiharbeitnehmers zwecks Erbringung einer Arbeitsleistung im Betrieb des Entleihers, erfüllen kann, denn der Verleiher schuldet auch den Arbeitsantritt des Leiharbeitnehmers.[693] Der Abschluss des Leiharbeitsvertrags erfolgt, damit der Verleiher seine Pflicht aus dem später zu schließenden Arbeitnehmerüberlassungsvertrag erfüllen kann. Würde der Verleiher keinen Leiharbeitsvertrag schließen, könnte er seine Pflicht gegenüber dem Entleiher aus dem Arbeitnehmerüberlassungsvertrag nicht erfüllen. Der Wille des vertragsschließenden Verleihers ist also darauf gerichtet, dass der Leiharbeitnehmer seine aus dem Leiharbeitsvertrag gegenüber dem Verleiher geschuldete Arbeitsleistung beim Entleiher erbringt und so der Verleiher seine Pflicht aus dem Arbeitnehmerüberlassungsvertrag gegenüber dem Entleiher erfüllen kann. Der Leiharbeitnehmer verpflichtet sich in dem Leiharbeitsvertrag, in dem Grundvertrag, die geschuldete Leistung beim Entleiher zu erbringen. Der Leiharbeitsvertrag ist damit als unechter Vertrag zugunsten Dritter zu qualifizieren.[694]

Ein eigenes Forderungsrecht auf die Arbeitsleistung des Leiharbeitnehmers kommt dem Entleiher aufgrund der Qualifizierung des Leiharbeitsvertrags als unechter Vertrag zugunsten Dritter folglich grundsätzlich nicht zu.

Der Entleiher hat daher kein eigenes Forderungsrecht auf die Arbeitsleistung des Leiharbeitnehmers.

E. Zwischenergebnis

Zwischen Leiharbeitnehmer und Entleiher besteht keine vertragliche, auch keine arbeitsvertragliche Beziehung. Dies liegt zum einen daran, dass weder ausdrückliche noch konkludente übereinstimmende Willenserklärungen von Entleiher und

---

692 *Kropholler*, Studienkommentar BGB, Vor § 328 BGB Rn. 8.

693 Siehe unter 2. Teil § 7 A. I. 3.

694 Im Ergebnis so auch Thüsing/*Thüsing*, AÜG Einf. Rn. 35, 38; *Konzen*, ZfA, 1982, 258, 280; *Becker/Wulfgramm*, Art. 1 § 11 AÜG Rn. 23; *Seiter*, JURA 1971, 204, 219; *Rüthers/Bakker*, ZfA 1990, 245, 274; *Becker*, ZfA 1978, 131, 134; *Boemke*, Schuldvertrag S. 558, 559; *Bollinger*, S. 93 ff.; *Raab*, ZfA 2003, 389; 392; *Sandmann/Marschall/Schneider*, AÜG Art. 1 § 9 Anm. 5; *Viergutz*, S. 153 f., 155; *Worpenberg*, S. 172, 212.

Leiharbeitnehmer vorliegen. Zum anderen würde ein Arbeitsvertrag zwischen Entleiher und Leiharbeitnehmer die in § 10 Abs. 1 AÜG statuierte Rechtsfolge der Entstehung eines gesetzlichen Arbeitsverhältnisses zwischen Entleiher und Leiharbeitnehmer überflüssig machen. Der Leiharbeitsvertrag ist kein echter Vertrag zugunsten Dritter, sondern vielmehr ein unechter Vertrag zugunsten Dritter. Entsprechend der Auslegungsregel des § 328 Abs. 2 BGB erwirbt der Entleiher folglich im Zweifel kein eigenes Forderungsrecht gegen den Leiharbeitnehmer auf dessen aus dem Leiharbeitsvertrag geschuldete Arbeitsleistung im Betrieb des Entleihers. Es lässt sich mit der üblichen Regelung im Leiharbeitsvertrag, der Möglichkeit des Austauschs des Leiharbeitnehmers, nicht vereinbaren, dass der Entleiher ein eigenes Forderungsrecht gegen den Leiharbeitnehmer hat. Außerdem würde der Verleiher sein Zurückbehaltungsrecht nach § 320 BGB nicht mehr wirksam gegenüber dem Entleiher geltend machen können, wenn der Entleiher selbst ein Forderungsrecht auf die Arbeitsleistung des Leiharbeitnehmers hat. Im Regelfall kann daher kein eigenes Forderungsrecht des Entleihers gegen den Leiharbeitnehmer auf Arbeitsleistung angenommen werden.[695] Ein Forderungsrecht auf die Arbeitsleistung des Leiharbeitnehmers kann der Entleiher folglich nur im Wege der Abtretung des Forderungsrechts des Verleihers nach § 398 BGB erhalten.[696] Im Übrigen besteht ein vorvertragliches Schuldverhältnis gem. § 311 Abs. 2 Nr. 3 BGB zwischen Leiharbeitnehmer und Entleiher, das dem Entleiher aber kein eigenes Forderungsrecht auf die Arbeitsleistung gegen die Leiharbeitnehmer gewährt. Aufgrund der Beschäftigung des Leiharbeitnehmers im Betrieb des Entleihers treffen diese gegenseitige Schutz- und Fürsorgepflichten.

§ 9 Ergebnis

Die Untersuchung der der Arbeitnehmerüberlassung zugrunde liegenden schuldrechtlichen Beziehungen hat gezeigt, dass das AÜG als grundlegendes Regelungswerk der Arbeitnehmerüberlassung nur sehr lückenhaft bis gar nicht die Rechtsqualität und die jeweiligen Rechte und Pflichten der an der Arbeitnehmerüberlassung beteiligten Parteien enthält. Daher ist es notwendig, die Regelungen des BGB zur vertragsrechtlichen Betrachtung der der Arbeitnehmerüberlassung zugrunde liegenden Rechtsbeziehungen heranzuziehen.

Die Analyse hat ergeben, dass die der Arbeitnehmerüberlassung zugrunde liegenden Vertragsverhältnisse im BGB geregelten Vertragstypen zugeordnet werden können. Der Leiharbeitsvertrag ist ein Arbeitsvertrag i. S. d. §§ 611 ff. BGB mit arbeitnehmerüberlassungsbedingten Besonderheiten. Eine solche Besonderheit ist zum Beispiel die Pflicht des Arbeitgebers (Verleihers) zur Beachtung des in § 10 Abs. 4 AÜG geregelten *Equal Treatment/ Equal Pay* Grundsatzes, nachdem der

---

695 So auch *Boemke*, Schuldvertrag, S. 564; *Sandmann/Marschall/Schneider*, AÜG Art. 1 § 9 Anm. 6.

696 Thüsing/*Thüsing*, AÜG Einf. 35.

Verleiher für die Zeit der Überlassung dem Leiharbeitnehmer die Arbeitsbedingungen eines vergleichbaren Arbeitnehmers im Betrieb des Entleihers zu gewähren hat. Der Verleiher kann also nicht, wie im Rahmen eines normalen Arbeitsvertrags, die Vergütung privatautonom mit dem Leiharbeitnehmer verhandeln, sondern hat die Vergütung eines vergleichbaren Stammarbeitnehmers des Entleihers für die Dauer der Überlassung an den Leiharbeitnehmer zu leisten. Gleichzeitig wird der Arbeitnehmer dazu verpflichtet, abweichend von § 613 S. 2 BGB seine Tätigkeit im Betrieb des (gegebenenfalls noch zu bestimmenden) Entleihers zu erbringen. Das AÜG nimmt folglich Einfluss auf den Inhalt der arbeitsvertraglichen Pflichten der Parteien.

Es hat sich gezeigt, dass es entgegen einer überwiegenden Auffassung der Literatur nicht nötig ist, den Arbeitnehmerüberlassungsvertrag als Vertrag *sui generis* einzuordnen. Denn der Arbeitnehmerüberlassungsvertrag ist ein atypischer Mietvertrag, ein Arbeitnehmermietvertrag, und entsprechend ergeben sich die wesentlichen Rechte und Pflichten aus den §§ 535 ff. BGB analog. Auch hier ergeben sich arbeitnehmerüberlassungsspezifische Besonderheiten aus den Regelungen des AÜG, so zum Beispiel die sich aus § 12 Abs. 1 S. 2 AÜG ergebende Verpflichtung des Verleihers zur Erklärung, ob er die nach § 1 AÜG erforderliche Erlaubnis besitzt oder auch die nach § 12 Abs. 1 S. 1 vorgeschriebene Schriftform des Arbeitnehmerüberlassungsvertrags.

Schließlich hat die Prüfung ergeben, dass der Entleiher kein eigenes Forderungsrecht auf die Arbeitsleistung des Leiharbeitnehmers hat. Ersichtlich wurde, dass zwischen Entleiher und Leiharbeitnehmer keine vertragliche Verbindung in Form eines Arbeitsverhältnisses, eines dreiseitigen Arbeitsverhältnisses, eines Vertragsbeitritts oder einer partiellen Vertragsübernahme besteht, aufgrund dessen der Entleiher ein Recht gegen den Leiharbeitnehmer auf die von diesem geschuldete Arbeitsleistung hätte geltend machen können. Ein solches Forderungsrecht ergibt sich auch nicht dadurch, dass der Entleiher in den Leiharbeitsvertrag als echten Vertrag zugunsten Dritter einbezogen wird, da die Auslegung ergeben hat, dass weder der Wille des Verleihers noch der Wille des Leiharbeitnehmers grundsätzlich darauf gerichtet sind, dem Entleiher ein eigenes Forderungsrecht auf die Leistung zukommen zu lassen. Der Leiharbeitsvertrag ist allenfalls ein unechter Vertrag zugunsten Dritter, aus dem der Entleiher aber im Zweifel kein eigenes Forderungsrecht gegen den Leiharbeitnehmer hinsichtlich der vom Arbeitnehmer geschuldeten Arbeitsleistung erhält. Zwischen Entleiher und Leiharbeitnehmer liegt bei Durchführung der legalen Arbeitnehmerüberlassung ein vorvertragliches Schuldverhältnis gem. § 311 Abs. 2 Nr. 3 BGB vor, aus dem der Entleiher aber keinen Anspruch auf die Arbeitsleistung des Leiharbeitnehmers geltend machen kann. Daraus ergeben sich zwischen Entleiher und Leiharbeitnehmer lediglich gegenseitige Schutz- und Fürsorgepflichten während der Dauer der Überlassung.

3. Teil: Rechtsfolgen

Nachdem zuvor die schuldrechtlichen Beziehungen zur Begründung und Durchführung der legalen Arbeitnehmerüberlassung näher betrachtet wurden, richtet sich der Blick der Arbeit im Folgenden auf das Schicksal dieser analysierten schuldrechtlichen Beziehungen bei der illegalen Arbeitnehmerüberlassung.

§ 10 Rechtsfolgen bei nicht gesetzmäßiger Arbeitnehmerüberlassung

Die Voraussetzungen und Rechtsfolgen einer illegalen Arbeitnehmerüberlassung regeln §§ 9, 10 Abs. 1 AÜG und § 16 AÜG. Danach liegt eine illegale Arbeitnehmerüberlassung vor, wenn der Verleiher nicht über die nach § 1 AÜG erforderliche Erlaubnis zur Überlassung des Leiharbeitnehmers verfügt.[697] In diesen Fällen ist nach § 9 Nr. 1 AÜG der Leiharbeitsvertrag zwischen Verleiher und Leiharbeitnehmer und der Arbeitnehmerüberlassungsvertrag zwischen Verleiher und Entleiher unwirksam und gem. § 10 Abs. 1 AÜG entsteht ein Arbeitsverhältnis zwischen Entleiher und Leiharbeitnehmer. §§ 9, 10 AÜG fungieren dabei als zivilrechtliche Sanktionsnorm.[698] Hinzu kommt, dass die illegale Arbeitnehmerüberlassung auch eine Ordnungswidrigkeit nach § 16 Abs. 1 Nr. 1 AÜG darstellt und nach § 16 Abs. 2 AÜG mit einer Geldbuße von bis zu 30.000 Euro geahndet werden kann.

Heißt es in diesem Abschnitt Leiharbeitnehmer und Entleiher, gilt dies nur zur Klarstellung der jeweiligen Vertragspartei, denn ab Entstehung des gesetzlichen Arbeitsverhältnisses nach § 10 Abs. 1 AÜG ist der Leiharbeitnehmer Arbeitnehmer und der Entleiher sein Arbeitgeber; mithin haben diese ihre ursprünglichen Rechtspositionen als Entleiher und Leiharbeitnehmer verloren. Im Folgenden wird zunächst der Regelungsinhalt des § 9 AÜG kurz dargestellt, um im Anschluss auf die nach §§ 9, 10 AÜG vorgesehenen Rechtsfolgen einer illegalen Arbeitnehmerüberlassung näher einzugehen.

A. Inhalt des § 9 AÜG

§ 9 AÜG regelt neben der Unwirksamkeit der schuldrechtlichen Beziehungen auch die Unwirksamkeit einzelner vertraglicher Vereinbarungen der an der Arbeitnehmerüberlassung beteiligten Parteien.

---

697 Gleichwohl gibt es auch Vertreter, die trotz einer Erlaubnis, die lediglich auf „Vorrat" besteht, also eine Erlaubnis, die nur zur Sicherheit und Verhinderung der Rechtsfolgen der §§ 9, 10 AÜG eingeholt wird, die Sanktionswirkung des § 10 Abs. 1 AÜG eintreten lassen wollen: *Brose*, DB 2014, 1739, 1743.

698 *Leitner*, DB 1990, 2071; Weber, Anm. zu BAG Urteil v. 08.11.1978 -5 AZR 261/77, AP Nr. 2 zu § 1 AÜG.

Nach § 9 Nr. 1 AÜG sind Verträge zwischen Verleihern und Entleihern sowie zwischen Verleihern und Leiharbeitnehmern unwirksam, wenn der Verleiher nicht die nach § 1 AÜG erforderliche Erlaubnis zur Arbeitnehmerüberlassung hat. § 9 Nr. 1 AÜG statuiert demnach eine privatrechtliche Rechtsfolge bei einem Verstoß gegen öffentlich-rechtliche Vorschriften, indem die Verträge des Verleihers zum Entleiher und zum Leiharbeitnehmer unwirksam sind, „wenn der Verleiher nicht die erforderliche Erlaubnis hat“ und fungiert daher als „Scharnier“ zwischen den privatrechtlichen und öffentlichen rechtlichen Vorschriften des AÜG.[699] § 9 AÜG ist durch die normierte Unwirksamkeit der der Arbeitnehmerüberlassung zugrunde liegenden Rechtsverhältnisse ein zivilrechtliches Sanktionsinstrument, das den Verleiher zu einem gesetzmäßigen Verhalten,[700] mithin einer ordnungsgemäßen Arbeitnehmerüberlassung anhalten soll. Die Vorschrift des § 9 Nr. 1 AÜG verfolgt den Zweck des Schutzes des Rechtsverkehrs vor illegaler Arbeitnehmerüberlassung.[701]

Im Übrigen regeln die § 9 Nr. 2 – 5 AÜG auch die Unwirksamkeit privatrechtlicher Abreden zwischen Leiharbeitnehmer und Verleiher oder Verleiher und Entleiher. Unwirksam sind nach § 9 Nr. 2 AÜG Vereinbarungen, die für den Leiharbeitnehmer für die Zeit der Überlassung an einen Entleiher schlechtere als die im Betrieb des Entleihers für einen vergleichbaren Arbeitnehmer des Entleihers geltenden wesentlichen Arbeitsbedingungen einschließlich des Arbeitsentgelts vorsehen.[702]

Das Grundrecht des Arbeitnehmers auf freie Wahl des Arbeitsplatzes gem. Art. 12 Abs. 1 GG schützen § 9 Nr. 3 bis 5.[703] Der Leiharbeitnehmer wird außerdem durch die Regelungen des § 9 Nr. 3 und 4 AÜG, die es ermöglichen, dass der Leiharbeitnehmer nach Beendigung des Leiharbeitsvertrags direkt ein Arbeitsverhältnis zum Entleiher aufnehmen kann, und auch durch das Verbot der Vereinbarung einer Vermittlungsvergütung mit dem Leiharbeitnehmer nach § 9 Nr. 5 AÜG geschützt.

Mit der Reformierung des AÜG[704] gem. § 19 Abs. 2 AÜG nF mit Wirkung zum 01.04.2017 werden weitere Unwirksamkeitstatbestände in § 9 Abs. 1 AÜG nF eingefügt.

Sowohl der Leiharbeitsvertrag als auch der Arbeitnehmerüberlassungsvertrag sind gem. § 9 Abs. 1 Nr. 1a AÜG nF unwirksam, wenn die Arbeitnehmerüberlassung nicht als solche bezeichnet ist.

Weiterhin sind gem. § 9 Abs. 1 Nr.1b AÜG nF sowohl Leiharbeitsvertrag als auch Arbeitnehmerüberlassungsvertrag unwirksam, wenn die in § 1 Abs. 1b AÜG nF normierte Höchstüberlassungsdauer von 18 Monaten überschritten wird.

---

699 Thüsing/*Mengel*, § 9 AÜG Rn. 1.
700 BT-Drucks. VI/2303 S. 13.
701 BT-Drucks. VI/2303 S. 13.
702 § 9 Nr. 2 AÜG als „gesetzliche Grundlage des Gleichstellungsgebots“: *Ulber/Ulber*, § 9 AÜG Rn. 2.
703 *Ulber/Ulber*, § 9 AÜG Rn. 4.
704 BT-Drucks. 18/9232 (inkl. Änderungsantrag BT-Drucks. 18/10064).

Schließlich sind gem. § 9 Abs. 1 Nr. 2 AÜG nF Vereinbarungen unwirksam, die für den Leiharbeitnehmer schlechtere als die ihm nach § 8 AÜG nF zustehenden Arbeitsbedingungen einschließlich des Arbeitsentgelts vorsehen.

B. Unwirksamkeit des Leiharbeitsverhältnis und des Arbeitnehmerüberlassungsvertrages, § 9 Nr. 1 AÜG

Der privatrechtliche Abschnitt des AÜG regelt in § 9 Nr. 1 AÜG das Schicksal der bei der Arbeitnehmerüberlassung bestehenden Verträge, wenn die nach § 1 AÜG erforderliche Erlaubnis nicht vorliegt. Die aus dieser illegalen Arbeitnehmerüberlassung resultierende Rechtsfolge des § 10 Abs. 1 AÜG, die Entstehung eines gesetzlichen Arbeitsverhältnisses zwischen Leiharbeitnehmer und Entleiher, tritt ohne Wissen und Wollen der beteiligten Vertragsparteien Verleiher und Leiharbeitnehmer ein.[705] Als Rechtsfolge der nicht gesetzmäßigen Arbeitnehmerüberlassung wegen fehlender Überlassungserlaubnis sieht § 9 Nr. 1 AÜG die Unwirksamkeit des Arbeitnehmerüberlassungsvertrags und des Leiharbeitsvertrags vor.[706]

Diese Rechtsfolgen sind näher zu betrachten.

I. Unwirksamkeit des Arbeitnehmerüberlassungsvertrages

Verfügt der Verleiher nicht über die nach § 1 AÜG erforderliche Erlaubnis, ist der Arbeitnehmerüberlassungsvertrag zwischen Verleiher und Entleiher gem. § 9 Nr. 1 AÜG unwirksam. Für den Eintritt dieser Rechtsfolge ist es unerheblich, ob der Vertrag zwischen Entleiher und Verleiher als Arbeitnehmerüberlassungsvertrag bezeichnet ist, da auch solche Verträge, die nur in der praktischen Durchführung als Arbeitnehmerüberlassungsverträge gelebt werden, aber nicht als solche bezeichnet sind, unter die Regelung des § 9 Nr. 1 AÜG fallen. Dazu gehören insbesondere auch Werkverträge, die zur Umgehung der besonderen Voraussetzungen der Arbeitnehmerüberlassung (Scheinwerkverträge) geschlossen wurden.[707] Auch

---

705 HK-ArbR/*Lorenz*, § 10 AÜG Rn. 4; Moll/*Christ*, § 66 Arbeitnehmerüberlassung Rn. 121.

706 Begehrt der Leiharbeitnehmer die gerichtliche Feststellung des Bestehens eines Arbeitsverhältnisses zum Entleiher, trägt der Leiharbeitnehmer die Darlegungs- und Beweislast, da er in diesem Fall aus der illegalen Arbeitnehmerüberlassung für sich günstige Rechtsfolgen herleitet: BGH Urteil v. 18.05.2005 -VIII ZR 368/03, NJW 2005, 2395, 2396; Urteil v. 14.01.1991 -II ZR 190/89, BGHZ 113, 222, 224 f. = NJW 1991, 1052; BGHZ 116, 278 = NJW 1992, 683, 686; *Rosenberg/Schwab/Gottwald*, ZivilprozessR Kommentar, § 115 Rn. 7 f.; *Stein/Jonas/Leipold*, ZPO, § 286 Rn. 38 ff, 62; dazu auch *Ulrici*, NZA 2015, 456; als wirkliche „Last" des betroffenen Arbeitnehmers bezeichnet dies *Timmermann*, BB 2012, 1729, 1730 f.; dazu auch *Francken*, NZA 2013, 985, 987.

707 *Ulber/Ulber*, § 9 AÜG Rn. 6.

werden gemischttypische Verträge von der Unwirksamkeitsregelung umfasst, die nicht ausschließlich die (unwirksame) Arbeitnehmerüberlassung zum Gegenstand haben.[708]

Der Arbeitnehmerüberlassungsvertrag zwischen Verleiher und Entleiher nach § 9 Nr. 1 AÜG ist hingegen nicht unwirksam, wenn der Verleiher zwar über eine Erlaubnis zur Arbeitnehmerüberlassung i. S. d. § 1 AÜG verfügt, jedoch die Arbeitnehmerüberlassung entgegen der Voraussetzung des § 1 AÜG Abs. 1 S. 2 AÜG nicht vorübergehend, sondern dauerhaft ist.[709]

1. *Zeitpunkt der Unwirksamkeit des Arbeitnehmerüberlassungsvertrages*

Die Unwirksamkeit des Arbeitnehmerüberlassungsvertrages nach § 9 Nr. 1 AÜG tritt in dem Zeitpunkt ein, in dem die nach § 1 AÜG erforderliche Erlaubnis nicht (mehr) vorliegt. Fehlt es an der nach § 1 AÜG erforderlichen Erlaubnis bereits zu Beginn der Überlassung des Leiharbeitnehmers an den Entleiher, ist der Arbeitnehmerüberlassungsvertrag *ex tunc* gem. § 134 BGB unwirksam.[710] Fällt die Arbeitnehmerüberlassungserlaubnis während der Durchführung der Arbeitnehmerüberlassung weg, wird ab diesem Zeitpunkt der Arbeitnehmerüberlassungsvertrag *ex nunc* unwirksam.[711] Die Unwirksamkeit des Arbeitnehmerüberlassungsvertrags wird auch nicht durch die nachträglich erteilte Erlaubnis i. S. d. § 1 AÜG gehindert, denn die Erteilung der Erlaubnis nach § 1 AÜG hat keine heilende Wirkung.[712] Wird die Erlaubnis nach § 5 AÜG widerrufen, nach § 4 AÜG zurückgenommen oder nach § 3 AÜG nicht verlängert gilt eine zwölfmonatige Abwicklungsfrist des Leiharbeitsverhältnisses nach § 2 Abs. 4 S. 4 AÜG, sodass der Arbeitnehmerüberlassungsvertrag erst nach Ablauf dieser Abwicklungsfrist unwirksam ist.

---

708 *Ulber/Ulber*, § 9 AÜG Rn. 7.

709 BAG Urteil v. 29.04.2015 -9 AZR 883/13, BeckRS 2015, 69635 Rn. 10; Urteil v. 03.06.2014 -9 AZR 111/13, BeckRS 2014, 71241 Rn. 10 = BB 2014, 3007; Urteil v. 10.12.2013 -9 AZR 51/13, BAGE 146, 384 Rn. 11 ff. = NZA 2014, 196; dazu auch *Lipinski/Praß*, BB 2014, 1465; a. A nach der ein Arbeitsverhältnis zwischen Leiharbeitnehmer und Entleiher zustande kommt: LAG Berlin Brandenburg Urteil v. 09.01.2013 -15 Sa 1635/12, NZA-RR 2013, 234; *Ulber/Ulber*, § 9 AÜG Rn. 8; siehe auch 3. Teil § 10 C. V.

710 *Ulber/Ulber*, § 9 AÜG Rn. 9.

711 Schüren/*Schüren*, § 9 AÜG Rn. 43; ErfK/*Wank*, § 9 AÜG Rn. 4; *Ulber/Ulber*, § 9 AÜG Rn. 9.

712 LAG Köln Urteil v. 29.08.1985 -1 Sa 416/85, EzAÜG § 10 AÜG Fiktion Nr. 43; LAG Schleswig-Holstein Urteil v. 06.04.1984 -3 (4) Sa 597/82, AuR 1985, 129; BeckOK-Arbeitsrecht/*Kock*, § 9 AÜG Rn. 8; *Ulber/Ulber*, § 9 AÜG Rn. 9; Erbs/Kohlhaas/*Ambs*, § 9 AÜG Rn. 2.

2. *Rechtsfolge der Nichtigkeit des Arbeitnehmerüberlassungsvertrags*

Ist der Arbeitnehmerüberlassungsvertrag nach § 9 Nr. 1 AÜG mit sofortiger Wirkung unwirksam, können weder der Verleiher noch der Entleiher daraus gegenseitig Primäransprüche geltend machen. Der Entleiher hat keinen Anspruch mehr gegen den Verleiher auf Überlassung und den Arbeitsantritt eines qualifizierten Arbeitnehmers. Der Verleiher verliert seinen Anspruch auf Entrichtung der Überlassungsvergütung.[713] Der Arbeitnehmerüberlassungsvertrag muss dann rückabgewickelt werden.[714] Die Rückabwicklung des nach § 9 Nr. 1 AÜG nichtigen Arbeitnehmerüberlassungsvertrags wegen fehlender oder weggefallener Überlassungserlaubnis richtet sich grundsätzlich nach §§ 812 ff. BGB.[715]

a. Anspruch des Entleihers auf Rückabwicklung des unwirksamen Arbeitnehmerüberlassungsvertrags

In Betracht kommen als Anspruchsgrundlagen für den Anspruch des Entleihers gegen den Verleiher auf Rückzahlung bereits geleisteter Überlassungsvergütung bei fehlender Erlaubnis schon zu Beginn der Überlassung, § 812 Abs. 1 S. 1 1. Alt BGB. Für den Fall des Wegfalls der Erlaubnis während der praktizierten Arbeitnehmerüberlassung, zum Beispiel weil der Verleiher nicht fristgerecht eine neue Erlaubnis beantragt, ist § 812 Abs. 1 S. 2, 1. Alt. BGB Anspruchsgrundlage.[716] Da nach § 2 Abs. 4 AÜG die der Überlassung zugrunde liegenden Verträge nach Wegfall der Erlaubnis für nicht länger als zwölf Monate fortbestehend gelten, liegen die Voraussetzungen für eine Rückabwicklung nach § 812 Abs. 1 S. 2, 1. Alt. BGB bei Widerruf, Rücknahme oder Nichtverlängerung der Erlaubnis durch die Behörde nur für den Fall

---

713 *Ulber/Ulber*, § 9 AÜG Rn. 11.

714 *Ulber/Ulber*, § 9 AÜG Rn. 11 ff.

715 BGH Urteil v. 25.06.2002 -X ZR 83/00, NJW 2002, 3317; Urteil v. 17.01.1984 -VI ZR 187/82, DB 1984, 1194; Urteil v. 21.1.2003 -X ZR 261/01, NZA 2003, 616, 617; Urteil v. 25.6.2002 -X ZR 83/00, NZA 2002, 1086; Urteil v. 18.07.2000 -X ZR 62/98, NJW 2000, 3492, 3494 ff.; Urteil v. 08.11.1979 -VII ZR 337/78, AP Nr. 2 zu § 10 AÜG; HK-ArbR/*Lorenz*, § 9 AÜG Rn. 7; *Ulber/Ulber*, § 9 AÜG Rn. 12 f; *Löwisch/Caspers/Klumpp*, § 21 Rn. 900; *Hamann*, Jura 2003, 361, 366; Kasseler Handb./*Düwell*, 4.5. Rn. 317 ff.; *Boemke/Lembke* § 9 AÜG Rn. 49 ff.; Schaub/*Koch*, Arbeitsrechtshandbuch § 120 Arbeitnehmerüberlassung Rn. 81; *Sandmann/Marschall/Schneider*, AÜG Art. 1 § 10 Anm. 7 ff.; Thüsing/*Mengel*, § 9 AÜG Rn. 15; ErfK/*Wank*, § 9 AÜG Rn. 5; Palandt/*Sprau*, § 812 BGB Rn. 87; a. A. Schüren/*Schüren*, § 9 AÜG Rn. 46 ff.: faktisches Arbeitsverhältnis und Gesamtschuldnerausgleich nach § 426 BGB hinsichtlich der gezahlten Sozialversicherung und der bezahlten Arbeitsvergütung; differenzierend für den Fall der Unwirksamkeit des Arbeitnehmerüberlassungsvertrags aufgrund nach § 12 AÜG fehlender Schriftform: *Becker/Wulfgramm*, Art. 1 § 12 AÜG Rn. 16a; OLG Hamburg Urteil v. 13.01.1993 -13 U 26/92, NJW-RR 1993, 1524; a.A: BGH Urteil v. 17.01.1984 -VI ZR 187/82, NJW 1984, 1456 befürwortete auch bei formnichtiger Arbeitnehmerüberlassung eine Rückabwicklung nach §§ 812 ff. BGB.

716 Mit Verweis auf § 812 Abs. 1 BGB: *Ulber/Ulber*, § 9 AÜG Rn. 12 f.

vor, dass nach Ablauf dieser zwölf Monate der Leiharbeitnehmer weiterhin und dann ohne Erlaubnis an den Entleiher überlassen wird.

Der Anspruch auf Rückzahlung der geleisteten Arbeitnehmerüberlassungsvergütung ist gem. § 817 S. 2 BGB ausgeschlossen, wenn der Entleiher von dem Fehlen der nach § 1 AÜG erforderlichen Erlaubnis wusste.[717] Insbesondere bei Scheinwerkverträgen, bei denen Entleiher und Verleiher eine andere rechtliche Konstruktionen des Fremdpersonaleinsatzes wählen, um die besonderen Voraussetzungen der Arbeitnehmerüberlassung zu umgehen, wird der Anspruch des Entleihers auf Rückgewähr geleisteter Überlassungsvergütung nach § 812 Abs. 1 BGB nach § 817 S. 2 BGB ausgeschlossen sein.[718]

Fällt die Überlassungserlaubnis während der praktizierten Überlassung weg, steht § 817 S. 2 BGB einer Rückforderung der Überlassungsvergütung vom Verleiher nicht entgegen, da bis zum Zeitpunkt des Wegfalls der Erlaubnis eine gesetzmäßige Arbeitnehmerüberlassung praktiziert wurde und es für die Anwendbarkeit des § 817 S. 2 BGB auf den Zeitpunkt der Leistung ankommt.[719] Der spätere Gesetzesverstoß steht der Rückforderung nicht entgegen.[720]

b. Anspruch des Verleihers auf Rückabwicklung des unwirksamen Arbeitnehmerüberlassungsvertrags

Auch der Verleiher hat im Rahmen der Rückabwicklung des nichtigen Arbeitnehmerüberlassungsvertrags einen Anspruch gegen den Entleiher auf Herausgabe der vom Entleiher durch den Leiharbeitnehmer erhaltenen Arbeitskraft gem. §§ 812 ff. BGB, also Herausgabe der Aufwendungen, die der Entleiher erspart hat.[721] Da eine Herausgabe des Erlangten in diesen Fällen grundsätzlich nicht möglich sein wird, hat der Entleiher nach § 818 Abs. 2 BGB Wertersatz zu leisten, und zwar in der Höhe, in der der Entleiher durch die erbrachte Leistung des Leiharbeitnehmers Aufwendungen erspart hat.[722] Da der Verleiher im Rahmen der illegalen Arbeitnehmerüberlassung wissen muss, dass es an einer nach § 1 AÜG erforderlichen Überlassungserlaubnis fehlt, wird jedoch der Anspruch des Verleihers nach § 812 Abs. 1 AÜG regelmäßig nach § 817 S. 2 BGB ausgeschlossen sein.[723]

---

717 *Hamann*, Jura 2003, 361, 366; Kasseler Handb./*Düwell* 4.5 Rn. 318; a. A. Schüren/Schüren, § 9 AÜG Rn. 50; *Boemke/Lembke*, § 9 AÜG Rn. 52, weil der von der Rechtsordnung nicht gebilligte Erfolg wirtschaftlich gesehen auf diesem Wege legalisiert werde.

718 *Ulber/Ulber*, § 9 AÜG Rn. 13; *Hamann/Rudnik*, NZA 2015, 449, 453.

719 Palandt/*Sprau*, § 817 BGB Rn. 16.

720 Palandt/*Sprau*, § 817 BGB Rn. 16.

721 MüKo/*Müller-Glöge*, § 611 BGB Rn. 39; BGH Urteil v. 08.11.1979 -VII ZR 337/78, AP Nr. 2 zu § 10 AÜG = NJW 1980, 452.

722 BGH Urteil v. 17.01.1984 -VI ZR 187/82, NJW 1984, 1456 Rn. 20.

723 Kasseler Handb./*Düwell*, 4.5. Rn. 318; *Ulber/Ulber*, § 9 AÜG Rn. 13.

Schadensersatzansprüche des Verleihers gegen den Entleiher aus c.i.c. oder deliktischer Natur kommen im Hinblick auf die Unwirksamkeit des Arbeitnehmerüberlassungsvertrags wegen fehlender Überlassungserlaubnis grundsätzlich nicht in Betracht.

II. Unwirksamkeit des Leiharbeitsvertrags

Neben der Unwirksamkeit des Vertragsverhältnisses zwischen Verleiher und Entleiher wird auch das Vertragsverhältnis zwischen Leiharbeitnehmer und Verleiher kraft Gesetz unabhängig vom Willen der (ursprünglichen) Vertragsparteien nach § 9 Nr. 1 AÜG unwirksam, wenn dem Leiharbeitsvertrag eine nach § 1 AÜG erlaubnispflichtige Arbeitnehmerüberlassung zugrunde lag, es aber an der nach § 1 AÜG erforderlichen Erlaubnis fehlte. Da der Leiharbeitnehmer keinen Anspruch auf Doppelvergütung einmal vom Verleiher aus dem Leiharbeitsvertrag und einmal vom Entleiher aus dem fingierten Arbeitsverhältnis haben soll,[724] stellt sich die Frage nach der Rückabwicklung des Leiharbeitsverhältnisses.

1. Zeitpunkt der Unwirksamkeit

Für den Zeitpunkt der Unwirksamkeit des Leiharbeitsvertrags gilt dasselbe wie für den Arbeitnehmerüberlassungsvertrag. Der Leiharbeitsvertrag ist ab dem Zeitpunkt des Wegfalls der Überlassungserlaubnis unwirksam.[725] Dies hat zur Folge, dass der Leiharbeitsvertrag bei Fehlen der Erlaubnis i. S. d. § 1 AÜG schon zu Beginn der Arbeitnehmerüberlassung *ex tunc* unwirksam wird und bei Wegfall während der Überlassung *ex nunc* unwirksam wird.[726]

Liegt die erforderliche Überlassungserlaubnis schon zu Beginn des Leiharbeitsverhältnisses nicht vor, ist das Leiharbeitsverhältnis *ex tunc* unwirksam und wird nicht durch eine nach Vertragsschluss erteilte Erlaubnis geheilt.[727] Auch eine zu einem späteren Zeitpunkt erteilte Erlaubnis i. S. d. § 1 AÜG führt nicht zur Heilung der Unwirksamkeit des Leiharbeitsvertrages, denn die nachträgliche Erteilung einer

---

724 *Boemke/Lembke*, § 9 AÜG Rn. 67; BGH Urteil v. 08.11.1979 -VII ZR 337/78, AP Nr. 2 zu § 10 AÜG unter III 1b.

725 *Ulber/Ulber*, § 9 AÜG Rn. 18; HK-ArbR/*Lorenz*, § 9 AÜG Rn.5; Thüsing/*Mengel*, § 9 AÜG Rn.12

726 Ähnlich *Ulber/Ulber*, § 9 AÜG Rn. 18, der die Unwirksamkeit des Leiharbeitsvertrags jedenfalls ab dem Zeitpunkt des Einsatzes beim Entleiher sieht; ErfK/*Wank*, § 10 AÜG Rn. 2 ff.

727 HK-ArbR/*Lorenz* § 9 AÜG Rn. 5; *Ulber/Ulber*, § 9 AÜG Rn. 18; Thüsing/*Mengel*, § 9 AÜG Rn. 13; *Boemke/Lembke*, § 9 AÜG Rn. 48; LAG Schleswig-Holstein Urteil v. 06.04.1984 -3(4) Sa 597/82, AuR 1985, 129 f.; LAG Köln Urteil v. 20.08.1985 -1 Sa 416/85, EzAÜG Nr. 187; HWK/*Gotthardt/Roloff*, § 9 AÜG Rn. 8; Schüren/*Schüren*, § 9 AÜG Rn. 44.

Erlaubnis nach § 1 AÜG stellt keine behördliche Genehmigung dar.[728] Wird die Erlaubnis nach § 5 AÜG widerrufen, nach § 4 AÜG zurückgenommen oder nach § 3 AÜG nicht verlängert, gilt eine zwölfmonatige Abwicklungsfrist des Leiharbeitsverhältnisses nach § 2 Abs. 4 S. 4 AÜG, sodass der Leiharbeitsvertrag in diesem Fall im Rahmen der zwölf Monate nicht unwirksam ist und erst nach Ablauf dieser Frist unwirksam wird.

2. Rückabwicklung des Leiharbeitsvertrags

In der Folge des unwirksamen Leiharbeitsverhältnisses besteht auch das Bedürfnis nach der Rückabwicklung des Leiharbeitsvertrags.[729] Es werden zum einen die Grundsätze des faktischen Arbeitsverhältnisses vertreten, die eine Rückabwicklung nicht vorsehen.[730] Zum anderen wird die Rückabwicklung des unwirksamen Leiharbeitsvertrags nach den §§ 812 ff. BGB vorgeschlagen,[731] denn die durch § 10 Abs. 1 AÜG vorgesehenen Rechtsfolgen bei illegaler Arbeitnehmerüberlassung sperren einen Bereicherungsanspruch nicht.[732]

a. Anwendung der Grundsätze des faktischen Arbeitsverhältnisses

Die Einordnung des Leiharbeitsvertrags im Falle der Arbeitnehmerüberlassung ohne erforderliche Erlaubnis als faktisches Arbeitsverhältnis hätte zur Folge, dass der in Vollzug gesetzte Leiharbeitsvertrag für die Vergangenheit als rechtswirksam behandelt wird und *ex nunc* von jeder Partei durch einseitige, formlose Erklärung ohne Einhaltung einer Kündigungsfrist beendet werden könnte.[733]

Wenn § 9 AÜG abschließend das Schicksal der schuldrechtlichen Beziehungen der Arbeitnehmerüberlassung regelt,[734] widerspricht die Annahme eines faktischen

---

728 Thüsing/*Mengel*, § 9 AÜG Rn. 13; ErfK/*Wank*, § 10 AÜG Rn. 4; *Becker/Wulfgramm*, Art. 1 § 10 AÜG Rn. 11.

729 *Ulber/Ulber*, § 9 AÜG Rn. 25 ff.

730 So BGH Urteil v. 08.11.1979 -VII ZR 337/78, AP Nr. 2 zu § 10 AÜG; Schüren/*Schüren*, § 9 AÜG Rn. 28; HWK/*Gotthardt/Roloff*, § 9 AÜG Rn. 9 f.; ErfK/*Wank*, § 9 AÜG Rn. 5; *Ulber/Ulber*, § 9 AÜG Rn. 25 ff.

731 BGH Urteil v. 18.07.2000 -X ZR 62/98, NJW 2000, 3492; Urteil v. 21.01.2003 -X ZR 261/01, NZA 2003, 616, 617; Urteil v. 25.06.2002 -X ZR 83/00, NZA 2002, 1086; Urteil v. 18.07.2000 -X ZR 62/98, NJW 2000, 3492, 3494 ff.; Urteil v. 08.11.1979 -VII ZR 337/78, AP Nr. 2 zu § 10 AÜG; Wedde/*Mittag*, Arbeitsrecht, § 9 AÜG Rn. 3; *Boemke/Lembke*, § 9 AÜG Rn. 49 f.; Thüsing/*Mengel*, § 9 AÜG Rn. 15; *Sandmann/Marschall/Schneider*, AÜG Art. 1 § 10 Anm. 7 f.; a. A. Schüren/*Schüren*, § 9 AÜG Rn. 46 ff: faktisches Arbeitsverhältnis und Gesamtschuldnerausgleich nach § 426 BGB hinsichtlich der gezahlten Sozialversicherung und der bezahlten Arbeitsvergütung.

732 Thüsing/*Mengel*, § 9 AÜG Rn. 15.

733 BeckOK-Arbeitsrecht/*Hesse*, § 620 BGB Rn. 102.

734 BGH Urteil 18.07.2000 – X ZR 62/98, NJW 2000, 3492; Urban-Crell/Germakowski/*Hurst*, § 9 AÜG Rn. 26; *Rissing*, Verbot der Leiharbeit im Baugewerbe, S. 102.

Arbeitsverhältnisses dem Willen des Gesetzgebers, der mit den Regelungen der §§ 9 Nr. 1, 10 Abs. 1 AÜG das Leiharbeitsverhältnis als unwirksam deklariert und ein gesetzliches Arbeitsverhältnis zum Entleiher ohne Wissen und Willen der betreffenden Parteien entstehen lässt und damit deutlich macht, dass nur der Entleiher ab diesem Zeitpunkt als Arbeitgeber haften soll. Für die Annahme eines faktischen Arbeitsverhältnisses zwischen Leiharbeitnehmer und Verleiher für die Zukunft besteht dann schon kein Bedürfnis.[735]

Da sich aber der §§ 9 Nr. 1 und 10 Abs. 1 AÜG immanente Sanktionsgedanke an den Verleiher und den Entleiher richtet, gebieten es die Arbeitnehmerschutzgesichtspunkte, ein faktisches Arbeitsverhältnis zwischen Leiharbeitnehmer und Verleiher anzunehmen.[736] Dem ist grundsätzlich zuzustimmen.

Jedoch besteht ein solches Arbeitsnehmerschutzbedürfnis in Form der Annahme eines faktischen Arbeitsverhältnisses nicht, wenn, wie im Nachfolgenden dargestellt,[737] dem Leiharbeitnehmer ein Widerspruchsrecht gegen die Entstehung eines gesetzlichen Arbeitsverhältnisses gem. § 10 Abs. 1 AÜG gewährt wird und damit die Wirkungen des § 9 Nr. 1 AÜG für die Dauer des Widerspruchsrechts außer Kraft gesetzt werden könnten. Denn so wird dem betroffenen Leiharbeitnehmer entweder das Leiharbeitsverhältnis zum Verleiher oder das gesetzliche Arbeitsverhältnis zum Entleiher unter Berücksichtigung des Willens des Leiharbeitnehmers erhalten. Nach hier vertretenen Grundsätzen[738] ist die Annahme eines faktischen Arbeitsverhältnisses daher aus Arbeitnehmerschutzgesichtspunkten nicht notwendig. Kommt dem Arbeitnehmer ein Widerspruchsrecht zu, das dazu führt, dass dieser auch sein zum Verleiher willentlich und wissentlich begründetes Arbeitsverhältnis weiter führen kann, bedarf es der Option auf ein faktisches Arbeitsverhältnis nicht. Hier besteht daher schon kein Bedürfnis nach der Annahme eines faktischen Arbeitsverhältnisses zwischen Leiharbeitnehmer und Verleiher.[739]

b. Rückabwicklung nach §§ 812 ff. BGB

Eine Rückabwicklung des nach § 9 Nr. 1 AÜG unwirksamen Leiharbeitsvertrags erfolgt daher im Wege der §§ 812 ff. BGB, da dem Schutzbedürfnis des Leiharbeitnehmers durch die Regelung des § 10 Abs. 1 – 3 AÜG[740] und durch das hier vertretene Widerspruchsrecht des Leiharbeitnehmers[741] ausreichend Rechnung getragen

---

735 So aber HK-ArbR/*Lorenz*, § 9 AÜG Rn. 6.

736 HK-ArbR/*Lorenz*, § 9 AÜG Rn. 6; Thüsing/*Mengel*, § 9 AÜG Rn. 18; ErfK/*Wank*, § 9 AÜG Rn. 5; Schüren/*Schüren*, § 9 AÜG Rn. 20.

737 Siehe unter 3. Teil § 11 C.

738 Siehe dazu im Folgenden unter 3. Teil § 11 C.

739 Faktisches Arbeitsverhältnis auch ablehnend: BeckOK-Arbeitsrecht/*Kock*, § 9 AÜG Rn. 9.

740 BeckOK-Arbeitsrecht/ *Kock*, § 9 AÜG Rn. 9; a. A. *Becker*, BB 1978, 363, 364.

741 Siehe hierzu 3. Teil § 11 C.

wird.[742] Außerdem wird auch der nach § 9 Nr. 1 AÜG unwirksame Arbeitnehmerüberlassungsvertrag zwischen Entleiher und Leiharbeitnehmer nach den §§ 812 ff. BGB rückabgewickelt, sodass auch die Rechtssystematik für die Abwicklung des Leiharbeitsvertrags nach den §§ 812 ff. BGB spricht.[743] Die Rückabwicklung findet nach hier vertretener Auffassung dann nicht statt, wenn der Leiharbeitnehmer Widerspruch gegen die Entstehung des gesetzlichen Arbeitsverhältnisses zum Entleiher nach § 10 Abs. 1 AÜG wirksam erhoben hat und daher die Wirksamkeit des Leiharbeitsvertrags erhalten kann.[744]

III. Zwischenergebnis

Verfügt der Verleiher bei der Arbeitnehmerüberlassung nicht über die nach § 1 AÜG erforderliche Erlaubnis, werden durch Gesetz nach § 9 Nr. 1 AÜG die der Arbeitnehmerüberlassung zugrunde liegenden schuldrechtlichen Beziehungen zwischen den Parteien im Zweifel ohne deren Wissen und Willen beendet. Wurden die schuldrechtlichen Beziehungen der Arbeitnehmerüberlassung bis zum Zeitpunkt der Feststellung ihrer Unwirksamkeit praktiziert, müssen diese nach Feststellung der Unwirksamkeit rückabgewickelt werden. Bei der Rückabwicklung des Arbeitnehmerüberlassungsvertrags zwischen Verleiher und Entleiher entstehen jeweils Ansprüche aus den §§ 812 ff. BGB, die aber nach § 817 S. 2 BGB ausgeschlossen sein können, wenn auch der Entleiher von dem Fehlen der erforderlichen Erlaubnis wusste. Fehlt die Überlassungserlaubnis bereits bei Beginn der Überlassung, entsteht ein Anspruch des Entleihers gegen den Verleiher auf Herausgabe der Überlassungsvergütung nach § 812 Abs. 1 S. 1 1. Alt. BGB. Fällt die Erlaubnis während der Überlassung weg, hat der Entleiher grundsätzlich einen Anspruch auf Herausgabe der Überlassungsvergütung aus § 812 Abs. 1 S. 2, 1. Alt. BGB. Weiß der Entleiher von dem Fehlen der Überlassungserlaubnis, ist sein Anspruch auf Herausgabe der gezahlten Überlassungsvergütung gegen den Verleiher nach § 817 S. 2 BGB ausgeschlossen. Der Verleiher hat grundsätzlich einen Anspruch gegen den Entleiher aus § 812 Abs. 1 S. 1, 1. Alt. BGB wenn schon zu Beginn der Überlassung keine Erlaubnis vorlag. Fällt die Erlaubnis später weg, besteht ein Anspruch des Verleihers nach § 812 Abs. 1 S. 2, 1. Alt. BGB. Der jeweilige Anspruch des Verleihers ist gerichtet auf ersparte Aufwendungen des Entleihers, die dieser nach § 818 Abs. 2 BGB zu setzen hat. Der Anspruch des Verleihers wird jedoch in der Regel nach § 817 S. 2 BGB ausgeschlossen sein, da dieser von dem Fehlen der Erlaubnis positiv wissen dürfte.

Zwar ist grundsätzlich aus Arbeitnehmerschutzgesichtspunkten die Annahme eines faktischen Leiharbeitsverhältnisses nach der gesetzlichen Beendigung des Leiharbeitsverhältnisses nach § 9 Nr. 1 AÜG richtig. Nach hier vertretener Auffassung,

---

742 Vgl. *Boemke/Lembke*, § 9 AÜG Rn. 66; *Boemke*, Schuldvertrag S. 607; *Sandmann/Marschall/Schneider*, AÜG Art. 1 § 10 Anm. 6 f.

743 *Boemke/Lembke*, § 9 AÜG Rn. 66.

744 Siehe zum Widerspruchsrecht des Leiharbeitnehmers 3. Teil § 11 C.

nach der dem Leiharbeitnehmer ein Widerspruchsrecht eingeräumt werden muss,[745] ist die Annahme eines faktischen Leiharbeitsverhältnisses, das vom Leiharbeitnehmer oder vom Verleiher durch einseitige Erklärung jederzeit beendet werden kann, aus Arbeitnehmerschutzgesichtspunkten nicht erforderlich. Schließlich spricht auch die Rechtssystematik für die Rückabwicklung nach den §§ 812 ff. BGB, da auch der Arbeitnehmerüberlassungsvertrag nach den §§ 812 ff. BGB rückabgewickelt wird.

C. Entstehung und Beendigung eines gesetzlichen Arbeitsverhältnisses zwischen Leiharbeitnehmer und Entleiher

Bei einer illegalen Arbeitnehmerüberlassung beendet das AÜG nach § 9 Nr. 1 bestehende schuldrechtliche Beziehungen der Parteien und lässt eine neue schuldrechtliche Beziehung zwischen Entleiher und Leiharbeitnehmer nach § 10 Abs. 1 AÜG entstehen.

I. Wirkung des § 10 Abs. 1 AÜG bei fehlender Überlassungserlaubnis

Im Weiteren sind die Rechtsfolgen des § 10 Abs. 1 AÜG näher zu betrachten.

1. Arbeitsverhältnis zwischen Leiharbeitnehmer und Entleiher

Die durch die fehlende Überlassungserlaubnis illegale Arbeitnehmerüberlassung lässt nach § 10 Abs. 1 AÜG ein gesetzliches Arbeitsverhältnis zwischen Leiharbeitnehmer und Entleiher entstehen. Dieses gesetzlich entstehende Arbeitsverhältnis steht einem vertraglich geschlossenen Arbeitsverhältnis gleich.[746] Eine vertragliche Einigung zwischen Entleiher und Leiharbeitnehmer ist dazu nicht erforderlich. Das gesetzliche Arbeitsverhältnis entsteht sogar ohne Kenntnis und ohne Willen der späteren Vertragsparteien, Leiharbeitnehmer und Entleiher.[747] Das gesetzliche Arbeitsverhältnis zwischen Entleiher und Leiharbeitnehmer entsteht sogar, wenn der Verleiher gegenüber dem Entleiher oder dem Leiharbeitnehmer wahrheitswidrig vorspiegelt, dass er im Besitz der Erlaubnis nach § 1 AÜG sei oder er den Wegfall der Erlaubnis nicht nach §§ 11 Abs. 3 AÜG unverzüglich angezeigt hat[748] und so Entleiher oder Leiharbeitnehmer von einer legalen Arbeitnehmerüberlassung i. S. d. §§ 1 ff. AÜG ausgehen. Demnach ist kein Verschulden der Parteien erforderlich.[749] Selbst wenn die Parteien den Fremdeinsatz des (Leih-)Arbeitnehmers statt

745 Siehe dazu unter 3. Teil § 11 C.

746 BAG Urteil v. 30.01.1994 -7 AZR 497/89, AP Nr. 8 zu § 10 AÜG.

747 BeckOK-Arbeitsrecht/*Motz*, § 10 AÜG Rn. 2; HK-ArbR/*Lorenz*, § 10 AÜG Rn. 4; Moll/*Christ*, § 66 Arbeitnehmerüberlassung Rn. 121; *Becker/Wulfgramm*, Art. 1 § 10 AÜG Rn. 13.

748 *Becker/Wulfgramm*, Art. 1§ 10 AÜG Rn. 13.

749 ErfK/*Wank*, § 9 AÜG Rn. 3 ff.; Erbs/Kohlhaas/*Ambs*, § 10 AÜG Rn. 9.

im Rahmen einer Arbeitnehmerüberlassung, im Wege eines Dienst- oder Werkvertrages abwickeln wollten, es sich aber tatsächlich um eine verdeckte Arbeitnehmerüberlassung handelte, tritt die Wirkung des § 10 Abs. 1 AÜG ein, wenn der Verleiher nicht im Besitz der nach § 1 AÜG erforderlichen Erlaubnis ist.[750]

Diese Entstehung eines gesetzlichen Arbeitsverhältnisses steht der heute herrschenden Vertragstheorie, nach der ein Arbeitsverhältnis nur durch den Abschluss eines Arbeitsvertrages zustande kommt,[751] entgegen. Denn im Rahmen der Entstehung eines gesetzlichen Arbeitsverhältnisses zwischen Entleiher und Leiharbeitnehmer gem. § 10 Abs. 1 AÜG entsteht ein Arbeitsverhältnis, ohne dass zwei auf den Abschluss eines Arbeitsvertrages übereinstimmende Willenserklärungen der späteren Vertragsparteien vorliegen,[752] während die Vertragstheorie einen willensgetragenen Vertragsschluss der Parteien voraussetzt.[753]

Den Parteien bleibt es freilich unbenommen, einen Arbeitsvertrag zu schließen und darin den Inhalt des Arbeitsverhältnisses detailliert festzulegen.[754] Das gesetzliche Schuldverhältnis kann demnach ohne Weiteres von den betreffenden Parteien einvernehmlich in ein vertragliches Schuldverhältnis gewandelt werden.

Dieses gesetzliche Arbeitsverhältnis zum Entleiher kann einen anderen Inhalt haben als das mit Willenseinigung geschlossene vertragliche Leiharbeitsverhältnis zwischen Verleiher und Leiharbeitnehmer. Dem Leiharbeitnehmer werden in der Folge des § 10 Abs. 1 AÜG unter Umständen Vertragsbedingungen aufgezwungen, unabhängig davon, ob der Leiharbeitnehmer zu diesen Konditionen ein Arbeitsverhältnis zum Entleiher eingegangen wäre. § 10 Abs. 1 S. 4 AÜG begrenzt die Gefahr, dass der Leiharbeitnehmer zu für ihn schlechteren Konditionen tätig werden muss, der vorsieht, dass der Leiharbeitnehmer jedenfalls einen Anspruch auf das mit dem Verleiher vereinbarte Entgelt und zur Beschäftigung zu Konditionen eines vergleichbaren Arbeitnehmers des Entleihers hat.[755]

750 BAG Urteil v. 15.06.1983 -5 AZR 111/81, BAGE 43, 102; Urteil v. 11.04.1984 -5 AZR 316/82, EzAÜG Bd. 2 Nr. 152; *Becker/Wulfgramm*, Art. 1 § 10 AÜG Rn. 13; *Becker*, BB 1978, 363; *Sandmann/Marschall/Schneider*, AÜG Art. 1 § 10 Anm. 5.

751 Nipperdey/*Kortstock*, Arbeitsrecht Lexikon, Arbeitsvertrag; ErfK/*Preis*, § 611 BGB Rn. 7 „Streit ist obsolet"; Schaub/*Linck*, Arbeitsrechtshandbuch § 29 Arbeitsvertrag und Arbeitsverhältnis, Rn. 8.

752 *Becker/Wulfgramm*, Art. 1 § 10 AÜG Rn. 10.

753 Nipperdey/*Kortstock*, Arbeitsrecht Lexikon, Arbeitsvertrag; ErfK/*Preis*, § 611 BGB Rn. 7; Schaub/*Linck*, Arbeitsrechtshandbuch § 29 Arbeitsvertrag und Arbeitsverhältnis, Rn. 8.

754 BAG Urteil v. 19.12.1979 -4 AZR 901/77, AP Nr. 1 zu § 10 AÜG; *Ulber/Ulber*, § 10 AÜG Rn. 7a; Schüren/*Schüren*, § 10 AÜG Rn. 42.

755 Siehe dazu nachfolgend unter 3. Teil § 10 C. III.

2. *Auflösung der die Arbeitnehmerüberlassung typisierenden Dreieckskonstellation*

Da sowohl der Arbeitnehmerüberlassungsvertrag als auch der Leiharbeitsvertrag nach § 9 Nr. 1 AÜG unwirksam sind, sind die jeweiligen Vertragsparteien für die Zukunft nicht (mehr) gebunden.[756] Der Verleiher ist in das gesetzliche Arbeitsverhältnis zwischen Leiharbeitnehmer und Entleiher weder faktisch noch rechtlich einbezogen. Durch die Entstehung des gesetzlichen Arbeitsverhältnisses nach § 10 Abs. 1 AÜG wird die für die Arbeitnehmerüberlassung typische Dreieckskonstellation aufgelöst. Es bestehen mit Ausnahme des § 10 Abs. 3 AÜG keine Primäransprüche des Leiharbeitnehmers gegen den Verleiher mehr.

II. Zeitpunkt der Entstehung des gesetzlichen Arbeitsverhältnisses

Für den Beginn des zwischen Leiharbeitnehmer und Entleiher gesetzlichen Arbeitsverhältnisses kommt zum einen der Zeitpunkt der zwischen Verleiher und Entleiher im Arbeitnehmerüberlassungsvertrag vereinbarten Tätigkeitsaufnahme des Leiharbeitnehmers in Betracht,[757] zum anderen könnte auch erst mit der tatsächlichen Arbeitsaufnahme des Leiharbeitnehmers im Betrieb des Entleihers der Beginn des gesetzlichen Arbeitsverhältnisses nach § 10 Abs. 1 AÜG sein.[758]

1. *Entstehung des gesetzlichen Arbeitsverhältnisses bei von Anfang an fehlender Überlassungserlaubnis*

Nach § 10 Abs. 1 S. 1 AÜG entsteht das gesetzliche Arbeitsverhältnis zwischen Entleiher und Leiharbeitnehmer zu dem zwischen dem Entleiher und dem Verleiher für den Beginn der Tätigkeit vorgesehenen Zeitpunkt, wenn der Vertrag zwischen einem Verleiher und einem Leiharbeitnehmer wegen der fehlenden erforderlichen Erlaubnis nach § 9 Nr. 1 AÜG unwirksam ist.

Sicher ist demnach, dass das gesetzliche Arbeitsverhältnis nach § 10 Abs. 1 AÜG spätestens mit dem Zeitpunkt der Arbeitsaufnahme des Leiharbeitnehmers im Betrieb des Entleihers entstehen muss.[759] Fraglich ist aber, ob das gesetzliche Arbeitsverhältnis zwischen Leiharbeitnehmer und Entleiher bei von Anfang an fehlender Überlassungserlaubnis auch schon zu einem anderen Zeitpunkt entstehen

---

756 BeckOK-Arbeitsrecht/*Motz*, § 10 AÜG Rn. 5; ErfK/*Wank*, § 10 AÜG Rn. 3.

757 HWK/*Gotthardt/Roloff*, § 10 AÜG Rn. 4; Thüsing/*Mengel*, § 10 AÜG Rn. 9; ErfK/*Wank*, § 10 AÜG Rn. 3; *Becker/Wulfgramm*, Art. 1 § 10 AÜG Rn. 12; *Löwisch/Caspers/Klumpp*, Arbeitsrecht § 21 Rn. 900.

758 BAG Beschluss v. 10.02.1977 -2 ABR 80/76, NJW 1977, 1413; Schüren/*Schüren*, § 10 AÜG Rn. 47; BeckOK-Arbeitsrecht/*Motz*, § 10 AÜG Rn. 7; *Ulber/Ulber*, § 10 AÜG Rn. 13.

759 Schüren/*Schüren*, § 10 AÜG Rn. 35; BeckOK-Arbeitsrecht/*Motz*, § 10 AÜG Rn. 5; ErfK/*Wank*, § 10 AÜG Rn. 3; vereinbarter Überlassungszeitraum: BAG Urteil v. 10.02.1977 -2 ABR 80/76, NJW 1977, 1413; Schüren/*Schüren*, § 10 AÜG Rn. 47.

kann. Diese Frage wird dann relevant, wenn während der Überlassung mehrere Leiharbeitnehmer im Austausch im Betrieb des Entleihers zum Einsatz kommen. Dann ist fraglich, mit welchem Leiharbeitnehmer das gesetzliche Arbeitsverhältnis zustande gekommen ist. Würde bloß auf den zwischen Verleiher und Entleiher vorgesehenen Zeitpunkt der Tätigkeit abgestellt werden, ohne weitere Voraussetzungen zu verlangen, könnte dies bei dem Austausch des Leiharbeitnehmers während der Überlassung dazu führen, dass mehrere Arbeitsverhältnisse zum Entleiher aufgrund einer illegalen Arbeitnehmerüberlassung entstehen.[760] Würde auch auf den Arbeitsantritt des Leiharbeitnehmers für den Zeitpunkt der Entstehung des gesetzlichen Arbeitsverhältnisses abgestellt, hätte dies zur Folge, dass nur zu dem Leiharbeitnehmer, der die Tätigkeit zum Zeitpunkt der Unwirksamkeit des Leiharbeitsvertrags und des Arbeitnehmerüberlassungsvertrags auch ausübte, ein gesetzliches Arbeitsverhältnis zum Entleiher entsteht.

a. Auslegung nach dem Wortlaut des § 10 Abs. 1 S. 1 AÜG

Der Wortlaut der gesetzlichen Regelung des § 10 Abs. 1 S. 1 AÜG stellt auf den zwischen Entleiher und Verleiher für den Beginn der Tätigkeit des Leiharbeitnehmers vorgesehenen Zeitpunkt ab. Nach dem Wortlaut des § 10 Abs. 1 AÜG kommt es folglich auf den im Arbeitnehmerüberlassungsvertrag zwischen Entleiher und Verleiher vorgesehenen Einsatzzeitpunkt des Leiharbeitnehmers an. Dieser kann vor der tatsächlichen Arbeitsaufnahme des Leiharbeitnehmers liegen, wenn dieser zum Beispiel durch Krankheit an der Aufnahme zum im Arbeitnehmerüberlassungsvertrag vereinbarten Zeitpunkt gehindert ist.

Der Wortlaut geht eindeutig nicht von dem zwischen Verleiher und Leiharbeitnehmer vereinbarten Zeitpunkt als Beginn des gesetzlichen Arbeitsverhältnisses aus,[761] denn § 10 Abs. 1 S. 1 AÜG spricht ausdrücklich von dem „zwischen dem Entleiher und dem Verleiher für den Beginn der Tätigkeit vorgesehenen Zeitpunkt".

b. Problematik nebeneinander bestehender mehrerer gesetzlicher Arbeitsverhältnisse

Den Beginn des gesetzlichen Arbeitsverhältnisses auf den zwischen Verleiher und Entleiher vereinbarten Zeitpunkt zu legen, kann jedoch dazu führen, dass es bei Auswechslung eines ungeeigneten oder kranken Leiharbeitnehmers zu mehreren gesetzlichen Arbeitsverhältnissen auf eigentlich einem Arbeitsplatz kommen könnte.[762] Im Zweifelsfall stünden drei gesetzliche Arbeitsverhältnisse mit zwei Arbeitnehmern im Raum, wenn der dem Entleiher entzogene, ungeeignete Arbeitnehmer bei einem anderen Entleiher ohne Überlassungserlaubnis eingesetzt wird und so zum ersten und zweiten Entleiher ein gesetzliches Arbeitsverhältnis

760 Schüren/*Schüren*, § 10 AÜG Rn. 64.
761 So aber Schüren/*Schüren*, § 10 AÜG Rn. 63.
762 Schüren/*Schüren*, § 10 AÜG Rn. 64.

unterhält und auch der Ersatz für den zuerst eingesetzten Arbeitnehmer aufgrund fehlender Erlaubnis ein Arbeitsverhältnis entsteht.[763] Daher bietet es sich an, das gesetzliche Arbeitsverhältnis nur zu dem Leiharbeitnehmer entstehen zu lassen, der zum Zeitpunkt des Wegfalls der Arbeitnehmerüberlassungserlaubnis beim Entleiher tatsächlich zur Tätigkeit überlassen ist.[764]

Beispiel: Verleiher A überlässt Arbeitnehmer C dem Entleiher MB zur Wartung technischer Anlagen. C erweist sich während der Überlassung als zur Wartung der spezifischen technischen Anlagen im Reinraum als ungeeignet, sodass MB den Austausch des Leiharbeitnehmers C gegen einen qualifizierten Leiharbeitnehmer fordert. A tauscht daraufhin den C gegen D aus, der dann im Betrieb des MB tätig wird. MB muss nach kurzer Zeit erkennen, dass auch D nicht die erforderlichen Qualifikationen mitbringt, sodass letztlich Leiharbeitnehmer E zur Wartung der technischen Anlagen im Reinraumbereich des Betriebs des MB eingesetzt wird.

Verfügt A nun über keine Überlassungserlaubnis für den Einsatz von C, D und E, treten die Rechtsfolgen der §§ 9 Nr. 1, 10 Abs. 1 AÜG ein. Ein gesetzliches Arbeitsverhältnis würde nun, käme es nicht auf die tatsächliche Tätigkeit zum Zeitpunkt der Fiktion nach § 10 Abs. 1 AÜG an, zwischen jeweils dem Leiharbeitnehmer C, D und E zum Entleiher MB zustande kommen.

c. Stellungnahme

Das gesetzliche Arbeitsverhältnis muss immer mit dem Zeitpunkt entsprechend der Vereinbarung zwischen Verleiher und Entleiher beginnen. Liegt zu Beginn der Arbeitnehmerüberlassung eine Erlaubnis nach § 1 AÜG vor, fällt diese jedoch später weg, beginnt das gesetzliche Arbeitsverhältnis zwischen Leiharbeitnehmer und Entleiher mit sofortiger Wirkung mit dem Erlöschen des Leiharbeitsvertrags nach § 9 Nr. 1 AÜG gem. § 10 Abs. 1 S. 1 AÜG.[765] Auf die Kenntnis des Entleihers oder des Verleihers vom Wegfall der Erlaubnis kommt es nicht an.[766] Eine Ausnahme von der Entstehung des gesetzlichen Arbeitsverhältnisses nach § 10 Abs. 1 AÜG besteht nur, wenn die Erlaubnis des Verleihers zurückgenommen, widerrufen oder nicht verlängert wird. Dann entsteht nicht sofort ein gesetzliches Arbeitsverhältnis zum Entleiher, sondern der Leiharbeitsvertrag und der Arbeitnehmerüberlassungsvertrag

---

763 Schüren/*Schüren*, § 10 AÜG Rn. 64.

764 BAG Beschluss v. 10.02.1977 -2 ABR 80/76, NJW 1977, 1413; BeckOK-Arbeitsrecht/*Motz*, § 10 AÜG Rn. 7; Schüren/*Schüren*, § 10 AÜG Rn. 35; ErfK/*Wank*, § 10 AÜG Rn. 3.

765 ErfK/*Wank*, § 10 AÜG Rn. 7; BeckOK-Arbeitsrecht/*Motz*, § 10 AÜG Rn. 7; Thüsing/*Mengel*, § 10 AÜG Rn. 12; *Becker/Wulfgramm*, Art. 1 § 10 AÜG Rn. 16; Urban-Crell/Germakowski/*Hurst*, § 10 AÜG Rn. 12.

766 *Becker/Wulfgramm*, Art. 1 § 10 AÜG Rn. 16.

bleiben bis zum Ablauf der zwölfmonatigen Abwicklungsfrist wirksam. Das gesetzliche Arbeitsverhältnis beginnt dann mit Ablauf der zwölfmonatigen Abwicklungsfrist nach § 2 Abs. 4 S. 4 i. V. m. § 4 Abs. 1 S. 2 oder § 5 Abs. 2 S. 2 AÜG.[767] Es ist nicht problematisch, dass im Zweifel auf einen Arbeitsplatz mehrere gesetzliche Arbeitsverhältnisse entfallen, da § 10 Abs. 1 AÜG ein Sanktionscharakter immanent ist. Dieses Risikos müssen sich Verleiher und Entleiher bei der illegalen Arbeitnehmerüberlassung bewusst sein. Darüber hinaus ist es praktisch schwer oder nicht umsetzbar, wenn es für die Entstehung des gesetzlichen Arbeitsverhältnisses darauf ankommen soll, wer zum Zeitpunkt des Wegfalls der Überlassungserlaubnis beim Entleiher die Tätigkeit aufgenommen hat. Waren zwei Leiharbeitnehmer nach dem Wegfall der Überlassungserlaubnis und Ablauf der Wartezeit nach § 2 Abs. 4 S. 4 AÜG beim Entleiher tätig, muss schon aus Arbeitnehmerschutzgesichtspunkten für beide das Recht auf ein gesetzliches Arbeitsverhältnis zum Entleiher gelten.[768] Auch die Erkrankung des Leiharbeitnehmers schon zu Beginn des Überlassungszeitraums hindert daher nicht die Entstehung eines gesetzlichen Arbeitsverhältnisses zum Entleiher.[769] Eine Ausnahme von diesem Grundsatz gilt, wenn in der zwischen Verleiher und Entleiher getroffenen vertraglichen Vereinbarung ein Einsatzzeitraum nicht festgelegt ist. In diesem Fall muss die tatsächliche Tätigkeitsaufnahme des Leiharbeitnehmers als Beginn des fingierten Arbeitsverhältnisses nach § 10 Abs. 1 AÜG gelten.[770]

2. *Zwischenergebnis*

Das gesetzliche Arbeitsverhältnis zwischen Entleiher und Leiharbeitnehmer entsteht immer zu dem zwischen Verleiher und Entleiher im Arbeitnehmerüberlassungsvertrag vereinbarten Einsatzzeitpunkt, es sei denn, ein Einsatzzeitraum ist zwischen Verleiher und Entleiher nicht vereinbart. In diesem Fall kommt es dann auf den Zeitpunkt der tatsächlichen Arbeitsaufnahme des Leiharbeitnehmers an. Das gesetzliche Arbeitsverhältnis entsteht zu den Leiharbeitnehmern, die während der Überlassung beim Entleiher tätig waren. Dies können im Zweifel auch mehrere Leiharbeitnehmer sein, sodass auf einen Arbeitsplatz mehrere gesetzliche Arbeitsverhältnisse entfallen, denn allen von der illegalen Arbeitnehmerüberlassung betroffenen Leiharbeitnehmern muss das Recht auf ein gesetzliches Arbeitsverhältnis zum Entleiher gegeben werden. Mit diesem Risiko müssen der Entleiher und der Verleiher, die eine illegale Arbeitnehmerüberlassung betreiben, rechnen.

---

767 BeckOK-Arbeitsrecht/*Motz*, § 10 AÜG Rn. 7; Thüsing/*Mengel*, § 10 AÜG Rn. 13; *Becker/Wulfgramm*, Art. 1 § 10 AÜG Rn. 16; ErfK/*Wank*, § 10 Rn. 7; Urban-Crell/Germakowski/*Hurst*, § 10 AÜG Rn. 12.

768 Vgl. auch Thüsing/*Mengel*, § 10 AÜG Rn. 9; *Becker/Wulfgramm*, Art. 1 § 10 AÜG Rn. 12; a. A. BAG Beschluss v. 10.02.1977 -2 ABR 80/76, NJW 1977, 1413, 1414; Schüren/*Schüren*, § 10 AÜG Rn. 47.

769 So auch *Becker/Wulfgramm*, Art. 1 § 10 AÜG Rn. 12.

770 HWK/*Gotthardt/Roloff*, § 10 AÜG Rn. 4.

III. Rechtsqualität und Inhalt des gesetzlichen Arbeitsverhältnisses

1. Rechtsqualität

Das nach § 10 Abs. 1 AÜG zwischen Leiharbeitnehmer und Entleiher entstandene gesetzliche Arbeitsverhältnis ist im Grunde ein Arbeitsverhältnis i.S. d. §§ 611 ff. BGB, das aber nicht durch Vertrag, sondern durch Gesetz begründet wird. Dementsprechend entstehen durch das Arbeitsverhältnis nach § 10 Abs. 1 AÜG die bei einem durch Willenseinigung der Vertragsparteien zustande gekommenen Arbeitsverhältnis entsprechenden Rechte (zum Beispiel Vergütung, Arbeitsleistung) und Pflichten (Treuepflichten) der Parteien gem. §§ 611 ff. BGB[771], die aber durch arbeitnehmerüberlassungsspezifische Besonderheiten nach § 10 AÜG ergänzt werden.

2. Inhalt des gesetzlichen Arbeitsverhältnisses zwischen Leiharbeitnehmer und Entleiher

Nach § 10 Abs. 1 S. 3 und 4 AÜG gilt für das gesetzliche Arbeitsverhältnis zwischen Entleiher und Leiharbeitnehmer die zwischen dem Verleiher und dem Entleiher vorgesehene Arbeitszeit als vereinbart. Nach S. 4 bestimmen sich Inhalt und Dauer des gesetzlichen Arbeitsverhältnisses nach den für den Betrieb des Entleihers geltenden Vorschriften und sonstigen Regelungen; wenn solche nicht vorhanden sind, gelten die Regelungen vergleichbarer Betriebe. Weiterhin hat nach § 10 Abs. 1 S. 5 AÜG der Leiharbeitnehmer gegen den Entleiher mindestens einen Anspruch auf das mit dem Verleiher vereinbarte Arbeitsentgelt.

Auch im Rahmen des gesetzlichen Arbeitsverhältnisses zwischen Leiharbeitnehmer und Entleiher gilt der Gleichbehandlungsgrundsatz.[772] Der Entleiher muss den Leiharbeitnehmer also hinsichtlich der üblichen Arbeitgeberpflichten wie Entgeltzahlung, Arbeitszeit, Urlaubsgewährung, betriebliche Sozialleistungen, wie einen bei ihm beschäftigten vergleichbaren Stammarbeitnehmer behandeln. Kommt es jedoch im Rahmen der Gewährung von betrieblichen Sozialleistungen auf die Dauer der Betriebszugehörigkeit des Arbeitnehmers an, sind nur die Zeiten des gesetzlichen Arbeitsverhältnisses zum Entleiher zu berücksichtigen.[773] Einen Anspruch auf Gleichbehandlung kann der Arbeitnehmer gegenüber dem Entleiher nach § 10 Abs. 1 S. 2, 3 i. V. m. dem Arbeitsverhältnis und dem allgemeinen Gleichbehandlungsgrundsatz geltend machen.

Ein Anspruch auf Gleichbehandlung besteht nicht mehr, wenn Leiharbeitnehmer und Entleiher die Arbeitsbedingungen des gesetzlichen Arbeitsverhältnisses geändert haben, indem sie einen neuen Arbeitsvertrag schließen, der das nach § 10 Abs. 1 AÜG gesetzliche Arbeitsverhältnis ablöst. Die infolgedessen vorhandene Ände-

---

771 *Becker/Wulfgramm*, Art. 1 § 10 AÜG Rn. 32 mit Verweis auf LAG Köln Urteil v. 29.03.1984 -8 Sa 793/83, EzAÜG § 10 AÜG Fiktion Nr. 27.

772 ErfK/*Wank*, § 10 AÜG Rn. 9.

773 ErfK/*Wank*, § 10 AÜG Rn. 9.

rung der ehedem zuvor gesetzlich geschaffenen Arbeitsbedingungen ist zulässig.[774] § 10 Abs. 1 – 3 AÜG ist insofern nicht abschließend.[775] Jedoch unterliegt der dann geschlossene Arbeitsvertrag, wie jeder üblich geschlossene Arbeitsvertrag, der die Bedingungen des gesetzlichen Arbeitsverhältnisses ablösen soll, der Inhaltskontrolle nach den §§ 307 ff. BGB. Nur durch die Inhaltskontrolle kann das Schutzbedürfnis des Arbeitnehmers gewahrt werden.

a. Arbeitszeit

Hinsichtlich der Arbeitszeit des gesetzlichen Arbeitsverhältnisses gilt gem. § 10 Abs. 1 S. 3 AÜG die zwischen dem Verleiher und dem Entleiher im Arbeitnehmerüberlassungsvertrag vereinbarte Arbeitszeit des Leiharbeitnehmers.

aa. Dauer

Haben Verleiher und Entleiher im Arbeitnehmerüberlassungsvertrag eine wöchentliche Arbeitszeit von 38 Stunden vereinbart, gilt für das gesetzliche Arbeitsverhältnis nach § 10 Abs. 1 AÜG eine wöchentlich geschuldete Arbeitszeit des Leiharbeitnehmers von 38 Stunden. Der Entleiher muss sich auch an die zwischen ihm und dem Verleiher vereinbarte Arbeitszeit des Leiharbeitnehmers gebunden sehen.[776] Dies hat auch zur Folge, dass wenn der Leiharbeitnehmer lediglich im Umfang einer Teilzeitstelle vom Verleiher überlassen wurde, das nach § 10 Abs. 1 AÜG gesetzliche Arbeitsverhältnis zwischen Leiharbeitnehmer und Entleiher auch dem Umfang einer Teilzeitstelle entspricht.[777]

Es bleibt Leiharbeitnehmer und Entleiher unbenommen, die Arbeitszeiten vertraglich einvernehmlich abzuändern, da die Regelung des § 10 Abs. 1 S. 3 AÜG dispositiv ist.[778]

bb. Lage der Arbeitszeit

Der Leiharbeitnehmer soll durch das gesetzliche Arbeitsverhältnis grundsätzlich nicht schlechter gestellt werden, als er im Arbeitsverhältnis zum Verleiher stünde. Die Bindung des Entleihers im Rahmen des nach § 10 Abs. 1 AÜG entstandenen gesetzlichen Arbeitsverhältnisses erstreckt sich daher nicht nur auf die Dauer der Arbeitszeit des Leiharbeitnehmers, sondern auch auf die Lage der Arbeitszeit, also zu welcher Tages- oder Nachtzeit der Leiharbeitnehmer üblicherweise

---

774 BAG Urteil v. 19.12.1979 -4 AZR 901/77, DB 1980, 883; ErfK/*Wank*, § 10 AÜG Rn. 9.

775 ErfK/*Wank*, § 10 AÜG Rn. 9.

776 BeckOK-Arbeitsrecht/*Motz*, § 10 AÜG Rn. 14; ErfK/*Wank*, § 10 AÜG Rn. 10; Thüsing/*Mengel*, § 10 AÜG Rn. 18; *Boemke/Lembke*, § 10 AÜG Rn. 61; *Sandmann/Marschall/Schneider*, AÜG Art. 1 § 10 Anm. 17.

777 BeckOK-Arbeitsrecht/*Motz*, § 10 AÜG Rn. 14.

778 *Boemke/Lembke*, § 10 AÜG Rn. 31, 62.

gearbeitet hat.[779] Der Entleiher kann aber durch Ausübung des Arbeitgeberweisungsrechts nach § 106 GewO die Arbeitszeitlage ändern, jedoch nur dann, wenn nicht in den Leiharbeitsvertrag zwischen Leiharbeitnehmer und Verleiher ausdrücklich eine Arbeitszeitregelung aufgenommen wurde.[780] Fehlt es an einer solchen Vereinbarung im Leiharbeitsvertrag zwischen Leiharbeitnehmer und Verleiher, gelten die Regelungen des Entleiherbetriebs gem. § 10 Abs. 1 S. 4 AÜG.[781]

Die Parteien des gesetzlichen Arbeitsverhältnisses können auch vertraglich die Arbeitszeitlage einvernehmlich abändern.[782]

b. Befristung

Das gesetzliche Arbeitsverhältnis zwischen Leiharbeitnehmer und Entleiher nach § 10 Abs. 1 AÜG kann auch durch Befristung nur von begrenzter Dauer sein. Nach § 10 Abs. 1 S. 2 AÜG gilt das gesetzliche Arbeitsverhältnis als befristet, wenn die Tätigkeit des Leiharbeitnehmers bei dem Entleiher nur befristet vorgesehen war und ein die Befristung des Arbeitsverhältnisses sachlich rechtfertigender Grund vorliegt.

aa. Sachlicher Grund

Für die Fiktion der Befristung nach § 10 AÜG Abs. 1 S. 2 AÜG muss zunächst ein sachlich rechtfertigender Grund vorliegen. Ein solcher sachlich rechtfertigender Grund ist gegeben, wenn, hypothetisch betrachtet, ein sachlicher Befristungsgrund i. S. d. § 14 Abs. 1 TzBfG vorliegt.[783] Ein sachlicher Grund für die Befristung des gesetzlichen Arbeitsverhältnisses liegt vor, wenn auch ein vertraglich begründetes Arbeitsverhältnis zwischen Leiharbeitnehmer und Entleiher wirksam befristet hätte werden können.[784] Ein solcher besteht nach § 14 Abs. 1 S. 2 Nr. 1 TzBfG, wenn der Bedarf an der Arbeitsleistung nur vorübergehend ist, der Bedarf im Entleiherbetrieb an der Arbeitskraft also zeitlich begrenzt ist.[785] Zudem kommt insbesondere der nur vorübergehende Bedarf des Entleihers entsprechend § 14 Abs. 1 S. 2 Nr. 1 TzBfG als sachlicher Grund in Betracht. Des Weiteren können auch die Befristungsgründe des § 14 Abs. 1

779 HWK/*Gotthardt/Roloff*, § 10 AÜG Rn. 11; ErfK/*Wank*, § 10 AÜG Rn. 10; BeckOK-Arbeitsrecht/*Motz*, § 10 AÜG Rn. 14; Thüsing/*Mengel*, § 10 AÜG Rn. 18; Schüren/*Schüren*, § 10 AÜG Rn. 86 ff; *Ulber/Ulber*, § 10 AÜG Rn. 62 ff.

780 ErfK/*Wank*, § 10 AÜG Rn. 10; BeckOK-Arbeitsrecht/*Motz*, § 10 AÜG Rn. 14; HWK/*Gotthardt/Roloff*, § 10 AÜG Rn. 12.

781 ErfK/*Wank*, § 10 AÜG Rn. 11.

782 ErfK/*Wank*, § 10 AÜG Rn. 11.

783 HWK/*Gotthardt/Roloff*, § 10 AÜG Rn. 9; BeckOK-Arbeitsrecht/*Motz*, § 10 AÜG Rn. 9; Schüren/*Schüren*, § 10 AÜG Rn. 55; Urban-Crell/Germakowski/*Hurst*, § 10 AÜG Rn. 37.

784 Schüren/*Schüren*, § 10 AÜG Rn. 59.

785 Kittner/Zwanziger/*Bacher*, Arbeitsrecht Handbuch für die Praxis, § 112 Arbeitnehmerüberlassung Rn. 150; Schüren/*Schüren*, § 10 AÜG Rn. 58.

S. 2 Nr. 2 – 6 TzBfG vorliegen.[786] Insbesondere bei Scheinwerkverträgen, also bei verdeckter Arbeitnehmerüberlassung ohne erforderliche Überlassungserlaubnis, wird es an dem für eine Befristung erforderlichen sachlichen Grund nach § 14 Abs. 1 TzBfG des vorübergehenden Bedarfs fehlen, da der vermeintliche Entleiher zum Schein Werkverträge abschließt und die Hilfspersonen des Werkunternehmers auf Dauerarbeitsplätzen einsetzt, auf denen stetig Tätigkeitsbedarf herrscht.[787]

Fällt der einmal vorhandene Befristungsgrund i. S. d. § 14 Abs. 1 TzBfG später weg, hindert dies, entgegen der Situation bei Wegfall der Arbeitnehmerüberlassungserlaubnis, nicht die Wirksamkeit der Befristung.[788] Das gesetzliche Arbeitsverhältnis endet daher trotz Wegfall des Befristungsgrundes.[789] Eine Befristung ohne Sachgrund i. S. d. § 14 Abs. 2 bis 3 TzBfG kommt nicht in Betracht, da nach § 10 Abs. 1 S. 2 AÜG ausdrückliche Voraussetzung der Befristung des gesetzlichen Arbeitsverhältnisses das Vorliegen eines sachlichen Grundes ist.[790]

Die Verlängerung der Befristung der Arbeitnehmerüberlassung ohne sachlichen Grund entsprechend § 14 Abs. 2 TzBfG ist wegen § 10 Abs. 1 S. 2 AÜG gesperrt, da dieser einen sachlichen Grund für die Befristung verlangt.[791] Zur Wirksamkeit der Befristung bedarf es im Übrigen keiner weiteren Voraussetzungen des § 14 TzBfG. § 14 TzBfG ist insofern nicht Grundlage der Befristung, denn das der Befristung zugrunde liegende Arbeitsverhältnis ist kein vertragliches, sondern ein gesetzliches Arbeitsverhältnis nach § 10 Abs. 1 AÜG.[792]

bb. Dauer der Befristung

Für die Dauer der Befristung muss nach hier vertretener Auffassung in erster Linie die Vereinbarung zwischen Verleiher und Entleiher maßgeblich sein, die mit der Vereinbarung zwischen Verleiher und Leiharbeitnehmer über die Einsatzzeit notwendigerweise übereinstimmen wird. Nach Ablauf des zwischen Verleiher und Entleiher vereinbarten Überlassungszeitraums endet auch das zwischen Leiharbeitnehmer und Entleiher gesetzliche Arbeitsverhältnis.[793]

---

786 Schüren/*Schüren*, § 10 AÜG Rn. 61.
787 Schüren/*Schüren*, § 10 AÜG Rn. 56.
788 So im Ergebnis auch Schüren/*Schüren*, § 10 AÜG Rn. 61; Annuß/Thüsing/*Maschmann*, TzBfG, § 14 TzBfG Rn. 11.
789 Zur Dauer der Befristung siehe 3. Teil § 10 C. III. b.
790 HWK/*Gotthardt/Roloff*, § 10 AÜG Rn. 9; a.A: *Bauer/Lingemann/Diller/Haußmann*, Anwalts-Formularbuch Arbeitsrecht, Kapitel 10 Arbeitnehmerüberlassung Rn. 9.
791 Thüsing/*Mengel*, § 10 AÜG Rn. 43; Schüren/*Schüren*, § 10 AÜG Rn. 60.
792 BeckOK-Arbeitsrecht/*Motz*, § 10 AÜG Rn. 9.
793 So ErfK/*Wank*, § 10 AÜG Rn. 16; BeckOK-Arbeitsrecht/*Motz*, § 10 AÜG Rn. 10; a. A. Schüren/*Schüren*, § 10 AÜG Rn. 62: wonach auf den Wortlaut des § 10 Abs. 1 S. 2 AÜG abzustellen sei, aus dem gefolgert werden könne, dass es für die Dauer der Befristung auf die Vereinbarung zwischen Arbeitnehmer und Verleiher über die Einsatzzeit beim Entleiher ankomme. Die Dauer würde sich daher nicht nach der im Überlassungsvertrag vereinbarten Dauer bestimmen, sondern nach der

c. Arbeitsentgelt

Zu den vom Entleiher nach § 10 Abs. 1 S. 4 AÜG dem Leiharbeitnehmer zu gewährenden gleichen Arbeitsbedingungen gehört auch das Arbeitsentgelt. Die Höhe des aus dem gesetzlichen Arbeitsverhältnis geschuldeten Entgelts bestimmt sich gem. § 10 Abs. 1 S. 4 AÜG nach den Regelungen des Entleiherbetriebs und, insofern solche nicht bestehen, nach den Regelungen und Vorschriften vergleichbarer Betriebe.

aa. Günstigkeitsprinzip

Zu dem aus dem gesetzlichen Arbeitsverhältnis zu gewährenden Arbeitsentgelt sind neben Lohn und Gehalt auch das Kindergeld, die Familienzulage, Trennungszulage, Urlaubsgeld, Provision und Sachleistungen zu fassen.[794] Der Entleiher hat nach § 10 Abs. 1 S. 4 AÜG grundsätzlich das entsprechend in seinem Betrieb gewährte Arbeitsentgelt zu gewähren. Liegt dies unterhalb des dem Leiharbeitnehmer vom Verleiher gewährten Entgelts, hat der Leiharbeitnehmer gem. § 10 Abs. 1 S. 5 AÜG wenigstens Anspruch auf das mit dem Verleiher vereinbarte Arbeitsentgelt. Danach ist folglich zu ermitteln, welches Arbeitsentgelt dem Arbeitnehmer „nach den für den Betrieb des Entleihers geltenden Vorschriften und sonstigen Regelungen" zustehen würde und welches Arbeitsentgelt er mit dem Verleiher vereinbart hat. Das höhere Arbeitsentgelt ist dann gesetzlich geschuldet.[795] Es gilt in diesem Zusammenhang für den Leiharbeitnehmer das Günstigkeitsprinzip.[796] Es sind danach alle Arbeitsentgeltkomponenten, also auch Sozialleistungen, in einen Geldwert umzurechnen. Der Geldwert des Verleihers muss mindestens vom Geldwert des Entleihers erreicht werden.[797]

bb. Abweichung durch Tarifvertrag möglich

Sind Entleiher und Leiharbeitnehmer tariflich gebunden, hat der Entleiher nach § 4 Abs. 1 S. 1 TVG Tariflohn zu zahlen, es sei denn, der Entleiher gewährt vergleichbaren Stammarbeitnehmern übertariflichen Lohn. Diesen übertariflichen Lohn hat

---

Vereinbarung zwischen Verleiher und Leiharbeitnehmer, die aber nicht notwendigerweise im Leiharbeitsvertrag getroffen werden muss. Als Argumente werden angeführt, dass insbesondere bei der nicht personalisierten Überlassung, bei der der Leiharbeitnehmer während seines Einsatzes auch gegen einen anderen Leiharbeitnehmer ausgetauscht werden könne, bei fehlender Überlassungserlaubnis nach § 1 AÜG zwei Arbeitsverhältnisse auf einem Arbeitsplatz entstehen. Demnach müsse die Befristung enden, wenn dies die Vereinbarung zwischen Leiharbeitnehmer und Verleiher vorsehe.

794 *Becker/Wulfgramm*, Art. 1 § 10 AÜG Rn. 25; ErfK/*Wank*, § 10 AÜG Rn. 13; im Ergebnis auch BeckOK-Arbeitsrecht/*Motz*, § 10 AÜG Rn. 18; BeckOK-Arbeitsrecht/*Kock*, § 9 AÜG Rn. 21; *Freckmann*, Arbeitnehmerüberlassung, S. 12.

795 BAG Urteil v. 21.07.1993 -5 AZR 555/92, BeckRS 1993, 30745732.

796 *Bauer/Krets*, NJW 2003, 537, 538; *Thüsing*, DB 2003, 446, 447; a. A. ErfK/*Wank*, § 3 AÜG Rn. 19.

797 *Boemke/Lembke*, § 10 AÜG Rn. 71.

er dann wegen des arbeitsrechtlichen Gleichbehandlungsgrundsatzes auch dem Leiharbeitnehmer zu zahlen.[798] Besteht keine kollektivrechtliche Bindung, hat der Entleiher die Vergütung entsprechend der üblichen Vergütung nach § 612 Abs. 2 BGB eines Stammarbeitnehmers im Betrieb mit vergleichbarer Tätigkeit zu zahlen. Fehlt es an einem vergleichbaren Stammarbeitnehmer, kommt es nach § 10 Abs. 1 S. 4 AÜG auf die Vergütung eines vergleichbaren Stammarbeitnehmers in vergleichbaren Betrieben an.[799] Die Vergleichbarkeit des Betriebs bestimmt sich nach der Branche, der Größe, den örtlichen Verhältnissen und den, soweit vorhanden, Tarifbedingungen des Entleiherbetriebs.[800]

cc. Abweichung durch Änderungskündigung

Der Entleiher muss nach § 10 Abs. 1 S. 5 AÜG dem Leiharbeitnehmer das mit dem Verleiher vereinbarte Arbeitsentgelt zahlen, wenn er in seinem Betrieb vergleichbaren Stammarbeitnehmern ein niedrigeres Entgelt gewährt. In solchen Fällen können der (ehemalige) Leiharbeitnehmer und der Entleiher vertraglich vereinbaren, dass der Entleiher dem Leiharbeitnehmer die bei ihm übliche Vergütung leistet und so das Arbeitsentgelt auf das Vergütungsniveau im Entleiherbetrieb im Wege der Änderungsvereinbarung angepasst wird.[801] Eine Änderungskündigung ist nur für den Zeitraum nach Ablauf des im Arbeitnehmerüberlassungsvertrag vereinbarten Überlassungszeitraumes möglich.[802] Voraussetzung der Änderungskündigung ist ein dringendes betriebliches Erfordernis, wofür allein die Gleichbehandlung hinsichtlich der Vergütung zwischen Leiharbeitnehmer und Stammarbeitnehmern des Entleihers nicht ausreicht.[803]

d. Sonstige Arbeitsbedingungen

Hinsichtlich sonstiger Arbeitsbedingungen, wie betrieblichen Übungen und Betriebsvereinbarungen,[804] gelten nach § 10 Abs. 1 S. 4 AÜG die Vorschriften und sonstigen Regelungen des Entleiherbetriebs. Anwendbar auf das gesetzliche Arbeitsverhältnis sind daher ausschließlich betriebliche Übungen des Entleiherbetriebs,[805] nicht solche des Verleiherbetriebs. Unter sonstige Arbeitsbedingungen fallen im

---

798 BeckOK-Arbeitsrecht/*Motz*, § 10 AÜG Rn. 16; ErfK/*Wank*, § 10 AÜG Rn. 13; *Becker/Wulfgramm*, Art. 1 § 10 AÜG Rn. 26; Thüsing/*Mengel*, § 10 AÜG Rn. 25.

799 BeckOK-Arbeitsrecht/*Motz*, § 10 AÜG Rn. 17.

800 Thüsing/*Mengel*, § 10 AÜG Rn. 28; BeckOK-Arbeitsrecht/*Motz*, § 10 AÜG Rn. 17; *Boemke/Lembke*, § 10 AÜG Rn. 68; *Ulber/Ulber* § 10 AÜG Rn. 29.

801 Schüren/*Schüren*, § 10 AÜG Rn. 96; BAG Urteil v. 19.12.1979 -4 AZR 901/77, AP Nr. 1 zu § 10 AÜG; BeckOK-Arbeitsrecht/*Motz*, § 10 AÜG Rn. 20.

802 Schüren/*Schüren*, § 10 AÜG Rn. 97.

803 BAG Urteil v. 12.01.2006 -2 AZR 126/05, NZA 2006, 587, 590; Schüren/*Schüren*, § 10 AÜG Rn. 97; BeckOK-Arbeitsrecht/*Motz*, § 10 AÜG Rn. 20.

804 BeckOK-Arbeitsrecht/*Motz*, § 10 AÜG Rn. 21.

805 ErfK/*Wank*, § 10 AÜG Rn. 15.

Übrigen auch solche Regelungen des Ladenschlussgesetzes und einschlägige tarifvertragliche Bestimmungen.[806]

Auch sonstige Arbeitsbedingungen können übereinstimmend durch die Arbeitsvertragsparteien abgeändert werden, insofern gesetzliche Regelungen oder das Verbot des Verzichts auf kollektiv begründete Rechte nach § 77 Abs. 4 S. 2 BetrVG oder § 4 Abs. 4 S. 1 TVG nicht entgegenstehen.[807]

IV. Beendigung des gesetzlichen Arbeitsverhältnisses zum Entleiher

1. Durch Kündigung

Das gesetzliche unbefristete Arbeitsverhältnis zum Entleiher kann, wie jedes vertraglich begründete unbefristete Arbeitsverhältnis i. S. d. §§ 611 ff. BGB, durch Kündigung sowohl durch den Entleiher als auch durch den Leiharbeitnehmer beendet werden.

Da der Verleiher durch die Entstehung des gesetzlichen Arbeitsverhältnisses nach § 10 Abs. 1 AÜG zwischen Leiharbeitnehmer und Entleiher und der gleichzeitigen Unwirksamkeit des Leiharbeitsvertrages nach § 9 Nr. 1 AÜG über keine vertragliche Verbindung zum Leiharbeitnehmer mehr verfügt, verbleibt dem Verleiher kein Kündigungsrecht mehr. Der Verleiher ist nicht Vertragspartner des gesetzlichen Arbeitsverhältnisses und demzufolge auch nicht zur Kündigung des gesetzlichen Arbeitsverhältnisses berechtigt.

Im Übrigen kann das gesetzliche Arbeitsverhältnis nach bislang geltender Rechtslage und überwiegender Auffassung in der Literatur nicht widerrufen werden.[808] Auch die nachträgliche oder neue Erteilung der nach § 1 AÜG erforderlichen Arbeitnehmerüberlassungserlaubnis hindert die Entstehung oder beendet das gesetzliche Arbeitsverhältnis nach § 10 Abs. 1 AÜG nicht.[809]

Der Leiharbeitnehmer kann, wie auch der Entleiher, sowohl außerordentlich als auch ordentlich das gesetzliche Arbeitsverhältnis kündigen.[810] Der ehemalige Leiharbeitnehmer und der Entleiher bedürfen für die außerordentliche Kündigung nach § 626 BGB eines wichtigen Grundes. Ein solcher wichtiger Grund i. S. d. § 626 BGB liegt für den Leiharbeitnehmer bei unzulässiger Arbeitnehmerüberlassung und infolgedessen Entstehung eines gesetzlichen Arbeitsverhältnisses zum Entleiher in

---

806 *Becker/Wulfgramm*, Art. 1 § 10 AÜG Rn. 31.
807 BeckOK-Arbeitsrecht/*Motz*, § 10 AÜG Rn. 22.
808 Siehe 3. Teil § 11.
809 ArbG Stuttgart Urteil v. 05.11.2014 -11 Ca 8426/13, BeckRS 2014, 73578; Kittner/Zwanziger/*Bacher*, Arbeitsrecht Handbuch für die Praxis § 112 Arbeitnehmerüberlassung Rn. 130; BeckOK-Arbeitsrecht/*Motz*, § 10 AÜG Rn. 3.
810 *Becker/Wulfgramm*, Art. 1 § 10 AÜG Rn. 38 ff.; BeckOK-Arbeitsrecht/*Motz*, § 10 AÜG Rn. 8; ArbG Stuttgart Urteil v. 05.11.2014 -11 Ca 8426/13, BeckRS 2014, 73578; Zulässigkeit nur der ordentlichen Kündigung: ErfK/*Wank*, § 10 AÜG Rn. 19.

dem Nichtbesitz der Erlaubnis oder dem späteren Wegfall der Erlaubnis vor.[811] Als Kündigungsgründe des Entleihers kommen personen-, verhaltens- und betriebsbedingte Gründe in Betracht. Als personenbedingter Grund zur Kündigung kann der Entleiher die mangelnde berufliche Qualifikation oder auch die fehlende (gesundheitliche) Eignung des Leiharbeitnehmers geltend machen.[812]

Im Rahmen der verhaltensbedingten Kündigungsgründe kann der Entleiher nicht auf solche Pflichtwidrigkeiten abstellen, die der ehemalige Leiharbeitnehmer noch zur Zeit des Überlassungsverhältnisses, also vor Entstehung des gesetzlichen Arbeitsverhältnisses, begangen hat. Der Entleiher kann den ehemaligen Leiharbeitnehmer nicht aufgrund von Pflichtwidrigkeiten verhaltensbedingt kündigen, die der ehemalige Leiharbeitnehmer noch im bestehenden Arbeitsvertragsverhältnis zum Verleiher begangen hat.[813]

Darüber hinaus muss gem. § 626 Abs. 1 BGB die Weiterführung des gesetzlichen Arbeitsverhältnisses für den jeweils kündigenden Leiharbeitnehmer oder Entleiher unzumutbar sein.

Der Leiharbeitnehmer oder der Entleiher müssen innerhalb der zweiwöchigen Frist nach § 626 Abs. 2 S. 1 BGB die Kündigung erklären. Die Frist beginnt mit der Kenntnis des Leiharbeitnehmers von dem fehlenden Besitz der Erlaubnis des Verleihers.[814] Beim Entleiher beginnt die Frist mit der Kenntnis des Kündigungssachverhalts.

2. *Kündigungsschutz des Leiharbeitnehmers im gesetzlichen Arbeitsverhältnis zum Entleiher*

Der Leiharbeitnehmer kann, wie auch der vertragliche Arbeitnehmer, den Kündigungsschutz der §§ 1 ff. KSchG nur dann beanspruchen, wenn das nach § 10 Abs. 1 AÜG entstandene gesetzliche Arbeitsverhältnis zum Entleiher mindestens sechs Monate bestanden hat und im Entleiherbetrieb mehr als fünf Arbeitnehmer ausschließlich der zu ihrer Berufsbildung Beschäftigten beschäftigt werden, §§ 1, 23 Abs. 1 S. 2 KSchG.[815] Die Wartezeit von sechs Monaten nach § 1 KSchG hat den Sinn und Zweck, dem Arbeitgeber die Gelegenheit zu geben, den Arbeitnehmer zu erproben.[816] Vorbeschäftigungen, auch die als Leiharbeitnehmer im Betrieb des

---

811 Thüsing/*Mengel*, § 10 AÜG Rn. 47; *Ulber/Ulber*, § 10 AÜG Rn. 26; Kittner/Zwanziger/*Bacher*, Arbeitsrecht Handbuch für die Praxis § 112 Arbeitnehmerüberlassung Rn. 151; *Becker/Wulfgramm*, Art. 1 § 10 AÜG Rn. 38; *Sandmann/Marschall/Schneider*, AÜG Art. 1 § 10 Anm. 19.

812 *Becker/Wulfgramm*, Art. 1 § 10 AÜG Rn. 37a.

813 *Becker/Wulfgramm*, Art. 1 § 10 AÜG Rn. 37a.

814 *Becker/Wulfgramm*, Art. 1 § 10 AÜG Rn. 38.

815 KSchR/*Mayer*, § 1 Teil B. Rn. 50; *Becker/Wulfgramm*, Art. 1 § 10 AÜG Rn. 37a.

816 BAG Urteil v. 07.07.2011 -2 AZR 12/10, NJW 2012, 475 Rn. 21; Urteil v. 20.06.2013 -2 AZR 790/11, BeckRS 2013, 71014 Rn. 11; ErfK/*Oetker*, § 1 KSchG Rn. 32.

Entleihers, bleiben grundsätzlich unberücksichtigt,[817] es sei denn, der Leiharbeitnehmer wird beim Entleiher im Wege einer illegalen Arbeitnehmerüberlassung aufeinanderfolgend mit nur geringen Unterbrechungszeiträumen von weniger als vier Wochen zwischen den jeweiligen Überlassungen eingesetzt. In diesem Fall werden diese Einsatzzeiträume zusammengerechnet.[818]

Die nach § 1 KSchG erforderliche Wartezeit von sechs Monaten beginnt daher grundsätzlich mit der Entstehung des gesetzlichen Arbeitsverhältnisses nach § 10 Abs. 1 AÜG,[819] also grundsätzlich zu dem zwischen Verleiher und Entleiher vereinbarten Zeitpunkt der Arbeitsaufnahme des Leiharbeitnehmers beim Entleiher. Dies kann zur Folge haben, dass dem Leiharbeitnehmer ein gegebenenfalls schon beim Verleiher nach § 1 KSchG bestehender Kündigungsschutz durch die Entstehung des gesetzlichen Arbeitsverhältnisses zum Entleiher nach § 10 Abs. 1 AÜG genommen wird.

Der Entleiher kann nur unter Beachtung der tariflichen und betrieblichen Kündigungsverbote wirksam kündigen.[820] War der Leiharbeitnehmer daher vor der Entstehung des gesetzlichen Arbeitsverhältnisses zum Entleiher ein Betriebsratsmitglied im Betrieb des Verleihers, kann er sich auch gegenüber dem Entleiher auf den Kündigungsschutz des § 15 KSchG berufen und erst nach Ablauf eines Jahres nach Beginn des gesetzlichen Arbeitsverhältnisses ordentlich wirksam gekündigt werden.[821] Da dem Leiharbeitnehmer im gesetzlichen Arbeitsverhältnis zum Entleiher auch besonderer Kündigungsschutz zukommt, zum Beispiel nach § 9 MuSchG, und kollektiv-rechtlicher Kündigungsschutz nach § 102 BetrVG,[822] muss der Entleiher daher vor Ausspruch einer außerordentlichen oder ordentlichen Kündigung den Betriebsrat anhören.[823]

Kündigt der Entleiher aus dringenden betrieblichen Gründen, ist im Hinblick auf die nach § 1 Abs. 2 KSchG dringenden betrieblichen Erfordernisse ausschließlich auf den Entleiher als Arbeitgeberbetrieb abzustellen. Im Rahmen der Sozialauswahl

---

817 ErfK/*Oetker*, § 1 KSchG Rn. 36; *Becker/Wulfgramm*, Art. 1 § 10 AÜG Rn. 37a; LAG Rheinland-Pfalz Urteil v. 18.05.2011 -8 Sa 137/11, Rn. 33 (zit. nach juris); Urteil v. 14.05.2013 -6 Sa 552/12, LAGE § 1 KSchG Nr. 20, Rn. 39 (zit. nach juris); LAG Niedersachsen Urteil v. 05.04.2013 -12 Sa 50/13, LAGE § 1 KSchG Nr. 19, Rn. 27 f. (zit. nach juris); ArbG Bochum Urteil v. 14.01.1982 -2 Ca 495/81, DB 1982, 1623.

818 ErfK/*Wank*, § 10 AÜG Rn. 18.

819 LAG Düsseldorf Urteil v. 08.10.2014 -7 Sa 1042/13, BeckRS 2014, 74299; BeckOK-Arbeitsrecht/*Motz*, § 10 AÜG Rn. 8.

820 Kittner/Zwanziger/*Bacher*, Arbeitsrecht Handbuch für die Praxis, § 112 Arbeitnehmerüberlassung Rn. 152.

821 Kittner/Zwanziger/*Bacher*, Arbeitsrecht Handbuch für die Praxis, § 112 Arbeitnehmerüberlassung Rn. 152.

822 *Becker/Wulfgramm*, Art. 1 § 10 AÜG Rn. 37b,c.

823 *Becker/Wulfgramm*, Art. 1 § 10 AÜG Rn. 37c.

nach § 1 Abs. 3 KSchG sind alle vergleichbaren Arbeitnehmer, auch die Stammarbeitnehmer des Entleihers, in die Sozialauswahl mit einzubeziehen.[824]

3. *Aufhebungsvertrag*

Neben der Kündigung kann das gesetzliche Arbeitsverhältnis zwischen Entleiher und ehemaligem Leiharbeitnehmer auch durch Aufhebungsvertrag gem. §§ 311, 241 Abs. 2 BGB beendet werden.[825]

4. *Durch Anfechtung*

In Betracht könnte grundsätzlich über die Kündigung hinaus kommen, das zwischen Entleiher und Leiharbeitnehmer gesetzliche Arbeitsverhältnis durch Anfechtung nach den §§ 142 Abs. 1, 119 ff. BGB zu beenden. Die §§ 119 ff. BGB setzen jedoch entsprechend ihrem eindeutigen Wortlaut die Abgabe einer Willenserklärung voraus. An eben einer solchen Willenserklärung fehlt es bei der Entstehung eines gesetzlichen Arbeitsverhältnisses, bei der es weder auf die Abgabe einer Willenserklärung noch auf das Wissen der Parteien um die Entstehung des gesetzlichen Arbeitsverhältnisses ankommt. Das nach § 10 Abs. 1 AÜG zwischen Entleiher und Leiharbeitnehmer entstandene gesetzliche Arbeitsverhältnis kann daher nicht durch Anfechtung der betreffenden Parteien i. S. d. §§ 119 ff. BGB beendet werden.[826]

5. *Durch Zeitablauf*

Das nach § 10 Abs. 1 AÜG entstandene gesetzliche Arbeitsverhältnis kann auch durch Zeitablauf beendet werden,[827] wenn die zwischen Entleiher und Verleiher ursprünglich vereinbarte Überlassung des Leiharbeitnehmers wirksam befristet war. Zur Wirksamkeit der Befristung kommt es nicht darauf an, dass der Befristungsgrund weiterhin bestehen bleibt. Der nachträgliche Wegfall des Befristungsgrundes hindert die Wirksamkeit der Befristung des gesetzlichen Arbeitsverhältnisses zwischen Entleiher und Leiharbeitnehmer nicht.[828]

Das befristete gesetzliche Arbeitsverhältnis wird nach § 15 Abs. 5 TzBfG entfristet, wenn der ehemalige Leiharbeitnehmer seine Arbeit nach eigentlichem Ende des befristeten gesetzlichen Arbeitsverhältnisses im Betrieb des Entleihers ohne dessen Widerspruch fortsetzt.[829] War die vereinbarte Überlassung zweckbefristet,

---

824 *Becker/Wulfgramm*, Art. 1 § 10 AÜG Rn. 37a.

825 BeckOK-Arbeitsrecht/*Motz*, § 10 AÜG Rn. 8.

826 *Ulber/Ulber*, § 10 AÜG Rn. 8; *Boemke/Lembke*, § 10 AÜG Rn. 32; Thüsing/*Mengel*, § 10 AÜG Rn. 49; *Becker/Wulfgramm*, Art. 1 § 10 AÜG Rn. 37; ErfK/*Wank*, § 10 AÜG Rn. 18; Urban-Crell/Germakowski/*Hurst*, § 10 AÜG Rn. 48; BeckOK-Arbeitsrecht/*Motz*, § 10 AÜG Rn. 2.

827 Siehe dazu auch 3. Teil § 10 C. IV.

828 Schüren/*Schüren*, § 10 AÜG Rn. 102.

829 Kittner/Zwanziger/*Bacher*, Arbeitsrecht Handbuch für die Praxis § 112 Arbeitnehmerüberlassung Rn. 151; BeckOK-Arbeitsrecht/*Motz*, § 10 AÜG Rn. 10; Schüren/

endet auch das gesetzliche, zweckbefristete Arbeitsverhältnis mit Erreichung des Zwecks gem. § 15 Abs. 2 TzBfG.[830]

V. Wirkung des § 10 Abs. 1 AÜG bei nicht nur vorübergehender Arbeitnehmerüberlassung

Fraglich ist zudem die Rechtsfolge bei einer nicht nur vorübergehenden[831] Arbeitnehmerüberlassung. Eine nicht nur vorübergehende Arbeitnehmerüberlassung i. S. d. § 1 Abs. 1 S. 2 AÜG liegt nicht mehr bei einer – aus zeitlicher Perspektive – dauerhaften Arbeitnehmerüberlassung vor oder wenn – aus sachlicher Perspektive – ein Dauerarbeitsplatz durch Leiharbeitnehmer besetzt wird. Es herrscht Einigkeit dahingehend, dass eine bestimmte festgelegte Höchstfrist nicht der Intention des Gesetzgebers bei der Einführung des § 1 Abs. 1 S. 2 AÜG entspricht, sondern vielmehr die Gestaltung bewusst flexibel bleiben sollte.[832]

Die aktuelle gesetzliche Regelung[833] sieht für den Fall der nicht nur vorübergehenden Arbeitnehmerüberlassung ausdrücklich keine Entstehung eines gesetzlichen Arbeitsverhältnisses gem. § 10 Abs. 1 AÜG zwischen Entleiher und Leiharbeitnehmer, wie im Fall der fehlenden Arbeitnehmerüberlassungserlaubnis, vor. In der Rechtsprechung ist die Rechtsfolge für eine nicht nur vorübergehende Arbeitnehmerüberlassung umstritten. Das Landesarbeitsgericht Berlin-Brandenburg vertritt als Rechtsfolge einer nicht mehr vorübergehenden Arbeitnehmerüberlassung die Entstehung eines gesetzlichen Arbeitsverhältnisses zwischen Entleiher und Leiharbeitnehmer.[834]

Zwar stützt dieser Teil der Rechtsprechung die Rechtsfolge der Entstehung eines gesetzlichen Arbeitsverhältnisses auf Rechtsmissbrauch und nur hilfsweise und nicht ausschließlich auf die nicht „vorübergehende" Arbeitnehmerüberlassung, sondern auch auf die Tatsache, dass eine Arbeitnehmerüberlassungserlaubnis i. S. d. § 1 AÜG nicht vorlag, jedenfalls aber wird auch die fehlende „vorübergehende" Arbeitnehmerüberlassung zur Begründung der Entstehung eines gesetzlichen Arbeitsverhältnisses genutzt. Diese Rechtsmissbräuchlichkeit der Arbeitnehmerüberlassung liege dann vor, wenn die Einstellung von Leiharbeitnehmern einen dem sozialen Schutzzweck der Leiharbeitsrichtlinie entgegenstehenden Zweck verfolge.

Schüren, § 10 AÜG Rn. 102; Thüsing/*Mengel*, § 10 AÜG Rn. 43; *Ulber/Ulber*, § 10 AÜG Rn. 21; *Becker/Wulfgramm*, Art. 1 § 10 AÜG Rn. 36; *Boemke/Lembke*, § 10 AÜG Rn. 57; ErfK/*Wank*, § 10 AÜG Rn. 17; HWK/*Gotthardt/Roloff*, § 10 AÜG Rn. 10; Urban-Crell/Germakowski/*Hurst*, § 10 AÜG Rn. 40.

830 Schüren/*Schüren*, § 10 AÜG Rn. 103.

831 Siehe zum Begriff der vorübergehenden Arbeitnehmerüberlassung unter 1. Teil, § 4 B. V.

832 *Happ/van der Most*, BB 2015, 565 ff.

833 Fassung vom 11.08.2014, BGBl I S. 1348.

834 LAG Berlin-Brandenburg, Teilurteil v. 09.01.2013 -15 Sa 1635/12, NZA-RR 2013, 234.

Dies sei dann der Fall, wenn Leiharbeitnehmer nur noch eingestellt würden, um eine Senkung der Personalkosten zu erreichen.[835] §§ 9, 10 AÜG seien auf den Fall einer nicht mehr vorübergehenden Arbeitnehmerüberlassung direkt anzuwenden, da es sich um eine Arbeitnehmerüberlassung handele, die sich außerhalb des erlaubnisfähigen Bereichs bewege. Dem stehe auch nicht entgegen, dass das BAG[836] eine analoge Anwendung mangels planwidriger Gesetzeslücke abgelehnt habe, da §§ 9, 10 AÜG direkt anwendbar seien. Der Verstoß gegen § 1 Abs. 1 S. 2 AÜG müsse sanktionierbar sein.

Teile der Literatur sehen hingegen keinen Raum für eine analoge Anwendung der §§ 9, 10 AÜG, da der Gesetzgeber bewusst keine Rechtsfolge geregelt habe. Diese Teile der Literatur vertreten hingegen auch, dass es sich bei „vorübergehend" lediglich um einen Programmsatz handelt.[837]

Beispiel: Vereinbaren Verleiher A und Entleiher MB die Überlassung des Leiharbeitnehmers C auf einen Arbeitsplatz im Unternehmen des B, wird C jedoch unbefristet und noch hinzukommend auf einem Dauerarbeitsplatz des MB beschäftigt, ist also unklar, wann und ob eine Rückkehr des C zu A erfolgen wird, fehlt es an der „vorübergehenden" Arbeitnehmerüberlassung. Nach der oben dargestellten Auffassung eines Teils der Rechtsprechung müsste nunmehr in direkter Anwendung des §§ 9, 10 AÜG ein Arbeitsverhältnis zum Entleiher fingiert werden. Nach anderer Ansicht würde hingegen kein Arbeitsverhältnis zu MB fingiert werden.

Nach anderer in der Rechtsprechung vertretener, zutreffender Ansicht kommt im Rahmen einer nicht mehr vorübergehenden Arbeitnehmerüberlassung eine Sanktion im Wege der analogen Anwendung der §§ 9, 10 AÜG mangels Planwidrigkeit nicht in Frage.[838] Ein Schweigen des Gesetzgebers sei nicht gleichlaufend mit einer planwidrigen Regelungslücke. Zudem sei die Situation eines nicht vorübergehend, aber mit Erlaubnis überlassenen Leiharbeitnehmers nicht vergleichbar mit der eines Leiharbeitnehmers ohne Übererlassungserlaubnis, denn im letztgenannten Fall ist der Vertrag des Leiharbeitnehmers mit dem Verleiher unwirksam.[839]

Demnach kommt als Sanktion nach der derzeitigen Gesetzeslage nur der Entzug der Erlaubnis gem. §§ 3 ff. AÜG in Betracht.[840] Notwendig wäre es daher, auch die

---

835 LAG Berlin-Brandenburg, Teilurteil v. 09.01.2013 -15 Sa 1635/12, NZA-RR 2013, 234 mit Verweis auf LAG Niedersachsen, Urteil v. 19.09.2012 -17 TaBV 124/11.

836 BAG Urteil v. 13.12.2006 -10 AZR 674/05, NZA 2007, 751.

837 Formularbuch des Fachanwalts für Arbeitsrecht/*Lembke/Rothmann*, S. 387, Rn. 4.

838 BAG Urteil v. 10.12.2013 -9 AZR 51/13, NJW 2014, 956; LAG Berlin-Brandenburg Urteil v. 16.10.2012 -7 Sa 1182/12, BB 2013, 251.

839 LAG Berlin-Brandenburg Urteil v. 16.10.2012 -7 Sa 1182/12, BB 2013, 251.

840 Auch der EuGH ließ diese Frage in seinem Urteil v. 17.03.2015, Rs. C-533/13 offen. Hingegen wies der Generalanwalt im Antrag v. 20.11.2014, BeckRS 2014, 82404 Rn. 106 ff. darauf hin, dass ein Leiharbeitsverhältnis sich nicht zum Nachteil eines

dauerhafte Arbeitnehmerüberlassung den Regelungen des §§ 9 Nr. 1, 10 Abs. 1 AÜG zu unterstellen.[841] Mit der Reformierung des AÜG zum 01.04.2017[842] sieht § 9 Abs. 1 Nr. 1b AÜG nF für die Überschreitung der in § 1 Abs. 1b AÜG nF geregelten Höchstüberlassungsdauer von 18 Monaten die Unwirksamkeit des Leiharbeitsvertrags und des Arbeitnehmerüberlassungsvertrags vor.

VI. Zwischenergebnis

Das durch § 10 Abs. 1 AÜG entstandene gesetzliche Arbeitsverhältnis zwischen Leiharbeitnehmer und Entleiher ist rechtlich und inhaltlich gleichzusetzen mit einem vertraglich begründeten Arbeitsverhältnis nach §§ 611 ff. BGB, mit dem Unterschied, dass die beteiligten Vertragsparteien die zugrunde liegenden Konditionen nicht privatautonom verhandelt haben. Das gesetzliche Arbeitsverhältnis beginnt zu dem zwischen Verleiher und Entleiher im Arbeitnehmerüberlassungsvertrag vereinbarten Einsatzzeitraum. Ist ein solcher nicht vereinbart, richtet sich der Beginn nach der tatsächlichen Tätigkeitsaufnahme des Leiharbeitnehmers. Das gesetzliche Arbeitsverhältnis entsteht nicht nur zu dem Leiharbeitnehmer, der sich in dem Zeitpunkt der Feststellung der Illegalität der Arbeitnehmerüberlassung im Einsatz beim Entleiher befindet, sondern zu allen Leiharbeitnehmern, die beim Entleiher eingesetzt wurden. Dies kann zur Folge haben, dass auf einen Arbeitsplatz mehrere gesetzliche Arbeitsverhältnisse zu mehreren Leiharbeitnehmern entstehen. Mit diesem Risiko müssen sowohl der Entleiher als auch der Verleiher, der eine illegale Arbeitnehmerüberlassung betreibt, rechnen. Der Inhalt des gesetzlichen Arbeitsverhältnisses richtet sich grundsätzlich gem. § 10 Abs. 1 S. 4 AÜG nach den Bedingungen eines vergleichbaren Arbeitnehmers im Entleiherbetrieb. Hinsichtlich des Arbeitsentgelts gilt, dass der Entleiher mindestens das Entgelt zu leisten hat, das der Leiharbeitnehmer vom Verleiher erhalten hätte, § 10 Abs. 1 S. 5 AÜG. Abweichungen sind durch Tarifvertrag möglich. Der Entleiher ist auch bei der Dauer der Arbeitszeit an die zwischen ihm und dem Verleiher im Arbeitnehmerüberlassungsvertrag vereinbarte Arbeitszeit des Leiharbeitnehmers gebunden. Leiharbeitnehmer und Entleiher können hiervon einvernehmlich durch Vereinbarung abweichen. Das gesetzliche unbefristete Arbeitsverhältnis kann durch den Leiharbeitnehmer oder den Entleiher durch außerordentliche oder ordentliche Kündigung beendet werden. Hinsichtlich verhaltens- oder personenbedingter Kündigungsgründe kann der Entleiher nur auf die in seinem Betrieb erfolgten Pflichtverletzungen des Leiharbeitnehmers abstellen. Für den Leiharbeitnehmer liegt ein wichtiger Grund nach § 626 Abs. 1 BGB bei illegaler Arbeitnehmerüberlassung und dem späteren Wegfall der Überlassungserlaubnis vor. Der Leiharbeitnehmer kann Kündigungsschutz bei

---

Stammarbeitnehmers auswirken dürfe und ein Missbrauch der Leiharbeit vorliege, wenn der Leiharbeitnehmer neben Stammarbeitnehmern für einen längeren Zeitraum bei dauerhaftem Bedarf tätig werde.

841 *Ludwig*, BB 2013, 1276, 1280.

842 BT-Drucks. 18/9232 und BT- Drucks. 18/10064.

Voraussetzungen der §§ 1, 23 KSchG beanspruchen. Die Wartezeit nach § 1 Abs. 1 KSchG beginnt grundsätzlich mit der Entstehung des gesetzlichen Arbeitsverhältnisses nach § 10 Abs. 1 AÜG. Für die Frist zur Anwendbarkeit des § 1 KSchG ist der Zeitraum der Überlassung nicht miteinzubeziehen, sondern es gilt nur der Zeitraum der Tätigkeit im Rahmen des gesetzlichen Arbeitsverhältnisses. Im Übrigen kann das gesetzliche Arbeitsverhältnis durch Aufhebungsvertrag beendet werden oder durch Zeitablauf enden.

§ 11 Berücksichtigung der Interessen des Arbeitnehmers im Rahmen der Rechtsfolgen der §§ 9 Nr. 1, 10 Abs. 1 AÜG

Da die Rechtsfolgen einer illegalen Arbeitnehmerüberlassung nach §§ 9 Nr. 1, 10 Abs. 1 AÜG ohne Wissen und Willen des Leiharbeitnehmers, Verleihers und Entleihers eintreten, stellt sich die Frage, ob die Rechtsfolgen der §§ 9 Nr. 1 und 10 Abs. 1 AÜG durch die Vertragsparteien verhindert oder beendet werden können. Zunächst ist die derzeitige Ausgangssituation der Rechtsfolgen der §§ 9 Nr. 1, 10 Abs. 1 AÜG im Falle einer nicht gesetzmäßigen Arbeitnehmerüberlassung näher im Hinblick auf ihre Verfassungskonformität zu betrachten.

A. Derzeitige Rechtslage

Nach derzeitiger Rechtslage entsteht bei illegaler Arbeitnehmerüberlassung das gesetzliche Arbeitsverhältnis des Leiharbeitnehmers zum Entleiher nach § 10 Abs. 1 AÜG und das willentlich geschlossene vertragliche Arbeitsverhältnis zum Verleiher wird nach § 9 Nr. 1 AÜG unwirksam, ohne dass die tatsächlichen Bedürfnisse des Leiharbeitnehmers Berücksichtigung finden könnten. So verbleibt dem Leiharbeitnehmer keine Möglichkeit, diese durch §§ 9 Nr. 1, 10 Abs. 1 AÜG herbeigeführten Rechtsfolgen zu verhindern.

Das gesetzliche Arbeitsverhältnis zwischen dem ehemaligen Leiharbeitnehmer und dem ehemaligen Entleiher entsteht nach § 10 Abs. 1 AÜG, ohne dass es einer Willenseinigung der Parteien bedarf.[843] Das gesetzliche Arbeitsverhältnis entsteht daher auch dann, wenn weder der Leiharbeitnehmer noch der Entleiher ein Interesse an der Entstehung des gesetzlichen Arbeitsverhältnisses haben.[844] Freilich wird ein gesetzliches Arbeitsverhältnis meist nicht im Interesse des Entleihers sein, sonst hätte dieser sich nicht der (verdeckten) Arbeitnehmerüberlassung bedient. Weiterhin verwundert die derzeitige Rechtslage, da auch denkbar ist, dass der Leiharbeitnehmer kein Arbeitsverhältnis zum Entleiher begründen will, da dadurch seine Schutzrechte beschnitten werden oder Konditionen des Arbeitsverhältnisses dem Leiharbeitnehmer geboten werden, die zwar im Rahmen eines

843 HK-ArbR/*Lorenz*, § 10 AÜG Rn. 4.
844 HK-ArbR/*Lorenz*, § 10 AÜG Rn. 4.

Günstigkeitsvergleichs für den betreffenden Leiharbeitnehmer vorzugswürdig erscheinen, aber aus persönlicher Sicht des Leiharbeitnehmers sich diese Konditionen für ihn weniger günstig gestalten. Selbst wenn ein rein emotionaler Beweggrund des Leiharbeitnehmers gegen ein gesetzliches Arbeitsverhältnis zum Entleiher spricht, hat der Leiharbeitnehmer keine Möglichkeit, die durch Gesetz vorgesehene Beendigung seines Arbeitsverhältnisses zum Verleiher bei gleichzeitiger Begründung des gesetzlichen Arbeitsverhältnisses zum Entleiher zu verhindern.

I. Tatsächliche Folge aus Sicht des Leiharbeitnehmers

Der Leiharbeitnehmer sieht sich wegen der in § 9 Nr. 1 AÜG und § 10 Abs. 1 AÜG statuierten Folge der Unwirksamkeit des Leiharbeitsvertrags zum Verleiher in ein gesetzliches Arbeitsverhältnis zum Entleiher gezwungen, auch wenn dies nicht seinem Willen oder gar seinem Wissen entspricht.

II. Tatsächliche Folge aus Sicht des Entleihers

Der Entleiher sieht sich wegen der in § 9 Nr. 1 AÜG und § 10 Abs. 1 AÜG statuierten Rechtsfolge, die die Entstehung eines gesetzlichen Arbeitsverhältnisses zwischen dem Entleiher und dem Leiharbeitnehmer vorsieht, einem Arbeitsverhältnis mit entsprechenden Rechten und Pflichten mit dem Leiharbeitnehmer ausgesetzt, das er nicht willentlich oder gar wissentlich begründet hat und gegebenenfalls auch nicht dazu beigetragen hat, die Sanktionswirkung des § 10 Abs. 1 AÜG durch die fehlende Überlassungserlaubnis herbeizuführen, wenn der Verleiher im Arbeitnehmerüberlassungsvertrag wahrheitswidrig angibt, er verfüge über eine nach § 1 AÜG erforderliche Arbeitnehmerüberlassungserlaubnis.

Auch wenn der Entleiher keinen eigenen „Beitrag" zu Herbeiführung einer illegalen Arbeitnehmerüberlassung erbracht hat, da er von der fehlenden oder unwirksamen Arbeitnehmerüberlassungserlaubnis keine Kenntnis hatte, wird er mit der Entstehung eines gesetzlichen Arbeitsverhältnisses zwischen ihm und dem betreffenden Leiharbeitnehmer nach § 10 Abs. 1 AÜG sanktioniert. Eine Erkundigungspflicht oder Überprüfungspflicht in regelmäßigen Abständen bzgl. der Wirksamkeit der Arbeitnehmerüberlassungserlaubnis besteht für den Entleiher nicht.[845] Jedoch kann dem Entleiher ein Mitverschulden anzurechnen sei, wenn er sich die Arbeitnehmerüberlassungserlaubnis überhaupt nicht zeigen lässt.[846] Das gesetzliche Arbeitsverhältnis entsteht nach § 10 Abs. 1 AÜG auch bei Gutgläubigkeit des Entleihers.[847] Die Rechtsfolgen des § 10 Abs. 1 AÜG treten sogar dann ein,

---

845 *Hamann*, Erkennungsmerkmale der illegalen Arbeitnehmerüberlassung, S. 63.

846 Formularbuch des Fachanwalt für Arbeitsrecht/*Lembke/Rothmann*, I. I. 1. S. 402 Rn. 31; *Boemke/Lembke*, § 12 AÜG Rn. 17; *Sandmann/Marschall/Schneider*, § 12 AÜG Anm. 2.

847 *Feuerborn/Hamann*, BB 1994, 1346, 1347; Schüren/*Schüren*, § 10 AÜG Rn. 36; *Becker/Wulfgramm*, Art. 1 § 10 AÜG Rn. 13; *Hamann*, Erkennungsmerkmale der illegalen

wenn der Verleiher den Entleiher bewusst über den Bestand einer erforderlichen Arbeitnehmerüberlassungserlaubnis getäuscht hat.[848]

III. Verfassungsmäßigkeit

Es stellt sich die Frage bei der Betrachtung der durch §§ 9 Nr. 1 und 10 Abs. 1 AÜG herbeigeführten Beendigung der bestehenden schuldrechtlichen Beziehungen, bei gleichzeitiger Entstehung eines gesetzlichen Schuldverhältnisses, ob der Wille des betroffenen Leiharbeitnehmers und Entleihers durch die §§ 9 Nr. 1 und 10 Abs. 1 AÜG unberücksichtigt bleiben kann und sogar muss.

Der Wortlaut der § 9 Nr. 1 und § 10 Abs. 1 AÜG kann so verstanden werden, dass die bei der legalen Arbeitnehmerüberlassung bestehenden schuldrechtlichen Beziehung im Falle der illegalen Arbeitnehmerüberlassung beendet werden und eine neue schuldrechtliche Beziehung zwischen Leiharbeitnehmer und Entleiher entsteht, ohne dass ein etwaig entgegenstehender Wille der beteiligten Parteien berücksichtigt werden soll. Denn § 9 Nr. 1 und § 10 Abs. 1 AÜG sprechen im Fall der illegalen Arbeitnehmerüberlassung von der *Unwirksamkeit* des Leiharbeitsvertrags und des Arbeitnehmerüberlassungsvertrags sowie dem *Zustandekommen* eines Arbeitsverhältnisses zwischen Leiharbeitnehmer und Entleiher. Diese bei strengem Wortlautverständnis bestehende Rechtslage, die die willentlich begründeten schuldrechtlichen Beziehungen der beteiligten Parteien beendet und ein neue schuldrechtlichen Beziehung ohne Berücksichtigung des Willens der Parteien entstehen lässt, könnte im Lichte der Artt. 12 Abs. 1, 2 Abs. 1 GG zu beanstanden sein.

1. Verhältnismäßiger Eingriff in die Berufswahlfreiheit Art. 12 Abs. 1 GG

In Betracht kommt zunächst ein Eingriff in die nach Art. 12 Abs. 1 GG geschützte Berufswahlfreiheit des Leiharbeitnehmers und des Entleihers durch die nach §§ 9 Nr. 1, 10 Abs. 1 AÜG statuierten Rechtsfolgen.

a. Eingriff in den Schutzbereich

Der Schutzbereich der nach Art. 12 Abs. 1 GG geschützten Berufswahlfreiheit ist betroffen, wenn durch eine staatliche Maßnahme der Einzelne an der Aufnahme einer Tätigkeit gehindert, der Arbeitnehmer zur Aufnahme einer Tätigkeit gezwungen wird oder die Aufgabe oder der Wechsel eines Arbeitsplatzes verlangt wird.[849] Darüber hinaus schützt Art. 12 Abs. 1 GG auch das Interesse des Arbeitgebers an der Auswahl der zu beschäftigenden Arbeitnehmer.[850] Der Schutzbereich des Art. 12 Abs. 1 GG ist also eröffnet, wenn nach § 10 Abs. 1 AÜG gesetzlich

---

Arbeitnehmerüberlassung, S. 63; *Hamann*, Fremdpersonal im Unternehmen, S. 57, 100; ErfK/*Wank*, § 10 AÜG Rn. 5; Erbs/Kohlhaas/*Ambs*, § 12 AÜG Rn. 1.

848 *Feuerborn/Hamann*, BB 1994, 1346, 1347.

849 Maunz/*Dürig*, Art. 12 GG Rn. 288 ff.; ErfK/*Schmidt*, Art. 12 GG Rn. 11.

850 BeckOK-GG/*Ruffert*, Art. 12 GG Rn. 19.

ein Arbeitsverhältnis zum Entleiher entsteht und der Leiharbeitnehmer so gegen seinen Willen und unter Umständen auch ohne sein Wissen zur Tätigkeit beim Entleiher gezwungen und gleichzeitig sein willentlich und wissentlich zum Verleiher begründetes Arbeitsverhältnis unwirksam wird.[851] Die Verhältnismäßigkeit des Eingriffs in die Berufsfreiheit des Entleihers ist gegeben, wenn dieser seinen durch das gesetzliche Arbeitsverhältnis entstandenen Schaden gegenüber dem Verleiher geltend machen kann.[852]

Die Verhältnismäßigkeit dieses staatlichen Eingriffs in die nach Art. 12 Abs. 1 GG geschützte Berufswahlfreiheit des Leiharbeitnehmers ist nicht gegeben, wenn dem Leiharbeitnehmer keine Möglichkeit gewährt wird, sein wissentlich und willentlich begründetes Arbeitsverhältnis beizubehalten und ihm ein neues Arbeitsverhältnis aufgezwungen wird. Den Gesetzgeber trifft grundsätzlich, wenn er einen Eingriff in solchem Maße zulässt, eine Schutzpflicht gegenüber dem Arbeitnehmer, die zum einen das Interesse des Arbeitnehmers am Erhalt seines willentlich gewählten Arbeitsplatzes und zum anderen die privatautonome Entscheidung über die Person des Vertragspartners berücksichtigen muss.[853]

Nur durch eine dem Betroffenen gewährte Möglichkeit der willentlichen Beibehaltung des Arbeitsverhältnisses zum Verleiher oder willentlichen Begründung des neuen Arbeitsverhältnisses zum Entleiher kann demnach die Rechtfertigung eines Eingriffs in die nach Art. 12 Abs. 1 GG gewährte Berufswahlfreiheit gewährleistet werden. Dies hat der Gesetzgeber zum Beispiel in der vergleichbaren Situation bei einem Betriebsübergang nach § 613a BGB durch die Statuierung eines Widerspruchsrechts nach § 613a Abs. 6 BGB umgesetzt.[854]

Schon vor Einführung des Widerspruchsrechts im Rahmen des Betriebsübergangs nach § 613a BGB wies das Bundesarbeitsgericht (BAG) in seiner damaligen ständigen Rechtsprechung darauf hin, dass ein Übergang des Arbeitsverhältnisses auf einen Dritten gegen den Willen des Arbeitnehmers nicht möglich sei. Das Arbeitsverhältnis als solches könne nicht gegen den Willen, aber durch übereinstimmende Willenserklärung aller drei Beteiligten, des ursprünglichen Arbeitgebers, des neuen Arbeitgebers und des Arbeitnehmers, übertragen werden.[855] Die Sicherstellung der dem Arbeitnehmer grundrechtlich gewährten freien Wahl des Arbeitsplatzes obliege nicht der Rechtsprechung, sondern dem Gesetzgeber gegebenenfalls durch die Schaffung eines Zustimmungserfordernisses oder Widerspruchsrechts des Arbeitnehmers.[856] Ein gezwungener Übergang aufgrund eines Betriebsübergangs

851 BAG Urteil v. 10.12.2013 -9 AZR 51/13, NJW 2014, 956 Rn. 31.

852 Siehe 3. Teil § 11 B. I. 2. c.

853 BAG Urteil v. 10.12.2013 -9 AZR 51/13, NJW 2014, 956 Rn. 31; BVerfG Beschluss v. 25.01.2011 -1 BvR 1741/09, BVerfGE 128, 157 = NZA 2011, 400 Rn. 73; *Hennecke/Tuengerthal*, BB 2015, 1269, 1275.

854 Siehe unter 3. Teil § 11 C. I. 2.

855 BAG Urteil v. 02.10.1974 -5 AZR 504/73, NJW 1975, 1378.

856 BAG Urteil v. 10.12.2013 -9 AZR 51/13, NJW 2014, 956, Rn. 31; für Widerspruchsrecht des Arbeitnehmers auch *Düwell*, ZESAR 2011, 449, 455.

missachte die personale Würde des Arbeitnehmers.[857] Der Arbeitnehmer könne nicht dazu verpflichtet werden, für einen Arbeitgeber tätig zu werden, den er nicht frei gewählt habe.[858]

Dies muss für die Arbeitnehmerüberlassung in gleichem Maße gelten, wenn die Situation bei der illegalen Arbeitnehmerüberlassung mit der bei einem Betriebsübergang identisch oder jedenfalls im Wesentlichen vergleichbar ist. Dies ist zu prüfen.

b. Widerspruchsrecht bei vergleichbarer Situation des Betriebsübergangs nach § 613a Abs. 6 BGB

Der Gesetzgeber hat im Rahmen des Betriebsübergangs nach § 613a Abs. 6 BGB ein Widerspruchsrecht des betroffenen Arbeitnehmers statuiert, mit der Begründung, dass sich das Widerspruchsrecht allein daraus ergebe, dass es mit der Würde des Menschen, dem Recht auf freie Entfaltung der Persönlichkeit und dem Recht auf freie Arbeitsplatzwahl (Artt. 1 Abs. 1, 2 Abs. 1, 12 Abs. 1 GG) unvereinbar sei, den Arbeitnehmer zu verpflichten, für einen Arbeitgeber zu arbeiten, den er nicht frei gewählt hat.[859] Freilich ist die Ausgangssituation beim Betriebsübergang und bei der illegalen Arbeitnehmerüberlassung aus rechtlicher Sicht eine andere. Dem Betriebsübergang liegt ein rechtmäßiger rechtsgeschäftlicher Erwerb eines Betriebs (teils) zugrunde, währenddessen bei der illegalen Arbeitnehmerüberlassung ein Gesetzesverstoß zur Entstehung eines gesetzlichen Arbeitsverhältnisses führt.

Aus der Perspektive des Arbeitnehmers, also aus tatsächlicher Sicht, unterscheiden sich die Situation des Betriebsübergangs und die der nicht gesetzmäßigen Arbeitnehmerüberlassung jedoch nicht. In beiden Fällen wird der Arbeitnehmer verpflichtet, für einen Arbeitgeber zu arbeiten, den er nicht frei gewählt hat. Die Situation für den Arbeitnehmer unterscheidet sich jedoch grundlegend dahingehend, dass der Arbeitnehmer im Rahmen des Betriebsübergangs die Möglichkeit hat, dem Übergang seines Arbeitsverhältnisses auf einen anderen Arbeitgeber, den er nicht frei gewählt hat, gem. § 613a Abs. 6 BGB zu widersprechen und so auf seinem frei gewählten Arbeitsplatz verweilen zu können. Diese Möglichkeit hat der von einer nicht gesetzmäßigen Arbeitnehmerüberlassung betroffene Arbeitnehmer nicht. Er muss sich einem Arbeitsverhältnis ausgesetzt sehen, dass er nicht frei gewählt hat, ohne die Möglichkeit zu haben, in seinem frei gewählten Arbeitsverhältnis zu bleiben.

Nach hiesiger Auffassung müssen für den von einer nicht gesetzmäßigen Arbeitnehmerüberlassung betroffenen Arbeitnehmer die gleichen Schutzrechte

---

857 BAG Urteil v. 02.10.1974 -5 AZR 504/73, BAGE 9, 62, 71 Rz. 45; „Die negative Vertragspartnerwahlfreiheit darf demjenigen, der am Objektübergang nicht mitgewirkt hat, keinen Vertragspartner aufzwingen. Das Erfordernis privatautonomer Legitimation gebietet deshalb ein Abwehrrecht."; *Rieble*, NZA 2004, 1.

858 EuGH Urteil v. 16.2.1992 -1 Rs C 132/91, 1 Rs C 138/91, 1 Rs C 139/91, NZA 1993, 169 = EzA § 613a BGB Nr. 105 = AP Nr. 97 zu § 613a BGB.

859 BT-Drucks. 14/7760, S. 20.

und -gedanken gelten wie bei dem von einem Betriebsübergang betroffenen Arbeitnehmer. Denn was der Gesetzgeber im Rahmen des Betriebsübergangs aus Arbeitnehmerschutzgesichtspunkten für unvereinbar hält, nämlich die Verpflichtung zur Tätigkeit auf einem Arbeitsplatz, den der Arbeitnehmer nicht frei gewählt hat, muss auch gleichsam für den Fall der illegalen Arbeitnehmerüberlassung gelten.

Es reicht auch nicht aus, den Leiharbeitnehmer auf die außerordentliche Kündigungsmöglichkeit nach § 626 BGB des gesetzlichen Leiharbeitsverhältnisses zu verweisen,[860] da dieser die hohen Anforderungen an die Beweislast hinsichtlich des Vorliegens der Unzumutbarkeit der Unterhaltung eines Arbeitsverhältnisses zum Entleiher tragen müsste. Darüber hinaus wirkt eine Kündigung *ex nunc*. Der Widerspruch hingegen hat *ex tunc* Wirkung, mit der Folge, dass ein Arbeitsverhältnis zum Entleiher nie bestanden hätte. Für bis zum Zeitpunkt der Erhebung des Widerspruchs geleistete Arbeit beim Entleiher müsste der Leiharbeitnehmer einen Anspruch gegen den Entleiher nach den Grundsätzen des faktischen Arbeitsverhältnisses haben.[861]

Die der Arbeitnehmerüberlassung und dem Betriebsübergang zugrunde liegende Situation aus der Perspektive des Arbeitnehmers ist folglich vergleichbar. Dies spricht dafür, dem Arbeitnehmer ein Widerspruchsrecht, angelehnt an das Widerspruchsrecht des Arbeitnehmers beim Betriebsübergang, einzuräumen, da nur so ein Eingriff in den Schutzbereich des Art. 12 Abs. 1 GG, der Berufswahlfreiheit des Leiharbeitnehmers, verfassungsrechtlich gerechtfertigt werden kann.

2. Verhältnismäßiger Eingriff in Art. 2 Abs. 1 GG

Art. 2 Abs. 1 GG bildet die verfassungsrechtliche Grundlage der Privatautonomie.[862] Dazu gehört neben der Begründung auch die Beendigung von Verträgen.[863]

Durch die Beendigung des Leiharbeitsvertrags und des Arbeitnehmerüberlassungsvertrags nach § 9 Nr. 1 AÜG und die gleichzeitige Begründung eines gesetzlichen Arbeitsverhältnisses zwischen Leiharbeitnehmer und Entleiher liegt ein erheblicher Eingriff in die Privatautonomie[864] der beteiligten Parteien vor, die durch Art. 2 Abs. 1 GG im Rahmen der allgemeinen Handlungsfreiheit geschützt ist.[865]

---

860 So aber *Ulber/Ulber*, § 10 AÜG Rn. 26; Thüsing/*Mengel*, § 10 AÜG Rn. 45; *Sandmann/Marschall/Schneider*, AÜG Art. 1 § 10 Anm. 19; *Becker/Wulfgramm*, Art. 1 § 10 AÜG Rn. 38; ErfK/*Wank*, § 10 AÜG Rn. 19; für eine ordentliche Kündigung: Schüren/*Schüren*, § 10 AÜG Rn. 112.

861 So im Falle von Betriebsübergängen bei Umwandlungen unter Wegfall übertragender Rechtsträger, *Fandel/Hausch*, BB 2008, 2402, 2405; zum faktischen Arbeitsverhältnis: ErfK/*Preis*, § 613a BGB Rn. 105.

862 ErfK/*Schmidt*, Art. 2 GG Rn. 2.

863 ErfK/*Schmidt*, Art. 2 GG Rn. 2.

864 *Vogt*, Arbeitsrecht im Konzern, S. 111 Rn. 39.

865 *Horcher*, RdA 2014, 93, 94; MüKo/*Busche*, Vor § 145 BGB Rn. 3; Erman/*Armbrüster*, Vor § 145 BGB Rn. 26; *Wendt/Schäfer*, JuS 2009, 206; Palandt/*Ellenberger*, Überbl. v. § 104 BGB Rn. 1, Einf. v. § 145 BGB Rn. 7; *Fikentscher/Heinemann*, SchuldR,

3. *Widerspruch zur gesetzlichen Wertung*

Weiterhin widerspricht auch die durch §§ 9 Nr. 1, 10 AÜG geschaffene Rechtslage den durch den Gesetzgeber geschaffenen Wertungen im Arbeitsrecht.

a. Schutz vor aufgedrängtem Vertragspartner im Arbeitsrecht

Die Entstehung eines gesetzlichen Arbeitsverhältnisses nach § 10 Abs. 1 AÜG hat zur Folge, dass sowohl Leiharbeitnehmer als auch Entleiher ein Vertragspartner aufgedrängt wird. Im Arbeitsrecht besteht hingegen eine gefestigte Wertung des Gesetzgebers zum Schutz vor einem aufgedrängten Vertragspartner. Ersichtlich wird dies zum Beispiel an der in der Regelung des § 15 Abs. 6 AGG enthaltenen Werteentscheidung, nach der auch der Verstoß des Arbeitgebers gegen das Benachteiligungsverbot des § 7 Abs. 1 AGG keinen Anspruch auf Begründung des Beschäftigungsverhältnisses enthält.[866]

Der durch den Gesetzgeber statuierte Schutz vor einem aufgedrängten Vertragspartner zeigt sich auch in § 309 Nr. 10 BGB. Nach § 309 Nr. 10 BGB ist in allgemeinen Geschäftsbedingungen eine Bestimmung unwirksam, wonach bei einem [...] Dienstvertrag ein Dritter anstelle des Verwenders in die sich aus dem Vertrag ergebenden Rechte und Pflichten eintritt oder eintreten kann, es sei denn, der Dritte ist namentlich bezeichnet oder dem anderen Vertragsteil wird das Recht eingeräumt, sich vom Vertrag zu lösen. Durch die Regelung des § 309 Nr. 10 BGB soll der Verbraucher davor geschützt werden, dass ein Dritter in den Vertrag einrückt und diesem so eine neue Vertragspartei aufgenötigt wird.[867] § 309 Nr. 10 BGB gilt auch für Arbeitsverträge.[868] Die gesetzliche Wertung des § 309 Nr. 10 BGB muss daher auch auf das gesetzliche Arbeitsverhältnis nach § 10 Abs. 1 AÜG anzuwenden sein.

So sieht § 309 Nr. 10 BGB die Unwirksamkeit einer solchen Vereinbarung vor, die den Wechsel des Vertragspartners ohne Wissen oder Willen des jeweils anderen statuiert. Eine damit korrespondierende Situation würde aber geschaffen, wenn ohne Wissen und Willen des Leiharbeitnehmers aufgrund fehlender, nach § 1 Abs. 1 S. 1 AÜG aber erforderlicher Arbeitnehmerüberlassungserlaubnis ein Arbeitsverhältnis zu einem anderen Vertragspartner, nämlich zum Entleiher, fingiert würde und das wissentlich und willentlich begründete Vertragsverhältnis zum Verleiher unwirksam würde, das Leiharbeitsverhältnis also in keinem Fall erhalten werden kann.

Der zwischen Leiharbeitnehmer und Verleiher geschlossene Leiharbeitsvertrag wird nicht durch die Wertung des § 309 Nr. 10 AÜG berührt, da der Verleiher beim

---

Rn. 110; LAG Hamburg, Urteil v. 25.01.2002 -6 Sa 75/01, Rn. 103 (zit. nach juris); für die (vergleichbare) Rechtslage beim Betriebsübergang: BAG Urteil v. 02.10.1974 -5 AZR 504/73, NJW 1975, 1378, 1380; *Hennecke/Tuengerthal*, BB 2015, 1269, 1275.

866 Däubler/Bertzbach/*Deinert*, AGG, § 15 Rn. 129; BAG Urteil v. 10.12.2013, -9 AZR 51/13, NJW 2014, 956 Rn. 33.

867 MüKo/*Wurmnest*, § 309 Nr. 10 BGB Rn. 1.

868 Staudinger/*Coester-Waltjen*, § 309 Nr. 10 BGB Rn. 9; MüKo/*Wurmnest*, § 309 Nr. 10 BGB Rn. 5.

Abschluss des Leiharbeitsvertrags Vertragspartei bleibt.[869] Nach der Zwecksetzung des § 309 Nr. 10 AÜG soll der Verbraucher davor geschützt werden, dass er sich einem Vertragspartner ausgesetzt sieht, über dessen wirtschaftliche Leistungsfähigkeit und persönliche Zuverlässigkeit er sich nicht informieren konnte.[870]

Beim Betriebsübergang ist die Problematik um einen aufgedrängten Vertragspartner durch die Spezialregelung des § 613a Abs. 6 BGB, die ein Widerspruchsrecht des Arbeitnehmers bei einem Betriebsübergang vorsieht, entscheidend entschärft worden.[871] Der Arbeitnehmer kann sich gegen den aufgedrängten Vertragspartner durch ein Widerspruchsrecht nach § 613a Abs. 6 BGB zur Wehr setzen.[872]

Zwar ist eine Vereinbarung eines Wechsels des Vertragspartners innerhalb Allgemeiner Geschäftsbedingungen dann zulässig, wenn dem Vertragspartner ein Recht zur Lösung vom Vertrag eingeräumt wird.[873] Auch ein Teil der Literatur sieht eine außerordentliche Kündigungsmöglichkeit für den von dem gesetzlichen Arbeitsverhältnis nach § 10 Abs. 1 AÜG betroffenen Leiharbeitnehmer vor.[874] Eine solche sofortige Beendigungsmöglichkeit ist in § 626 BGB geregelt und hängt daher von der jeweiligen Beurteilung im Einzelfall ab.

Hingegen kann sich nach jedenfalls derzeitiger Rechtslage der von der Rechtsfolge des § 10 Abs. 1 AÜG betroffene Arbeitnehmer nicht gegen den Entleiher als durch Gesetz aufgedrängte Vertragspartei wehren. Dies widerspricht aber der Wertung des § 309 Nr. 10 AÜG, die die Situation der Aufdrängung einer Vertragspartei zu verhindern begehrt. Diese Wertung des Gesetzgebers im Rahmen des § 309 Nr. 10 BGB, der den Verbraucher, also auch den Arbeitnehmer, vor einem Wechsel des Vertragspartners ohne dessen Willen und bzw. oder Wissen verhindern will, macht den Handlungsbedarf des Gesetzgebers durch die Einführung eines Widerspruchsrechts entsprechend dem beim Betriebsübergang des Leiharbeitnehmers bei Entstehung seines gesetzlichen Arbeitsverhältnisses nach § 10 Abs. 1 AÜG deutlich.

b. Gefahr des Missbrauchs durch den Verleiher

Ein Urteil des Arbeitsgerichts Köln[875] zeigt, dass es auch nach derzeitiger Rechtslage für den Verleiher möglich ist, über die „Aktivierungen" der Regelungen des AÜG einen Leiharbeitnehmer auf anderem Wege als aufgrund einer Kündigung nicht mehr beschäftigen zu müssen. Dies erfolgt, indem der Verleiher den Leiharbeitnehmer

869 HK-ArbR/*Lorenz*, § 1 AÜG Rn. 11.
870 Staudinger/*Coester-Waltjen*, § 309 Nr. 10 BGB Rn. 1.
871 Staudinger/*Coester-Waltjen*, § 309 Nr. 10 BGB Rn. 7; Däubler/*Deinert*, § 309 Nr. 10 Rn. 1.
872 Däubler/*Deinert*, § 309 Nr. 10 Rn. 1.
873 Palandt/*Grüneberg*, § 309 BGB Rn. 99.
874 *Ulber/Ulber*, § 10 AÜG Rn. 26; Thüsing/*Mengel*, § 10 AÜG Rn. 45; *Sandmann/Marschall/Schneider*, AÜG Art. 1 § 10 Anm. 19; *Becker/Wulfgramm*, Art. 1 § 10 AÜG Rn. 38; für eine ordentliche Kündigung: Schüren/*Schüren*, § 10 AÜG Rn. 112.
875 ArbG Köln Urteil v. 09.02.1996 -2 Ca 6262/95, BB 1996, 800.

bei einem Dritten ohne Arbeitnehmerüberlassungserlaubnis für einen gewissen Zeitraum beschäftigt, um sich dann, bei Aufdeckung, dass eine wirksame und nach § 1 AÜG erforderliche Überlassungserlaubnis nicht vorliegt, auf die Wirkungen des § 9 Nr. 1 und § 10 Abs. 1 AÜG berufen zu können, mit der Folge, dass der Leiharbeitnehmer nicht mehr Leiharbeitnehmer des Verleihers, sondern Arbeitnehmer des Entleihers geworden ist. Damit konnte der Verleiher sein Ziel, die Lösung der Verbindung zum Arbeitnehmer erreichen, ohne dass es einer Kündigung bedurfte. Auch diesem Missbrauch der Regelungen des AÜG muss *de lege lata* oder *de lege ferenda* vorgebeugt werden. Denn ein solch missbräuchliches Verhalten des Verleihers kann nicht dem Sinn und Zweck des AÜG, dem Schutz des Leiharbeitnehmers, entsprechen.[876]

IV. Zwischenergebnis

Die Analyse hat gezeigt, dass die Regelungen der §§ 9 Nr. 1, 10 Abs. 1 AÜG das angestrebte Ziel des Arbeitnehmerschutzes ins Gegenteil verkehren können. Der von der illegalen Arbeitnehmerüberlassung betroffene Arbeitnehmer kann sich nämlich nach der derzeitigen gesetzlichen Regelung nicht gegen die Entstehung eines gesetzlichen Arbeitsverhältnisses zum Entleiher bei gleichzeitiger Beendigung seines vertraglichen Arbeitsverhältnisses zum Verleiher wehren, obwohl es durchaus auch in seinem Interesse liegen kann, sein Arbeitsverhältnis zum Verleiher zu erhalten und kein neues Arbeitsverhältnis zu begründen. Die bei strengem Wortlautverständnis der §§ 9 Nr. 1 und 10 Abs. 1 AÜG fehlende Berücksichtigung des (entgegenstehenden) Willens der von den Rechtsfolgen der Arbeitnehmerüberlassung betroffenen Parteien, kann nicht durch den bloßen § 10 Abs. 1 AÜG zugrunde liegenden Sanktionsgedanken und Arbeitnehmerschutz gerechtfertigt werden. Dies würde einen unverhältnismäßigen Eingriff in Artt. 12 und 2 GG darstellen, der dann bei strenger Wortlautbetrachtung verfassungswidrig wäre. Darüber hinaus ist ein strenges Wortlautverständnis der §§ 9 Nr. 1 und 10 Abs. 1 AÜG nicht mit den im Gesetz vorhandenen Wertungen vereinbar. So ist auch § 309 Nr. 10 BGB die gesetzgeberische Wertung zu entnehmen, dass dem Vertragspartner kein anderer Vertragspartner aufgezwungen werden soll. Dies wäre aber Rechtsfolge des § 10 Abs. 1 AÜG.

Durch den bei strengem Wortlautverständnis der §§ 9 Nr.1, 10 Abs. 1 AÜG festgestellte Eingriff in die nach Art. 2 Abs. 1 GG geschützte Privatautonomie und die nach Art. 12 GG geschützte Berufswahlfreiheit können unbillige Ergebnisse hervorgerufen werden. So sieht sich der Leiharbeitnehmer einem Arbeitsverhältnis ausgesetzt, das er weder willentlich noch wissentlich in Kenntnis der Konditionen des Arbeitsverhältnisses begründet hat. Gleichzeitig wird das Arbeitsverhältnis, das der Arbeitnehmer in Kenntnis der Konditionen wissentlich und willentlich durch Abschluss eines Arbeitsvertrages mit seinem Arbeitgeber begründet hat,

876 Anm. *Liebscher* zu ArbG Köln Urteil v. 09.02.1996 -2 Ca 6262/95, BB 1996, 800, 801.

nach § 9 Nr. 1 AÜG unwirksam, sodass eine rechtliche Verbindung zu dem vom Arbeitnehmer eigentlich Gewollten aufgehoben wird.

Diese aufgrund der nach § 10 Abs. 1 AÜG eintretende Rechtsfolge widerspricht dem eigentlichen Ziel der Norm, den Arbeitnehmer zu schützen.[877] Von einer arbeitnehmerschützenden Vorschrift kann nicht mehr die Rede sein, wenn der Arbeitnehmer in keiner Form die Möglichkeit erhält, das von ihm gewollte und wissentlich geschlossene Arbeitsverhältnis beizubehalten, ohne es neu begründen zu müssen.

Daher ist zu prüfen, ob die Regelungen der § 9 Nr. 1 und § 10 Abs. 1 AÜG einer verfassungskonformen Auslegung zugänglich sind. Erst wenn eine verfassungskonforme Auslegung der betreffenden Norm scheitert, ist an einen Normenkontrollantrag nach Art. 100 Abs. 1 GG zu denken.[878]

B. Verfassungskonforme Auslegung

Die verfassungskonforme Auslegung findet ihre Grenzen im Wortlaut und in dem klaren Willen des Gesetzgebers.[879]

Der Gesetzgeber verfolgt mit § 9 Nr. 1 AÜG zwei Ziele. Zum einen soll der Leiharbeitnehmer sozialen Schutz vor unzuverlässigen Verleihern genießen.[880] Weiterhin bekämpft das AÜG illegale Arbeitnehmerüberlassung durch diese in § 10 Abs. 1 AÜG statuierte arbeitsrechtliche Konsequenz.[881]

Wollte man vertreten, dass § 9 Nr. 1 AÜG dahingehend auszulegen sei, dass auch bei illegaler Arbeitnehmerüberlassung der Leiharbeitsvertrag und der Arbeitnehmerüberlassungsvertrag neben dem nach § 10 Abs. 1 AÜG neu entstehenden gesetzlichen Arbeitsverhältnis zwischen Leiharbeitnehmer und Entleiher bestehen bleiben, wäre eine solche Auslegung weder mit dem Wortlaut der §§ 9 Nr. 1, 10 Abs. 1 AÜG noch mit dem Willen des Gesetzgebers vereinbar. Der Wortlaut des § 9 Nr. 1 AÜG spricht klar von der *Unwirksamkeit* des Leiharbeitsvertrags und des Arbeitnehmerüberlassungsvertrags bei illegaler Arbeitnehmerüberlassung und lässt dabei keinen anderen Auslegungsspielraum zu. Die *Wirksamkeit* des Leiharbeitsvertrags auch bei illegaler Arbeitnehmerüberlassung verkehrt den bestehenden Wortlaut des § 9 Nr. 1 AÜG daher in sein Gegenteil.

---

877 Art. 2 Satz 1 RL Leiharbeit: Schutz des Arbeitnehmers soll verbessert werden; *Hamann*, RdA 2014, 271, 275; Sicherung des sozialen Schutzes des Arbeitnehmers: Moll/*Christ*, § 66 Arbeitnehmerüberlassung, Rn. 121.

878 *Lüdemann*, JuS 2004, 27, 30.

879 So etwa BVerfG Beschluss v. 26.04.1994 -1 BvR 1299/89, 1 BvL 6/90, BVerfGE 90, 263, 275 = NJW 1994, 2475, 2476; Urteil v. 11.06.1980 -1 PBvU 1/79, BVerfGE 54, 277, 299 f. = NJW 1981, 39; Beschluss v. 22.10.1985 -1 BvL 44/83, BVerfGE 71, 81, 105 = NJW 1986, 1093.

880 *Boemke/Lembke*, § 10 AÜG Rn. 10; ähnlich: Thüsing/*Mengel*, § 10 AÜG Rn. 2; Schüren/*Schüren*, § 10 AÜG Rn. 2; ähnlich HWK/*Gotthardt/Roloff*, § 10 AÜG Rn. 2.

881 *Boemke/Lembke*, § 10 AÜG Rn. 1.

Weiterhin würden nicht die Verleiher, die aber jedenfalls maßgeblich an der illegalen Arbeitnehmerüberlassung beteiligt sind und das Instrument der Arbeitnehmerüberlassung missbraucht haben, sanktioniert, sondern vielmehr auch die Entleiher, die nicht wissentlich zu der Illegalität der Arbeitnehmerüberlassung beigetragen haben. Denn durch das bei illegaler Arbeitnehmerüberlassung entstandene Arbeitsverhältnis wird der betroffene Entleiher im Wesentlichen sanktioniert.

I. Lösungsmöglichkeit de lege lata

Fraglich ist, ob die derzeitige verfassungswidrige und nicht mit den Zielen und Wertungen des deutschen Gesetzgebers vereinbare Rechtslage im Wege der verfassungskonformen Auslegung *de lege lata* behoben werden kann.

Dazu ist sich die zur Verfassungswidrigkeit des §§ 9 Nr. 1, 10 AÜG führende Situation nochmals in faktischer Hinsicht vor Augen zu führen:

Der Leiharbeitnehmer schließt mit dem Verleiher einen Leiharbeitsvertrag, worin neben der „Versicherung", dass eine ordnungsgemäße Arbeitnehmerüberlassungserlaubnis vorliege, unter anderem auch der Einsatz des Leiharbeitnehmers in einem gegebenenfalls variierenden, noch zu bestimmenden Drittbetrieb vereinbart wird.

War die Angabe des Verleihers im Leiharbeitsvertrag hinsichtlich des Vorliegens einer wirksamen Arbeitnehmerüberlassungserlaubnis wahrheitswidrig, verfügt der Verleiher also nicht über eine Arbeitnehmerüberlassungserlaubnis und verleiht den Leiharbeitnehmer trotzdem an den Drittbetrieb, liegt eine illegale Arbeitnehmerüberlassung vor. Diese führt in ihrer Rechtsfolge dazu, dass der Leiharbeitsvertrag zum Leiharbeitnehmer und der Arbeitnehmerüberlassungsvertrag zum Entleiher nach § 9 Nr. 1 AÜG unwirksam werden und gleichzeitig nach § 10 Nr. 1 AÜG ein gesetzliches Arbeitsverhältnis zwischen Leiharbeitnehmer und Entleiher entsteht, auch ohne Willen und Wissen des Leiharbeitnehmers und Entleihers.

1. Vertragliche Abbedingung der Rechtsfolgen der §§ 9 Nr. 1, 10 Abs. 1 AÜG

Nach den obigen Ausführungen wurde deutlich, dass es dem Ziel des AÜG, dem Arbeitnehmerschutz, nur dann gerecht wird, wenn dem Arbeitnehmer im Falle der nicht gesetzmäßigen Arbeitnehmerüberlassung wegen fehlender Überlassungserlaubnis eine Möglichkeit verbleibt, das ohne sein Wissen und seinen Willen durch Gesetz entstehende Arbeitsverhältnis und die gleichzeitige Unwirksamkeit seines willentlich und wissentliche begründeten Arbeitsverhältnisses zum Verleiher, zu verhindern, indem der betreffende Leiharbeitnehmer selbst auf den Eintritt der Wirkungen der §§ 9 Nr. 1, 10 Abs. 1 AÜG einwirken kann.

Als Lösungsmöglichkeit *de lege lata* kommt zur Erhaltung des wissentlich und willentlich begründeten Arbeitsverhältnisses zunächst die vertragliche Abbedingung der Rechtsfolgen der §§ 9 Nr. 1 und 10 Abs. 1 AÜG in Betracht.

Wird ein Bestehen des Arbeitsverhältnisses zwischen dem Leiharbeitnehmer sowohl zum Entleiher als auch zum Verleiher abgelehnt, könnte in Betracht kommen, die Rechtsfolgen des §§ 9 Nr. 1, 10 Abs. 1 AÜG vertraglich zwischen den betroffenen

Parteien abzubedingen. Vertraglich kann die Entstehung des gesetzlichen Arbeitsverhältnisses nicht zwischen Entleiher und Leiharbeitnehmer in einem bestehenden Vertragsverhältnis abbedungen werden, da zwischen diesen vor der Entstehung des gesetzlichen Arbeitsverhältnisses schon keine vertragliche Verbindung existiert.[882] Außerdem wird eine solche Vereinbarung nicht im Interesse des Leiharbeitnehmers liegen und den durch das AÜG bezweckten Schutz des Leiharbeitnehmers hindern. Denn würden Leiharbeitnehmer und Entleiher die Wirkungen des § 10 Abs. 1 AÜG vertraglich gesondert abbedingen, hätte dies zur Folge, dass im Fall einer illegalen Arbeitnehmerüberlassung der betroffene Arbeitnehmer über kein Arbeitsverhältnis mehr verfügt, da sein Leiharbeitsverhältnis nach § 9 Nr. 1 AÜG unwirksam geworden ist.

a. Abbedingung zwischen Verleiher und Entleiher oder Verleiher und Leiharbeitnehmer

Eine Abbedingung der Entstehung des gesetzlichen Arbeitsverhältnisses nach § 10 Abs. 1 AÜG wäre in einer Vereinbarung zwischen Verleiher und Entleiher denkbar, aber unzulässig, da es sich um einen Vertrag zu Lasten Dritter, nämlich zu Lasten des Leiharbeitnehmers handeln würde, da ohne dessen Willen und dessen Wissen die Entstehung des gesetzlichen Arbeitsverhältnisses zum Entleiher verhindert würde.[883] Auch eine solche Regelung widerspricht dem klaren Schutzgedanken des § 10 AÜG, denn die Interessen des Leiharbeitnehmers würden auch bei einer vertraglichen Abbedingung zwischen Verleiher und Entleiher nicht berücksichtigt werden. In Betracht kommt schließlich die vertragliche Abbedingung der Rechtsfolgen des §§ 9 Nr. 1, 10 Abs. 1 AÜG im Falle einer nicht gesetzmäßigen Arbeitnehmerüberlassung zwischen Leiharbeitnehmer und Verleiher. Diese ist im Ergebnis jedoch aus den nachfolgend dargestellten Gründen unzulässig.

aa. Sittenwidrigkeit der Vereinbarung

Eine solche Vereinbarung im Leiharbeitsvertrag zwischen Leiharbeitnehmer und Verleiher könnte nach § 138 Abs. 1 BGB sittenwidrig und daher unwirksam sein. Die Sittenwidrigkeit eines Rechtsgeschäfts kann sich auch allein aus den Motiven zum Abschluss des Rechtsgeschäfts ergeben.[884] Dies wäre bei einer vertraglichen Abbedingung der Rechtsfolgen der §§ 9 Nr. 1 und 10 Abs. 1 AÜG zwischen Leiharbeitnehmer und Verleiher der Fall. Leiharbeitnehmer und Verleiher schließen die Vereinbarung über die Abbedingung jedenfalls auch um die Sanktionswirkung gegenüber dem Entleiher auszuschließen.

Die Vereinbarung zwischen Leiharbeitnehmer und Verleiher über den Ausschluss der Wirkungen des § 10 Abs. 1 AÜG würde dazu führen, dass sowohl die

882 Siehe dazu unter 2. Teil § 8.
883 So im Ergebnis auch, aber ohne Begründung: *Ulber/Ulber*, § 10 AÜG Rn. 7a.
884 Schulze/*Dörner*, § 138 BGB Rn. 4.

„Hemmschwelle" des Verleihers als auch die des Entleihers zur Durchführung einer illegalen Arbeitnehmerüberlassung ohne die nach § 1 AÜG erforderliche Arbeitnehmerüberlassungserlaubnis herabgesetzt würde, da so weder Verleiher noch Entleiher Gefahr laufen, einen Leiharbeitnehmer als Stammarbeitnehmer beschäftigen zu müssen bzw. einen Leiharbeitnehmer als Arbeitnehmer zu verlieren.

Vergleichbar ist eine solche Vereinbarung zwischen Leiharbeitnehmer und Verleiher über die Abbedingung der Rechtsfolgen des §§ 9 Nr. 1 und 10 Abs. 1 AÜG mit der vom Bundesgerichtshof als sittenwidrig eingestuften Vereinbarung über die Übernahme von dem Arbeitnehmer auferlegten Geldbußen und Geldstrafen durch den Arbeitgeber.[885] In diesem Fall wird durch die Übernahmevereinbarung der Geldstrafen die Abschreckungs-, Präventions- und auch Sanktionswirkung der jeweiligen Normen mit der Rechtsfolge einer Geldstrafe gemindert oder völlig ausgehebelt und ins Gegenteil verkehrt. Wird zum Beispiel ein Verkehrsregelverstoß mit Geldstrafe oder Geldbuße sanktioniert und der Arbeitnehmer von seinem Arbeitgeber dazu angehalten, Lieferwege in kürzerer Zeit zurückzulegen und gleichzeitig dem Arbeitnehmer per vertraglicher Vereinbarung die Übernahme der dadurch entstehenden Geldstrafen oder Geldbußen zugesichert, wird dadurch die Hemmschwelle des Arbeitnehmers zur Begehung von (auch enormen) Verkehrsregelverstößen weit herabgesetzt. Diese Wirkung ist mit der bei Abbedingung der §§ 9 Nr. 1 und 10 Abs. 1 AÜG vergleichbar. Auch §§ 9 Nr. 1 und 10 Abs. 1 AÜG dienen als Sanktion für die Durchführung einer illegalen Arbeitnehmerüberlassung ohne die nach § 1 AÜG erforderliche Arbeitnehmerüberlassungserlaubnis. Werden die Wirkungen der § 9 Nr. 1 und § 10 Abs. 1 AÜG abbedungen, wird für den Verleiher und den Entleiher der Anreiz zur Durchführung einer gesetzmäßigen Arbeitnehmerüberlassung mit der nach § 1 AÜG erforderlichen Erlaubnis, deutlich geringer sein, denn einer der folgenreichsten, einschneidendsten Sanktionen, die Beendigung und die Entstehung eines Arbeitsverhältnisses, würden nicht eintreten. Eine Vereinbarung zwischen Leiharbeitnehmer und Verleiher dahingehend, dass im Falle der nicht gesetzmäßigen Arbeitnehmerüberlassung die Rechtsfolge des § 9 Nr. 1 AÜG und die Wirkung des § 10 Abs. 1 AÜG nicht eintreten sollen, wäre aus zuvor dargestellten Gründen nach § 138 Abs. 1 BGB sittenwidrig und daher unwirksam.

bb. Folge für weitere Vermittlung von Arbeitnehmern

Außerdem besteht die Gefahr bei der Zulassung solcher Abreden, die die Abbedingung der Wirkungen der §§ 9 Nr. 1 und 10 Abs. 1 AÜG zur Folge haben, dass sowohl von Seiten des Verleihers als auch des Entleihers Bedingung der Vermittlung des Leiharbeitnehmers werden wird, dass Leiharbeitnehmer und Verleiher vertraglich die Wirkungen der §§ 9 Nr. 1 und 10 Abs. 1 AÜG abbedingen. Weigert sich der Leiharbeitnehmer eine solche Vereinbarung mit dem Entleiher abzuschließen, wird der Verleiher ihn im Vergleich zu anderen Leiharbeitnehmern, die eine solche Vereinbarung unterschreiben, schlechter an Entleiher verleihen können. Denn der

885 BGH Urteil v. 25.01.2001 -8 AZR 465/00, NJW 2001, 1962.

Entleiher wird das Risiko eines neuen, gesetzlichen Arbeitsverhältnisses mindern oder gar ausschließen wollen. Dies wird auf Dauer dazu führen, dass der Verleiher nicht mehr über ausreichend Einsatzmöglichkeiten für den Leiharbeitnehmer verfügt und daher den Leiharbeitnehmer (betriebsbedingt) wirksam kündigen kann und wird. Weigert sich der Leiharbeitnehmer daher, eine § 10 Abs. 1 AÜG verhindernde Vereinbarung mit dem Entleiher zu schließen, würde das auf eine faktische Eigenkündigung hinausführen. Dem Leiharbeitnehmer würde also keinerlei Entscheidungsfreiheit mehr hinsichtlich der Abbedingung der Wirkungen der §§ 9 Nr. 1 und 10 Abs. 1 AÜG bleiben. Dies stellt einen Eingriff in die nach Art. 2 Abs. 1 GG geschützte allgemeine Handlungsfreiheit des Leiharbeitnehmers dar und ist mit dem Ziel des AÜG, dem Arbeitnehmerschutz, folglich nicht vereinbar.

Die Rechtsfolgen der §§ 9 Nr. 1 und 10 Abs. 1 AÜG können daher nicht vertraglich zwischen Leiharbeitnehmer und Verleiher abbedungen werden.

b. Zwischenergebnis

Die Wirkungen der §§ 9 Nr. 1 und 10 Abs. 1 AÜG können durch keine der an der Arbeitnehmerüberlassung beteiligten Parteien wirksam vertraglich abbedungen werden.[886] Es hat sich gezeigt, dass die vertragliche Abbedingung zwischen Verleiher und Entleiher dem Ziel des AÜG, dem Arbeitnehmerschutz, zuwiderläuft und auch auf diesem Weg die zu beachtenden Interessen des betroffenen Leiharbeitnehmers nicht berücksichtigt werden können. Eine vertragliche Abbedingung zwischen Verleiher und Entleiher wäre darüber hinaus als Vertrag zu Lasten des Leiharbeitnehmers unwirksam. Zwischen Leiharbeitnehmer und Entleiher wäre eine vertragliche Abbedingung zum einen nicht möglich, da zwischen ihnen keine vertragliche Verbindung besteht, zum andern widerspricht dies auch den Interessen des Leiharbeitnehmers, der auch bei illegaler Arbeitnehmerüberlassung die Möglichkeit erhalten soll, in ein gesetzliches Arbeitsverhältnis zum Entleiher einzutreten. Die vertragliche Abbedingung der Rechtsfolgen des § 10 Abs. 1 AÜG zwischen Verleiher und Leiharbeitnehmer ist nach § 138 Abs. 1 BGB sittenwidrig, da die Abschreckungs-, Präventions- und Sanktionswirkung des AÜG gemindert, völlig ausgehebelt oder sogar ins Gegenteil verkehrt wird. Wollte man die Abbedingung zwischen Leiharbeitnehmer und Verleiher zulassen, könnte diese zu einer faktischen Eigenkündigung des Leiharbeitnehmers hinführen, wenn sich der Leiharbeitnehmer weigert eine solche Vereinbarung zu treffen und daher für den Entleiher im Rahmen der Überlassung zu „risikobehaftet" ist, weil die Wirkungen des § 10 Abs. 1 AÜG eintreten können. Dann wird dieser Leiharbeitnehmer für jeden Entleiher in der Regel wirtschaftlich weniger attraktiv und daher für den Verleiher nicht oder nur schwer zu vermitteln sein, sodass der Verleiher dazu gezwungen sein kann, den Leiharbeitnehmer zu kündigen.

---

886 So im Ergebnis auch Schüren/*Schüren*, § 10 AÜG Rn. 40 f.; *Feuerborn/Hamann*, BB 1994, 1346, 1347.

2. Verfassungskonforme Auslegung der §§ 9 Nr. 1 und § 10 Abs. 1 AÜG

Zu prüfen ist damit eine verfassungskonforme Auslegung der §§ 9 Nr. 1 und 10 Abs. 1 AÜG.

Eine Verfassungskonformität der Regelungen der §§ 9 Nr. 1 AÜG und 10 Abs. 1 AÜG kann nur dann hergestellt werden, wenn dem von dem gezwungenen Arbeitgeberwechsel betroffenen Leiharbeitnehmer ein zwischen den beiden Arbeitsverhältnissen bestehendes Wahlrecht zugebilligt wird. Die Möglichkeit eines Widerspruchsrechts des betroffenen Leiharbeitnehmers ist *de lege lata* nicht vorgesehen.[887] Ein Wahlrecht des Leiharbeitnehmers zwischen dem wissentlich und willentlich begründeten Leiharbeitsverhältnis und dem neu begründeten gesetzlichen Arbeitsverhältnis zum Entleiher könnte *de lege lata* im Wege der Annahme eines Doppelarbeitsverhältnisses oder eines Schadensersatzanspruchs des Leiharbeitnehmers bestehen. Diese Auslegung muss mit dem Wortlaut der betreffenden Norm und dem Willen des Gesetzgebers vereinbar sein.[888]

a. Doppelarbeitsverhältnis

Da das Leiharbeitsverhältnis durch Art. 12 Abs. 1 GG geschützt ist und die zwangsweise Beendigung des Leiharbeitsverhältnisses nach § 9 Nr. 1 AÜG einen unverhältnismäßigen Eingriff in das Grundrecht auf freie Wahl des Arbeitsplatzes darstellt,[889] könnte daran zu denken sein, dass im Rahmen der verfassungskonformen Auslegung das grundrechtlich geschützte Leiharbeitsverhältnis bestehen bleibt und das gesetzliche Arbeitsverhältnis zum Entleiher hinzukommt. Der Leiharbeitnehmer wäre dann Vertragspartner eines Arbeitsverhältnisses zum Verleiher und gleichzeitig zum Entleiher. Da der Leiharbeitnehmer die geschuldete Leistung zur geschuldeten Zeit nur einmal persönlich erbringen kann, dürfte ihn dann die Pflicht zur Arbeitsleistung entweder aus dem Leiharbeitsvertrag oder aus dem dann bestehenden Arbeitsvertrag zum Entleiher treffen. Die seinerseits geschuldete Arbeitsleistung müsste der Leiharbeitnehmer daher nur einmal erbringen. Ein solches Doppelarbeitsverhältnis wird kraft Natur der Sache mit Abwicklungsschwierigkeiten versehen sein, die bei nur einem Arbeitsverhältnis des Entleihers nicht bestehen.[890] Diese Schwierigkeiten werden insbesondere daraus entstehen,

---

887 Anders: *Boemke/Lembke*, § 10 AÜG Rn. 39, der *de lege lata* ein Widerspruchsrecht analog § 613a Abs. 6 BGB gewähren will.

888 *Bleckmann*, JuS 2002, 942, 946; BVerfG Beschluss v. 22.10.1985 -1 BvL 44/83, BVerfGE 71, 105 Rn. 56 (zit. nach juris); Beschluss v. 26.04.1994 -1 BvR 1299/89, 1 BvL 6/90, BVerfGE 90, 274; Beschluss v. 15.10.1996 -1 BvL 44/92, 1 BvL 48/92, BVerfGE 95, 92 ff. Rn. 130 (zit. nach juris); eindeutiger Wille: BVerfG Beschluss v. 08.03.1972 -1 BvR 674/70, BVerfGE 32, 372.

889 Siehe oben unter 3. Teil § 11 A. III.; für den Fall einer Arbeitsvermittlung nach § 1 Abs. 2 AÜG LAG Hamburg Urteil v. 25.01.2002 -6 Sa 75/01, Rn. 116 (zit. nach juris).

890 LAG Hamburg Urteil v. 25.01.2002 -6 Sa 75/01, Rn. 118 (zit. nach juris).

dass die Arbeitsverhältnisse inhaltlich nicht deckungsgleich sind und sich zudem die Arbeitgeberfunktion im jeweiligen Einzelfall nicht feststellen lässt.[891] Darüber hinaus schulden beide Arbeitgeber, also Verleiher und Entleiher, eine Gegenleistung für die von dem Arbeitnehmer nur einmal geschuldete Gegenleistung. Dies führt unweigerlich zu einer Besserstellung des Leiharbeitnehmers als in einem einfachen Arbeitsverhältnis.[892] Es sind letztlich keine Gründe ersichtlich, die einen durch ein Doppelarbeitsverhältnis hergebrachten zusätzlichen und doppelten arbeits- und sozialrechtlichen Schutz des betroffenen Leiharbeitnehmers erforderlich machen. Der Arbeitnehmer braucht keine doppelte Absicherung.[893] Gleichwohl sind die Interessen des betroffenen Arbeitnehmers zu berücksichtigen. Ziel der verfassungskonformen Auslegung kann es daher nur sein, dem Leiharbeitnehmer *ein* willentlich und wissentlich begründetes Arbeitsverhältnis zu erhalten.

b. Schadensersatzrechtliche Lösung – Anspruch des Leiharbeitnehmers

Eine Möglichkeit, dem betroffenen Leiharbeitnehmer ein Wahlrecht zwischen dem Arbeitsverhältnis mit dem Verleiher und dem Arbeitsverhältnis mit dem Entleiher zukommen zu lassen, könnte in einem Schadensersatzanspruch des Leiharbeitnehmers gesehen werden.

Dass dem Leiharbeitnehmer im Fall eines unwirksamen Leiharbeitsvertrags wegen fehlender Arbeitnehmerüberlassungserlaubnis ein Schadensersatzanspruch zustehen soll, entspricht schon eindeutig dem Willen des Gesetzgebers, da dieser ausdrücklich in § 10 Abs. 2 AÜG einen Schadensersatzanspruch des Leiharbeitnehmers gegen den Verleiher im Falle der Unwirksamkeit des Leiharbeitsvertrags gem. § 9 Nr. 1 AÜG vorsieht. § 10 Abs. 2 AÜG ersetzt jedoch ausdrücklich nur den vom Leiharbeitnehmer erlittenen Vertrauensschaden. Das positive Interesse ist danach nicht ersatzfähig.[894] Im Rahmen der oben geschilderten Situation, der Beendigung des Leiharbeitsverhältnisses bei gleichzeitiger Begründung des gesetzlichen Arbeitsverhältnisses zwischen Leiharbeitnehmer und Entleiher, begehrt der Leiharbeitnehmer, so gestellt zu werden, wie er stünde, wenn der Leiharbeitsvertrag nicht nach § 9 Nr. 1 AÜG unwirksam, sondern wirksam wäre, weil eine gültige Arbeitnehmerüberlassungserlaubnis vorgelegen hätte. Der Leiharbeitnehmer begehrt danach aber den Ersatz des positiven Interesses. Daher kommt § 10 Abs. 2 AÜG als Anspruchsgrundlage nicht in Betracht.

891 LAG Hamburg Urteil v. 25.01.2002 -6 Sa 75/01, Rn. 118 (zit. nach juris).
892 LAG Hamburg Urteil v. 25.01.2002 -6 Sa 75/01, Rn. 118 (zit. nach juris).
893 Vgl. für den Fall der Arbeitsvermittlung: *Urban*, Anm. zu BAG Urteil v. 15.04.1999 -7 AZR 437/97, AP Nr. 1 zu § 13 AÜG; *dieselbe*, Anm. zu BAG Urteil v. 28.06.2000 -7 AZR 100/99, AP Nr. 3 zu § 13 AÜG.
894 *Boemke/Lembke*, § 10 AÜG Rn. 108; dazu auch unter 4. Teil § 14 E.

aa. Anspruchsgrundlage

Ein Schadensersatzanspruch des Leiharbeitnehmers gegen den Verleiher könnte sich auf § 280 Abs. 1 BGB stützen, da im Rahmen des § 280 Abs. 1 BGB das positive Interesse ersatzfähig ist.[895] Als spezialgesetzliche Regelung ist daneben noch § 11 Abs. 3 S. 1 AÜG oder § 1 Abs. 1 S. 1 AÜG heranzuziehen. Nach § 11 Abs. 3 S. 1 AÜG hat der Verleiher den Leiharbeitnehmer unverzüglich über den Zeitpunkt des Wegfalls der Erlaubnis zu unterrichten. Diese, den Verleiher treffende Mitteilungspflicht umfasst nicht nur die Mitteilung über den späteren Wegfall, sondern auch die Mitteilung über die zu Beginn fehlende Arbeitnehmerüberlassungserlaubnis.[896] Der Schadensersatzanspruch des Leiharbeitnehmers kann demnach auf § 280 Abs. 1 BGB i. V. m. § 11 Abs. 3 S. 1 AÜG gestützt werden. Nach § 1 Abs. 1 S. 1 AÜG trifft den Verleiher bei der Überlassung die Pflicht, die Überlassung nur mit Erlaubnis zu betreiben. Daher kommt als Anspruchsgrundlage § 280 Abs. 1 BGB i. V. m. §§ 11 Abs. 3 S. 1, 1 Abs. 1 S. 1 AÜG in Betracht.

bb. Schuldverhältnis

Das für die Geltendmachung eines Schadensersatzanspruchs nach § 280 BGB i. V. m. §§ 11 Abs. 3 S. 1, 1 Abs. 1 S. 1 AÜG erforderliche Schuldverhältnis liegt in Form des Leiharbeitsvertrags zwischen Leiharbeitnehmer und Verleiher vor.

cc. Pflichtverletzung

Liegt eine illegale Arbeitnehmerüberlassung wegen der fehlenden, aber nach § 1 AÜG erforderlichen Arbeitnehmerüberlassungserlaubnis vor und hat der Verleiher dies trotz seiner Pflicht zur Mitteilung aus dem Leiharbeitsvertrag[897] nicht gegenüber dem Leiharbeitnehmer offenbart, liegt eine Pflichtverletzung des Verleihers gegenüber dem Leiharbeitnehmer aus dem Leiharbeitsvertrag vor.

Befindet sich der Leiharbeitnehmer nun in der Situation, dass sein Leiharbeitsvertrag kraft Gesetz gem. § 9 Nr. 1 AÜG unwirksam ist und gleichzeitig unwillentlich und gegebenenfalls auch unwissentlich ein gesetzliches Arbeitsverhältnis zum Entleiher nach § 10 Abs. 1 AÜG entsteht, kann er einen Schadensersatzanspruch gegen den Verleiher aus § 280 Abs. 1 BGB i. V. m. §§ 11 Abs. 3 S. 1, 1 Abs. 1 S. 1 AÜG geltend machen und die Verletzung der Informationspflicht des Verleihers auf diesem Wege rügen. Eine Pflichtverletzung des Verleihers ist folglich gegeben, da dieser den Leiharbeitnehmer nicht über die (schon zu Beginn) fehlende Arbeitnehmerüberlassungserlaubnis informiert hat.

Darüber hinaus ist eine Pflichtverletzung des Verleihers gegenüber dem Leiharbeitnehmer in der Beschäftigung und Überlassung als Leiharbeitnehmer ohne

---

895 Zur Ersatzfähigkeit des positiven Interesses im Rahmen des § 280 BGB: BeckOK-BGB/*Unberath*, § 280 BGB Rn. 46 f.

896 Siehe dazu unter 2. Teil § 6 B. II. 4.

897 Siehe dazu unter 2. Teil § 6 B II. 4.

erforderliche Überlassungserlaubnis zu sehen. Damit verletzt der Verleiher seine ihn aus § 1 Abs. 1 S. 1 AÜG treffende Pflicht zur Überlassung nur mit Überlassungserlaubnis.

dd. Verschulden

Ein mindestens fahrlässiges, wenn nicht sogar vorsätzliches Handeln des Verleihers i. S. d. § 276 Abs. 2 BGB ist anzunehmen, wenn der Verleiher den Leiharbeitnehmer nicht über die fehlende Überlassungserlaubnis informiert und den Leiharbeitnehmer ohne eben diese Überlassungserlaubnis zur Tätigkeit beim Entleiher überlässt.

ee. Schaden

Im Rahmen der Prüfung des Schadens des Leiharbeitnehmers ist insbesondere die Entstehung des gesetzlichen Arbeitsverhältnisses zum Entleiher mit gegebenenfalls weniger Schutzrechten[898] des Leiharbeitnehmers und die Beendigung des Leiharbeitsverhältnisses anzuführen. Denn es ist bei dem Leiharbeitnehmer, der einen Schadensersatz geltend macht, davon auszugehen, dass dieser, wäre er pflichtgemäß durch den Verleiher über die fehlende oder unwirksame Arbeitnehmerüberlassungserlaubnis informiert worden, entweder das Leiharbeitsverhältnis beendet hätte oder jedenfalls die Überlassung zum Entleiher nicht begleitet hätte. Als Schaden des Leiharbeitnehmers sind daher der Verlust seiner Schutzrechte durch die Beendigung seines willentlich und wissentlich begangenen Leiharbeitsverhältnisses zum Verleiher und die Entstehung des gesetzlichen Arbeitsverhältnisses zum Entleiher anzunehmen.

ff. Rechtsfolge

(1.) Grundsatz der Naturalrestitution

Es muss auch im Rahmen dieses Schadensersatzanspruchs des Leiharbeitnehmers gegen den Verleiher der Grundsatz der Naturalrestitution nach § 249 Abs. 1 BGB gelten. Im Rahmen der Naturalrestitution ist der Zustand herzustellen, der ohne das schädigende Ereignis bestehen würde.[899]

Der Geschädigte hat grundsätzlich einen Anspruch auf Naturalrestitution i.S. d. § 249 Abs. 1 BGB, insofern diese möglich ist.[900]

---

898 So zum Beispiel weniger Kündigungsschutz, da aufgrund fehlender Wartezeit oder zu geringer Betriebsgrößen die Regelungen des Kündigungsschutzgesetzes nicht anwendbar sind.

899 BGH Urteil v. 15.01.2009 -III ZR 28/08, NZG 2009, 353, 354; MüKo/*Oetker*, § 249 BGB Rn. 323.

900 MüKo/*Oetker*, § 249 BGB Rn. 321, 365 ff.; *Lange/Hagen*, Wandlungen des Schadensersatzrechts, S. 59, 61 ff.; Lange/Schiemann/*Lange*, Handbuch des Schuldrechts, Schadensersatz, § 5 I 2, S. 214; *Schlechtriem/Schmidt-Kessel*, Schuldrecht AT Rn. 262; PWW/*Luckey*, § 249 BGB Rn. 25; *Prien*, S. 102 ff.

(2.) Naturalrestitution im Rahmen der Arbeitnehmerüberlassung

Im Rahmen der illegalen Arbeitnehmerüberlassung wäre demnach im Rahmen der Naturalrestitution der Zustand herzustellen, der ohne das schädigende Ereignis bestünde. Dies hätte zur Folge, dass der Leiharbeitsvertrag zwischen Leiharbeitnehmer und Verleiher weiter besteht und ein gesetzliches Arbeitsverhältnis zwischen Leiharbeitnehmer und Entleiher nicht zur Entstehung gelangt.

Da § 9 Nr. 1 AÜG die Unwirksamkeit des Leiharbeitsvertrags normiert, kann der Leiharbeitsvertrag zwischen Leiharbeitnehmer und Verleiher nur bestehen, wenn Leiharbeitnehmer und Verleiher erneut einen Leiharbeitsvertrag schließen müssen oder den ursprünglich geschlossenen Leiharbeitsvertrag wiederaufleben lassen müssen.

Dem durch den nach §§ 9 Nr. 1 AÜG und 10 Abs. 1 AÜG vorgesehenen Kontrahierungszwang des AÜG müsste also im Rahmen der verfassungskonformen Auslegung der §§ 9 Nr. 1 AÜG und 10 Abs. 1 AÜG im Wege der Naturalrestitution mit einem Kontrahierungszwang begegnet werden.

Einen Anspruch auf Vertragsabschluss im Wege der Naturalrestitution ist dem Zivilrecht nicht fremd. Stimmen in der Literatur ziehen § 21 AGG zur Herbeiführung eines Kontrahierungszwangs nicht nur im Arbeitsrecht, sondern auch in anderen Rechtsgebieten des Zivilrechts wie des Mietrechts oder Kaufrechts heran und sehen letztlich einen Anspruch auf Begründung des Vertragsverhältnisses bei Vorliegen einer Benachteiligung i. S. d. AGG.[901]

Dies muss auch für den Bereich der Arbeitnehmerüberlassung gelten. Der Schadensersatzanspruch des Leiharbeitnehmers gegen den Verleiher aus § 280 Abs. 1 BGB wegen der Verletzung der den Verleiher treffenden Informationspflicht aus § 11 Abs. 3 AÜG oder der Pflichtverletzung in Form der Beschäftigung im Rahmen einer Arbeitnehmerüberlassung ohne die nach § 1 Abs. 1 S. 1 AÜG erforderliche Überlassungserlaubnis muss im Wege der nach §§ 249 ff. BGB gewährten Naturalrestitution, einen Anspruch des Leiharbeitnehmers gegen den Verleiher auf Abschluss eines Leiharbeitsvertrags beinhalten; dies bei gleichzeitiger Beendigung des gesetzlichen Arbeitsverhältnisses zum Entleiher *ex tunc*.

gg. Frist

Um den Verleiher nicht der unbilligen Situation auszusetzen, dass der Leiharbeitnehmer auch noch nach Monaten oder gar Jahren im Wege des Schadensersatzes den Kontrahierungszwang zum Verleiher beanspruchen kann, muss der Schadensersatzanspruch entsprechend der im Arbeitsrecht üblich kurzen Frist von drei

---

901 Siehe dazu *Horcher*, RdA 2014, 93; *Thüsing/von Hoff*, NJW 2007, 21 ff.; MüKo/*Thüsing*, § 21 AGG, Rn. 17 ff.; *Wagner/Potsch*, JZ 2006, 1085, 1098; *Bauer/Krieger*, AGG § 21 Rn. 6; für Massengeschäfte: *Hanau*, in: FS Adomeit (2008), S. 237, 248; a. A. Palandt/*Grüneberg*, § 21 AGG, Rn. 3; Erman/*Armbrüster*, § 21 AGG, Rn. 15 ff.

Wochen[902] nach Kenntnis von den schadensersatzbegründenden Umständen geltend gemacht werden. Der Leiharbeitnehmer kann daher den Schadensersatzanspruch nach § 280 Abs. 1 BGB verwirken, wenn er diesen nicht innerhalb einer angemessen Frist innerhalb von drei Wochen nach Kenntnis geltend macht.

hh. Zwischenergebnis

Die Analyse hat gezeigt, dass es zur Herstellung der Verfassungskonformität der §§ 9 Nr. 1, 10 Abs. 1 AÜG *de lege lata* in einem ersten Schritt eines Schadensersatzanspruchs des Leiharbeitnehmers nach § 280 Abs. 1 BGB i. V. m. §§ 11 Abs. 3 S. 1, 1 Abs. 1 S. 1 AÜG bedarf, nach dem der Leiharbeitnehmer einen Anspruch auf Abschluss eines Leiharbeitsvertrags gegen den Verleiher geltend machen kann. Die Pflichtverletzung des Verleihers liegt in der unterlassenen Mitteilung der fehlenden Arbeitnehmerüberlassungserlaubnis und der Überlassung eines Arbeitnehmers ohne erforderliche Überlassungserlaubnis. Um Unbilligkeiten zu vermeiden, muss der Leiharbeitnehmer diesen Anspruch innerhalb von drei Wochen nach Kenntnis der schadensersatzbegründenden Umstände geltend machen. Der Schadensersatzanspruch sieht im Rahmen der Naturalrestitution einen Kontrahierungszwang vor, mithin einen Anspruch des Leiharbeitnehmers auf Abschluss eines Leiharbeitsvertrags gegen den Verleiher.

c. Schadensersatzrechtliche Lösung – Regressanspruch des Entleihers

Auch der Entleiher kann, wie zuvor gezeigt,[903] von den in §§ 9 Nr. 1 und 10 Abs. 1 AÜG vorgesehenen Rechtsfolgen, der Unwirksamkeit des Arbeitnehmerüberlassungsvertrags und gleichzeitiger Entscheidung eines gesetzlichen Arbeitsverhältnis zum Leiharbeitnehmer, ebenso unbillig getroffen werden wie der Leiharbeitnehmer. Diese Unbilligkeit rührt daher, dass Fälle denkbar sind, in denen der Entleiher vom Verleiher wahrheitswidrig über den Status einer Arbeitnehmerüberlassungserlaubnis informiert wurde und in der Folge einer fehlenden Arbeitnehmerüberlassungserlaubnis der Entleiher sich einem Arbeitsverhältnis zum Leiharbeitnehmer (§ 10 Abs. 1 AÜG) bei gleichzeitiger Beendigung des von ihm mit dem Verleiher geschlossenen Arbeitnehmerüberlassungsvertrags (§ 9 Nr. 1 AÜG) ausgesetzt sehen muss. Darin liegt ebenso wie beim Leiharbeitnehmer ein Eingriff in die nach Art. 2 Abs. 1 GG geschützte Privatautonomie und den nach Art. 12 GG gewährten Schutz vor einem aufgedrängten Vertragspartner im Arbeitsrecht.[904] Wollte man keine Rechtfertigung dieses Eingriffs erblicken, wäre zur Erreichung der Verfassungskonformität der §§ 9 Nr. 1, 10 Abs. 1 AÜG auch dem Entleiher die Möglichkeit eines Regressanspruchs gegen den Verleiher einzuräumen.

---

902 Siehe zum Beispiel im Kündigungsschutzrecht in § 4 S. 1 KSchG oder der Befristungskontrollklage § 17 S. 1 TzBfG.

903 Siehe unter 3. Teil § 11 A. II.

904 Siehe dazu auch 3. Teil § 11 A. III. 3. a.

aa. Anspruchsgrundlage

Ein Regressanspruch des Entleihers gegen den Verleiher könnte sich aus der Verletzung des Arbeitnehmerüberlassungsvertrags gem. § 280 Abs. 1 BGB i. V. m. § 12 AÜG vor Tätigkeitsaufnahme des Leiharbeitnehmers durch die wahrheitswidrige Behauptung des Verleihers hinsichtlich des Vorliegens einer ordnungsgemäßen Arbeitnehmerüberlassungserlaubnis ergeben. Dies gilt für den Zeitpunkt noch vor der Tätigkeitsaufnahme des Leiharbeitnehmers beim Entleiher. Überdies kommt für den Zeitpunkt während der Tätigkeit des Leiharbeitnehmers beim Entleiher ein Anspruch aus § 536a Abs. 1, 2. Alt. BGB analog jeweils i. V. m. § 12 AÜG in Betracht.

bb. Schuldverhältnis

Ein Schuldverhältnis liegt in Form des Arbeitnehmerüberlassungsvertrags als atypischer Mietvertrag gem. §§ 535 ff. BGB analog zwischen dem Verleiher und dem Entleiher vor.[905]

cc. Pflichtverletzung

Teilt der Verleiher dem Entleiher zum Zeitpunkt des Abschlusses des Arbeitnehmerüberlassungsvertrags wahrheitswidrig das Bestehen einer wirksamen, nach § 1 AÜG erforderlichen Arbeitnehmerüberlassungserlaubnis mit oder unterrichtet der Verleiher den Entleiher nicht oder nicht unverzüglich über den Wegfall, die Rücknahme oder den Widerruf der Arbeitnehmerüberlassungserlaubnis, verletzt der Verleiher die ihn nach § 12 Abs. 2 AÜG i. V. m. dem Arbeitnehmerüberlassungsvertrag treffende Pflicht hinsichtlich des Bestehens einer Arbeitnehmerüberlassungserlaubnis.

Darüber hinaus ist die fehlende, aber nach § 1 Abs. 1 S. 1 AÜG erforderliche Überlassungserlaubnis ein Mangel i. S. d. §§ 535, 536 BGB. Ein Mangel i. S. d. §§ 536, 536a BGB ist eine für den Mieter nachteilige Abweichung des tatsächlichen Zustands vom vertraglich vorausgesetzten Zustand, der die Tauglichkeit zu dem vom Vertragspartner vertragsgemäßen Gebrauch ganz aufhebt oder mindert.[906] Bei der Erlaubnis zur Arbeitnehmerüberlassung handelt es sich um eine öffentlich-rechtliche Beschränkung, bei deren Fehlen davon auszugehen ist, dass die Rechtsfolgen der §§ 9, 10 AÜG eintreten. Dadurch, dass die Erlaubnis zur vorübergehenden Überlassung nicht vorliegt, kann die nur vorübergehend anfallende Tätigkeit nicht mehr durch die gemieteten Dienste des Leiharbeitnehmers erfolgen, da der Leiharbeitnehmer Arbeitnehmer des Entleihers wird. Die fehlende Nutzbarkeit als Leiharbeitnehmer stellt einen Mangel i. S. d. §§ 536, 536a BGB (analog) dar.[907]

---

905 Siehe dazu 2. Teil § 7.

906 Palandt/*Weidenkaff*, § 536 BGB Rn. 16.

907 Vgl. zum Mangel bei öffentlich-rechtlichen Beschränkungen: Palandt/*Weidenkaff*, § 536 BGB Rn. 18,19.

dd. Verschulden

Ein mindestens fahrlässiges, wenn nicht sogar vorsätzliches Handeln des Verleihers muss anzunehmen sein, wenn der Verleiher den Entleiher nicht über das Fehlen der nach § 1 AÜG erforderlichen Überlassungserlaubnis informiert oder ihm den Wegfall der Erlaubnis nicht mitteilt.

ee. Schaden

Die unfreiwillige Vermögenseinbuße liegt in dem kraft Gesetz nach § 10 Abs. 1 AÜG entstandenen festen und gegebenenfalls unbefristeten Arbeitsverhältnis zum Leiharbeitnehmer, für dessen Kosten der Entleiher voll[908] aufkommen muss; jedenfalls für die Dauer bis zum Ablauf des Arbeitsverhältnisses durch die wirksame Kündigung des Arbeitsverhältnisses.

ff. Rechtsfolge

Eine Naturalrestitution nach § 249 Abs. 1 BGB würde die Wiederherstellung der vorausgegangenen Situation bedeuten, in der nur ein Arbeitsverhältnis zwischen Leiharbeitnehmer und Verleiher und ein Arbeitnehmerüberlassungsvertrag zwischen Verleiher und Entleiher bestand, bei gleichzeitiger Beendigung des gesetzlichen Arbeitsverhältnisses zwischen Entleiher und Leiharbeitnehmer *ex tunc*.

Dies wiederum widerspräche aber dem Willen des Gesetzgebers und dem Wortlaut der §§ 9 Nr. 1 und 10 Abs. 1 AÜG, der mit eben diesen Normen den Schutz des Leiharbeitnehmers[909] bezwecken wollte. Denn auch in diesem Fall würde der Wille des betroffenen Leiharbeitnehmers nicht berücksichtigt werden.

Als Rechtsfolge kommt daher im Rahmen der §§ 249 ff. BGB nur eine Restitution in Geld, nämlich den Kosten für die Beschäftigung des Leiharbeitnehmers, in Betracht.[910]

Macht der Leiharbeitnehmer einen Schadensersatzanspruch nach § 280 Abs. 1 BGB, gerichtet auf den Abschluss eines Leiharbeitsvertrags mit dem Verleiher bei gleichzeitiger Beendigung des gesetzlichen Arbeitsverhältnisses zum Entleiher mit Wirkung *ex tunc* geltend, fehlt es an einem Schaden des Entleihers. Denn in diesen Fällen wird das gesetzliche Arbeitsverhältnis zwischen Leiharbeitnehmer

---

908 Gegebenenfalls als Gesamtschuldner mit dem Verleiher nach § 10 Abs. 3 AÜG.

909 Dazu siehe unter 3. Teil § 11 A.; *Weber*, Anm. zu BAG Urteil v. 08.11.1978 -5 AZR 261/77, AP Nr. 2 zu § 1 AÜG.

910 Handelt es sich um ein befristetes gesetzliches Arbeitsverhältnis, muss der Verleiher die entstehenden Kosten der Beschäftigung bis zur Beendigung des gesetzlichen Arbeitsverhältnisses tragen. Liegt ein unbefristetes gesetzliches Arbeitsverhältnis vor, muss der Verleiher entweder die Kosten bis zur Beendigung des Arbeitsverhältnisses mit dem Leiharbeitnehmer tragen oder wenn der Entleiher das Arbeitsverhältnis nicht zu beenden beabsichtigt, jedenfalls die Kosten entsprechend der Dauer der vereinbarten Überlassung.

und Entleiher ex tunc unwirksam, sodass kein Arbeitsverhältnis besteht, dessen resultierende Kosten der Entleiher geltend machen könnte.

gg. Ausschluss

Außerdem muss der Anspruch des Entleihers nach § 254 Abs. 1 BGB ausgeschlossen oder gemindert sein, wenn der Entleiher von dem Fehlen der erforderlichen Arbeitnehmerüberlassungserlaubnis positiv wusste oder grob fahrlässig nicht wusste.

hh. Zwischenergebnis

Um Verfassungskonformität der Regelungen der §§ 9 Nr. 1, 10 Abs. 1 AÜG *de lege lata* erreichen zu können, muss dem Entleiher vor Tätigkeitsaufnahme des Leiharbeitnehmers ein Anspruch nach § 280 Abs. 1 BGB i. V. m. § 12 Abs. 2 AÜG gegen den Verleiher zugebilligt werden. Darüber hinaus kommt nach der Tätigkeitsaufnahme des Entleihers als Anspruchsgrundlage § 536a Abs. 1, 2. Alt. BGB (analog) i. V. m. § 12 AÜG in Betracht. Der Entleiher kann so den Schaden geltend machen, der ihm entstanden ist, weil der Verleiher ihn nicht über das Fehlen der erforderlichen Arbeitnehmerüberlassungserlaubnis informiert hat. Der Schaden wird in den Folgekosten für das nach §§ 9 Nr. 1, 10 Abs. 1 AÜG entstandene gesetzliche Arbeitsverhältnis zum Leiharbeitnehmer zu sehen sein. Ein solcher Anspruch des Entleihers kann ausgeschlossen sein, wenn der Leiharbeitnehmer entsprechend des zuvor dargestellten Schadensersatzanspruchs[911] den Abschluss des Leiharbeitsvertrags mit dem Verleiher geltend macht, da es in diesen Fällen am gesetzlichen Arbeitsverhältnis zum Leiharbeitnehmer und damit am Schaden fehlt. Außerdem wird der Anspruch nach § 254 Abs. 1 BGB ausgeschlossen oder gemindert sein, wenn er von dem Fehlen der erforderlichen Arbeitnehmerüberlassungserlaubnis positiv wusste oder grob fahrlässig nicht wusste.

II. Zwischenergebnis

De lege lata kann die Verfassungskonformität der §§ 9 Nr. 1 AÜG und 10 Abs. 1 AÜG nur im Wege einer schadensersatzrechtlichen Lösung hergestellt werden. Ein Doppelarbeitsverhältnis des Leiharbeitnehmers sowohl zum Verleiher als auch zum Entleiher ist abzulehnen, da damit Abwicklungsschwierigkeiten der Arbeitsverhältnisse einhergehen. Der Leiharbeitnehmer bedarf keiner Besserstellung als im normalen Arbeitsverhältnis. Die Interessen des Leiharbeitnehmers sind auch dann ausreichend berücksichtigt, wenn *nach Wahl* des Leiharbeitnehmers ein Arbeitsverhältnis, ob vertraglich oder gesetzlich, zum Entleiher bestehen bleibt.

Auf Seiten des Leiharbeitnehmers erfolgt dieser Schadensersatzanspruch aus § 280 Abs. 1 BGB i. V. m. §§ 11 Abs. 3 S. 1, 1 Abs. 1 S. 1. AÜG gegen den Verleiher mit der Rechtsfolge des Kontrahierungszwangs bezogen auf einen Leiharbeitsvertrag

911 Siehe unter 3. Teil § 11 B. I. 2. b.

zwischen Leiharbeitnehmer und Verleiher. Der ursprünglich durch § 9 Nr. 1 AÜG unwirksam gewordene Leiharbeitsvertrag wird daher im Wege des Schadensersatzes nach § 280 Abs. 1 BGB i. V. m. §§ 11 Abs. 3 S. 1, 1 Abs. 1 S. 1 AÜG und der Naturalrestitution der § 249 ff. BGB *ex tunc* wieder begründet bei gleichzeitiger Unwirksamkeit des gesetzlichen Arbeitsverhältnisses zwischen Entleiher und Leiharbeitnehmer *ex tunc*. Der im Rahmen der Naturalrestitution nach den §§ 249 ff. BGB resultierende Anspruch des Leiharbeitnehmers auf Abschluss eines Leiharbeitsvertrags gegen den Verleiher muss weiterhin auch die Beendigung des gesetzlichen Arbeitsverhältnisses zum Entleiher *ex tunc* beinhalten, denn nur auf diesem Wege liegt eine vollständige Naturalrestitution i. S. d. §§ 249 ff. BGB vor. Dies hat zur Folge, dass zwar im Falle einer illegalen Arbeitnehmerüberlassung der Leiharbeitsvertrag nach § 9 Nr. 1 AÜG unwirksam ist und ein gesetzliches Arbeitsverhältnis zum Entleiher entsteht, aber der Leiharbeitnehmer diesen erheblichen Eingriff in seine nach Art. 2 Abs. 1 GG gewährte Privatautonomie und die ihm gem. Art. 12 Abs. 1 GG gewährte Berufswahlfreiheit durch die Geltendmachung eines Schadensersatzanspruchs gegen den Verleiher nach § 280 Abs. 1 BGB i. V. m. §§ 11 Abs. 3 S. 1, 1 Abs. 1 S. 1 AÜG beheben kann, insofern dies seinem Willen entspricht. Nur durch die Gewährung eines Schadensersatzanspruchs des Leiharbeitnehmers und in der Folge durch die Naturalrestitution gewährten Anspruch auf Abschluss eines Leiharbeitsvertrags bei gleichzeitiger Beendigung des gesetzlichen Arbeitsverhältnisses zum Entleiher kann der Schutzzweck des AÜG im Hinblick auf den Leiharbeitnehmer gewahrt bleiben.

Diesen Anspruch muss der Leiharbeitnehmer innerhalb der im Arbeitsrecht üblichen kurzen Frist von drei Wochen nach Kenntnis geltend machen, um den Verleiher nicht der unbilligen Situation auszusetzen, dass der Leiharbeitnehmer auch noch nach Monaten oder gar Jahren im Wege des Schadensersatzanspruchs den Anspruch auf Abschluss eines Leiharbeitsvertrags geltend macht.

Im Hinblick auf die unbillige Situation des Entleihers, die ebenso für den Entleiher einen Eingriff in Artt. 12 Abs. 1, 2 Abs. 1 GG darstellt, kann dieser einen Schadensersatzanspruch vor Überlassung nach § 280 Abs. 1 BGB i. V. m. § 12 AÜG und dem Arbeitnehmerüberlassungsvertrag oder nach Überlassung gem. § 536a Abs. 1, 2. Alt. i. V. m. § 12 AÜG gegen den Verleiher geltend machen, gerichtet auf den Ersatz der Kosten[912] für die Beschäftigung des Leiharbeitnehmers aufgrund des entstandenen gesetzlichen Arbeitsverhältnisses nach § 10 Abs. 1 AÜG jedenfalls für die Dauer bis zum Ablauf des Arbeitsverhältnisses durch Kündigung des Arbeitsverhältnisses. Ein solcher Anspruch scheitert, wenn schon ein Schaden des Entleihers nicht vorliegt, weil der Leiharbeitnehmer den zuvor benannten Schadensersatzanspruch geltend gemacht hat und damit kein gesetzliches Arbeitsverhältnis zum Entleiher vorliegt.

912 Zum Umfang der Kosten siehe unter 3. Teil § 10 C.

C. Lösungsmöglichkeit *de lege ferenda*

Nachdem zuvor die Erkenntnis gewonnen wurde, dass *de lege lata* die Verfassungskonformität der Rechtsfolgenregelungen der §§ 9 Nr. 1, 10 Abs. 1 AÜG im Wege eines Schadensersatzanspruchs des Leiharbeitnehmers gegen den Verleiher und eines Regressanspruchs des Entleihers gegen den Verleiher erreicht werden kann, sind im Folgenden Lösungsmöglichkeiten *de lege ferenda* zur Herstellung einer verfassungskonformen Rechtslage im Rahmen der Rechtsfolgenregelungen der §§ 9 Nr. 1 und 10 Abs. 1 AÜG zu beleuchten, wollte man diesem zuvor aufgezeigten weiten Verständnis der §§ 9 Nr. 1 und 10 Abs. 1 AÜG nicht folgen. Würde diese verfassungskonforme Auslegung der § 9 Nr. 1 und 10 Abs. 1 AÜG abgelehnt, überbleibt die Feststellung der Verfassungswidrigkeit der §§ 9 Nr. 1 und 10 Abs. 1 AÜG aus zuvor dargelegten Gründen[913] dem Bundesverfassungsgericht im Rahmen eines von dem Gericht zu stellenden Normenkontrollantrags nach Art. 100 Abs. 1 GG.[914]

Klar ist, dass die Interessen des Leiharbeitnehmers im Falle einer illegalen Arbeitnehmerüberlassung mehr berücksichtigt werden müssen, als es nach derzeitiger Rechtslage der Fall ist.

In einem ersten Schritt werden dazu auf im Arbeitsrecht bereits vorhandene Regelungen zurückgegriffen und auf ihre Übertragbarkeit auf die durch §§ 9 Nr. 1, 10 Abs. 1 AÜG geschaffene Situation geprüft. In Betracht kommt zunächst hinsichtlich der Rechtsfolgenregelungen der §§ 9 Nr. 1 und 10 Abs. 1 AÜG ein Wahlrecht des betroffenen Leiharbeitnehmers zwischen Leiharbeitsverhältnis zum Verleiher und gesetzlichem Arbeitsverhältnis zum Entleiher[915] entsprechend § 12 KSchG. Da die durch den Widerspruch geschaffene Situation an einen Betriebsübergang i. S. d. § 613a BGB erinnert,[916] kommt alternativ die Statuierung eines Widerspruchsrechts entsprechend § 613a Abs. 6 BGB in Betracht, um dem Ziel des AÜG, den Schutz des Arbeitnehmers zu verbessern, stringenter zu verfolgen.

Im Anschluss soll dann ein eigener Reformvorschlag des AÜG diskutiert werden.

I. Rückgriff auf im Arbeitsrecht bereits vorhandene Regelungen

Ziel der Diskussion um die Rechtslage im Fall der §§ 9 Nr. 1, 10 Abs. 1 AÜG ist, die Interessen des Leiharbeitnehmers im Fall einer illegalen Arbeitnehmerüberlassung, die die Rechtsfolgen der §§ 9 Nr. 1, 10 Abs. AÜG auslöst, berücksichtigten zu können.

---

913 Siehe 3. Teil § 11 A. III.

914 *Lüdemann*, JuS 2004, 27, 30; *Heußner*, NJW 1982, 257; *Rieger*, NVwZ 2003, 17, 18; Maunz/Düring/*Dederer*, Art. 100 GG Rn. 11; BeckOK-GG/*Morgenthaler*, Art. 100 GG Rn. 2.

915 Für den Fall der Arbeitsvermittlung nach § 1 Abs. 2 AÜG: LAG Hamburg Urteil v. 25.01.2002 -6 Sa 75/01; ablehnend (im Rahmen der Arbeitsvermittlung nach § 1 Abs. 2 AÜG) BAG Urteil v. 19.03.2003 -7 AZR 267/02, AP Nr. 4 zu § 13 AÜG.

916 Moll/*Christ*, § 66 Arbeitnehmerüberlassung, Rn. 121.

Dies könnte zunächst durch ein Wahlrecht des Leiharbeitnehmers entsprechend § 12 KSchG erfolgen.

1. Wahlrecht entsprechend § 12 KSchG

Um dem Ziel des AÜG, dem Schutz des Leiharbeitnehmers, näher zu kommen, könnte in Betracht zu ziehen sein, dem Leiharbeitnehmer im Rahmen der Entstehung des gesetzlichen Arbeitsverhältnisses nach § 10 Abs. 1 AÜG zum Entleiher ein Wahlrecht entsprechend § 12 KSchG zwischen dem Erhalt des Arbeitsverhältnisses zum Verleiher und der Entstehung eines Arbeitsverhältnisses zum Entleiher einzuräumen. Dazu sind zunächst der Inhalt und die Voraussetzungen des Wahlrechts nach § 12 KSchG zu prüfen, um mit den daraus gewonnenen Erkenntnissen eine Übertragung auf die durch §§ 9 Nr. 1, 10 Abs. 1 AÜG geschaffene Situation bei der illegalen Arbeitnehmerüberlassung prüfen zu können.

a. Inhalt des Wahlrechts nach § 12 KSchG

§ 12 KSchG betrifft die Situation im Rahmen einer Kündigungsschutzklage, in der der in Kündigung befindliche Arbeitnehmer gerichtlich im Rahmen der Kündigungsschutzklage nach §§ 4, 7 KSchG die Überprüfung der Wirksamkeit seiner ihm gegenüber ausgesprochenen Kündigung seines Arbeitsverhältnisses begehrt, er aber während des laufenden Prozesses sich, entsprechend seiner Verpflichtung, um ein neues Arbeitsverhältnis erfolgreich bemüht. Wird dann gerichtlich festgestellt, dass die ihm (dem Arbeitnehmer) gegenüber ausgesprochene Kündigung seines Arbeitsverhältnisses unwirksam ist und daher sein altes, bisher in Kündigung befindliches Arbeitsverhältnis wirksam ist und tatsächlich noch besteht, sieht der betroffenen Arbeitnehmer sich der Situation ausgesetzt, dass er gleichzeitig Arbeitnehmer zweier Arbeitsverhältnisse ist. Zum einen besteht ein Arbeitsverhältnis zu einem neuen Arbeitgeber, das er während der Dauer der Kündigungsschutzklage begründet hat. Zum anderen besteht nach erfolgreicher Kündigungsschutzklage das Arbeitsverhältnis zu seinem alten Arbeitgeber weiter.

§ 12 KSchG spricht dem betroffenen Arbeitnehmer in einer solchen Situation ein Sonderkündigungsrecht mit einwöchiger Frist zu, um den betroffenen Arbeitnehmer davor zu bewahren, gegenüber einem Arbeitgeber vertragsbrüchig werden zu müssen, da er seine arbeitsvertraglich geschuldete Leistung nicht gleichzeitig bei beiden Arbeitgebern erbringen kann.[917] Gem. § 12 S. 1 KSchG kann der Arbeitnehmer daher binnen einer Woche nach der Rechtskraft des Urteils durch Erklärung gegenüber dem alten Arbeitgeber die Fortsetzung des Arbeitsverhältnisses bei diesem verweigern. Der Arbeitnehmer muss hierzu eine schriftliche Erklärung innerhalb einer Woche abgeben. Mit dem Zugang der Erklärung erlischt das Arbeitsverhältnis zu seinem alten Arbeitgeber.

917 BAG Urteil v. 19.03.2003 -7 AZR 267/02, AP Nr. 4 zu § 13 AÜG.

b. Voraussetzungen des Wahlrechts

Voraussetzung des Wahlrechts nach § 12 KSchG ist demnach, dass zwei Arbeitsverhältnisse eines Arbeitnehmers gleichzeitig bestehen.

Übertragen auf die Arbeitnehmerüberlassung müsste für die Ausübung eines Wahlrechts neben dem gesetzlichen Arbeitsverhältnis zum Entleiher auch das willentlich und wissentlich zum Verleiher eingegangene Leiharbeitsverhältnis bestehen bleiben.

c. Statuierung eines Wahlrechts entsprechend § 12 KSchG?

Nach derzeitiger Regelung des AÜG liegen die Voraussetzungen eines Wahlrechts analog § 12 KSchG nicht vor, da es schon an der vergleichbaren Interessenlage fehlt. Denn das Leiharbeitsverhältnis ist bei nicht gesetzmäßiger Arbeitnehmerüberlassung nach § 9 Nr. 1 AÜG für die Zukunft unwirksam und der Leiharbeitnehmer unterhält gem. § 10 Abs. 1 AÜG ausschließlich ein gesetzliches Arbeitsverhältnis zum Entleiher. Der Leiharbeitnehmer unterhält also gem. §§ 9 Nr. 1, 10 Abs. 1 AÜG nur ein nicht willentlich und wissentlich begründetes gesetzliches Arbeitsverhältnis zum Entleiher. Zwei Arbeitsverhältnisse, sowohl zum Verleiher als auch zum Entleiher, bestehen nicht. Daher unterscheidet sich schon die dem Wahlrecht nach § 12 KSchG und die der illegalen Arbeitnehmerüberlassung im Rahmen des §§ 9 Nr. 1, 10 Abs. 1 AÜG zugrunde liegende Situation.

Darüber hinaus spricht entscheidend gegen die Statuierung eines Wahlrechts entsprechend § 12 KSchG die dem Wahlrecht im Vergleich zur Entstehung eines gesetzlichen Arbeitsverhältnisses nach § 10 AÜG bei illegaler Arbeitnehmerüberlassung zugrunde liegende Situation des dieser Situation ausgesetzten Leiharbeitnehmers: Der Leiharbeitnehmer wird wegen der derzeitigen Regelung des §§ 9 Nr. 1 und 10 Abs. 1 AÜG ohne Wissen und Willen in ein Arbeitsverhältnis mit dem Entleiher verbracht und sein wissentlich und willentlich begangenes Arbeitsverhältnis wird durch Gesetz beendet. Der von der Situation des § 12 KSchG betroffene Arbeitnehmer steht hingegen zwischen der Entscheidung zweier willentlich und wissentlich begangener Arbeitsverhältnisse. Während der Arbeitnehmer bei der Entstehung des gesetzlichen Arbeitsverhältnisses nach § 10 AÜG die Situation nicht durch eigenes Tun herbeigeführt hat, hat der Arbeitnehmer im Rahmen des § 12 KSchG sich während der Dauer des Kündigungsschutzverfahrens entsprechend seiner Verpflichtung um eine anderweitige Beschäftigung bemüht und daher selbst zum gegebenenfalls vorliegenden Nebeneinander zweier Vertragsverhältnisse beigetragen. Der Arbeitnehmer in der Situation des § 12 KSchG hat sich willentlich und wissentlich für beide Arbeitsverhältnisse, also das im Rahmen der Kündigungsschutzklage zu überprüfende und das während des laufenden Kündigungsschutzverfahrens eingegangene Arbeitsverhältnis, in Kenntnis der jeweiligen Konditionen entschieden. Im Rahmen der Entstehung des gesetzlichen Arbeitsverhältnisses nach § 10 Abs. 1 AÜG begibt sich bzw. muss sich der Arbeitnehmer in ein Arbeitsverhältnis begeben, dessen zugrunde liegende Konditionen er nicht durch willensgetragenen Vertragsschluss mit dem zukünftigen Arbeitgeber kennt. Die Situation des Arbeitnehmers im

Rahmen des § 12 KSchG und der des § 10 Abs. 1 AÜG unterscheidet sich daher schon grundlegend. Denn im Rahmen des § 12 KSchG handelt es sich aus Sicht des Arbeitnehmers nicht, wie bei der Entstehung des gesetzlichen Arbeitsverhältnisses nach § 10 Abs. 1 AÜG, um einen aufgedrängten Vertragspartner, dem der Arbeitnehmer nicht oder nur durch entsprechende Beendigungserklärung weichen kann. Schließlich begehrt der Arbeitnehmer im Rahmen des § 12 KSchG die Beendigung seines alten Arbeitsverhältnisses unter Erhaltung seines neu eingegangenen Arbeitsverhältnisses. Übertragen auf die Situation bei der illegalen Arbeitnehmerüberlassung würde dem Leiharbeitnehmer ein Sonderkündigungsrecht für das Leiharbeitsverhältnis zugebilligt werden. Ein solches benötigt der Leiharbeitnehmer nicht, da bereits der Leiharbeitsvertrag von Gesetzes wegen gem. § 9 Nr. 1 AÜG unwirksam ist und daher nicht mehr durch Kündigung beendet werden muss. Weiterhin liegt der hier diskutierten Problematik das Begehren zugrunde, das Leiharbeitsverhältnis behalten zu können.

Die Statuierung eines Wahlrechts entsprechend § 12 KSchG zur Herstellung der Verfassungskonformität kann daher schon aufgrund der differierenden Interessenslage der betroffenen Parteien nicht erfolgen.

2. Widerspruchsrecht entsprechend § 613a Abs. 6 BGB

Die Interessen des Leiharbeitnehmers würden ausreichend berücksichtigt werden können, wenn dieser durch ein Widerspruchsrecht gegen die Entstehung eines gesetzlichen Arbeitsverhältnisses zum Entleiher entscheiden könnte, ob er im Leiharbeitsverhältnis verbleibt oder in das gesetzliche Arbeitsverhältnis zum Entleiher übergehen will. Um den Rechtsfolgen der illegalen Arbeitnehmerüberlassung nach §§ 9 Nr. 1, 10 Abs. 1 AÜG betroffenen Arbeitnehmern ein Widerspruchsrecht entsprechend § 613a Abs. 6 BGB zu gewähren, sind die Voraussetzungen des Widerspruchsrechts nach § 613a Abs. 6 BGB zu analysieren, um dann im nächsten Schritt die Anwendbarkeit auf den Fall der illegalen Arbeitnehmerüberlassung prüfen zu können.

a. Inhalt des § 613a Abs. 6 BGB

Ein Widerspruchsrecht des Arbeitnehmers ist dem Arbeitsrecht nicht fremd. Auch in § 613a Abs. 6 BGB wird dem Arbeitnehmer ein Widerspruchsrecht gegen den Übergang des Arbeitsverhältnisses auf den Betriebserwerber gewährt. Als Rechtsfolge eines wirksamen Widerspruchs i. S. d. § 613a Abs. 6 BGB verbleibt der Arbeitnehmer im Betrieb des Veräußerers vertraglich verbunden und verhindert die Übernahme seines Arbeitsverhältnisses vom Betriebserwerber.[918]

---

918 Siehe zu Vergleichbarkeit der Situation des § 10 AÜG mit der des § 613a BGB auch: LAG Hessen, 06.03.2001 -2/9 Sa 1246/00, NZA-RR 2002, 73, 75 f. = DB 2001, 2104; ArbG Köln Urteil v. 07.03.1996 -17 Ca 6257/95, DB 1996, 1342, 1343 m. zust. Anm. *Wrede*; *Liebscher* Anm.zu ArbG Köln Urteil v. 09.02.1996 -2 Ca 6262/95, BB 1996, 801, 802; Kittner/Däubler/Zwanziger/*Zwanziger*, § 10 AÜG Rn. 13; *Reineke,* in: FS Löwisch 2007, S. 211, 226 f.

b. Analoge Anwendung des § 613a BGB bei illegaler Arbeitnehmerüberlassung

Würde man § 613a Abs. 6 BGB analog auf den Fall der illegalen Arbeitnehmerüberlassung anwenden wollen, bedürfte es einer vergleichbaren Interessenlage und einer planwidrigen Regelungslücke. Dies ist zu prüfen.

Die Interessenlage der beteiligten Parteien beim § 613a BGB gleicht der bei illegaler Arbeitnehmerüberlassung nach § 10 Abs. 1 AÜG. Beim Betriebsübergang übernimmt der Erwerber als neuer Arbeitgeber ein bestehendes Vertragsverhältnis zu den zum Erwerbszeitpunkt bestehenden Konditionen.[919] Der Arbeitnehmer, der von einem Betriebsübergang nach § 613a BGB betroffen ist, sieht sich folglich der Situation ausgesetzt, einen neuen Arbeitgeber, einen neuen Arbeitsort und ein neues Arbeitsumfeld zu bekommen. Auch der Leiharbeitnehmer sieht sich durch die Beendigung seines bestehenden, vertraglichen Arbeitsverhältnisses und Entstehung eines gesetzlichen Arbeitsverhältnisses nach § 10 Abs. 1 AÜG bei illegaler Arbeitnehmerüberlassung einem neuen Arbeitsumfeld und einem neuem Arbeitgeber dann dauerhaft ausgesetzt und sein bestehendes Arbeitsverhältnis wird unwirksam. Im Fall des Betriebsübergangs nach § 613a BGB und im Rahmen der Entstehung eines gesetzlichen Arbeitsverhältnisses nach § 10 Abs. 1 AÜG handelt es sich um aufgedrängte Vertragspartner.[920]

Die Rechtslage unterscheidet sich jedoch nach derzeitiger Rechtslage dahingehend, dass dem Arbeitnehmer, der von einem Betriebsübergang i. S. d. § 613a BGB betroffen ist, nach § 613a Abs. 6 BGB ein Widerspruchsrecht gewährt wird, mit der Folge, dass bei rechtzeitigem, ordnungsgemäßem Widerspruch, das Arbeitsverhältnis des betroffenen Arbeitnehmers nicht auf den Betriebserwerber übergeht, sondern beim Betriebsveräußerer verbleibt. Im Falle des Betriebsübergangs i. S. d. § 613a BGB verbleibt dem Arbeitnehmer die Entscheidung, ob er sein Arbeitsverhältnis mit dem Veräußerer erhalten möchte oder in ein neues Arbeitsverhältnis zum Erwerber zu wechseln begehrt.

§ 613a Abs. 6 BGB verfolgt durch diesen Widerspruch des Arbeitnehmers gegen den Betriebsübergang auf den Erwerber den Zweck, dass der Arbeitnehmer nicht ohne seinen Willen einem anderen Arbeitgeber zur Arbeitsleistung verpflichtet ist[921] und gewährt damit dem Arbeitnehmer sein nach Art. 12 Abs. 1 GG gewährtes Recht auf freie Wahl des Arbeitsplatzes.

Es ist kein Grund ersichtlich, warum die Interessenlage des betroffenen Leiharbeitnehmers bei illegaler Arbeitnehmerüberlassung nicht in gleichem Maße berücksichtigt werden soll. In Betracht kommt daher grundsätzlich die Statuierung eines Widerspruchsrechts entsprechend § 613a Abs. 6 BGB für den Leiharbeitnehmer in

---

919 ErfK/*Preis*, § 613a BGB Rn. 66 ff.; Jauernig/*Mansel*, § 613a BGB Rn. 6 ff.; APS/*Steffan*, § 613a BGB Rn. 80 ff.

920 Für § 613a BGB: *Steffan*, NZA 2016, 608; *Rieble/Wiebauer*, NZA 2009, 401; für § 10 AÜG: *Boemke/Lembke*, § 10 AÜG Rn. 38; siehe auch 3. Teil § 11 A. III. 3.a.

921 Palandt/*Weidenkaff*, § 613a BGB Rn. 49.

der Situation der illegalen Arbeitnehmerüberlassung nach §§ 9 Nr. 1, 10 Abs. 1 AÜG. Eine vergleichbare Interessenlage kann daher angenommen werden. Wenn aber der Gesetzgeber bewusst ein Widerspruchsrecht nicht statuiert hat, ist jedenfalls die Planwidrigkeit der Regelungslücke fraglich.[922] Damit würde § 613a Abs. 6 BGB nicht analog auf den Fall der illegalen Arbeitnehmerüberlassung nach §§ 9 Nr. 1, 10 Abs. 1 AÜG anwendbar sein.

c. Zwischenergebnis: Kein Widerspruchsrecht für den Leiharbeitnehmer?

§ 613a BGB ist nicht analog auf die illegale Arbeitnehmerüberlassung anwendbar, da die Voraussetzungen einer Analogie nicht vorliegen. Zwar sind die Interessenlagen von dem von einem Betriebsübergang betroffenen Arbeitnehmer und dem von einer illegalen Arbeitnehmerüberlassung betroffenen Arbeitnehmer vergleichbar, da beide Arbeitnehmer sich einem neuen Arbeitsverhältnis unter Verlust ihres alten Arbeitsverhältnisses ausgesetzt sehen. Jedoch fehlt es an einer planwidrigen Regelungslücke, wenn der Gesetzgeber schon auf diese Problematik im Gesetzgebungsverfahren des Arbeitnehmerüberlassungsgesetzes hingewiesen und ein Widerspruchsrecht in das AÜG nicht implementiert hat.

Wenn die derzeit noch überwiegende Auffassung ein Widerspruchsrecht des Leiharbeitnehmers entsprechend § 613a Abs. 6 BGB ablehnt, mit der Begründung, dass wegen § 9 Nr. 1 AÜG kein Leiharbeitsverhältnis mehr bestehe, in das der Leiharbeitnehmer zurückkehren könne,[923] kann dem nicht gefolgt werden. Der Verweis darauf, dass es dem Leiharbeitnehmer zustehe, das nach § 10 Abs. 1 AÜG gesetzliche Arbeitsverhältnis zum Entleiher außerordentlich gem. § 626 BGB oder jedenfalls ordentlich zu kündigen,[924] berücksichtigt die betroffenen Interessen des Leiharbeitnehmers nicht ausreichend und rechtfertigt nicht den zuvor[925] festgestellten verfassungswidrigen Eingriff in die nach Art. 12 GG geschützte Berufswahlfreiheit und die nach Art. 2 Abs. 1 GG geschützte Privatautonomie des betroffenen Leiharbeitnehmers. Es kann nicht ein dem Arbeitnehmer grundrechtlich gewährter Schutz gem. Art. 12 Abs. 1 GG (Schutz vor Aufdrängung eines neuen Arbeitgebers und Recht auf freie Arbeitsplatzwahl)

---

922 *Boemke/Lembke*, § 10 AÜG Rn. 35; LAG Düsseldorf Urteil v. 26.07.2012 -15 Sa 1452/11, BeckRS 2012, 71608 unter II. 1. c.

923 LAG Düsseldorf Urteil v. 26.07.2012 -15 Sa 1452/11, (beim BAG anhängig unter 7 AZR 863/12) Rn. 49 (zit. nach juris); ArbG Krefeld Urteil v. 15.05.2012 -1 Ca 2551/11, BeckRS 2012, 71528; HWK/*Gotthardt/Roloff*, § 10 AÜG Rn. 3; Schüren/*Schüren*, § 10 AÜG Rn. 41; *Hamann*, Jura 2003, 361, 366; *Hamann*, RdA 2014, 271, 278; *Greiner*, RdA 2014, 262, 270; wohl auch Kasseler Handb./*Düwell*, 4.5. Rn. 269; ähnlich auch *Ulrici*, NZA 2015, 456, 458; offengelassen: BAG Urteil v. 03.12.1997 -7 AZR 764/96, BB 1998, 1640 ff. = AP Nr. 24 zu § 1 AÜG unter III; Urteil v. 19.03.2003 -7 AZR 267/02, AP Nr. 4 zu § 13 AÜG unter III 2b.

924 ErfK/*Wank*[14], § 10 AÜG Rn. 19; ArbG Krefeld Urteil v. 15.05.2012 -1 Ca 2551/11, BeckRS 2012, 71528; *Greiner*, RdA 2014, 262, 270; *Hamann*, RdA 2014, 271, 278.

925 Siehe unter 3. Teil § 11 A. III. 1.

versagt werden, weil ihm ein anderer intendierter Schutz (Bestand des willentlich gewählten Arbeitsverhältnisses) nicht gegeben werden kann.[926]

Darüber hinaus kann dem betroffenen Leiharbeitnehmer nicht zugemutet werden, ausschließlich auf das Recht zur außerordentlichen Kündigung gem. § 626 BGB verwiesen zu werden. Denn das Recht zur außerordentlichen Kündigung würde voraussetzen, dass die Unterhaltung eines Arbeitsverhältnisses zum Entleiher für den Leiharbeitnehmer unzumutbar ist. An diese Unzumutbarkeit sind sehr hohe Anforderungen zu stellen. Der betroffene Leiharbeitnehmer wäre dahingehend beweisbelastet; einen Nachweis wird der Leiharbeitnehmer aber schwerlich erbringen können.[927]

II. Implementierung eines Widerspruchsrechts des Leiharbeitnehmers in das AÜG?

Das zuvor festgestellte Ergebnis, dass der durch §§ 9 Nr. 1, 10 Abs. 1 AÜG erfolgte Eingriff in Artt. 12 und 2 GG nur durch ein dem Leiharbeitnehmer zu gewährendes Widerspruchsrecht gerechtfertigt wird, wird nach derzeitigem Stand nur von einem geringen Teil der Rechtsprechung[928] und Literatur[929] vertreten. Dass diese Problematik nicht in dem Umfang diskutiert wird, der der Bedeutung der Thematik gerecht wird, wird freilich auch daran liegen, dass insbesondere die Rechtsprechung kaum Gelegenheit dazu haben wird, ein Widerspruchsrecht des Leiharbeitnehmers im Fall der illegalen Arbeitnehmerüberlassung zu diskutieren. Denn in der Rechtsprechung klagt der Leiharbeitnehmer nahezu ausschließlich, weil er begehrt, Arbeitnehmer des Entleihers zu werden. Gleichwohl gibt es auch Fälle, in denen der Leiharbeitnehmer begehrte, im Leiharbeitsverhältnis verbleiben zu dürfen und sich entsprechend gerichtlich gegen die Rechtsfolgen der §§ 9 Nr. 1, 10 Abs. 1 AÜG wandte; so in einem Urteil des Arbeitsgerichts (ArbG) Köln[930] und des Hessischen Landesarbeitsgerichts (LAG)[931].

---

926 So für den Fall von Betriebsübergängen bei Umwandlungen unter Wegfall übertragender Rechtsträger: *Fandel/Hausch*, BB 2008, 2402, 2403.

927 Für den Fall von Betriebsübergängen bei Umwandlungen unter Wegfall übertragender Rechtsträger: *Fandel/Hausch*, BB 2008, 2402, 2404.

928 ArbG Köln Urteil v. 07.03.1996 -17 Ca 6257/95, DB 1996, 1342; LAG Hessen Urteil v. 06.03.2001 -2/9 Sa 1246/00, NZA-RR 2002, 73.

929 BeckOK-Arbeitsrecht/*Motz*, § 10 AÜG Rn. 2.2; *Bartl/Romanowski*, NZA-Online Aufsatz 2012, 1, 6; Wedde/*Mittag*, Arbeitsrecht, § 10 AÜG Rn. 2 („Wahlrecht für den Leiharbeitnehmer); Bauer/Lingemann/Diller/*Haußmann* Anwalts-Formularbuch Arbeitsrecht, Kapitel 10 Arbeitnehmerüberlassung Rn. 7; Kittner/Zwanziger/*Bacher*, Arbeitsrecht Handbuch für die Praxis § 112 Arbeitnehmerüberlassung Rn. 144 leitet ein Widerspruchsrecht direkt aus Art. 12 GG ab; *Liebscher*, BB 1996, 801, 802; Kittner/Däubler/*Zwanziger*, § 10 AÜG Rn. 13; (*de lege ferenda*) *Reineke*, in: FS Löwisch 2007, S. 211, 226 f.; *Boemke/Lembke*, § 10 AÜG Rn. 37; ErfK/*Wank*, § 10 AÜG Rn. 8; kritisch: *Hennecke/Tuengerthal*, BB 2015, 1269, 1275.

930 ArbG Köln Urteil v. 07.03.1996 -17 Ca 6257/95, DB 1996, 1342.

931 LAG Hessen Urteil v. 06.03.2001 -2/9 Sa 1246/00, NZA-RR 2002, 73.

1. *Inhalt der Urteile, die ein Widerspruchsrecht des Leiharbeitnehmers annahmen*

In diesen Urteilen des ArbG Köln und des Hessischen LAG[932] begehrten die betroffenen Arbeitnehmer, deren Arbeitsverhältnis zum Entleiher nach § 10 Abs. 1 AÜG entstanden ist, dieses gesetzliche Arbeitsverhältnis zum Entleiher zu verhindern und ihr willentlich und wissentlich geschlossenes Arbeitsverhältnis zum Verleiher wirksam zu erhalten. Das Hessische Landesarbeitsgericht sowie das Arbeitsgericht Köln sprachen aus Arbeitnehmerschutzgesichtspunkten dem betroffenen Arbeitnehmer eine Art eines nach derzeitiger Rechtslage gesetzlich nicht geregelten Widerspruchsrechts zu, um zu verhindern, dass die als eigentlich arbeitnehmerschützend zielgerichtete Norm des § 10 AÜG nicht ins Gegenteil verkehrt wird und den zu schützenden Arbeitnehmer durch die Rechtsfolge des fingierten Arbeitsverhältnisses zum Entleiher ohne dessen Einverständnis und Wissen sanktioniert und belastet. Denn § 10 AÜG stelle zugunsten des Arbeitnehmers sicher, dass dieser, den seine Arbeitsleistung entgegennehmenden Dritten als Arbeitgeber in Anspruch nehmen kann.[933]

Ein Hinweis auf eine nähere Ausgestaltung eines Widerspruchsrechts des Leiharbeitnehmers in der Situation des § 10 Abs. 1 AÜG in materiellrechtlicher sowie verfahrensrechtlicher Hinsicht enthalten diese Urteile nicht. Es wird lediglich festgestellt, dass ein Widerspruchsrecht des Leiharbeitnehmers aus Arbeitnehmerschutzgesichtspunkten und im Hinblick auf die Verfassungsmäßigkeit des § 10 Abs. 1 AÜG notwendig ist.

2. *Reaktion der Literatur*

In der Literatur vertretene Auffassungen[934] schlossen sich dieser zuvor dargestellten Auffassung des ArbG Köln und des Hessischen LAG[935] an und vertreten in einer derzeit noch Mindermeinung die Widerspruchsmöglichkeit des Leiharbeitnehmers gegen die Entstehung eines gesetzlichen Arbeitsverhältnisses zum Entleiher. § 10 Abs. 1 AÜG sei seinem Wortlaut nach zwingend, jedoch dahingehend verfassungswidrig, weil durch die Fiktion des Arbeitsverhältnisses zum Entleiher unverhältnismäßig in die nach Art. 12 GG garantiert freie Wahl des Arbeitsplatzes eingegriffen

---

932 Siehe 3. Teil § 11 C. I. 2. d.

933 ArbG Köln Urteil v. 07.03.1996 -17 Ca 6257/95, DB 1996, 1342.

934 BeckOK-Arbeitsrecht/*Motz*, § 10 AÜG Rn. 2.2; *Bartl/Romanowski*, NZA-Online Aufsatz 2012, 1, 6; Wedde/*Mittag*, Arbeitsrecht, § 10 AÜG Rn. 2 („Wahlrecht für den Leiharbeitnehmer); Bauer/Lingemann/Diller/*Haußmann* Anwalts-Formularbuch Arbeitsrecht, Kapitel 10 Arbeitnehmerüberlassung Rn. 7; Kittner/Zwanziger/*Bacher*, Arbeitsrecht Handbuch für die Praxis § 112 Arbeitnehmerüberlassung Rn. 144 leitet ein Widerspruchsrecht direkt aus Art. 12 GG ab; *Liebscher*, BB 1996, 801, 802; Kittner/Däubler/*Zwanziger*, § 10 AÜG Rn. 13; (*de lege ferenda*) *Reineke*, in: FS Löwisch 2007, S. 211, 226 f.; *Boemke/Lembke*, § 10 AÜG Rn. 37; ErfK/*Wank*, § 10 AÜG Rn. 8; kritisch: *Hennecke/Tuengerthal*, BB 2015, 1269, 1275.

935 Siehe zuvor unter 3. Teil § 11 C. I. 2. d. aa.

werde.[936] Im Rahmen der nach Art. 12 GG gewährten freien Arbeitsplatzwahl gehe es um die freie Bestimmung der konkreten Beschäftigungsmöglichkeit und des jeweiligen Vertragspartners. Auch die Entscheidung, einen Arbeitsplatz beizubehalten, sei vom Schutzbereich des Art. 12 GG umfasst. Bei der Entstehung des gesetzlichen Arbeitsverhältnisses nach § 10 Abs. 1 AÜG handele es sich um eine staatliche Maßnahme, die in die nach Art. 12 GG gewährte Wahlfreiheit des Arbeitsplatzes eingreife. Ziel des § 10 Abs. 1 AÜG sei es, die gesellschaftlich unerwünschte Arbeitnehmerüberlassung ohne erforderliche Überlassungserlaubnis dahingehend zu sanktionieren, dass der Entleiher durch ein Arbeitsverhältnis mit dem Leiharbeitnehmer belastet werde. Dieser Zweck diene aber nicht der Sicherung eines wichtigen Gemeinschaftsgutes.[937] § 10 Abs. 1 AÜG sei ein Schutzgesetz zugunsten des Arbeitnehmers[938] und es bestehe kein Grund, den Arbeitnehmer gegen seinen Willen zu schützen.[939]

3. Hinweis des Bundesarbeitsgerichts

Auch das Bundesarbeitsgericht weist in neuerer Rechtsprechung[940] darauf hin – konkret im Zusammenhang mit der Diskussion um die Rechtsfolge bei nicht nur vorübergehender Arbeitnehmerüberlassung, bei der der Verleiher aber im Besitz einer Überlassungserlaubnis ist –, dass die Auswechslung des Arbeitgebers „verfassungsrechtlich bedenklich“ sei. Es seien eine Vielzahl von Konstellationen denkbar, in denen der betroffene Arbeitnehmer trotz eines Verstoßes gegen § 1 Abs. 1 S. 2 AÜG an seinem Arbeitsverhältnis zum Verleiher festhalten wolle und kein Arbeitsverhältnis zum Entleiher eingehen wolle. Dies könne insbesondere der Fall sein, wenn nur im Betrieb des Verleihers gem. § 23 KSchG die Vorschriften des Kündigungsschutzgesetzes Anwendung finden, im Verleiherbetrieb eine ordentliche Kündigung ausgeschlossen sei, beim Verleiher die Arbeitsbedingungen besser seien als beim Entleiher oder sich das Entleiherunternehmen in wirtschaftlichen Schwierigkeiten befinde. Würde dem Leiharbeitnehmer der gewählte Arbeitgeber durch Gesetz entzogen werden, stelle dies einen Eingriff in die nach Art. 12 GG geschützte Rechtsposition des Leiharbeitnehmers dar, ein Arbeitsverhältnis einzugehen oder dies zu unterlassen.[941]

---

936 LAG Hessen Urteil v. 06.03.2001 -2/9 Sa 1246/00, NZA-RR 2002, 73 Rn. 45 ff.
937 LAG Hessen Urteil v. 06.03.2001 -2/9 Sa 1246/00, NZA-RR 2002, 73.
938 „Individualschutzcharakter“: *Leitner*, DB 1991, 231, 232.
939 LAG Hessen Urteil v. 06.03.2001 -2/9 Sa 1246/00, NZA 2002, 73.
940 BAG Urteil v. 10.12.2013 -9 AZR 51/13, NJW 2014, 956 Rn. 31.
941 BAG Urteil v. 10.12.2013 -9 AZR 51/13, NJW 2014, 956 Rn. 31; siehe auch: BVerfG Beschluss v. 25.01.2011 -1 BvR 1741/09, BVerfGE 128, 157 = NZA 2011, 400; so auch nunmehr Referentenentwurf des Bundesministerium für Arbeit und Soziales vom 16.11.2015 „ Entwurf eines Gesetzes zur Änderung des Arbeitnehmerüberlassungsgesetztes und anderer Gesetze, S. 23.

4. Zwischenergebnis

Nach den obigen Darstellungen wird nur ein Widerspruchsrecht des von den Wirkungen der §§ 9 Nr. 1, 10 Abs. 1 AÜG betroffenen Arbeitnehmers dem Ziel des AÜG, dem Schutz des Arbeitnehmers, gerecht und der erhebliche Eingriff in die nach Art. 12 GG geschützte Berufswahlfreiheit und die nach Art. 2 GG geschützte Privatautonomie des Leiharbeitnehmers kann gerechtfertigt werden.

Mangels planwidriger Regelungslücken kann dem Leiharbeitnehmer nicht entsprechend § 613a Abs. 6 BGB ein Widerspruchsrecht gewährt werden. Gleichwohl muss zur Rechtfertigung des erheblichen Eingriffs in die nach Art. 12 GG geschützte Berufswahlfreiheit und die nach Art. 2 GG geschützte Privatautonomie durch die §§ 9 Nr. 1, 10 Abs. 1 AÜG dem Leiharbeitnehmer ein Widerspruchsrecht gegen die Entstehung des gesetzlichen Arbeitsverhältnisses zum Entleiher ermöglicht werden, da der Leiharbeitnehmer nicht gegen seinen Willen geschützt werden soll. Dies wäre aber der Fall, wenn man den Leiharbeitnehmer zwingt, ein gesetzliches Arbeitsverhältnis mit dem Entleiher zu haben, bei gleichzeitiger Unwirksamkeit seines willentlich begründeten Arbeitsverhältnisses mit dem Verleiher. Auch der Verweis darauf, dass aufgrund der Unwirksamkeit des Leiharbeitsvertrags bei illegaler Arbeitnehmerüberlassung kein Arbeitsverhältnis bleibt, in das der Leiharbeitnehmer zurückkehren kann, darf nicht dazu führen, dass dem Leiharbeitnehmer der nach Art. 12 GG gewährte Schutz vor Aufdrängung eines neuen Arbeitgebers und freie Arbeitsplatzwahl versagt wird, weil ihm ein anderer intendierter Schutz des Bestands des willentlich gewählten Arbeitsverhältnisses nicht gewährt werden kann. Es verbleibt daher zur Gewährung eines Widerspruchsrechts gegen die Entstehung des gesetzlichen Arbeitsverhältnisses nur die Einführung eines entsprechenden Widerspruchsrechts in den Regelungen des AÜG.[942]

III. Zwischenergebnis

Nach derzeitiger Rechtslage kann sich der Leiharbeitnehmer gegen das ihm aufgezwungene gesetzliche Arbeitsverhältnis zum Entleiher nach § 10 Abs. 1 AÜG nur wehren, indem er das Arbeitsverhältnis zum Entleiher kündigt. Die Wirkung des § 10 Abs. 1 AÜG kann weder vertraglich abbedungen werden noch kann der betroffene Leiharbeitnehmer der Entstehung des gesetzlichen Arbeitsverhältnisses widersprechen und so sein willentlich und wissentlich begründetes Arbeitsverhältnis zum Verleiher erhalten. Dies widerspricht jedoch, wie die vorausgegangenen Ausführungen gezeigt haben, dem Ziel des Arbeitnehmerschutzes des AÜG und stellt einen nicht gerechtfertigten Eingriff in Artt. 12 und 2 GG dar, der durch die

942 Der am 16.11.2015 veröffentlichte Referentenentwurf des Bundesministeriums für Arbeit und Soziales „Entwurf eines Gesetzes zur Änderung des Arbeitnehmerüberlassungsgesetzes und anderer Gesetze (S. 7, 23) sieht nunmehr auch ein Widerspruchsrecht des Leiharbeitnehmers in § 9 Nr. 1 AÜG als Rechtsfolge einer illegalen Arbeitnehmerüberlassung vor.

Implementierung eines Widerspruchsrechts des von der illegalen Arbeitnehmerüberlassung betroffenen Leiharbeitnehmer behoben werden kann. Dies wird Aufgabe des Gesetzgebers sein.

IV. Reformvorschlag

Nachdem vorausgehend festgestellt wurde, dass ein Wahlrecht nach § 12 KSchG analog mangels vergleichbarer Interessenlage und ein Widerspruchsrecht nach § 613a Abs. 6 BGB analog mangels planwidriger Regelungslücke nicht auf die durch §§ 9 Nr. 1, 10 Abs. 1 AÜG geschaffene Rechtslage angewandt werden kann, wird im Folgenden ein eigener Vorschlag zur Reform des AÜG diskutiert.

1. Eigener Entwurf eines Widerspruchsrechts des Leiharbeitnehmers gegen die Entstehung eines gesetzlichen Arbeitsverhältnisses zum Entleiher nach § 10 Abs. 1 AÜG

Im Nachfolgenden wird der Entwurf eines Widerspruchsrechts des Leiharbeitnehmers dargestellt. In einem ersten Schritt werden die Rechtsgrundlage des Widerspruchsrechts sowie das entsprechend notwendige Verfahrensrecht näher analysiert, um die daraus gewonnenen Erkenntnisse schließlich in einem Entwurf eines Widerspruchsrechts im Rahmen eines neu gefassten § 10 AÜG zu verwerten.

a. Rechtsgrundlage eines Widerspruchsrechts des Arbeitnehmers

Die oben genannte Auffassung, die ein Widerspruchsrecht des betroffenen Leiharbeitnehmers ablehnt, da kein Rechtsverhältnis besteht, in das der Leiharbeitnehmer nach der Ausübung des Widerspruchs zurückkehren kann,[943] bleibt unter der Berufung auf die zwingende Wirkung des § 10 Abs. 1 AÜG und die durch § 9 Nr. 1 AÜG hervorgerufene Rechtsfolge starr an den bisherigen gesetzlichen Regelungen haften und übersieht dabei, dass ein Widerspruch des Leiharbeitnehmers nicht nur § 10 Abs. 1 S. 1 AÜG außer Kraft setzen würde und müsste, sondern auch den Eintritt der Rechtsfolgen nach § 9 Nr. 1 AÜG hindern müsste, der mit § 10 Abs. 1 AÜG untrennbar zusammenhängt und nicht von diesem isoliert betrachtet werden kann. Denn bei dem Widerspruchsrecht handelt es sich um ein Rechtsfolgenverweigerungsrecht des Leiharbeitnehmers.[944]

Das Widerspruchsrecht bezieht sich auf die durch 10 Abs. 1 i. V. m. § 9 Nr. 1 AÜG geschaffenen Rechtsfolgen. Daher soll aus systematischer Sicht ein Widerspruchsrecht in § 10 AÜG als Rechtsgrundlage verankert werden.

943 Siehe unter 3. Teil § 11 C. I. 2. c.
944 Begriff nach *Boemke/Lembke*, § 10 AÜG Rn. 37.

b. Widerspruchsfrist

Aus arbeitsrechtlicher Perspektive bietet sich zur materiellrechtlichen Gestaltung eines Widerspruchsrechts des Leiharbeitnehmers im Hinblick auf die ausgewogene Berücksichtigung der Interessen betroffener Arbeitnehmer als auch der Interessen von der Fiktion betroffener Arbeitgeber die Anlehnung der Widerspruchsfrist an das Kündigungsschutzgesetz an.

Auch dem Kündigungsschutzgesetz ist die Fiktion ein bekanntes Instrument der nicht rechtzeitig erhobenen Gegenwehr, denn das Kündigungsschutzgesetz fingiert nach § 7 KSchG die Rechtswirksamkeit einer Kündigung, wenn der Arbeitnehmer nicht innerhalb von drei Wochen nach Zugang der schriftlichen Kündigung Klage gegen die Kündigung erhebt.[945] Ein Widerspruchsrecht des Arbeitnehmers innerhalb der nach §§ 4, 7 KSchG und auch aus § 17 TzBfG bekannten dreiwöchigen Frist erscheint hier unter Berücksichtigung der Interessen aller Parteien als gerechtfertigt. Erhebt der betreffende Arbeitnehmer innerhalb von drei Wochen nach positiver Kenntnis von der wegen der nach § 1 Abs. 1 S. 1 AÜG erforderlichen, aber fehlenden Erlaubnis illegalen Arbeitnehmerüberlassung keinen Widerspruch gegen die durch §§ 9 Nr. 1, 10 Abs. 1 AÜG statuierten Rechtsfolgen, gilt das gesetzliche Arbeitsverhältnis zum Entleiher als vom Zeitpunkt der illegalen Arbeitnehmerüberlassung an wirksam und der Leiharbeitsvertrag zum Verleiher als unwirksam.

Zudem muss eine dem § 5 KSchG entsprechende Regelung in § 10 AÜG ergänzt werden, die auch unter bestimmten Voraussetzungen einen verspäteten Widerspruch des Leiharbeitnehmers gegen die Wirksamkeit des gesetzlichen Arbeitsverhältnisses nach § 10 Abs. 1 AÜG zum Entleiher zulässt. Denn im Rahmen des Widerspruchs gegen die Fiktion des Arbeitsverhältnisses nach § 10 Abs. 1 AÜG zum Entleiher besteht, wie auch bei der Kündigung, die Gefahr, dass der Arbeitnehmer zum Beispiel wegen urlaubsbedingter Abwesenheit die dreiwöchige Widerspruchsfrist unverschuldet verpasst.

c. Schriftform des Widerspruchs

Aus Gründen der Rechtssicherheit müsste der Widerspruch vom Leiharbeitnehmer in Schriftform nach § 126 BGB erhoben werden und wäre gegenüber dem Verleiher zu erklären.

d. Suspendierung der Wirkung des § 9 Nr. 1 AÜG für den Zeitraum des möglichen Widerspruchs

Da § 9 Nr. 1 AÜG bei Fehlen der nach § 1 Abs. 1 S. 1 AÜG erforderlichen Erlaubnis die Unwirksamkeit auch des Leiharbeitsvertrags zwischen Leiharbeitnehmer und Verleiher vorsieht, müsste eine ergänzende Regelung für den Erhalt dieses

---

945 *Boemke/Lembke*, § 10 AÜG Rn. 37 und der Referentenentwurf des Bundesministerium für Arbeit und Soziales „Entwurf eines Gesetzes zur Änderung des Arbeitnehmerüberlassungsgesetzes und anderer Gesetze" vom 16.11.2015, sowie BT-Drucks. 18/9232 und BT-Drucks. 18/10064 schlagen eine Frist von einem Monat vor.

Arbeitsverhältnisses innerhalb der Widerspruchsfrist und nach rechtzeitig erhobenen Widerspruch des Leiharbeitnehmers geschaffen werden.[946]

Eine solche Regelung muss aus Arbeitnehmerschutzgesichtspunkten vorsehen, dass jedenfalls innerhalb der Widerspruchsfrist des Leiharbeitnehmers die durch § 9 Nr. 1 AÜG vorgesehenen Rechtsfolgen ruhen und die Rechtsfolgen auch des § 9 Nr. 1 AÜG nach erhobenen Widerspruch des Leiharbeitnehmers nicht eintreten. Denn nur dann hätte der Leiharbeitnehmer während der Widerspruchsfrist und nach einem rechtswirksamen Widerspruch die Sicherheit, dass sein willentlich und wissentlich eingegangenes Arbeitsverhältnis zum Verleiher ihm erhalten bleibt. Sonst würde der gegenüber einem Widerspruch ablehnenden Auffassung in der Literatur[947] zuzustimmen sein, dass in diesem Fall ein Widerspruchsrecht keinen Schutz des Leiharbeitnehmers bezwecken wird, da kein Rechtsverhältnis besteht, in das der Leiharbeitnehmer zurückkehren kann.

e. Zwischenergebnis

Ein Widerspruchsrecht des Leiharbeitnehmers müsste in § 10 AÜG eingefügt werden. Der Leiharbeitnehmer kann danach innerhalb von drei Wochen ab positiver Kenntnis der der illegalen Arbeitnehmerüberlassung begründenden Umstände in Form der fehlenden, aber nach § 1 Abs. 1 S. 1 AÜG erforderlichen Überlassungserlaubnis, schriftlich gegenüber dem Verleiher Widerspruch erheben. Innerhalb dieser dreiwöchigen Frist ruhen die Wirkungen des § 9 Nr. 1 AÜG, sodass für den Zeitraum des Widerspruchsrechts ein Arbeitsverhältnis zum Verleiher bestehen bleibt, in das der Leiharbeitnehmer zurückkehren kann. Nach erhobenem Widerspruch treten die Rechtsfolgen des § 9 Nr. 1 AÜG nicht ein. Die neue Fassung des § 10 AÜG müsste um eine § 5 KSchG entsprechende Regelung für den Fall eines unverschuldet verspäteten Widerspruchs des Leiharbeitnehmers ergänzt werden.

Dem Widerspruch des Leiharbeitnehmers kommt demnach Wirkung in zweierlei Hinsicht zu. Zum einen würde der rechtzeitig erhobene Widerspruch die Wirksamkeit des Arbeitsverhältnisses nach § 10 Abs. 1 AÜG zwischen Leiharbeitnehmer und Entleiher hindern. Zum anderen würde das Arbeitsverhältnis, das der Leiharbeitnehmer zum Verleiher willentlich und wissentlich begründet hat, nicht nach § 9 Nr. 1 AÜG unwirksam werden oder nur noch als faktisches, jederzeit ohne

---

946 Siehe dazu zuvor die derzeit überwiegende Auffassung in Literatur und Rechtsprechung, die im Wesentlichen ein Widerspruchsrecht des Leiharbeitnehmers nach § 613a Abs. 6 BGB mit der Begründung ablehnt, dass bei illegaler Arbeitnehmerüberlassung kein Arbeitsverhältnis mehr bestehe, in das der Leiharbeitnehmer nach einem Widerspruch gegen das gesetzliche Arbeitsverhältnis mit dem Entleiher zurückkehren könne.

947 HWK/*Gotthardt/Roloff*, § 10 AÜG Rn. 3; Schüren/*Schüren*, § 10 AÜG Rn. 41; *Hamann*, Jura 2003, 361, 366; ErfK/*Wank*[14], § 10 AÜG Rn. 19; ArbG Krefeld Urteil v. 15.05.2012 -1 Ca 2551/11, BeckRS 2012, 71528; *Greiner*, RdA 2014, 262, 270; *Hamann*, RdA 2014, 271, 278; wohl auch Kasseler Handb./*Düwell*, 4.5. Rn. 269.

Angabe von Kündigungsgründen auflösbares Arbeitsverhältnis bestehen. Denn der rechtzeitige Widerspruch sollte auch die Rechtsfolgen des § 9 Nr. 1 AÜG hindern. Das Leiharbeitsverhältnis bestünde dann in jedem Fall bis zum Ablauf der Widerspruchsfrist weiterhin fort.

2. *Gestaltung des § 10 AÜG n.F.*

§ 10 AÜG wäre zur Einführung eines Widerspruchsrechts des Leiharbeitnehmers gegen die Wirksamkeit eines gesetzlichen Arbeitsverhältnisses zum Entleiher um einen Absatz zu ergänzen, der dem Absatz 1 nachfolgen sollte. § 10 Abs. 1 AÜG verbleibt in seiner aktuellen Fassung[948].

§ 10 Abs. 1 bis 3 AÜG n.F. könnten dann wie folgt lauten:

Derzeitige Gesetzeslage	**Empfehlung**
(1) Ist der Vertrag zwischen einem Verleiher und einem Leiharbeitnehmer nach § 9 Nr. 1 unwirksam, so gilt ein Arbeitsverhältnis zwischen Entleiher und Leiharbeitnehmer zu dem zwischen dem Entleiher und dem Verleiher für den Beginn der Tätigkeit vorgesehenen Zeitpunkt als zustande gekommen; tritt die Unwirksamkeit erst nach Aufnahme der Tätigkeit beim Entleiher ein, so gilt das Arbeitsverhältnis zwischen Entleiher und Leiharbeitnehmer mit dem Eintritt der Unwirksamkeit als zustande gekommen. Das Arbeitsverhältnis nach Satz 1 gilt als befristet, wenn die Tätigkeit des Leiharbeitnehmers bei dem Entleiher nur befristet vorgesehen war und ein die Befristung des Arbeitsverhältnisses sachlich rechtfertigender Grund vorliegt. Für das Arbeitsverhältnis nach Satz 1 gilt die zwischen dem Verleiher und dem Entleiher vorgesehene Arbeitszeit als vereinbart. Im Übrigen bestimmen sich Inhalt und Dauer dieses Arbeitsverhältnisses nach den für den Betrieb des Entleihers geltenden Vorschriften und sonstigen Regelungen; sind solche nicht vorhanden, gelten diejenigen vergleichbarer Betriebe. Der Leiharbeitnehmer hat gegen den Entleiher mindestens Anspruch auf das mit dem Verleiher vereinbarte Arbeitsentgelt.	*(1) (unverändert)*

948 Fassung v. 11.08.2014, BGBl. I S. 1348.

Derzeitige Gesetzeslage	Empfehlung
(2) Der Leiharbeitnehmer kann im Fall der Unwirksamkeit seines Vertrags mit dem Verleiher nach § 9 Nr. 1 von diesem Ersatz des Schadens verlangen, den er dadurch erleidet, daß er auf die Gültigkeit des Vertrags vertraut. Die Ersatzpflicht tritt nicht ein, wenn der Leiharbeitnehmer den Grund der Unwirksamkeit kannte.	***(2) Will der Leiharbeitnehmer die Wirksamkeit des gesetzlichen Arbeitsverhältnisses nach Abs. 1 verhindern, muss er innerhalb von drei Wochen nach positiver Kenntnis über die die illegale Arbeitnehmerüberlassung begründenden Umstände Widerspruch beim Verleiher erheben. Der Widerspruch ist schriftlich zu erheben. Während der Widerspruchsfrist und bei rechtzeitiger Erhebung des Widerspruchs treten die Rechtsfolgen der §§ 9 Nr. 1 und 10 Abs. 1 AÜG nicht ein. Wird der Widerspruch nicht rechtzeitig geltend gemacht, so werden vom Zeitpunkt der illegalen Arbeitnehmerüberlassung an das gesetzliche Arbeitsverhältnis zum Entleiher wirksam und das Leiharbeitsverhältnis sowie der Arbeitnehmerüberlassungsvertrag unwirksam.***
(3) Zahlt der Verleiher das vereinbarte Arbeitsentgelt oder Teile des Arbeitsentgelts an den Leiharbeitnehmer, obwohl der Vertrag nach § 9 Nr. 1 unwirksam ist, so hat er auch sonstige Teile des Arbeitsentgelts, die bei einem wirksamen Arbeitsvertrag für den Leiharbeitnehmer an einen anderen zu zahlen wären, an den anderen zu zahlen. Hinsichtlich dieser Zahlungspflicht gilt der Verleiher neben dem Entleiher als Arbeitgeber; beide haften insoweit als Gesamtschuldner	***(3) War ein Arbeitnehmer trotz Anwendung aller ihm nach Lage der Umstände zuzumutenden Sorgfalt verhindert, den Widerspruch innerhalb von drei Wochen nach positiver Kenntnis über die fehlende, aber nach § 1 AÜG erforderliche Überlassungserlaubnis zu erheben, so muss der Arbeitnehmer gerichtlich die Zulässigkeit seines Widerspruchs feststellen lassen.***

Derzeitige Gesetzeslage	Empfehlung
(4) Der Verleiher ist verpflichtet, dem Leiharbeitnehmer für die Zeit der Überlassung an den Entleiher die im Betrieb des Entleihers für einen vergleichbaren Arbeitnehmer des Entleihers geltenden wesentlichen Arbeitsbedingungen einschließlich des Arbeitsentgelts zu gewähren. Soweit ein auf das Arbeitsverhältnis anzuwendender Tarifvertrag abweichende Regelungen trifft (§ 3 Absatz 1 Nummer 3, § 9 Nummer 2), hat der Verleiher dem Leiharbeitnehmer die nach diesem Tarifvertrag geschuldeten Arbeitsbedingungen zu gewähren. Soweit ein solcher Tarifvertrag die in einer Rechtsverordnung nach § 3a Absatz 2 festgesetzten Mindeststundenentgelte unterschreitet, hat der Verleiher dem Leiharbeitnehmer für jede Arbeitsstunde das im Betrieb des Entleihers für einen vergleichbaren Arbeitnehmer des Entleihers für eine Arbeitsstunde zu zahlende Arbeitsentgelt zu gewähren. Im Falle der Unwirksamkeit der Vereinbarung zwischen Verleiher und Leiharbeitnehmer nach § 9 Nummer 2 hat der Verleiher dem Leiharbeitnehmer die im Betrieb des Entleihers für einen vergleichbaren Arbeitnehmer des Entleihers geltenden wesentlichen Arbeitsbedingungen einschließlich des Arbeitsentgelts zu gewähren.	**(4)** (*wie Abs. 2 aktuelle Fassung*[949])
(5) Der Verleiher ist verpflichtet, dem Leiharbeitnehmer mindestens das in einer Rechtsverordnung nach § 3a Absatz 2 für die Zeit der Überlassung und für Zeiten ohne Überlassung festgesetzte Mindeststundenentgelt zu zahlen.	**(5)** (*wie Abs. 3 aktuelle Fassung*)
	(6) (*wie Abs. 4 aktuelle Fassung*)
	(7) (*wie Abs. 5 aktuelle Fassung*)

949 Aktuelle Fassung meint auch im Folgenden die Fassung des AÜG vom 11.08.2014 (BGBl. I S. 1348).

3. *Verfahren hinsichtlich Arbeitsverhältnis zum Verleiher*

Gerichtlich müsste der Leiharbeitnehmer die Rechtswirksamkeit des gegen die Entstehung des gesetzlichen Arbeitsverhältnisses zum Entleiher erhobenen Widerspruches im Rahmen einer Feststellungsklage um die Feststellung des Bestehens eines Arbeitsverhältnisses zum Verleiher geltend machen.[950]

4. *Darlegungs- und Beweislast*

Der betroffene Arbeitnehmer trägt dann im Prozess um die Feststellung des Bestehens eines Arbeitsverhältnisses zum Verleiher die Darlegungs- und Beweislast für das Vorliegen der für eine unerlaubte Arbeitnehmerüberlassung erforderlichen Voraussetzungen.[951]

Da der Arbeitnehmer zur Darlegung und zum Beweis der illegalen Arbeitnehmerüberlassung Informationen und Beweise benötigt, die naturgemäß aus der Sphäre des Arbeitgebers stammen, hat der Arbeitnehmer gegen den Verleiher und den Entleiher jeweils einen diesbezüglichen Auskunftsanspruch.[952] Für die Auskunftspflicht des Verleihers und des Entleihers gegenüber dem Leiharbeitnehmer reicht der Verdacht einer illegalen Arbeitnehmerüberlassung aus.[953]

5. *Verfahren bei Streit um das Bestehen eines gesetzlichen Arbeitsverhältnisses*

Erhebt der Leiharbeitnehmer keinen (rechtzeitigen) Widerspruch gegen die Entstehung des gesetzlichen Arbeitsverhältnisses zum Entleiher nach § 10 Abs. 1 AÜG, treten die Wirkungen der §§ 9 und 10 AÜG ein. Der Leiharbeitnehmer verliert in der Folge sein Arbeitsverhältnis zum Verleiher und gewinnt ein Arbeitsverhältnis zum Entleiher.

Der Entleiher kann das Bestehen des gesetzlichen Arbeitsverhältnisses zum Leiharbeitnehmer bestreiten. Dem Leiharbeitnehmer bleibt dann nur die Möglichkeit der Erhebung einer Feststellungsklage vor dem Arbeitsgericht, um das Bestehen des nach § 10 Abs. 1 AÜG gesetzlichen Arbeitsverhältnisses feststellen zu lassen.[954] Der

---

950 Nach ständiger Rechtsprechung des Bundesarbeitsgerichts kann ein Arbeitnehmer das Bestehen eines Arbeitsverhältnisses zu einem Entleiher auf Grundlage der Vorschriften des AÜG mit einer allgemeinen Feststellungsklage gemäß § 256 Absatz 1 ZPO geltend machen: BAG Urteil v. 28.06.2000 -7 AZR 100/99, BAGE 95, 165; Urteil v. 24.05.2006 -7 AZR 365/05, BeckRS 2009, 67935 Rn. 25.

951 *Ulber/Ulber*, § 10 AÜG Rn. 12.

952 *Ulber/Ulber*, § 10 AÜG Rn. 12; siehe dazu 4. Teil § 14 E. IV.

953 BAG Urteil v. 11.04.1984 -5 AZR 316/82, AP Nr. 7 zu § 10 AÜG; Urteil v. 30.01.1991 -7 AZR 497/89, AP Nr. 8 zu § 10 AÜG.

954 BAG Urteil v. 18.02.2003 -3 AZR 160/02, DB 2003, 2181; Urteil v. 24.05.2006 -7 AZR 365/05, BeckRS 2009, 67935; Urteil v. 18.01.2012 -7 AZR 723/10, NZA-RR 2012, 455; Urteil v. 10.12.2013 -9 AZR 51/13, NZA 2014, 196; LAG Baden-Württemberg Urteil v. 22.11.2012 -11 Sa 84/12, BeckRS 2013, 67254; *Ulber/Ulber*, § 10 AÜG Rn. 12.

Leiharbeitnehmer kann bei unklarer Rechtslage zu gleicher Zeit Feststellungsklage sowohl gegen den Verleiher als auch den Entleiher erheben.[955]

V. Festhalteerklärung nach § 9 Abs. 1 Nr. 1 – 1b und Abs. 2 AÜG nF

Durch die Änderung des Arbeitnehmerüberlassungsgesetzes mit Wirkung zum 01.04.2017 wird in das Arbeitnehmerüberlassungsgesetz in § 9 Abs. 1 Nr. 1 – 1b, Abs. 2 und 3 AÜG nF ein Widerspruchsrecht des Leiharbeitnehmers gegen die Beendigung seines Leiharbeitsvertrags und die Entstehung eines gesetzlichen Arbeitsverhältnis zum Entleiher eingeführt.[956]

1. Tatbestandliche Voraussetzungen der Festhalteerklärung, § 9 Abs. 1 Nr. 1 – 1b AÜG nF

Das Widerspruchsrecht des Leiharbeitnehmers ist in der neuen Fassung des AÜG[957] als Festhalteerklärung konzipiert und möglich bei den Unwirksamkeitstatbeständen der § 9 Abs. 1 Nr. 1 bis 1b AÜG nF.

Nach § 9 Abs. 1 Nr. 1 AÜG nF verhindert der Leiharbeitnehmer die Beendigung seines Leiharbeitsverhältnisses und die Entstehung eines gesetzlichen Arbeitsverhältnisses zum Entleiher, wenn er schriftlich bis zum Ablauf eines Monats nach dem zwischen Verleiher und Entleiher für den Beginn der Überlassung vorgesehenen Zeitpunkt gegenüber dem Verleiher oder dem Entleiher erklärt, dass er an dem Arbeitsvertrag mit dem Verleiher festhält; tritt die Unwirksamkeit erst nach Aufnahme der Tätigkeit beim Entleiher ein, so beginnt die Frist mit Eintritt der Unwirksamkeit.

Im Fall des § 9 Abs. 1 Nr. 1a AÜG nF beginnt die Frist zur Abgabe der Festhalteerklärung durch den betroffenen Leiharbeitnehmer ab dem für die Überlassung vorgesehenen Zeitpunkt; im Rahmen des § 9 Abs. 1 Nr. 1b AÜG mit dem Zeitpunkt des Überschreitens der Höchstüberlassungsdauer.

§ 9 Abs. 1 Nr. 1 – 1b AÜG nF sieht damit einen kenntnisunabhängigen Fristbeginn für die Festhalteerklärung des Leiharbeitnehmers an seinem Arbeitsvertrag zum Verleiher vor.[958]

Eine vor diesen Zeitpunkten abgegebene Festhalteerklärung des Leiharbeitnehmers ist nach § 9 Abs. 3 AÜG nF unwirksam. Darüber hinaus ist gem. § 9 Abs. 3 S. 1 AÜG nF die Fortführung des Arbeitnehmerüberlassungsverhältnis unter weitergehender Verwirklichung der Unwirksamkeitstatbestände der § 9 Abs. 1 Nr. 1 – 1b AÜG nF nicht zulässig. Eine erneute Festhalteerklärung ist gem. § 9 Abs. 3 S. 2 AÜG nF unwirksam, sodass bei Fortführung des Arbeitnehmerüberlassungsverhältnis

955 LAG Köln Urteil v. 18.01.1985 – 5/4 Sa 925/83, BeckRS 1985, 30978547; *Ulber/Ulber*, § 10 AÜG Rn. 12.

956 Vgl, dazu, ob das geplante Widerspruchsrecht des Leiharbeitnehmers verfassungsrechtlich geboten ist: *Brors*, NZA 2016, 672 ff.

957 BT- Drucks. 18/9232; BT- Drucks 18/10064.

958 Kritisch dazu: *Ulrici*, NZA 2016, 1317, 1319 ff.

unter Verstoß gegen § 9 Abs. 1 Nr. 1 – 1b AÜG nF das Leiharbeitsverhältnis zwischen Leiharbeitnehmer und Verleiher und der Arbeitnehmerüberlassungsvertrag zwischen Verleiher und Entleiher gem. § 9 Abs. 1 Nr. 1 – 1b AÜG nF unwirksam werden und ein gesetzliches Arbeitsverhältnis zwischen Entleiher und Leiharbeitnehmer gem. § 10 Abs. 1 S. 1 AÜG nF entsteht.

2. *Formelle Voraussetzungen der Festhalteerklärung, § 9 Abs. 2 Nr. 1 – 3 AÜG nF*

§ 9 Abs. 2 Nr. 1 – 3 AÜG nF sieht die formellen Voraussetzungen für die vom Leiharbeitnehmer abzugebenden Festhalteerklärung vor. Nach § 9 Abs. 2 AÜG nF ist die Festhalteerklärung nach § 9 Abs. 1 – 1b AÜG nF nur wirksam, wenn der Leiharbeitnehmer die Festhalteerklärung persönlich in einer Agentur für Arbeit vorlegt (Nr.1), die Agentur für Arbeit die abzugebende Erklärung mit dem Datum des Tages der Vorlage und dem Hinweis versieht, dass sie die Identität des Leiharbeitnehmers festgestellt hat (Nr. 2) und die Erklärung spätestens am dritten Tag nach der Vorlage der Agentur für Arbeit dem Ver- oder dem Entleiher zugeht (Nr. 3).

Das Erfordernis der persönlichen Vorlage der Festhalteerklärung bei der Agentur für Arbeit soll ausschließen, dass der Leiharbeitnehmer schon im Voraus eine Blanko-Festhalteerklärung unterzeichnet, in die der Verleiher dann das Datum nachträglich bei Bedarf unzutreffend ergänzt.[959] Die Frist zur Vorlage der Festhalteerklärung innerhalb von nur drei Tagen bei der Agentur für Arbeit soll eine Erklärung auf Vorrat zu Beginn des Fremdpersonaleinsatzes verhindern.[960]

Daher ist gem. § 9 Abs. 3 S. 1 AÜG nF eine vor Beginn einer Frist nach Abs. 1 Nr. 1 – 1b AÜG nF abgegebene Festhalteerklärung unwirksam.

3. *Stellungnahme*

Die ab 01.04.2017 in Kraft tretenden Änderungen des Arbeitnehmerüberlassungsgesetzes im Hinblick auf die Einführung der Festhalteerklärung des Leiharbeitnehmers für den Fall der verdeckten Arbeitnehmerüberlassung wegen Nichteinhaltung des Zitiergebots oder bei Überlassung ohne eine nach § 1 Abs. 1 S. 1 AÜG erforderliche Überlassungserlaubnis sowie der Arbeitnehmerüberlassung, die die Höchstüberlassungsdauer von 18 Monaten überschreitet, sind grundlegend rechtlich notwendig, um die derzeit[961] verfassungswidrige Rechtslage des AÜG zu beseitigen.

Gleichwohl erfolgt die Ausgestaltung dieser Festhalteerklärung des Leiharbeitnehmers nicht zufriedenstellend.

Dies liegt zum einen an den hohen Hürden der formellen Voraussetzungen, die die Festhalteerklärung birgt. Die Festhalteerklärung setzt in einem ersten Schritt voraus, dass der Leiharbeitnehmer erkennt, dass ein Unwirksamkeitstatbestand der

---

959 BT-Drucks. 18/10064, S. 15; *Neighbour/Schröder*, BB 2016, 2869, 2870.
960 BT-Drucks. 18/10064, S. 15; *Neighbour/Schröder*, BB 2016, 2869, 2870.
961 Stand 01.01.2017.

§ 9 Abs. 1 – 1b AÜG nF vorliegt. Dies wird im Rahmen des § 9 Abs. 1 Nr. 1a AÜG nF bei Überschreitung der Höchstüberlassungsdauer dem Leiharbeitnehmer noch zumutbar sein, zu erkennen, zu welchem Zeitpunkt 18 Monate seiner Überlassung zum Entleiher überschritten sind.

Beispiel: V setzt den in seinem Unternehmen angestellten Ingenieur I als Leiharbeitnehmer zur Projektarbeit bei E unbefristet im Wege der Arbeitnehmerüberlassung ein. Projektstart ist der 01.01.2018. Wird I über den 30.06.2019 hinaus bei E als Leiharbeitnehmer beschäftigt, ist die nach § 1 Abs. 1b AÜG nF festgelegte Höchstüberlassungsdauer von 18 Monaten überschritten und gem. § 9 Abs. 1 Nr. 1b AÜG nF würden Leiharbeitsvertrag und Arbeitnehmerüberlassungsvertrag unwirksam, wenn nicht I unter Einhaltung der formellen Voraussetzungen des § 9 Abs. 1 und 2 AÜG nF die Erklärung zur Festhaltung an dem Leiharbeitsvertrag abgibt. I ist es hier zumutbar, zu erkennen, dass mit Ablauf des 30.06.2019 die Höchstüberlassungsdauer überschritten ist und er bis zum Ablauf eines Monats nach Überschreitung der Höchstüberlassungsdauer erklären kann, dass er an dem Vertragsverhältnis mit V festhalten möchte.

Deutlich komplexer für den betroffenen Leiharbeitnehmer wird die Beurteilung im Rahmen des § 9 Abs. 1 Nr. 1 und 1a AÜG nF sein, denn diese verlangen von dem betroffenen Leiharbeitnehmer, dass dieser erkennt, ob der durchgeführte Fremdpersonaleinsatz auf Grundlage der tatsächlichen Durchführung eher einem Werk- oder Dienstvertrag rechtlich zuzuordnen ist oder doch als Arbeitnehmerüberlassung rechtlich zu qualifizieren ist. Denn § 9 Abs. 1 Nr. 1 AÜG nF sieht die Unwirksamkeit des Leiharbeitsvertrags und des Arbeitnehmerüberlassungsvertrags vor, wenn es sich bei dem Fremdpersonaleinsatz rechtlich um eine Arbeitnehmerüberlassung handelt, der Verleiher aber nicht über eine nach § 1 Abs. 1 S. 1 AÜG erforderliche Erlaubnis verfügt und/oder den dem Fremdpersonaleinsatz zugrundeliegenden Vertrag nicht als Arbeitnehmerüberlassungsvertrag bezeichnet hat. Dies führt im Ergebnis dazu, dass dem Leiharbeitnehmer eine komplexe rechtliche Prüfung zugemutet wird, damit dieser an seinem willentlich und wissentlich gewählten Vertragsverhältnis festhalten kann.[962]

Beispiel: V setzt den in seinem Unternehmen angestellten Ingenieur I zur Projektarbeit vom 01.01.2018 bis 01.03.2020 im Wege eines Dienstvertrags bei E ein. Zu Beginn der Tätigkeit erfolgt eine Kommunikation ausschließlich über die Kontaktperson bei V und bei E. Im Laufe der Projektarbeit ergibt sich eine so enge und integrierte Zusammenarbeit, zwischen Mitarbeitern des E und dem I, bei der I auch arbeitsrechtliche Weisungen von Mitarbeitern des E erhält, dass die Möglichkeit

962 So auch *Neighbour/Schröder*, BB 2016, 2869, 2870.

bestünde, dass ein Gericht zu dem Ergebnis käme, den gelebten Fremdpersonaleinsatz des I bei E als Arbeitnehmerüberlassung und nicht mehr als Dienstvertrag rechtlich zu bewerten. Die Frist zur Abgabe der Festhalteerklärung endet gem. § 9 Abs. 1 und 1a AÜG nF mit Ablauf eines Monats nach dem zwischen Verleiher und Entleiher für den Beginn der Überlassung vorgesehenen Zeitpunkt.

In dem hier vorliegenden Beispiel ist der Fristbeginn für die Festhalteerklärung des I weder bestimmt noch bestimmbar. Für den Leiharbeitnehmer I wird es schwer erkennbar sein, wann die Frist für die Festhalteerklärung zu laufen beginnt oder auch beendet ist und eine Festhalteerklärung daher nicht mehr durchsetzbar ist.

Würde hingegen in diesen Fällen des § 9 Abs. 1 Nr. 1 und 1a AÜG nF, wie bereits dargestellt, auf die Kenntnis des Leiharbeitnehmers abgestellt werden[963], würde ein die Kenntnis des Leiharbeitnehmers auslösendes Ereignis vorliegen müssen, sodass der Leiharbeitnehmer dann ab Kenntniserlangung entsprechend eine Frist zur Abgabe der Festhalteerklärung hätte und zudem ausreichend Gelegenheit, um seine Festhalteerklärung abzugeben.

Denn im Ergebnis erhält der durchschnittliche Leiharbeitnehmer durch den kenntnisunabhängigen Fristbeginn zwar formell die Möglichkeit, sein willentlich und wissentlich begangenes Arbeitsverhältnis mit dem Verleiher beizubehalten. Rein faktisch sind aber an die Festhalteerklärung im Rahmen des § 9 Abs. 1 Nr. 1 AÜG nF solch hohe Anforderungen geknüpft, die ein durchschnittlicher (Leih-) Arbeitnehmer nicht erfüllen können wird. So wird es schon in einem ersten Schritt an der (Er-)Kenntnis des Fristbeginns im Rahmen des § 9 Abs. 1 Nr. 1 AÜG scheitern, der vorsieht, dass die Frist bei Unwirksamkeit im Laufe des Überlassungsverhältnisses mit dem Zeitpunkt der Unwirksamkeit beginnt. Dies könnte zum Beispiel der Wegfall einer Arbeitnehmerüberlassungserlaubnis sein, von dem der Leiharbeitnehmer aber in der Praxis keine Kenntnis erlangen wird, es sei denn der Verleiher informiert ihn entsprechend seiner Pflicht aus dem Leiharbeitsvertrag. Informiert der Verleiher den Leiharbeitnehmer nicht, kann dieser keine Kenntnis von dem Fehlen der Erlaubnis haben. Da es weder auf die Kenntnis noch auf ein Verschulden der an der Arbeitnehmerüberlassung beteiligten Parteien ankommt, führt die Pflichtverletzung des Verleihers über die fehlende Information einer nicht bestehenden Erlaubnis dazu, dass der Leiharbeitnehmer eine Festhalteerklärung faktisch nicht ausüben können wird. Eine nicht verschuldete Unkenntnis hindert den Fristbeginn des § 9 Abs. 1 Nr. 1 – 1b AÜG nF nicht.

Eine andere im Rahmen des § 9 Abs. 1 Nr. 1 AÜG nF denkbare Situation wäre der Fremdpersonaleinsatz im Wege eines Werk-/Dienstvertrags, der im Laufe des Einsatzes sich (schleichend) als Arbeitnehmerüberlassung bewerten lassen muss.[964] Diese Bewertung ist schon – und dies zeigt die vielfältige Rechtsprechung hierzu – dem

963 Vgl. 3. Teil § 11 C. IV.
964 Vgl. dazu Beispiel zuvor.

Rechtskundigen nicht abschließend sicher möglich. Daher wird es dem in der Regel nicht rechtskundigen Leiharbeitnehmer nicht möglich sein, hier eine rechtliche Einschätzung des gelebten Vertragsverhältnisses zum Entleiher zu treffen, die auch noch innerhalb der Monatsfrist liegt, in der der Leiharbeitnehmer wirksam die Festhalteerklärung abgeben kann. Da auch die vor dieser Frist abgegebene Festhalteerklärung nach § 9 Abs. 3 AÜG nF unwirksam sein soll, hilft auch die präventiv abgegebene Erklärung des Leiharbeitnehmers nicht. Die Fristeinhaltung im Rahmen des § 9 Abs. 1 Nr. 1 AÜG nF wird dem betroffenen Leiharbeitnehmer faktisch unmöglich sein.

Selbst wenn aber der Leiharbeitnehmer den Fristbeginn erkannt hat, sind dann an die Festhalteerklärung in einem zweiten Schritt solch hohe formelle Anforderungen gestellt, die es dem Leiharbeitnehmer erschweren, eine „einfache" Erklärung zum Festhalten an seinem Arbeitsverhältnis zum Verleiher abzugeben. Denn der Leiharbeitnehmer muss innerhalb der Monatsfrist die Festhalteerklärung persönlich bei der Agentur für Arbeit abgeben, seine Identität bestätigen lassen und darüber hinaus innerhalb der nur sehr knappen Frist von drei Tagen die Festhalteerklärung dem Verleiher oder Entleiher zukommen lassen. Sollte dies dem Leiharbeitnehmer unverschuldet, zum Beispiel aufgrund eines Krankenhausaufenthaltes, nicht möglich sein, wird dies im Rahmen des § 9 Abs. 2 AÜG nF nicht berücksichtigt.

Der angestrebte weitergehende Arbeitnehmerschutz wird durch die Festhalteerklärung nach § 9 Abs. 1 – 3 AÜG nF nicht erreicht werden können. Vielmehr geht die Reformierung des AÜG, die einen größeren Schutz des Leiharbeitnehmers bezweckt, zu dessen Lasten.[965]

§ 12 Ergebnis

Die Rechtsfolgenregelung der §§ 9 Nr. 1, 10 Abs. 1 AÜG beendet die zur Arbeitnehmerüberlassung schuldrechtlichen Beziehungen, den Leiharbeitsvertrag und den Arbeitnehmerüberlassungsvertrag, und lässt ein gesetzliches Schuldverhältnis (Arbeitsverhältnis) zwischen Entleiher und Leiharbeitnehmer ohne Wissen und Willen der beteiligten Parteien entstehen.

Das zum Entleiher entstehende gesetzliche Arbeitsverhältnis ist im Grunde ein Arbeitsverhältnis i. S. d. §§ 611 ff. BGB. Dementsprechend entstehen für den Entleiher und den Leiharbeitnehmer Rechte und Pflichten, die sich auch aus einem vertraglichen Arbeitsverhältnis ergeben. Der Inhalt des gesetzlichen Arbeitsverhältnisses wird durch § 10 Abs. 1 S. 3 – 5 AÜG im Wesentlichen vorgegeben. Danach gelten für den Leiharbeitnehmer die Bedingungen eines vergleichbaren Stammarbeitnehmers des Entleihers, mindestens jedoch das mit dem Verleiher vereinbarte Arbeitsentgelt. Diese Bedingungen können zwischen Entleiher und Leiharbeitnehmer einvernehmlich durch Vertrag abgeändert werden. Das gesetzliche Arbeitsverhältnis kann der Leiharbeitnehmer und der Entleiher ordentlich oder außerordentlich kündigen. Der Leiharbeitnehmer kann auch Kündigungsschutz

965 Kritisch dazu auch *Neighbour/Schröder*, BB 2016, 2869, 2872 f.

nach dem KSchG beanspruchen, jedoch nur, wenn der persönliche und betriebliche Anwendungsbereich nach §§ 1, 23 KSchG eröffnet ist.

Ersichtlich wurde, dass das AÜG, das als Arbeitnehmerschutzrecht konzipiert ist,[966] seinem Schutzbestreben teils nicht gerecht wird und diesen mit der derzeitigen Praxis zur Rechtsfolge bei nicht gesetzmäßiger Arbeitnehmerüberlassung sogar ins Gegenteil verkehren kann. Dem Leiharbeitnehmer wird durch die fehlende nach § 1 AÜG erforderliche Arbeitnehmerüberlassungserlaubnis sein bestehendes Arbeitsverhältnis zum Verleiher genommen, da dieses wegen der fehlenden Überlassungserlaubnis nach § 9 Nr. 1 AÜG unwirksam wird. Gleichzeitig entsteht – sogar gegen seinen Willen – ein Arbeitsverhältnis zu einem Arbeitgeber, ohne dass dies auch im Hinblick auf die Konditionen des dann gesetzlich geschaffenen Arbeitsverhältnisses in seinem Einverständnis geschieht. Der Arbeitnehmer hat bei strengem Wortlautverständnis der §§ 9 Nr. 1, 10 Abs. 1 AÜG *de lege lata* nur die Möglichkeit der Eigenkündigung, um sich von dem unter Umständen gegen seinen Willen gesetzlich geschaffenen Arbeitsverhältnisses zu lösen. Eigenkündigungen können jedoch im Hinblick auf die dann drohende Arbeitslosigkeit des Arbeitnehmers zu Sperrzeiten des Bezugs von Arbeitslosengeld gem. § 159 SGB III führen. Der Arbeitnehmer wird folglich kraft Gesetz im schlimmsten Falle in eine wirtschaftliche Notlage gedrängt, durch ein Gesetz, das sich zum obersten Ziel gemacht, Arbeitnehmer zu schützen.

In der durch Gesetz erfolgten Beendigung des willentlich und wissentlich geschlossenen Arbeitsverhältnisses zum Verleiher und gleichzeitigen Entstehung des gesetzlichen Arbeitsverhältnisses zum Entleiher ist ein erheblicher Eingriff in die nach Art. 12 Abs. 1 GG geschützte Berufswahlfreiheit und Schutz vor einem aufgedrängten Vertragspartner des Arbeitnehmers und die nach Art. 2 Abs. 1 GG geschützte Privatautonomie zu sehen, die unter Beachtung der derzeitigen gesetzlichen Regelung nicht gerechtfertigt sind.

Auch der Entleiher sieht sich wegen der nach §§ 9 Nr. 1 und 10 Abs. 1 AÜG statuierten Rechtsfolge der Entstehung eines gesetzlichen Arbeitsverhältnisses zum Leiharbeitnehmer einem Arbeitsverhältnis mit Rechten und Pflichten ausgesetzt, das er weder wissentlich noch willentlich begründet hat. Der Entleiher muss nicht einmal dazu beigetragen haben, dass die Rechtsfolgen der §§ 9, 10 AÜG eintreten, denn auf die Kenntnis des Entleihers von der fehlenden, aber nach § 1 Abs. 1 S. 1 AÜG erforderlichen Überlassungserlaubnis kommt es nicht an. Die Entstehung des gesetzlichen Arbeitsverhältnisses nach § 10 Abs. 1 AÜG tritt auch bei Gutgläubigkeit des Entleihers ein. Auch der Entleiher ist durch die Beendigung des Arbeitnehmerüberlassungsvertrags gem. § 9 Nr. 1 AÜG und die Entstehung eines gesetzlichen Arbeitsverhältnisses gem. § 10 Abs. 1 AÜG in seiner durch Art. 2 Abs. 1 GG geschützten Privatautonomie erheblich betroffen.

---

966 Vgl. LAG Hessen Urteil v. 06.03.2001 -2/9 Sa 1246/00, NZA-RR 2002, 73, Rn. 45 (zit. nach juris); BAG Urteil v. 30.01.1991 -7 AZR 497/89, BAGE 67, 124–146, Rn. 38 (zit. nach juris).

Ein Eingriff in die nach Art. 12 Abs. 1 GG geschützte Berufswahlfreiheit und den durch Art. 2 Abs. 1 GG gewährten Schutz vor einem aufgedrängten Vertragspartner und Gewährleistung der Privatautonomie, kann im Rahmen einer verfassungskonformen Auslegung der § 9 Nr. 1 und 10 Abs. 1 AÜG *de lege lata* durch eine schadensersatzrechtliche Lösung und, wollte man einem strengen Wortlaut- und Sinnverständnis der §§ 9 Nr. 1, 10 Abs. 1 AÜG folgen, *de lege ferenda* durch die Statuierung eines Widerspruchsrecht des Arbeitnehmers gegen die Wirksamkeit eines gesetzlichen Arbeitsverhältnisses zum Entleiher nach § 10 Abs. 1 AÜG verhindert werden.

Im Rahmen eines Schadensersatzanspruchs des Leiharbeitnehmers *de lege lata* gem. § 280 Abs. 1 BGB i. V. m. §§ 11 Abs. 3 S. 1, 1 Abs. 1 S. 1 AÜG könnte der Leiharbeitnehmer im Wege der Naturalrestitution einen Anspruch auf Abschluss eines Leiharbeitsvertrags entsprechend dem zuvor geschlossenen Leiharbeitsvertrag mit dem Verleiher gegen den Verleiher geltend machen. Dem Entleiher kommt ein Regressanspruch in Höhe der durch das gesetzliche Arbeitsverhältnis erlittenen Vermögenseinbußen gegen den Verleiher aus § 280 Abs. 1 i. V. m. § 12 AÜG vor Tätigkeitsaufnahme oder § 536a Abs. 1, 2. Alt. BGB analog i. V. m. § 12 AÜG nach Tätigkeitsaufnahme des Leiharbeitnehmers zu, wenn der Verleiher dem Entleiher wahrheitswidrig über das Bestehen der Arbeitnehmerüberlassungserlaubnis informiert.

In Anlehnung an die Regelungen des Kündigungsschutzgesetzes, die in §§ 4, 7 KSchG auch eine Fiktion, nämlich die Rechtswirksamkeit einer Kündigung, enthalten, ist es unter Berücksichtigung der Interessen der beteiligten Parteien gerechtfertigt, dass der Leiharbeitnehmer innerhalb einer Frist von drei Wochen ab positiver Kenntnis der der illegalen Arbeitnehmerüberlassung begründenden Umstände schriftlich Widerspruch beim Verleiher gegen die Wirksamkeit des gesetzlichen Arbeitsverhältnisses zum Entleiher erheben muss. Wie im Rahmen der Kündigungsschutzregelungen muss dem Leiharbeitnehmer eine zu § 5 KSchG entsprechende Regelung für einen unverschuldet zu spät erhobenen Widerspruch eingeräumt werden. Die Interessen im Rahmen des Kündigungsschutzes und der durch §§ 9 Nr. 1, 10 Abs. 1 AÜG geschaffenen Rechtsfolgen sind vergleichbar. Die Parteien haben ein schnellstmögliches Interesse daran, festzustellen, zwischen welchen Parteien ein Arbeitsverhältnis besteht.

Ein Wahlrecht des Leiharbeitnehmers analog § 12 KSchG kommt mangels vergleichbarer Interessenlage nicht in Betracht, denn der von der illegalen Arbeitnehmerüberlassung betroffene Leiharbeitnehmer hat nicht die Wahl zwischen zwei Arbeitsverhältnissen, da er sich bei illegaler Arbeitnehmerüberlassung nur im gesetzlichen Arbeitsverhältnis zum Entleiher befindet. Außerdem wird der Leiharbeitnehmer bei der illegalen Arbeitnehmerüberlassung ohne Wissen und Wollen in ein gesetzliches Arbeitsverhältnis mit dem Entleiher gebracht, wohingegen der von dem Wahlrecht des § 12 KSchG betroffene Arbeitnehmer die Wahlrechtssituation mit Wissen und Wollen herbeigeführt hat, da er sich während des laufenden Kündigungsschutzprozesses um ein neues Arbeitsverhältnis bemüht hat.

Die Einräumung eines Widerspruchsrechts des Leiharbeitnehmers gegen die Entstehung des gesetzlichen Arbeitsverhältnisses zum Entleiher stützt das Ziel des Arbeitnehmerschutzes des AÜG, denn der Leiharbeitnehmer würde nicht mehr durch Gesetz in ein Arbeitsverhältnis unwillentlich und sogar unwissentlich verbracht und könnte bei Bedarf sein wissentlich und willentlich begründetes Arbeitsverhältnis behalten.

Ein Widerspruchsrecht gem. § 613a Abs. 6BGB analog kommt nicht in Betracht, da zwar eine vergleichbare Interessenlage, aber keine planwidrige Regelungslücke vorliegt.

Daher bleibt zur Statuierung eines Widerspruchsrechts nur die Implementierung eines Widerspruchsrechts des Leiharbeitnehmers in das AÜG. Systematisch empfiehlt es sich, das Widerspruchsrecht in § 10 AÜG als Abs. 2 nachfolgend der Entstehung des gesetzlichen Arbeitsverhältnisses aus Abs. 1 einzurichten. Das Widerspruchsrecht des Leiharbeitnehmers hat dabei zweierlei Wirkungen. Zum einen verhindert er die Wirksamkeit eines gesetzlichen Arbeitsverhältnisses zum Entleiher. Gleichzeitig muss das Widerspruchsrecht auch die Wirkungen des § 9 Nr. 1 AÜG jedenfalls für den Zeitraum der Widerspruchsfrist außer Kraft setzen, also für den Zeitraum der Widerspruchserhebung die Wirksamkeit des Leiharbeitsvertrags unberührt lassen. Der Widerspruch ist schriftlich gegenüber dem Verleiher innerhalb von drei Wochen nach positiver Kenntnis von den die illegale Arbeitnehmerüberlassung begründenden Umständen durch den Leiharbeitnehmer zu erheben. Bei unverschuldeter Säumnis der Geltendmachung innerhalb drei Wochen nach Kenntnis kann der Widerspruch auch nachträglich zugelassen werden. Aus verfahrensrechtlicher Perspektive muss der betroffene Arbeitnehmer im Rahmen einer Feststellungsklage gegen den Verleiher auf Feststellung des (weiteren) Bestehens eines Arbeitsverhältnisses zum Verleiher auch die Wirksamkeit des Widerspruchs geltend machen. Denn nur so kann die Wirksamkeit des gesetzlichen Arbeitsverhältnisses i. S. d. § 10 Abs. 1 AÜG verhindert werden. Besteht Streit über die Entstehung des gesetzlichen Arbeitsverhältnisses zum Entleiher, kann der Leiharbeitnehmer auch diesbezüglich Feststellungsklage erheben, um festzustellen, dass ein gesetzliches Arbeitsverhältnis zum Entleiher besteht.

Den Arbeitnehmer trifft die diesbezügliche Darlegungs- und Beweislast, wobei der Arbeitnehmer sowohl gegen den Verleiher als auch gegen den Entleiher einen Auskunftsanspruch geltend machen kann.

Eine anderweitige Möglichkeit zur Verhinderung der Rechtsfolgen der §§ 9 Nr. 1, 10 Abs. 1 AÜG kommt nicht in Betracht. Eine vertragliche Abbedingung der Fiktion nach § 10 Abs. 1 AÜG zwischen Verleiher und Entleiher ist nicht möglich, da eine solche Vereinbarung ein Vertrag zu Lasten Dritter darstellt und diese daher nicht wirksam wäre. Einzig eine Vereinbarung zur Abbedingung der Folgen der §§ 9 Nr. 1, 10 Abs. 1 AÜG im Rahmen einer Vereinbarung zwischen Verleiher und Leiharbeitnehmer erscheint möglich, ist aber wegen eines Verstoßes gegen § 138 BGB unwirksam. Denn das wesentliche oder sogar einzige Motiv der Abbedingung der Fiktion seitens des Verleihers wird sein, die strengeren Voraussetzungen wegen der Erforderlichkeit einer Überlassungserlaubnis zur Durchführung einer

Arbeitnehmerüberlassung zu umgehen. Gleichzeitig wird der Leiharbeitnehmer keine Wahl zum Abschluss der Abbedingung der Folgen der §§ 9 Nr. 1, 10 Abs. 1 AÜG haben. Würde die Abbedingung möglich sein, würde das dazu führen, dass Leiharbeitnehmer nur dann vermittelt werden, wenn eine solche Vereinbarung zur Abbedingung der §§ 9 Nr. 1, 10 Abs. 1 AÜG zwischen Verleiher und Leiharbeitnehmer geschlossen wurde. Schließt der Leiharbeitnehmer eine solche Vereinbarung nicht ab, wird der Verleih dieses Leiharbeitnehmers deutlich weniger attraktiv sein als der von Leiharbeitnehmern, die die Abbedingung vereinbart haben. Dies führt unweigerlich dazu, dass der Leiharbeitnehmer, der die Wirkung der §§ 9 Nr. 1, 10 Abs. 1 nicht abbedingt, weniger Einsatzmöglichkeiten erhält und dies daher im äußersten Fall zur betriebsbedingten Kündigung des Leiharbeitnehmers durch den Verleiher führen würde.

Die zum 01.04.2017 in Kraft tretende Reformierung des AÜG soll den Schutz des Leiharbeitnehmers bezwecken, führt aber im Ergebnis zu einer höheren Belastung des Leiharbeitnehmers. Formal bekommt der Leiharbeitnehmer nach § 9 Abs. 1 Nr. 1 – 1b AÜG nF die Möglichkeit, zu erklären, an seinem Leiharbeitsverhältnis mit dem Verleiher festhalten zu wollen. Diese Festhalteerklärung ist kenntnisunabhängig innerhalb von vier Wochen nach Eintritt des Unwirksamkeitstatbestand der § 9 Abs. 1 Nr. 1 – 1b AÜG nF bei der Agentur für Arbeit persönlich durch den Leiharbeitnehmer abzugeben, der wiederum im Anschluss dafür Sorge zu tragen hat, dass innerhalb von weiteren drei Tagen diese Erklärung dem Ver- oder Entleiher zugeht. Der Leiharbeitnehmer muss daher innerhalb von vier Wochen ab dem Zeitpunkt der Unwirksamkeit der der Arbeitnehmerüberlassung zugrundeliegenden Vertragsverhältnisse zunächst selbst (!) erkennen, dass ein Unwirksamkeitstatbestand des § 9 Abs. 1 Nr. 1 – 1b AÜG nF möglicherweise vorliegt, gegebenenfalls sodann eine rechtliche Prüfung vornehmen, ob es sich bei dem Fremdpersonaleinsatz um Arbeitnehmerüberlassung handelt oder er doch als Erfüllungsgehilfe im Rahmen eines Werk-/Dienstvertrags tätig wird, dann zudem innerhalb einer Vier-Wochen-Frist die Festhalteerklärung bei der Agentur für Arbeit abgeben und diese schließlich innerhalb von drei Tagen dem Ver- oder Entleiher zugehen lassen.

4. Teil: Haftung

Die Arbeit wechselt im letzten Kapitel ihrer Betrachtung der Arbeitnehmerüberlassung aus vertragsrechtlicher Perspektive auf die Sekundärebene. Dem AÜG mangelt es auch nach der Reform 2011 an ausreichenden Haftungsbestimmungen. Der Gesetzgeber hat nahezu vollständig auf eine Regulierung der Haftung im Dreiecksverhältnis verzichtet,[967] sodass auf die allgemeinen Grundsätze des Haftungsrechts zurückzugreifen ist und diese auf die Besonderheit der Dreieckskonstellation bei der Arbeitnehmerüberlassung zu übertragen sind.

Wegen der der Arbeitnehmerüberlassung zugrunde liegenden Dreieckskonstellation bestehen Haftungsfragen sowohl im Leiharbeitsverhältnis, im Arbeitnehmerüberlassungsverhältnis, als auch im Beschäftigungsverhältnis zwischen Leiharbeitnehmer und Entleiher. Neben der Anwendbarkeit der allgemeinen haftungsrechtlichen Normen des BGB wird auch die spezialgesetzliche Haftung auf Grundlage des AÜG betrachtet. Freilich ist eine Vielzahl von Haftungsfällen denkbar, deren Betrachtung der Haftung den Rahmen dieser Arbeit sprengen würde. Es sollen daher bei der vertraglichen Haftung die Verletzung eines Arbeitnehmers, die Sachbeschädigung, Nichtleistung, die Schlechtleistung und weitere Nebenpflichtverletzungen aus vertragsrechtlicher Perspektive auf der Sekundärebene beleuchtet werden. Die gesetzliche Haftung bleibt aufgrund der eingenommenen vertragsrechtlichen Perspektive außer Betracht.

§ 13 Haftung des Leiharbeitnehmers

Zunächst ist die Haftung des Leiharbeitnehmers näher zu betrachten, insbesondere dahingehend, ob sich aus dem der Arbeitnehmerüberlassung zugrunde liegenden Dreieckskonstellation besondere Haftungskonstellationen gegenüber einem normalen Arbeitsverhältnis i. S. d. §§ 611 ff. BGB ergeben.

A. Vertragliche Haftung des Leiharbeitnehmers gegenüber dem Verleiher

Die der Leiharbeit zugrunde liegende Dreieckskonstellation birgt die Besonderheit, dass es sich im Rahmen der Haftungsfälle um Pflichtverletzungen bei der Tätigkeit des Leiharbeitnehmers handelt, die dieser aber grundsätzlich im Betrieb des Entleihers begehen wird und daher dessen Betriebsmittel und nicht die des Verleihers beschädigt werden.[968] Die Betriebsmittel des Verleihers werden üblicherweise nicht beschädigt, da der Verleiher meist über keinen eigenen Betrieb verfügt, in dem er

967 So auch schon *Becker*, NJW 1976, 1827; *Walker*, AcP 194 (1994), 295, 296.
968 Schüren/*Brors*, AÜG Einl. Rn. 447.

den Leiharbeitnehmer beschäftigen könnte, da die wirtschaftliche Tätigkeit des Verleihers ausschließlich in der Verleihung von Leiharbeitnehmern an Dritte liegt.[969] Gleichwohl besteht die Möglichkeit, dass auch Betriebsmittel und Arbeitnehmer des Verleihers durch eine Pflichtverletzung des Leiharbeitnehmers betroffen sind.

I. Anspruchsgrundlage und Schuldverhältnis

Als Anspruchsgrundlage einer vertraglichen Haftung des Leiharbeitnehmers gegenüber dem Verleiher sind die §§ 280 ff. BGB i. V. m. § 611 BGB i. V. m. dem Arbeitsvertrag heranzuziehen.

Das dem Schadensersatz zugrunde liegende Leiharbeitsverhältnis zwischen Verleiher und Leiharbeitnehmer ist ein Schuldverhältnis i. S. d. §§ 280 ff. BGB.

II. Pflichtverletzung

Als Pflichtverletzungen kommen grundsätzlich auch die Pflichtverletzungen aus einem „normalen" Arbeitsverhältnis gem. §§ 611 ff. BGB in Betracht.[970]

1. Nichtleistung

Eine Pflichtverletzung des Leiharbeitnehmers ist die Nichtleistung, also die fehlende Tätigkeit des Leiharbeitnehmers im Betrieb des Entleihers trotz Einsatzvereinbarung. Eine Nichtleistung des Leiharbeitnehmers liegt vor, wenn dieser die aus dem Leiharbeitsvertrag geschuldete Leistung im Betrieb des Entleihers überhaupt nicht oder nur an einzelnen Tagen erbringt,[971] obwohl er eine tägliche Arbeitsleistung schuldet.[972]

Der Verleiher hat einen Anspruch gegen den Leiharbeitnehmer auf Ersatz des Schadens, der ihm aufgrund der Nichtleistung des Leiharbeitnehmers beim Entleiher entsteht.[973]

Als Anspruchsgrundlagen kommen grundsätzlich §§ 280 Abs. 1, 3, 281 BGB sowie 286 BGB oder §§ 280 Abs. 1, 3, 283 BGB in Betracht.

§§ 280, 281 BGB sowie 286 BGB setzen tatbestandlich voraus, dass es sich bei der geschuldeten Leistung um eine fällige, noch mögliche geschuldete Leistung des Schuldners handelt, die dieser nicht oder schlecht erbracht hat. Der Leiharbeitnehmer schuldet dem Verleiher aus dem Leiharbeitsvertrag die Arbeitsleistung. Die

---

969 Siehe dazu auch 1. Teil § 3 A.

970 Schüren/*Brors*, AÜG Einl. Rn. 447.

971 *Boemke*, Schuldvertrag, S. 577; Schüren/*Hamann*, AÜG Einl. Rn. 480.

972 Die Nichtleistung des Leiharbeitnehmers kann auch gleichzeitig eine Verletzung der Überlassungspflicht des Verleihers aus dem Arbeitnehmerüberlassungsvertrag darstellen: BeckOK-Arbeitsrecht/*Motz*, § 12 AÜG Rn. 16; siehe auch 4. Teil § 14 B. II. 2.

973 Schüren/*Brors*, AÜG Einl. Rn. 480.

Arbeitsleistung ist ein absolutes Fixgeschäft,[974] sodass die Leistung nicht nachholbar ist und der Arbeitnehmer auch mit seiner Arbeitsleistung selbst nicht in Verzug geraten kann.[975] Daraus folgt, dass als Anspruchsgrundlagen die §§ 280 Abs. 1, 3, 281 BGB und 286 BGB ausgeschlossen sind, da diese eine noch mögliche Leistung voraussetzen.

In Betracht kommt daher als Anspruchsgrundlage für die Pflichtverletzung in Form der Nichtleistung des Leiharbeitnehmers ausschließlich §§ 280 Abs. 1, 3, 283 BGB.

2. *Schlechtleistung*

Auch die Schlechtleistung des Leiharbeitnehmers kann eine Pflichtverletzung aus dem Leiharbeitsvertrag darstellen. Darunter sind die Fälle zu zählen, in denen der Leiharbeitnehmer nicht die geschuldete Leistung mittlerer Art und Güte erbringt.[976] Ein Anspruch kommt in diesen Fällen aus § 280 Abs. 1 BGB in Betracht.[977]

3. *Nebenpflichtverletzungen*

Näher zu beleuchten sind die Nebenpflichtverletzung des Leiharbeitnehmers im Rahmen des gegen ihn gerichteten Anspruchs gem. §§ 280 Abs. 1, 241 Abs. 2 BGB. In Betracht kommen als Schädigungshandlungen des Leiharbeitnehmers zum einen solche, die einen Sachschaden beim Verleiher hervorrufen und zum anderen auch solche, die einen Personen- oder Sachschaden bei anderen Arbeitnehmern des Verleihers zur Folge haben.

Eine Pflichtverletzung i. S. d. § 241 Abs. 2 BGB aus dem Leiharbeitsvertrag liegt dann vor, wenn der Leiharbeitnehmer Arbeitnehmer des Verleihers verletzt und Sachen beschädigt, die im Eigentum des Verleihers oder der Arbeitnehmer des Verleihers stehen oder in einem Personenschaden an einem Arbeitnehmer des Verleihers. Solche Fälle sind im Zeitraum der Überlassung jedenfalls nicht ausgeschlossen. Eine Pflichtverletzung des § 241 Abs. 2 BGB aus dem Leiharbeitsvertrag liegt also dann vor, wenn der Leiharbeitnehmer im Rahmen seiner Tätigkeit andere Leiharbeitnehmer des Verleihers verletzt und dadurch einen Personenschaden hervorruft oder vom Verleiher zur Verfügung gestellte Betriebsmittel, die in dessen Eigentum stehen oder Sachen der Arbeitnehmer des Verleihers beschädigt.

Den Leiharbeitnehmer treffen gegenüber dem Verleiher arbeitsvertragliche Nebenpflichten wie die Wahrung der Verschwiegenheitspflicht und grundsätzlich auch das Wettbewerbsverbot.[978] Bei Verletzung dieser Nebenpflichten kommt ein Schadensersatzanspruch des Verleihers aus §§ 280, 241 Abs. 2 BGB in Betracht.

---

974 *Söllner*, AcP 167(1967), 132, 139.

975 BeckOK-Arbeitsrecht/*Joussen*, § 611 BGB Rn. 361; Moll/*Glaser*, § 24 Entgelt bei Leistungsstörungen, Rn. 1.

976 BeckOK-Arbeitsrecht/*Joussen*, § 611 BGB Rn. 362.

977 BeckOK-Arbeitsrecht/*Joussen*, § 611 BGB Rn. 365.

978 Thüsing/*Thüsing*, AÜG Einf. Rn. 33.

Eine Pflichtverletzung der aus dem Leiharbeitsvertrag resultierenden Pflichten nach § 241 Abs. 2 BGB liegt im Verhältnis zum Verleiher nicht vor, wenn der Leiharbeitnehmer Arbeitnehmer des Entleihers verletzt oder Betriebsmittel des Entleihers beschädigt, da der Leiharbeitnehmer während der Tätigkeit beim Entleiher nicht als Erfüllungsgehilfe des Verleihers nach § 278 BGB handelt.[979]

III. Verschulden

Das Vertretenmüssen des Leiharbeitnehmers wird nicht gem. § 280 Abs. 1 S. 2 BGB vermutet, sondern der Verleiher trägt hinsichtlich des Verschuldens des Leiharbeitnehmers die Darlegungs- und Beweislast gem. § 619a BGB, denn nach § 619a BGB hat der Arbeitnehmer abweichend von § 280 Abs. 1 S. 2 BGB dem Arbeitgeber Ersatz für den aus der Verletzung einer Pflicht aus dem Arbeitsverhältnis entstehenden Schaden nur zu leisten, wenn er die Pflichtverletzung zu vertreten hat.

IV. Schaden

Fraglich ist, wie sich der Schaden des Verleihers darstellt, denn der Leiharbeitnehmer ist entgegen der üblichen Haftungssituation zwischen Arbeitnehmer und Arbeitgeber bei der Verrichtung seiner Tätigkeit nicht im Betrieb des Arbeitgebers, sondern im Betrieb des Entleihers tätig.

Ein Schaden definiert sich als unfreiwillige Einbuße am Vermögen oder anderen Rechtsgütern, wobei auch immaterielle Einbußen erfasst sind.[980]

1. Bei Nichtleistung des Leiharbeitnehmers

Zunächst ist der Schaden des Verleihers bei der Nichterbringung der von dem Leiharbeitnehmer geschuldeten Arbeitsleistung näher zu beleuchten.

Da der Verleiher nicht nur die ordnungsgemäße Auswahl eines qualifizierten Leiharbeitnehmers, sondern auch den Arbeitsantritt des Leiharbeitnehmers beim Entleiher schuldet, muss der Verleiher, wenn der Leiharbeitnehmer keine Arbeitsleistung beim Entleiher erbringt, also im Fall einer Pflichtverletzung in Form der Nichtleistung, diesem eine Ersatzkraft stellen,[981] die er nicht anderweitig einsetzen kann. Dem Verleiher kann auf diesem Wege ein Schaden entstanden sein, da er für

---

979 Schüren/*Hamann*, § 1 AÜG Rn. 313; Urban-Crell/Germakowski/*Bissels*, § 1 AÜG Rn. 34; *Boemke/Lembke*, § 12 AÜG Rn. 39; BAG Urteil v. 27.05.1983 -7 AZR 1210/79, EzAÜG § 611 BGB Haftung Nr. 7 unter III 2; ArbG Frankfurt Urteil v. 10.09.1993 -32 C 1825/93 – 48, NJW-RR 1994, 1014; BGH Urteil v. 09.03.1971 -VI ZR 138/69, NJW 1971, 1129; Urteil v. 13.06.1975 -VI ZR 247/73, NJW 1975, 1695, 1696; *Boemke*, Schuldvertrag, S. 561, 562; Thüsing/*Thüsing*, § 12 AÜG Rn. 32; ErfK/*Wank*, AÜG Einl. Rn. 20; *Walker*, AcP 194 (1994), 295, 298; Erbs/Kohlhaas/*Ambs*, § 1 AÜG Rn. 4; *Becker*, NJW 1976, 1827.

980 BeckOK-ZPO/*Bacher*, § 287 ZPO Rn. 2.

981 Siehe 2. Teil § 7 A. I.

die nur einmal gezahlte Überlassungsvergütung des Entleihers aber im Grunde zwei Leiharbeitnehmer einsetzen musste. Der Schaden des Verleihers, der durch die Nichtleistung des Leiharbeitnehmers im Betrieb des Entleihers verursacht wird, wird daher in der entgangenen Überlassungsvergütung bei einem anderen Entleiher zu sehen sein.[982]

Ein Schaden kann nicht in der Vergütungsleistung des Verleihers an den Leiharbeitnehmer gesehen werden. Eine Vergütung des Leiharbeitnehmers schuldet der Verleiher in den Fällen der Nichtleistung des Leiharbeitnehmers grundsätzlich nach § 11 Abs. 4 S. 2 AÜG i. V. m. § 615 S. 1 BGB. Dies setzt aber eine angebotene Leistung des Leiharbeitnehmers voraus, sodass der Verleiher sich im Annahmeverzug befindet. Liegen die Voraussetzungen für einen Annahmeverzug des Verleihers nicht vor und ist die Leistungspflicht des Leiharbeitnehmers wegen ihres absoluten Fixschuldcharakters nicht nachholbar und damit unmöglich geworden, ist der Verleiher von der Vergütungspflicht nach § 326 Abs. 1 BGB befreit.[983] Daher kann dem Verleiher in diesen Fällen kein Schaden in Form der Vergütung des Leiharbeitnehmers ohne erhaltene Gegenleistung entstehen.

Weiterhin kann sich der Verleiher Schadensersatzansprüchen des Entleihers aus der Verletzung des Überlassungsvertrags ausgesetzt sehen, wenn der Leiharbeitnehmer nicht zur Leistungserbringung im Betrieb des Entleihers antritt, sodass die zur Begleichung dieser Schadensersatzansprüche erforderlichen Kosten ebenso eine unfreiwillige Vermögenseinbuße, mithin einen Schaden des Verleihers darstellen.[984]

2. Bei Schlechtleistung des Leiharbeitnehmers

Im Rahmen des Schadensersatzanspruchs des Verleihers wegen Schlechtleistung des Leiharbeitnehmers im Betrieb des Entleihers entsteht dem Verleiher kein Schaden, sodass im Ergebnis der Verleiher wegen Schlechtleistung des Leiharbeitnehmers keine vertraglichen Schadensersatzansprüche gegen diesen geltend machen kann. Dies liegt daran, dass der Leiharbeitnehmer seine Tätigkeit ausschließlich im Betrieb und damit im Rechts- und Interessenkreis des Entleihers vollzieht und daher ausschließlich dessen Rechtsgüter bei Schlechtleistung betroffen sind. Darüber hinaus schuldet der Verleiher grundsätzlich nicht die mangelfreie Erbringung der Arbeitsleistung des Leiharbeitnehmers, sondern ausschließlich dessen Arbeitsantritt,[985] sodass der Verleiher sich keines Risikos eines Schadensersatzanspruchs durch den Entleiher ausgesetzt sehen muss.[986]

982 *Boemke*, Schuldvertrag, S. 578.
983 BeckOK-Arbeitsrecht/*Joussen*, § 611 BGB Rn. 364.
984 Schüren/*Brors*, AÜG Einl. Rn. 481.
985 Siehe oben unter 2. Teil § 7 A. I.
986 So im Ergebnis auch Schüren/*Brors*, AÜG B. Einl. Rn. 482 ff.

3. *Bei Nebenpflichtverletzungen*

Verstößt der Arbeitnehmer gegen Nebenpflichten i. S. d. § 241 Abs. 2 BGB wie die ihn treffende Verschwiegenheitspflicht oder das Wettbewerbsverbot, ist der konkret entstandene Schaden dem Verleiher nach § 280 Abs. 1 BGB oder bei Unzumutbarkeit der Leistung durch den Leiharbeitnehmer nach §§ 280 Abs. 1, 3, 282 BGB zu ersetzen. Dies gilt ebenso für Sachbeschädigungen an Sachen des Verleihers oder der Arbeitnehmer des Verleihers oder für Personenschäden an Arbeitnehmern des Verleihers.

B. vertragliche Haftung gegenüber dem Entleiher

Eine vertragliche Haftung des Leiharbeitnehmers gegenüber dem Entleiher scheidet mangels vertraglicher Verbindung zwischen diesen aus.[987] Einen vertraglichen Schadensersatzanspruch könnte der Entleiher aber gegenüber dem Leiharbeitnehmer geltend machen, wenn es sich bei dem Leiharbeitsvertrag um einen Vertrag mit Schutzwirkung zugunsten Dritter handelt.

I. Leiharbeitsvertrag als Vertrag mit Schutzwirkung zugunsten Dritter

Voraussetzung für die Einordnung des Leiharbeitsvertrags als Vertrag mit Schutzwirkung zugunsten Dritter ist zunächst, dass der Dritte, also der Entleiher, bestimmungsgemäß den Gefahren der Schlechtleistung des Leiharbeitnehmers ebenso ausgesetzt ist wie der Verleiher. Hierunter versteht man die sog. Leistungsnähe.[988] Weiterhin muss ein schutzwürdiges Interesse des Gläubigers an der Einbeziehung des Dritten bestehen.[989] Dieses liegt vor, wenn der Gläubiger für das „Wohl und Wehe" des Dritten mitverantwortlich ist und ihm Schutz und Fürsorge schuldet.[990] Dies ist insbesondere bei Rechtsbeziehungen mit personenrechtlichem Einschlag der Fall.[991] Diese beiden Aspekte müssen darüber hinaus für den Schuldner, also den Leiharbeitnehmer, erkennbar sein.[992]

---

987 *Walker*, AcP 194 (1994), 295, 300; siehe zum Rechtsverhältnis zwischen Entleiher und Leiharbeitnehmer oben unter 2. Teil § 8.

988 MüKo/*Gottwald*, § 328 BGB Rn. 181; BeckOK-BGB/*Janoschek*, § 328 BGB Rn. 51; Schulze/*Schulze*, § 328 BGB Rn. 15; BGH Urteil v. 02.07.1996 -X ZR 104/94, NJW 1996, 2927, 2928 ff.; OLG Koblenz Teilurteil v. 02.04.2014 -5 U 311/12, BeckRS 2014, 08625; *Gernhuber*, in: FS Nikisch, 1958, S. 249, 270; *Musielak*, VersR 1977, 973, 978; *Kropholler*, Studienkommentar BGB, Vor § 328 BGB, Rn. 10; *Medicus/Petersen*, Bürgerliches Recht, Rn. 844; *Worpenberg*, S. 179.

989 *Medicus/Petersen*, Bürgerliches Recht, Rn. 845; *Kropholler*, Studienkommentar BGB, Vor – § 328 BGB, Rn. 10; *Worpenberg*, S. 179.

990 BGH Urteil v. 16.10.1963 -VIII ZR 28/62, NJW 1964, 33, 34 ff.; Urteil v. 30.09.1969 -VI ZR 254/67, NJW 1970, 38, 40.

991 Palandt/*Grüneberg*, § 328 BGB Rn. 17a.

992 BGH Urteil v. 22.01.1968 -VIII ZR 195/65, BGHZ 49, 350, 354 Rn. 21 (zit. nach juris); Urteil v. 15.06.1971 -VI ZR 262/69, BGHZ 56, 269, 273 Rn. 23 (zit. nach juris); Urteil

Da der Leiharbeitnehmer grundsätzlich nur im Betrieb des Entleihers tätig wird,[993] trifft den Entleiher naturgemäß eine Schlechtleistung genauso wie den Verleiher, wenn nicht gar in größerem Maße als den Verleiher. Dies ist für den Leiharbeitnehmer auch erkennbar, da er sich im Leiharbeitsvertrag mit der Erbringung seiner geschuldeten Tätigkeit im Drittbetrieb einverstanden erklärt.[994] Allerdings fehlt es dem Verleiher am Interesse, den Entleiher vor einer Schlechtleistung des Leiharbeitnehmers zu schützen. Denn der Verleiher schuldet dem Entleiher aus dem Arbeitnehmerüberlassungsvertrag nicht die mangelfreie Tätigkeit des Leiharbeitnehmers, sondern nur die Auswahl und den Arbeitsantritt eines ausreichend qualifizierten Leiharbeitnehmers.[995] Ein rechtlich relevantes Interesse an der mangelfreien Erbringung der Arbeitsleistung beim Entleiher durch den Leiharbeitnehmer hat der Verleiher nicht, allenfalls ein wirtschaftliches Interesse.[996]

Die Voraussetzungen, um den Leiharbeitsvertrag als Vertrag mit Schutzwirkung zugunsten Dritter zu qualifizieren, liegen daher nicht vor.[997]

II. Drittschadensliquidation

Die Drittschadensliquidation betrifft die Fälle, in denen aufgrund besonderer Umstände der Anspruchsinhaber keinen Schaden erleidet, sondern bei einem Dritten eintritt, mit dem der Anspruchsinhaber in rechtlicher Verbindung steht.[998] Der Entleiher könnte im Wege der Drittschadensliquidation einen Anspruch gegen den Leiharbeitnehmer geltend machen, indem er vom Verleiher Abtretung des Schadensersatzanspruchs nach § 285 BGB verlangt, wenn die Voraussetzungen einer Drittschadensliquidation vorliegen. Voraussetzung der Drittschadensliquidation ist eine zufällige Schadensverlagerung aus Schädigersicht, die diesem nicht zugutekommen soll.[999]

---

v. 19.09.1973 -VIII ZR 175/72, BGHZ 61, 227, 234 Rn. 24 ff. (zit. nach juris); Urteil v. 12.11.1979 -II ZR 174/77, BGHZ 75, 321, 323 Rn. 6 (zit. nach juris); Schulze/*Schulze*, § 328 BGB Rn. 17; *Walker*, AcP 194 (1994), 295, 315; *Kropholler*, Studienkommentar BGB, Vor § 328 BGB, Rn. 10; *Worpenberg*, S. 180.

993 Da der Verleiher bei der Überlassung i. S. d. AÜG über keinen eigenen Betrieb zur Beschäftigung des Leiharbeitnehmers verfügt, siehe 1. Teil § 4 B.

994 „Leistungsnähe ist evident“: Schüren/*Schüren*, AÜG Einl. Rn. 130 ff.; so auch *Walker*, AcP 194 (1994), 295, 315.

995 Siehe oben 2. Teil § 7 A. I.

996 Vgl. *Walker*, AcP (194) 1994, 295, 316, der aber der Auffassung ist, dass es auf ein Einbeziehungsinteresse des Gläubigers nicht ankomme.

997 So im Ergebnis auch Schüren/*Schüren*, AÜG Einl. Rn. 130 ff.; a. A. Schaub/*Koch*, Arbeitsrechtshandbuch, § 120 Arbeitnehmerüberlassung, Rn. 66; *Walker*, AcP (194) 1994, 295, 316.

998 *Kropholler*, Studienkommentar BGB, Vor §§ 249 – 253 Rn. 23 ff.; MüKo/*Oetker*, § 249 BGB Rn. 289 ff.

999 MüKo/*Oetker*, § 249 BGB Rn. 289 ff.

1. Bei Nichtleistung des Leiharbeitnehmers

Der Entleiher kann im Wege der Drittschadensliquidation bei Nichtleistung des Leiharbeitnehmers nur dann einen Anspruch gegen diesen geltend machen, wenn Schaden und Anspruch auseinanderfallen.

Der Arbeitnehmerüberlassungsvertrag ist ein Dauerschuldverhältnis, aufgrund dessen der Verleiher dem Entleiher während der gesamten Dauer des Vertrags die Auswahl, Zurverfügungstellung und den Arbeitsantritt eines ausreichend qualifizierten Leiharbeitnehmers mittlerer Art und Güte schuldet.[1000] Die Leistungspflicht des Verleihers ist daher grundsätzlich, außer im Fall der individualisierten Überlassung, nicht bereits durch die einmalige Auswahl, Zurverfügungstellung und den Arbeitsantritt des Leiharbeitnehmers erfüllt.[1001] Nimmt der Leiharbeitnehmer während der Überlassung die Tätigkeit beim Entleiher nicht auf, ist darin eine Nichterfüllung der dem Verleiher obliegenden Verpflichtung zur Überlassung zu sehen, wobei der Verleiher dies auch dann zu vertreten hat, wenn der Leiharbeitnehmer ohne eigenes Verschulden seine Tätigkeit beim Entleiher nicht aufnimmt oder die Arbeit einstellt.[1002] Der Entleiher kann in diesen Fällen einen Anspruch gegen den Verleiher aus §§ 280 Abs. 1, 3, 281 Abs. 1 BGB wegen aufgrund der Nichtleistung eingetretener Schäden geltend machen.[1003] Es fehlt daher bei der Nichtleistung des Leiharbeitnehmers im Betrieb des Entleihers an einem Auseinanderfallen von Anspruch und Schaden.[1004] Die Voraussetzungen der Drittschadensliquidation liegen für den Fall der Nichtleistung des Leiharbeitnehmers daher nicht vor.

2. Bei Schlechtleistung des Leiharbeitnehmers

Die Geltendmachung eines Schadensersatzanspruchs im Wege der Drittschadensliquidation durch den Entleiher könnte daher nur bei Schlechtleistung des Leiharbeitnehmers in Betracht kommen,[1005] da der Entleiher, wie zuvor gezeigt, bei der Nichtleistung des Leiharbeitnehmers einen eigenen Schadensersatzanspruch gegen den Verleiher hat und somit seinen Schaden liquidieren kann.[1006]

Bei der Schlechtleistung des Leiharbeitnehmers, der im Übrigen leistungsbereit und leistungswillig ist, hat der Entleiher in der Regel keinen Anspruch gegen den Verleiher, da der Verleiher aus dem Arbeitnehmerüberlassungsvertrag nicht die Leistung des Leiharbeitnehmers und daher auch nicht die Mangelfreiheit der Leistung schuldet.[1007] Ein Schaden kann dem Entleiher gleichwohl entstehen, denkt

---

1000 Siehe 2. Teil § 7 A. I.
1001 Siehe 2. Teil § 7 A. I. 4.
1002 Siehe dazu unten; so Schüren/*Schüren*, AÜG Einl. Rn. 140.
1003 Siehe dazu 4. Teil § 14 B. II. 2.
1004 So auch Schüren/*Schüren*, AÜG Einl. Rn. 143.
1005 *Konzen*, ZfA 1982, 259, 280 f.; *Gick*, S. 117; Schüren/*Schüren*, AÜG Einl. Rn. 134.
1006 Siehe dazu unter 3. Teil § 14 B. II. 2.
1007 Siehe dazu unter 2. Teil § 7 A. I. 3. c.

man an vergessene Bestellungen des Leiharbeitnehmers oder das Löschen von Dateien.[1008] Würde es sich um ein normales Arbeitsverhältnis handeln, wäre dieser Schaden nicht beim Dritten, sondern beim Arbeitgeber entstanden. Zwar ist daher eine Schadensverlagerung bei der Arbeitnehmerüberlassung erkennbar, insoweit die Schlechtleistung des Leiharbeitnehmers nur einen Schaden im Betrieb des Entleihers herbeiführen kann, da der Leiharbeitnehmer nur in dessen Betrieb tätig wird. Allerdings handelt es sich dabei nicht um eine *zufällige* Schadensverlagerung bei der Arbeitnehmerüberlassung, da der Leiharbeitnehmer schon zu Beginn des Leiharbeitsvertrags dazu verpflichtet ist, bei einem gegebenenfalls noch zu bestimmenden Dritten nach dessen Weisungen tätig zu werden. Daher ist schon zu Beginn der Arbeitnehmerüberlassung für alle beteiligten Parteien klar, dass der Leiharbeitnehmer seine geschuldete Leistung im Betrieb des Entleihers erbringen wird und sich daher die Folgen einer Schlechtleistung des Leiharbeitnehmers ausschließlich in der Sphäre des Entleihers auswirken können.[1009] Es mangelt daher an der zufälligen Schadensverlagerung und an einer Gefahrtragungsregelung zum Nachteil des Entleihers, die der Korrektur bedürfte.[1010] Es besteht zudem kein allgemeiner Rechtsgrundsatz, nach dem ein Schädiger keinen Vorteil davon haben darf, dass sein Gläubiger keinen Schaden erleidet.[1011] Auch die Geltendmachung eines vertraglichen Schadensersatzanspruchs wegen Schlechtleistung des Leiharbeitnehmers im Betrieb des Entleihers im Wege der Drittschadensliquidation kann wegen fehlender Zufälligkeit[1012] der Schadensverlagerung nicht erfolgen.[1013] Im Wege der Drittschadensliquidation kann der Entleiher daher keine vertraglichen Ansprüche gegen den Leiharbeitnehmer geltend machen.[1014]

3. *Bei Nebenpflichtverletzungen*

Auch bei Verletzung von Nebenpflichten gem. § 241 Abs. 2 BGB, wie der Beschädigung von Betriebsmitteln des Entleihers, fehlt es an der zuvor benannten zufälligen Schadensverlagerung, da auch bei Nebenpflichtverletzungen den an den Arbeitnehmerüberlassung beteiligten Parteien von vorneherein klar war, dass Nebenpflichtverletzungen des Leiharbeitnehmers beim Entleiher und nicht beim Verleiher zu einem Schaden führen werden.[1015] Eine Haftung des Leiharbeitnehmers gegenüber dem Entleiher kommt daher aus Drittschadensliquidation nicht in Betracht.

1008 Schüren/*Schüren*, AÜG Einl. Rn. 145.

1009 Schüren/*Schüren*, AÜG Einl. Rn. 147.

1010 *Walker*, AcP (194) 1994, 295, 305; so auch Schüren/*Schüren*, AÜG Einl. Rn. 147.

1011 BGH Urteil v. 10.07.1963 -VIII ZR 204/61, BGHZ 40, 99 Rn. 32 (zit. nach juris).

1012 *Medicus/Petersen*, Bürgerliches Recht, Rn. 841; BeckOK-BGB/*Janoschek*, § 328 BGB Rn. 49; *Walker* AcP 194 (1994) 295, 303.

1013 *Walker*, AcP (194) 1994, 295, 303; so auch Schüren/*Schüren*, AÜG Einl. Rn. 146.

1014 So auch Schüren/*Schüren*, AÜG Einl. Rn. 146.

1015 BGH Urteil v. 10.07.1963 -VIII ZR 204/61, BGHZ 40, 91, 100 ff.; Schüren/*Schüren*, AÜG Einl. Rn. 148.

C. Vorvertragliche Haftung

Gegenüber dem Entleiher kommt eine vorvertragliche Haftung des Leiharbeitnehmers aus §§ 311 Abs. 2 Nr. 3, 241 Abs. 2, 280 Abs. 1 BGB wegen der Verletzung von Treuepflichten in Betracht.[1016] Dies kann der Fall sein, wenn der Leiharbeitnehmer Betriebs- und Geschäftsgeheimnisse des Entleihers verrät.[1017] Gegenüber dem Verleiher richtet sich die vorvertragliche Haftung des Leiharbeitnehmers nach §§ 311 Abs. 2 Nr. 2, 241 Abs. 2, 280 Abs. 1 BGB.[1018] Ein solcher Anspruch des Verleihers ergibt sich zum Beispiel, wenn der Leiharbeitnehmer beim Vorstellungsgespräch beim Verleiher wahrheitswidrig angibt, bestimmte Arbeiten verrichten zu können.

D. Anwendbarkeit des gesetzlichen Arbeitnehmerhaftungsprivilegs

Nachdem die Haftung des Leiharbeitnehmers gegenüber dem Verleiher und dem Entleiher beleuchtet wurde, ist fraglich, ob das für den „normalen" Arbeitnehmer geltende, gesetzliche Haftungsprivileg des § 105 SGB VII auch auf den Leiharbeitnehmer Anwendung findet.

§ 105 SGB VII beschränkt die Haftung des schädigenden Arbeitnehmers für Personenschäden durch Personen, die demselben Betrieb angehören wie dem Geschädigten.[1019] Die Haftungsbeschränkung des § 105 SGB VII setzt voraus, dass ein Versicherungsfall i. S. d. § 8 SGB VII vorliegt und dieser Versicherungsfall des Versicherten durch eine betriebliche Tätigkeit des Arbeitnehmers herbeigeführt wurde. Eine tatsächliche Beschäftigung reicht für die Annahme einer betrieblichen Tätigkeit bereits aus. Es kommt nicht darauf an, dass sowohl der Schädiger als auch der Geschädigte arbeitsvertraglich im selben Betrieb beschäftigt sind. Für die Anwendung des Haftungsprivilegs kann der Arbeitnehmer auch lediglich nur vorübergehend in den Betrieb des Versicherungsnehmers beschäftigt und eingegliedert sein.[1020]

Die Arbeitnehmerüberlassung zeichnet sich insbesondere durch die Eingliederung des Arbeitnehmers in den Betrieb des Entleihers aus und grenzt sich dadurch von anderen Formen des Fremdpersonaleinsatzes ab.[1021] Der Leiharbeitnehmer wird

1016 Siehe 3. Teil § 8.

1017 Für den Arbeitnehmer: BeckOK-Arbeitsrecht/*Joussen*, § 611 BGB Rn. 405 ff.

1018 Daneben kommen noch Ansprüche aus Gefährdungshaftung in Betracht, vgl. *Pallasch*, RdA 2013, 338, oder auch die deliktische Haftung des Leiharbeitnehmers aus §§ 823 ff. BGB oder 826 BGB, die aber aufgrund der eingenommenen vertraglichen Perspektive nicht Gegenstand dieser Untersuchung sind.

1019 Staudinger/*Richardi/Fischinger*, § 619a BGB Rn. 86.

1020 BAG Urteil v. 15.02.1974 -2 AZR 57/73, BAGE 25, 514; Urteil v. 19.02.2009 -8 AZR 188/08, NZA-RR 2010, 123; Staudinger/*Richardi/Fischinger*, § 619a BGB Rn. 90; LAG Berlin-Brandenburg Urteil v. 30.07.2013 -7 Sa 688/13, BeckRS 2013, 73197.

1021 Siehe oben 1. Teil § 4 B.

wie ein Beschäftigter des Entleihers in dessen Betrieb tätig.[1022] Da Leiharbeitnehmer zudem im Betrieb des Entleihers eine versicherte Tätigkeit gem. § 2 Abs. 2 S. 1 SGB VII ausüben, liegen die Voraussetzungen des § 105 SGB VII vor.[1023] Das Haftungsprivileg des § 105 SGB VII ist folglich auch im Verhältnis zwischen Leiharbeitnehmer und Arbeitnehmern des Entleihers und des Verleihers anwendbar.[1024]

Würde der anspruchsinhabende Arbeitnehmer des Entleihers oder des Verleihers wegen eines eigens erlittenen Personenschadens durch den Leiharbeitnehmer diesen in Haftung nehmen wollen, wäre dieser Anspruch gem. § 105 SGB VII demnach ausgeschlossen.

Vom Haftungsprivileg des § 105 SGB VII sind jedoch keine Sachschäden umfasst[1025] und auch nicht solche Schäden, die der (Leih-)Arbeitnehmer durch vorsätzliches Handeln herbeigeführt hat.[1026] Verursacht der Leiharbeitnehmer bei Arbeitnehmern des Entleiherbetriebs oder Verleiherbetriebs Sachschäden oder Schäden durch vorsätzliches Handeln, haftet er dem jeweiligen Geschädigten gegenüber daher grundsätzlich in voller Höhe.

E. Anwendbarkeit des richterrechtlich geschaffenen Haftungsprivilegs

Würde die Haftung des Arbeitnehmers aus rein bürgerlich-rechtlicher Sicht betrachtet, ergäbe sich in jedem Fall die volle vertragliche oder deliktische Haftung des Arbeitnehmers für durch ihn in jedem Verschuldensgrad verursachte Sachschäden, da, wie gezeigt,[1027] das gesetzliche Haftungsprivileg nur auf nicht vorsätzlich herbeigeführte Personenschäden anwendbar ist.

I. Herleitung

Die vertragliche und deliktische Haftung des Arbeitnehmers ist in zwei Schadenskategorien zu unterteilen, in denen die genannte Haftungsprivilegierung des Arbeitnehmers in Betracht kommt.

Verletzt der Arbeitnehmer einen Kollegen und erleidet dieser einen immateriellen oder (zusätzlich einen) materiellen Schaden, kommt grundsätzlich das Haftungsprivileg des § 105 Abs. 1 SGB VII zur Anwendung. Bei anderen Personen- oder Sachschäden, die der Arbeitnehmer bei Ausübung seiner betrieblichen Tätigkeit vorsätzlich oder fahrlässig i. S. d. § 276 BGB Dritten, die nicht Arbeitnehmer des gleichen Betriebs sind, beibringt, würde der Arbeitnehmer für den dadurch entstandenen

1022 Siehe dazu oben unter 1. Teil § 4 B.
1023 BGH Urteil v. 18.11.201, -VI ZR 47/13, BeckRS 2014, 23597, Rn. 34.
1024 So auch Kasseler Kommentar zum Sozialversicherungsrecht/*Ricke*, § 105 SGB VII, Rn. 3; *Däubler*, in: FS f. Buchner, S. 171.
1025 Staudinger/*Richardi/Fischinger*, § 619a BGB Rn. 85.
1026 Kasseler Kommentar zum Sozialversicherungsrecht/*Ricke*, § 105 SGB VII, Rn. 4.
1027 Siehe 4. Teil § 13 D.

Schaden voll haften, da das gesetzliche Haftungsprivileg des §§ 104, 105 SGB VII mangels Vorliegen eines Arbeitsunfalls gem. § 8 SGB VII nicht anwendbar wäre. Das dem Arbeitnehmer für seine geschuldete Arbeitsleistung gewährte Entgelt steht jedoch üblicherweise außer Verhältnis zu diesem vom Arbeitnehmer zu tragenden Haftungsrisiko. Denn das dem Arbeitnehmer gewährte Entgelt wird hinsichtlich seiner Höhe grundsätzlich nicht so bemessen sein, dass der Arbeitnehmer in die Lage versetzt wird, für etwaige Schäden finanzielle Rücklagen zu bilden.[1028] Dies bedeutet in der Folge für einen Arbeitnehmer, dass dieser auch wegen bloßer Fahrlässigkeit im Rahmen seiner betrieblichen Tätigkeit eine solche Schadenshöhe verursacht, die einen durchschnittlichen Arbeitnehmer finanziell ruinieren würde.[1029] Dabei ist vor allem darauf abzustellen, dass der Arbeitgeber seinen Betrieb und die dort herrschenden Arbeitsbedingungen zu verantworten hat und dies wiederum das Haftungsrisiko prägt.[1030] Neben dem gesetzlichen Haftungsprivileg ist daher auch das durch Richterrecht geschaffene Arbeitnehmerhaftungsprivileg anerkannt.[1031] Dem Bürgerlichen Gesetzbuch sind Haftungsbeschränkungen nicht fremd. So haftet der Schenker abweichend von § 276 BGB nach § 521 BGB nur für Vorsatz und grobe Fahrlässigkeit, ebenso der Verleiher nach § 599 BGB. Dies gilt auch für den Geschäftsführer ohne Auftrag zur Gefahrenabwehr nach § 680 BGB. Eine Beschränkung der Haftung auf die eigenübliche Sorgfalt regelt das Bürgerliche Gesetzbuch bei der Haftung bei unentgeltlicher Verwahrung gem. § 690 BGB, bei der Haftung der Gesellschafter gem. § 708 BGB; bei der Haftung der Ehegatten bei der Erfüllung der sich aus dem ehelichen Pflichten gem. § 1359 und bei der Haftung der Eltern gegenüber ihrem Kind bei Ausübung der elterlichen Sorge gem. § 1664 BGB.[1032]

Im Rahmen der Arbeitnehmerhaftung wirken jedoch Besonderheiten in der nach bürgerlichem Recht üblichen Haftung. Sind die Regelungen und Haftungsmodalitäten des bürgerlichen Rechts erschöpft, kommen die Sonderregelungen des Arbeitsrechts zur Anwendung.[1033]

II. Rechtsgrundlage

1. Rechtsgrundlage im normalen Arbeitsverhältnis

Die Beschränkung der Arbeitnehmerhaftung ist bis zum heutigen Tage für Arbeitsunfälle lediglich in §§ 104, 105 SGB VII gesetzlich geregelt. Im Übrigen beruht die Haftungsprivilegierung des Arbeitnehmers auf Richterrecht,[1034] und wird auf § 254

1028 Staudinger/*Richardi/Fischinger*, § 619a BGB Rn. 31; *Krause*, NZA 2003, 577, 579; MüKo/*Henssler*, § 619a BGB Rn. 9.
1029 *Junker*, Grundkurs Arbeitsrecht, Rn. 294; *Krause*, NZA 2003, 577, 579.
1030 *Waltermann*, RdA 2005, 98, 99.
1031 *Wohlgemuth*, DB 1991, 910, 913.
1032 So auch *Waltermann*, RdA 2005, 98, 99.
1033 *Krause*, NZA 2003, 577, 578.
1034 *Junker*, Grundkurs Arbeitsrecht § 5 Rn. 296 f.; BeckOK-Arbeitsrecht/*Hesse*, § 619a BGB Rn. 4 ist der Auffassung, dass der Gesetzgeber durch die Neufassung des § 276

BGB analog gestützt.[1035] Die Rechtsprechung entwickelte die Begrenzung der innerbetrieblichen Haftung und stützt diese Grundsätze auf § 254 BGB analog,[1036] mit Hinweis darauf, dass das Bürgerliche Recht die Besonderheiten der Arbeitnehmerhaftung nicht regelt.[1037] Dies ist auch weitgehend in der Literatur anerkannt.[1038] Die direkte Anwendung des § 254 BGB kommt nur dann in Betracht, wenn den Arbeitgeber ein Mitverschulden trifft. Dies ist der Fall bei einer konkreten Pflicht- oder Obliegenheitsverletzung des Arbeitgebers.[1039] Teilweise wird vertreten, der Gesetzgeber habe das durch Richterrecht geschaffene Haftungsprivileg für den Arbeitnehmer im Rahmen der Schuldrechtsmodernisierung in der Gesetzesbegründung anerkannt, sodass ein Rückgriff auf § 254 BGB nicht notwendig sei.[1040] Denn die Neufassung des § 276 BGB[1041] laute, dass der *„Schuldner Vorsatz oder Fahrlässigkeit zu vertreten hat, wenn eine strengere oder mildere Haftung weder bestimmt noch aus dem sonstigen Inhalt des Schuldverhältnisses, insbesondere aus der Übernahme einer Garantie oder eine Beschaffungsrisikos zu entnehmen ist“*; – mag diese Anerkennung auch missglückt sein und es keine passendere Rechtsgrundlage als § 254 BGB im Bürgerlichen Recht gibt.[1042] Jedenfalls hat der Gesetzgeber das Arbeitnehmerhaftungsprivileg in seinen Willen aufgenommen.[1043] Im Verhältnis zwischen Verleiher und Leiharbeitnehmer bei legaler Arbeitnehmerüberlassung kann das richterrechtlich geschaffene Arbeitnehmerhaftungsprivileg auf § 254 BGB analog gestützt werden.

Abs. 1 BGB durch das Schuldrechtsmodernisierungsgesetz die richterrechtlich geschaffene Haftungsbeschränkung anerkannt hat.

1035 So h.M. BeckOK-Arbeitsrecht/*Hesse*, § 619a BGB Rn. 6.

1036 BAG Beschluss v. 27.09.1994 -GS 1/89 (A), AP Nr. 103 zu § 611 BGB Haftung des Arbeitnehmers; (GS) Beschluss v. 27.09.1994 -GS 1/89 (A), BAGE 78, 56 = AP Nr. 103 zu § 611 BGB Haftung des Arbeitnehmers.

1037 BAG Beschluss v. 27.09.1994 -GS 1/89 (A), AP Nr. 103 zu § 611 BGB Haftung des Arbeitnehmers.

1038 MüKo/*Henssler*, § 619a BGB Rn. 10; BeckOK-Arbeitsrecht/*Hesse*, § 619a BGB Rn. 5; Palandt/*Weidenkaff*, § 611 BGB Rn. 157 f.; ErfK/*Preis*, § 619a BGB Rn. 10; *Waltermann*, RdA 2005, 98, 99.

1039 *Junker*, Grundkurs Arbeitsrecht, Rn. 295; *Krause*, NZA 2003, 577, 584; *Sandmann*, Die Haftung von Arbeitnehmern, Geschäftsführern und leitenden Angestellten, S. 71.

1040 BT-Drucks. 14/6857, S. 48.

1041 Vorschrift neugefasst durch das Gesetz zur Modernisierung des Schuldrechts vom 26.11.2001 (BGBl. I S. 3138) m.W.v. 01.01.2002.

1042 BeckOK-Arbeitsrecht/*Hesse*, § 619a BGB Rn. 4; *Waltermann*, RdA 2005, 98, 99; *Henssler*, RdA 2002, 129, 133; MüKo/*Henssler*, § 619a BGB Rn. 10 ff.; *Krause*, NZA 2003, 577, 581; *Walker*, JuS 2002, 736, 737 sieht als Rechtsgrundlage § 276 Abs. 1 S. 1 BGB i. V. m. § 254 BGB analog.

1043 *Waltermann*, RdA 2005, 98, 99.

2. Rechtsgrundlage für das Haftungsprivileg gegenüber dem Entleiher

Das Arbeitnehmerhaftungsprivileg im Haftungsverhältnis zwischen Leiharbeitnehmer und Entleiher kann auch auf § 254 BGB analog gestützt werden, gleichwohl der Leiharbeitnehmer während der legalen Arbeitnehmerüberlassung nicht Arbeitnehmer des Entleihers ist.[1044]

Der Leiharbeitnehmer befindet sich bei der legalen Arbeitnehmerüberlassung im Haftungsverhältnis zum Entleiher in einer vergleichbaren Lage wie im Haftungsverhältnis zum Verleiher, da der Entleiher zwar kein Arbeitgeber, aber wie ein Arbeitgeber des Leiharbeitnehmers zu diesem in Kontakt gerät.[1045] In Betracht kommt daher, die Grundsätze der Haftungsbeschränkung des Arbeitnehmers gegenüber seinem Arbeitgeber auch auf das Verhältnis zum Entleiher bei legaler Arbeitnehmerüberlassung als Anspruchsgrundlage § 254 BGB analog anzuwenden. Um eine analoge Anwendung des § 254 BGB auch im Verhältnis zwischen Leiharbeitnehmer und Entleiher bei legaler Arbeitnehmerüberlassung begründen zu können, müsste eine Regelungslücke gegeben sein und es einen Zurechnungsgrund für ein überobligatorisches Risiko geben, der dem vom Arbeitgeber zu tragenden Betriebsrisiko entspricht.[1046]

Der Entleiher gestaltet bei der legalen Arbeitnehmerüberlassung, wie auch ein normaler Arbeitgeber, das Arbeitsumfeld und die entsprechenden Schadensrisiken des Leiharbeitnehmers. Der Entleiher ist faktisch derjenige, der dem Arbeitnehmer Beschäftigung gibt und diesen überwiegend nach seinen Weisungen in seinem Interesse in seinem Betrieb tätig werden lässt. Darüber hinaus treffen den Arbeitgeber zwar noch weitreichendere Rechte als den Entleiher, wie das Kündigungsrecht, jedoch im Grunde sind die Position des Arbeitgebers und die des Beschäftigungsgebers, des Entleihers, im Hinblick auf die Schaffung von Schadensrisiken im Arbeitsumfeld vergleichbar, da der Leiharbeitnehmer seine Tätigkeit ausschließlich im Betrieb des Entleihers ausübt.[1047]

Die Interessenlage von Arbeitnehmer und Leiharbeitnehmer bei legaler Arbeitnehmerüberlassung sind ebenso vergleichbar, denn beide sind der Gefahr des finanziellen Ruins ausgesetzt, wenn sie für leichteste Fahrlässigkeit voll haften müssten. Ein finanzieller Ausgleich im Rahmen der Entgeltgewährung liegt beim Leiharbeitnehmer nicht vor. Es ist daher kein Grund ersichtlich, warum der Leiharbeitnehmer, der sich zwar nicht aus rechtlicher Sicht zwei Arbeitgebern ausgesetzt sehen muss, aber aus faktischer Sicht sich doch zwei Beschäftigenden gegenüber sieht, sich nicht gegenüber beiden Beschäftigenden auf das Haftungsprivileg des Arbeitnehmers berufen können soll. Im Ergebnis muss daher § 254 BGB analog als Rechtsgrundlage für das Haftungsprivileg des Leiharbeitnehmers gegenüber dem

1044 Siehe 2. Teil § 8.
1045 Siehe 1. Teil § 4 B. und 2. Teil § 8.
1046 *Waltermann*, RdA 2005, 98, 102.
1047 Siehe 1. Teil § 2 B.

Entleiher herangezogen werden. Das richterrechtlich geschaffene Arbeitnehmerhaftungsprivileg ist auch auf den Leiharbeitnehmer anwendbar. [1048]

III. Voraussetzungen des Haftungsprivilegs des (Leih-)Arbeitnehmers

Das Haftungsprivileg des Arbeitnehmers hat nach der Rechtsprechung des BAG zwei Voraussetzungen.[1049] Nach dem innerbetrieblichen Schadensausgleich wird die Haftung des Arbeitnehmers nach § 276 Abs. 1 S. 1 BGB i. V. m. § 254 BGB analog eingeschränkt. Voraussetzungen für diese Einschränkung der Arbeitnehmerhaftung sind zum einen die Zugehörigkeit des Anspruchsgegners zum begünstigten Personenkreis. Der Anspruchsgegner muss folglich Arbeitgeber des Leiharbeitnehmers sein. Weiterhin muss der Schaden durch eine betriebliche veranlasste Tätigkeit eingetreten sein.

Sind die Voraussetzungen der Haftungsbeschränkung des innerbetrieblichen Schadensausgleichs erfüllt, erfolgt eine Haftungsbegrenzung des Arbeitnehmers nach § 254 BGB analog, wobei die Bestimmung des Umfangs der Haftungsbegrenzung anhand des Verschuldensgrades des (Leih-)Arbeitnehmers zu bestimmen ist.[1050]

1. Erfasster Personenkreis

Zunächst muss der Haftende zum begünstigten Personenkreis gehören, mithin Arbeitnehmer des Anspruchstellers sein.[1051]

a. Im Verhältnis zum Verleiher

Im Verhältnis zwischen Verleiher und Leiharbeitnehmer bei legaler Arbeitnehmerüberlassung gehört der Anspruchsgegner (Leiharbeitnehmer) zum begünstigten Personenkreis, da zwischen ihm und dem Verleiher bei der legalen Arbeitnehmerüberlassung eine arbeitsvertragliche Verbindung in Form des Leiharbeitsvertrages besteht.[1052]

b. Im Verhältnis zum Entleiher

Im Verhältnis zwischen Leiharbeitnehmer und Entleiher bei legaler Arbeitnehmerüberlassung kann diese Frage nicht entsprechend eindeutig beantwortet werden.[1053]

1048 BGH Urteil v. 10.07.1973 -VI ZR 66/72, NJW 1973, 2020.

1049 BAG (GS) v. 27.09.1994 -GS 1/89 (A),BAGE 78, 56, 60 f. = AP Nr. 103 zu § 611 BGB Haftung des Arbeitnehmers.

1050 *Junker*, Grundkurs Arbeitsrecht, Rn. 294 ff.

1051 Nipperdey/*Kortstock*, Arbeitsrecht Lexikon, Arbeitnehmerhaftung.

1052 Siehe 2. Teil § 6.

1053 Der BGH sieht die Fürsorgepflicht im Rahmen der Überlassung zuvorderst beim Entleiher sodass diesem auch die Fürsorgepflicht gegenüber dem Leiharbeitnehmer obliege und die Haftungsbeschränkung anwendbar sei: BGH Urteil v. 10.07.1973 -VI ZR 66/72, NJW 1973, 2020.

Der Leiharbeitnehmer unterhält keine (arbeits-)vertragliche Verbindung zum Entleiher, sondern kommt aufgrund faktischer Verbindung durch seinen Arbeitseinsatz im Betrieb des Entleihers mit diesem lediglich auf tatsächlicher Ebene in Berührung.[1054] Der Leiharbeitnehmer pflegt zum Entleiher in weiten Teilen jedoch ein Verhältnis wie ein normaler Arbeitnehmer zu seinem Arbeitgeber, denn der Leiharbeitnehmer ist vollständig in den Betrieb und die Arbeitsabläufe des Entleiherbetriebs eingegliedert.[1055]

Nach den oben genannten Erwägungen zur Beschränkung der Haftung des Arbeitnehmers,[1056] nämlich ein drohender finanzieller Ruin bei voller Haftung aufgrund fehlenden finanziellen Ausgleichs für das dem Arbeitnehmer geltende Haftungsrisiko, muss die Haftungsbeschränkung ebenso für die Haftung des Leiharbeitnehmers gegenüber dem Entleiher gelten. Für den Leiharbeitnehmer ergibt sich das gleiche Haftungsrisiko, das er auch gegenüber seinem vertraglichem Arbeitgeber, dem Verleiher, trägt, wenn nicht gar ein höheres Risiko, da er ausschließlich im Betrieb des Entleihers tätig wird und so die Gefahr eines durch den Leiharbeitnehmer verursachten Schadens höher ist. Es ist daher ebenso unbillig wie bei einem normalen Arbeitnehmer, den Leiharbeitnehmer bei fehlendem finanziellem Ausgleich für Schäden des Entleihers in voller Höhe haften zu lassen. Der Leiharbeitnehmer gehört folglich auch im Rahmen der legalen Arbeitnehmerüberlassung im Verhältnis zum Entleiher zum erfassten Personenkreis.[1057]

2. Betriebliche Tätigkeit

Für die Anwendung der Grundsätze des innerbetrieblichen Schadensausgleichs setzt die Rechtsprechung weiterhin voraus, dass es sich bei der schadensverursachenden Tätigkeit des Arbeitnehmers um eine betriebliche Tätigkeit handelt, da der Arbeitgeber nicht mit dem allgemeinen Lebensrisiko des Arbeitnehmers belastet werden soll.[1058] Der Arbeitnehmer haftet gegenüber seinem Arbeitgeber demnach eingeschränkt, wenn der durch den Arbeitnehmer den eingetretenen Schaden durch eine betriebliche Tätigkeit verursacht hat.[1059]

Eine betrieblich veranlasste Tätigkeit liegt vor, wenn bei objektiver Betrachtung aus Sicht des Arbeitnehmers im Betriebsinteresse zu handeln war, das Verhalten

1054 Siehe 2. Teil § 8.

1055 Siehe 1. Teil § 4 B. und 2. Teil § 8.

1056 Siehe 4. Teil E. III. 1. a.

1057 Im Ergebnis so auch *Jerczynski/Zimmermann*, NZS 2007, 243, 244; dazu auch BGH Urteil v. 18.11.2014 –VI ZR 47/13, NJW 2015, 940 ff.

1058 BAG Urteil v. 18.04.2002 -8 AZR 348/01, BAGE 101, 107, 111; *Waltermann*, RdA 2005, 98, 103.

1059 BAG Beschluss v. 27.09.1994 – GS 1/89 (A), AP Nr. 103 zu § 611 BGB Haftung des Arbeitnehmers Nr. 103.

des Arbeitnehmers nicht untypisch war und zudem keinen Exzess darstellt.[1060] Eine solche betrieblich veranlasste Tätigkeit liegt hingegen nicht schon vor, wenn der Schädiger sich im Betrieb aufgehalten hat und sich daher die Gelegenheit ergeben hat, dass dieser einen Schaden verursacht. Eine betrieblich veranlasste Tätigkeit liegt demnach nicht schon bei jedem Schadensereignis vor, das im Zusammenhang mit dem Arbeitsverhältnis steht.[1061] Ein räumlicher und zeitlicher Zusammenhang zwischen der begangenen Pflichtverletzung oder Verletzungshandlung und der ausgeführten Tätigkeit reicht folglich nicht aus. Diese Einschränkung soll dazu führen, dass das allgemeine Risiko, das auch der Arbeitnehmer bei Verrichtung seiner vertraglich geschuldeten Tätigkeit hat, nicht auch dem Haftungsprivileg unterfällt.[1062]

Beispiel: Keine betrieblich veranlasste Tätigkeit liegt demnach vor, wenn der im IT-Bereich beschäftigte Arbeitnehmer sich eine große Menge Daten zum (illegalen) Musiktausch auf den Firmencomputer lädt, weil sich während der Arbeitszeit gerade die Gelegenheit dazu ergeben hat.[1063]

Auch ein missbräuchlicher Einsatz eines Betriebsmittels reicht für die Annahme einer betrieblich veranlassten Tätigkeit nicht aus.[1064] Nutzt demnach ein Arbeitnehmer Betriebsmittel seines Arbeitgebers, ohne dass es hierfür ein betriebliches Interesse oder eine betriebliche Notwendigkeit gab, liegt eine betrieblich veranlasste Tätigkeit nicht vor.

Beispiel: Ist es die vom Arbeitnehmer arbeitsvertraglich geschuldete Tätigkeit, mit einem LKW Waren zu transportieren, fällt das bloße Fahren mit dem LKW, ohne Ware zu transportieren oder zu einem Transportstartpunkt zu gelangen, grundsätzlich nicht unter eine betrieblich veranlasste Tätigkeit im Sinne der oben genannten Voraussetzungen.

Der Leiharbeitnehmer, der bei Verrichtung seiner leiharbeitsvertraglich geschuldeten Tätigkeit im Betrieb des Entleihers im Eigentum des Entleihers stehende Sachen oder Arbeitnehmer des Entleihers schädigt, hält sich nicht nur im Betrieb des Entleihers auf, sondern ist leiharbeitsvertraglich dazu verpflichtet, eben dort die von ihm geschuldete Leistung zu erbringen. Er erbringt die Tätigkeit im Interesse des Entleihers, sodass es sich im Ergebnis bei der Tätigkeit des Leiharbeitnehmers im Betrieb des Entleihers grundsätzlich um eine betrieblich veranlasste Tätigkeit

---

1060 BAG Urteil v. 22.04.2004 -8 AZR 159/03, NJW 2004, 3360; Palandt/*Weidenkaff*, § 611 BGB Rn. 157.

1061 BeckOK-Arbeitsrecht/*Hesse*, § 619a BGB Rn. 7.

1062 BAG Urteil v. 18.04.2002 -8 AZR 348/01, NZA 2003, 37; *Krause*, NZA 2003, 577, 582.

1063 Vgl. dazu LAG Schleswig-Holstein Urteil v. 06.05.2014 -1 Sa 421/13, nach dem eine Kündigung aufgrund privater Internetnutzung auch ohne vorherige Abmahnung rechtswirksam ist.

1064 BAG Urteil v. 18.04.2002 -8 AZR 348/01, NZA 2003, 37.

handelt, insofern kein Exzess vorliegt oder das Verhalten des Leiharbeitnehmers untypisch war.[1065]

IV. Rechtsfolge des Haftungsprivilegs

Das von der Rechtsprechung geschaffene Haftungsprivileg sieht als Rechtsfolge eine Beschränkung der Haftung des Arbeitnehmers je nach Verschuldensgrad des Arbeitnehmers vor. Dabei bezieht sich das Verschulden nach Ansicht des BAG[1066] und des überwiegenden Schrifttums[1067] auch auf den vom Arbeitnehmer durch die Pflichtverletzung hervorgerufenen Schaden.

Die Haftungsverteilung erfolgt im Rahmen dieses Haftungsprivilegs des Arbeitnehmers in vier Stufen, die sich jeweils auf den Grad des Verschuldens des Arbeitnehmers beziehen: leichteste Fahrlässigkeit, mittlere Fahrlässigkeit, grobe Fahrlässigkeit und Vorsatz. Wird der Schaden vom Arbeitnehmer lediglich aufgrund leichtester Fahrlässigkeit verursacht, hat der Arbeitgeber den Schaden allein zu tragen.[1068] Leichteste Fahrlässigkeit liegt vor, wenn der Schaden auf einem für die Tätigkeit typischen Versehen beruht. In diesem Fall hat der Arbeitgeber allein den Schaden zu tragen.[1069] Bei mittlerer Fahrlässigkeit ist der Schaden zwischen Arbeitgeber und Arbeitnehmer quotenmäßig aufzuteilen.[1070] Hingegen bei grober Fahrlässigkeit hat der Arbeitnehmer den Schaden grundsätzlich allein, ohne Anteil seines Arbeitgebers, zu tragen, wobei unter engen Voraussetzungen eine Schadensteilung noch möglich ist.[1071] Eine solche Schadensteilung ist hingegen bei gröbster Fahrlässigkeit jedoch ausgeschlossen.[1072] Führt der Arbeitnehmer den Schaden vorsätzlich herbei, haftet er in vollem Umfang. Eine Schadenseinteilung ist bei vorsätzlichem Herbeiführen des Schadens durch den Arbeitnehmer ausgeschlossen.[1073] Im Rahmen der Leiharbeit bedeutet dies, dass je nachdem, ob Verleiher oder Entleiher der Schaden entstanden ist, dieser jeweilige auch den Schaden bei leichtester Fahrlässigkeit

1065 Im Ergebnis für die Anwendbarkeit des Haftungsprivilegs zwischen Leiharbeitnehmer und Entleiher auch *Waltermann*, RdA 2005, 98, 100.

1066 BAG Urteil v. 28.10.2010 -8 AZR 418/09, NZA 2011, 345; Urteil v. 18.04.2002 -8 AZR 348/01, 2003, 37.

1067 BeckOK-Arbeitsrecht/*Hesse*, § 619a BGB Rn. 9; MüKo/*Henssler*, § 619a BGB Rn. 38; Staudinger/*Richardi/Fischinger*, § 619a BGB Rn. 65.

1068 BeckOK-Arbeitsrecht/*Hesse*, § 619a BGB Rn. 9.

1069 BeckOK-Arbeitsrecht/*Hesse*, § 619a BGB Rn. 10.

1070 Staudinger/*Richardi/Fischinger*, § 619a BGB Rn. 65; BeckOK-Arbeitsrecht/*Hesse*, § 619a BGB Rn. 11.

1071 Staudinger/*Richardi/Fischinger*, § 619a BGB Rn. 65; BeckOK-Arbeitsrecht/*Hesse*, § 619a BGB Rn. 12.

1072 BAG Urteil v. 25.09.1997 -8 AZR 288/96, AP Nr. 111 zu § 611 BGB Haftung des Arbeitnehmers.

1073 BeckOK-Arbeitsrecht/*Hesse*, § 619a BGB Rn. 13.

des Leiharbeitnehmers zu tragen hat.[1074] Im Übrigen haftet der Leiharbeitnehmer bei durch mittlerer Fahrlässigkeit hervorgerufenem Schaden im Rahmen der betrieblichen Tätigkeit beim Entleiher und beim Verleiher anteilig, hingegen bei gröbster Fahrlässigkeit und vorsätzlichem Handeln voll. Der Arbeitnehmer hat gegen den Arbeitgeber einen Anspruch gem. §§ 670, 675 BGB analog auf Freistellung in dem Umfang, wie der Schaden zwischen den Arbeitsvertragsparteien im Rahmen des Haftungsprivilegs verteilt würde, wenn der Geschädigte nicht Dritter, sondern der Arbeitgeber selbst wäre.[1075]

V. Vertragliche Abdingbarkeit des Haftungsprivilegs des Leiharbeitnehmers

Nach überzeugender Ansicht der Rechtsprechung des BAG und eines Teils des Schrifttums[1076] ist die Beschränkung der Arbeitnehmerhaftung auf Grundlage des § 254 BGB analog einseitig zwingendes Arbeitnehmerschutzrecht.[1077] Systematisch und dogmatisch wäre anzuführen, dass schon § 254 BGB als Rechtsgrundlage des Haftungsprivilegs nicht abdingbar ist und daher auch das Haftungsprivileg selbst nicht abdingbar ist. [1078] Auch historisch ist nicht zu erkennen, dass der Gesetzgeber zu Lasten des Arbeitnehmers das Arbeitnehmerhaftungsprivileg für abdingbar ansieht.[1079] Außerdem widerspräche die Abdingbarkeit Sinn und Zweck des Haftungsprivilegs des Arbeitnehmers, das mit der Abdingbarkeit in seiner Funktion ausgehöhlt werden könnte.[1080]

1074 Wie zuvor festgestellt, findet das Haftungsprivileg des Arbeitnehmers sowohl im Verhältnis zwischen Leiharbeitnehmer und Verleiher als auch zwischen Leiharbeitnehmer und Entleiher Anwendung. Für den betriebsfremden geschädigten Dritten hat dies zur Folge, dass bei Ansprüchen, die er gegenüber dem Leiharbeitnehmer geltend macht, es sich um eine gestörte Gesamtschuld handeln kann.

1075 ErfK/*Preis*, § 619a BGB Rn. 26; BeckOK-Arbeitsrecht/*Hesse*, § 619a BGB Rn. 40 ff..

1076 MüKo/*Henssler*, § 619a BGB Rn. 10 f., 13.

1077 BAG Urteil v. 05.02.2004 -8 AZR 91/03, NJW 2004, 2469.

1078 MüKo/*Henssler*, § 619a BGB Rn. 13.

1079 *Krause*, NZA 2003, 577, 585; MüKo/*Henssler*, § 619a BGB Rn. 13.

1080 Staudinger/*Richardi/Fischinger*, § 619a BGB Rn. 81; *Krause*, NZA 2003, 577, 585; BeckOK-Arbeitsrecht/*Hesse*, § 619a BGB Rn. 16; aA: ErfK/*Preis*, § 619a BGB Rn. 11; Münchener Handbuch ArbR/*Reichold*, § 51 Rn. 68; MüKo/*Henssler*, § 619a BGB Rn. 11, 13; *Waltermann*, RdA 2005, 98, 108: vertreten, dass durch die Schuldrechtsmodernisierung und im Zuge dessen bei der Neufassung des § 276 BGB die Haftungsbeschränkung des Arbeitnehmers in das Bürgerliche Recht integriert worden und damit als Fortbildung des dispositiven Haftungsrechts anzusehen sei. Der Arbeitnehmer sei insoweit vor einseitig zu seinen Lasten vom Arbeitgeber vorformulierten Haftungsklauseln durch eine Inhaltskontrolle der §§ 305 ff. BGB geschützt. Aus § 619a BGB ergebe sich nichts anderes, da § 619a BGB keine Regelung zum Haftungsmaßstab und der Haftungshöhe enthalte. Außerdem sei

VI. Zwischenergebnis

Die Voraussetzungen des richterrechtlich geschaffenen Arbeitnehmerhaftungsprivilegs sind im Rahmen der legalen Arbeitnehmerüberlassung sowohl im Verhältnis zwischen Leiharbeitnehmer und Verleiher als auch im Verhältnis zwischen Leiharbeitnehmer und Entleiher anwendbar. Rechtsgrundlage ist sowohl im Verhältnis zum Verleiher als auch im Verhältnis zum Entleiher § 254 BGB analog. Der Leiharbeitnehmer kann sich demnach bei seiner schadensersatzrechtlichen Haftung aufgrund eines Personenschadens gegenüber Dritten und eines Sachschadens sowohl im Betrieb des Verleihers als auch im Betrieb des Entleihers auf das durch die Rechtsprechung geschaffene Haftungsprivileg des innerbetrieblichen Schadensausgleichs gem. § 254 BGB analog berufen. Von diesen Grundsätzen kann richtigerweise auch nicht individualvertraglich oder kollektivrechtlich zu Lasten des Arbeitnehmers[1081] und daher auch nicht zu Lasten des Leiharbeitnehmers abgewichen werden. Der Leiharbeitnehmer hat gegen den Verleiher und gegen den Entleiher bei legaler Arbeitnehmerüberlassung einen Anspruch auf Freistellung gem. §§ 670, 675 BGB analog in Höhe des Umfangs, in dem er nach dem Haftungsprivileg nicht haften müsste.

VII. Anwendbarkeit des Haftungsprivilegs im gesetzlichen Arbeitsverhältnis

Ebenfalls anwendbar im Rahmen des gesetzlichen Arbeitsverhältnisses zwischen Entleiher und Leiharbeitnehmer ist das Arbeitnehmerhaftungsprivileg auf Grundlage des § 254 BGB analog[1082] zugunsten der Haftung des nunmehr gewordenen Arbeitnehmers, dem ehemaligen Leiharbeitnehmer, gegenüber seinem Arbeitgeber, dem ehemaligen Entleiher.

Da der Leiharbeitnehmer kraft Gesetzes nach § 10 Abs. 1 AÜG „normaler" Arbeitnehmer des Entleihers und der Entleiher daher „normaler" Arbeitgeber des Leiharbeitnehmers wird, ist eine Differenzierung wie bei der laufenden Arbeitnehmerüberlassung, wer im konkreten Schadensfall das Betriebsrisiko zu tragen hat, nicht notwendig, da die für die Arbeitnehmerüberlassung charakteristische Dreieckskonstellation aufgelöst ist und der Arbeitnehmer nur noch im Arbeitgeberbetrieb beim ehemaligen Entleiher eingesetzt ist.[1083] Das Haftungsprivileg kommt daher zwischen Leiharbeitnehmer und Entleiher gem. § 254 BGB analog zu Anwendung. Gegenüber betriebsfremden Dritten haftet der ehemalige Leiharbeitnehmer in

§ 619a BGB selbst dispositiv. Die Rechtsprechung sei auch schon vor der Schuldrechtsreform abzulehnen gewesen.

1081 BAG Urteil v. 05.02.2004 -8 AZR 91/03, NJW 2004, 2469; Urteil v. 17.09.1998 -8 AZR 175/97, BAGE 90, 9 = NJW 1999, 1049; Urteil v. 27.01.2000 -8 AZR 876/98, BAGE 93, 295.

1082 Siehe 4. Teil § 13 E.

1083 Siehe 3. Teil § 10 C.

voller Höhe, kann jedoch gegenüber dem ehemaligen Entleiher einen Freistellungsanspruch geltend machen.

F. Zwischenergebnis

Der Leiharbeitnehmer haftet vertraglich gegenüber dem Verleiher wie auch ein normaler Arbeitnehmer gegenüber seinem Arbeitgeber wegen Nichtleistung aus §§ 280 Abs. 1, 3, 283 BGB. Wegen einer Schlechtleistung im Entleiherbetrieb haftet der Leiharbeitnehmer mangels Schadens des Verleihers nicht. Wegen einer Nebenpflichtverletzung gem. § 241 Abs. 2 BGB, zum Beispiel in Form einer Beschädigung einer Sache des Verleihers, haftet der Leiharbeitnehmer wie auch im normalen Arbeitsverhältnis gegenüber dem Verleiher aus §§ 280 Abs. 1, 241 Abs. 2 BGB oder §§ 280 Abs. 1, 3, 282 BGB, wenn dem Verleiher die Leistung durch den Leiharbeitnehmer nicht mehr zumutbar ist. Zudem haftet der Leiharbeitnehmer gegenüber dem Verleiher vorvertraglich aus §§ 311 Abs. 2 Nr. 2, 241 Abs. 2, 280 Abs. 1 BGB.

Gegenüber dem Entleiher haftet der Leiharbeitnehmer nicht vertraglich, jedoch vorvertraglich nach §§ 311 Abs. 2 Nr. 3, 241 Abs. 2, 280 Abs. 1 BGB. Der Entleiher kann auch nicht im Wege der Einordnung des Leiharbeitsvertrags als Vertrag mit Schutzwirkung zugunsten Dritter einen Anspruch gegen den Leiharbeitnehmer geltend machen. Da die Voraussetzungen der Drittschadensliquidation bei Nicht- oder Schlechtleistung und bei Nebenpflichtverletzungen nach § 241 Abs. 2 BGB des Leiharbeitnehmers nicht vorliegen, kann der Entleiher auch auf diesem Wege keine vertraglichen Schadensersatzansprüche gegen den Leiharbeitnehmer geltend machen.

Im Rahmen der Haftung des Leiharbeitnehmers ist das in §§ 104, 105 SGB VII statuierte und das richterlich geschaffene, auf § 254 BGB analog gestützte Haftungsprivileg gegenüber dem Verleiher und dessen Arbeitnehmern und gegenüber dem Entleiher und dessen Arbeitnehmern anwendbar.

§ 14 Haftung des Verleihers

Die Haftung des Verleihers kommt sowohl aus vertraglicher als auch aus vorvertraglicher und deliktischer Sicht in Betracht.[1084] Der Verleiher ist vertraglich zweifach gebunden, zum einen gegenüber dem Leiharbeitnehmer, zum anderen gegenüber dem Entleiher. Der Verleiher haftet daher sowohl gegenüber dem Leiharbeitnehmer als auch gegenüber dem Entleiher. Es sollen im Rahmen der vertraglichen Haftung die wesentlichen Pflichten des Verleihers haftungsrechtlich beleuchtet werden. Die vorvertragliche Haftung kommt grundsätzlich aus §§ 311 Abs. 2 Nr. 2, 241 Abs. 2, 280 Abs. 1 BGB in Betracht, soll aber, wie auch die gesetzliche Haftung, wegen der eingenommenen vertragsrechtlichen Perspektive nicht näher beleuchtet werden. Betrachtet werden die Verletzungen einzelner wesentlicher Pflichten des Verleihers

1084 Schüren/*Brors*, Einl. Rn. 379 ff.

aus dem Leiharbeitsvertrag und aus dem Arbeitnehmerüberlassungsvertrag und die daraus resultierende Haftung des Verleihers gegenüber dem Leiharbeitnehmer und gegenüber dem Entleiher.

A. Vertragliche Haftung des Verleihers gegenüber dem Leiharbeitnehmer

Wesentliche Pflichten des Verleihers sind gegenüber dem Leiharbeitnehmer die Vergütungsleistung, die Beachtung des Equal Treatment Grundsatzes, die Hinweispflicht hinsichtlich der Arbeitnehmerüberlassungserlaubnis und die Beschäftigung des Leiharbeitnehmers.[1085] Der Verleiher haftet als Arbeitgeber des Leiharbeitnehmers gegenüber diesem sowohl verschuldensabhängig als auch verschuldensunabhängig.

I. Anspruchsgrundlage

Als Haftungsgrundlagen für eine verschuldensabhängige vertragliche Haftung des Verleihers kommen die §§ 280 ff. BGB Betracht. Der Leiharbeitsvertrag ist das der Haftung zugrunde liegende Schuldverhältnis i. S. d. §§ 280 ff. BGB.

II. Pflichtverletzung

1. Zu späte oder keine Vergütungsleistung

Der Verleiher ist aus dem Leiharbeitsvertrag gegenüber dem Leiharbeitnehmer verpflichtet, die vertraglich vereinbarte Vergütung zu leisten, § 611 Abs. 1 BGB.[1086] Dabei muss der Verleiher als Arbeitgeber die Vergütung dem Leiharbeitnehmer gem. §§ 611, 615 BGB auch dann zahlen, wenn er diesen nicht einsetzen kann, denn der Verleiher trägt als Arbeitgeber das Beschäftigungsrisiko.[1087]

Leistet er die geschuldete Vergütung zu spät an den Leiharbeitnehmer, gerät er mit seiner Leistungsverpflichtung in Verzug. Der Anspruch des Leiharbeitnehmers gegen den Verleiher wegen verspäteter Zahlung des ihm aus dem Leiharbeitsvertrag geschuldeten Entgelts richtet sich dann nach § 286 Abs. 1, 3 BGB, nach dem der Schuldner einer Entgeltforderung spätestens 30 Tage nach Fälligkeit und Empfang der Gegenleistung in Verzug gerät. Darüber hinaus besteht ein Anspruch des Leiharbeitnehmers gegen den Verleiher auf Zahlung der Verzugszinsen aus § 288 Abs. 1 S. 2 BGB in Höhe von fünf Prozentpunkten über dem jeweiligen Basiszinssatz. Während des Verzugs des Verleihers mit der Vergütungsleistung kann der

1085 Siehe 2. Teil § 6 B. II.
1086 Siehe 2. Teil § 6 B. II.
1087 ErfK/*Wank*, AÜG Einl. Rn. 25.

Leiharbeitnehmer seine arbeitsvertraglich geschuldete Arbeitsleistung im Betrieb des Entleihers zurückbehalten gem. § 320 BGB.[1088]

Leistet der Verleiher die geschuldete Vergütung an den Leiharbeitnehmer überhaupt nicht, haftet der Verleiher dem Leiharbeitnehmer auf Schadensersatz statt der Leistung gem. §§ 280 Abs. 1, 3, 281 Abs. 1 S. 1 BGB. Da das Arbeitsentgelt die Lebensgrundlage des Leiharbeitnehmers sichert, dürfte ein besonderer Umstand vorliegen, unter dessen Abwägung der beiderseitigen Interessen die sofortige Geltendmachung des Schadensersatzanspruchs gerechtfertigt ist, § 281 Abs. 3 BGB. Eine Fristsetzung ist daher gem. § 281 Abs. 3 BGB entbehrlich.[1089]

2. *Verstoß gegen* Equal Treatment *und* Equal Pay *Grundsatz*

Der Verleiher ist gem. § 10 Abs. 4 S. 1 AÜG[1090] gegenüber dem Leiharbeitnehmer während der Dauer der Überlassung verpflichtet, diesen unter denselben wesentlichen Arbeitsbedingungen einschließlich des Arbeitsentgelts zu beschäftigen, die für einen vergleichbaren Stammarbeitnehmer des Entleihers gelten.[1091]

Der Leiharbeitnehmer hat daher gegen den Verleiher einen Anspruch aus § 10 Abs. 4 S. 1 AÜG auf Gleichstellung mit dem beim Entleiher vergleichbaren Arbeitnehmer hinsichtlich der wesentlichen Arbeitsbedingungen (*equal treatment*)[1092] einschließlich des Arbeitsentgelts (*equal pay*).[1093] Dabei handelt es sich um ein spezifisches Diskriminierungsverbot.[1094] Hinsichtlich dieser wesentlichen, im Entleiherbetrieb geltenden Arbeitsbedingungen hat der Leiharbeitnehmer ein Auskunftsanspruch gem. § 13 AÜG auch gegen den Verleiher.[1095]

Auf Sekundärebene liegt daher eine Pflichtverletzung des Verleihers aus dem Leiharbeitsvertrag i. V. m. § 10 Abs. 4 S. 1 AÜG vor, wenn er den Leiharbeitnehmer für die Dauer der Überlassung beim Entleiher zu schlechteren Konditionen als die eines vergleichbaren Stammarbeitnehmers des Entleihers beschäftigt und eine Beschäftigung zu schlechteren Bedingungen als im Entleiherbetrieb tarifvertraglich nicht gestattet ist. Der Verleiher muss sich in diesem Fall eines Schadensersatzanspruchs des Leiharbeitnehmers nach §§ 280 Abs. 1, 241 Abs. 2 BGB ausgesetzt sehen.[1096]

1088 ErfK/*Wank*, AÜG Einl. Rn. 29; *Dehmel*, S. 271 ff.; siehe auch zur Problematik um ein eigenes Forderungsrecht des Entleihers auf die Leistung des Leiharbeitnehmers: 2. Teil § 8.

1089 A. A. ErfK/*Wank*, AÜG Einl. Rn. 29, der eine Mahnung für die Geltendmachung des Schadensersatzanspruchs nach §§ 280, 281 BGB voraussetzt.

1090 Ab 01.04.2017 wird § 10 Abs. 4 und 5 AÜG gestrichen und durch § 8 AÜG nF ersetzt, BT-Drucks. 18/9232.

1091 Siehe 3. Teil § 6 B. II. 2.

1092 *Von Steinau-Steinrück*, ZRP 2014, 50.

1093 *Von Steinau-Steinrück*, ZRP 2014, 50.

1094 *Thüsing*, DB 2003, 446, 447.

1095 Siehe 4. Teil § 14 E. IV.

1096 Für das Verhältnis zwischen Verleiher und Entleiher: *Bauer/Krets*, NJW 2003, 537, 539; ErfK/*Wank*, § 10 AÜG Rn. 27.

Beispiel: Leiharbeitnehmer C (Arbeitnehmer des A) wird für die Dauer von einem Jahr an Entleiher MB überlassen. Ein Tarifvertrag ist nicht anwendbar. C ist bei MB als Elektrotechniker beschäftigt. Der mit C vergleichbare Stammarbeitnehmer des MB, Z, wird zu einer Wochenarbeitszeit von 35 Stunden, bei 27 Urlaubstagen und einem Bruttomonatsgehalt in Höhe von 3500 € beschäftigt.

C hat nach § 10 Abs. 4 S. 1 AÜG in Verbindung mit dem Leiharbeitsvertrag einen Anspruch gegen Verleiher A auf Beschäftigung zu den Konditionen des Z.

Beschäftigt A den C hingegen mit einer Wochenarbeitszeit von 35 Stunden zu einem Bruttomonatsgehalt von 3300 € bei 27 Urlaubstagen, liegt hierin eine Pflichtverletzung des A, der sich gegenüber C nach §§ 280, 241 Abs. 2 BGB schadensersatzpflichtig macht.

3. *Verletzung der Hinweispflicht zum Status der Arbeitnehmerüberlassungserlaubnis*

Den Verleiher trifft gegenüber dem Leiharbeitnehmer aus dem Leiharbeitsvertrag in Verbindung mit § 11 Abs. 3 AÜG die Pflicht über die unverzügliche (§ 121 BGB) Unterrichtung des Leiharbeitnehmers über den Wegfall der Arbeitnehmerüberlassungserlaubnis nach § 1 AÜG. In Fällen der Nichtverlängerung, der Rücknahme oder des Widerrufs der Erlaubnis hat der Verleiher den Leiharbeitnehmer auf das voraussichtliche Ende der Abwicklung und die gesetzliche Abwicklungsfrist nach § 2 Abs. 4 S. 4 AÜG hinzuweisen.[1097]

Kommt der Verleiher dieser ihn nach § 11 Abs. 3 AÜG treffenden Pflicht nicht nach, liegt eine Pflichtverletzung i. S. d. § 280 Abs. 1 BGB vor, die bei Vorliegen der übrigen Voraussetzungen einen Schadensersatzanspruch des Leiharbeitnehmers gegen den Verleiher nach den § 280 Abs. 1 BGB begründen kann.[1098]

4. *Beschäftigung des Leiharbeitnehmers*

Eine Pflichtverletzung des Verleihers liegt auch vor, wenn er der ihn aus dem Leiharbeitsvertrag treffenden Beschäftigungspflicht nicht nachkommt. Im Rahmen der Arbeitnehmerüberlassung bedeutet dies jedoch nicht, dass eine Pflichtverletzung des Verleihers vorliegt, wenn sich der Leiharbeitnehmer nicht ununterbrochen in einer Überlassung befindet. Die Arbeitnehmerüberlassung ist geprägt durch den nicht dauerhaften Einsatz des Leiharbeitnehmers. Der Verleiher muss aber in einsatzfreien Zeiten des Leiharbeitnehmers dieser ihn treffenden Beschäftigungspflicht durch das Angebot der Teilnahme von Fortbildungsveranstaltungen grundsätzlich

---

1097 Siehe 2. Teil § 6 B.

1098 *Boemke/Lembke*, § 11 AÜG Rn. 110; Thüsing/*Mengel*, § 11 AÜG Rn. 40; *Becker/Wulfgramm*, Art. 1 § 11 AÜG Rn. 19; ErfK/*Wank*, § 11 AÜG Rn. 23; *Sandmann/Marschall/Schneider*, AÜG Art. 1 § 11 Anm. 4; Schüren/*Schüren*, § 11 AÜG Rn. 148; Siehe auch 4. Teil § 13.

nachkommen.[1099] Kommt der Verleiher dieser Pflicht nicht nach, ergibt sich ein Anspruch des Leiharbeitnehmers aus §§ 280 Abs. 1, 241 Abs. 2 BGB.

III. Verschulden und Schaden

Das Vertretenmüssen des Verleihers ist im jeweiligen Einzelfall zu prüfen. Bei verspäteter oder fehlender Vergütungsleistung liegt der Schaden des Leiharbeitnehmers jedenfalls in Höhe der entgangenen Vergütung und der Verzugszinsen in Höhe von fünf Prozentpunkten über dem jeweiligen Basiszinssatz. Bei dem Verstoß gegen den *Equal Pay* Grundsatz liegt der Schaden jedenfalls in Höhe der entgangenen, eigentlich geschuldeten Vergütung. Ein Schaden im Rahmen der Verletzung der Hinweispflicht aus § 11 Abs. 3 AÜG ist im Einzelfall zu bestimmen. Ein Schaden bei Verletzung der Beschäftigungspflicht kann insbesondere darin zu sehen sein, dass dem Leiharbeitnehmer erforderliche Fortbildungen nicht ermöglicht werden und daher sein berufliches Fortkommen gehindert wird.

IV. Verschuldensunabhängige Haftung des Verleihers

Von der zuvor dargestellten Haftung des Verleihers werden nicht die Schäden erfasst, die der Arbeitnehmer ohne schuldhafte Einwirkung seines Arbeitgebers an eigenen Vermögenswerten erleidet.[1100] Da es sich zwischen Leiharbeitnehmer und Verleiher beim Leiharbeitsvertrag um einen Arbeitsverhältnis i. S. d. §§ 611 ff. BGB handelt, haftet der Verleiher als Arbeitgeber des Leiharbeitnehmers gegenüber dem Leiharbeitnehmer auch verschuldensunabhängig.[1101] Es herrscht Einigkeit in Rechtsprechung und Literatur darüber, dass der Arbeitgeber für arbeitsbedingte Eigenschäden des Arbeitnehmers haftet.[1102] Der Leiharbeitnehmer hat einen Freistellungsanspruch gegen den Verleiher in dem Umfang, in dem der Leiharbeitnehmer im Rahmen eines innerbetrieblichen Schadensausgleichs nicht haften würde.[1103]

1. Freistellungsanspruch des Leiharbeitnehmers

Wie auch dem normalen Arbeitnehmer können dem Leiharbeitnehmer aus der beschränkten Arbeitnehmerhaftung Freistellungsansprüche erwachsen. Anspruchsgegner dieses Freistellungsanspruchs ist der Arbeitgeber,[1104] mithin der Verleiher.

1099 Zur Beschäftigungspflicht des Verleihers siehe 2. Teil § 6 B. II. 3.

1100 ErfK/*Preis*, § 619a BGB Rn. 76.

1101 Im Ergebnis auch: ErfK/*Wank*, AÜG Einl. Rn. 29.

1102 BAG Urteil v. 22.06.2011 -8 AZR 102/10, NZA 2012, 91; ErfK/*Preis*, § 619a BGB Rn. 76.

1103 Siehe 4. Teil § 13 E.

1104 Siehe z. B.: BAG Urteil v. 23.06.1988 – 8 AZR 300/85, NJW 1989, 854.

a. Rechtsgrundlage

Die Rechtsgrundlage der verschuldensunabhängigen Haftung des Arbeitgebers ist umstritten. Nach überwiegender Ansicht wird als Rechtsgrundlage § 670 BGB analog[1105] i. V. m. § 257 S. 1 BGB[1106] herangezogen.

b. Anspruchsvoraussetzungen

Voraussetzung des Anspruchs nach § 670 BGB analog gegen den Verleiher war nach der Entscheidung des Großen Senat des BAG zunächst noch, dass der Arbeitnehmer einen Sachschaden bei Ausübung einer gefährlichen Arbeit erleidet, mit dem der Arbeitnehmer nach Art des Betriebs oder nach Art und Natur der Arbeit nicht zu rechnen braucht.[1107]

Die neuere Rechtsprechung[1108] sieht es als Voraussetzung für den Anspruch des Arbeitnehmers nach § 670 BGB analog als ausreichend an, wenn ein arbeitsbedingter Eigenschaden dem Betätigungsbereich des Arbeitgebers zuzurechnen ist. Es besteht weder ein Grundsatz, dass die während der Arbeitszeit des Arbeitnehmers erlittenen Eigenschäden immer vom Arbeitgeber zu erstatten sind, noch dass erlittene Eigenschäden außerhalb der Arbeitszeit nie vom Arbeitgeber zu ersetzen sind.[1109]

Als Voraussetzung des Freistellungsanspruchs des Leiharbeitnehmers gegen den Verleiher muss der (Leih-)Arbeitnehmer zunächst bei Ausführung einer betrieblichen Tätigkeit einen Schaden an seinen Rechtsgütern erlitten haben,[1110] wobei es nicht darauf ankommt, ob der (Leih)- Arbeitnehmer diesen Schaden während oder außerhalb der Arbeitszeit erlitten hat.[1111] Diese Beschränkung des Ersatzes nach § 670 BGB analog auf erlittene Schäden in Ausführung der betrieblichen Tätigkeit erfolgt, weil der Arbeitgeber das Schadensrisiko nicht auf den Arbeitnehmer abwälzen darf, wenn er sich der eingebrachten Sachen des Arbeitnehmers als Arbeitsmittel bedient.[1112] Weiterhin muss dem (Leih-)Arbeitnehmer der Schaden im

1105 BAG Beschluss v. 10.11.1961 -GS 1/60, BAGE 12, 15 Rn. 36 ff. (zit. nach juris); Urteil v. 22.06.2011 -8 AZR 102/10, NZA 2012, 91 Rn. 19 f.; BAG Urteil v. 28.10.2010 -8 AZR 647/09, NZA 2011, 406.

1106 ErfK/*Preis*, § 619a BGB Rn. 26; BeckOK-Arbeitsrecht/*Joussen*, § 611 BGB Rn. 383; MüKo/*Krüger*, § 257 BGB Rn. 3; SGL/*Rathmann*, § 257 BGB Rn. 2; *Kappus*, NJW 2015, 387, 388; *Didier*, RdA 2013, 285, 286.

1107 BAG Beschluss v. 10.11.1961 -GS 1/60, BAGE 12, 15 Rn. 51.

1108 BAG Urteil v. 22.06.2011 -8 AZR 102/10, NZA 2012, 91, 92 Rn. 22; Urteil v. 28.10.2010 -8 AZR 647/09, NZA 2011, 406, 408 Rn. 26.

1109 BAG Urteil v. 22.06.2011 -8 AZR 102/10, NZA 2012, 91.

1110 BAG Urteil v. 22.06.2011 -8 AZR 102/10, NZA 2012, 91; ErfK/*Preis*, § 619 a BGB Rn. 81.

1111 BAG Urteil v. 22.06.2011 -8 AZR 102/10, NZA 2012, 91.

1112 BAG Urteil v. 22.06.2011 -8 AZR 102/10, NZA 2012, 91.

Betätigungsbereich des Arbeitgebers, also des Verleihers, entstehen.[1113] Im Rahmen des Anspruchs nach § 670 BGB analog ist zudem ein Verschulden des Arbeitnehmers nach § 254 Abs. 1 BGB zu berücksichtigen, wobei das Haftungsprivileg des Arbeitnehmers anzuwenden ist.[1114]

Der Leiharbeitnehmer ist im Rahmen seiner Tätigkeit im Betrieb des Entleihers nicht im Betätigungsbereich des Verleihers tätig, da der Verleiher die Tätigkeit des Leiharbeitnehmers an sich nicht gegenüber dem Entleiher schuldet.[1115] Der Betätigungsbereich des Verleihers ist nur dann betroffen, wenn sich der Leiharbeitnehmer auf Fortbildungsveranstaltungen befindet oder Tätigkeiten für den Verleiher während einer einsatzfreien Phase ausübt.

2. *Haftung für im Betrieb des Entleihers erlittene Sachschäden*

Wie gezeigt, ist Voraussetzung des Freistellungsanspruchs des Leiharbeitnehmers gegen den Arbeitgeber nach § 670 BGB analog i. V. m. § 257 S. 1 BGB, dass der Schaden dem Arbeitnehmer im Betätigungsbereich des Arbeitgebers, mithin in dessen Betrieb entstehen muss.[1116] Im Rahmen der Arbeitnehmerüberlassung wird der Leiharbeitnehmer jedoch im Betätigungsbereich des Entleihers tätig, der Entleiher ist aber nicht Arbeitgeber des Leiharbeitnehmers.[1117] Der Leiharbeitnehmer kann daher für die im Betrieb des Entleihers erlittenen Sachschäden keinen Freistellungsanspruch gem. § 670 BGB analog i. V. m. § 257 S. 1 BGB geltend machen.

B. Vertragliche Haftung des Verleihers gegenüber dem Entleiher

Auch die Haftung des Verleihers gegenüber dem Entleiher kann sowohl auf vertraglicher als auch gesetzlicher Grundlage basieren. Der Fokus der Betrachtung soll aufgrund der eingenommenen vertragsrechtlichen Perspektive auf der vertraglichen Haftung des Verleihers gegenüber dem Entleiher liegen.

I. *Anspruchsgrundlage*

Die Haftung des Verleihers gegenüber dem Entleiher kann sich sowohl aus den §§ 536 f. BGB analog nach Überlassung als auch aus den §§ 280 ff. BGB vor Überlassung aus einer Pflichtverletzung aus dem Arbeitnehmerüberlassungsvertrag ergeben. Da der jeweils im Betrieb des Verleihers eingesetzte Leiharbeitnehmer nicht

1113 BAG Beschluss v. 10.11.1961 -GS 1/60, BAGE 12, 15 = NJW 1962, 411; BAG Urteil v. 28.10.2010 -8 AZR 647/09, NZA 2011, 406; Urteil v. 22.06.2011 -8 AZR 102/10, NZA 2012, 91.

1114 ErfK/*Preis*, § 619a BGB Rn. 91; siehe zum Haftungsprivileg 4. Teil § 13 E.

1115 Siehe 2. Teil § 7 A. I.

1116 Siehe 4. Teil § 14 A. IV. 1. b.

1117 Siehe 2. Teil § 8.

Erfüllungsgehilfe i. S. d. § 278 BGB des Verleihers ist,[1118] kommt nur die vertragliche Haftung aus eigenem Vertretenmüssen des Verleihers in Betracht. Anknüpfungspunkte für eine vertragliche Haftung des Verleihers sind Pflichtverletzungen aus dem Arbeitnehmerüberlassungsvertrag.

II. Pflichtverletzung und Schaden

Im Folgenden sollen die im Arbeitnehmerüberlassungsverhältnis wichtigsten Pflichtverletzungen und daraus resultierende Schäden des Entleihers beleuchtet werden.

1. Überlassung eines nicht ausreichend qualifizierten Leiharbeitnehmers

Der Verleiher schuldet aus dem Arbeitnehmerüberlassungsvertrag die Überlassung eines ausreichend qualifizierten Leiharbeitnehmers.[1119] Überlässt der Verleiher dem Entleiher einen nicht ausreichend qualifizierten Leiharbeitnehmer, stellt dies eine Pflichtverletzung aus dem Arbeitnehmerüberlassungsvertrag dar und eröffnet dem Entleiher grundsätzlich bei Vorliegen der übrigen Voraussetzungen die Möglichkeit zur Geltendmachung eines Schadensersatzanspruchs. Der Verleiher muss zur Vermeidung dieser Pflichtverletzung die Bewerbungsunterlagen des betreffenden Leiharbeitnehmers mit den im Arbeitnehmerüberlassungsvertrag vom Entleiher angegebenen notwendigen Qualifikationen abgleichen.[1120] Die Darlegungs- und Beweislast für ein Auswahlverschulden trifft den Entleiher.[1121]

Als Anspruchsgrundlage ergeben sich sowohl § 536a Abs. 1, 2. Alt. BGB analog nach dem Arbeitsantritt des Leiharbeitnehmers als auch § 311a Abs. 2 BGB vor Arbeitsantritt des Leiharbeitnehmers.[1122] Nach dem Arbeitsantritt des nicht ausreichend qualifizierten Arbeitnehmers kann der Entleiher nach § 536 Abs. 1 BGB

1118 Schüren/*Hamann*, § 1 AÜG Rn. 313; Urban-Crell/Germakowski/*Bissels*, § 1 AÜG Rn. 34; *Boemke/Lembke*, § 12 AÜG Rn. 39; BAG Urteil v. 27.05.1983 -7 AZR 1210/79, EzAÜG § 611 BGB Haftung Nr. 7 unter III 2; ArbG Frankfurt Urteil v. 10.09.1993 -32 C 1825/93 – 48, NJW-RR 1994, 1014; BGH Urteil v. 09.03.1971 -VI ZR 138/69, NJW 1971, 1129; Urteil v. 13.06.1975 -VI ZR 247/73, NJW 1975, 1695, 1696; *Boemke*, Schuldvertrag, S. 561, 562; Thüsing/*Thüsing*, § 12 AÜG Rn. 32; ErfK/*Wank*, AÜG Einl. Rn. 20; *Walker*, AcP 194 (1994), 295, 298; Erbs/Kohlhaas/*Ambs*, § 1 AÜG Rn. 4; *Becker*, NJW 1976, 1827.

1119 Für echte Leiharbeitsverhältnis BGH Urteil v. 09.03.1971 -VI ZR 138/69, NJW 1971, 1129, wobei für das unechte/gewerbsmäßige Leiharbeitsverhältnis selbiges gelten muss; *Ehrlich*, Dienstgemeinschaft und Arbeitnehmerüberlassung, S. 14; BGH Urteil v. 09.03.1971 -VI ZR 138/69, NJW 1971, 1129; BeckOK-Arbeitsrecht/*Kock*, § 1 AÜG Rn. 6.

1120 *Dahl/Färber*, DB 2009, 1650 f.

1121 BGH Urteil v. 09.03.1971 -VI ZR 138/69, NJW 1971, 1129.

1122 Vgl. zur Anwendbarkeit des allgemeinen Leistungsstörungsrechts vor Überlassung der Mietsache: Palandt/*Weidenkaff*, § 536 BGB Rn. 7.

analog die Vergütung gegenüber dem Verleiher mindern. Der Entleiher ist für die Zeit, in der ein nicht ausreichend qualifizierter Arbeitnehmer nicht zur Verfügung steht, von der Pflicht zur Entrichtung der Vergütung nach § 536 Abs. 1 S. 1 BGB analog befreit. Insbesondere dürfte aufgrund des Fixschuldcharakters der vom Verleiher geschuldeten Leistung,[1123] § 311a Abs. 2 BGB in Betracht kommen, der dem Geschädigten einen Schadensersatzanspruch statt der Leistung bei anfänglicher Unmöglichkeit gewährt. Ist dem Verleiher die aus dem Arbeitnehmerüberlassungsvertrag geschuldete Leistung schon bei Überlassungsbeginn unmöglich, weil er zum Beispiel über zu diesem Zeitpunkt keine einsatzbereiten qualifizierten Leiharbeitnehmer verfügt, kann der Entleiher Schadensersatz nach § 311a Abs. 2 BGB oder Aufwendungsersatz nach § 284 BGB verlangen, wenn er Kenntnis oder zu vertretende Unkenntnis von der anfänglichen Unmöglichkeit seiner Leistungspflicht zur Überlassung eines ausreichend qualifizierten Leiharbeitnehmers hatte.[1124] Da der Verleiher bei der Überlassung ein Beschaffungsrisiko i. S. d. § 276 Abs. 1 S. 1 BGB übernommen hat, haftet er grundsätzlich verschuldensunabhängig.[1125] Der Verleiher hat den dem Entleiher durch die Überlassung eines nicht ausreichend qualifizierten Leiharbeitnehmers entstandenen Vermögensschäden zu ersetzen.

2. Nichtleistung des überlassenen Leiharbeitnehmers

Erbringt der Leiharbeitnehmer keine geschuldete Arbeitsleistung im Betrieb des Entleihers, liegt mithin eine Nichtleistung des Leiharbeitnehmers vor, stellt dies eine Pflichtverletzung des Verleihers aus dem Arbeitnehmerüberlassungsvertrag gegenüber dem Entleiher dar.[1126] Da es sich bei dem Arbeitnehmerüberlassungsvertrag um ein Dauerschuldverhältnis handelt,[1127] ist der Verleiher während der gesamten Dauer zur Auswahl, Bereitstellung und des Arbeitsantritts eines ausreichend qualifizierten Leiharbeitnehmers verpflichtet.[1128] Ein Anspruch ergibt sich dann aus § 536a Abs. 1, 2. Alt. BGB analog als Anspruchsgrundlage für einen Schadensersatzanspruch des Entleihers. Der Verleiher hat die Nichtleistung des Leiharbeitnehmers auch dann zu vertreten, wenn der Leiharbeitnehmer zunächst die Tätigkeit beim Entleiher aufgenommen hat und erst zu einem späteren Zeitpunkt einstellt, da der Verleiher während der gesamten Dauer der Überlassung den Arbeitsantritt eines ausreichend qualifizierten Leiharbeitnehmers schuldet.[1129]

1123 Siehe dazu unter 3. Teil § 7 B. I. 2.

1124 MüKo-BGB/*Ernst*, § 311 a BGB Rn. 29 ff.; im Ergebnis so auch *Hollinger*, Leistungsstörungen bei der Arbeitnehmerüberlassung nach AÜG, S. 117.

1125 Schüren/*Schüren*, AÜG Einl. Rn. 124.

1126 So auch Schüren/*Schüren*, AÜG Einl. Rn. 140.

1127 Schüren/*Schüren*, AÜG Einl. Rn. 138; siehe 3. Teil § 7 A. I. 4.

1128 Siehe 3. Teil § 7 A. I. 4.

1129 Schüren/*Schüren*, AÜG Einl. Rn. 140; siehe 2. Teil § 7 A. I.

3. *Schlechtleistung des überlassenen Leiharbeitnehmers*

Die Schlechtleistung des überlassenen Leiharbeitnehmers, die nicht auf mangelnder Qualifikation beruht, ist keine Pflichtverletzung des Verleihers aus dem Arbeitnehmerüberlassungsvertrag mit dem Entleiher, da der Verleiher aus dem Überlassungsvertrag nicht die Tätigkeit des Leiharbeitnehmers als solche schuldet, sondern lediglich die Auswahl und Arbeitsaufnahme eines qualifizierten Arbeitnehmers.[1130]

4. *Erklärung über den Besitz einer Arbeitnehmerüberlassungserlaubnis gem. § 12 AÜG*

Da der Verleiher nach § 12 Abs. 2 S. 1 AÜG gegenüber dem Entleiher verpflichtet ist, schriftlich zu erklären, dass er im Besitz einer Arbeitnehmerüberlassungserlaubnis nach § 1 AÜG ist,[1131] liegt eine Pflichtverletzung des Verleihers i. S. d. §§ 280 ff. BGB oder § 536a Abs. 1 BGB analog vor, wenn der Verleiher wahrheitswidrig angibt, dass er im Besitz einer nach § 1 AÜG erforderlichen Erlaubnis sei. Der Verleiher haftet dann vor dem Arbeitsantritt des Leiharbeitnehmers gegenüber dem Entleiher nach § 280 Abs. 1 BGB.[1132] Behauptet der Verleiher im Besitz einer Arbeitnehmerüberlassungserlaubnis während der dauernden Überlassung zu sein, ist § 536a Abs. 1, 2. Alt. BGB analog als Anspruchsgrundlage heranzuziehen.

Dem Entleiher kommt ein Mitverschulden nach § 254 Abs. 1 BGB zu, wenn der Arbeitnehmerüberlassungsvertrag die nach § 12 Abs. 2 AÜG erforderliche Erklärung des Verleihers hinsichtlich der Arbeitnehmerüberlassungserlaubnis überhaupt nicht enthält[1133] oder der Entleiher sich die Arbeitnehmerüberlassungserlaubnis nicht zeigen lässt.[1134] Der Entleiher muss im Zweifel eine Erklärung darüber verlangen, dass der Verleiher im Besitz der erforderlichen Erlaubnis ist.[1135] Ein Vermögensschaden entsteht dem Entleiher in Höhe der Kosten für das gesetzliche Arbeitsverhältnis mit dem Leiharbeitnehmer, das aufgrund der fehlenden, aber nach § 1 Abs. 1 S. 1 AÜG erforderlichen Erlaubnis entstanden ist.[1136]

1130 Siehe dazu unter 2. Teil § 7 A. I.

1131 Siehe 2. Teil § 7 A. I. 7.

1132 *Boemke/Lembke*, § 12 AÜG Rn. 16 mit Verweis auf die zusätzliche Haftung nach § 823 Abs. 2 i. V. m. § 263 StGB,

1133 *Sandmann/Marschall/Schneider*, AÜG Art. 1 § 12 Anm.. 2; *Boemke/Lembke*, § 12 AÜG Rn. 17.

1134 *Boemke/Lembke*, § 12 AÜG Rn. 17; *Sandmann/Marschall/Schneider*, AÜG Art. 1 § 12 Anm. 2.

1135 *Weber*, Anm. zu BAG Urteil v. 08.11.1978 -5 AZR 261/77, AP Nr. 2 zu § 1 AÜG.

1136 Siehe ausführlich dazu 3. Teil § 11 B. 2. c.

C. Vorvertragliche Haftung

Es kommt eine vorvertragliche Haftung des Verleihers gegenüber dem Entleiher nach §§ 311 Abs. 2 Nr. 2, 241 Abs. 2, 280 Abs. 1 BGB für den Zeitraum vor der Überlassung des Leiharbeitnehmers in Betracht. Nach Vertragsschluss, also nach dem Arbeitsantritt des Leiharbeitnehmers im Betrieb des Entleihers, verdrängen die §§ 536, 536a BGB (analog) die Haftung aus §§ 311 Abs. 2 Nr. 2, 241 Abs. 2, 280 Abs. 1 BGB.[1137] Gegenüber dem Leiharbeitnehmer kommt eine vorvertragliche Haftung des Verleihers aus §§ 311 Abs. 2 Nr. 2, 241 Abs. 2, 280 Abs. 1 BGB in Betracht. Dies kann zum Beispiel der Fall sein, wenn der Verleiher aufgrund der schlechten wirtschaftlichen Lage seines Betriebs für die Zukunft befürchten muss, Löhne und Gehälter nicht zahlen zu können. Teilt der Verleiher dies dem Leiharbeitnehmer bei Abschluss des Arbeitsvertrags nicht mit, kann er sich als Arbeitgeber des Leiharbeitnehmers nach §§ 311 Abs. 2 Nr. 2, 241 Abs. 1, 280 Abs. 1 BGB schadensersatzpflichtig machen.[1138]

D. Haftungsbeschränkung des Verleihers

Da zwischen dem Verleiher und dem Leiharbeitnehmer ein Arbeitsverhältnis vorliegt, findet zugunsten der Haftung des Verleihers gegenüber dem Leiharbeitnehmer die Haftungsbeschränkung des § 104 SGB VII Anwendung. Danach haftet der Unternehmer, also der Verleiher, den versicherten Leiharbeitnehmern, die für ihre Unternehmen tätig sind oder zu ihren Unternehmen in einer sonstigen, die Versicherung begründenden Beziehung stehen, sowie deren Angehörigen und Hinterbliebenen nach anderen gesetzlichen Vorschriften für einen entstandenen Personenschaden, der einen Versicherungsfall verursacht hat, nur dann, wenn der Unternehmer den Versicherungsfall vorsätzlich oder im Rahmen einer versicherten Tätigkeit nach § 8 Abs. 2 Nr. 1 – 4 SGB VII herbeigeführt hat.

E. Spezialgesetzliche Haftung nach AÜG gegenüber dem Leiharbeitnehmer

Fehlt es bei der Arbeitnehmerüberlassung an der nach § 1 AÜG erforderlichen Erlaubnis, hat dies zur Rechtsfolge, dass ein gesetzliches Arbeitsverhältnis zwischen Entleiher und Leiharbeitnehmer gem. §§ 9 Nr. 1, 10 Abs. 1 AÜG entsteht.

Die Entstehung des gesetzlichen Arbeitsverhältnisses zwischen Leiharbeitnehmer und Entleiher ersetzt dem Leiharbeitnehmer hingegen nicht die Schäden, die er durch das Vertrauen in den Bestand des Leiharbeitsverhältnisses zum Verleiher

1137 Für das Mietverhältnis BeckOK-BGB/*Ehlert*, § 536 BGB Rn. 17.

1138 Vgl. für das „normale" Arbeitsverhältnis gem. § 611 BGB: BeckOK-Arbeitsrecht/*Joussen*, § 611 BGB Rn. 10; Schaub/*Linck*, Arbeitsrechtshandbuch, § 26 Vertragsanbahnung und Fragerecht des Arbeitgebers, Rn. 4 f.

und aufgrund des Verlusts seines Arbeitsverhältnisses zum Verleiher erleidet.[1139] Für diese Fälle sieht das AÜG einen spezialgesetzlichen Vertrauensschadenersatzanspruch nach § 10 Abs. 2 AÜG vor. Dieser ersetzt das negative Interesse.[1140] Teils wird der Anspruch nach § 10 Abs. 2 AÜG auch als „gesetzlich geregelter Fall der Vertrauenshaftung nach § 311 Abs. 2 BGB"[1141] rechtlich qualifiziert.

I. Voraussetzungen des Schadensersatzanspruchs nach § 10 Abs. 2 AÜG

Der Leiharbeitnehmer hat bei fehlender Erlaubnis nach § 1 AÜG einen Anspruch auf Schadensersatz gem. § 10 Abs. 2 AÜG für den Schaden, den der Leiharbeitnehmer dadurch erleidet, dass er auf die Gültigkeit seines Leiharbeitsvertrages vertraut hat.

Erste Voraussetzung des Schadensersatzanspruchs nach § 10 Abs. 2 AÜG ist folglich, dass der Leiharbeitsvertrag gem. § 9 Nr. 1 AÜG wegen fehlender, aber nach § 1 AÜG erforderlicher Arbeitnehmerüberlassungserlaubnis unwirksam ist. Der Anspruch auf Schadensersatz entsteht in dem Moment, in dem die erforderliche Erlaubnis nach § 1 AÜG nicht (mehr) vorliegt und der Leiharbeitsvertrag daher gem. § 9 Nr. 1 AÜG unwirksam ist.[1142] Andere Unwirksamkeitsgründe des Leiharbeitsvertrags begründen nicht den Schadensersatzanspruch nach § 10 Abs. 2 AÜG.[1143] Liegt hingegen noch ein weiterer Nichtigkeitsgrund vor, führt das nicht zum Ausschluss des Anspruchs aus § 10 Abs. 2 AÜG.[1144]

Ein Verschulden des Verleihers ist keine Voraussetzung des Schadensersatzanspruchs nach § 10 Abs. 2 AÜG.[1145] Hingegen schadet dem Anspruch aus § 10 Abs. 2 AÜG die positive Kenntnis des Leiharbeitnehmers von der fehlenden, aber nach § 1 AÜG erforderlichen Arbeitnehmerüberlassungserlaubnis.[1146]

II. Umfang des Schadensersatzanspruchs

Nach § 10 Abs. 2 AÜG kann der Leiharbeitnehmer vom Verleiher den Schaden ersetzt verlangen, den er dadurch erleidet, dass er auf die Gültigkeit des Vertrages vertraut. In erster Linie dürften sich nach dem Wortlaut des § 10 Abs. 2 AÜG, Parallelen zum Umfang des Schadensersatzanspruchs nach § 122 Abs. 1 BGB und § 179 Abs. 2 BGB ziehen lassen, denn auch nach § 122 Abs. 1 BGB und § 179 Abs. 2

1139 *Becker/Wulfgramm*, Art. 1 § 10 AÜG Rn. 40.
1140 Siehe dazu nachfolgend 4. Teil § 14 E. II.
1141 Schüren/*Schüren*, § 10 AÜG Rn. 183.
1142 ErfK/*Wank*, § 10 AÜG Rn. 22 f.; BeckOK-Arbeitsrecht/*Motz*, § 10 AÜG Rn. 23 f.; *Becker/Wulfgramm*, Art. 1 § 1 AÜG Rn. 41.
1143 *Becker/Wulfgramm*, Art. 1 § 10 AÜG Rn. 41; ErfK/*Wank*, § 10 AÜG Rn. 22 f.
1144 Schüren/*Schüren*, § 10 AÜG Rn. 197; *Ulber/Ulber*, § 10 AÜG Rn. 46; a. A. *Boemke/Lembke* § 10 AÜG Rn.104; unklar: Thüsing/*Mengel*, § 10 AÜG Rn. 55; HWK/*Gotthardt/Roloff*, § 10 AÜG Rn. 19.
1145 BeckOK-Arbeitsrecht/*Motz*, § 10 AÜG Rn. 23.
1146 Siehe dazu nachfolgend unter 4. Teil § 14 E. III.

BGB hat der Erklärende dem Dritten den Schaden zu ersetzen, den der andere oder der Dritte dadurch erleidet, dass er auf die Gültigkeit der Erklärung vertraute (negatives Interesse[1147]).

§ 10 Abs. 2 AÜG geht jedoch noch über den Schadensersatzumfang des § 122 Abs. 1 und § 179 Abs. 2 BGB hinaus. Denn § 10 Abs. 2 AÜG enthält keine § 122 Abs. 1 und § 179 Abs. 2 BGB entsprechende Begrenzung.[1148] Der Leiharbeitnehmer kann daher auch solche Nachteile, die ihm dadurch entstehen, dass der Entleiher seinen Arbeitgeberpflichten nicht nachkommt oder dass er Ansprüche aus dem gesetzlichen Arbeitsverhältnis zum Entleiher nicht rechtzeitig geltend machen kann, erheben.[1149] Darunter fallen auch Nachteile aufgrund fehlender Wartezeiten, die der Leiharbeitnehmer nicht erhalten kann wie Urlaubsansprüche und Kündigungsschutz nach dem Kündigungsschutzgesetz,[1150] entgangene Kündigungsabfindung für den Verlust des Arbeitsplatzes, Urlaubsgeld und alle an das Bestehen des Arbeitsverhältnisses geknüpften Sozialleistungen.[1151] Ausnahmsweise gehören zum Schadensersatzanspruch auch die Rechtsverfolgungskosten, die dem Leiharbeitnehmer durch die Inanspruchnahme des Entleihers aus dem gesetzlichen Arbeitsverhältnis entstehen.[1152] Sonstige Aufwendungen, die dem Leiharbeitnehmer durch die Tätigkeit beim Entleiher entstehen, wie zum Beispiel Fahrtkosten zu auswärtigen Einsatzstellen des Entleihers, sind nicht nach § 10 Abs. 2 AÜG ersatzfähig.[1153] Dies gilt auch für Jahressonderzahlungen des Verleihers, die an den Fortbestand des Arbeitsverhältnisses anknüpfen.[1154]

III. Ausschluss des Schadensersatzanspruchs, § 10 Abs. 2 S. 2 AÜG

Der Anspruch des Leiharbeitnehmers auf Schadensersatz gem. § 10 Abs. 2 AÜG ist nach § 10 Abs. 2 S. 2 AÜG ausgeschlossen, wenn der Leiharbeitnehmer Kenntnis von der Unwirksamkeit des Leiharbeitsvertrages hatte. Denn wenn der Leiharbeitnehmer um die Unwirksamkeit des Leiharbeitsverhältnis positiv wusste, ist sein

---

1147 Palandt/*Ellenberger*, § 122 BGB Rn. 4; *Kropholler*, Studienkommentar BGB § 122 BGB Rn. 2.

1148 *Becker/Wulfgramm*, Art. 1 § 10 AÜG Rn. 44.

1149 BeckOK-Arbeitsrecht/*Motz*, § 10 AÜG Rn. 24 mit Verweis auf BT-Drucks. VI/2303, S. 14; ErfK/*Wank*, § 10 AÜG Rn. 24; *Becker/Wulfgramm*, Art. 1 § 10 AÜG Rn. 45.

1150 Geschäftsanweisung zum AÜG Stand: Februar 2014; BeckOK-Arbeitsrecht/*Motz*, § 10 AÜG Rn. 24; BT-Drucks. VI/2303 S. 14; *Becker/Wulfgramm*, Art. 1 § 10 AÜG Rn. 45; „Ersatzfähig sind alle aus der gesetzlichen Beendigung resultierenden Schäden": Thüsing/*Mengel* § 10 AÜG Rn. 58; *Sandmann/Marschall/Schneider*, AÜG Art. 1 § 10 Anm. 25; a. A. Schüren/*Schüren*, § 10 AÜG, Rn. 208; *Boemke/Lembke*, § 10 AÜG Rn. 114.

1151 *Becker/Wulfgramm*, Art. 1 § 10 AÜG Rn. 45.

1152 Schüren/*Schüren*, § 10 AÜG Rn. 192.

1153 Schüren/*Schüren*, § 10 AÜG Rn. 205; a. A. *Pollert/Spieler*, Arbeitnehmerüberlassung in der betrieblichen Praxis, S. 147.

1154 *Boemke/Lembke*, § 10 AÜG Rn. 114; Schüren/*Schüren*, § 10 AÜG Rn. 207.

durch § 10 Abs. 2 S. 1 AÜG geschütztes Vertrauen in den Bestand des Leiharbeitsverhältnisses nicht schutzwürdig.[1155] Der Leiharbeitnehmer muss demnach für einen Ausschluss seines Schadensersatzanspruchs nach § 10 Abs. 2 S. 2 AÜG positiv wissen, dass für die legale Arbeitnehmerüberlassung eine Erlaubnis erforderlich war und dieser schon von Anfang an nicht vorlag oder die erforderliche Erlaubnis während der Überlassung erloschen ist. Die bloße grob fahrlässige Unkenntnis des Leiharbeitnehmers führt hingegen noch nicht zum Ausschluss des Schadensersatzanspruchs nach § 10 Abs. 2 S. 2 AÜG.[1156]

Die für den Haftungsausschluss erforderliche positive Kenntnis des Leiharbeitnehmers liegt zum Beispiel im Rahmen von „Scheinwerkverträgen" vor, wenn der Leiharbeitnehmer weiß, dass es sich bei der Durchführung des Fremdpersonaleinsatzes im Drittbetrieb nicht um einen Werkvertrag, sondern um eine verdeckte Arbeitnehmerüberlassung handelt. Hierbei reicht es jedoch nicht aus, dass der Leiharbeitnehmer erkennt, dass er nur auf Weisungen des Entleihers handelt und vollständig in dessen Betrieb eingegliedert ist.[1157] Vom Leiharbeitnehmer kann nicht erwartet werden, dass dieser eine rechtliche (Be-)Wertung des tatsächlich gehandhabten Einsatzes vornimmt.[1158]

Anders als bei §§ 122, 179 BGB schadet (grob) fahrlässige Unkenntnis nicht und führt daher auch nicht zu einer Minderung des Ersatzanspruchs gem. § 254 Abs. 1 BGB, da § 10 Abs. 2 S. 2 *lex specialis* zu § 254 Abs. 1 BGB ist.[1159]

IV. Auskunftsanspruch zur Durchsetzung der Rechte nach § 10 Abs. 2 S. 1 AÜG

Der Leiharbeitnehmer hat einen Auskunftsanspruch gegen den Verleiher zur Durchsetzung seiner Rechte aus § 10 Abs. 2 S. 1 AÜG.[1160] Diese Auskunft betrifft vor allem den Namen und die Anschrift der Entleiherfirmen und die Höhe der dem Verleiher zugewendeten Überlassungsvergütung,[1161] vor allem aber den Bestand der Verleihererlaubnis.[1162] Der Auskunftsanspruch besteht unabhängig davon, ob die unerlaubte Arbeitnehmerüberlassung bereits nachgewiesen ist. Der Verdacht auf Vorliegen einer unerlaubten Arbeitnehmerüberlassung genügt.[1163]

1155 Schüren/*Schüren*, § 10 AÜG, Rn. 194.
1156 ErfK/*Wank*, § 10 AÜG Rn. 23; *Becker/Wulfgramm*, Art. 1 § 10 AÜG Rn. 42; BeckOK-Arbeitsrecht/*Motz,* § 10 AÜG Rn. 26; Thüsing/*Mengel*, § 10 AÜG Rn. 56.
1157 Schüren/*Schüren*, § 10 AÜG Rn. 200.
1158 Schüren/*Schüren*, § 10 AÜG Rn. 201.
1159 *Löwisch/Caspers/Klumpp*, § 21 , Rn. 915; *Boemke/Lembke*, § 10 AÜG Rn. 106.
1160 ErfK/*Wank*, § 10 AÜG Rn. 26; *Becker/Wulfgramm*, Art. 1 § 10 AÜG Rn. 41a; BAG Urteil v. 11.04.1984 -5 AZR 316/82, NZA 1984, 161.
1161 *Becker/Wulfgramm*, Art. 1 § 10 AÜG Rn. 41a.
1162 Schüren/*Schüren*, § 10 AÜG Rn. 211.
1163 BAG Urteil v. 11.04.1984 -5 AZR 316/82, NZA 1984, 161; *Becker/Wulfgramm*, Art. 1 § 10 AÜG Rn. 41a; Schüren/*Schüren*, § 10 AÜG Rn.211.

F. Haftung als Gesamtschuldner mit dem Entleiher gem. § 10 Abs. 3 AÜG

Der Verleiher haftet nach § 10 Abs. 3 AÜG mit dem Entleiher als Gesamtschuldner gegenüber dem Leiharbeitnehmer für sonstige Teile des Arbeitsentgelts, wenn der Verleiher dem Leiharbeitnehmer die Vergütung ganz oder teilweise trotz des gem. § 9 Nr. 1 AÜG nichtigen Leiharbeitsvertrags zahlt. Von dieser Haftung umfasst sind vor allem Entgeltnebenkosten wie die Abführung der Lohnsteuer und die Entrichtung der Sozialversicherungsbeiträge.[1164] Daneben sind von § 10 Abs. 3 AÜG auch die Auszahlung von Lohnpfändungen, vermögenswirksamer Leistung oder Leistungen an die betriebliche Altersversorgung umfasst.[1165] Für die Abführung von Lohnsteuer ergibt sich die gesamtschuldnerische Haftung von Verleiher und Entleiher aus § 42d Abs. 6 EStG und für die Leistung des Gesamtsozialversicherungsbeitrags aus § 28e Abs. 2 S. 4 SGB IV.[1166]

G. Zwischenergebnis

Der Verleiher haftet gegenüber dem Leiharbeitnehmer und gegenüber dem Entleiher. Gegenüber dem Leiharbeitnehmer haftet der Verleiher wegen zu später oder fehlender Vergütungsleistung nach §§ 280 Abs. 1, 3, 281 Abs. 1 BGB oder 286, 288 BGB auf Schadensersatz und Verzugszinsen in Höhe von fünf Prozentpunkten über dem Basiszinssatz. Weiterhin ergibt sich ein Anspruch des Leiharbeitnehmers wegen der Verletzung des *Equal Pay/Equal Treatment* Grundsatzes aus § 280 Abs. 1, 241 Abs. 2 BGB jedenfalls in Höhe der entgangenen Vergütung. Bei Verletzung der nach § 11 Abs. 3 AÜG bestehenden Hinweispflicht hinsichtlich des Vorliegens oder des Nichtbestehens einer erforderlichen Arbeitnehmerüberlassungserlaubnis, die auch einen Anspruch des Leiharbeitnehmers nach § 280 Abs. 1 BGB begründen kann. Kommt der Verleiher seiner grundsätzlich bestehenden Beschäftigungspflicht gegenüber dem Leiharbeitnehmer nicht nach, kommt ein Anspruch aus §§ 280 Abs. 1, 241 Abs. 2 BGB in Betracht. Eine Haftung des Verleihers gegenüber dem Leiharbeitnehmer aus §§ 670 analog i. V. m. § 257 S. 1 BGB bei arbeitsbedingtem Eigenschaden des Leiharbeitnehmers kommt nur in Betracht, wenn der Leiharbeitnehmer im Betätigungsbereich des Verleihers tätig wird. Dies ist nicht der Fall während der Dauer der Überlassung, in der der Leiharbeitnehmer im Betrieb des Entleihers tätig wird. Eine vorvertragliche Haftung des Verleihers gegenüber dem Leiharbeitnehmer kommt aus §§ 311 Abs. 2 Nr. 2, 241 Abs. 2, 280 Abs. 1 BGB in Betracht.

Die Haftungsprivilegierung des § 104 SGB VII findet im Verhältnis zwischen Verleiher und Leiharbeitnehmer Anwendung.

1164 BeckOK-Arbeitsrecht/*Motz*, § 10 AÜG Rn. 29.

1165 Thüsing/*Mengel*, § 10 AÜG Rn. 65; Schüren/*Schüren*, § 10 AÜG Rn. 221; BeckOK-Arbeitsrecht/*Motz*, § 10 AÜG Rn. 29.

1166 Vgl. BeckOK-Arbeitsrecht/*Motz*, § 10 AÜG Rn. 29.1 und 29.2.

Der Verleiher haftet darüber hinaus spezialgesetzlich aus § 10 Abs. 2 AÜG für den Schaden, den der Leiharbeitnehmer dadurch erleidet, dass er auf die Wirksamkeit des Leiharbeitsvertrags vertraut hat.

Nach § 10 Abs. 3 AÜG haftet der Verleiher mit dem Entleiher als Gesamtschuldner für sonstige Teile des Arbeitsentgelts des Leiharbeitnehmers, wenn der Verleiher trotz nichtigem Leiharbeitsvertrag nach § 9 Nr. 1 AÜG das vereinbarte Arbeitsentgelt oder Teile des Arbeitsentgelts an den Leiharbeitnehmer zahlt.

Eine vertragliche Haftung des Verleihers gegenüber dem Entleiher kommt wegen der Überlassung eines nicht ausreichend qualifizierten Leiharbeitnehmers aus § 536a Abs. 1, 2. Alt. BGB analog nach dem Arbeitsantritt des betreffenden Leiharbeitnehmers und aus § 311a Abs. 2 BGB vor dem Arbeitsantritt des Leiharbeitnehmers in Betracht, da der Leistung des Verleihers absoluter Fixschuldcharakter zukommt. Verfügt der Verleiher zu Beginn der Überlassung über keinen ausreichend qualifizierten Leiharbeitnehmer, kommt zudem ein Aufwendungsersatzanspruch nach § 284 BGB in Betracht.

Bei Nichtleistung des überlassenen Leiharbeitnehmers im Betrieb des Entleihers besteht ein Anspruch des Entleihers gegen den Verleiher wegen des absoluten Fixschuldcharakters der Leistungspflicht des Verleihers aus § 536a BGB analog.

Gibt der Verleiher gegenüber dem Entleiher wahrheitswidrig an, dass er im Besitz einer nach § 1 AÜG erforderlichen Überlassungserlaubnis ist, verletzt der Verleiher eine Pflicht nach § 12 Abs. 2 AÜG und haftet gegenüber dem Entleiher nach § 280 Abs. 1 BGB. Ein Mitverschulden des Entleihers nach § 254 Abs. 1 BGB kommt diesbezüglich in Betracht, wenn sich der Entleiher die Überlassungserlaubnis überhaupt nicht zeigen lässt oder sogar, wenn der Arbeitnehmerüberlassungsvertrag die Erlaubnis zu keinem Zeitpunkt enthalten hat.

Darüber hinaus kommen Ansprüche des Verleihers gegen den Entleiher aus §§ 311 Abs. 2 Nr. 2, 241 Abs. 2, 280 Abs. 1 BGB in Betracht.

§ 15 Haftung des Entleihers

Schließlich ist die Haftung des Entleihers im Rahmen der Arbeitnehmerüberlassung aus vertragsrechtlicher Perspektive zu betrachten. Hierbei werden nicht alle denkbaren Pflichtverletzungen des Entleihers und die daraus resultierende Haftung beleuchtet, sondern es werden die nach hiesiger Auffassung relevantesten Pflichtverletzungen haftungsrechtlich dargestellt. Aufgrund der eingenommenen vertragsrechtlichen Perspektive bleibt die gesetzliche Haftung des Entleihers außer Betracht.

A. Vertragliche Haftung gegenüber dem Verleiher

Der Entleiher haftet dem Verleiher aus dem Arbeitnehmerüberlassungsvertrag auf vertraglicher Ebene. Das der vertraglichen Haftung zugrunde liegende Schuldverhältnis ist der Arbeitnehmerüberlassungsvertrag zwischen Verleiher und Entleiher.

I. Pflichtverletzung

Zu beleuchten sind nicht alle in Betracht kommenden, sondern die nach hiesiger Ansicht wesentlichen Pflichtverletzungen. Diese sind die verspätete oder fehlende Vergütungsleistung des Entleihers, die Nichtbeschäftigung eines Leiharbeitnehmers und die Abwerbung eines Leiharbeitnehmers.

1. Verspätete oder fehlende Vergütungsleistung

Den Entleiher trifft aus dem Arbeitnehmerüberlassungsvertrag als Hauptleistungspflicht die Vergütung der Arbeitnehmerüberlassung gegenüber dem Verleiher. Diese Vergütungspflicht trifft den Entleiher unabhängig davon, ob er den Leiharbeitnehmer (gewinnbringend) einsetzen kann.[1167]

Die Vergütung ist, je nach Vereinbarung, nach einzelnen Zeitabschnitten oder am Ende der Überlassung fällig und dann zu leisten.[1168] Ein Fixschuldcharakter kommt der Vergütungsleistungspflicht nicht zu.[1169] Eine Pflichtverletzung des Entleihers liegt vor, wenn dieser die Vergütung nicht entsprechend der Fälligkeit leistet. Der Entleiher kommt dann in Verzug mit der Vergütungsleistung. Der Verleiher kann dann gegen den Entleiher einen Anspruch aus §§ 280 Abs. 2, 286, 288 BGB geltend machen. Entsprechend § 286 IV BGB haftet der Entleiher nur dann, wenn er den Verzug auch vertreten muss.[1170] In der Regel wird es nach § 286 Abs. 2 Nr. 1 BGB keiner Mahnung des Entleihers bedürfen.

Leistet der Entleiher überhaupt keine Vergütung kommt ein Anspruch des Verleihers gegen den Entleiher aus §§ 280 Abs. 1, 3, 281 Abs. 1 BGB in Betracht.

2. Nichtannahme und Nichtbeschäftigung des Leiharbeitnehmers

Der Entleiher schuldet dem Verleiher aus dem Arbeitnehmerüberlassungsvertrag die Annahme der Tätigkeit und die Beschäftigung des Leiharbeitnehmers.[1171] Verweigert der Entleiher diese Annahme der Tätigkeit und die Beschäftigung des Leiharbeitnehmers, würde der Entleiher dann eine vertraglich geschuldete Pflicht aus dem Arbeitnehmerüberlassungsvertrag nicht erbringen.[1172] Da diese den Entleiher treffende Leistungspflicht absoluten Fixschuldcharakter hat,[1173] tritt mit der Nichtannahme der Tätigkeit und der Nichtbeschäftigung des Leiharbeitnehmers Unmöglichkeit nach § 275 Abs. 1 BGB ein. Daher kommt ein Anspruch des Verleihers

1167 Schüren/*Brors*, AÜG Einl. Rn. 426.
1168 Schüren/*Brors*, AÜG Einl. Rn. 428.
1169 Siehe oben 2. Teil § 7 A. II. 2. b.
1170 A. A. Schüren/*Brors*, AÜG Einl. Rn. 428.
1171 Siehe dazu 2. Teil § 7 A. II. 3.
1172 Thüsing/*Thüsing*, § 12 AÜG Rn. 36.
1173 Siehe oben 2. Teil § 7 A. II. 3.

auf Schadensersatz aus § 536a Abs. 1, 2. Alt. BGB analog gegen den Entleiher in Betracht.[1174]

3. Abwerbung des Leiharbeitnehmers

Da der Leiharbeitnehmer im Betrieb des Entleihers tätig wird und dieser somit direkten Zugriff auf den Leiharbeitnehmer hat, ist es naheliegend, bei guter Leistung des Leiharbeitnehmers und gleichzeitigem Bedarf des Entleihers, dass der Entleiher versucht, den Leiharbeitnehmer für sich als fest angestellten Arbeitnehmer in seinem Betrieb zu gewinnen. Die Abwerbung eines Leiharbeitnehmers nach Ablauf dessen Vertragsverhältnisses zum Verleiher stellt keine Pflichtverletzung des Entleihers aus dem Arbeitnehmerüberlassungsvertrag dar, da das AÜG selbst in § 9 Nr. 3 AÜG vorsieht, dass eine Vereinbarung, die dem Entleiher untersagt, den Leiharbeitnehmer zu einem Zeitpunkt einzustellen, in dem dessen Arbeitsverhältnis zum Verleiher nicht mehr besteht, unwirksam ist. Gleichwohl ist eine Regelung im Leiharbeitsvertrag, die auf ein Abwerbungsverbot des Leiharbeitnehmers nach Beendigung seines Leiharbeitsvertrags zielt, gem. § 9 Nr. 4 AÜG unwirksam.[1175]

Anders hingegen kann eine Pflichtverletzung des Entleihers aus dem Arbeitnehmerüberlassungsvertrag angenommen werden, wenn der Entleiher den Leiharbeitnehmer dazu bewegt, vor Ablauf seiner Kündigungsfrist als Arbeitnehmer seines Betriebs auf Grundlage eines Arbeitsvertrages mit dem Entleiher tätig zu werden. Leiharbeitnehmer und Entleiher haften dann dem Verleiher als Gesamtschuldner bei Missachtung der Kündigungsfrist.[1176] Der Entleiher verletzt damit eine Nebenpflicht aus dem Arbeitnehmerüberlassungsvertrag nach § 241 Abs. 2 BGB gegenüber dem Verleiher. Der Verleiher kann daher einen Schadensersatzanspruch gem. §§ 280 Abs. 1, 241 Abs. 2 BGB geltend machen. Dies muss ebenso gelten, wenn Leiharbeitnehmer und Entleiher ein Zweitarbeitsverhältnis vereinbaren, da der Entleiher so in Konkurrenz zum Verleiher tritt.[1177]

II. Verschulden und Schaden

Die Schadensersatzansprüche des Verleihers gegen den Entleiher setzen jeweils ein Verschulden des Entleihers und einen Schaden des Verleihers voraus.

1174 *Boemke/Lembke*, § 12 AÜG Rn. 46 vertritt als Anspruchsgrundlage §§ 280 Abs. 1, 3, 283 BGB und weist darauf hin, dass der Entleiher, weiterhin nach § 326 Abs. 2 BGB zur Zahlung der vereinbarten Vergütung verpflichtet ist.

1175 Schüren/*Brors*, AÜG Einl. Rn. 430.

1176 Schüren/*Brors*, AÜG Einl. Rn. 431.

1177 Schüren/*Brors*, AÜG Einl. Rn. 432, wonach in diesen Fällen auch ein Anspruch aus § 826 BGB in Betracht zu ziehen sein könnte.

1. Schaden bei verspäteter oder fehlender Vergütungsleistung

Bei verspäteter Vergütungsleistung entstehen dem Verleiher als Mindestschaden die Verzugszinsen nach § 288 BGB.[1178] Der Inhalt und Umfang des Verzögerungsschadens des Verleihers richtet sich nach den §§ 249 ff. BGB.[1179]

Fehlt die Vergütungsleistung vollständig, ist dem Verleiher ein Schaden mindestens in Höhe der entgangenen Vergütung entstanden.

2. Schaden bei Nichtannahme und Nichtbeschäftigung des Leiharbeitnehmers

§ 283 BGB ersetzt das positive Interesse.[1180] Da der Entleiher bei Nichtannahme der Leistung oder Nichtbeschäftigung des Leiharbeitnehmers wegen § 326 Abs. 2 S. 1 BGB weiterhin zur Leistung der Vergütung an den Verleiher verpflichtet ist, ist der Entleiher nicht berechtigt, die Vergütung zurückzuhalten. Zahlt der Entleiher die Vergütung trotzdem nicht, liegt darin ein ersatzfähiger Schaden. Im Übrigen sind solche Schadensposten zu berücksichtigen, die dadurch entstehen, dass der Leiharbeitnehmer einen Schadensersatzanspruch gegen den Verleiher wegen der Verletzung seines Allgemeinen Persönlichkeitsrechts aufgrund fehlender Beschäftigung geltend macht.[1181]

3. Schaden bei Abwerbung und Nichteinhaltung der Kündigungsfrist

Der Entleiher haftet bei der Abwerbung des Leiharbeitnehmers unter fehlender Einhaltung der Kündigungsfrist für den Vermögensschaden des Verleihers, der dem Verleiher durch den Arbeitsvertragsbruch des Leiharbeitnehmers entsteht. Dies sind insbesondere Vermögensschäden durch nicht erfüllte oder entgangene Anschlussaufträge.[1182]

B. Vertragliche Haftung gegenüber dem Leiharbeitnehmer

Da zwischen Entleiher und Leiharbeitnehmer keine vertragliche Verbindung besteht, scheidet eine vertragliche Haftung des Entleihers gegenüber dem Leiharbeitnehmer mangels Schuldverhältnisses aus.[1183] Hinsichtlich der Geltendmachung eines Schadens im Wege der Drittschadensliquidation kann auf die obigen Ausführungen verwiesen werden, denn es scheitert auch hier an der zufälligen

---

1178 Palandt/*Grüneberg*, § 286 BGB Rn. 40.

1179 Palandt/*Grüneberg*, § 286 BGB Rn. 42.

1180 Palandt/*Grüneberg*, § 283 BGB Rn. 6, § 281 BGB Rn. 17 ff.

1181 Siehe dazu BAG Urteil v. 10.11.1955 -2 AZR 591/54, BAGE, 2, 221 = AP Nr. 2 zu § 611 BGB Beschäftigungspflicht = NJW 1956, 359 = AuR 1957, 217 = SAE 1959, 145; Urteil v. 27.02.1985 -GS 1/84, BAGE 48, 122 = NZA 1985, 702 = AP Nr. 14 zu § 611 BGB Beschäftigungspflicht = NJW 1985, 2968 = EzA § 611 BGB Beschäftigungspflicht Nr. 9 = AuR 1986, 159; *Ruhl/Kasseboom*, NZA 1995, 497.

1182 Schüren/*Brors*, AÜG Einl. Rn. 431.

1183 Siehe 2. Teil § 8.

Schadensverlagerung.[1184] Auch liegen die dogmatischen Voraussetzungen zur Einordnung des Arbeitnehmerüberlassungsvertrags als Vertrag mit Schutzwirkung zugunsten Dritter nicht vor.[1185] In Betracht kommt lediglich die Verletzung von Fürsorgepflichten, die der Leiharbeitnehmer im Wege der vorvertraglichen Haftung geltend machen könnte. Diese Fürsorgepflichten resultieren nicht aus dem zwischen dem Verleiher und Entleiher geschlossenen Vertrag, sondern sind Folge der Eingliederung des Arbeitnehmers in den Betrieb des Entleihers.[1186] Zu den Fürsorgepflichten des Entleihers gegenüber dem Leiharbeitnehmer gehört zum Beispiel die Pflicht des Verleihers, die Tätigkeit des Leiharbeitnehmers in seinem Betrieb entsprechend der Unfallverhütungsvorschriften unfallsicher zu gestalten[1187], also die Sorge um Leben und Gesundheit des Arbeitnehmers.[1188] Die Verletzung dieser Fürsorgepflichten des Entleihers kann der Leiharbeitnehmer nach §§ 311 Abs. 2 Nr. 3, 280 Abs. 1, 241 Abs. 2 BGB geltend machen. Ein solcher Anspruch kann gegeben sein, wenn der Entleiher vorsätzlich, entgegen der ihn gegenüber dem Leiharbeitnehmer treffenden Fürsorgepflicht, keine ausreichenden Arbeitsschutzmaßnahmen trifft und der Leiharbeitnehmer daher eine Gesundheitsverletzung erleidet.[1189]

C. Vorvertragliche Haftung

Neben der vorvertraglichen Haftung des Entleihers gegenüber dem Leiharbeitnehmer kommt auch eine vorvertragliche Haftung des Entleihers gegenüber dem Verleiher aus §§ 311 Abs. 2 Nr. 2, 241 Abs. 2, 280 Abs. 1 BGB in Betracht. Ein Anspruch könnte zum Beispiel in dem Fall bei Vorliegen der übrigen erforderlichen Voraussetzungen gegeben sein, wenn der Entleiher von vorneherein weiß, dass er aufgrund der schlechten wirtschaftlichen Lage seines Betriebs nicht in der Lage sein wird, die Vergütung an den Verleiher zu leisten.[1190]

D. Spezialgesetzliche Haftung des Entleihers gegenüber dem Leiharbeitnehmer nach AÜG

Neben der vertraglichen Haftung des Entleihers gegenüber dem Verleiher und der Haftung gegenüber dem Leiharbeitnehmer wegen Verletzung der Fürsorgepflichten haftet der Entleiher auch spezialgesetzlich gegenüber dem Leiharbeitnehmer.

Der Leiharbeitnehmer hat einen Anspruch auf Auskunft gem. § 13a AÜG gegen den Entleiher hinsichtlich freier Arbeitsplätze des Entleihers. Daher muss der Entleiher die bei ihm tätigen Leiharbeitnehmer über alle freien, frei werdenden und

1184 Siehe 4. Teil § 13 B. II.
1185 Schüren/*Schüren*, AÜG Einl. Rn. 133.
1186 *Dölle*, GRUR Int 1973, 469, 471.
1187 BGH Urteil v. 18.11.2014 -VI ZR 47/13, NJW 2015, 940 Rn. 31.
1188 Schüren/*Brors*, AÜG Einl. Rn. 503.
1189 Vgl. für das normale Arbeitsverhältnis: MüKo/*Müller-Glöge*, § 611 BGB Rn. 1003.
1190 Für das Mietverhältnis vgl. *Emmerich*, NJW 2011, 2321, 2323.

auch neu geschaffenen Arbeitsplätze informieren.[1191] Diese Informationspflicht trifft den Entleiher nicht, wenn der Arbeitsplatz wieder mit einem Leiharbeitnehmer besetzt werden soll.[1192]

E. Zwischenergebnis

Der Entleiher haftet vertraglich gegenüber dem Verleiher wegen verspäteter Vergütung aus §§ 280 Abs. 1, 2, 286, 288 BGB in Höhe des Verzögerungsschadens, mindestens jedoch in Höhe der angefallenen Verzugszinsen. Bei Nichtleistung der Vergütung an den Verleiher ist dem Verleiher neben den Verzugszinsen mindestens ein Schaden in Höhe der nicht geleisteten Vergütung entstanden.

Nimmt der Entleiher die Tätigkeit des Leiharbeitnehmers nicht an und beschäftigt diesen nicht, kommt aufgrund des absoluten Fixschuldcharakters dieser den Entleiher treffenden Pflicht ein Anspruch des Verleihers aus § 536a Abs. 1, 2. Alt. BGB analog in Betracht. Leistet der Entleiher die Vergütung nicht, liegt hierin ein Schaden des Verleihers. Weiterhin kann der Verleiher den Schaden geltend machen, der ihm aufgrund eines gegen ihn gerichteten Anspruchs des Leiharbeitnehmers wegen der Verletzung des Allgemeinen Persönlichkeitsrechts aufgrund der fehlenden Beschäftigung entstanden ist.

Der Entleiher haftet weiterhin für den Fall, dass er den Leiharbeitnehmer unter fehlender Beachtung der Kündigungsfrist abwirbt oder mit diesem neben dem Leiharbeitsverhältnis ein weiteres Arbeitsverhältnis eingeht, aus §§ 280 Abs. 1, 241 Abs. 2 BGB für den dem Verleiher daraus entstehenden Vermögensschaden. Dieser kann sich insbesondere in entgangenen Anschlussaufträgen oder nicht ordnungsgemäß erfüllbaren Anschlussaufträgen zeigen. Eine vorvertragliche Haftung des Entleihers gegenüber dem Verleiher kommt aus §§ 311 Abs. 2 Nr. 2, 241 Abs. 2, 280 Abs. 1 BGB in Betracht.

Eine vertragliche Haftung des Entleihers kommt gegenüber dem Leiharbeitnehmer mangels zugrunde liegenden Vertragsverhältnisses und auch nicht aus dem Arbeitnehmerüberlassungsvertrag als Vertrag mit Schutzwirkung zugunsten Dritter oder im Rahmen der Drittschadensliquidation in Betracht, da die dogmatischen Voraussetzungen jeweils nicht vorliegen. Jedoch kann der Entleiher bei der Verletzung Fürsorge- und Schutzpflichten, also die Sorge um Leben und Gesundheit des Leiharbeitnehmers, gegenüber dem Leiharbeitnehmer aus §§ 311 Abs. 2 Nr. 3, 241 Abs. 2, 280 Abs. 1 BGB haften. Bei Personenschäden findet das Haftungsprivileg des § 104 SGB VII auch im Verhältnis zwischen Entleiher und Leiharbeitnehmer Anwendung, sodass eine diesbezügliche Haftung des Entleihers nur wegen Vorsatzes in Betracht kommt.

Gegenüber dem Leiharbeitnehmer haftet der Entleiher aus § 13a AÜG auf Auskunft über freie, zu besetzende Arbeitsplätze beim Entleiher.

1191 *Kock*, BB 2012, 323.
1192 *Kock*, BB 2012, 323; *Hamann*, RdA 2011, 321 335; *Lembke*, NZA 2011, 319, 321.

§ 16 Ergebnis

Im Dreiecksverhältnis der Arbeitnehmerüberlassung bestehen Haftungsverhältnisse jeweils zwischen Leiharbeitnehmer, Verleiher und Entleiher. Aufgrund der eingenommenen vertragsrechtlichen Perspektive wurden die vertragliche und die durch das AÜG vorgesehene spezialgesetzliche Haftung des Leiharbeitnehmers, des Verleihers und des Entleihers näher betrachtet. Im Fokus der Arbeit waren dabei nicht jegliche in Betracht kommende Haftungskonstellationen, sondern die aus hier vertretener Sicht maßgeblichen.

Zu diesen wesentlichen Pflichtverletzungen des Leiharbeitnehmers gegenüber dem Verleiher gehören die Nichtleistung im Betrieb des Entleihers, aufgrund der der Leiharbeitnehmer gegenüber dem Verleiher schadensersatzpflichtig gem. § 536a Abs. 1, 2. Alt. BGB analog ist. Erbringt der Leiharbeitnehmer eine Schlechtleistung, kann ein Anspruch des Verleihers aus § 280 BGB in Betracht kommen. Verletzt der Leiharbeitnehmer andere Arbeitnehmer des Verleihers oder Sachen bzw. Betriebsmittel, die im Eigentum des Verleihers stehen, verletzt der Leiharbeitnehmer seine Verschwiegenheitspflicht oder verstößt er gegen das Wettbewerbsverbot, kommt ein Anspruch des Verleihers nach §§ 280 Abs. 1, 241 Abs. 2 BGB in Betracht.

Zwischen dem Leiharbeitnehmer und dem Verleiher tritt neben die vertragliche Haftung aus §§ 280 ff. BGB und vorvertragliche Haftung aus §§ 311 Abs. 2 Nr. 2, 241 Abs. 2, 280 Abs. 1 BGB auch die spezialgesetzliche Haftung nach § 10 Abs. 2 AÜG, wohingegen zwischen Leiharbeitnehmer und Entleiher nur eine vorvertragliche Haftung nach §§ 311 Abs. 2 Nr. 3, 280 Abs. 1, 241 Abs. 2 BGB wegen der Verletzung der Fürsorgepflichten und eine spezialgesetzliche Haftung nach § 13 AÜG in Betracht kommt. Der Leiharbeitnehmer haftet gegenüber dem Verleiher und dem Entleiher grundsätzlich für Personen- und Sachschäden, die er Arbeitskollegen, sei es aus dem Betrieb des Verleihers oder aus dem Betrieb des Entleihers, beibringt. Im Rahmen des Haftungsverhältnisses zwischen Leiharbeitnehmer und Verleiher kommen dem Leiharbeitnehmer bei Schadensersatzansprüchen wegen Personenschäden neben dem gesetzlich geregelten Haftungsprivileg des § 104 SGB VII und für Sachschäden auch das durch Richterrecht geschaffene, auf § 254 BGB analog begründete Haftungsprivileg zugute. Dies ist nach zutreffender Ansicht nicht vertraglich abdingbar. Im Haftungsverhältnis zwischen Leiharbeitnehmer und Entleiher findet § 104 SGB VII bei der Haftung für Personenschäden ebenfalls Anwendung. Das richterrechtlich geschaffene, auf § 254 BGB analog gestützte Haftungsprivileg muss auch im Verhältnis zwischen Leiharbeitnehmer und Entleiher zur Anwendung gelangen.

Der Verleiher haftet gegenüber dem Leiharbeitnehmer wegen zu später Vergütungsleistung wie auch im normalen Arbeitsverhältnis aus §§ 280 Abs. 2, 286, 288 BGB und bei fehlender Vergütungsleistung aus §§ 280 Abs. 1, 3, 281 BGB. Verstößt der Verleiher gegen den *Equal-Treatment* oder *Equal Pay* Grundsatz, haftet jener gegenüber dem Leiharbeitnehmer aus §§ 280, 241 Abs. 2 BGB. Teilt der Verleiher den Status der Arbeitnehmerüberlassungserlaubnis nicht mit, verstößt jener gegen die ihn aus § 11 Abs. 3 AÜG spezialgesetzliche Hinweispflicht zum Status der

Arbeitnehmerüberlassungserlaubnis und haftet gegenüber dem Leiharbeitnehmer aus §§ 280 Abs. 1, 241 Abs. 2 BGB. Ein Freistellungsanspruch des Leiharbeitnehmers gegen den Verleiher ergibt sich aus § 670 BGB analog i. V. m. § 257 S. 1 BGB.

Der Verleiher haftet gegenüber dem Entleiher für die Überlassung eines nicht ausreichend qualifizierten Leiharbeitnehmers für den Zeitraum vor dem Arbeitsantritt des Leiharbeitnehmers aus § 311a Abs. 2 BGB und für den Zeitraum nach dem Arbeitsantritt des Leiharbeitnehmers aus § 536a BGB. Ist dem Verleiher die aus dem Arbeitnehmerüberlassungsvertrag geschuldete Leistung schon bei Überlassungsbeginn unmöglich, weil er zum Beispiel über zu diesem Zeitpunkt keine einsatzbereiten qualifizierten Leiharbeitnehmer verfügt, kann der Entleiher Schadensersatz nach § 311a Abs. 2 BGB oder Aufwendungsersatz nach § 284 BGB verlangen, wenn er Kenntnis oder zu vertretende Unkenntnis von der anfänglichen Unmöglichkeit seiner Leistungspflicht zur Überlassung eines ausreichend qualifizierten Leiharbeitnehmers hatte. Erbringt der überlassene Leiharbeitnehmer keine Leistung im Betrieb des Entleihers, haftet der Verleiher dem Entleiher aus § 536a BGB analog. Gibt der Verleiher keine wahrheitsgemäße Erklärung über den Status der Arbeitnehmerüberlassungserlaubnis ab, haftet der Verleiher für den daraus resultierenden Schaden gegenüber dem Entleiher aus § 280 Abs. 1 BGB, wobei ein Mitverschulden des Entleihers nach § 254 BGB zu berücksichtigen ist. Nach § 10 Abs. 3 AÜG haftet der Verleiher mit dem Entleiher als Gesamtschuldner für sonstige Teile des Arbeitsentgelts des Leiharbeitnehmers, wenn der Verleiher trotz nichtigem Leiharbeitsvertrag nach § 9 Nr. 1 AÜG das vereinbarte Arbeitsentgelt oder Teile des Arbeitsentgelts an den Leiharbeitnehmer zahlt.

Der Entleiher haftet gegenüber dem Verleiher wegen verspäteter Vergütungsleistung aus §§ 280 Abs. 1, 2, 286, 288 BGB, wegen Nichtleistung der Vergütung aus §§ 280 Abs. 1, 3, 281 BGB, wegen der Nichtannahme und Nichtbeschäftigung des Leiharbeitnehmers aus § 536a Abs. 1, 2.Alt BGB analog und bei Abwerbung des Leiharbeitnehmers unter fehlender Einhaltung der Kündigungsfrist des Leiharbeitnehmers nach §§ 280 Abs. 1, 241 Abs. 2 BGB. Eine vorvertragliche Haftung des Entleihers gegenüber dem Verleiher kommt aus §§ 311 Abs. 2 Nr. 2, 241 Abs. 2, 280 Abs. 1 BGB in Betracht.

Zusammenfassung und Ausblick

Die vorliegende Untersuchung sollte einen Beitrag dazu leisten, die Arbeitnehmerüberlassung aus vertragsrechtlicher Perspektive zu erfassen. Hinsichtlich verschiedener Einzelfragen wird auf die Zwischenergebnisse der Arbeit verwiesen. Die wesentlichen Ergebnisse werden nachfolgend in der gebotenen Kürze zusammengefasst:

1. Die Arbeitnehmerüberlassung ist eine aus vertragsrechtlicher Perspektive rechtlich herausfordernde Form des Fremdpersonaleinsatzes. Die rechtliche Herausforderung resultiert aber nicht bereits aus den grundlegenden Voraussetzungen der Arbeitnehmerüberlassung. Diese sind im AÜG geregelt, wenn auch nicht inhaltlich abschließend konkretisiert. Die rechtliche Komplexität der Arbeitnehmerüberlassung ergibt sich durch das ihr zugrunde liegende Dreiecksverhältnis zwischen Verleiher, Entleiher und Leiharbeitnehmer, zwischen denen jeweils (Rechts-)Beziehungen bestehen, die zu untersuchen waren, wozu sich Regelungen im AÜG kaum finden lassen.
2. In vertraglicher Verbindung stehen Verleiher und Leiharbeitnehmer sowie Verleiher und Entleiher. Der Verleiher ist also doppelt vertraglich gebunden. Keine vertragliche Verbindung besteht hingegen zwischen Entleiher und Leiharbeitnehmer. Diese stehen nur vorvertraglich und tatsächlich in Verbindung, indem der Leiharbeitnehmer im Betrieb des Entleihers tätig wird und entsprechend gegenseitige Fürsorgepflichten entstehen und der Entleiher als Beschäftigungsgeber des Leiharbeitnehmers auftritt.
3. Der Gesetzgeber hat als rechtliche Grundlage für die hier untersuchten, der Arbeitnehmerüberlassung zugrunde liegenden, schuldrechtlichen Beziehungen das AÜG geschaffen. Das AÜG ist Sonderprivatrecht. Es enthält besondere, vom allgemeinen Privatrecht speziell für den Überlassenden, den Überlassenen und den Entleihenden abweichende Regelungen und soll einen besonderen Arbeitnehmerschutz gewährleisten.
4. Das AÜG reicht für die Betrachtung der Arbeitnehmerüberlassung aus vertragsrechtlicher Perspektive jedoch nicht aus. Zwingend sind die Regelungen des BGB heranzuziehen, die die Regelungen des AÜG ergänzen.
5. Die der Arbeitnehmerüberlassung zugrunde liegenden Vertragsverhältnisse sind im AÜG kaum spezifiziert und nur geringfügig hinsichtlich ihres Inhalts im AÜG geregelt. Daher bestand die Notwendigkeit zur Betrachtung der Arbeitnehmerüberlassung aus vertragsrechtlicher Perspektive, die Rechtsnatur der der Arbeitnehmerüberlassung zugrunde liegenden Vertragsverhältnisse zu bestimmen und die sich daraus ergebenden wesentlichen Rechte und Pflichten der an der Arbeitnehmerüberlassung beteiligten Parteien zu analysieren.

6. Dabei hat sich ergeben, dass der Leiharbeitsvertrag ein Arbeitsvertrag i. S. d. §§ 611 ff. BGB[1193] mit arbeitnehmerüberlassungsspezifischen Besonderheiten ist, der durch übereinstimmende Willenserklärungen des Verleihers und des Leiharbeitnehmers begründet wird. Den Verleiher trifft gegenüber dem Leiharbeitnehmer wie auch im normalen Arbeitsverhältnis eine Vergütungspflicht. Die Höhe der Vergütung kann jedoch während der Überlassung nicht vollständig privatautonom vereinbart werden, sondern muss nach dem in § 10 Abs. 4 AÜG normierten *Equal-Pay-Grundsatz* der Vergütung eines vergleichbaren Stammarbeitnehmers des Entleihers entsprechen. Nach dem in § 10 Abs. 4 AÜG normierten *Equal-Treatment-Grundsatz* muss der Verleiher auch im Übrigen während der Überlassung dem Leiharbeitnehmer die Arbeitsbedingungen eines vergleichbaren Stammarbeitnehmers des Entleihers gewähren. Den Verleiher treffen außerdem eine Beschäftigungspflicht und eine Unterrichtungspflicht über den Status der Arbeitnehmerüberlassungserlaubnis während der Dauer des gesamten Leiharbeitsvertrags. Der Leiharbeitnehmer ist zur Erbringung unselbstständiger Dienste abweichend von § 613 S. 2 BGB im Betrieb des Entleihers verpflichtet.
7. Der Leiharbeitsvertrag als Dauerschuldverhältnis endet grundsätzlich durch Kündigung. Kündigungsberechtigt ist nur der Verleiher als Vertragspartner des Leiharbeitnehmers. Dies gilt auch für eine Abmahnung. Der Leiharbeitnehmer kann nur wirksam durch Kündigung gegenüber dem Verleiher das Leiharbeitsvertragsverhältnis beenden. Kündigungsrelevantes Verhalten des Leiharbeitnehmers ist sowohl im Betrieb des Entleihers als auch des Verleihers zu berücksichtigen. Der Leiharbeitnehmer kann wegen eines kündigungsrelevanten Verhaltens des Verleihers und des Entleihers wirksam das Leiharbeitsvertragsverhältnis beenden. Aufgrund seiner rechtlichen Einordnung als Arbeitsvertrag i. S. d. §§ 611 ff. BGB[1194] finden auch die im Arbeitsrecht geltenden Sondergesetze, wie zum Beispiel das KSchG, das TzBfG und das MuSchG, direkte Anwendung auf das Leiharbeitsverhältnis.
8. Entgegen einer vorherrschenden Auffassung der Literatur, die den Arbeitnehmerüberlassungsvertrag nicht in die im BGB geregelten Vertragstypen einordnen kann und daher als Vertrag *sui generis* qualifiziert, hat die Arbeit gezeigt, dass der Arbeitnehmerüberlassungsvertrag ein atypischer Mietvertrag, ein Arbeitnehmermietvertrag, i. S. d. §§ 535 ff. BGB analog ist. Dieser verpflichtet den Verleiher zur Überlassung eines für die beim Entleiher vorgesehene Tätigkeit qualifizierten Leiharbeitnehmers, der auch zur Arbeit beim Entleiher antritt, wobei der Verleiher nicht die Mangelfreiheit der Arbeitsleistung des Leiharbeitnehmers schuldet, da er nicht die Arbeitsleistung an sich, sondern nur die Überlassung des Arbeitnehmers schuldet. Die Hauptleistungspflicht des Verleihers zur Überlassung und Arbeitsantritt des Leiharbeitnehmers hat

1193 Ab 01.04.2017 § 611a BGB nF.
1194 Ab 01.04.2017 § 611a BGB nF.

absoluten Fixschuldcharakter und ist grundsätzlich eine Gattungsschuld i. S. d. § 243 BGB, kann aber auch als Stückschuld i. S. d. § 243 Abs. 2 BGB durch Vereinbarung der Überlassung eines individualisierten Leiharbeitnehmers vereinbart werden. Zur Erbringung dieses Arbeitsantritts bedarf es jedenfalls eines annahmeverzugsbegründenden Angebots des Leiharbeitnehmers beim Entleiher. Daneben trifft den Verleiher eine Informationspflicht hinsichtlich des Status der Arbeitnehmerüberlassungserlaubnis während der gesamten Dauer der Arbeitnehmerüberlassung gegenüber dem Entleiher aus § 12 AÜG. Der Verleiher muss dem Entleiher jedenfalls einen großen Teil seines Arbeitgeberdirektionsrechts übertragen.

Der Entleiher schuldet im Wesentlichen die Leistung der Vergütung an den Verleiher und die Annahme und Beschäftigung des Leiharbeitnehmers. Der Entleiher ist zur Vergütung des Verleihers, zur Abnahme der Arbeitsleistung und zur Beschäftigung des Leiharbeitnehmers aus dem Arbeitnehmerüberlassungsvertrag verpflichtet. Die Pflicht zur Abnahme und Beschäftigung des Leiharbeitnehmers hat absoluten Fixschuldcharakter.

Der Verleiher bleibt während der gesamten Dauer der Arbeitnehmerüberlassung Arbeitgeber des Leiharbeitnehmers. Der Entleiher ist kein Arbeitgeber des Leiharbeitnehmers.

9. Die Frage nach einem eigenen Forderungsrecht des Entleihers gegen den in seinem Betrieb tätigen Leiharbeitnehmer lässt sich nicht mit dem Hinweis auf das zwischen diesen bestehende Schuldverhältnis beantworten. Zwischen Entleiher und Leiharbeitnehmer besteht (nur) ein vorvertragliches Schuldverhältnis i. S. d. § 311 Abs. 2 Nr. 3 BGB. Daraus resultieren für Leiharbeitnehmer und Entleiher gegenseitige Fürsorge- und Schutzpflichten. Ein Schuldverhältnis zwischen Leiharbeitnehmer und Entleiher, aus dem synallagmatische Primärpflichten der Parteien entstehen, besteht nicht. Der Leiharbeitsvertrag ist ein unechter Vertrag zugunsten Dritter, sodass der Entleiher im Zweifel kein eigenes Forderungsrecht gegen den Leiharbeitnehmer auf die Arbeitsleistung hat. Der Leiharbeitnehmer kann aber mit befreiender Wirkung an den Entleiher leisten.

10. Neben der Rechtsqualität und Rechte und Pflichten der bei der legalen Arbeitnehmerüberlassung bestehenden Schuldverhältnisse hat die Arbeit das Schicksal dieser bestehenden Schuldverhältnisse im Fall der illegalen Arbeitnehmerüberlassung untersucht. Die Rechtsfolge einer illegalen Arbeitnehmerüberlassung wegen fehlender, aber erforderlicher Arbeitnehmerüberlassungserlaubnis sieht nach §§ 9 Nr. 1, 10 Abs. 1 AÜG die Beendigung der bestehenden Schuldverhältnisse, also des Leiharbeitsvertrags und des Arbeitnehmerüberlassungsvertrags und die Entstehung eines gesetzlichen Arbeitsverhältnisses zwischen Leiharbeitnehmer und Entleiher, vor.

11. Es wurde bei Betrachtung der durch §§ 9 Nr. 1, 10 Abs. 1 AÜG deutlich, dass das AÜG, das Arbeitnehmerschutz bezweckt, dazu führt, dass dem von einer illegalen Arbeitnehmerüberlassung betroffenen Arbeitnehmer sein willentlich und wissentlich begründetes Arbeitsverhältnis von Gesetzes wegen genommen

wird, bei gleichzeitiger Verbringung in ein neues, im Zweifel befristetes, und gegebenenfalls im Vergleich mit schlechteren Bedingungen versehenes Arbeitsverhältnis, ohne die Möglichkeit dies zu verhindern. Weder können die Parteien diese Rechtsfolge nach §§ 9 Nr. 1, 10 Abs. 1 AÜG vertraglich abbedingen noch *de lege lata* durch einen Widerspruch des Leiharbeitnehmers verhindern. Bei strengem Wortlautverständnis der §§ 9 Nr. 1, 10 Abs. 1 AÜG würde die dadurch vorgesehene Rechtsfolge gegen Artt. 12 und 2 GG verstoßen und daher verfassungswidrig sein.

12. *De lege lata* schlägt die Arbeit im Rahmen einer verfassungskonformen Auslegung der §§ 9 Nr. 1, 10 Abs. 1 AÜG eine schadensersatzrechtliche Lösung vor. Dem Leiharbeitnehmer steht danach bei illegaler Arbeitnehmerüberlassung gem. § 280 Abs. 1 i. V. m. §§ 11 Abs. 3 S. 1, § 1 Abs. 1 S. 1 AÜG ein Anspruch auf Abschluss eines Leiharbeitsvertrags zu gleichen Konditionen gegen den Verleiher zu, der die Arbeitnehmerüberlassung ohne die nach § 1 AÜG erforderliche Erlaubnis durchgeführt hat. Gleichzeitig kommt in den Fällen, in denen der Entleiher, ohne dass ihn eigenes Verschulden trifft, von der fehlenden, aber erforderlichen Erlaubnis keine Kenntnis hatte, ein Regressanspruch gegen den Verleiher aus § 280 Abs. 1 BGB i. V. m. § 12 AÜG i. V. m. dem Arbeitnehmerüberlassungsvertrag oder § 536a BGB analog i. V. m. § 12 AÜG zu. So kann der Entleiher von dem Verleiher den Schaden ersetzt verlangen, der ihm dadurch entstanden ist und noch entstehen wird, dass ein Arbeitsverhältnis zum Leiharbeitnehmer besteht, jedenfalls für die Dauer bis zum Ablauf des Arbeitsverhältnisses durch wirksame Kündigung des Arbeitsverhältnisses. Zudem kann der Entleiher durch die gezahlte Vergütung trotz fehlender Verpflichtung wegen § 536 Abs. 1 S. 1 BGB analog nach den §§ 812 ff. BGB vom Verleiher herausverlangen, insofern ihn kein nach § 254 BGB zu berücksichtigendes Mitverschulden trifft.
13. Bei strengem Wortlautverständnis der §§ 9 Nr. 1, 10 Abs. 1 AÜG hat die Arbeit gezeigt, dass *de lege ferenda* die Einführung eines Widerspruchsrechts des Leiharbeitnehmers, eingefügt als zusätzliche Absätze in § 10 AÜG, die Verfassungswidrigkeit der derzeitigen Rechtslage beseitigen könnte. Ein Wahlrecht entsprechend § 12 KSchG kommt wegen der fehlenden Vergleichbarkeit der zugrunde liegenden Situationen nicht in Betracht, denn im Rahmen des Wahlrechts nach § 12 KSchG kommt dem betroffenen Arbeitnehmer ein Wahlrecht zwischen zwei willentlich und wissentlich begangenen Arbeitsverhältnissen zu, während der betroffene Arbeitnehmer im Rahmen sowohl des Widerspruchs gegen einen Betriebsübergang nach § 613a BGB als auch bei der Arbeitnehmerüberlassung im Zweifel sich einem Arbeitsverhältnis ausgesetzt sieht, das er nicht willentlich begründet hat.
14. Dieser Widerspruch des Leiharbeitnehmers könnte in folgende Formulierung gefasst werden:

Derzeitige Gesetzeslage	Empfehlung
(1) Ist der Vertrag zwischen einem Verleiher und einem Leiharbeitnehmer nach § 9 Nr. 1 unwirksam, so gilt ein Arbeitsverhältnis zwischen Entleiher und Leiharbeitnehmer zu dem zwischen dem Entleiher und dem Verleiher für den Beginn der Tätigkeit vorgesehenen Zeitpunkt als zustande gekommen; tritt die Unwirksamkeit erst nach Aufnahme der Tätigkeit beim Entleiher ein, so gilt das Arbeitsverhältnis zwischen Entleiher und Leiharbeitnehmer mit dem Eintritt der Unwirksamkeit als zustande gekommen. Das Arbeitsverhältnis nach Satz 1 gilt als befristet, wenn die Tätigkeit des Leiharbeitnehmers bei dem Entleiher nur befristet vorgesehen war und ein die Befristung des Arbeitsverhältnisses sachlich rechtfertigender Grund vorliegt. Für das Arbeitsverhältnis nach Satz 1 gilt die zwischen dem Verleiher und dem Entleiher vorgesehene Arbeitszeit als vereinbart. Im Übrigen bestimmen sich Inhalt und Dauer dieses Arbeitsverhältnisses nach den für den Betrieb des Entleihers geltenden Vorschriften und sonstigen Regelungen; sind solche nicht vorhanden, gelten diejenigen vergleichbarer Betriebe. Der Leiharbeitnehmer hat gegen den Entleiher mindestens Anspruch auf das mit dem Verleiher vereinbarte Arbeitsentgelt.	*(1) (unverändert)*

Derzeitige Gesetzeslage	Empfehlung
(2) Der Leiharbeitnehmer kann im Fall der Unwirksamkeit seines Vertrags mit dem Verleiher nach § 9 Nr. 1 von diesem Ersatz des Schadens verlangen, den er dadurch erleidet, daß er auf die Gültigkeit des Vertrags vertraut. Die Ersatzpflicht tritt nicht ein, wenn der Leiharbeitnehmer den Grund der Unwirksamkeit kannte.	***(2) Will der Leiharbeitnehmer die Wirksamkeit des gesetzlichen Arbeitsverhältnisses nach Abs. 1 verhindern, muss er innerhalb von drei Wochen nach positiver Kenntnis über die die illegale Arbeitnehmerüberlassung begründenden Umstände Widerspruch beim Verleiher erheben. Der Widerspruch ist schriftlich zu erheben. Während der Widerspruchsfrist und bei rechtzeitiger Erhebung des Widerspruchs treten die Rechtsfolgen der §§ 9 Nr. 1 und 10 Abs. 1 AÜG nicht ein. Wird der Widerspruch nicht rechtzeitig geltend gemacht, so werden vom Zeitpunkt der illegalen Arbeitnehmerüberlassung an das gesetzliche Arbeitsverhältnis zum Entleiher wirksam und das Leiharbeitsverhältnis sowie der Arbeitnehmerüberlassungsvertrag unwirksam.***
(3) Zahlt der Verleiher das vereinbarte Arbeitsentgelt oder Teile des Arbeitsentgelts an den Leiharbeitnehmer, obwohl der Vertrag nach § 9 Nr. 1 unwirksam ist, so hat er auch sonstige Teile des Arbeitsentgelts, die bei einem wirksamen Arbeitsvertrag für den Leiharbeitnehmer an einen anderen zu zahlen wären, an den anderen zu zahlen. Hinsichtlich dieser Zahlungspflicht gilt der Verleiher neben dem Entleiher als Arbeitgeber; beide haften insoweit als Gesamtschuldner.	***(3) War ein Arbeitnehmer trotz Anwendung aller ihm nach Lage der Umstände zuzumutenden Sorgfalt verhindert, den Widerspruch innerhalb von drei Wochen nach positiver Kenntnis über die fehlende, aber nach § 1 AÜG erforderliche Überlassungserlaubnis zu erheben, so muss der Arbeitnehmer gerichtlich die Zulässigkeit seines Widerspruchs feststellen lassen.***

Derzeitige Gesetzeslage	**Empfehlung**
(4) Der Verleiher ist verpflichtet, dem Leiharbeitnehmer für die Zeit der Überlassung an den Entleiher die im Betrieb des Entleihers für einen vergleichbaren Arbeitnehmer des Entleihers geltenden wesentlichen Arbeitsbedingungen einschließlich des Arbeitsentgelts zu gewähren. Soweit ein auf das Arbeitsverhältnis anzuwendender Tarifvertrag abweichende Regelungen trifft (§ 3 Absatz 1 Nummer 3, § 9 Nummer 2), hat der Verleiher dem Leiharbeitnehmer die nach diesem Tarifvertrag geschuldeten Arbeitsbedingungen zu gewähren. Soweit ein solcher Tarifvertrag die in einer Rechtsverordnung nach § 3a Absatz 2 festgesetzten Mindeststundenentgelte unterschreitet, hat der Verleiher dem Leiharbeitnehmer für jede Arbeitsstunde das im Betrieb des Entleihers für einen vergleichbaren Arbeitnehmer des Entleihers für eine Arbeitsstunde zu zahlende Arbeitsentgelt zu gewähren. Im Falle der Unwirksamkeit der Vereinbarung zwischen Verleiher und Leiharbeitnehmer nach § 9 Nummer 2 hat der Verleiher dem Leiharbeitnehmer die im Betrieb des Entleihers für einen vergleichbaren Arbeitnehmer des Entleihers geltenden wesentlichen Arbeitsbedingungen einschließlich des Arbeitsentgelts zu gewähren.	**(4)** (*wie Abs. 2 aktuelle Fassung*)
(5) Der Verleiher ist verpflichtet, dem Leiharbeitnehmer mindestens das in einer Rechtsverordnung nach § 3a Absatz 2 für die Zeit der Überlassung und für Zeiten ohne Überlassung festgesetzte Mindeststundenentgelt zu zahlen.	**(5)** (*wie Abs. 3 aktuelle Fassung*)
	(6) (*wie Abs. 4 aktuelle Fassung*)
	(7) (*wie Abs. 5 aktuelle Fassung*)

15. Verfahrensrechtlich muss der Leiharbeitnehmer die Rechtswirksamkeit des gegen die Entstehung des gesetzlichen Arbeitsverhältnisses erhobenen Widerspruchs im Rahmen einer Feststellungsklage um die Feststellung des Bestehens eines Arbeitsverhältnisses zum Verleiher geltend machen. Dabei trägt der Leiharbeitnehmer die Darlegungs- und Beweislast.
16. Das gesetzliche Arbeitsverhältnis zwischen Entleiher und Leiharbeitnehmer ist ein Arbeitsverhältnis i. S. d. §§ 611 ff. BGB[1195] mit entsprechenden Rechten und Pflichten, wobei die Vertragskonditionen schon durch § 10 Abs. 2 – 4 AÜG näher bestimmt sind. Diese Konditionen können Entleiher und Leiharbeitnehmer einvernehmlich durch Vertrag zu jedem Zeitpunkt abändern. Das gesetzliche Arbeitsverhältnis zwischen Leiharbeitnehmer und Entleiher kann grundsätzlich durch Kündigung beendet werden. Möglich muss aber auch die Beendigung im Wege des Schadensersatzanspruchs nach § 280 Abs. 1 BGB sein, wenn der Leiharbeitnehmer im Wege der Naturalrestitution gegen den Verleiher einen Anspruch auf Abschluss des Leiharbeitsvertrags bei gleichzeitiger Beendigung des gesetzlichen Schuldverhältnisses gem. § 280 Abs. 1 BGB i. V. m. § 11 Abs. 3 S. 1 oder § 1 Abs. 1 S. 1 AÜG geltend macht. Daneben kommt die Beendigung durch Aufhebungsvertrag und Zeitablauf, hingegen nicht durch Anfechtung nach §§ 119 ff. BGB in Betracht.
17. Die vertragliche Haftung der jeweiligen Vertragsparteien im Rahmen der Arbeitnehmerüberlassung richtet sich im Wesentlichen nach den Regelungen des BGB. Der Leiharbeitnehmer kann sich bei der Haftung gegenüber dem Verleiher auf das richterrechtlich geschaffene, auf § 254 BGB analog als Rechtsgrundlage gestützte Arbeitnehmerhaftungsprivileg und das gesetzliche Haftungsprivileg des § 105 SGB VII berufen. Daneben besteht ein spezialgesetzlicher Schadensersatzanspruch des Leiharbeitnehmers gegen den Verleiher gem. § 10 Abs. 2 AÜG, nachdem das negative Interesse des Leiharbeitnehmers im Hinblick auf den Schaden zu ersetzen ist, den der Leiharbeitnehmer dadurch erleidet, dass er auf die Gültigkeit des Leiharbeitsvertrags vertraut hat. Das gesetzliche Haftungsprivileg in §§ 104, 105 SGB VII und das richterlich geschaffene, auf § 254 BGB analog gestützte Haftungsprivileg findet auch im Verhältnis zwischen Leiharbeitnehmer und Entleiher Anwendung, wobei zwischen Leiharbeitnehmer und Entleiher keine vertraglichen Haftungsansprüche, sondern nur vorvertragliche Ansprüche wegen Verletzungen der sie jeweils treffenden Fürsorgepflicht bestehen.
18. Es bleibt wegen der derzeit bei strengem Wortlautverständnis verfassungswidrigen Rechtslage bei illegaler Arbeitnehmerüberlassung zu hoffen, dass der Gesetzgeber entsprechende Regelungen schafft, die die Interessen des betroffenen Leiharbeitnehmers berücksichtigen, um das mit dem AÜG verfolgte Ziel des Arbeitnehmerschutzes tatsächlich zu verwirklichen.

1195 Ab 01.04.2017 § 611a BGB nF.

19. Der Bundestag hat die Reformierung des AÜG zum 01.04.2017 mit Beschluss des „Entwurf[s] eines Gesetzes zu Änderung des Arbeitnehmerüberlassungsgesetzes und anderer Gesetze" beschlossen. Der Leiharbeitnehmer erhält danach die Möglichkeit einer Festhalteerklärung im Rahmen des § 9 Abs. 1 Nr. 1 – 1b AÜG nF. Der Leiharbeitnehmer kann, wenn dem Fremdpersonaleinsatz ein Werk- oder Dienstvertrag zugrunde liegt, es sich aber rechtlich als Arbeitnehmerüberlassung darstellt (§ 9 Abs. 1 Nr. 1 und 1a AÜG nF) oder wenn die Höchstüberlassungsdauer von 18 Monaten überschritten wurde (§ 9 Abs. 1 Nr. 1b AÜG nF), eine Festhalteerklärung gegenüber der Agentur für Arbeit abgeben, die dann im Anschluss innerhalb von drei Tagen dem Ver- oder Entleiher zugehen muss, § 9 Abs. 2 AÜG nF. Die verfassungswidrige derzeitige Fassung des AÜG wird damit beseitigt. Tatsächlich bedeutet die Einführung der Festhalteerklärung unter den gegebenen formellen Voraussetzungen aber eine höhere Belastung des Leiharbeitnehmers. Dem betroffenen Leiharbeitnehmer wird zum einen zugemutet, selbst eine rechtliche Wertung vorzunehmen, ob sich der Fremdpersonaleinsatz als Werk- oder Dienstvertrag oder Arbeitnehmerüberlassung darstellt, und zum anderen sieht § 9 Abs. 1 Nr. 1 – 1b AÜG nF eine kenntnisunabhängige Frist mit einem Zeitrahmen von nur einem Monat mit gegebenenfalls unklarem Fristbeginn vor, die im Ergebnis dazu führen wird, dass der Leiharbeitnehmer die Festhalteerklärung faktisch rechtlich nicht wirksam, wegen falscher rechtlicher Einschätzung des Fremdpersonaleinsatzes oder auch unverschuldetem Verstreichen der Vier-Wochen-Frist, ausüben können wird.

Literaturverzeichnis

Annuß, Georg/ Thüsing, Gregor (Hrsg.): Kommentar Teilzeit- und Befristungsgesetz, 2. Auflage, Frankfurt am Main 2006.
(zitiert: Annuß/Thüsing/Bearbeiter, TzBfG).

Ascheid, Reiner/ Preis, Ulrich/ Schmidt, Ingrid: Großkommentar zum Kündigungsrecht, 5. Auflage, München 2017.
(zitiert: APS/Bearbeiter).

Bader, Peter: Die gerichtsfeste betriebsbedingte Kündigung, NZA-Beilage 2010, 85–93.

Baeck, Ulrich/ Winzer, Thomas: Aktuelle Entwicklungen im Arbeitsrecht. Aktuelle Problemstellungen im Bereich der Arbeitnehmerüberlassung, NZG 2013, 251–254.

Baeck, Ulrich/ Winzer, Thomas: Drittpersonaleinsatz: Risiko der Fiktion eines Arbeitsverhältnisses mit dem Auftraggeber, NZA 2015, 269–274.

Bamberger, Heinz-Georg/ Roth, Herbert (Hrsg.): Beck'scher Onlinekommentar BGB, 41. Edition, München, (Stand: 01.11.2016).
(zitiert: BeckOK-BGB/Bearbeiter).

Bartl, Ewald/ Romanowski, Roman: Keine Leiharbeit auf Dauerarbeitsplätzen, NZA Online Aufsatz 3/2012, 1–7.

Bauer, Dietmar/ Leitner Ulrich: Der „korrekte" Arbeitgeber – Abgrenzungsmerkmal zwischen Werk-, Dienst-, Arbeitnehmerüberlassungsvertrag und Arbeitsvermittlung?, Anmerkung zum Urteil des LAG Baden Württemberg vom 12.04.1989–2 Sa 107/88 – und Replik, DB 1991, S. 231–232.
(zitiert: Leitner, DB 1991, 231).

Bauer, Jobst-Hubertus/ Heimann, Daniel: Leiharbeit und Werkvertrag – Achse des Bösen, NJW 2013, 3287–3289.

Bauer, Jobst-Hubertus/ Krets, Jerome: Gesetze für moderne Dienstleistungen am Arbeitsmarkt, NJW 2003, 537–545.

Bauer, Jobst-Hubertus/ Krieger, Steffen: Allgemeines Gleichbehandlungsgesetz Kommentar, 4. Auflage, München 2015.
(zitiert: Bauer/Krieger, AGG).

Bauer, Jobst-Hubertus/ Lingemann, Stefan/ Diller, Martin/ Haußmann, Katrin (Hrsg.): Anwalts-Formularbuch Arbeitsrecht, 5. Auflage Köln 2014.
(zitiert: Bauer/Lingemann/Diller/Haußmann Anwalts-Formularbuch Arbeitsrecht).

Bauschke, Hans-Joachim: Die so genannten Fremdfirmenproblematik, NZA 2000, 1201–1208.

Bayer, Walter: Der Vertrag zugunsten Dritter (Habil.), Tübingen 1995.

Bayreuther, Frank: Der Leiharbeitnehmer im Kündigungsrecht, NZA 2016, 1304–1309.

Becker, Claus: Zum fingierten Arbeitsvertrag nach § 10 Abs. 1 AÜG, BB 1978, 363–365.

Becker, Friedrich: Die Rechtsbeziehung in der Zeitarbeit, NJW 1971, 691–692.

Becker, Friedrich: Haftungsfragen bei der gewerbsmäßigen Arbeitnehmerüberlassung, NJW 1976, 1827–1828.

Becker, Friedrich: Gesetzliche Regelung der gewerblichen Arbeitnehmerüberlassung (Zeitarbeit), DB 1971, 1354–1359.

Becker, Friedrich: Zur Abgrenzung des Arbeitnehmerüberlassungsvertrages gegenüber anderen Vertragstypen mit drittbezogenem Personaleinsatz, ZfA 1978, 131–151.

Becker, Friedrich: Arbeitsrechtliche Probleme der Teilzeitbeschäftigung, (Diss.) Frankfurt 1970.

Becker, Friedrich/ Wulfgramm Jörg,: Kommentar zum Arbeitnehmerüberlassungsgesetz, 3. Auflage Neuwied und Darmstadt, 1985.
(zitiert: Becker/Wulfgramm).

Becker, Friedrich/ Kreikebaum, Hartmut: Zeitarbeit – gewerbsmäßige Arbeitnehmerüberlassung – , Band 1, 2. Auflage Wiesbaden 1982.
(zitiert: Becker/Kreikebaum, Zeitarbeit).

Becker-Schaffner, Reinhard: Zugang der Kündigung, BB 1998, 422–427.

Becker-Schaffner, Reinhard: Die Darlegungs-und Beweislast in Kündigungsstreitigkeiten, BB 1992, 557–563.

Beine, Reinhard: Die rechtliche Stellung des Leiharbeiters, ArbBlbrZ 1947, 410–413.

Bertram, Oliver: Die Reform des Arbeitnehmerüberlassungsgesetzes, FA 2003, 200–204.

Beuthien, Volker: Das Nachleisten versäumter Arbeit, RdA 1972, 20–23.

Birk, Rolf: Die arbeitsrechtliche Leitungsmacht, Köln 1968, zugl. Habil. Erlangen-Tübingen 1971.

Bleckmann, Albert: Zu den Methoden der Gesetzesauslegung in der Rechtsprechung des BVerfG, JuS 2002, 942–947.

Bletz, Ralf: Abschied von der Betriebsrisikolehre? Zurück zum BGB?, JR 1985, 228–232.

Boemke, Burkhard: Annahmeverzug des Entleihers bei Nichtbeschäftigung des Leiharbeitnehmers?, BB 2006, 997–1003.

Boemke, Burkhard: Die EG-Leiharbeitsrichtlinie und ihre Einflüsse auf das deutsche Recht, RiW 2009, 177–190.

Boemke, Burkhard: Schuldvertrag und Arbeitsverhältnis, (Habil.) München 1999. (zitiert: Boemke, Schuldvertrag).

Boemke, Burkhard: (Un-)Verbindlichkeit unbilliger Arbeitgeberweisungen, NZA 2013, 6–11.

Boemke, Burkhard/ Föhr, Silvia: Arbeitsformen der Zukunft, Schriften des Betriebs-Beraters Band 103; Heidelberg 1999.

Boemke, Burkhard/ Lembke, Mark (Hsrg.): AÜG Kommentar, 3. Auflage, Frankfurt am Main 2013.
(zitiert.: Boemke/Lembke).

Bogs, Harald: Recht der gewerblichen Arbeitnehmerüberlassung in der Entwicklung, BB 1971, 277–282.

Böhm, Wolfgang: Befristung von Leiharbeitsverhältnissen nach der AÜG-Reform.

„Vorübergehender betrieblicher Bedarf" bei Dienstleistungs- und Subunternehmen, RdA 2005, 360–367.

Böhm, Wolfgang: Fiktiver (Leih)Arbeitnehmerschutz (§§ 9, 10 AÜG-E)?!, NZA 2016, 528–531.

Böhm, Wolfgang: „Zweite Belegschaften": Mehr Flexibilität und geringere Personalkosten durch onsite management, NZA 2005, 554–563.

Böhm, Wolfgang/ Hennig, Jörg/ Popp, Cornelius: Zeitarbeit, Leitfaden für die Praxis, Köln 2008.
(zitiert: Böhm/Hennig/Popp, Zeitarbeit).

Bollinger, Ekkehard: Rechtsprobleme der Arbeitnehmerüberlassung (Diss.), München 1973.

Brauneisen, Kai Thomas/ Ibes, Julius W.: Der Tatbestand der Arbeitnehmerüberlassung, Zur Abgrenzung verschiedener Formen des Fremdpersonaleinsatzes in Unternehmen, RdA 2014, 213–222.

Brors, Christiane: Arbeitnehmerüberlassung und Territorialitätsprinzip, DB 2013, 2087–2089.

Brors, Christiane: AÜG-Reform: Ist das geplante Widerspruchsrecht des Leiharbeitnehmers verfassungsrechtlich geboten?, NZA 2016, 672–675.

Brors, Christiane: Vorübergehend, AuR 2013, 8–113.

Brose, Wiebke: Die Wirkung einer vorsorglichen Verleihererlaubnis im AÜG, DB 2014, 1739–1743.

Brötzmann, Ulrich/ Musial, Tonja: Annahmeverzug und Meldepflicht im Arbeitnehmerüberlassungsgewerbe, NZA 1997, 17–20.

Brox, Hans/ Rüthers, Bernd/ Henssler, Martin: Arbeitsrecht, 19. Auflage, Stuttgart 2016.
(zitiert: Brox/Rüthers/Henssler, Arbeitsrecht).

Brox, Hans/ Walker, Wolf-Dietrich: Besonderes Schuldrecht, 31. Auflage, München 2006.

Buchner, Herbert: Das Recht der Arbeitnehmer, der Arbeitnehmerähnlichen und der Selbstständigen – jedem das Gleiche oder jedem das Seine?, NZA 1998, 1144–1153.

Dahl, Holger: Betriebsbedingte Kündigung eines Leiharbeitsverhältnisses wegen Auftragsrückgangs, DB 2003, 1626–1629.

Dahl, Holger/ Färber, Marco: Auswahlverschulden in der Arbeitnehmerüberlassung, DB 2009, 1650–1652.

Däubler Wolfang/ Hjort, Jens Peter/ Schubert, Michael/ Wolmerath, Michael (Hrsg.): Handkommentar Arbeitsrecht, 2. Auflage, Baden-Baden 2010.
(zitiert: HK-ArbR/Bearbeiter).

Däubler, Wolfgang: Das partielle Arbeitsverhältnis, in: Festschrift für Herbert Buchner zum 70. Geburtstag, S. 163–176.

Däubler, Wolfgang: Das Arbeitsrecht 2, 12. Auflage, Reinbek bei Hamburg 2009.

Däubler, Wolfgang/ Bertzbach, Martin (Hrsg.): Allgemeines Gleichbehandlungsgesetz Kommentar, 3. Auflage, Baden – Baden 2013.
(zitiert: Däubler/Bertzbach/Bearbeiter, AGG).

Däubler, Wolfgang/ Bonin, Birger/ Deinert, Olaf: AGB-Kontrolle im Arbeitsrecht, 4. Auflage, München 2014.
(zitiert: Däubler/Bearbeiter, AGB Kontrolle im Arbeitsrecht).

Dauner-Lieb, Barbara: Der innerbetriebliche Fremdfirmeneinsatz auf Dienst- oder Werkvertragsbasis im Spannungsfeld zwischen AÜG und BetrVG, NZA 1992, 817–825.

Dauner-Lieb, Barbara/ Heidel, Thomas/ Ring, Gerhard (Hrsg.): Nomos Kommentar BGB, 3. Auflage, Baden – Baden 2016 Band 2/1.
(zitiert: NK-BGB/Bearbeiter).

Dehmel, Florian: Das Leistungsverweigerungsrecht des Arbeitnehmers an seiner Arbeitsleistung (Diss.), Berlin 2009.

Deinert, Olaf: Kernbelegschaften – Randbelegschaften – Fremdbelegschaften Herausforderungen für das Arbeitsrecht durch Reduzierung von Stammbelegschaften, RdA 2014, 65–77.

Didier, Timo: Die Beweislastverteilung bei der Geltendmachung arbeitsrechtlicher Freistellungs- und Erstattungsansprüche, RdA 2013, 285–287.

Dölle, Hans: Zivilrechtliche Elemente der Arbeitnehmerüberlassung, GRUR Int 1973, 469–472.

Dornbusch, Gregor/ Fischermeier, Ernst/ Löwisch, Manfred: Fachanwaltskommentar Arbeitsrecht, 7. Auflage, München 2015.
(zitiert.: FachA/Bearbeiter).

Dütz, Wilhelm/ Thüsing, Gregor: Arbeitsrecht, 19. Auflage, München 2014.

Düwell, Franz Josef: Die vorübergehende Überlassung im Ersten AÜG – Änderungsgesetz, ZESAR 2011, 449–455.

Düwell, Franz Josef: Überlassung zur Arbeitsleistung – Neues aus Rechtsprechung und Gesetzgebung, DB 2011, 1520–1522.

Düwell, Franz Josef/ Dahl, Holger: Mitbestimmung des Betriebsrats bei Einsatz von Leiharbeitnehmern, NZA-RR 2011, S. 1–8.

Ebel, Friedrich/ Thielmann, Georg: Rechtsgeschichte, 3. Auflage, Heidelberg 2003.

Eckardt, Bernd: Einführung in das Recht der Arbeitnehmerüberlassung, JA 1989, 393–401.

Ehrlich, Raphael: Dienstgemeinschaft und Arbeitnehmerüberlassung, Freiburg 2013, zugl. Diss. Jena 2012.

Elghahwagi, Sonja: Arbeitnehmerüberlassung, Berlin 2006.

Emmerich, Volker: Aufklärungspflichten des Mieters, NJW 2011, 2321–2323.

Endemann, Helmut: Die Rechtsstellung des Leiharbeiters, BB 1951, 786–788.

Endemann, Helmut: Die Rechtsstellung des Unternehmerarbeiters, BB 1954, 473–475.

Engbers, Enno: Die Haftung für Pflichtverstöße des Bedienpersonals bei der Anmietung von Baumaschinen nebst Personalüberlassung, NZBau 2011, 199–203.

Epping, Volker/ Hilgruber, Christian (Hrsg.): Beck´scher Onlinekommentar zum GG, München, 30. Edition, (Stand: 01.09.2016).
(zitiert: BeckOK-GG/Bearbeiter).

Erbs, Georg/Kohlhaas, Max (Hrsg.): Strafrechtliche Nebengesetze, 210. Ergänzungslieferung, München 2016.
(zitiert: Erbs/Kohlhaas/Bearbeiter).

Erdlenbruch, Michael: Die betriebsverfassungsrechtliche Stellung gewerbsmäßig überlassener Arbeitnehmer (Diss), Mannheimer Beiträge zum Arbeitsrecht Band 4, Frankfurt am Main 1992.

Erman, Walter/ Westermann, Harm Peter/ Maier-Reimer, Georg/ Grunewald, Barbara/ (Hrsg.): Erman Kommentar zum BGB, 14. Auflage, Köln 2014.
(zitiert: Erman/Bearbeiter).

Fabricius, Fritz: Rechtsprobleme gespaltener Arbeitsverhältnisse im Konzern, Darmstadt, Neuwied 1982.
(zitiert: Fabricius, Rechtsprobleme).

Fandel, Stefan/ Hausch, Tobias: Das Widerspruchsrecht gemäß § 613a Abs. 6 BGB bei Umwandlungen nach dem UmwG unter Wegfall übertragender Rechtsträger, BB 2008, 2402–2405.

Ferme, Marco: Die Lehren aus der Tarifunfähigkeit der CGZP, Zur notwendigen Anpassung von Leiharbeitsverträgen, zu Haftungsfragen und Abwehrmöglichkeiten, NZA 2011, 619–622.

Feuerborn, Andreas; Hamann, Wolfgang: Neuregelungen im Arbeitnehmerüberlassungsgesetz, BB 1994, 1346–1350.

Fikentscher, Wolfgang/ Heinemann, Andreas: Schuldrecht, 10. Auflage, Berlin 2006.

Fitting, Karl (Begr.): Betriebsverfassungsgesetz Handkommentar, 28. Auflage, Vahlen u.a. 2016.
(zitiert: Fitting/BetrVG).

Francken, Johannes Peter: Die Darlegungs- und Beweislast bei der Abgrenzung der Arbeitnehmerüberlassung von Werk- und Dienstverträgen, NZA 2013, 985–987.

Freckmann, Anke: Arbeitnehmerüberlassung, 4. Auflage, Frankfurt am Main 2011.

Freckmann, Anke/ Gallini, Dominik: Verändert Equal Pay die Leiharbeitsbranche?, BB 2013, 309–315.

Fuchs, Maximilian: Das Gleichbehandlungsgebot in der Leiharbeit nach der neuen Leiharbeitsrichtlinie, NZA 2009, 57–63.

Fuhlrott, Michael/ Fabritius, Burkhard: Besonderheiten der betriebsbedingten Kündigung von Leiharbeitnehmern, NZA 2014, 122–127.

Gagel, Alexander (Begr.): SGB II/SGB III Kommentar, Band 1, München 2016.
(zitiert: Gagel/Bearbeiter, SGB II/SGB III).

Gallner, Inken/ Mestwerdt, Wilhelm/ Nägele, Stefan (Hrsg.): Kündigungsschutzrecht, Handkommentar, 5. Auflage, Baden-Baden 2015.
(zitiert: KSchR/Bearbeiter).

Geis, Sebastian: Die Auswirkungen der Reform des AÜG im Jahr 2011 auf die konzerninterne Arbeitnehmerüberlassung, (Diss.) Würzburg, 2014.

Gerlach, Anna Ricarda: Die Flexibilisierung des Arbeitsmarktes – Arbeitnehmerüberlassung in Italien und Deutschland im Rechtsvergleich, Frankfurt am Main 2014, zugl. Diss. Augsburg 2013.
(zitiert: Gerlach, Flexibilisierung des Arbeitsmarktes).

Gernhuber, Joachim: Drittwirkungen im Schuldverhältnis kraft Leistungsnähe, in: Festschrift für Arthur Nikisch 1958, S. 249–274.

Gick, Dietmar: Gewerbsmäßige Arbeitnehmerüberlassung zwischen Verbot und Neugestaltung, (zugl. Diss) Berlin 1984.

Giesen, Richard: Reform der Leiharbeit, ZRP 5/2016, 130–134.

Greiner, Stefan: Werkvertrag und Arbeitnehmerüberlassung – Abgrenzungsfragen und aktuelle Rechtspolitik, NZA 2013, 697–703.

Greiner, Stefan: Zwischen Kücük, Albron Catering, Della Rocca und Cartesio, Die Entscheidung des BAG vom 15.5.2013 als europarechtlicher Mikrokosmos, NZA 2014, 284–290.

Greiner, Stefan: „Personalhoheit“ als Schlüsselbegriff der Abgrenzung von echtem Fremdpersonaleinsatz und verdeckter Arbeitnehmerüberlassung, RdA 2014, 262–271.

Hamann, Wolfgang: Fremdpersonal im Unternehmen, 3. Auflage 2008.

Hamann, Wolfgang: Die Reform des AÜG im Jahr 2011 RdA 2011, 321–341.

Hamann, Wolfgang: Gewerbsmäßige Arbeitnehmerüberlassung, Jura 2003, 361–368.

Hamann, Wolfgang: Kurswechsel bei der Arbeitnehmerüberlassung? NZA 2011, 70–77.

Hamann, Wolfgang: „Vorübergehend“ iSv § 1 Abs. 1 Satz 2 AÜG – Regelungsauftrag für den Gesetzgeber, RdA 2014, 271–279.

Hamann, Wolfgang: Leiharbeitnehmer statt eigene Arbeitnehmer.

Zulässigkeit und Grenzen einer Personalaustauschstrategie, NZA 2010, 1211–1218.

Hamann, Wolfgang: Gewerbsmäßige Arbeitnehmerüberlassung, Jura 2003, 361–368.

Hamann, Wolfgang: Erkennungsmerkmale der illegalen Arbeitnehmerüberlassung in Form von Scheindienst- und Scheinwerkverträgen, Berlin 1995.
(zitiert: Hamann, Erkennungsmerkmale der illegalen Arbeitnehmerüberlassung).

Hamann, Wolfgang: Anmerkung zu BAG Urteil v. 23.01.2008, -1 ABR 51/04-, AP Nr. 14 zu § 14 AÜG.

Hamann, Wolfgang: in: JurisPR-ArbR 22/2013, Anm. 1: Abgrenzung von Dienst-/Werkvertrag und Arbeitnehmerüberlassung, Anmerkung zu ArbG Bielefeld Urteil vom 05.12.2012–6 Ca 1016/12-.

Hamann, Wolfgang: In: JurisPR-ArbR 38/2004, Anm. 2: Abgrenzung von Dienstvertrag und Arbeitnehmerüberlassung, Anmerkung zu LArbG Hamm, Urteil v. 04.12.2003, -8 (17) Sa 1006/03-.

Hamann, Wolfgang: Fremdpersonal im Unternehmen – Industrieleistung statt Leiharbeit, NZA-Beilage 2014, 3–10.

Hamann, Wolfgang: Die Richtlinie Leiharbeit und ihre Auswirkungen, EuZA 2009, 287–331.

Hamann, Wolfgang: Die Grenze zwischen illegaler Arbeitnehmerüberlassung und erlaubtem Fremdpersonaleinsatz im Rahmen von Dienst- und Werkverträgen, WiVerw 1996, 212–244.

Hamann, Wolfgang/ Rudnik, Tanja: Scheinwerkvertrag mit Überlassungserlaubnis – Ein probates Mittel zur Vermeidung illegaler Arbeitnehmerüberlassung?, NZA 2015, 449–456.

Hammen, Horst: Die Gattungshandlungsschulden (Habil.) Frankfurt am Main, 1995.

Hanau, Hans: „Allgemeines Gleichbehandlungsgesetz“ und Kontrahierungszwang, in: Festschrift für Klaus Adomeit, Köln 2008; S. 237–251.

Happ, Daniel/ van der Most, Marijke: Die Höchstüberlassungsdauer im AÜG – eine „vorübergehende“ Idee?, BB 2015, 565–571.

Heinze, Meinhard: Rechtsprobleme des sog. echten Leiharbeitsverhältnisses, ZfA 1976, 183–214.

Hennecke, Frank/ Tuengerthal, Hansjürgen: Werkvertrag: Fiktion, Vermutung und Verfassung, BB 2015, 1269–1275.

Hennsler, Martin/ Willemsen, Heinz Josef/ Kalb, Heinz-Jürgen (Hrsg.): Arbeitsrecht Kommentar, 7. Auflage Köln 2016.
(zitiert: HWK/ Bearbeiter).

Henssler, Martin: Arbeitsrecht und Schuldrechtsreform, RdA 2002, 129–140.

Henssler, Martin: Der Arbeitsvertrag im Konzern, Schriften zum Sozial- und Arbeitsrecht Band 70, Berlin 1983.

Henssler, Martin: Überregulierung statt Rechtssicherheit – der Referentenentwurf des BMAS zur Reglementierung von Leiharbeit und Werkverträgen, RdA 2016, 18–24.

Hessel, Phillip: Nochmals: Das Leiharbeitsverhältnis, BB 1970, 307–309.

Heußner, Hermann: Sozialversicherungsrechtliche Aspekte der Arbeitnehmerüberlassung (sog. Leiharbeit), DB 1973, 1800–1803.

Heußner, Hermann: Folgen der Verfassungswidrigkeit eines Gesetzes ohne Nichtigkeitserklärung, NJW 1982, 257–263.

Hiekel, Hans-Jürgen: Besonderheiten bei Befristung und betriebsbedingter Kündigung von Leiharbeitsverhältnissen, in: Festschrift zum 25-jährigen Bestehen der Arbeitsgemeinschaft Arbeitsrecht, S. 333–344.

Höcker, Lorenz: Grundsätze über die Rechtsstellung der Unternehmerarbeiter RdA 1954, 127–131.

Hofrichter, Paul: Das mittelbare Arbeitsverhältnis, Berlin u.a. 1939.

Hollinger, Nikolas: Leistungsstörungen bei der Arbeitnehmerüberlassung nach AÜG, Hamburg 2014, zugl. Diss. Heidelberg 2013.

Holst, Hajo/ Nachtwey, Oliver/ Dörre, Klaus: Funktionswandel von Leiharbeit, Neue Nutzungsstrategien und ihre arbeits- und mitbestimmungspolitischen Folgen. OBS Arbeitsheft 61, Studie im Auftrag der Otto Brenner Stiftung, Frankfurt/ Main, August 2009.

Horcher, Michael: Kontrahierungszwang im Arbeitsrecht – unter Berücksichtigung des § 15 Abs. 6 AGG, RdA 2014, 93–102.

Hoyningen-Huene, Gerrick/ Linck, Rüdiger: Kündigungsschutzgesetz Kommentar, 15. Auflage, München 2013.
(zitiert: KSchG/Bearbeiter).

Hueck, Alfred/ Nipperdey, Hans Carl: Lehrbuch des Arbeitsrechts, Erster Band, 7. Auflage, Berlin 1963.

Hümmerich, Klaus/ Welsau, Dietmar: Beschäftigungssicherung trotz Personalabbau, NZA 2005, 610–620.

Jerczynski, Marco/ Zimmermann, André: Arbeitsunfälle bei der Beschäftigung ausländischer Leiharbeitnehmer – Unbekannte Risiken, NZS 2007, 243–249.

Junker, Abbo: Grundkurs Arbeitsrecht, 15. Auflage, München 2016.

Junker, Abbo: Internationales Arbeitsrecht im Konzern, (Habil.)Tübingen 1992.

Kappus, Pia-Alexandra: Dienstfahrzeugunfall und Führerscheinentzug beim Arbeitnehmer, NJW 2015, 387–390.

Kirchhof, Hans-Peter/ Stürner, Rolf/ Eidenmüller, Horst (Hrsg.): Münchener Kommentar zur Insolvenzordnung, Band 2, 3. Auflage München 2013.
(zitiert: MüKo-InsO/Bearbeiter).

Kittner, Michael/ Zwanziger, Bertram (Hrsg.): Arbeitsrecht Handbuch für die Praxis, 5. Auflage Frankfurt am Main 2009.
(zitiert: Kittner/Zwanziger/Bearbeiter, Arbeitsrecht).

Kittner, Michael/ Däubler, Wolfgang/ Zwanziger, Bertram (Hrsg.): Kündigungsschutzrecht, 9. Auflage, Frankfurt am Main 2014.
(zitiert: Kittner/Däubler/Zwanziger/Bearbeiter).

Kock, Martin: Neue Pflichten für den Entleiher: Information über freie Stellen und Zugang zu Gemeinschaftseinrichtungen und –diensten (§ 13a und 13b AÜG), BB 2012, 323–326.

Kokemoor, Axel: Neuregelung der Arbeitnehmerüberlassung durch die Hartz-Umsetzungsgesetze. Überblick über das seit dem 1. 1. 2003 geltende Recht der Arbeitnehmerüberlassung, NZA 2003, 238–244.

Konzen, Horst: Arbeitsrechtliche Drittbeziehungen, ZfA 1982, 259–310.

Krannich, Daniel/ Grieser, Utho: Zugang zur Gemeinschaftseinrichtung, AuA 2012, 81–84.

Krannich, Daniel/ Simon, Regina: Das neue Arbeitnehmerüberlassungsgesetz – zur Auslegung des Begriffs „vorübergehend“ in § 1 Abs. 1 AÜG n.F., BB 2012, 1414–1420.

Krause, Rüdiger: Geklärte und ungeklärte Probleme der Arbeitnehmerhaftung, NZA 2003, 577–586.

Kreikebohm, Ralf/ Spellbrink, Wolfgang/ Waltermann, Raimund (Hrsg.): Kommentar zum Sozialrecht, 4. Auflage, München 2015.
(zitiert: Kreikebohm/Bearbeiter).

Kropholler, Jan/ Jacoby, Florian/ von Hindern, Michael: Studienkommentar BGB, 15. Auflage, München 2015.
(zitiert: Kropholler, Studienkommentar BGB).

Küchenhoff, Günther: Subsidiaritätsprinzip und Gemeinwohl im Sozialrecht unter besonderer Berücksichtigung der Zeitarbeitsunternehmen, SGB 1971, 453–462.

Kurr, Jochen: Einführung in die Arbeitnehmerüberlassung, JA 1996, 717–724.

Landmann, Robert von/ Rohmer, Gustav (Hrsg.): Gewerbeordnung Kommentar Band 1, 73. Ergänzungslieferung, München 2016.
(zitiert: Landmann/Rohmer/Bearbeiter, GewO).

Lange, Hermann/ Hagen, Horst: Wandlungen des Schadensersatzrechts, Heidelberg 1987.

Lange, Hermann/ Schiemann, Gottfried: Handbuch des Schuldrechts, Schadensersatz Band 1, 3. Auflage, Tübingen 2003.
(zitiert: Lange/Hermann/Bearbeiter, Handbuch des Schuldrechts, Schadensersatz).

Larenz, Karl: Lehrbuch des Schuldrechts Band II, Halbband 1, Besonderer Teil, München 1986.

Leinemann, Wolfgang (Hrsg.): Kasseler Handbuch zum Arbeitsrecht, Band 2, 2. Auflage, Neuwied/Kriftel 2000.
(zitiert: Kasseler Handb./Bearbeiter).

Leitherer, Stefan (Hrsg.): Kasseler Kommentar zum Sozialversicherungsrecht, 59. Ergänzungslieferung, München 2008.
(zitiert: Kasseler Kommentar zum Sozialversicherungsrecht/Bearbeiter).

Leitner, Ulrich: Anmerkung zum Urteil des LAG Baden Württemberg vom 12.04. 1989–2 Sa 107/88, DB 1990, 2071–2072.

Leitner, Ulrich: Abgrenzung zwischen Werkvertrag und Arbeitnehmerüberlassung, NZA 1991, 293–298.

Lembke, Marc: Aktuelle Brennpunkte in der Zeitarbeit, BB 2010, 1533–1541.

Lembke, Mark: Die „Hartz-Reform“ des Arbeitnehmerüberlassungsgesetz, BB 2003, 98–103.

Lembke, Mark: Die geplanten Änderungen im Recht der Arbeitnehmerüberlassung, DB 2011, 414–420.

Lembke, Mark: Arbeitnehmerüberlassung im Konzern, BB 2012, 2497–2505.

Leuchten, Alexius: Das neue Recht der Leiharbeit, Die wesentlichen Neuerungen im AÜG, NZA 2011, 608–612.

Leve, Manfred: Das Vermieten von Menschen, Soziale Arbeit 1972, 383–391.

Lieb, Manfred/ Jacobs, Matthias: Arbeitsrecht, 9. Auflage, Heidelberg 2006.
(zitiert: Lieb/Jacobs, Arbeitsrecht).

Liebers, Hans-Joachim (Hrsg.): Formularbuch des Fachanwalts Arbeitsrecht, 3. Auflage, Köln 2015.
(zitiert: Formularbuch des Fachanwalts für Arbeitsrecht/Bearbeiter).

Liebscher, Brigitta: Übergang eines Arbeitsverhältnisses nach AÜG, Anm. zum Urteil des ArbG Köln v. 09.02.1996, -2 Ca 6262/95-, BB 1996, 800–802.

Lipinski, Wolfgang/ Praß, Anne: BAG zu „vorübergehend“ – mehr Fragen als Antworten!“, BB 2014, 1465–1469.

Looschelders, Dirk: Schuldrecht Allgemeiner Teil, 14. Auflage, München 2016. (zitiert: Looschelders, SchR AT).

Lorenz, Stephan: Grundwissen – Zivilrecht: Haftung für den Erfüllungsgehilfen (§ 278 BGB), JuS 2007, 983–985.

Löwisch, Manfred/ Caspers, Georg/ Klumpp, Steffen: Arbeitsrecht, Ein Studienbuch, 10. Auflage, München 2014.
(zitiert: Löwisch/Caspers/Klumpp).

Löwisch, Manfred/ Rieble, Volker: Tarifvertragsgesetz Kommentar, 3. Auflage, München 2012.
(zitiert: Löwische/Rieble, § TVG).

Lüdemann, Jörn: Die verfassungskonforme Auslegung von Gesetzen, JuS 2004, 27–30.

Ludwig, Gero: Das Problem der dauerhaften Arbeitnehmerüberlassung. Zugleich Besprechung von LAG Berlin-Brandenburg, Urteile v. 16.10.2012–7 Sa 1182/12 und 09.01.2013–15 Sa 1635/12, BB 2013, 276–1280.

Marschner, Andreas: Die Abgrenzung der Arbeitnehmerüberlassung von anderen Formen des Personaleinsatzes, NZA 1995, 668–670.

Martinek, Michael: Moderne Vertragstypen Band I: Leasing und Factoring, München 1991.

Maschmann, Frank: Fremdpersonaleinsatz im Unternehmen und die Flucht in den Werkvertrag, NZA 2013, 1305–1312.

Maunz, Theodor; Dürig, Günther (Begr.): Grundgesetz Kommentar, 78. Ergänzungslieferung, München 2016.
(zitiert: Maunz/Dürig).

Mayer-Maly, Theo: Das Leiharbeitsverhältnis, ZfA 1972, 1–34.

Mayer-Maly, Theo: Anmerkung zu BAG Urteil v. 04.07.1979, -5 AZR 8/78-, AP Nr. 10 zu § 611 BGB Rotes Kreuz.

Medicus, Dieter: Schuldrecht I Allgemeiner Teil, 16. Auflage, München 2005.

Medicus, Dieter/ Petersen, Jens,: Bürgerliches Recht, 25. Auflage, München 2015.

Meinel, Gernod/ Heyn, Judith/ Herms, Sasch: Kommentar zum TzBfG, 5. Auflage, München 2015.
(zitiert: TzBfG/Bearbeiter).

Messerschmidt, Burkhard/ Voit Wolfgang: Privates Baurecht, Beck'scher Kurzkommentar Band 60, 2. Auflage, München 2012.
(zitiert: Messerschmidt/Voit/Bearbeiter, Privates Baurecht).

Mittmann, Gerd: Rechtliche Probleme der Leiharbeit, (Diss.), Kiel 1972.

Moll, Wilhelm (Hrsg.): Münchener Anwaltshandbuch, 4. Auflage, München 2017. (zitiert: Moll/Bearbeiter).

Monjau, Herbert: Das Leiharbeitsverhältnis, AuR 1968, 257–262.

Müller-Glöge, Rudi/ Preis, Ulrich/ Schmidt, Ingrid (Hrsg.): Erfurter Kommentar zum Arbeitsrecht, 17. Auflage, München 2017.
(zitiert: ErfK/Bearbeiter).

Müller-Glöge, Rudi/ Preis, Ulrich/ Schmidt, Ingrid (Hrsg.): Erfurter Kommentar zum Arbeitsrecht, 14. Auflage, München 2014.
(zitiert: ErfK/Bearbeiter[14]).

Müllner, Wolfgang: Aufgespaltene Arbeitgeberstellung und Betriebsverfassungsrecht, (Diss.) Berlin 1978.

Musielak, Hans Joachim/Voit, Hans Joachim (Hrsg.): Kommentar zur ZPO, 11. Auflage, München 2014.
(zitiert: Musielak ZPO/Bearbeiter).

Musielak, Hans-Joachim: Die Haftung der Banken für falsche Kreditauskünfte – Zugleich ein Beitrag zur Lehre von den vertraglichen Schutzwirkungen für Dritte –, VersR 1977, 973–979.

Nebeling, Martin/ Gründel, Sarah: Vermeidung des Gleichstellungsgrundsatzes in Mischbetrieben mit Zeitarbeit, BB 2009, 2366–2372.

Neighbour, Kerstin/ Schröder, Matthes: Die Reform des Arbeitnehmerüberlassungsgesetzes – Was ändert sich zum 1.4.2016, BB 2016, 2869–2874.

Nerlich, Jörg/ Kreplin, Georg (Hrsg.): Münchener Anwaltshandbuch Insolvenz und Sanierung, 2. Auflage, München 2012.
(zitiert: Münchener Anwaltshandbuch/Bearbeiter).

Neumann, Stephan: Das Erste und das Zweite Gesetz für moderne Dienstleistungen am Arbeitsmarkt im Überblick, NZS 2003, S. 113–119.

Nierwetberg, Rüdiger: § 615 BGB und der Fixschuldcharakter der Arbeitspflicht, BB 1982, 995–999.

Nießen, Tobias/ Fabritius, Burkhard: Was ist vorübergehende Arbeitnehmerüberlassung – Das Rätsel weiter ungelöst?, NJW 2014, 263–267.

Nikisch, Arthur: Arbeitsrecht, Erster Band, 3. Auflage, Tübingen 1961.

Nikisch, Arthur: Arbeitsrecht und Arbeitsverhältnis, Berlin, Leipzig, Wien, 1941.

Niklas, Thomas/ Schauß, Lena-Marie: Die Arbeitnehmerüberlassung ist endlich – was kommt dann?, BB 2014, 2805–2810.

Nipperdey, Hans-Carl (Begr.): Arbeitsrecht Lexikon, 30. Edition, München 2016.
(zitiert: Nipperdey/Bearbeiter, Arbeitsrecht Lexikon).

Oetker, Hartmut: Das Dauerschuldverhältnis und seine Beendigung, Tübingen 1994 (Diss).

Palandt, Otto (Begr.): Bürgerliches Gesetzbuch Kommentar, 76. Auflage, München 2017.
(zitiert: Palandt/Bearbeiter).

Pallasch, Ulrich: Einschränkung der Arbeitnehmerhaftung für betriebliche Tätigkeiten, RdA 2013, 338–350.

Paschke, Marian: Das Dauerschuldverhältnis der Wohnraummiete (Habil.), Berlin 1991.

Pollert, Dirk/ Spieler, Sven: Die Arbeitnehmerüberlassung in der betrieblichen Praxis, 4. Auflage, München 2014.

Preis, Ulrich (Hrsg.): Der Arbeitsvertrag, 5. Auflage, Köln 2015.
(zitiert: Preis, Der Arbeitsvertrag).

Preis, Ulrich/ Hamacher, Anno: Das Recht der Leistungsstörungen im Arbeitsverhältnis, JURA 1998, 11–21.

Prien, Jochen: Naturalrestitution als Schadensersatz bei deliktischer Verletzung der Ehre, Frankfurt am Main u.a., 1985 (Diss.).

Prütting, Hanns/ Wegen, Gerhard/ Weinreich, Gerd (Hrsg.): BGB Kommentar, 11. Auflage, München 2016.
(zitiert: PWW/Bearbeiter).

Raab, Thomas: Europäische und nationale Entwicklungen im Recht der Arbeitnehmerüberlassung, ZfA 2003, 389–446.

Ramm, Thilo: Eine Kritik des Arbeitnehmerüberlassungsgesetzes, DB 1973, 1170–1176.

Ramm, Thilo: Die Aufspaltung der Arbeitgeberfunktion (Leiharbeitsverhältnis, mittelbares Arbeitsverhältnis, Arbeitnehmerüberlassung und Gesamthafenarbeitsverhältnis), ZfA 1973, 263–295.

Reineke, Femke: Leistungsbestimmungen des Arbeitnehmers (zugl. Diss), Band 41, Frankfurt am Main 2006.

Reineke, Thomas: Arbeitnehmerüberlassungsgesetz – Reformbedarf nach den Hartz-Reformen?, in: Festschrift für Manfred Löwisch zum 70. Geburtstag, S. 211–228.

Reinhard, Barbara/ Böggermann, Stephen: Gesetz zur Änderung des Sozialgerichtsgesetzes und des Arbeitsgerichtsgesetzes – Änderungen des ArbGG – Jede gute Regelung lässt Raum für Verbesserungen, NJW 2008, 263–1268.

Reinsch, Julia: Das Rechtsverhältnis zwischen Entleiher und Leiharbeitnehmer, Baden-Baden 2009, (zugl. Diss), Düsseldorf 2008.

Reipen, Markus: Vermittlungsorientierte Arbeitnehmerüberlassung durch die Personal-Service-Agentur (PSA), BB 2003, 787–790.

Reiserer, Kerstin: „Lohndumping durch Werkverträge“ – Missbrauch von Werkverträgen und Leiharbeit, DB 2013, 2026–2030.

Rieble, Volker: Widerspruch nach § 613a VI BGB – die (ungeregelte) Rechtsfolge, NZA 2004, 1–9.

Rieble, Volker/ Klebek, Ulf: Lohngleichheit für Leiharbeit, NZA 2003, 23–29.

Rieble, Volker/ Vielmeier, Stephan: Umsetzungsdefizite der Leiharbeitsrichtlinie, EuZA 2011, 474–504.

Rieble, Volker/ Wiebauer, Bernd: Widerspruch (§ 613a VI) nach Aufhebungsvertrag, NZA 2009, 401–408.

Rieger, Reinhard: Grenzen verfassungskonformer Auslegung, NVwZ 2003, 17–22.

Rissing, Martina: Verbot der Leiharbeit im Baugewerbe, (Diss.) Leipzig 2001.

Rolfs, Christian: Studienkommentar Arbeitsrecht, 4. Auflage, München 2014.

Rolfs, Christian/ Giesen, Richard/ Kreikebohm, Ralf/ Udsching, Peter (Hrsg.): Beck'scher Online Kommentar Arbeitsrecht, 42. Edition, München (Stand: 01.12.2016).
(zitiert: BeckOK-Arbeitsrecht/Bearbeiter).

Röller, Jürgen (Hrsg.): Personalhandbuch, 23. Auflage München 2016.
(zit.: Küttner/Bearbeiter).

Rosenberg, Leo (Begr.)/ Schwab, Karl Heinz (fortgef.)/ Gottwald, Peter (Bearbeiter): Zivilprozessrecht Kommentar 17. Auflage, München 2010.
(zitiert: Rosenberg/Schwab/Gottwald; ZivilprozessR Kommentar).

Ruhl, Marion/ Kassebohm, Kristian: Der Beschäftigungsanspruch des Arbeitnehmers, NJW 1995, 497–503.

Rüthers, Bernd; Bakker, Rainer: Arbeitnehmerentsendung und Betriebsinhaberwechsel im Konzern, ZfA 1990, 245–335.

Säcker, Franz Jürgen/ Rixecker, Roland (Hrsg.): Münchener Kommentar zum BGB, 7. Auflage München 2016.

–Band 1 §§ 1–240 BGB, ProstG, AGG.

–Band 2 §§ 241–432 BGB.

–Band 3 §§ 433–610 BGB, Finanzierungsleasing, HeizkostenV, BetriebskostenV, CISG.

–Band 4 §§ 611–704 BGB, EFZG, TzBfG, KSchG.
(zitiert: MüKO/Bearbeiter).

Sandmann, Bernd: Die Haftung von Arbeitnehmern, Geschäftsführern und leitenden Angestellten, (Habil.)Tübingen 2001.

Sandmann, Georg/ Marschall, Dieter/ Schneider, Tobias: Arbeitnehmerüberlassungsgesetz Kommentar, 74. Ergänzungslieferung, Köln, 2016.
(zitiert: Sandmann/Marschall/Schneider).

Sansone, Piero: Gleichstellung von Leiharbeitnehmern nach deutschem und Unionsrecht, Köln 2011 (Diss.)

Schaub, Achim: Arbeitnehmerüberlassung, Göttingen, 2001 (Diss.).

Schaub, Günther (Begr.)/ Koch, Ulrich (Hrsg.): Arbeitsrechts- Handbuch, 16. Auflage 2015.
(zitiert: Schaub/Bearbeiter, Arbeitsrechtshandbuch).

Scheriau, Karl Michael: Leiharbeit und Werkvertrag, Berlin 2012.

Schiefer, Bernd: Betriebsbedingte Kündigung – Kündigungsursache und Unternehmerentscheidung, NZA-RR 2005, 1–12.

Schlechtriem, Peter; Schmidt-Kessel, Martin: Schuldrecht Allgemeiner Teil, 6. Auflage, Tübingen 2005.

Schmoeckel, Mathias/ Rückert, Joachim/ Zimmermann, Reinhard (Hrsg.): Historisch-kritischer Kommentar zum BGB Band II Schuldrecht Allgemeiner Teil 2. Teilband §§ 305–432.
(zitiert: HKK/Bearbeiter).

Schnorr, Gerhard: Die gewerbsmäßige Arbeitnehmerüberlassung, RdA 1972, 193–209.

Schröpfer, Stefanie: Die Intensität der Leiharbeitsnutzung in Deutschland (Diss.), Stuttgart-Hohenheim, 2013.

Schubel, Hans-Dietrich; Engelbrecht, Georg: Kommentar zum Gesetz über die gewerbsmäßige Arbeitnehmerüberlassung, Heidelberg 1973.
(zitiert: Schubel/Engelbrecht).

Schulze, Reiner/ Dörner, Heinrich/ Ebert, Ina / Hoeren, Thomas/ Kemper, Rainer/ Saenger, Ingo/ Schreiber, Klaus/ Schulte-Nölke, Hans/ Staudinger, Ansgar: Handkommentar zum Bürgerliches Gesetzbuch, 8. Auflage, Baden-Baden 2014.
(zitiert: Schulze/Bearbeiter).

Schulze, Reiner/ Grziwotz, Herbert/ Lauda, Rudolf: Bürgerliches Gesetzbuch, Kommentiertes Vertrags- und Prozessformularbuch, 2. Auflage, Baden-Baden, 2014.
(zitiert: SGL/Bearbeiter).

Schüren, Peter: Arbeitnehmerüberlassungsgesetz 4. Auflage, München 2010.
(zitiert: Schüren/Bearbeiter).

Schüren, Peter: Arbeitnehmerüberlassungsgesetz 2. Auflage, München 2003.
(zitiert: Schüren/Bearbeiter, AÜG, 2. Aufl. 2003).

Schüren, Peter: Der Scheinwerkvertrag – Rechtsfolgen und Identifikation verdeckter, illegaler Arbeitnehmerüberlassung, WiVerw 2001, 173–189.

Schüren, Peter: Abgrenzung und Identifikation von (Schein-)Werkverträgen – Eine Skizze, in: Festschrift für Wolfgang Däubler zum 60. Geburtstag, 1999, S. 90–99.

Schüren, Peter: Tarifverträge für die Leiharbeit – Weitreichende Innovation mit erheblichem Konfliktpotential, JbArbR Bd. 41 (2003), 49–70.

Schüren, Peter: Scheinwerk- und Scheindienstverträge mit Arbeitnehmerüberlassungserlaubnis, Vorschlag zur Korrektur des AÜG, NZA 2013, 176–178.

Schüren, Peter: Leiharbeit in Deutschland, RdA 2007, 231–235.

Schüren, Peter/ Behrend, Britta: Arbeitnehmerüberlassung nach der Reform – Risiken der Neuen Freiheit, NZA 2003, 521–526.

Schüren, Peter/ Fasholz, Sabrina: Inhouse-Outsourcing und der Diskussionsentwurf zum AÜG – Ein Diskussionsbeitrag, NZA 2015, 1473–1478.

Seiter, Hugo: Staatliches Arbeitsvermittlungsmonopol und private Arbeitnehmer-Überlassung, Jura 1971, 204–220.

Soergel, Theodor (Begr.): Bürgerliches Gesetzbuch mit Einführungsgesetz und Nebengesetzen: BGB (Kommentar), 13. Auflage, Stuttgart 2010.
(zitiert: Soergel/Bearbeiter).

Söllner, Alfred: Ohne Arbeit kein Lohn, AcP 167(1967), 132–147.

Solomon, Dennis: Die Aufhebbarkeit der Drittberechtigung beim Vertrag zugunsten Dritter in rechtsvergleichender Perspektive, in: Festschrift für H.P. Westermann 2008, S. 655–679.

Stang, Dieter/ Ulber, Jürgen: Keine neue Mogelpackung! – Anforderung an eine gesetzliche Neuregelung der Leiharbeit, NZA 2015, 910–915.

Staudinger, Julius von: Eckpfeiler des Zivilrechts, Kommentar zum Bürgerlichen Gesetzbuch, Neubearbeitung, Berlin 2014.

Staudinger, Julius von: Kommentar zum Bürgerlichen Gesetzbuch, Neubearbeitung 2015.
(zitiert: Staudinger/Bearbeiter).

Steffan, Ralf: Das „nachträgliche" Widerspruchsrecht beim Betriebsübergang – eine unendliche Geschichte?, NZA 2016, 608–614.

Stein, Friedrich/ Jonas, Martin (Hrsg.): Kommentar zur Zivilprozessordnung, 22. Auflage Band 4, §§ 253–327 ZPO, Tübingen 2008.
(zitiert: Stein/Jonas/Bearbeiter).

Steinmeyer, Heinz-Dietrich: Was bedeutet „vorübergehend"? – Die neue Grundsatzfrage des deutschen Arbeitsrechts, BB 2013, 2740–2744.

Steuer, Markus: Die Arbeitnehmerüberlassung als Mittel zur Förderung des Arbeitsmarktes in Deutschland, (Diss.), Baden-Baden 2009.

Stürner, Rolf (Hrsg.): Jauernig Kommentar zum Bürgerlichen Gesetzbuch, 15. Auflage, München 2014.
(zitiert: Jauernig/Bearbeiter).

Temming, Felipe: Der vertragsbeherrschende Dritte (Habil.), Baden-Baden 2015.

Tettinger, Peter/ Wank, Rolf/ Ennuschat, Jörg: Gewerbeordnung Kommentar 8. Auflage, München 2011.
(zitiert: Tettinger/Bearbeiter, GewO).

Thüsing, Gregor: Arbeitnehmerüberlassungsgesetz Kommentar, 3. Auflage, München 2012.
(zitiert: Thüsing/Bearbeiter).

Thüsing, Gregor: Equal Pay bei Leiharbeit, DB 2003, 446–451.

Thüsing, Gregor: Vorübergehende und nicht-vorübergehende Arbeitnehmerüberlassung: Das Rätselraten geht weiter, NZA 2013, 1248–1250.

Thüsing, Gregor: Dauerhafte Arbeitnehmerüberlassung: Neues vom BAG, vom EuGH und auch vom Gesetzgeber, NZA 2014, 10–12.

Thüsing, Gregor: Blick in das europäische und ausländische Arbeitsrecht, RdA 2009, 118–122.

Thüsing, Gregor/ Thieken, Jan: Der Begriff der „wirtschaftlichen Tätigkeit" im neuen AÜG, DB 2012, 347–350.

Thüsing, Gregor/ von Hoff, Konrad: Vertragsschluss als Folgenbeseitigung: Kontrahierungszwang im zivilrechtlichen Teil des Allgemeinen Gleichbehandlungsgesetzes, NJW 2007, 21–26.

Tillmanns, Kerstin: Strukturfragen des Dienstvertrages, (Habil.), Tübingen 2007.

Timmermann, Oliver: Die Beweisnot des Arbeitnehmers bei illegaler Arbeitnehmerüberlassung, BB 2012, 1729–1733.

Trieschmann, Günther: Das Leiharbeitsverhältnis, Der Betrieb – Beilage Nr. 16/56 Heft 39 vom 26. September 1956.

Tschöpe, Ulrich (Hrsg.): Anwalts-Handbuch Arbeitsrecht, 9. Auflage, Köln 2015. (zitiert: Tschöpe/Bearbeiter).

Tuengerthal, Hansjürgen/ Rothenhöfer, Michael: Eine Lanze für den Werkvertrag, BB 2013, 53–57.

Ulber Jürgen/ Ulber, Daniel: Basiskommentar Arbeitnehmerüberlassungsgesetz, 2. Auflage Köln 2014.
(zitiert: Ulber/Ulber).

Ulber, Jürgen: Kurzarbeit, Kurzarbeitergeld und Leiharbeitnehmer, AiB 2009, 139–146.

Ulber, Jürgen: Personal-Service-Agenturen und Neuregelungen der Arbeitnehmerüberlassung, AuR 2003, 7–15.

Ulber, Jürgen: Rechtliche Grenzen des Einsatzes von betriebsfremden Arbeitnehmern und Mitbestimmungsrechte des Betriebsrats, AuR 1982, 54–65.

Ulber, Jürgen/ Stang, Dieter: Die geplante Neuregelung der Leiharbeit, AuR 2015, 250–255.

Ulrici, Bernhard: Darlegungs- und Beweislast bei Abgrenzung von Leiharbeit und sonstigem Fremdpersonaleinsatz, NZA 2015, 456–460.

Ulrici, Bernhard: Bekämpfung illegaler Arbeitnehmerüberlassung durch Arbeitsrecht, Ein dogmatischer Zwischenruf, NZA 2016, 1317–1321.

Urban, Sandra: Anmerkung zu BAG Urteil v. 28.06.2000, -7 AZR 100/99-, AP Nr. 3 zu § 13 AÜG.

Urban, Sandra: Anmerkung zu BAG Urteil v. 15.04.1999, -7 AZR 437/97-, AP Nr. 1 zu § 13 AÜG.

Urban-Crell, Sandra/ Germakowski, Gudrun/ Bissels, Alexander/ Hurst, Adrian: Kommentar zum Arbeitnehmerüberlassungsgesetz, 2. Auflage, Köln 2013. (zitiert: Urban-Crell/Germakowski/Bearbeiter, AÜG).

Urban-Crell, Sandra/ Schulz, Christian: Arbeitnehmerüberlassung und Arbeitsvermittlung, München 2003. (zitiert.: Urban-Crell/Schulz).

Van Venrooy, Gerd J.: Missbrauch des Dienstverschaffungsvertrags, Selbstständigen – „Contracting" – ein Irrweg, NZA 2011, 670–672.

Vielmeier, Stephan: Zugang zu Gemeinschaftseinrichtungen nach § 13b AÜG, NZA 2012, 535–541.

Viergutz, Rainer: Die Haftung für Schlechtleistung des Leiharbeitnehmers bei der gewerblichen Arbeitnehmerüberlassung (Diss), Marburg 2004.

Vogt, Volker: Arbeitsrecht im Konzern, Baden – Baden 2014.

von Steinau-Steinrück, Robert: Arbeitsrecht im Koalitionsvertrag, Das Gesetzgebungsprogramm für die kommenden vier Jahre, ZRP 2014, 50–52.

Vor, Rainer: Zeitarbeit im Rechtsvergleich Deutschland – Großbritannien sowie bei Grenzüberschreitung, Köln 1992. (zitiert: Vor, Zeitarbeit).

Vorwerk, Wolfgang/ Wolf, Christian: Beck'scher Onlinekommentar ZPO, 22. Edition, München, (Stand: 01.09.2016). (zitiert: BeckOK-ZPO/Bearbeiter).

Waas, Bernd: Anmerkung zu BAG Beschluss v. 18.10.1994, -1 ABR 9/94-, Mitbestimmung des Betriebsrats bei Einsatz von Fremdpersonal im Betrieb, SAE 1996, 160–165.

Wagner, Gerhard/ Potsch, Nicolas: Haftung für Diskriminierungsschäden nach dem Allgemeinen Gleichbehandlungsgesetz, JZ 2006, 1085–1100.

Walker, Wolf-Dietrich: Die eingeschränkte Haftung des Arbeitnehmers unter Berücksichtigung der Schuldrechtsmodernisierung, JuS 2002, 736–743.

Walker, Wolf-Dietrich: Rechtsverhältnisse bei der gewerbsmäßigen Arbeitnehmerüberlassung und Schadensersatzansprüche des Entleihers wegen Schlechtleistung, AcP 194 (1994), 295–318.

Waltermann, Raimund: Risikozuweisung nach den Grundsätzen der beschränkten Arbeitnehmerhaftung, RdA 2005, 98–109.

Wank, Rolf: Der Richtlinienvorschlag der EG-Kommission zur Leiharbeit und das „Erste Gesetz für moderne Dienstleistungen am Arbeitsmarkt", NZA 2003, 14–23.

Weber, Christoph: Das aufgespaltene Arbeitsverhältnis, (Diss.), Mainz 1992.

Weber, Gerald: Die Unterscheidung von Dienstvertrag und Werkvertrag, (Diss.), München 1977.

Weber, Hansjörg: Anmerkung zu BAG Urteil v. 28.09.1983, -5 AZR 255/81- , AP Nr. 9 zu § 611 BGB Beschäftigungspflicht.

Weber, Hansjörg: Anmerkung zu BAG Urteil v. 08.11.1978, -5 AZR 261/77-, AP Nr. 2 zu § 1 AÜG.

Wedde, Peter: Arbeitsrecht Kompaktkommentar, 4. Auflage, Frankfurt am Main 2014.
(zitiert: Wedde/Bearbeiter, Arbeitsrecht).

Weller, Marc-Philippe: Der Mietvertrag als enfant terrible der Privatrechtsdogmatik, JZ 2012, 881–891.

Weller, Matthias: Persönliche Leistungen (Habil.), Tübingen 2012.

Wendt, Stephan/ Schäfer, Frank: Kontrahierungszwang nach § 21 I 1 AGG, JuS 2009, 206–209.

Wertenbruch, Johannes: Die Anwendung des § 275 BGB auf Betriebsstörungen beim Werkvertrag, ZGS 2003, 53–59.

Werths, Wolfgang: Werkverträge – ein unkalkulierbares Compliancerisiko? BB 2014, 697–700.

Weyers, Hans-Leo: Typendifferenzierung im Werkvertragsrecht, AcP 182 (1982), 60–79.

Willemsen, Heinz Josef/ Mehrens Christian: Beabsichtigte Neureglelung des Fremdpersonaleinsatzes – Mehr Bürokratie wagen? NZA 2015, 897–903.

Windbichler, Christine: Arbeitsrecht im Konzern, München 1989.

Wlotzke, Otfried/ Richardi, Reinhard/ Wißmann, Hellmut/ Oetker, Hartmut (Hrsg.): Münchener Handbuch zum Arbeitsrecht, München 2009.
(zitiert: Münchener Handbuch ArbR/Bearbeiter).

Wohlgemuth, Hans H.: Die Arbeitnehmerhaftung im Wandel, DB 1991, 910–913.

Worpenberg, Stephan: Die konzerninterne Arbeitnehmerüberlassung (Diss.), Frankfurt am Main 1993.

Wrede, Beatrice: Anmerkung zu ArbG Köln Urteil v. 07.03.1996, -17 Ca 6257/95-, DB 1996, 1342–1344.

Zimmermann, André: Der Entwurf eines Gesetzes zur Änderung des AÜG – Verhinderung von Missbrauch der Arbeitnehmerüberlassung, ArbR Aktuell 2011, 62–65.

Zöllner, Wolfgang /Loritz, Karl-Georg/ Hergenröder, Curt Wolfgang: Arbeitsrecht, 7. Auflage, München 2015.
(zitiert: Zöllner/Loritz/Hergenröder, Arbeitsrecht).

Schriften zum Arbeitsrecht und Wirtschaftsrecht

Herausgegeben von Abbo Junker

Band 1 Christoph-N. Lerche: Der Europäische Betriebsrat und der deutsche Wirtschaftsausschuß. Eine vergleichende Analyse der betrieblichen Mitwirkung der Arbeitnehmer vor dem Hintergrund der Globalisierung der Märkte. 1997.

Band 2 Christian Walter Mecke: Zur rechtlichen Verbindlichkeit kollektiver Vereinbarungen in England. 1997.

Band 3 Katja Francke: Die betriebliche Mitwirkung der Arbeitnehmer in Belgien. Unter Berücksichtigung vergleichender Aspekte zum deutschen Betriebsverfassungsrecht. 1997.

Band 4 Christian Schulze: Die Zulässigkeit einstweiliger Verfügungen gegen Betriebsänderungen. 1998.

Band 5 Stefan Miersch: Die Rechtsfolgen mitbestimmungswidriger Maßnahmen für das Arbeitsverhältnis. Eine zivilrechtsdogmatische Untersuchung. 1998.

Band 6 Heike Wegner: Internationaler Verbraucherschutz beim Abschluß von Timesharingverträgen: § 8 Teilzeitwohnrechtegesetz. 1998.

Band 7 Julia Wichmann: Dienstleistungsfreiheit und grenzüberschreitende Entsendung von Arbeitnehmern. 1998.

Band 8 Johann-Volker Peter: Société par actions simplifiée (S.A.S.). Die Vereinfachte Aktiengesellschaft in Frankreich, eine Rechtsform für die Kooperation von Unternehmen. 1999.

Band 9 Sylvia Schnelle: Der Europäische Betriebsrat in Spanien. Zugleich eine Einführung in das spanische Recht der Arbeitnehmervertretung. 1999.

Band 10 Viktoria Bornhagen: Die Zumutbarkeit als Rechtsgedanke im Arbeitsrecht. 1999.

Band 11 Thorsten Schacht: Der Übereilungsschutz beim arbeitsrechtlichen Aufhebungsvertrag. Arbeitnehmerschutz bereits de lege lata? 2000.

Band 12 Marcus Hellmann: Immobilienkauf nach spanischem Recht. 1999.

Band 12 Marcus Hellmann: Immobilienkauf nach spanischem Recht. 1999.

Band 13 Nicolaus Johannes Ehinger: Die juristischen Personen des öffentlichen Rechts als herrschende Unternehmen. 2000.

Band 14 Alexander Lentz: Das kollektive Arbeitsrecht der Republik Südafrika. Eine Untersuchung mit Bezügen zum deutschen Recht. 2000.

Band 15 Michaela Brunssen: Der Arbeitgeberverbandswechsel. Tarifrechtliche und arbeitskampfrechtliche Konsequenzen. 2000.

Band 16 Morten Petersenn: Das Recht des Grundstückskaufs in Südafrika. 2000.

Band 17 Stefan Krüger: Die umwandlungsrechtliche Haftungsregelung bei der Betriebsaufspaltung und ihre Analogiefähigkeit. 2001.

Band	18	Jürgen Kitzinger: Der GmbH-Geschäftsführer zwischen Arbeits- und Gesellschaftsrecht. Im Blickpunkt: Zuständigkeit der Arbeitsgerichte. 2001.
Band	19	Anja Ruge: Die Lohnersatzansprüche ehemaliger Zwangsarbeiter gegen deutsche Industrieunternehmen. 2001.
Band	20	Michael Knoll: Die Sozialauswahl im Arbeitsrecht. 2001.
Band	21	Britta Albrecht: Mediation im Arbeitsrecht. Individualarbeitsrecht und Betriebsverfassungsrecht. 2001.
Band	22	Annusch Barten: Das System der Arbeitnehmervertretung in Frankreich. 2001.
Band	23	Diane Westera: Der Wiedereinstellungsanspruch nach wirksamer Kündigung. 2001.
Band	24	Kristin Doerlich: Die Tariffähigkeit der Gewerkschaft. Eine Analyse der Mächtigkeitsrechtsprechung des Bundesarbeitsgerichts im Lichte neuerer Erfahrungen. 2002.
Band	25	Tina Witten: Vertragsgestaltung und Gesetzesbindung im Recht der Zeitarbeit. 2002.
Band	26	Martin Hellfeier: Die Leistungszeit im Arbeitsverhältnis. Eine Untersuchung zum Fixschuldcharakter der Arbeitspflicht und zu den Folgen ihrer Nichterfüllung. 2003.
Band	27	Almut Maulshagen: Betriebliche Arbeitskampfregelungen. 2003.
Band	28	Maren Band: Tarifkonkurrenz, Tarifpluralität und der Grundsatz der Tarifeinheit. 2003.
Band	29	Manuela Schulz: Der Bereitschaftsdienst in öffentlich-rechtlich organisierten Krankenhäusern. Eine rechtliche Bewertung. 2003.
Band	30	Felix Benedikt: Die Kürzung von Tariflöhnen zur Sanierung. Eine verfassungskonforme Auslegung des § 3 III TVG entsprechend § 626 BGB. 2003.
Band	31	Tim Kaden: Individuelle Bündnisse für Arbeit und Günstigkeitsprinzip. 2003.
Band	32	Simone Kreiling: Die Erstreckung betrieblicher und betriebsverfassungsrechtlicher Tarifnormen auf Außenseiter. 2004.
Band	33	Carsten Beck: Betriebliche Mitbestimmung und Kündigungsschutz. Die Funktionen betrieblicher Mitbestimmung im und deren Einfluß auf den Kündigungsschutz nach dem KSchG. 2004.
Band	34	Jost Eder: Die Regelungsabrede als Alternative zur Betriebsvereinbarung bei der Gestaltung materieller Arbeitsbedingungen. 2004.
Band	35	Christian Pfab: Wirkungsweise und Reichweite tarifvertraglicher Öffnungsklauseln. 2004.
Band	36	Julia Amlang: Die unternehmerische Entscheidungsfreiheit bei „betriebsbedingten Kündigungen" im europäischen Rechtsvergleich. Kündigung aus wirtschaftlichen Gründen in Deutschland, Frankreich, Spanien, Großbritannien und Schweden. 2005.
Band	37	Alida Milthaler: Das Fragerecht des Arbeitgebers nach den Vorstrafen des Bewerbers. 2006.
Band	38	Doreen Peter: Nebentätigkeiten von Arbeitnehmern. Interessenkollisionen von Arbeitgebern und Arbeitnehmern. 2006.
Band	39	Julia V. C. Bartlog: Das Verhältnis von Gesetz und Tarifvertrag. 2006.

Band 40 Michael Fuhlrott: Der geschädigte Arbeitnehmer. Zur Verfassungsmäßigkeit des Ausschlusses von Schmerzensgeld in der Unfallversicherung sowie zur Herleitung der Haftung bei Eigenschäden im Hinblick auf das Verschuldensprinzip. 2006.

Band 41 Femke Reinecke: Leistungsbestimmung des Arbeitnehmers. 2006.

Band 42 Maria M. Bausback: Der Bestandsschutz des Arbeitsverhältnisses auf europäischer und internationaler Ebene. Entwicklungen vom Mittelalter bis zur Gegenwart. Teil 1 / Teil 2. 2007.

Band 43 Jens Günther: AGB-Kontrolle von Arbeitsverträgen. Analyse der deutschen Rechtslage nach der Schuldrechtsreform und vergleichende Betrachtung des österreichischen Kon-trollsystems. 2007.

Band 44 Claudiana Triskatis: Ethikrichtlinien im Arbeitsrecht. 2008.

Band 45 Annette Bruder: Die Weitergabe von Insiderinformationen durch Arbeitnehmervertreter. 2008.

Band 46 Ute Dietrich: Nichtraucherschutz am Arbeitsplatz. 2008.

Band 47 Markus Ebert: Übertragung und Zuordnung von Versorgungsverpflichtungen gegenüber Arbeitnehmern im Rahmen einer umwandlungsrechtlichen Spaltung. 2008.

Band 48 Susanne Schneider: Broad-based Black Economic Empowerment in der Republik Südafrika. 2008.

Band 49 Mandy Reichel: Die Einbeziehung des Außenseiter-Arbeitgebers in den Verbandsarbeitskampf. 2008.

Band 50 Abbo Junker (Hrsg.): Betriebsübergang in Europa. Symposion aus Anlass des 10-jährigen Bestehens der Schriften zum Arbeitsrecht und Wirtschaftsrecht am 10.10.2008 in München. 2009.

Band 51 Till Bender: Vorschläge zur Neuordnung des Sonderkündigungsschutzes nach MuSchG und SGB IX. 2009.

Band 52 Manuela Rauch: Die geschlechtsbezogene Diskriminierung am Arbeitsplatz nach kalifornischem Recht. 2009.

Band 53 Tina Luise Allenberg: Das französische règlement intérieur d'entreprise. Die Arbeitsordnung im französischen Arbeitsrecht. 2009.

Band 54 Bernd Haas: Anwaltliches Mandatsverhältnis zum Betriebsrat. 2009.

Band 55 Martin Fröhlich: Die erweiterte Weisungsbefugnis des Arbeitgebers im spanischen Recht. 2009.

Band 56 Stefanie Lorenzen: Inhaltskontrolle beim Betriebsübergang. Die Anpassung tariflicher Arbeitnehmerpflichten nach Privatisierungen. 2009.

Band 57 Oliver E. Aldea: Das französische Kündigungsrecht im Spannungsfeld von Abfindungen und Bestandsschutz. 2010.

Band 58 Wolfgang Stock: Die Einsetzung einer Transfergesellschaft. Unter besonderer Berücksichtigung betriebsverfassungs- und arbeitsförderungsrechtlicher Vorgaben. 2010.

Band 59 Claudia Hagedorn: Zulässigkeit und Grenzen von Tarifsozialplänen. 2010.

Band 60 Daniela Quink: Inhaltskontrolle von Freiwilligkeitsvorbehalten in Arbeitsverträgen. 2010.

Band 61 Kathrin Kentner: Arbeitskampfmittel der Arbeitgeber. 2010.

Band 62 Angela Nunes Fernandes Gil Wolf: Arbeitnehmereinsatz im Ausland. Das auf doppelte Arbeitsverhältnisse anwendbare Recht am Beispiel der Vertragsgestaltung eines internationalen Konzerns. 2010.

Band 63 Annemarie Berthold: Whistleblowing in der Rechtsprechung des Bundesarbeitsgerichts. 2010.

Band 64 Malte Koch: Die Beteiligung von Arbeitnehmervertretern an Aufsichtsrats- und Verwaltungsratsausschüssen einer Europäischen Aktiengesellschaft. 2011.

Band 65 Agnes Maria Kollerbaur: Die französische Arbeitsinspektion. Eine Untersuchung unter besonderer Berücksichtigung ihrer Rolle bei Kündigungen. 2011.

Band 66 Marcus Christian Leinenweber: Landesschlichtungsgesetze? 2011.

Band 67 Frederike Cathérine Gärtner: Die gesetzliche Regulierung von Bahnstreiks in Frankreich. Arbeitskampf vs. Kontinuität öffentlicher Dienstleistungen. 2011.

Band 68 Carolin van Straelen: Der Rollenkonflikt des Arbeitnehmervertreters zwischen Betriebsratsmitglied und Gewerkschaftsfunktionär. 2012.

Band 69 Anna Maria Jordan: Entgeltdiskriminierung in Frauenberufen? 2012.

Band 70 Dominic Köstner: Compliance-Richtlinien im Unternehmen. Arbeits- und datenschutzrechtliche Implementierungsaspekte. 2012.

Band 71 Michael Kobler: Fremdeinflüsse auf die tarifliche Willensbildung. 2012.

Band 72 Anne Kraas: Zulässigkeit und Grenzen der arbeitsvertraglichen Entgeltflexibilisierung. 2012.

Band 73 Melanie Amann: Die Belegschaftsabstimmung. 2012.

Band 74 Christina Mennemeyer: „Dritter Weg" und rechtliche Grenzen der Flexibilisierung des Arbeitsrechts der katholischen Kirche. 2012.

Band 75 Joël Philipp Hofmann: Rechtsmissbrauch und Verwirkung bei Widerspruch gegen den Übergang des Arbeitsverhältnisses nach § 613a BGB. 2013.

Band 76 Jennifer Junker: Das Recht der Arbeitnehmerüberlassung in Japan. 2013.

Band 77 Gabriele Geiselhart: Tarifliche Regelungsmacht bei Haustarifverträgen und Unternehmerfreiheit. Dargestellt am Beispiel von Standortgarantien und Zeitarbeitsquoten. 2013.

Band 78 Lorenz Sylvester Mitterer: AGB-Korrektur in Dauer- und Langzeitschuldverhältnissen. 2013.

Band 79 Janina Morgenweck: Die Arbeitsgerichtsbarkeit in England. 2013.

Band 80 Christoph B. Kistler: Die Rechtmäßigkeit von Spartenstreiks. Alte Kriterien in neuem Licht. 2013.

Band 81 Julia Strasser: Die Haftung bei Lohnwucher im Arbeitsrecht der USA. 2014.

Band 82 Stephanie Amschler: Constructive dismissal. Fingierte Arbeitgeberkündigung im englischen Kündigungsschutzrecht. 2014.

Band 83 Felix Berding: Die Urabstimmung im britischen Arbeitskampfrecht im Licht der EMRK. 2014.
Band 84 Christine Kumpf: Multinationalität der SE-Mitbestimmungsordnung. 2014.
Band 85 Florian Schiffer: Der Leistungsmaßstab im Arbeitsverhältnis. 2014.
Band 86 Stefan Hoffmann: Unterrichtungspflicht und Widerspruchsrecht bei Betriebsübergang gemäß § 613a Abs. 5 und 6 BGB – Grenzen, weitere aktuelle Rechtsprobleme und Strategien zur Risikominimierung. 2015.
Band 87 Marie-Theres Boetzkes: Die Konzernmutter als Mitarbeitgeberin im französischen Recht. 2015.
Band 88 Ines Kranz: Landesarbeitskampfgesetze? 2015.
Band 89 Hendrik Schulte-Wrede: Die Beteiligung der Arbeitnehmer in der Europäischen Privatgesellschaft – SPE. 2015.
Band 90 Kathrin Charlotte Enke: Beteiligungsvereinbarungen nach § 21 SEBG. 2015.
Band 91 Tom Christopher Pröstler: Modelle betrieblicher Arbeitnehmerbeteiligung. Ein historisch-europäischer Rechtsvergleich zwischen Deutschland und dem Vereinigten Königreich. 2015.
Band 92 Achim Engel: Collective Governance in Tarifverbänden. 2015.
Band 93 Michaela Felisiak: Reglierungsbedarf grenzüberschreitender Betriebsübergänge. Zweifel an der grenzüberschreitenden Anwendbarkeit des § 613a BGB. (Urteil des BAG vom 26. Mai 2011). 2015.
Band 94 Robert Cornelius Richard: Inhaltliche Grenzen des Zeugnisanspruchs des Arbeitnehmers. 2015.
Band 95 Martina Reiser: Umgehung des § 613a BGB durch Aufhebungsvereinbarung und Neuvertrag. 2015.
Band 96 Peter Illes: Das betriebsverfassungsrechtliche Verbot parteipolitischer Betätigung im Betrieb. 2016.
Band 97 Marc Bohlen: Die arbeitsvertragliche Befristung mittels eines gerichtlichen Vergleichs. 2016.
Band 98 Reimo Robin Richarz: Insolvenzrechtliche Einordnung von Ansprüchen des Arbeitnehmers. 2016.
Band 99 Christine Hepp: Mutterschutz für GmbH-Geschäftsführerinnen. Rechtslage de lege lata im Lichte verfassungsrechtlicher und europäischer Vorgaben. 2016.
Band 100 Sabrina Susanna Pechtold: Anerkennung von Gewerkschaften als Tarifvertragspartner in Großbritannien. 2016.
Band 101 Charlotte Sander: Die Zerrüttung des Arbeitsverhältnisses. Die Stellung der gerichtlichen Auflösung des Arbeitsverhältnisses gemäß §§ 9, 10 KSchG im System des Kündigungsschutzrechts. 2016.
Band 102 Tilmann Restle: Betriebsvereinbarungen und das Kartellverbot des Art. 101 Abs. 1 AEUV. Zur Anwendbarkeit der Albany-Ausnahme des EuGH auf Betriebsvereinbarungen im Sinne des BetrVG. 2016.

Band 103 Antje Hirsch-Hottes: Arbeitnehmerüberlassung aus vertragsrechtlicher Perspektive. 2017.

www.peterlang.com

www.ingramcontent.com/pod-product-compliance
Ingram Content Group UK Ltd.
Pitfield, Milton Keynes, MK11 3LW, UK
UKHW021125041026
8980IPUK00026B/452

9 783631 722527